Felix Breitenecker
Horst Ecker
Ingrid Bausch-Gall

Simulation mit ACSL

Fortschritte in der Simulationstechnik
im Auftrag der Arbeitsgemeinschaft Simulation (ASIM)
herausgegeben von Walter Ameling

Exposés und Manuskripte erbeten unter der Adresse:
Prof. Dr.-Ing. Walter Ameling,
RWTH Aachen, Schinkelstr. 2, D-52062 Aachen
oder an den Verlag Vieweg, Postfach 58 29, D-65048 Wiesbaden

Felix Breitenecker
Horst Ecker
Ingrid Bausch-Gall

Simulation mit ACSL

Eine Einführung in die
Modellbildung, numerischen Methoden
und Simulation

Herausgeber der Reihe im Auftrag der Arbeitsgemeinschaft Simulation (ASIM):
o. Prof. Dr.-Ing. Walter Ameling, RWTH Aachen,
Schinkelstraße 2, D-5100 Aachen

Prof. Dr. Felix Breitenecker lehrt an der Technischen Universität Wien im Fachgebiet Simulationstechnik. Er beschäftigt sich mit Struktur und Vergleich von Simulationssprachen und numerischen Verfahren in der kontinuierlichen Simulation. Er betreut Forschungsprojekte für Modellaustausch zwischen Simulationssprachen und gibt Fortbildungskurse in Simulationstechnik, u. a. mit ACSL. Er ist Vorstandsmitglied der deutschsprachigen Simulationsvereinigung ASIM und Präsident von EUROSIM, dem Dachverband der europäischen Simulationsvereinigungen.

Dr. Horst Ecker ist Universitätsassistent am Institut für Maschinendynamik und Meßtechnik der Technischen Universität Wien. Sein Arbeitsgebiet umfaßt die Maschinendynamik, die Fahrzeugdynamik und die Simulationstechnik. Er ist langjähriger ACSL-Anwender im universitären Forschungsbetrieb und in der Lehre.

Dr. Ingrid Bausch-Gall hat an der RWTH Aachen in Numerischer Mathematik promoviert. ACSL hat sie 1979 kennengelernt, als sie bei Control Data Simulationsprojekte bearbeitete. Seit 1983 arbeitet sie selbständig und führt u. a. regelmäßig Schulungskurse zu ACSL durch. Sie war 1982 Mitbegründerin und ist seit 1989 Sprecherin der deutschsprachigen Simulationsvereinigung ASIM.

Gedruckt auf säurefreiem Papier

ISBN 978-3-528-06381-8   ISBN 978-3-322-96175-4 (eBook)
DOI 10.1007/978-3-322-96175-4

Vorwort

Die Idee zu diesem Buch „Simulation mit ACSL" bestand schon seit längerer Zeit. Die Realisierung wurde jedoch zweimal durch wesentliche Änderungen und Erweiterungen von ACSL verzögert.

Das Buch basiert auf ACSL Level 10D und berücksichtigt, soweit wie möglich, auch die in Implementierung begriffenen Änderungen für ACSL Level 10F und Level 11. Die Autoren haben überdies versucht, das Buch durch grundlegende Inhalte der Modellbildung, Simulationstechnik und Numerischer Verfahren möglichst unabhängig von der aktuellen ACSL-Version zu halten.

Die Zusammenarbeit dreier Autoren aus unterschiedlichen Fachgebieten (Mathematik, Technische Dynamik, Technische Informatik) und unterschiedlichen Tätigkeitsbereichen (Universität, Forschung, Industrie) führte zu einem Buch, das einen breiten Anwenderkreis ansprechen möge. Die räumliche Entfernung ihrer Wirkungsstätten stellte die Autoren dabei gelegentlich vor Probleme, da sie noch nicht die Perfektion des italienischen Schriftstellerduos Fruttero und Lucentini erreicht haben.

Wir möchten an dieser Stelle all jenen danken, die zum Gelingen des Buches beitrugen. An erster Stelle sind unsere Familien zu erwähnen, die vor allem in der Endphase der Bucherstellung große Geduld aufbringen mußten. Insbesondere wollen wir Fr.Martina Breitenecker und Fr.Elisabeth Ecker für das aufgebrachte Verständnis und für das stundenlange Korrekturlesen danken, ebenso Frl.Katharina Breitenecker für organisatorische Unterstützung.

Zu besonderem Dank sind wir Fr.Irmgard Husinsky, der Leiterin der deutschsprachigen ACSL User Group verpflichtet, die neben den Korrekturen des Textes auch die Programme überprüfte und versionsabhängige Inkonsistenzen im Manuskript beseitigte. Ferner danken wir Hrn. Günther Schuster für das Anfertigen von Zeichnungen, die nicht mit ACSL erzeugt werden konnten.

Auch den „Autoren" von ACSL, den Herren Ed Mitchell und Jo Gauthier (Mitchell & Gauthier Associates (MGA) Inc., Concord, MA) gebührt Dank für notwendige Vor- und Insiderinformationen zu ACSL, sowie Hrn.Bill Havranek (Rapid Data Ltd, Worthing, UK), dem europäischen Distributor von ACSL, für Testversionen und sonstige Unterstützung.

Abschließend möchten wir dem Herausgeber der Reihe „Fortschritte in der Simulationstechnik", Herrn Prof.Dr.Ing.W.Ameling für die Aufnahme des Buches in dieser Reihe danken und dem Verlag VIEWEG Wiesbaden/Braunschweig für die Unterstützung und Geduld bei der Fertigstellung.

Felix Breitenecker, Wiener Neustadt

Horst Ecker, Wien

Ingrid Bausch-Gall, München,   im Juli 1993

Inhaltsverzeichnis

1 Einleitung

Dieses Buch behandelt die Modellbildung und Simulation mittels der kontinuierlichen Simulationssprache ACSL (**A**dvanced **C**ontinuous **S**imulation **L**anguage). Es soll dem Anfänger grundlegende Kenntnisse der Modellbildung, der numerischen Methoden und der Simulation in und mit ACSL bieten. Dem ACSL–Benutzer soll es die Grundprinzipien und Entwicklung von ACSL, die Komplexität der numerischen Verfahren und fortgeschrittene Anwendungen in und mit ACSL nahebringen.

Die Simulationstechnik hat sich in den letzten drei Jahrzehnten stürmisch entwickelt. In den Anfängen waren Analog- bzw. Hybridrechner die einzigen effizienten Rechner für Simulationen. Mit der zunehmenden Verbreitung von leistungsfähigen Digitalrechnern sind aber im Laufe der Zeit auch viele Simulationssprachen entstanden.

Bereits im Jahr 1967 wurde ein Standard für Simulationssprachen erarbeitet, der sogenannte „CSSL-Standard" [32]. Dieser Standard für „Continuous System Simulation Languages" legt eine Struktur für die Modellbeschreibung, eine Mindestanforderung an die numerischen Algorithmen und eine einfache Experimentierumgebung fest. In der Folge wurden unzählige Simulationssprachen entwickelt, von denen sich einige am Markt behaupteten und einige wenige laufend weiterentwickelt werden. Zu diesen Sprachen zählt ACSL . Eine erste Version dieser Sprache kam in den frühen Siebziger–Jahren auf den Markt, die folgenden Versionen boten einen wesentlich erweiterten Leistungsumfang. Das vorliegende Buch ist das erste, welches zu ACSL in deutscher Sprache erscheint; es baut primär auf ACSL Level 10D auf und berücksichtigt Erweiterungen von Level 10F und ACSL Level 11.

Die Hauptanwendungsgebiete von ACSL sind die Modellierung und die Simulation dynamischer Systeme, welche mit nichtlinearen gewöhnlichen Differentialgleichungen und/oder Übertragungsfunktionen beschrieben werden können. ACSL hat sich auf einigen Gebieten zu einem Quasi-Standard für Modellbildung und Simulation dynamischer Prozesse entwickelt.

ACSL verlangt die Beschreibung der Systemdynamik in Form von Systemen von gewöhnlichen Differentialgleichungen in der gleichungsorientierten ACSL–Modellbeschreibungssprache, in der auch beliebige FORTRAN–Operatoren und FORTRAN–Sprachelemente erlaubt sind. Neuere Level von ACSL berücksichtigen gleichzeitig auch die modernen FORTRAN–Versionen.

Die Verbreitung von ACSL hat auch dazu geführt, daß Software–Umgebungen zu ACSL entstanden sind, sodaß mittels Modellbildungssprachen Modelle in

ACSL–Syntax erzeugt werden. Eine dieser Entwicklungen ist die automatisierte Modellerstellung mit Bond–Graphen [22]. Bond–Graphen beschreiben ein dynamisches Modell durch (graphische) Darstellung des Leistungsflusses, aus dem die systembeschreibenden Differentialgleichungen automatisch abgeleitet werden können. Graphische Bondgraphen–Modellierungsprogramme wie CAMP-G [17] bieten interaktive Modellbildung auf hoher Abstraktionsebene an und erzeugen ein ACSL–Modell. Ein anderes Beispiel sind allgemeine Modellbeschreibungssprachen wie z.B. DYMOLA [13]. DYMOLA ist im Prinzip ein Formelmanipulator, der Gleichungen beliebiger Art verarbeiten kann. In Gleichungen formulierte, grundlegende Gesetze können damit analytisch in modellbeschreibenden Gleichungen umgeformt werden. Wahlweise bietet DYMOLA auch die Ausgabe dieser Gleichungen in ACSL–Syntax an.

In neuerer Zeit wurden graphische Modellbeschreibungsmethoden beliebt, die im Prinzip eine Rückkehr zur blockorientierten Modellbeschreibungsform darstellen. Das allgemeine graphische Modellierungssystem PROTOBLOCK [8] bietet eine blockorientierte Modellbeschreibung an, die z.B. Modelle in ACSL- oder MATLAB–Syntax erzeugt. Direkt für ACSL–Modelle wird der GRAPHICS MODELLER angeboten [4].

Ein Grund für die Verbreitung von ACSL ist die hohe Anzahl von Rechnerplattformen, für die ACSL angeboten wird. Das Spektrum reicht vom einfachen PC über Workstations und Mainframes bis hin zu Supercomputern wie Cray. Vor allem auf dem Gebiet der Workstations bzw. Miniframes wurden in letzter Zeit große Anstrengungen für leistungsfähige Implementierungen unternommen. Seit ACSL Level 10 ist ACSL auch in den X-Windows- bzw. MS-Windows Standards integriert. Vergleiche verschiedener Implementierungen geben dabei interessante Einsichten in die Leistungsfähigkeiten einzelner Implementierungen [11].

Die ersten drei Kapitel des Buches sind auf die erste Zielgruppe, die Novizen in der Modellbildung und Simulation mit ACSL, zurechtgeschnitten. Kapitel 2 führt in acht Anwendungsbeispielen in die Möglichkeiten der Modellbeschreibung mit ACSL und des Experimentierens in ACSL ein. Dabei wird auch auf die Modellbildungstechnik in Anwendungen von Mechanik, Elektrotechnik, Chemie, Populationsdynamik und Regelungstechnik eingegangen.

Kapitel 3 erklärt in gestraffter Form die Struktur eines ACSL–Modells, gibt eine Übersicht über die Modellbildungs-Operatoren und über die Runtime-Befehle für Modellstudien und skizziert die Erzeugung des ACSL-Simulationsprogramms. Diese Kapitel ergänzt das *ACSL Reference Manual* [1] und verweist auf Zusammenhänge.

Kapitel 4 beschäftigt sich allgemein mit numerischen Verfahren und deren Implementierung in ACSL. Nach einer relativ ausführlichen Einführung in die numerische Lösung von Differentialgleichungen folgt die Besprechung von Algorithmen zur Linearisierung und Lösung von Nullstellenaufgaben. Diese Kenntnisse sind Voraussetzung für das Verständnis der Algorithmen in ACSL. Dann werden die in ACSL implementierten Verfahren diskutiert und ihre Arbeitsweise an Anwendungsbeispielen erläutert.

Die folgenden Kapitel führen in fortgeschrittene Möglichkeiten der Modellbildung und Simulation mit ACSL ein. Kapitel 5 beschreibt die Modellierung von Ereignissen und ihrer Anwendung. ACSL arbeitet seit einigen Versionen beim generellen Ablauf eines Modells mit einer Ereignisverwaltung und ist damit theoretisch eine kombinierte Simulationssprache, in der auch rein diskrete Modelle beschrieben werden können. In diesem Kapitel werden die Beschreibung und Bearbeitung von Zeit- und Zustandsereignissen in Zusammenhang mit kontinuierlichen Modellen behandelt.

Das Kapitel 6 stellt die Macro-Sprache von ACSL vor. Macros erlauben modulare Modellbildung und können eine Simulationsstudie wesentlich erleichtern. Die Struktur der Macros wird ab ACSL Level 11 durch die Möglichkeit der Beschreibung von eigenständigen Teilmodellen ergänzt.

ACSL bietet auch Möglichkeiten zur Frequenzbereichsanalyse an, die prinzipiell auf einer numerischen Linearisierung des in ACSL beschriebenen Modells basiert. Kapitel 7 erklärt die in ACSL zur Verfügung stehenden Verfahren und Befehle auf Runtime-Ebene und die Schnittstelle zu MATLAB [7] für komplexere Aufgaben der Frequenzbereichsanalyse.

Kapitel 8 schließt die Vorstellung der Möglichkeiten der Modellbildung und Simulation in ACSL mit einer Übersicht über Validierungstechniken und Fehlersuche ab. Dabei werden Fehlermöglichkeiten auf allen Ebenen behandelt und das Lesen einer Debug-Liste erklärt, die den tiefsten Einblick in die Struktur von ACSL bietet.

Die letzten beiden Kapitel stellen fortgeschrittene Anwendungsmöglichkeiten von ACSL vor. Kapitel 9 beschäftigt sich mit Anwendungen von automatisierten Parameterstudien, mit Möglichkeiten des Modellvergleiches, mit der Bearbeitung von Modellen mit verteilten Parametern, mit Modellen mit Singularitäten, mit komplexer Verarbeitung von Kennlinien und mit Monte-Carlo-Studien.

Das Kapitel 10 diskutiert Optimierungsmöglichkeiten in ACSL, wobei die direkte Optimierung in ACSL in Form der gezielten Parametervariation und die Erweiterung des ACSL-Simulationsprogrammes um Optimierungsprogramme vorgestellt werden.

Es ist relativ schwierig, eine einheitliche und konsistente Darstellung einer mathematischen Modellbildung mit Differentialgleichungen, einer Modellbeschreibung in ACSL-Syntax, einer Beschreibung von Modellstudien in der Syntax eines

Runtime–Interpreters und einer Implementationsstruktur aller beteiligten Programme zu finden. Folgende Grundprinzipien werden größtenteils befolgt (es sei denn, die Aufgabe erfordert eine Abweichung von der Grundform):

- Da sich ACSL immer stärker an Unix orientiert, wird für die Namen von Programmen, Dateien, Libraries, etc. die Kleinschreibung verwendet.

- ACSL ist nicht „case-sensitiv", es unterscheidet nicht zwischen Groß- und Kleinschreibung. Auf der Ebene der Modellbeschreibung werden daher alle ACSL- und FORTRAN–Operatoren sowie alle Strukturelemente und Schlüsselwörter mit Großbuchstaben geschrieben. Für die Namen der Variablen wird einerseits einer Tendenz zur Kleinschreibung gefolgt, andererseits die Vielfalt der Darstellung genutzt, um bessere Variablennamen als x, y und z zu verwenden.

- Auf der Ebene des Runtime–Interpreters herrscht oft Verwirrung zwischen den Namen (und Namensabkürzungen) von Befehlen, den Namen von Befehlsparametern, den Namen von Systemparametern, den Namen von Modellparametern und Modellvariablen und etwaigen Namen von Betriebssystemelementen wie z.B. Dateien. Daher werden Befehle generell mit großen Buchstaben und ohne Abkürzung angegeben. Befehlsparameter werden ebenso immer mit Großbuchstaben vermerkt, Systemparameter immer mit Kleinbuchstaben. Modellparameter und Modellvariable werden zur besseren Unterscheidung mit Kleinbuchstaben angegeben, bzw. anwendungsbedingt in Mischformen. Für Ausgabe- bzw. Eingabedateien und andere Angaben auf Betriebssystemebene wird Unix-konform die Kleinschreibung verwendet.

- Auch im Fließtext wird diese Notation beibehalten. Dabei werden zusätzlich alle Namen von Operatoren, Befehlen, Parametern etc., die in derselben Schreibweise auch in der Modellbeschreibung oder im Runtime–Interpreter oder auf Betriebssystemebene eingegeben werden können, in der Form `OPERATOR`, `BEFEHL`, `parameter`, `datei.csl` etc. in der Schriftart `Teletype Style` gedruckt. Alle Programmteile und Beschreibungen von Sequenzen von Runtime–Befehlen sind ebenfalls in `Teletype Style` gesetzt.

- Die mathematischen Formulierungen basieren auf der üblichen Notation für Differentialgleichungen, partiellen Ableitungen etc. Anwendungsspezifisch werden die Zustandsraumdarstellung, Übertragungsfunktionen, Ratengleichungen, etc. verwendet.

- Das Buch wurde mit LaTeX geschrieben und gesetzt, und hält sich größtenteils an die von Kopka [23] vorgeschlagenen typographischen Empfehlungen.

Das Buch enthält viele Beispiele und Anwendungen. Teilweise wird in einem Abschnitt ein Anwendungsbeispiel zur Gänze besprochen, teilweise zieht sich ein Beispiel durch mehrere Kapitel. Die vorgestellten Beispiele und Anwendungen lassen sich folgendermaßen einteilen:

- Klassische Einführungsbeispiele wie der elektrische Schwingkreis und der Einmassenschwinger.

- Größere Anwendungsbeispiele aus der Praxis der Autoren.

- Modifizierte Beispiele aus dem *ACSL Reference Manual* [1]. Derartige Beispiele werden dann gewählt, wenn entweder das Beispiel modifiziert wird und die Verweise auf das Manual benötigt werden oder die Angabe dieses Modells die Darstellung verkürzen kann.

- Beispiele aus den Software–Vergleichen von *EUROSIM Simulation News Europe*. In dieser Zeitschrift, der Mitgliederzeitschrift der europäischen Simulationsvereinigungen, werden Beispiele zum Vergleich von Simulationssoftware ausgeschrieben. Derartige Beispiele testen bestimmte Eigenschaften von Simulationssprachen wie Leistungsfähigkeit der Integrationsalgorithmen, Bearbeitung von Ereignissen, Behandlung steifer Systeme etc. Lösungen zu den in den Beispielen gestellten Aufgaben werden in dieser Zeitschrift in komprimierter Form veröffentlicht. Diese Beispiele bieten den Vorteil, daß die Modellbildung und das Experimentieren mit ACSL direkt mit anderen Simulationssprachen verglichen werden kann. Für nähere Informationen zu den Software–Vergleichen sei auf die Beschreibung der Durchführung der Vergleiche [18] und auf eine Zusammenfassung der Ergebnisse des Vergleichs des Modells „Lithium–Cluster Dynamics" [9] verwiesen.

2 Einführende Beispiele mit ACSL

Dieses Kapitel führt in acht Anwendungsbeispielen in die Möglichkeiten der Modellbeschreibung des Experimentierens mit ACSL ein. Die Beispiele stammen aus den Gebieten der Mechanik, Elektrotechnik, Chemie, Populationsdynamik, Regelungstechnik und der Physik. Sie stellen in aufbauender Reihenfolge die Möglichkeiten von ACSL zur Modellbildung und Simulation dynamischer Systeme dar.

Den Anfang bildet ein Modell des mathematischen Pendels, an dem die Grundprinzipien der Modellbildung und des Experimentierens mit ACSL erläutert werden. Im anschließenden Modell eines elektrischen Schwingkreises erfolgt eine erste Darstellung von möglichen Programmstrukturen eines ACSL–Modells. Das Modell für eine chemische Reaktion weist auf die Bedeutung der Integrationsalgorithmen und der Numerik hin. Der klassische Einmassen–Schwinger führt in die Verwendung von gegebenen Kennlinien und Eingangssignalen ein.

Das folgende Räuber–Beute–Modell stellt weitere wesentliche Strukturen eines ACSL–Modells dar und erläutert einfache Modellstudien. Das Modell für den Beschleunigungsvorgang eines PKW verwendet bereits komplexere Operatoren zur Modellbildung und tabellarisch vorgegebene Kennlinien. Das Modell für eine Regelstrecke in der klassischen Formulierung mit Übertragungsfunktionen zeigt, daß ACSL auch diese Modellbildungsform unterstützt. Das abschließende diskrete Modell für einen radioaktiven Zerfall legt dar, daß ACSL auch diskrete Modellteile isoliert oder gemeinsam mit dynamischen Modellen formulieren und analysieren kann.

Begleitend zu dieser aufbauenden Darstellung der Möglichkeiten zur Modellbildung werden die wesentlichen Befehle des Runtime–Interpreters für die Durchführung von Modellstudien dargestellt.

Zum besseren Verständnis der Modelle wird auch auf die Modellbildung bei der besprochenen Anwendung kurz eingegangen.

2.1 Nichtlineares Pendel

Die Simulation der Bewegung eines Pendels soll als erstes Beispiel in die Anwendung von ACSL einführen. In Abb. 2.1 ist das mechanische Modell eines Pendels dargestellt. Eine starre Stange der Länge l ist an einem Ende in einem inertialfesten Punkt A drehbar gelagert. An dem anderen Ende ist die Masse m so befestigt, daß ihr Schwerpunkt den Abstand l vom Punkt A hat. Der Drehwinkel

φ der Pendels um den Punkt A ist der einzige Freiheitsgrad dieses mechanischen Systems.

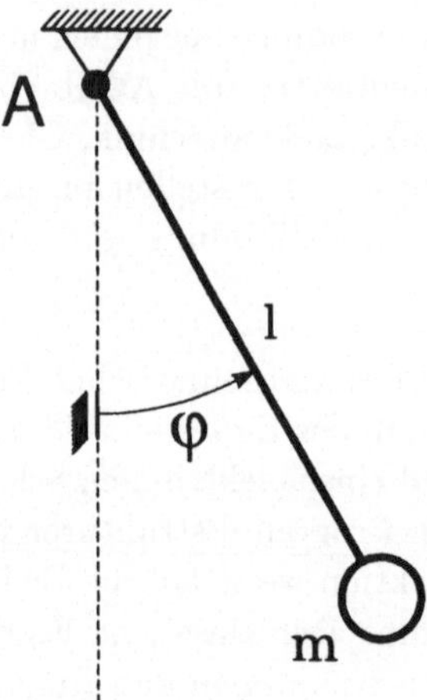

Abbildung 2.1: Mechanisches Modell eines Pendels

Zur Aufstellung der Bewegungsgleichung kann der Drallsatz um den Pendeldrehpunkt A verwendet werden:

$$I_A\,\ddot{\varphi} = \sum_i M_{A,i}\,.$$

Mit I_A wird das Trägheitsmoment des Pendels bezüglich der Drehachse im Punkt A bezeichnet. Dieses setzt sich gemäß

$$I_A = I_{A,m} + I_{A,St} = m\,l^2 + m\,r_m^2 + I_{A,St}$$

aus den Trägheitsmomenten der Masse $I_{A,m}$ und der Stange $I_{A,St}$ zusammen. Ist der Trägheitsradius r_m der Masse m sehr klein gegenüber der Pendellänge ($r_m^2 \ll l^2$), dann kann das Trägheitsmoment der Masse m bezüglich ihres Schwerpunktes

$$I_{S,m} = m\,r_m^2$$

vernachlässigt werden. Wird weiters die Stange als masselos angenommen, dann ist auch $I_{A,St} = 0$ und es gilt näherungsweise

$$I_A \simeq m\,l^2.$$

Im Pendelschwerpunkt greifen die Gewichtskraft $F_g = mg$ und eine Dämpfungskraft F_d an. Die Bewegung des Pendels soll in einem viskosen Medium erfolgen. Es wird daher ein geschwindigkeitsproportionales Dämpfungsgesetz von der Form

$$F_d = d\,\dot{x} = d\,l\dot{\varphi}$$

angenommen, welches für kleine Geschwindigkeiten im allgemeinen realistische Ergebnisse liefert. Mit den entsprechenden Hebelarmen ergibt sich die Summe der Momente um den Drehpunkt A zu

$$\sum_i M_{A,i} = -F_g\, l \sin\varphi - F_d\, l = -mg\, l \sin\varphi - d\, l^2 \dot\varphi \ .$$

Die Bewegungsgleichung für das Pendel lautet daher

$$m\, l^2\, \ddot\varphi = -m\, g\, l\, \sin\varphi - d\, l^2\, \dot\varphi \ .$$

Es handelt sich dabei um eine nichtlineare Differentialgleichung 2.Ordnung. Mit den Bezeichnungen nach Abb. 2.1 beschreibt sie ein gedämpftes, mathematisches Pendel. Der Unterschied zum physikalischen Pendel besteht nur in den Vernachlässigungen bei der Berechnung des Trägheitsmomentes ($m\, l^2$ statt I_A).

In expliziter Darstellung lautet die Pendelgleichung

$$\ddot\varphi = -\frac{g}{l}\, \sin\varphi - \frac{d}{m}\, \dot\varphi \ .$$

Auch ohne Dämpfungsterm ($d = 0$) ist sie nicht elementar integrierbar, ihre Lösung ist nur mit elliptischen Funktionen darstellbar. Die numerische Lösung einer Anfangswertaufgabe für die Pendelgleichung ist hingegen mit ACSL kein Problem.

Das dynamische Verhalten soll mit den Anfangswerten $\varphi(t_0) = \varphi_0$, $\dot\varphi(t_0) = \dot\varphi_0$ über dem Intervall $[t_0, t_{end}]$ studiert werden.

ACSL bietet zur Modellbeschreibung Operatoren an, welche auf die Differentialgleichungen dynamischer Systeme abgestimmt sind. Der wichtigste Operator ist der **INTEG** Operator, mit dem Differentialgleichungen beschrieben werden können. In ACSL beschreibt

```
x = INTEG ( -x, 1 )
```

die Differentialgleichung $\dot x = -x$, $x(0) = 1$ (mit der Lösung $x(t) = e^{-t}$). Statt des Argumentes **-x** im **INTEG** Operator können beliebig komplexe Ausdrücke oder Hilfsgrößen eingesetzt werden.

Eine Modellbeschreibung in ACSL wird durch bestimmte Schlüsselwörter strukturiert, andere Schlüsselwörter legen Parameter fest, bestimmen Systemparameter für Integrationsalgorithmen etc. ACSL basiert auf FORTRAN, daher gilt für alle algebraischen Ausdrücke die FORTRAN–Notation, allerdings in völlig freiem Format.

Das Modell des nichtlinearen Pendels kann sehr einfach als ACSL–Modell formuliert werden. Grundlage sind die modellbeschreibenden Differentialgleichungen in expliziter Form. Das ACSL–Modell beginnt mit dem Schlüsselwort PROGRAM, gefolgt von einer Bezeichnung des Modells, und endet mit dem Schlüsselwort END. Kommentare beginnen mit dem Ausrufungszeichen „!“:

```
PROGRAM  Nichtlineares gedaempftes Pendel
! --- Nichtlineares gedaempftes Pendel ---------------------
! --- Implizites ACSL - Modell
! --- phi  ... Winkel in Radiant
! --- dphi ... Winkelgeschwindigkeit
! --- Modellparameter ------------------------------------
  CONSTANT  m = 1, l = 1       ! Pendelmasse (kg), Laenge (m)
  CONSTANT  d = 0.3            ! Daempfungskonstante (N*s/m)
  CONSTANT  phi0  = 0.7845     ! Anfangswert fuer  phi
  CONSTANT  dphi0 = 0          ! Anfangswert fuer dphi
  CONSTANT  g = 9.81           ! Fallbeschleunigung (m/s^2)
  CONSTANT  tend = 4.999       ! Endzeit (= 5 s)
  CINTERVAL cint = 0.02        ! Kommunikationsintervall
! --- Modelldynamik ---------------------------------------
   ddphi = -(g/l)*SIN(phi) - (d/m)*dphi
    dphi = INTEG ( ddphi , dphi0 )
     phi = INTEG ( dphi ,  phi0 )
! --- Simulationsende -------------------------------------
  TERMT ( t .GE. tend )        ! Endbedingung
! -------------------------------------------------------
END !  of PROGRAM
```

Das Schlüsselwort CONSTANT legt Modellparameter fest, die zur Laufzeit (beim Experimentieren mit dem Modell) beliebig geändert werden können. Neben den physikalischen Parametern m, l, d für das Pendel werden mit CONSTANT auch die Anfangswerte für Winkel ($\varphi_0 \leftrightarrow$ phi0) und Winkelgeschwindigkeit ($\dot{\varphi}_0 \leftrightarrow$ dphi0) sowie die Endzeit ($t_{end} \leftrightarrow$ tend) festgelegt.

Die Modelldynamik wird durch die drei Zeilen

```
   ddphi = -(g/l)*SIN(phi) - (d/m)*dphi
    dphi = INTEG ( ddphi , dphi0 )
     phi = INTEG ( dphi ,  phi0 )
```

beschrieben. Die erste Zeile berechnet die Winkelbeschleunigung ($\ddot{\varphi} \leftrightarrow$ ddphi) als algebraische Gleichung, die zweite und dritte Zeile bewirken das „Aufintegrieren" von $\ddot{\varphi}$ und beschreiben somit die Differentialgleichung. ACSL gehört der

Gruppe der gleichungsorientierten Simulationssprachen an, d.h. die Differentialgleichungen können direkt als Modellgleichungen übernommen werden. Die
Beschreibung der Modelldynamik kann daher verkürzt auch durch

```
dphi  = INTEG ( -(g/l)*SIN(phi)-(d/m)*dphi, dphi0 )
phi   = INTEG ( dphi  , phi0  )
```

formuliert werden. Damit ist allerdings $\ddot{\varphi}$ (`ddphi`) nicht mehr als eigene Variable
verfügbar. Oft sind auch andere Größen wie $\sin\varphi$ (`sinphi`) oder die Dämpfungskraft $F_d = d\,l\,\dot{\varphi}$ (`fdaempf`) von Interesse, sodaß für sie Hilfsvariable eingeführt
werden (der Strichpunkt „ ; " trennt Anweisungen in einer Zeile):

```
sinphi  = SIN(phi) ; fdaempf = d*l*dphi
 ddphi  = -(g/l)*sinphi - m*fdaempf/l
  dphi  = INTEG ( ddphi , dphi0 )
   phi  = INTEG (  dphi ,  phi0 )
```

Die Einführung dynamischer Hilfsgrößen bedeutet nichts anderes als den Übergang zu einer blockorientierten Modellbeschreibung, wie sie am Beginn der Simulationstechnik üblich war (bedingt durch die Struktur der Analogrechner, der
ersten Simulationsrechner) und wie sie heute wieder bei graphischen Simulationssprachen (graphische Modellbildung mit Blöcken) verwendet wird: jede Anweisung entspricht einem Block mit Eingang, Ausgang und Funktionsweise.

Wesentlich ist in jedem Modell die Angabe des **TERMT** Operators, der einen Simulationslauf beim Erreichen der angegebenen Bedingung abbricht. Die im Modell
verwendete Formulierung

```
TERMT ( t .GE. tend )  ! Endbedingung
```

beendet die Simulation, wenn die Zeit t (`t`), die in jedem Modell implizit als unabhängige Veränderliche zur Verfügung steht, größer oder gleich der Endzeit t_{end}
(`tend`) wird. Dieser Vergleich ist dabei in der FORTRAN–Notation `t.GE.tend`
anzugeben.

Die Modellbeschreibung kann mit einem beliebigen Editor als Datei erstellt werden. Diese Datei ist mit der Namenserweiterung `.csl` (`continuous simulation
language`) als Modelldatei `model.csl` gekennzeichnet. Die Bezeichnung „model"
steht stellvertretend für den jeweils gewählten Namen des Modells. Diese Bezeichnung wird innerhalb dieses Buches beibehalten. Die Modelldatei wird vom
ACSL–Translator automatisch in ein FORTRAN–Quellprogramm übersetzt, das
vom FORTRAN–Compiler in das entsprechende Objektprogramm weiterüber-
setzt wird. Zu diesem Objektprogramm fügt der Linker alle ACSL–Bibliotheken
hinzu (sie beinhalten die Integrationsroutinen und andere numerische Routinen,
alle Ausgaberoutinen, etc.) sowie den Runtime–Interpreter, der ein interaktives

Arbeiten erlaubt. Nach dem Link–Prozeß steht das exekutierbare Simulationsprogramm zur Verfügung. Diese einzelnen Schritte können mitverfolgt werden,
die jeweiligen Meldungen sind aber rechner- bzw. betriebssystemabhängig. Unter dem Betriebssystem Unix bewirkt der Befehl

```
prompt> acsl pendel
```

die beschriebene Übersetzungs- und Linkfolge und startet üblicherweise automatisch das Simulationsprogramm:

```
Start Translator step
   :
Start Fortran step
   :
Start Link step
Start Run step
   :
ACSL>
```

Ob automatisch nach der Übersetzung gestartet oder direkt aufgerufen, das
ACSL–Simulationsprogramm meldet sich mit

```
ACSL>
```

und verlangt eine Eingabe. Damit beginnt eine interaktive Simulationssitzung,
innerhalb welcher der Benutzer mit verschiedenen Runtime–Befehlen mit dem
Modell experimentieren kann. Wichtigster Befehl ist der START Befehl, der einen
Simulationslauf durchführt.

In der Regel möchte der Benutzer als Ergebnis eines Simulationslaufes Diagramme bzw. Tabellen erhalten, welche die zeitlichen Verläufe der interessierenden Variablen darstellen. Dazu muß die Lösung des systembeschreibenden
Differentialgleichungssystems punktweise in hinreichend kleinen Abständen ausgegeben werden. ACSL integriert daher immer über sogenannte Kommunikationsintervalle der Länge c_{int}, an deren Anfang bzw. Ende die interessierenden
Größen ausgegeben bzw. gespeichert werden können. Die Simulation stoppt
am Ende jenes Kommunikationsintervalls, in dem die Endbedingung (TERMT) erreicht wird. Simulationsende und Ende eines Kommunikationsintervalls fallen
zusammen, wenn c_{int} numerisch ein Bruchteil des Simulationsintervalls ist. In
der TERMT Bedingung können nicht nur zeitliche Abbruchbedingungen formuliert
werden. Die Bedingung TERMT dphi .GT. 0.0 beendet z. B. die Simulation, sobald die Winkelgeschwindigkeit $\dot\varphi$ größer als 0 wird. Dies tritt beim Umkehren der
Pendelbewegung an der Stelle der maximalen Auslenkung im negativen Bereich
für φ auf. Abbildung 2.2 zeigt den Zusammenhang zwischen Kommunikationsintervall, den verschiedenen TERMT Bedingungen und dem Simulationsende.

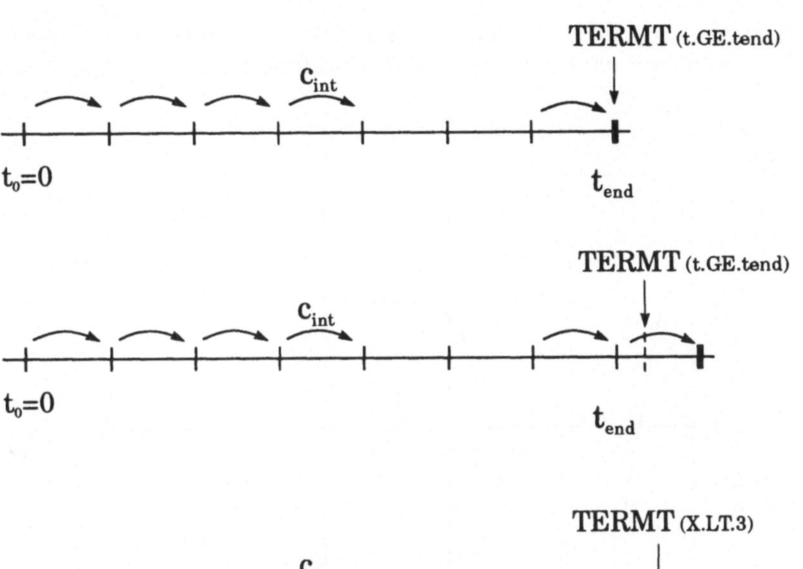

Abbildung 2.2: Kommunikationsintervalle und Simulationsende in ACSL

Die Länge des Kommunikationsintervalls ist standardmäßig auf den Wert $c_{int} =$ 0.1 (`cint=0.1`) gesetzt, kann aber beliebig über den Systemparameter `cint` mittels der Anweisung `CINTERVAL cint = ...` verändert und der Systemdynamik angepaßt werden.

Vor dem Starten eines Simulationslaufes muß ACSL wissen, welche Variablen während der Simulation zu den Kommunikationszeitpunkten abgespeichert bzw. ausgegeben werden sollen. Der `PREPARE` Befehl bestimmt, welche Variablen während der folgenden Simulationsläufe abgespeichert werden sollen. Die Abspeicherung erfolgt auf die Prepare–Datei, die die Daten in spezieller Form binär abspeichert. Prepare–Dateien werden mit der Namenserweiterung `.rrr` (`raw run record`) gekennzeichnet (`model.rrr`). Der `OUTPUT` Befehl legt fest, welche Variablen während der folgenden Simulationsläufe ausgegeben werden sollen (üblicherweise am Bildschirm):

```
ACSL> PREPARE t, phi, dphi       ! Speicherung waehrend Simulation
ACSL> OUTPUT  t, phi /nciout=50  ! Ausgabe jedes 50.Wertes
```

Die Angabe des Systemparameters `nciout = 50` im `OUTPUT` Befehl bewirkt, daß nur jeder fünfzigste Wert ausgegeben wird. Eine derartige Angabe ist sinnvoll,

um das Ergebnis am Bildschirm mitverfolgen zu können. Wie bei der Modellbeschreibung werden Kommentare durch das Ausrufungszeichen „!" angegeben.

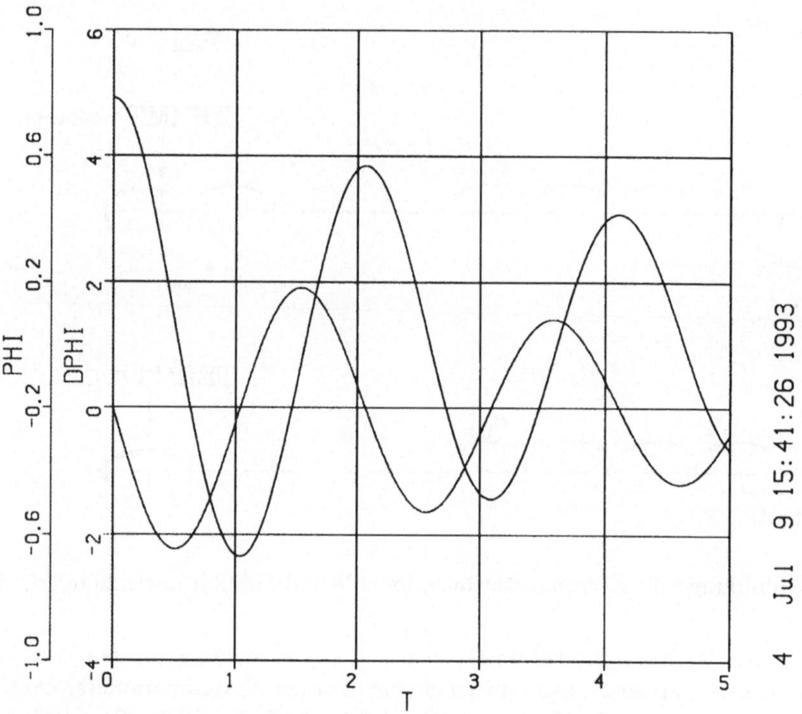

Abbildung 2.3: Zeichnung von φ und $\dot{\varphi}$ über t, automatische Skalierung

Der Befehl START führt einen Simulationslauf durch. Die Daten werden wie
gewünscht zu jeder vollen Zeiteinheit ausgegeben (Kommunikationsintervall $c_{int} =$
0.02, jeder 50.Wert):

```
ACSL> START                            ! Simulationslauf
        T 0.                             PHI 0.78450000
        T 1.00000000                     PHI-0.66372400
        T 2.00000000                     PHI 0.55858900
        T 3.00000000                     PHI-0.46974700
        T 4.00000000                     PHI 0.39552000
        T 5.00000000                     PHI-0.33366700
  ACSL>
```

Der PREPARE Befehl enthält in seiner Liste (Prepare–Liste) die Variablen t,
phi und dphi. Diese Variablen können nun von der Prepare–Datei gelesen und

gezeichnet bzw. ausgegeben werden. Der PLOT Befehl zeichnet Diagramme der
Variablen, die auf der Prepare–Datei abgespeichert sind. Der Befehl

```
ACSL> PLOT phi, dphi    !  Zeichnung von phi und dphi
                        !  ueber der Zeit t
```

zeichnet $\varphi(t)$ und $\dot\varphi(t)$ über t, beide mit eigenen Achsen und eigenem Maßstab
(Abb. 2.3). Werden keine speziellen Maßstabsangaben gemacht, wählt ACSL für
alle Zeichnungen die Maßstäbe mit automatischer Skalierung.

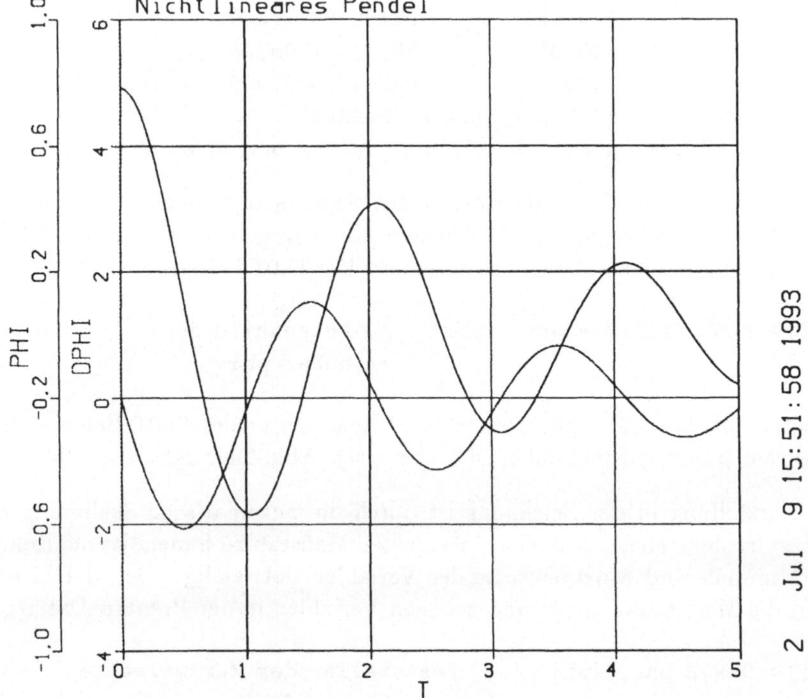

Abbildung 2.4: Zeitverlauf von φ und $\dot\varphi$ mit geändertem Dämpfungsparameter

Experimente mit einem Modell sind das Wesen der Simulation. Die einfachste
Form von Experimenten ist das Ändern von Modellparametern. Der Runtime–
Befehl SET erlaubt das Ändern von Parametern und Variablen, der DISPLAY
Befehl gibt die Werte von Parametern und Variablen aus. Die folgenden Befehle
überprüfen zunächst den Wert des Dämpfungsparameters d mit DISPLAY, ändern
seinen Wert mit SET, führen einen Simulationslauf durch, legen eine Überschrift

für die folgenden Zeichnungen fest (der Systemparameter `title`, ein Textfeld,
wird durch `SET` mit Text belegt) und zeichnen das Ergebnis wie zuvor (Abb. 2.4).
Die Prepare–Liste und die Output–Liste sind noch vom vorhergehenden Simulationslauf gültig, sie müssen daher nicht neu angegeben werden:

```
ACSL> DISPLAY d                     ! Ausgabe der Daempfung d
           D 0.30000000
ACSL> SET d = 0.6                   ! Aenderung der Daempfung d
ACSL> START                         ! Simulationslauf
           T 0.                        PHI 0.78450000
           T 1.00000000                PHI-0.56607600
           T 2.00000000                PHI 0.40968600
           T 3.00000000                PHI-0.29776800
           T 4.00000000                PHI 0.21709300
           T 5.00000000                PHI-0.15855900
ACSL> SET title = "Nichtlineares Pendel"
ACSL> PLOT phi, dphi ! Zeichnung von phi und dphi
```

Die in der Prepare–Datei abgespeicherten Ergebnisse können auf verschieden-
ste Art und Weise graphisch als Zeichnungen ausgegeben werden, ohne daß ein
weiterer Simulationslauf durchzuführen ist. Der `PLOT` Befehl

```
ACSL> PLOT /XAXIS = phi  dphi     ! Phasenbild dphi
                                  ! ueber phi
```

versetzt mit `/XAXIS = phi`, einem Befehlsparameter des `PLOT` Befehls, die x–
Achse auf φ und zeichnet daher $\dot{\varphi}(t)$ über $\varphi(t)$. Abb. 2.5 zeigt dieses Phasenbild.

Die Darstellung in der Zeichnung ist durch die automatische Skalierung nicht
ganz zufriedenstellend. Um einen geeigneten Maßstab zu finden, ist die Kenntnis
der Minimal- und Maximalwerte der Variablen notwendig. Der Befehl `RANGE`
sucht die Maximalwerte der angegebenen Variablen in der Prepare–Datei:

```
ACSL> RANGE phi, dphi     ! Feststellen der Maximalwerte
                          ! von phi und dphi
       PHI -0.56607600  0.78450000
       DPHI -2.07092000  1.52192000
```

Diese Kenntnis erlaubt nun die Vorgabe eines Maßstabes im `PLOT` Befehl. Die
Befehlsparameter `LO` und `HI` geben den Maßstab für die y–Achse (hier $\dot{\varphi}$) vor,
`XLO` und `XHI` jenen für die x–Achse (hier φ):

```
ACSL> ! --- Phasenbild in vorgegebenem Maszstab
ACSL> PLOT /XLO=-.75 /XHI=1 dphi  /LO=-2.5 /HI=2
```

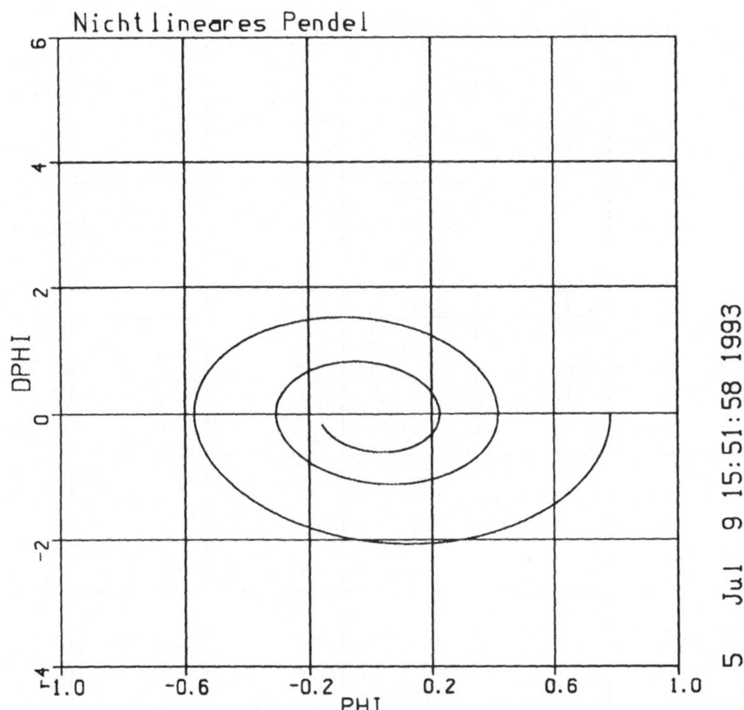

Abbildung 2.5: Phasenbild $\dot{\varphi}$ über φ

Befehlsparameter werden immer mit einem Schrägstrich / im Befehlsaufruf angegeben. Befehlsparameter für die y–Achse gelten nur für die aktuelle Zeichnung, Befehlsparameter für die x–Achse gelten auch für nachfolgende Zeichnungen bis zu ihrer Änderung. Das erklärt, warum /XAXIS = phi nicht wiederholt werden muß. Abb. 2.6 zeigt das Ergebnis der Maßstabsänderung.

Neben dem Zeitverlauf interessieren den Benutzer oft noch die numerischen Endwerte des Simulationslaufes. Der DISPLAY Befehl gibt prinzipiell die momentanen Werte von Parametern und Variablen aus. Nach einem Simulationslauf werden daher die Endwerte der Variablen ausgegeben. Die Variablen können explizit angegeben werden, der Befehlsparameter VAR wählt alle Variablen aus, CON alle Parameter, die mit dem Schlüsselwort CONSTANT vereinbart wurden:

```
ACSL> DISPLAY /VAR  ! Ausgabe (der Endwerte) aller Variablen
        DDPHI 1.65083000              PHI-0.15855900
        DPHI-0.16978900                 T 5.00000000
```

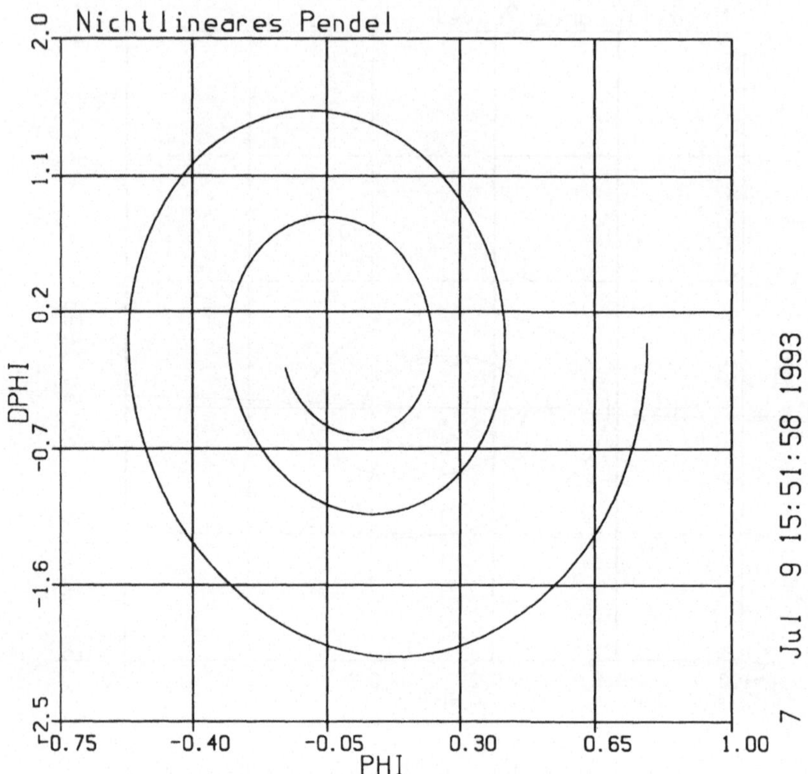

Abbildung 2.6: Phasenbild mit vorgegebenem Maßstab

```
ACSL>
ACSL> DISPLAY /CON    ! Ausgabe aller Parameter
        CINT 0.10000000         D 0.60000000
           G 9.81000000      IALG       5
           L 1.00000000         M 1.00000000
        MAXT 1.0000E+09      MINT 1.0000E-09
        NSTP       10        TEND 5.00000000
        PHIO 0.78450000     DPHIO 0.
      ZZSEED    55555555
ACSL>
```

Der Befehl DISPLAY /VAR gibt die Endwerte von vier Variablen aus. Die Variablen phi, dphi und ddphi sind im Modell explizit definiert, die Zeit t definiert ACSL implizit als Variable, ihr Endwert ist t=5 (gleich wie tend).

Der Befehl `DISPLAY /CON` zeigt, wie erwartet, die Werte für die Parameter `d`, `g`, `l`, `m`, `tend`, `phi0`, `dphi0`, darüber hinaus noch den Wert für das Kommunikationsintervall (Systemparameter `cint`) sowie weitere Systemparameter, die den Integrationsalgorithmus auswählen und steuern. Der Befehl

```
ACSL> EXIT
```

beendet die Simulationssitzung. Erhalten bleiben eine Log–Datei (`model.log`), die alle Aktionen (Eingabe von Befehlen, textuelle Ausgabe und Meldungen) protokollierte und die mit der Namenserweiterung `.log` gekennzeichnet ist, sowie die Prepare–Datei `model.rrr`, die die Ergebnisse des letzten Simulationslaufes beinhaltet. Beide Dateien können weiterverarbeitet werden, die Log–Datei mit einem beliebigen Texteditor oder z. B. nach dem Löschen überflüssiger Teile mit einem Tabellenkalkulationsprogramm, die Prepare–Datei in der nächsten Simulationssitzung mit demselben Modell.

2.2 Elektrischer Schwingkreis

Auch im Bereich der Elektrotechnik findet ACSL viele Anwendungen. Eine einfache Anwendung, ein Serienschwingkreis (Abb. 2.7), zeigt, wie nahezu mühelos aus dem elektrotechnischen Schaltbild unter Zuhilfenahme der bekannten Beziehungen zwischen den Bauteilen eine Modellbeschreibung in ACSL erfolgen kann. Die Kirchhoff'sche Maschenregel liefert für die Spannungen u_L, u_C und u_R an

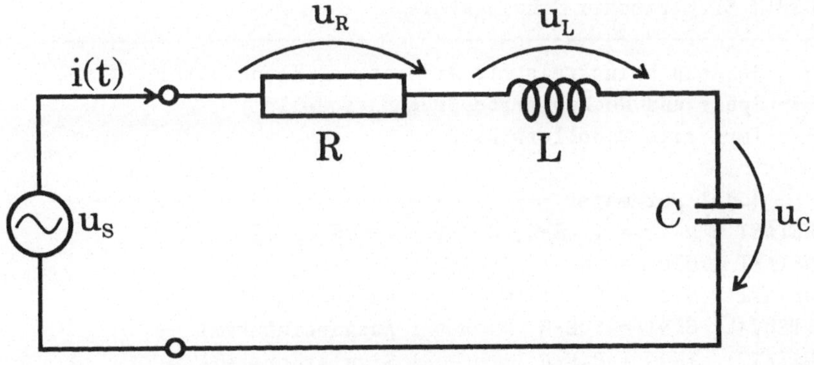

Abbildung 2.7: Serienschwingkreis

Spule, Kondensator und Widerstand und für die Wechselspannungsquelle u_S

$$u_L + u_C + u_R = u_S \, .$$

Für die einzelnen Komponenten des Schwingkreises mit den Modellparametern R, C und L für Widerstand, Kondensator und Spule ergeben sich die Beziehungen

$$u_R = i\,R, \quad u_L = L\,\frac{di}{dt}, \quad \frac{du_C}{dt} = \frac{i}{C}\,.$$

Als Spannungsquelle sei $u_S = u_{S_0}\,\cos(\omega t)$ gewählt.

Eine klassische Vorgangsweise wäre nun die Umformung der Gleichungen in eine Differentialgleichung zweiter Ordnung, indem z. B. u_C nochmals nach t differenziert wird. Für eine Modellbeschreibung in ACSL ist diese Umformung nicht notwendig, denn es liegt bereits ein Differentialgleichungssystem mit den zwei abhängigen Variablen i und u_C vor, das nur mehr explizit formuliert werden muß. Die algebraischen Gleichungen für u_L und u_R können beibehalten werden:

$$u_L = u_S - u_C - u_R, \quad u_R = i\,R$$

$$\frac{di}{dt} = \frac{u_L}{L}, \quad \frac{du_C}{dt} = \frac{i}{C}\,.$$

Als Anfangswerte werden i_0 und u_{C_0} sowie eine von den Modellparametern abhängige Erregerfrequenz f (Kreisfrequenz ω) vorgegeben:

$$f = \frac{1}{2\pi\,\sqrt{L\,C}}, \quad \omega = 2\pi f.$$

Aus diesen Gleichungen kann direkt eine Modellbeschreibung in ACSL formuliert werden:

```
PROGRAM Elektrischer Schwingkreis
! ------------------------------------------------------------
! --- Serienschwingkreis mit Widerstand, Kondensator,
! --- Spule und Wechselstrom-Spannungsquelle
! ----Implizite Modellstruktur
!
! --- Modellparameter --------------------------------------
CONSTANT   L    = 1.5E-6, R  =1.,   C=50.E-12
CONSTANT   USO  = 10.
CONSTANT   UCO  = 0., I0=0.         ! Anfangswerte
CINTERVAL  CINT = 1.E-8             ! Ausgabeintervall
CONSTANT   TEND = 8.E-6             ! Simulationszeit
! --- Diverse Berechnungen ---------------------------------
  PI = 4.*ATAN(1.)
! --- Modelldynamik ----------------------------------------
  FREQ  = 1./(2.*PI*SQRT(L*C))  ! Erregungsfrequenz
  OMEGA = 2*PI*FREQ             ! Kreisfrequenz
```

```
  US = USO * COS(OMEGA*T)          ! Erregung
  UL = US - UC - UR                ! Spulenspannung
  IP = UL / L
  I  = INTEG ( IP, IO )            ! Strom
  UR = R * I                       ! Spannung am Widerstand
  UC = INTEG ( I / C, UCO )        ! Spannung am Kondensator
  TERMT ( T .GE. TEND )            ! Endbedingung
! -----------------------------------------------------------
END  ! of PROGRAM
```

Das Modell beginnt mit dem Schlüsselwort PROGRAM und wird mit einem END !
of PROGRAM abgeschlossen; der Vermerk nach dem Kommentarzeichen dient nur
der Dokumentation. Das Schlüsselwort CONSTANT belegt Modellparameter mit
Anfangswerten, die jederzeit zur Laufzeit geändert werden können.

Das Modell wird hochfrequent erregt, daher sind auch die Simulationszeit TEND
und das Kommunikationsintervall CINT entsprechend kurz zu wählen. Das Kommunikationsintervall CINT wird mit dem Schlüsselwort CINTERVAL namentlich
festgelegt und erhält den Anfangswert 10^{-8}. Standardmäßig ist

```
    CINTERVAL CINT = 0.1
```

vereinbart. In manchen Fällen mag es auch sinnvoll erscheinen, dem Ausgabeintervall einen anderen Namen zu geben, was z. B. mit CINTERVAL OUT = 0.3
geschehen kann.

Unter der Kommentarzeile Diverse Berechnungen findet man die Zuweisung PI
= 4.*ATAN(1.). Dies ist eine einfache und effiziente Art, sich die Zahl π mit
größtmöglicher Genauigkeit innerhalb eines Programmes zu verschaffen. Besonders dann, wenn das Programm auf verschiedenen Rechnern implementiert wird,
ist diese Zuweisung sehr praktisch.

Die Modelldynamik wird in FORTRAN–naher Schreibweise angegeben, wobei
die beiden Differentialgleichungen mit dem INTEG Operator beschrieben werden.
Genaugenommen ist für ACSL das Modell in Form eines Systems von Integral-
gleichungen erster Ordung anzugeben, also in der Form

$$i = i_0 + \int_0^t \frac{u_L}{L} \, d\tau, \quad u_C = u_{C0} + \int_0^t \frac{i}{C} \, d\tau \, .$$

Wesentlich ist die TERMT Bedingung, die die Simulation bei Erreichen der Bedingung T.GE.TEND abbricht. Die Formulierung der Bedingung ist in FORTRAN–
Notation anzugeben, die die Vergleichsoperatoren zwischen Punkten schreibt

(.GE., .GT., .NE.,... bedeutet also $\geq, >, \neq, ...$). Die unabhängige Veränderliche ist standardmäßig als Zeit T automatisch in Modellbeschreibung und Runtime–Interpreter verfügbar. Ein Vergessen der TERMT Bedingung führt zu einem unbegrenzten Simulationslauf. Ein Abbruch ist nur mehr über Tastenkombinationen möglich, die in neueren ACSL–Versionen zum Runtime–Interpreter zurückführen, bei älteren Versionen einzelner Implementationen zum Betriebssystem.

Auf die Reihenfolge der Gleichungen braucht nicht geachtet zu werden, denn ACSL sortiert die Gleichungen zur Auswertung durch einen Integrations- oder anderen Algorithmus automatisch. Die sortierte Reihenfolge wäre hier die Berechnung von FREQ, OMEGA, US, UR, UL, IP, und erst am Schluß von I und UC mittels des INTEG Operators. Auf die Einführung von Hilfsvariablen für dessen Argumente wird später noch eingegangen werden.

Nach der Übersetzung meldet sich der Runtime–Interpreter mit ACSL> und verlangt den ersten Befehl.

ACSL ist nicht „case–sensitiv", d.h. Groß- und Kleinschreibung von Variablen, Schlüsselwörtern, Parametern, Konstanten etc. wird nicht unterschieden. Somit bedeuten für ACSL die Bezeichnungen FREQ, freq und Freq (oder auch frEq) dieselbe Variable. Es gibt daher verschiedene Ansichten über die Schreibweise in der Modellbeschreibung und die Angabe von Befehlen im Runtime–Interpreter. In der Modellbeschreibung werden auch heute noch gerne nur Großbuchstaben verwendet, was mit der langen Entwicklung und Verfügbarkeit von ACSL seit den Anfängen der Programmierung, die nur Großschreibung kannte, zusammenhängt. Teilweise ist aber heute auf dieser Ebene schon eine vollkommene Kleinschreibung anzutreffen.

In diesem Buch wird auf Modellbeschreibungsebene entweder die „alte" Form der Großschreibung verwendet (wie in diesem Beispiel) oder eine „gemäßigte" Form der Kleinschreibung, die alle Variablen klein schreibt und die Schlüsselwörter mit Großbuchstaben bezeichnet (was Vorteile beim Erkennen von Strukturen hat). Bei manchen Beispielen wird aus Demonstrationsgründen eine abweichende Schreibweise verwendet, was besonders erwähnt wird. Auf Runtime–Ebene werden die Befehle und deren Befehlsparameter (auf die sonst nicht zugegriffen werden kann) groß geschrieben und alle Variablen klein, sowohl benutzerdefinerte Variable als auch Systemvariable und Systemparameter, also alle Größen, die mit dem DISPLAY Befehl ausgegeben und mit dem SET Befehl verändert werden können.

Die folgenden Befehle legen fest, daß während eines Simulationslaufes die Variablen t, i, uc, ur, ul und us alle cint Zeiteinheiten abgespeichert werden sollen (PREPARE), führen einen Simulationslauf durch (START), legen eine Überschrift

für künftige Zeichnungen fest (`SET title`) und zeichnen den Strom i über der
Zeit t:

```
ACSL> PREPARE t, i, uc, ur, ul, us   ! Abspeicherung
ACSL> START                          ! Simulationslauf
ACSL> SET title = 'Serienschwingkreis'
ACSL> PLOT i                         ! Zeichnung Strom ueber t
```

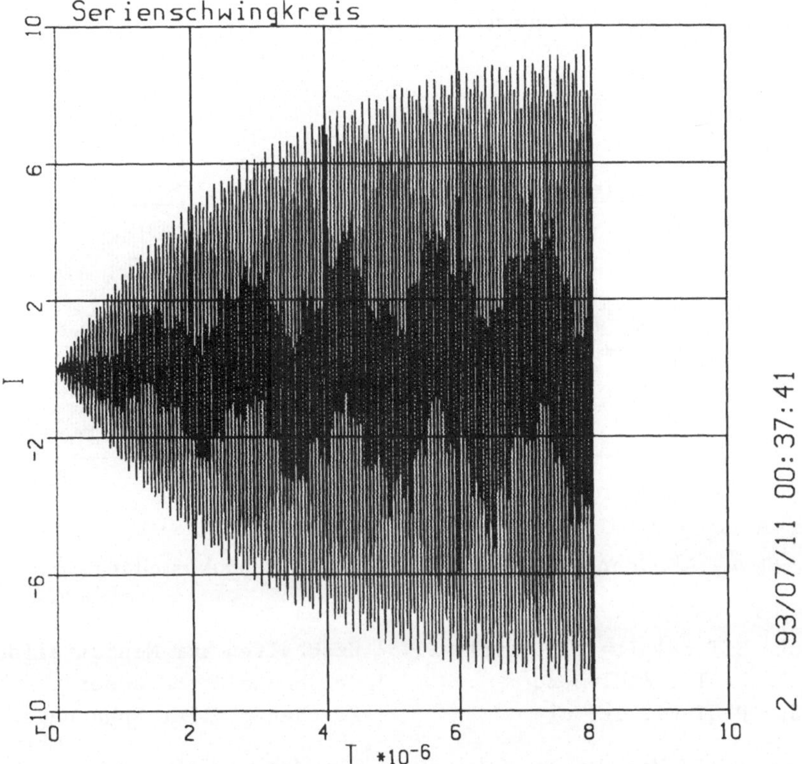

Abbildung 2.8: x/y-Zeichnung: i über t

Abbildung 2.8 zeigt das Ergebnis. Die x–Achse wurde bis $10 \cdot 10^{-6}$ statt bis $8 \cdot 10^{-6}$
gezeichnet. Der Grund hierfür sind nicht vermeidbare Rundungsfehler bei der
Summierung der Kommunikationsintervalle bis zur Endzeit t_{end}, die daher nicht
genau erreicht wird. Die Simulation rechnet daher ein Kommunikationsintervall
weiter und bricht erst beim nächsten Kommunikationszeitpunkt $t_{end} + c_{int} =$
$8.01 \cdot 10^{-6}$ ab. Die automatische Skalierung des `PLOT` Befehls sucht die nächste

geeignete Vermaßung der x–Achse als Ende der Darstellung aus. Als x–Achse wird die Zeit t verwendet, weil sie als erste auf der Prepare–Liste angegeben ist, und nicht, weil sie die unabhängige Variable ist.

Neben der x/y–Darstellung sind in der Technik vor allem Zeichnungen in Form von Meßstreifen beliebt. Logische Systemparameter für Zeichnungsarten schalten auf diesen Zeichnungstyp (genannt „Strip Plot") um. Dazu wird der für x/y–Zeichnungen zuständige Systemparameter `calplt` auf `.FALSE.` gesetzt und der für Meßstreifendarstellung zuständige Systemparameter `strplt` auf `.TRUE.` ACSL begnügt sich auf Runtime–Ebene bei der Angabe der logischen Wahrheitswerte auch mit den Abkürzungen `.F.` bzw. `.T.`:

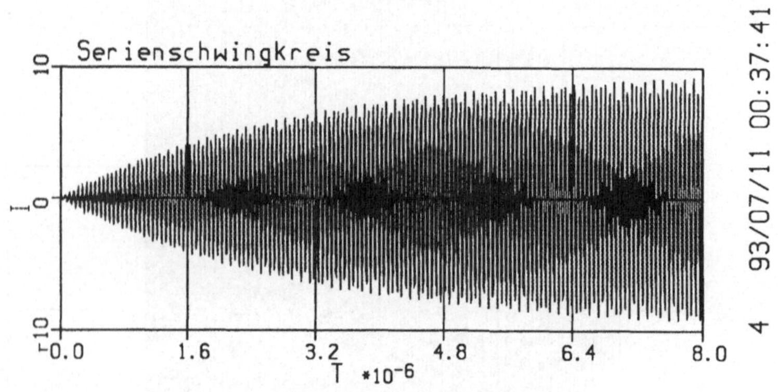

Abbildung 2.9: Strom i über t, Meßstreifendarstellung

```
ACSL> SET calplt=.F., strplt=.T. ! Umschalten auf Meszstreifen
ACSL> PLOT i /XHI=tend             ! Zeichnung Strom ueber t
ACSL> PLOT uc, ur, ul              ! Zeichnung aller Spannungen
```

Der erste `PLOT` Befehl zeichnet den Strom `i` in Meßstreifenform (Abb. 2.9), wobei durch `XHI=tend` ein fester Wert als Maximalwert für die x–Achse vorgegeben wird, in diesem Fall der Endzeitpunkt `tend`. Diese Angabe erspart das Ändern der Endzeit auf die in vielen Programmen zu findenden modifizierten Endzeitpunkte wie 99.9999 statt 100 oder beim betrachteten Beispiel auf $7.999 \cdot 10^{-6}$ statt $8 \cdot 10^{-6}$. Da Befehlsparameter für die x–Achse im Gegensatz zu Befehlsparametern für die y–Achse auch für weitere Zeichnungen gelten, erübrigt sich ihre Angabe bei weiteren `PLOT` Befehlen, wie z.B. bei der Zeichnung der Spannungen `uc`, `ur`, `ul` (Abb. 2.10). Für die beiden Meßstreifendarstellungen muß kein neuer Simulationslauf durchgeführt werden, da vom ersten Lauf noch alle

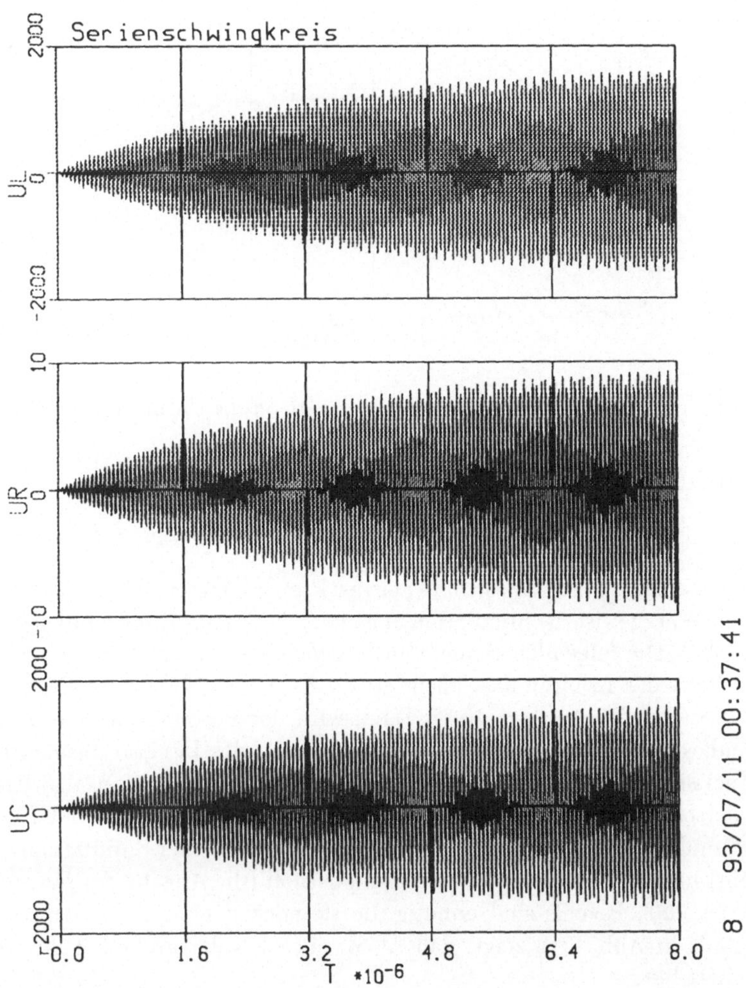

Abbildung 2.10: Spannungen u_C, u_R und u_L über t, Meßstreifendarstellung

Werte der in der Prepare–Liste angegebenen Variablen in der Prepare–Datei abgespeichert sind.

Die Zeichnungen zeigen hochfrequente Schwingungen in geringer Auflösung. Daher stellt sich die Frage nach der Richtigkeit der Simulation, denn als Ergebnis werden modulierte Sinusschwingungen erwartet.

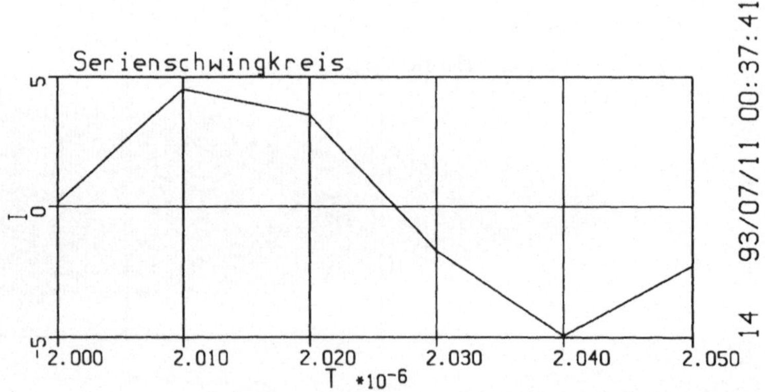

Abbildung 2.11: Strom i über t, Ausschnitt, grobes Kommunikationsintervall

Der Befehl

```
ACSL> PLOT i /XLO=2.0E-6 /XHI=2.05E-6 ! Zeichnung Ausschnitt
```

zeichnet einen kleinen Ausschnitt aus der Prepare–Datei (Abb. 2.11) und berechtigt diese Frage: ist die Simulation ungenau oder ist das Kommunikationsintervall zu groß ? Die folgenden Befehle untersuchen diese Frage. Sie geben den aktuellen Wert des Kommunikationsintervalls cint an (DISPLAY) und setzen es auf den kleineren Wert $c_{int} = 10^{-9}$. Dann wird der Systemparameter nstp von 10 (Standardwert) auf 1 geändert (die Schrittweite des Integrationsalgorithmus errechnet sich aus cint/nstp, sodaß mit nstp=1 der Integrationsalgorithmus jetzt mit derselben Schrittweite wie vorher rechnet). Nach einer sinnvollen Verkürzung der Simulationszeit wird ein nun notwendiger neuerlicher Simulationslauf durchgeführt und die Zeichnung von zuvor wiederholt (die Angabe der Parameter XHI, XLO des PLOT Befehls sind unnötig, da sie noch von vorher gesetzt sind). Das Ergebnis in Abb. 2.12 zeigt, daß ACSL auch bei der groben Auflösung richtig simuliert hat:

```
ACSL> DISPLAY cint                   ! Ausgabe von cint
        CINT 1.0000E-08
ACSL> SET cint = 1.E-9, nstp = 1 ! Aenderung Ausgabeintervall
ACSL> SET tend = 3.E-6               ! Aenderung Endzeit
ACSL> START                          ! Simulationslauf
ACSL> PLOT i /XLO=2.0E-6 /XHI=2.05E-6 !Zeichnung Ausschnitt
```

Zum Bestimmen der Rechenzeit für einen Simulationslauf dient der SPARE Befehl. Dieser Befehl mißt die seit dem Aufruf des Programmes (Accumulated cp

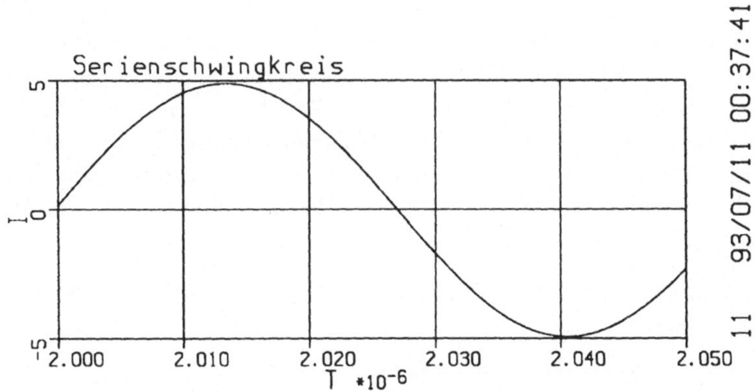

Abbildung 2.12: Strom i über t, Ausschnitt, feineres Kommunikationsintervall

`time`) und die seit dem letzten Aufruf des `SPARE` Befehls (`Elapsed cp time`)
verstrichene Rechenzeit. Die Rechenzeit für die Dauer der Ausführung eines bestimmten Befehls kann daher durch Aufruf des `SPARE` Befehls unmittelbar vor
und nach diesem Befehl ermittelt werden. Um z.B. für einen Simulationslauf
einen gültigen Zeitvergleich zu erhalten, sollten keine Variablen abgespeichert
oder andere Ausgaben gemacht werden. Daher wird für den folgenden Zeitvergleich die Prepare–Liste gelöscht.

```
ACSL> PREPARE /CLEAR                 ! Loeschen der Prepare-Liste
ACSL> SET cint = 1.E-8, nstp= 10 ! Ruecksetzen cint, nstp
ACSL> SET tend = 8.0E-6              ! Ruecksetzen tend
ACSL> SPARE; START; SPARE           ! Simulationslauf mit
                                     ! Rechenzeitbestimmung
   Accumulated cp time 0.        . Elapsed cp time 0.
   Accumulated cp time 36.74520. Elapsed cp time 36.74520
```

Eine Modellbeschreibung in ACSL wird vom Schlüsselwort `PROGRAM` mit einer
(eventuellen) Angabe eines Names für dieses Programm eingeleitet und mit einem
`END` abgeschlossen. Diese Art der Modellbeschreibung wird implizite ACSL–
Programmstruktur genannt, da sie keine weitere Strukturierung beinhaltet.

Betrachtet man die systembeschreibenden Gleichungen genauer, so kann man dynamische Gleichungen, welche zeitabhängige Größen über Differentialgleichungen
oder algebraische Gleichungen berechnen, von den rein statischen Gleichungen
wie für Frequenz f (`FREQ`) und Kreisfrequenz ω (`OMEGA`) unterscheiden. Das bisher betrachtete ACSL–Modell berechnet diese statischen Gleichungen gemeinsam mit den dynamischen Gleichungen beim Simulationslauf bei jedem Aufruf

der Integrationsroutine, obwohl diese statischen Gleichungen nur am Beginn des Simulationslaufes berechnet werden müßten.

ACSL erlaubt, nach dem Standard für CSSL–Simulationssprachen, eine Strukturierung der Modellbeschreibung in sogenannte „Sections" zur Trennung von verschiedenen Arten von Berechnungen. Alle echt dynamischen Gleichungen, das sind Differentialgleichungen und zeitabhängige algebraische Gleichungen, werden in einer DERIVATIVE Section zusammengefaßt, alle statischen Berechnungen, die vor dem Simulationslauf (der Integration des modellbeschreibenden Differentialgleichungssystems) erfolgen können, in einer INITIAL Section.

Damit ändert sich die implizite ACSL–Programmstruktur zu einer expliziten Programmstruktur:

```
PROGRAM Elektrischer Schwingkreis
! -----------------------------------------------------------
! --- Serieller Schwingkreis mit Widerstand, Kondensator,
! --- Spule und Wechselstrom-Spannungsquelle
! --- Explizite Modellstruktur
! -----------------------------------------------------------
INITIAL! --- Modellparameter ---------------------------------
CONSTANT  L    = 1.5E-6, R  = 1.,   C=50.E-12
CONSTANT  USO  = 10.
CONSTANT  UCO  = 0.,   I0=0.        ! Anfangswerte
CINTERVAL CINT = 1.E-8             ! Ausgabeintervall
CONSTANT  TEND = 8.E-6             ! Simulationszeit!
! --- Diverse Berechnungen ---------------------------------
  PI = 4.*ATAN(1.)
! ----Berechnung abhaengiger Modellparameter ---------------
  FREQ  = 1./(2.*PI*SQRT(L*C))    ! Erregungsfrequenz
  OMEGA = 2*PI*FREQ               ! Kreisfrequenz
END  ! of INITIAL
DERIVATIVE ! --- Modelldynamik ------------------------------
  US = USO * COS(OMEGA*T)        ! Erregung
  UL = US - UC - UR              ! Spulenspannung
  IP = UL / L
  I  = INTEG ( IP, I0 )          ! Strom
  UR = R * I                     ! Spannung am Widerstand
  UC = INTEG ( I / C, UCO )      ! Spannung am Kondensator
  TERMT ( T .GE. TEND )          ! Endbedingung
END  ! of DERIVATIVE
END  ! of PROGRAM
```

In der „INITIAL Section", eingeleitet mit dem Schlüsselwort INITIAL und abgeschlossen durch END mit dem Kommentar ! of INITIAL, finden sich nun die rein statischen Berechnungen für Frequenz und Kreisfrequenz, die beim Start eines Simulationslaufes nur zu Beginn berechnet werden. Die `CONSTANT` Vereinbarungen sind in der `INITIAL` Section formuliert, um anschaulich jene Parameter mit Anfangswerten zu belegen, die zur Berechnung von f und ω gebraucht werden. Diese Vereinbarungen sind reine Vorbelegungen der Parameter mit Werten, denn `CONSTANT` ist keine exekutierbare Anweisung. Deshalb hätten die `CONSTANT` Vereinbarungen auch im Bereich der Beschreibung der Dynamik verbleiben können.

Es besteht ein wesentlicher Unterschied zwischen der `CONSTANT` Vereinbarung `CONSTANT L=1.5E-6` und einer Zuweisung `L=1.5E-6`, egal in welcher Section. Die `CONSTANT` Vereinbarung belegt beim Start des Simulationsprogrammes den Parameter L mit einem Anfangswert, der im Runtime–Interpreter beliebig geändert werden kann (`SET L=1.7E-6`). Die Zuweisung `L=1.5E-6` weist bei jedem Simulationslauf dem Parameter diesen Wert zu. Daher ist eine Änderung im Runtime–Interpreter zwar möglich, aber nicht sinnvoll, denn eine Änderung mit `SET L=1.7E-6` wird beim Simulationslauf mit der Anweisung `L=1.5E-6` überschrieben. Für FORTRAN–Kenner sei vermerkt, daß ACSL Vereinbarungen mit `CONSTANT` durch `DATA` Anweisungen ersetzt.

Die dynamische Modellbeschreibung ist in einer `DERIVATIVE` Section zusammengefaßt, eingeleitet mit dem Schlüsselwort `DERIVATIVE`, beendet mit `END` ! of `DERIVATIVE`. Der Name geht auf die Tatsache zurück, daß diese Section im Prinzip die rechte Seite des systembeschreibenden Differentialgleichungssystems enthält, also die „Ableitungen" bzw. „Derivatives".

Experimente mit der expliziten ACSL–Programmstruktur ergeben genau dieselben Resultate (Zeichnungen, Endwerte etc.) wie die implizite Struktur. Die Rechenzeit verkürzt sich allerdings um etwa 20% (Rechenzeit bei der impliziten Struktur: `Elapsed cp time 36.74520`). Die Ermittlung der Rechenzeit erfolgt wieder durch den `SPARE` Befehl:

```
ACSL> ! --- Explizite Programmstruktur fuer Schwingkreis -----
ACSL> ! --- Statische Berechnungen in einer INITIAL SECTION
ACSL> SPARE;START;SPARE ! Simulationslauf, Rechenzeitbestimmung
    Accumulated cp time 0.          . Elapsed cp time 0.
    Accumulated cp time 29.22040. Elapsed cp time 29.22040
ACSL> EXIT                 ! Ende der Simulationssitzung
```

2.3   Reaktionskinetik

Die chemische Reaktionskinetik beschreibt die Änderung der Konzentrationen von Stoffen während einer chemischen Reaktion. Eine Reaktion zweiter Ordnung zwischen den drei Stoffen A, B und C wird zum Beispiel durch die reaktionskinetische Notation

$$A \xrightarrow{k_1} B \qquad B + C \xrightarrow{k_2} A \qquad B + B \xrightarrow{k_3} B + C$$

beschrieben. Die Parameter k_i repräsentieren die Reaktionsgeschwindigkeiten. Die dritte Reaktion bedeutet hier, daß sich zwei Moleküle von Stoff B mit Reaktionsgeschwindigkeit k_3 in ein Molekül von Stoff B und ein Molekül von Stoff C umwandeln.

Aus dieser Notation können nun sofort Differentialgleichungen für die Konzentrationen x_1, x_2 und x_3, die den Stoffen A, B und C entsprechen, nach den üblichen Gesetzen für eine Reaktion zweiter Ordnung abgeleitet werden:

$$\begin{aligned}
\dot{x}_1 &= -k_1\,x_1 + k_2\,x_2\,x_3\,, \quad x_1(0) = x_{1,0} \\
\dot{x}_2 &= k_1\,x_1 - k_2\,x_2\,x_3 - k_3\,x_2^2\,, \quad x_2(0) = x_{2,0} \\
\dot{x}_3 &= k_3\,x_2^2\,, \quad x_3(0) = x_{3,0}\,.
\end{aligned}$$

Die Differentialgleichung für die Konzentration x_1 entsteht dadurch, daß Stoff A mit Parameter k_1 nach B abgibt, was zum Term $-k_1\,x_1$ führt, und mit Parameter k_2 etwas von B+C erhält, was im multiplikativen Term $+k_2\,x_2\,x_3$ ausgedrückt wird. Diese Art der Gleichungserstellung läßt sich leicht automatisieren. Aufgrund der Massenbilanz muß die Summe der Konzentrationen während der gesamten Reaktion konstant bleiben und damit auch gleich der Summe der Anfangskonzentrationen sein:

$$x_1(t) + x_2(t) + x_3(t) = \text{constant} = x_{1,0} + x_{2,0} + x_{3,0}\,.$$

Diese Eigenschaft erspart einerseits das Lösen einer Differentialgleichung (zum Beispiel gilt $x_3(t) = \text{constant} - x_1(t) - x_2(t)$), andererseits kann das Simulationsergebnis sehr leicht validiert werden, wenn alle drei Differentialgleichungen gelöst werden und die Summe der Konzentrationen überprüft wird.

Aus den Gleichungen kann direkt ein ACSL–Modell mit impliziter Programmstruktur formuliert werden. Die Modellbeschreibung beginnt mit dem Schlüsselwort `DERIVATIVE`, um die Tatsache der impliziten Struktur zu unterstreichen — auch das gewohnte `PROGRAM` Schlüsselwort wäre möglich:

```
DERIVATIVE Reaktionskinetik
! --- Reaktionskinetik dreier Stoffe ------------------------
! --- x1, x2, x3  Konzentrationen der Stoffe  A, B, C -------
! --------------------------------------------------------
! --- Modellparameter ------------------------------------
  CONSTANT x10=1, x20=0, x30=0        ! Anfangswerte
  CONSTANT k1=1.e-2, k2=3.e2, k3=3.e4 ! Reaktionsgeschw.
! --- Integrationssteuerung ------------------------------
  CINTERVAL  cint = 1.0e-2                ! Ausgabeintervall
  ALGORITHM  ialg = 2                     ! Gear-Algorithmus
  NSTEPS     nstp = 100                   ! Schritte pro cint
  CONSTANT   tend = 10                    ! Endzeit
! --- Modellgleichungen (Zustaende) ----------------------
  x1 = INTEG ( -k1*x1 + k2*x2*x3,            x10 )
  x2 = INTEG (  k1*x1 - k2*x2*x3 - k3*x2*x2, x20 )
  x3 = INTEG (  k3*x2*x2,                    x30 )
! --- Vergleich Konzentrationssumme ----------------------
  konzsumme = x1 + x2 + x3
  abweichung =  ABS ( konzsumme - (x10 + x20 + x30) )
! --------------------------------------------------------
  TERMT ( t .GE. tend )                   ! Simulationsende
! --------------------------------------------------------
END  ! of PROGRAM
```

Die Anfangskonzentrationen werden mit `CONSTANT` vorbesetzt, ebenso die Reaktionsparameter `k1, k2, k3`. Diese haben ersichtlich unterschiedliche Größenordnung, was bei einem derartigen Prozeß nahezu immer zu erwarten ist (manche Teilreaktionen laufen sehr schnell ab, andere sehr langsam). Derartige Modelle werden als steife Modelle bzw. steife Differentialgleichungssysteme bezeichnet, für deren Lösung spezielle Integrationsalgorithmen, sogenannte Gear–Verfahren, benötigt werden (Näheres siehe Kap. 4.3).

ACSL integriert das Modell standardmäßig mit einem Runge-Kutta–Algorithmus vierter Ordnung über das Kommunikationsintervall, wobei als Schrittweite ein Bruchteil des Kommunikationsintervalls c_{int} gewählt wird. Das Schlüsselwort `ALGORITHM` legt jenen Systemparameter namentlich fest, der die Integrationsroutine auswählt und besetzt ihn mit einem Wert, der einem bestimmten Integrationsalgorithmus entspricht. Standardmäßig, d.h. ohne weitere Angabe, gilt

```
    ALGORITHM ialg = 5
```

als vereinbart. Der den Integrationsalgorithmus auswählende Parameter heißt `ialg`, ist vom Typ `INTEGER` und mit dem Wert `ialg = 5` vorbesetzt, der dem Runge-Kutta–Algorithmus vierter Ordnung zugeordnet ist. Im betrachteten

Modell wird durch das Schlüsselwort `ALGORITHM` der Standardname `ialg` beibehalten, allerdings mit dem Wert `ialg=2` belegt, der den Gear–Algorithmus auswählt. Dieser Algorithmus steuert seine Schrittweite selbständig. Nur als Anfangsschrittweite wählt er einen Bruchteil des Kommunikationsintervalls. Alle Integrationsverfahren lösen die Modellgleichungen über dem Kommunikationsintervall, wobei sie als Schrittweite für einen Integrationsschritt einen Bruchteil des Kommunikationsintervalls wählen. Dieser Bruchteil wird mit dem Schlüsselwort `NSTEPS` („number of steps per communication interval") bestimmt. Standardmäßig gilt

```
NSTEPS nstp = 10 .
```

Der Parameter heißt `nstp` und ist mit dem Wert `nstp = 10` vorbelegt. In der Modellbeschreibung wird statt dessen der Wert `nstp = 100` verwendet, um dem Gear–Verfahren eine kurze Anfangsschrittweite vorzugeben (vgl. Kap. 4.3). Alle mit Schlüsselwörtern definierten Systemparameter können wie jeder andere Parameter im Runtime–Interpreter mit dem `SET` Befehl geändert werden.

Die Modelldynamik wird direkt mit Hilfe des `INTEG` Operators aus den Differentialgleichungen formuliert. Die Variable `konzsumme` berechnet die Summe der Konzentrationen, die Variable `abweichung` den Absolutwert der Abweichung vom konstanten Wert, der Summe der Anfangskonzentrationen, unter Verwendung des Standardoperators `ABS`.

Das folgende Experiment legt zunächst eine Prepare–Liste fest und bestimmt, daß während der Simulation die Variablen `t`, `x1` und `abweichung` zu jedem zehnten Kommunikationszeitpunkt am Bildschirm ausgegeben werden (Systemparameter `nciout`). Der nachfolgende Simulationslauf protokolliert somit 101 Wertetripel:

```
ACSL> PREPARE t,x1,x2,x3,konzsumme,abweichung ! Abspeicherung
ACSL> OUTPUT t,x1,abweichung /nciout=10           ! Ausgabe
ACSL> START                                       ! Simulationslauf
        T 0.                    X1 1.00000000    ABWEICHUNG 0.
        T 0.10000000            X1 0.99900300    ABWEICHUNG 0.
        T 0.20000000            X1 0.99802100    ABWEICHUNG 0.
                 :                       :              :
        T 5.00000000            X1 0.96435200    ABWEICHUNG 0.
        T 5.10000000            X1 0.96383200    ABWEICHUNG 0.
                 :                       :              :
        T 9.80000000            X1 0.94366500    ABWEICHUNG 0.
        T 9.90000000            X1 0.94330600    ABWEICHUNG 0.
        T 10.0000000            X1 0.94294900    ABWEICHUNG 0.
```

Bemerkenswert ist, daß die Konzentrationssumme tatsächlich immer konstant ist, denn die Abweichung bleibt auf dem Wert 0. Genaugenommen liegen die Verfahrensfehler im Bereich der Rechengenauigkeit. Es stellt sich die Frage, ob die Summe der Konzentrationen auch bei der Simulation über einen längeren Zeitraum konstant bleibt. Dazu wird t_{end} auf einen größeren Wert gesetzt und die Output–Liste gelöscht (Befehlsparameter CLEAR), denn die Bildschirmausgabe verlangsamt die Rechenzeit beträchtlich. Nach einem Simulationslauf gibt der DISPLAY Befehl die Endwerte für die Variablen t, x1 und abweichung aus:

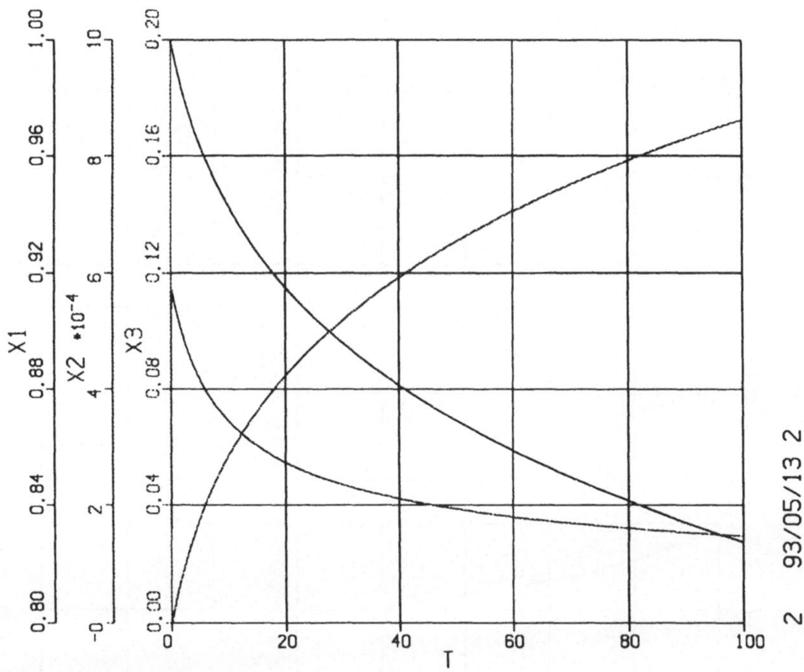

Abbildung 2.13: x/y–Zeichnung der Konzentrationen

```
ACSL> SET tend = 100              ! Verlaengerung der Endzeit
ACSL> OUTPUT /CLEAR               ! Loeschen der OUTPUT-Liste
ACSL> START                      ! Simulationslauf
ACSL> DISPLAY t, x1, abweichung  ! Ausgabe der Endwerte
       T 100.000000      X1 0.82727500   ABWEICHUNG 5.9605E-08
```

Der Wert für die Abweichung liegt immer noch nahe der Rechengenauigkeit (eines PC). Da die Prepare–Liste nicht gelöscht ist, können die beim letzten Simulationslauf auf die Prepare–Datei gespeicherten Variablen gezeichnet werden (Abb. 2.13):

```
ACSL> PLOT x1,x2,x3 /XHI=tend ! Zeichnung der Konzentrationen
```

Die folgende Befehle verkürzen wieder die Endzeit, führen einen Simulationslauf durch und zeichnen die Konzentration **x1** in Form eines Meßstreifens. Dazu
werden die Systemparameter **calplt** und **strplt** für die Zeichnungstypen um-
gesetzt, die Länge der x–Achse (Systemparameter **xinspl**) verändert, eine Überschrift für die folgenden Zeichungen festgelegt (Systemparameter **title**) und im
PLOT Befehl mit dem Befehlsparameter **XTAG** eine Beschriftung für die x–Achse
festgelegt. Abb. 2.14 zeigt das Ergebnis:

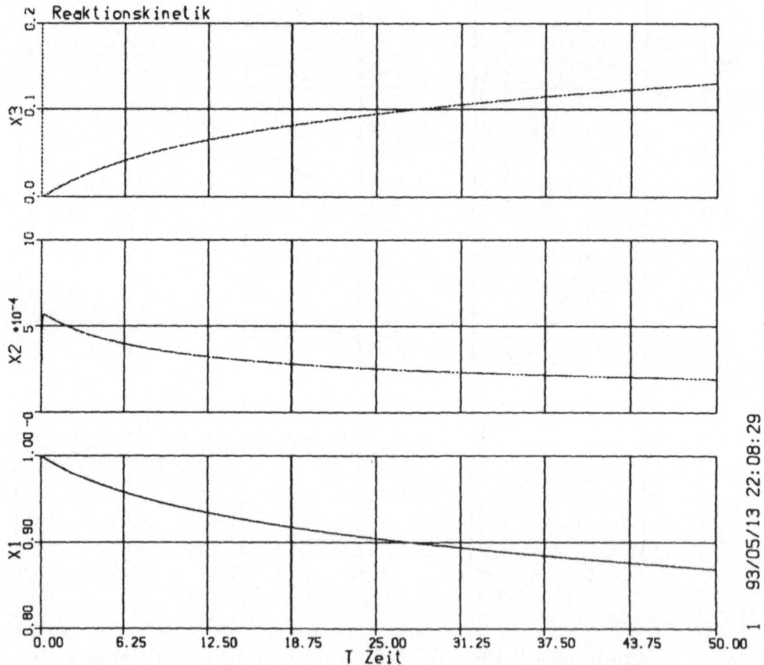

Abbildung 2.14: Konzentration x_1, Meßstreifendarstellung, verlängerte x–Achse

```
ACSL> SET   tend=50                    ! Aenderung der Endzeit
ACSL> START                           ! Simulationslauf
ACSL> SET   calplt=.f.,strplt=.t. ! Umschalten auf Strip Plots
ACSL> SET   xinspl=8   ! Aenderung der Laenge der x-Achse
ACSL> SET   title="Reaktionskinetik"
ACSL> PLOT x1,x2,x3 /XTAG="Zeit" /XHI=tend ! Meszstreifen-
ACSL>                                 ! Zeichnung
```

Befehlsparameter des `PLOT` Befehls, die die x–Achse betreffen, gelten auch für
die nächsten Zeichnungen, soferne sie nicht verändert werden oder eine andere
x–Achse gewählt wird. Befehlsparameter für die y–Achse gelten nur im aktuellen
`PLOT` Befehl. Diese Unterscheidung betrifft nur die Befehlsparameter, die (wie die
Befehle) zur Anschaulichkeit immer mit Großbuchstaben angegeben werden. Auf
sie kann weder mit `DISPLAY` noch mit `SET` zugegriffen werden. Systemparameter
wie Achsenlängen, Gitterliniendichte, Ursprungslage etc. werden dagegen als
„normale" Parameter behandelt.

Eine Besonderheit ist der Befehlsparameter `/XHI=tend` im letzten `PLOT` Befehl.
Er scheint zunächst unnötig, da schon im vorhergehenden `PLOT` Befehl derselbe
Befehlsparameter angegeben wurde. Mit `/XHI=tend` wird aber nur der aktuelle
Wert von `tend` als Maximum für die x–Achse festgelegt, nicht aber der Parameter
`tend` selbst. Da sich der Wert von `tend` zwischen den Zeichnungen änderte, ist
die neuerliche Angabe notwendig. Diese rein wertmäßige Zuweisung wird auch
beim `SET` Befehl durchgeführt, der mit `SET a = b` nur `a` auf den Wert von `b`
setzt und nicht beide Parameter namentlich verbindet, was einem `EQUIVALENCE`
in FORTRAN entsprechen würde.

2.4 Einmassen–Schwinger

Am Beispiel eines Einmassen–Schwingers sollen weitere Möglichkeiten der Modellbildung mit ACSL gezeigt werden. Abbildung 2.15 zeigt das zugehörige mechanische Modell.

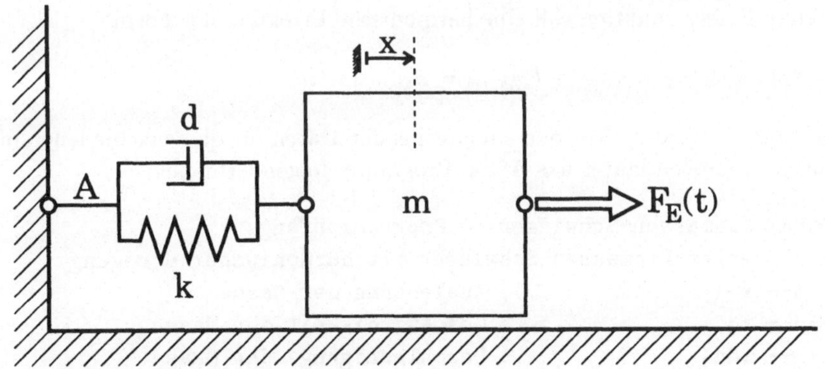

Abbildung 2.15: Mechanisches Modell eines Einmassen-Schwingers

Eine Masse m gleitet reibungsfrei auf einer horizontalen Unterlage. Die Verbindung der Masse mit einem festen Punkt erfolgt durch eine lineare Feder k

und einen parallelgeschalteten geschwindigkeitsproportionalen Dämpfer d. Bei einer Auslenkung ($x > 0$) der Masse aus ihrer Ruhelage ($x = 0$) erzeugt die Feder k eine gegen die positive x-Richtung gerichtete und auf die Masse wirkende Rückführkraft

$$F_k = -k\,x\ .$$

Der Dämpfer d bewirkt eine geschwindigkeitsproportionale Kraft F_d, die gegen die Bewegungsrichtung wirkt

$$F_d = -d\,\dot{x}\ .$$

Zusätzlich soll eine zeitabhängige Erregerkraft $F_E(t)$ an der Masse angreifen. Für ihren Verlauf werden in diesem Beispiel verschiedene Zeitfunktionen angenommen.

Das mechanische System besitzt einen Lagefreiheitsgrad, nämlich die Auslenkung x der Masse m. Die systembeschreibende Differentialgleichung gewinnt man z.B. aus dem Schwerpunktsatz. Sie lautet in der impliziten Darstellung

$$m\,\ddot{x} + k\,x + d\,\dot{x} = F_E\,(t)$$

und in expliziter Schreibweise

$$\ddot{x} = \frac{1}{m}\left(F_E - k\,x - d\,\dot{x}\right)\ .$$

Die Anfangsbedingungen werden so gewählt, daß sich die Masse zum Zeitpunkt $t = 0$ bewegungslos in ihrer Ruhelage befindet, also $x(t_0) = x_0 = 0$ und $\dot{x}(t_0) = \dot{x}_0 = 0$ gilt.

Als erste Erregerfunktion soll eine harmonische Erregung der Form

$$F_{E,harm} = F_{amp}\,\sin(\Omega t)$$

angenommen werden. Mit den entsprechenden Daten für die verschiedenen physikalischen Größen lautet das ACSL-Programm folgendermaßen:

```
PROGRAM Einmassen-Schwinger   ! Programmanfang
! -- Linearer Einmassen-Schwinger mit harmonischer Erregung --
! ----- x                ... Auslenkung der Masse
! ----- xd               ... Geschwindigkeit der Masse
! ----- xdd              ... Beschleunigung  der Masse
! ----- Modellparameter ---------------------------------------------
 CONSTANT m = 10               ! Masse (kg)
 CONSTANT k = 9000             ! Steifigkeit (N/m)
 CONSTANT d = 100              ! Daempfung (Ns/m)
 CONSTANT omega = 20           ! Erregerkreisfrequenz (1/s)
```

```
 CONSTANT famp = 45              ! Erregeramplitude (N)
 CONSTANT tz   = 0.1             ! Anfangsverzoegerung der Err. (s)
 CONSTANT tend = 1.999           ! Endzeit (= 2 s)
! ----- Integrationsparameter ------------------------------------
 CONSTANT  x0  = 0               ! Anfangswert fuer x
 CONSTANT  xd0 = 0               ! Anfangswert fuer xd
 CINTERVAL cint = 0.01           ! Kommunikationsintervall (s)
! ----- Modelldynamik --------------------------------------------
  fk = k*x                       ! Berechnet Federkraft
  fd = d*xd                      ! Berechnet Daempferkraft
  fe = famp*HARM(tz,omega,0)     ! Erregerfunktion
!
 xdd = (fe - fk - fd)/m          ! Differentialgleichung
  xd = INTEG (xdd, xd0)          ! Integriert Beschleunigung
   x = INTEG ( xd,  x0)          ! Integriert Geschwindigkeit
! ----- Simulationsende ------------------------------------------
 TERMT (t .GE. tend)             ! Abbruchbedingung
END                              ! Ende des Programms
```

Das Programm ist (bewußt) analog zu den Programmen der beiden vorhergehenden Beispielen strukturiert. Andere Möglichkeiten der Strukturierung werden in späteren Beispielen behandelt.

Die Berechnung der Erregerkraft `fe` verwendet den `HARM` Operator, um eine harmonische Erregung zu erzeugen. Es ist dies einer jener zahlreichen Operatoren in ACSL zur Erzeugung von Funktionen. Der Aufruf `y = HARM(tz,w,p)` entspricht

$$
\begin{aligned}
y &= 0. & t < tz \\
y &= \sin(w\,(t - tz) + p) & t \geq tz
\end{aligned}
$$

und stellt daher die Zuweisung eines Funktionswertes der Sinus–Funktion mit einer Einschaltverzögerung (Totzeit) tz am Beginn und einem Phasenwinkel p auf die Variable y dar.

Mit den folgenden Runtime–Befehlen wird das erste Experiment durchgeführt und das Ergebnis graphisch dargestellt (Abb. 2.16).

```
ACSL> PREPARE t, x, xd, xdd, fe
ACSL> OUTPUT t, x /nciout=100
ACSL> START
ACSL> SET calplt=.FALSE., strplt=.TRUE.
ACSL> PLOT x, xdd, fe
```

Bis zum Zeitpunkt $tz = 0.1$ ist die Masse in Ruhe und die Erregerkraft gleich Null. Dann setzt die harmonische Erregung ein, und die Masse beginnt einen

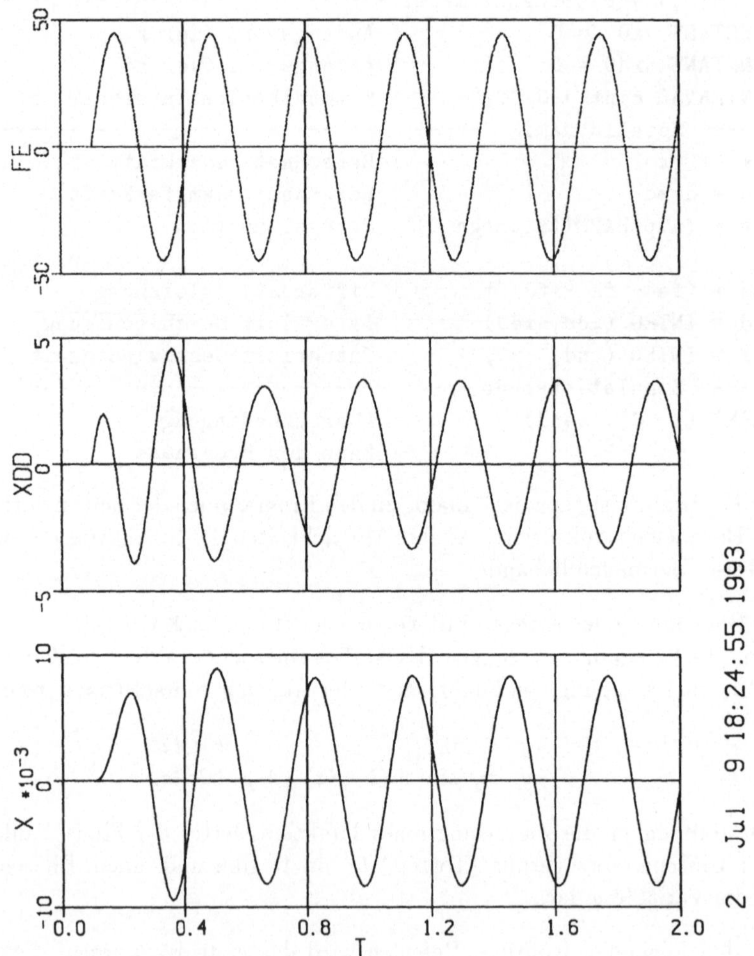

Abbildung 2.16: Zeitverlauf von Erregerkraft $F_{E,harm}$ (fe), Beschleunigung $\ddot{x}$ (xdd) und Schwingweg x (x) bei harmonischer Erregung

Einschwingvorgang. Dieser ist am Simulationsende praktisch abgeklungen. Der durch die Dämpfung hervorgerufene Phasenwinkel zwischen der Erregung und dem Schwingweg ist bei $t = 2.0$ gut zu erkennen. Ob der stationäre Zustand schon erreicht ist, läßt sich anhand eines Phasendiagramms $\dot{x}(x)$ leicht überprüfen.

Mit dem Befehl

```
ACSL> PLOT /XAXIS = x, xd
```

erzeugt man Abb. 2.17 und erkennt, daß der homogene Lösungsanteil des Problems praktisch abgeklungen ist.

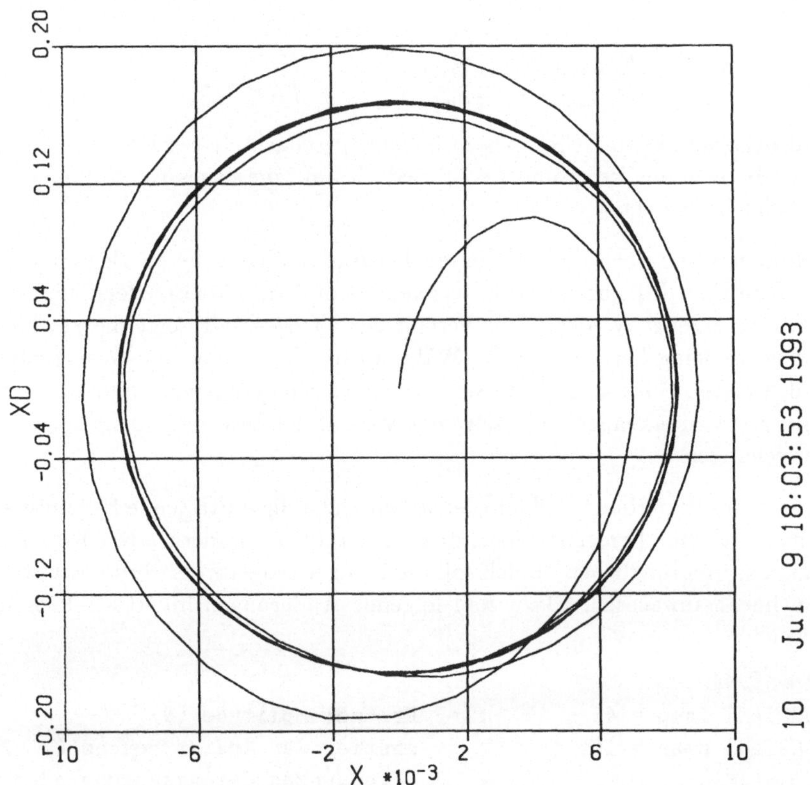

Abbildung 2.17: Phasendiagramm $\dot{x}(x)$ des Einschwingvorgangs

Diese Ergebnisse könnten auch auf analytischem Weg erhalten werden. Der Nutzen der Lösung mittels Simulation zeigt sich aber, wenn man etwa annimmt, daß die Erregeramplitude erhöht werden soll, die maximale Scheitelkraft aber (z.B. aus Gründen der verfügbaren Leistung) nicht erreicht wird. Dazu werden im ACSL–Programm folgende Änderungen vorgenommen:

```
        :
CONSTANT famp = 55              ! Erregeramplitude (N)
```

```
CONSTANT fmax = 45               ! Max. Amplitude    (N)
    :
  fe = BOUND(-fmax, fmax, famp*HARM(tz,omega,0))
    :
```

Der Operator BOUND begrenzt das Erregersignal nach oben mit dem Wert fmax=45 und nach unten mit -fmax=-45, schneidet also quasi die Spitzen der harmonischen Funktion ab.

$$
\begin{aligned}
F_{E,bound} &= F_{amp}\,\sin(\Omega t) & |F_E| &< F_{max}\\
F_{E,bound} &= F_{max} & F_E &\geq F_{max}\\
F_{E,bound} &= -F_{max} & F_E &\leq -F_{max}
\end{aligned}
$$

Ausdrücke können in ACSL nahezu beliebig geschachtelt werden. Aus Gründen der Lesbarkeit des Programms sollte jedoch auf eine exzessive Nutzung dieser Möglichkeit verzichtet werden.

Nach dem Übersetzen des geänderten Programms kann die zu Beginn verwendete Runtime–Sequenz neuerlich verwendet und das Meßstreifendiagramm in Abb. 2.18 erzeugt werden. Der Verlauf der Erregerkraft zeigt die gewünschte Kraftbegrenzung bei $F_E = \pm 45$. Während im Zeitverlauf des Wegsignals $x(t)$ auf den ersten Blick keine Unterschiede zur vorangegangenen Simulationsstudie (Abb. 2.16) zu erkennen sind, zeigt der Verlauf der Beschleunigung $\ddot{x}$ markante Abweichungen.

Als nächstes Experiment soll nun der technisch häufig auftretende Fall untersucht werden, daß eine Erregerfrequenz nicht konstant ist sondern anwächst. Ausgehend vom ursprünglichen Modell soll die Erregerfrequenz bei Null beginnen und dann linear anwachsen. Dazu sind folgende Änderungen im ACSL–Programm notwendig:

```
    :
CONSTANT famp = 45               ! Erregeramplitude (N)
CONSTANT oman = 10               ! Anstieg der Kreisfrequenz (s^-2)
    :                            ! (Frequenzaenderungsgeschwind.)
    :
varom = oman*RAMP(tz)            ! Berechnet ansteigendes Omega
fe = famp*HARM(tz,varom/2.,0)    ! Berechnet Erregung
    :
```

Zunächst wird eine neue Variable oman definiert, die den gewünschten Anstieg der Erregerfrequenz Ω je Zeiteinheit angibt. Mit dieser Variablen und dem RAMP Operator kann nun der aktuelle Wert der variablen Erregerfrequenz varom berechnet werden. Die Funktion RAMP ist folgendermaßen definiert

$$
\begin{aligned}
y &= 0 & t &< tz\\
y &= t - tz & t &\geq tz
\end{aligned}
$$

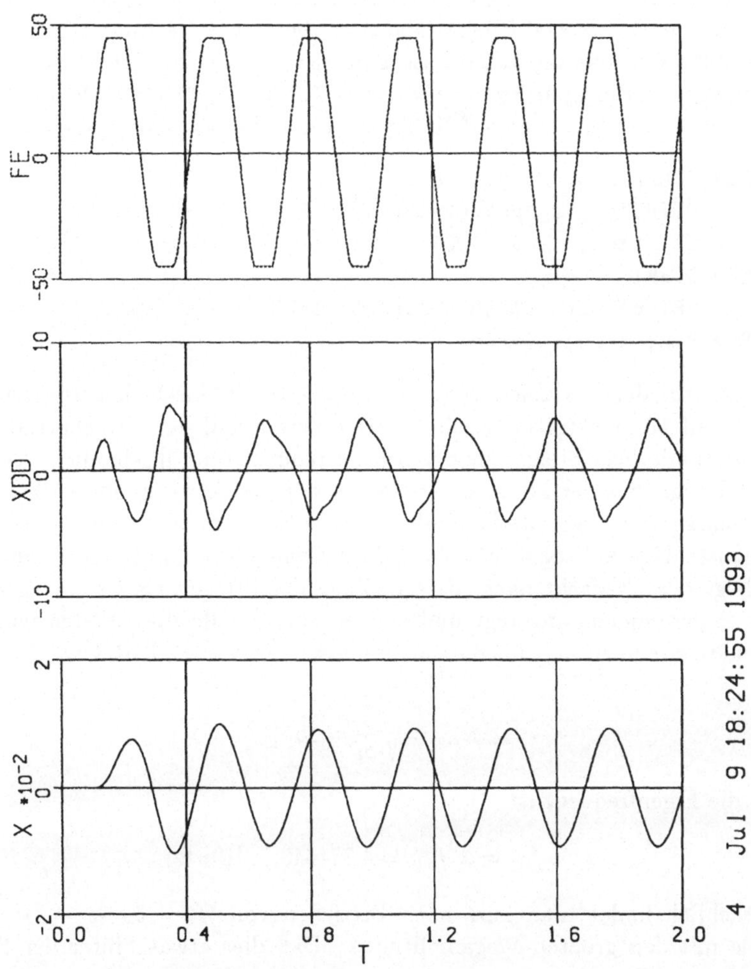

Abbildung 2.18: Zeitverlauf von Erregerkraft $F_{E,bound}$ (`fe`), Beschleunigung $\ddot{x}$ (`xdd`) und Schwingweg x (`x`) bei harmonischer Erregung mit Amplitudenbegrenzung

und bietet sich daher an, hier eingesetzt zu werden.

Das Argument der harmonischen Funktion ist nun proportional zu t^2. Anhand der Ableitung dieser Funktion kann man sich leicht überlegen, daß nun im Aufruf von HARM der Wert von varom halbiert werden muß.

Natürlich könnte man auf die Verwendung von RAMP (und auch HARM) verzichten und innerhalb von ACSL mit IF-THEN-ELSE-Strukturen „FORTRAN-ähnlich" programmieren. Solche Programme sind aber länger, schwerer lesbar und unpraktisch, weil man die automatische Sortierung der Gleichungen erschwert. In der folgenden Runtime-Sequenz wird mit SET tz=0, tend=4.999 die Einschaltverzögerung der Erregung auf Null gesetzt und die Simulationsdauer verlängert.

```
ACSL> PREPARE t, x, fe, varom
ACSL> OUTPUT t, x /nciout=100
ACSL> SET tz=0, tend=4.999
ACSL> START
ACSL> SET calplt=.FALSE., strplt=.TRUE.
ACSL> PLOT x, fe, varom
```

Der Verlauf der Variablen varom in Abb. 2.19 ist durch den linearen Anstieg von 0 auf 50 [1/s] gekennzeichnet. Der Zeitverlauf der Erregerkraft fe zeigt die kontinuierliche Steigerung der Erregerfrequenz sehr anschaulich. Der Verlauf des Wegsignals x der Masse unterscheidet sich deutlich von den vorhergehenden Ergebnissen. In der zweiten Hälfte des Zeitfensters treten zuerst die größten Wegausschläge auf, danach werden die Schwingungsamplituden wieder kleiner. Es liegt der Verdacht nahe, daß im Zuge der Steigerung der Erregerfrequenz eine Eigenfrequenz angeregt und eine Resonanzstelle durchlaufen wurde. Die Eigenkreisfrequenz ω_{eig} für diesen Einmassen-Schwinger lautet

$$\omega_{eig} = \sqrt{\frac{k}{m}} = 30 \ [1/s]$$

und die Eigenfrequenz ist

$$f_{eig} = \omega_e/2\pi = 4.774648... \ [\text{Hertz}] \ .$$

Tatsächlich findet man kurz nach Erreichen von $\Omega = 30$ ($t = 3$) auch die Stelle mit den größten Wegamplituden. Daß dies etwas hinter der Stelle der berechneten Eigenkreisfrequenz auftritt, ist keine Ungenauigkeit in der Simulation. Dieser Unterschied hängt damit zusammen, daß die Resonanzstelle mit der Frequenzänderungsgeschwindigkeit durchfahren wird und die Masse den eingeschwungenen Zustand in der Resonanz aus Zeitgründen nicht erreichen kann. Würde man die Frequenz von oben nach unten variieren, dann würde das Maximum der Wegamplituden bei einer etwas niedrigeren Erregerfrequenz als der berechneten Eigenfrequenz auftreten.

Abschließend soll das Modell noch um eine frequenzabhängige Erregeramplitude erweitert werden. Bei den freien Massenkräften an rotierenden Maschinen tritt

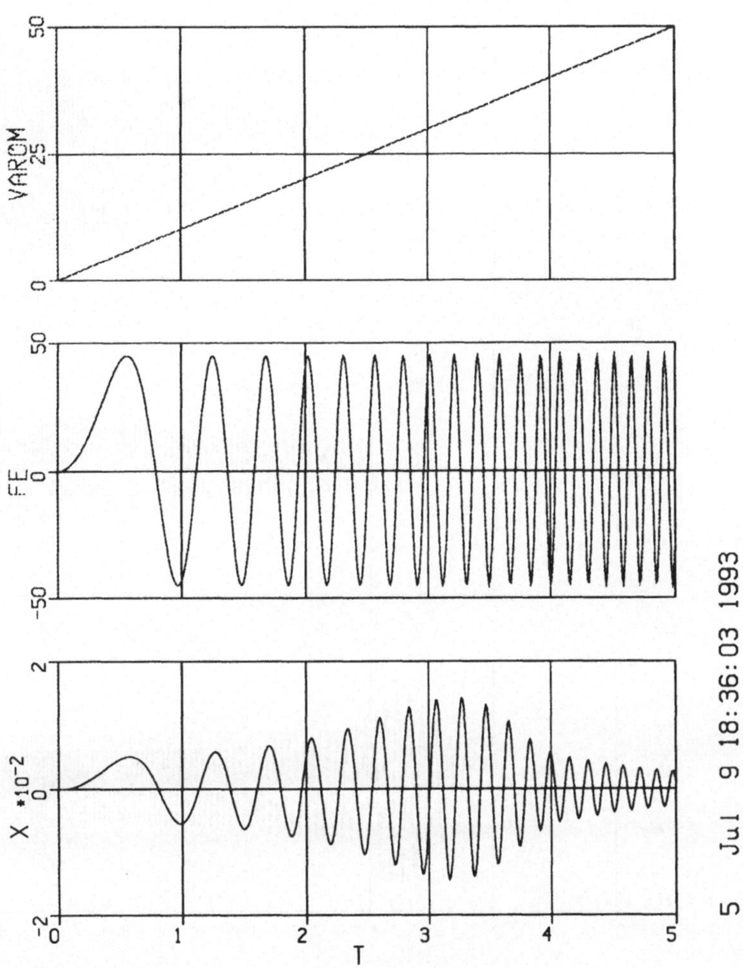

Abbildung 2.19: Zeitverlauf der variablen Erregerfrequenz **varom**, der Erregerkraft **fe** und des Schwingweges **x**

der Fall auf, daß die Amplituden der Erregerkräfte quadratisch von der Erregerfrequenz abhängen

$$F_{E,quad} = F_{amp}^{bez}\, \Omega^2 \sin(\Omega t)\;.$$

Das ursprüngliche ACSL–Programm wird daher folgendermaßen geändert bzw.

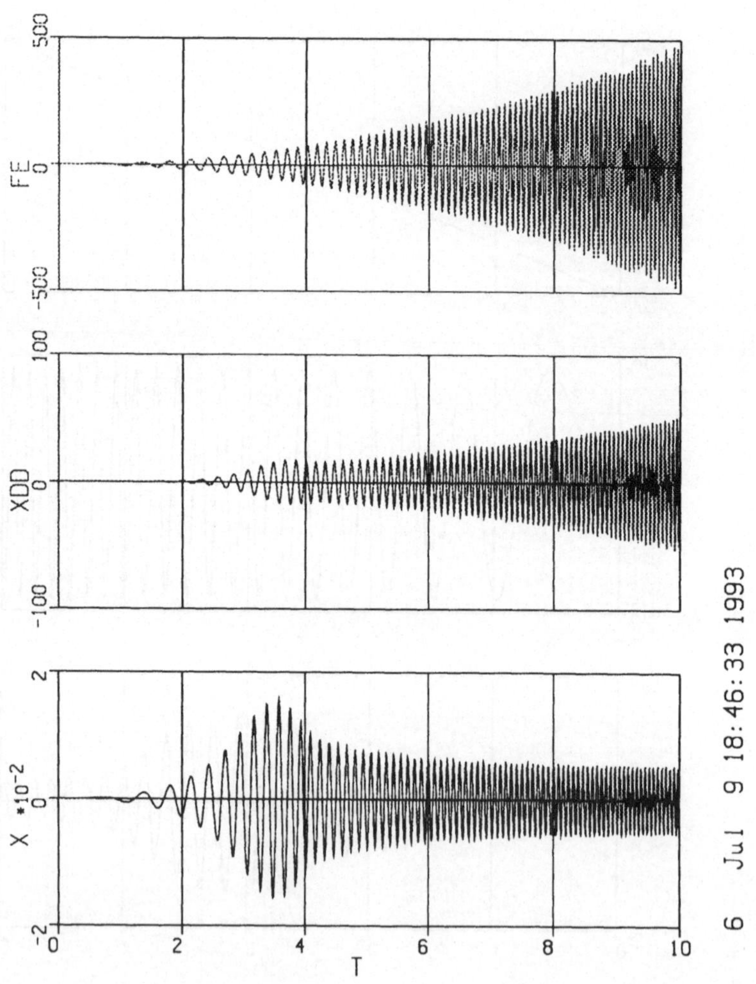

Abbildung 2.20: Zeitverlauf der quadratisch anwachsenden Erregerkraft $F_{E,quad}$ (**fe**), der Schwingbeschleunigung $\ddot{x}$ (**xdd**) und des Schwingweges x (**x**)

erweitert:

```
    :
CONSTANT fampbez = 0.05      ! Bezogene Erregeramplitude (Ns^2)
CONSTANT oman = 10           ! Anstieg der Kreisfrequenz (s^-2)
```

```
        :
 varom = oman*RAMP(tz)           ! Berechnet ansteigendes Omega
        :
 fe = fampbez*varom*varom  &     ! Erregung mit var. Frequenz und
        *HARM(tz,varom/2.,0)     ! frequenzabhaengiger Amplitude
        :
```

In der Anweisungszeile zur Berechnung der Erregeramplitude $F_{E,quad}$ (`fe`) wurde Ω^2 nicht nach der FORTRAN–Notation `varom**2` berechnet, sondern über die einfache Multiplikation `varom*varom`. Der Grund dafür besteht darin, daß in FORTRAN eine Multiplikation deutlich schneller ausgeführt wird als die Potenzfunktion. Solange man sich nicht sicher ist, daß der verwendete FORTRAN–Compiler Integer–Potenzen als solche erkennt und entsprechend behandelt, sollte man bei rechenzeitkritischen Problemen besser zu dieser Form der Programmierung greifen.

In der schon vorher verwendeten Runtime–Sequenz wird `tend=9.999` gesetzt und Abb. 2.20 erzeugt. Der quadratische Anstieg der Erregeramplitude `fe` über der Erregerfrequenz (und wegen der konstanten Frequenzänderungsgeschwindigkeit auch über der Zeit) ist deutlich zu erkennen. Der Schwingweg `x` der Masse zeigt noch immer in der Nähe der Resonanzstelle die größten Ausschläge. Danach werden die Amplituden wieder kleiner, weil die Kraft-Weg–Übertragungsfunktion stärker abfällt als die Erregeramplitude ansteigt. Für die Kraft-Beschleunigungs–Übertragungsfunktion trifft dies nicht zu, und daher steigen die Beschleunigungsamplituden ab $\Omega = 50$ stetig an.

2.5   Populationsdynamik

Im Bereich der Biologie kann ACSL u.a. Wachstums- und Populationsdynamik modellieren und simulieren.

Bekannt sind auf diesem Gebiet Räuber-Beute–Systeme, die auf Volterra [27] zurückgehen. Das Modell für ein Räuber-Beute–System aus zwei Populationen, bei dem n_1 die normierte Beutepopulation und n_2 die normierte Räuberpopulation bezeichnet, lautet:

$$\dot{n}_1 = a\,n_1 - b\,n_1 n_2 - c\,n_1^2$$
$$\dot{n}_2 = -d\,n_2 + e\,n_1 n_2 - f\,n_2^2 \, .$$

Das Modell ist leicht verständlich. Die Vermehrungsrate einer Population wird mit $\dot{n}_1$ bzw. $\dot{n}_2$, der Ableitung der Population nach der Zeit, gemessen. Diese Vermehrungsrate wird nun proportional zur Populationsgröße selbst (Vermehrungsrate n_1 bzw. n_2), zur sogenannten Freßrate ($n_1 n_2$) und zur Eigenkonkurrenzrate

(n_1^2 bzw n_2^2) angesetzt. Die Beute kann sich alleine theoretisch beliebig vermehren
(Parameter $+a$), ihre Vermehrung wird gebremst durch die Freßrate (Parameter
$-b$) und durch die Eigenkonkurrenz (Parameter $-c$). Die Räuber sterben alleine
theoretisch aus (Parameter $-d$), sie leben von der Beute (ausgedrückt durch
die Freßrate mit Parameter $+e$) und brauchen ebenfalls geeigneten Lebensraum
(Eigenkonkurrenz $-f$).

Die nicht normierten Populationsgrößen seien mit P_1 und P_2 bezeichnet, die
Anfangswerte mit P_{10} und P_{20}. Das Modell soll mit den normierten Anfangspo-
pulationen

$$n_{10} = 1 = \frac{P_{10}}{1000}, \quad n_{20} = 1 = \frac{P_{20}}{300}$$

als ACSL–Modell beschrieben werden. Vorausgesetzt wird ferner $f = 2c$, d.h.
die Räuber konkurrenzieren einander doppelt so stark wie die Beute. Das ACSL–
Modell lautet:

```
PROGRAM Population
! -----------------------------------------------------------
! Raeuber-Beute-Modell
! Wechselwirkung zwischen zwei Populationen POPU1, POPU2
! N1, N2 normierte Populationsgroessen
! -----------------------------------------------------------
INTEGER POPU1, POPU2     ! Typendefinition
! -----------------------------------------------------------
INITIAL
! --- Modellparameter
  CONSTANT  N10 = 1., N20 = 1.          ! Anfangswerte
  CONSTANT  A = 2., B = .5, C = .002  ! Wechselwirkung
  CONSTANT  D = .2, E = .4            ! Wechselwirkung
! --- Integrationssteuerung -------------------------------
  CINTERVAL CINT = 0.1           ! Kommunikationsintervall
  ALGORITHM IALG = 5             ! Auswahl RK4-Algorithmus
  NSTEPS    NSTP = 10            ! Integr.Schritte pro CINT
  CONSTANT  TEND = 40            ! Simulationszeit
! -----------------------------------------------------------
  F = 2. * C                     ! Abgeleiteter Modellparameter
END  ! of INITIAL
DERIVATIVE
! --- Modelldynamik ---------------------------------------
  N1N2 = N1*N2; N1Q = N1*N1; N2Q = N2*N2    ! Hilfsgroessen
  N1   = INTEG (A*N1 - B*N1N2 - C*N1Q, N10) ! Ratengleichung
  N2   = INTEG (-D*N2 + E*N1N2 - F*N2Q,N20) ! Ratengleichung
! --- Umrechnung auf tatsaechliche Populationsgroessen -----
```

```
  POPU1 = INT (1000*N1);   POPU2 = INT (300 *N2)
END   ! of DERIVATIVE
TERMT ( T. GE. TEND )              ! Endbedingung
! ------------------------------------------------------------------
END   ! of PROGRAM
```

Die Modellbeschreibung hat explizite ACSL–Programmstruktur. Die INITIAL Section berechnet die statische Gleichung für den Parameter f. Unter dem Abschnitt „Integrationssteuerung" finden sich einige der wesentlichen System-parameter zur Integrations- und Ausgabesteuerung. Das Modell kann mit den Standardwerten der integrationsparameter CINT,IALG und NSTP gerechnet werden, die Vereinbarungen mit den Schlüsselwörtern wären daher entbehrlich, denn genau diese Namen und Standardwerte verwendet ACSL, wenn keine explizite Angabe erfolgt.

Der Abschnitt „Modelldynamik" beschreibt die Differentialgleichungen, wobei für das Produkt und die Quadrate der normierten Populationsgrößen Hilfsvaria-ble verwendet werden.

Die nichtnormierten Populationsgrößen P_1 (POPU1) und P_2 (POPU2) sind ganzzah-lig, sie werden daher vor der INITIAL Section mit dem FORTRAN–Schlüsselwort INTEGER als ganzzahlige Größen (Integer Variable) definiert. Im Gegensatz zu FORTRAN gelten in ACSL alle Variablen als REAL definiert, Zählindizes wie i, j, k, ... müssen daher ebenfalls explizit als INTEGER definiert werden (FOR-TRAN definiert mit i, j, k, l, m, n beginnende Variable implizit als Integer Variable). Die Umrechung auf die tatsächlichen Größen der Populationen erfolgt durch

```
    POPU1 = INT (1000*N1);   POPU2 = INT (300 *N2) .
```

Die Verwendung des Operators INT, der eine Variable in eine Integer Variable umwandelt, ist nicht unbedingt notwendig, denn viele FORTRAN–Compiler ak-zeptieren die Zuweisung einer Real Variablen auf eine Integer Variable, indem die Kommastellen abgeschnitten werden. ACSL–Modelle sollen und können zwi-schen beliebigen Plattformen ausgetauscht werden, es empfiehlt sich daher in derartigen Fällen trotzdem die Verwendung von Umwandlungsfunktionen.

Nach der Übersetzung meldet sich das Simulationsprogramm wie üblich mit ACSL>. Es stellt sich die Frage, welche Werte die Variablen und Parameter am Beginn einer Simulationssitzung, d.h. nach dem Aufruf des Simulationsprogram-mes, aber vor dem ersten Simulationslauf haben. Eine Ausgabe aller Werte mit dem Befehl DISPLAY /ALL schafft Klarheit:

```
ACSL> DISPLAY /ALL          !  Ausgabe aller Variablenwerte vor dem
                            !  ersten Simulationslauf
```

```
   T 0.                   ZZTICG 0.              CINT 0.10000000
   ZZIERR    F            ZZNBLK     1           ZZICON      0
   ZZSTFL    F            ZZFRFL     F           ZZICFL      F
   ZZRNFL    F            ZZJEFL     F           ZZNIST      2
   ZZNAST       0          IALG      5            NSTP      10
     MAXT 1.0000E+09      MINT 1.0000E-09


   State Variables          Derivatives         Initial Conditions
      N1 0.               Z99998 0.              N10 1.00000000
      N2 0.               Z99997 0.              N20 1.00000000


   Algebraic Variables
   Common Block /ZZCOMU/
         A 2.00000000       B 0.50000000        C 0.00200000
         D 0.20000000       E 0.40000000        F 5.5555E+33
      N1N2 5.5555E+33     N1Q 5.5555E+33       N2Q 5.5555E+33
      POPU1 555555333    POPU2 555555333      TEND 40.0000000
      ZZSEED 555555555
```

Der erste Teil der Ausgabetabelle enthält die Systemparameter, die mit Standardwerten besetzt sind, und weitere mit ZZ beginnende Systemparameter, die spezielle Bedeutung haben. Ihre Kenntnis ist nur für spezielle Aufgaben erforderlich, sie werden in späteren Kapiteln teilweise erklärt.

Für das Erkennen der abgespeicherten Struktur ist der zweite Teil der Tabelle am aussagekräftigsten. Er vermerkt die beim Übersetzen erkannten Zustandsgrößen State Variables und die zugehörigen Ableitungsgrößen Derivatives und Anfangswerte Initial Conditions in Tabellenform (Vektorform). ACSL baut sich aus jeder Modellbeschreibung die Darstellung

$$\dot{\vec{x}}(t) = \vec{f}(t, \vec{x}), \quad \vec{x}(t_0) = \vec{x}_0$$

auf. Die Komponenten der einzelnen Vektoren werden definierten Variablen zugeordnet, die Komponenten des Ableitungsvektors erhalten eigene Namen. Im betrachteten Modell führt diese Vorgangsweise zu

$$x_1 = n_1 = \text{N1}, \quad f_1 = \text{z99998}, \quad x_{0,1} = n_{10} = \text{N10},$$
$$x_2 = n_2 = \text{N2}, \quad f_2 = \text{z99997}, \quad x_{0,2} = n_{10} = \text{N20}.$$

Die Variablen zz99998 und zz99997 berechnen somit die rechten Seiten des zugrundeliegenden Differentialgleichungssystems. Selbst wenn der entsprechende INTEG Operator keinen komplexen Ausdruck, sondern nur eine Variable als Argument enthält, z.B. r = INTEG(u,r0), so wird für u ebenfalls eine Variable definiert

$$x_i = r = \text{R}, \quad f_i = \text{z9998n}, \quad x_{0,i} = r_0 = \text{r0}.$$

Die Berechnung der rechten Seite erfolgt in der trivialen Gleichung z9998n=u. ACSL erzeugt Variable nicht nur für den Ableitungsvektor, sondern auch für Macros, Funktionen, Tabellenauswertungen etc.

Sowohl die Systemparameter als auch die Zustands-, Ableitungs- und Anfangs-wertgrößen haben definierte Werte, Zustands- bzw. Ableitungsgrößen werden mit Null initialisiert.

Der dritte Teil der Tabelle beinhaltet alle Algebraic Variables. Hier finden sich alle Parameter, die mit CONSTANT vereinbart wurden, mit dem gewünschten Wert. Alle dynamischen Hilfsgrößen erhalten die Defaultwerte 5.5555E+33 (REAL Variable) bzw. 555555333 (INTEGER Variable), um auszudrücken, daß sie noch keinen definierten Wert haben.

Ein Experiment beginnt wie üblich mit dem Festlegen der Prepare–Liste durch den Befehl PREPARE. Nach dem Simulationslauf START zeigt die mit dem fol-genden PLOT Befehl erzeugte Zeichnung, daß die Populationen das in der Natur bekannte oszillierende Verhalten haben, und daß die Populationsmaxima kleiner werden (Abb. 2.21):

```
ACSL> PREPARE t, n1, n2, popu1, popu2 ! Abspeicherung
ACSL> START                           ! Simulationslauf
ACSL> PLOT n1,n2 /XHI=tend ! Zeichnung der (skal.) Populationen
```

Nach dem Simulationslauf gibt der DISPLAY Befehl wieder die Werte aller Varia-blen aus:

```
ACSL> DISPLAY /ALL                    ! Ausgabe aller (End-)Werte
    T 40.1000000      ZZTICG 0.              CINT 0.10000000
  ZZIERR    F         ZZNBLK     1         ZZICON      0
  ZZSTFL    T         ZZFRFL    F          ZZICFL    F
  ZZRNFL    F         ZZJEFL    F          ZZNIST      2
  ZZNAST    0          IALG     5           NSTP     10
    MAXT 1.0000E+09    MINT 1.0000E-09


   State Variables      Derivatives         Initial Conditions
N1 0.66140200      Z99998 0.83339800     N10 1.00000000
N2 1.47726000      Z99997 0.08664360     N20 1.00000000
   Algebraic Variables Common Block /ZZCOMU/
        A 2.00000000         B 0.50000000         C 0.00200000
        D 0.20000000         E 0.40000000         F 0.00400000
      N1N2 0.97706000      N1Q 0.43745200       N2Q 2.18229000
      POPU1    661       POPU2    443        TEND 40.0000000
    ZZSEED    55555555
```

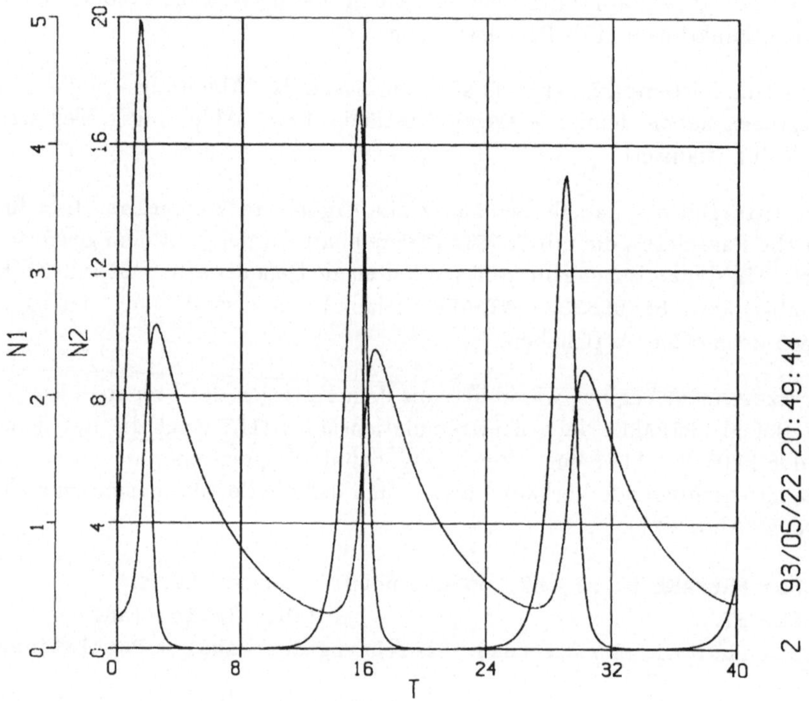

Abbildung 2.21: Normierte Populationen n_1 $(n_{1,max} = 5)$ und n_2 $(n_{2,max} = 8.7)$, zeitliche Entwicklung

Alle dynamischen Variablen enthalten die Werte, mit denen die Simulation beendet wurde. Es fällt zunächst auf, daß die Endzeit `tend` und die erreichte Zeit `t` unterschiedlich sind. Ein direkter Vergleich bestätigt den Unterschied nochmals:

```
ACSL> DISPLAY tend, t       !  Vergleich Endzeit / erreichte Zeit
      TEND 40.0000000            T 40.1000000
```

Grund dafür ist die Arbeitsweise der Ablaufsteuerung der Integration. Der Integrationsalgorithmus rechnet immer mit geeigneter bzw. vorgegebener Schrittweite über das nächste Kommunikationsintervall, wobei er bei der augenblicklichen Zeit t beginnt und bis t_e, das er vorher durch $t_e = t + c_{int}$ berechnet, integriert. Bei dieser Berechnung kommt es nun infolge der Aufsummierung zu Rundungsfehlern. Diese bewirken, daß die unabhängige Veränderliche t den Endwert `tend`, der oft ein Vielfaches des Kommunikationsintervalls c_{int} ist $(t_{end} = m\,c_{int})$, nicht genau erreicht. Der Integrationsalgorithmus rechnet

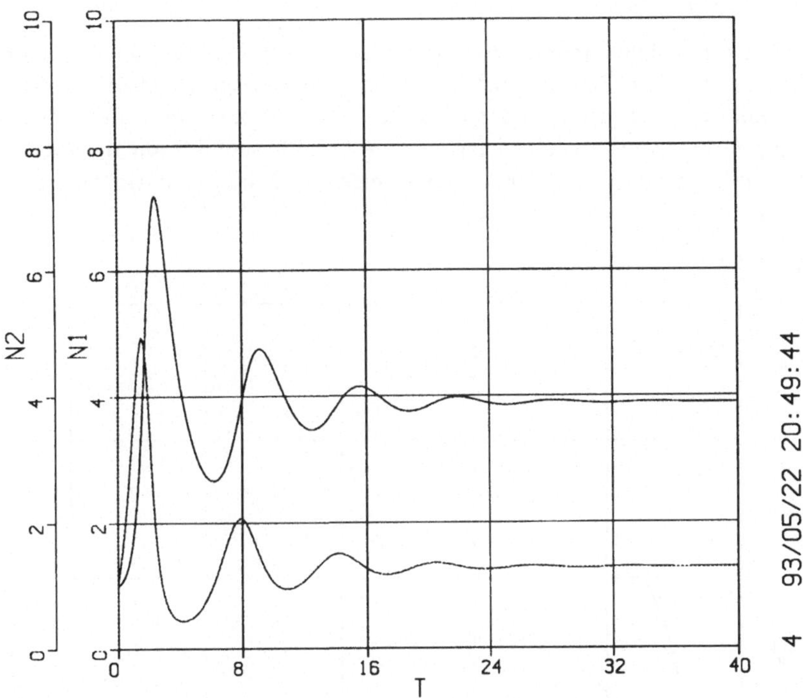

Abbildung 2.22: Normierte Populationen n_1 ($n_{1,max} = 7.1$) und n_2 ($n_{2,max} = 4.9$), starke Eigenkonkurrenz

daher bis zum nächsten Kommunikationszeitpunkt, d.h. er rechnet ein Kommunikationsintervall mehr. Der Rundungsfehler bei dieser Aufsummierung ist auch vom Wert von `cint` abhängig, interessanterweise tritt er bei `cint = 0.1` immer verstärkt auf, da 0.1 dual nicht endlich darstellbar ist und damit unweigerlich Fehler auftreten müssen. Wie erwähnt, kann dieser numerische Fehler durch Vorgabe von Endzeiten wie `tend = 39.999` teilweise kompensiert werden, allerdings ist die Anzahl der „Neuner" abhängig vom Wert für `cint`, von der Wortlänge des Rechners, von der verwendeten Arithmetik etc. Eine andere Kompensation besteht im Berechnen der modifizierten Endzeit, z.B. `tend = tend - cint/2`; auch hier ist noch eine Abhängigkeit von der Wortlänge und der Arithmetik gegeben. Da der Fehler üblicherweise nur bei der automatischen Skalierung des `PLOT` Befehls unangenehm auftritt (die Achsen für die Zeit werden länger als notwendig genommen, im Extremfall doppelt so lang), ist er am einfachsten beim `PLOT`

Befehl durch Vorgabe der Länge der x–Achse mit dem Befehlsparameter /XHI = tend zu korrigieren.

Die folgenden Befehle ändern einen Parameter (Vergrößerung der Eigenkonkurrenz), starten einen Simulationslauf, stellen den Bereich (RANGE) der normierten Populationsgrößen fest und zeichnen die Populationsgrößen im Maßstab der größeren (Abb. 2.22). Danach fertigen sie ein Phasenbild von n_2 über n_1 an (Abb. 2.23). Die graphischen Ergebnisse zeigen, daß die Populationen ersichtlich gegen eine Gleichgewichtslage streben:

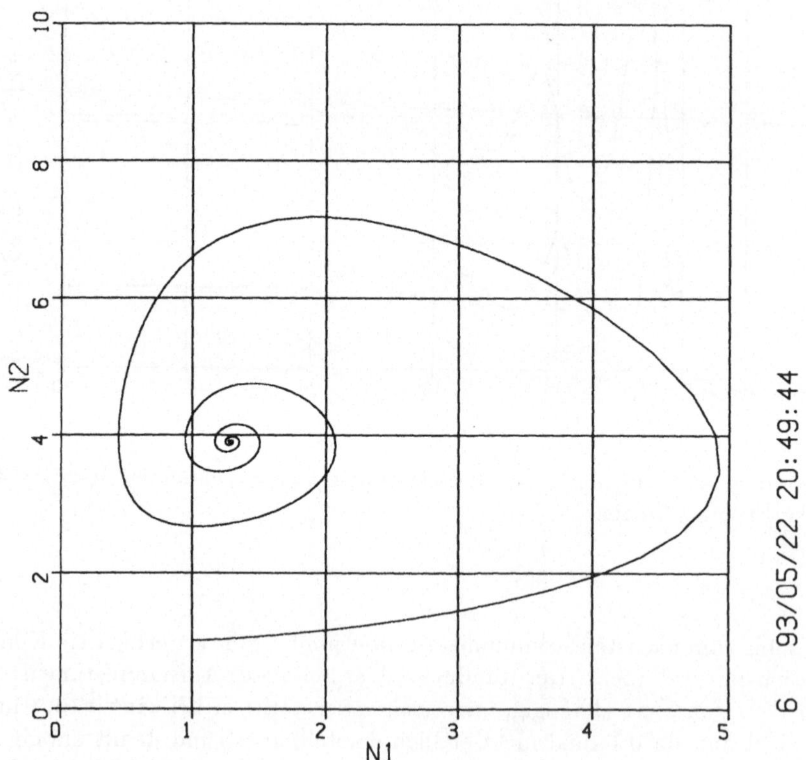

Abbildung 2.23: Phasenbild n_2 über n_1

```
ACSL> SET c=0.04; START  ! Parameteraenderung, Simulationslauf
ACSL> RANGE n1, n2       ! Maximalwertfeststellung
      N1 0.44037500  4.92721000   N2 1.00000000   7.19607000
ACSL> PLOT n2, n1 /SAME  ! Zeichnung im Maszstab von n2
ACSL> PLOT /XAXIS=n1  n2 ! Phasenbild n2 ueber n1
```

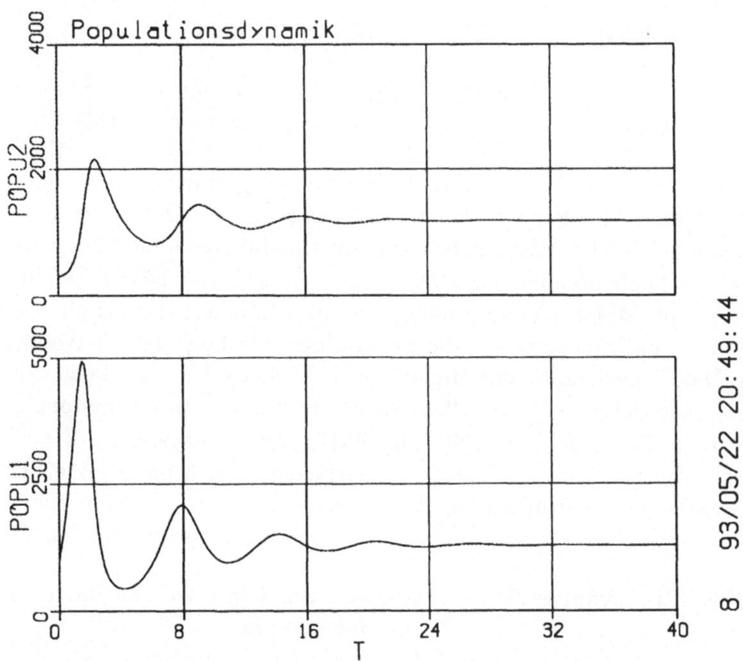

Abbildung 2.24: Meßstreifenbild der unskalierten Populationen über t

Zur Betrachtung der nicht normierten Populationen P_1 und P_2 wird eine Zeichnung in Meßstreifenform angefertigt. Nach dem Umschalten der Zeichnungstypen und dem Festlegen einer Überschrift setzt der PLOT Befehl wieder die Zeit t als x–Achse und zeichnet für die zwei Populationen je eine Zeichnung in Meßstreifenform (Abb. 2.24):

```
ACSL> SET calplt=.F., strplt=.T. ! Umschalten Zeichnungstyp
ACSL> SET title = 'Populationsdynamik'
ACSL> PLOT /XAXIS=t /XHI=tend popu1,popu2    ! Zeichnung
```

Um eine Tabelle der nicht normierten Populationswerte zu erhalten, kann der OUTPUT Befehl verwendet werden, der beim folgenden Simulationslauf die gewünschten Variablen ausgibt. Sinnvoll ist es, nicht jeden Wert (zu jedem Kommunikationszeitpunkt) auszugeben, sondern z. B. nur jeden 50. Wert; dies geschieht durch Setzen des Systemparameters nciout:

```
ACSL> OUTPUT t, popu1, popu2 /nciout=50 ! Output laufend
```

```
ACSL> START                                    ! Simulationslauf
  T 0.                    POPU1   1000      POPU2    300
  T 5.00000000           POPU1    533      POPU2    934
  T 10.0000000           POPU1   1052      POPU2   1329
          :                 :       :         :       :
  T 35.0000000           POPU1   1279      POPU2   1171
  T 40.0000000           POPU1   1281      POPU2   1169
```

Der für OUTPUT notwendige Simulationslauf kann eingespart werden, denn alle Daten sind auf der Prepare–Datei abgespeichert. Die Daten der Prepare–Datei können gezeichnet werden (PLOT), ihre Maximalwerte können festgestellt werden (RANGE), und sie können gedruckt werden (PRINT). Der PRINT Befehl druckt die gewünschten Werte standardmäßig allerdings nur auf die „High Volume Data Unit" aus, üblicherweise auf die protokollierende Log–Datei. Wenn „High Volume Data" auch auf dem Bildschirm (üblicherweise die „Low Volume Data Unit") ausgegeben werden sollen, ist der Systemparameter hvdprn auf .TRUE. zu setzen. Die Befehle OUTPUT und PRINT geben klarerweise dieselben Werte aus, nur die Form der Ausgabe ist verschieden. Auch beim PRINT Befehl kann die Anzahl der zu druckenden Werte beschränkt werden, und zwar durch den Systemparameter nciprn („number of communication intervals for print"):

```
ACSL> SET  hvdprn=.T.    ! Ausgabe von High Volume Data auch
                         ! auf den Schirm
ACSL> print t,popu1,popu2 /nciprn=50     ! Drucken der Werte
                         ! von Prepare-Datei, nur jeder 50.Wert
 Line        T          POPU1          POPU2
    0   0.              1000            300
   50   5.00000000       533            934
  100   10.0000000      1052           1329
    :        :            :              :
  350   35.0000000      1279           1171
  400   40.0000000      1281           1169
```

Bei den modellbeschreibenden Gleichungen kann zwischen statischen und dynamischen Gleichungen unterschieden werden; erstere stehen in der INITIAL Section, letztere in der DERIVATIVE Section. Die Differenzierung der Gleichungstypen geht allerdings weiter. Das vorliegende Modell enthält Gleichungen

```
POPU1 = INT (1000*N1);  POPU2 = INT (300 *N2) ,
```

die zwar dynamisch sind, aber nicht in die eigentliche Dynamik eingehen, weil die Variablen P_1 (POPU1) und P_2 (POPU2) in keiner dynamischen Gleichung auf der rechten Seite vorkommen. Andere derartige Gleichungen berechnen z. B. eine Koordinatentransformation für die Ausgabe, rechnen auf andere Einheiten

um, etc. Es reicht, all diese „halbdynamischen" Größen zum Kommunikationszeitpunkt vor der Ausgabe mit OUTPUT oder vor der Abspeicherung mit PREPARE
zu berechnen, der Integrationsalgorithmus braucht sie nicht mitzuberechnen.

ACSL sieht für diese Möglichkeit die sogenannte „ DYNAMIC Section" vor, in die
generisch die DERIVATIVE Section eingebettet ist. Die DYNAMIC Section beginnt
mit dem Schlüsselwort DYNAMIC und wird wie alle Sections mit einem END abgeschlossen. Alle ACSL–Modelle bauen implizit eine DYNAMIC Section auf, die zu
jedem Kommunikationszeitpunkt automatisch die OUTPUT und PREPARE Ausgabe
durchführt. Zu diesen automatischen Arbeiten können nun weitere Anweisungen hinzukommen, z.B. die „halbdynamischen" Koordinatentransformationen,
Einheitenumrechnungen etc.

Das ACSL–Modell für das Räuber-Beute–System ist daher folgendermaßen gegliedert:

```
      :
      :
END !  of INITIAL
DYNAMIC !  --- Umrechnung auf tatsaechliche Populationsgroessen
  POPU1=INT (1000*N1);  POPU2 = INT (300 *N2)
  ! ----------------------------------------------------------------
  DERIVATIVE
    ! --- Modelldynamik --------------------------------------------
      N1N2= N1*N2; N1Q = N1*N1; N2Q = N2*N2      ! Hilfsgroessen
      N1  = INTEG ( A*N1 - B*N1N2 - C*N1Q, N10) ! Rategleichung
      N2  = INTEG (-D*N2 + E*N1N2 - F*N2Q, N20) ! Rategleichung
    ! --------------------------------------------------------------
   END  ! of DERIVATIVE
TERMT  ( T. GE. TEND )     ! Endbedingung
END  ! of DYNAMIC
END  ! of PROGRAM
```

Die DYNAMIC Section „umklammert" die DERIVATIVE Section (die tatsächliche
Auflösung der Struktur in FORTRAN–Programme wird in Kap. 3 behandelt).
Die „halbdynamischen" Gleichungen können vor oder nach der DERIVATIVE Sec-
tion stehen. Auch TERMT steht nun in der DYNAMIC Section und wertet die
Abbruchbedingung nur mehr zum Kommunikationszeitpunkt aus, prinzipiell als
letzte Anweisung der DYNAMIC Section.

Die gewählte Reihenfolge der Anweisungen in der DYNAMIC Section weist darauf
hin, daß ACSL sich bei der Integration über ein Kommunikationsintervall $[t_i, t_i +
c_{int}]$ an folgende Reihenfolge hält (vgl. Abb.3.2 in Kap.3.1):

1. Berechnung der „halbdynamischen" Gleichungen der DYNAMIC Section mit den Werten zum Zeitpunkt t_i

2. Auswerten einer eventuellen TERMT Bedingung in der DYNAMIC Section, davon abhängig Setzen des „Stop–Flag"

3. Überprüfung des „Stop–Flag", Ende der Simulation im Falle .TRUE.

4. Ausgabe der Variablen für PREPARE und OUTPUT mit den Werten zum Zeitpunkt t_i

5. Integration über das Kommunikationsintervall $[t_i, t_i + c_{int}]$

6. Überprüfen des „Stop–Flag", das von einer eventuellen TERMT Bedingung in der DERIVATIVE Section neu gesetzt wurde; Ende der Simulation im Falle .TRUE.

Im Sinne der Regelungstechnik sind die durch „halbdynamische" Gleichungen definierten Variablen typische Ausgangsvariable. Beim Betrachten der regelungstechnischen Möglichkeiten von ACSL stellt sich allerdings heraus, daß zur Identifizierung von Ausgangsgrößen nicht die DYNAMIC Section verwendet werden kann.

Als letzter Gleichungstyp können noch Endwertgleichungen von den anderen Gleichungen unterschieden werden. Diese sind an sich statisch und führen Berechnungen mit Parametern und Endwerten von Variablen durch. ACSL bietet für derartige Gleichungen die „ TERMINAL Section" an, die nach allen anderen Sections vor dem END ! of PROGRAM der Modellbeschreibung definiert wird. Die TERMINAL Section wird mit dem Schlüsselwort TERMINAL eingeleitet und mit einem eigenen END ! of TERMINAL abgeschlossen. Sie macht sich die Tatsache zunutze, daß die Endwerte aller dynamischen Größen auf ihren Variablennamen abgespeichert sind: N1 bedeutet z. B. in der TERMINAL Section $n_1(t_{end})$. Die Berechnungen der TERMINAL Section werden durchgeführt, sobald das auf .TRUE. gesetzte „Stop–Flag" die Simulation im Laufe der Abarbeitung der DYNAMIC Section abgebrochen hat.

Eine in einer TERMINAL Section formulierbare Aufgabe ist die Berechnung der Abweichung der Populationen zum Endzeitpunkt von den Gleichgewichtspopulationen. Die Gleichgewichtspopulationen für das Modell

$$\dot{n}_1 = a\,n_1 - b\,n_1 n_2 - c\,n_1^2, \quad \dot{n}_2 = -d\,n_2 + e\,n_1 n_2 - f\,n_2^2$$

wird erreicht, wenn die Wachstumsraten Null sind, wenn also gilt

$$0 = a\,n_1 - b\,n_1 n_2 - c\,n_1^2, \quad 0 = -d\,n_2 + e\,n_1 n_2 - f\,n_2^2 .$$

Diese nichtlinearen algebraischen Gleichungen können hier noch analytisch aufgelöst werden, was neben drei nicht sinnvollen Lösungen ($n_i = 0$) zu den Gleichgewichtspopulationen $n_{1,s}$, $n_{2,s}$ mit

$$n_{1,s} = \frac{b\,d + a\,f}{b\,e + c\,f}, \quad n_{2,s} = \frac{a\,e - c\,d}{b\,e + c\,f}$$

führt. Diese Gleichungen sind rein statisch und werden im folgenden ACSL–Modell in der **INITIAL** Section als **N1S** und **N2S** berechnet. ACSL stellt im Rahmen des **ANALYZE** Befehls mit dem Befehlsparameter **/TRIM** ein Verfahren zur iterativen Bestimmung einer stationären Lösung zur Verfügung, das in Kap. 4 näher besprochen wird.

Am Ende des Simulationslaufes kann der Abstand der Populationen von den Gleichgewichtspopulationen durch

$$d_{n_1} = |n_1(t_{end}) - n_{1,s}|, \quad d_{n_2} = |n_2(t_{end}) - n_{2,s}|$$

berechnet werden. Das ACSL–Modell enthält die entsprechenden Berechnungen in der **TERMINAL** Section:

```
PROGRAM Population
! ----------------------------------------------------------
! Raeuber-Beute-Modell
! Wechselwirkung zwischen zwei Populationen POPU1, POPU2 und
! Berechnung der Gleichgewichtspopulation
! N1, N2 normierte Populationsgroessen
! ----------------------------------------------------------
INTEGER POPU1, POPU2,                    ! Typdefinition
INTEGER ABSTANDPOPU1, ABSTANDPOPU2 ! Typdefinition
! ----------------------------------------------------------
INITIAL
! --- Modellparameter
CONSTANT   N10=1., N20 = 1.              ! Anfangswerte
CONSTANT   A=2., B = .5, C = .04   ! Wechselwirkung
CONSTANT   D=.2, E = .4            ! Wechselwirkung
CONSTANT   TEND = 40                     ! Simulationszeit
 F = 2. * C                              ! Abgeleiteter Modellparam.
! --- Berechnung der Gleichgewichtspopulation ---------------
 NENNER =B*E + C*F
 N1S = ( B*D + A*F ) / NENNER  ! Gleichgewichtspopulation
 N2S = ( A*E - C*D ) / NENNER
! ----------------------------------------------------------
END  ! of INITIAL
```

```
DYNAMIC
  ! --- Umrechnung auf tatsaechliche Populationsgroessen -----
     POPU1 = INT (1000*N1);  POPU2 = INT (300 *N2)
  ! ------------------------------------------------------------
  DERIVATIVE
    ! --- Modelldynamik ---------------------------------------
    N1N2=N1*N2; N1Q = N1*N1; N2Q = N2*N2     ! Hilfsgroessen
    N1  =INTEG ( A*N1 - B*N1N2 - C*N1Q, N10)! Ratengleichung
    N2  =INTEG (-D*N2 + E*N1N2 - F*N2Q, N20)! Ratengleichung
  END  ! of DERIVATIVE
TERMT  ( T. GE. TEND )     ! Endbedingung
END  ! of DYNAMIC
TERMINAL
! --- Vergleich Endwerte mit Gleichgewichtspopulation -------
 DISTN1 = ABS(N1-N1S); DISTN2 = ABS(N2-N2S) ! skalierte Werte
 ABSTANDPOPU1 = INT(1000*DISTN1)  ! Umrechnung auf nicht
 ABSTANDPOPU2 = INT(300*DISTN2)   !  normierte Groessen
END   ! of TERMINAL
END   ! of PROGRAM
```

Nach dem Festlegen der Prepare–Liste, dem Ändern des Parameters für die Eigenkonkurrenz und einem Simulationslauf geben DISPLAY Befehle die Unterschiede zwischen und die Abstände von Endpopulationen und Gleichgewichtspopulationen an:

```
ACSL> PREPARE t,n1,n2,popu1,popu2 ! Abspeicherung
ACSL> SET c = 0.04, tend = 20;    ! Aendern von c und tend
ACSL> START                       ! Simulationslauf
ACSL> DISPLAY t, n1, n1s, distn1  ! Ausgabe der Endwerte
         T 20.0000000       N1 1.33769000       N1S 1.27953000
    DISTN1 0.05815880
ACSL> DISPLAY t, n2, n2s, distn2  ! Ausgabe der Endwerte
         T 20.0000000       N2 3.83842000       N2S 3.89764000
    DISTN2 0.05921670
ACSL> DISPLAY abstandpopu1,abstandpopu2 ! Ausgabe der Endwerte
    ABSTANDPOPU1      58        ABSTANDPOPU2      17
```

Offensichtlich sind die Populationen nach 20 Zeiteinheiten noch weit von den Gleichgewichtspopulationen entfernt, eine Simulation über einen längeren Zeitraum ist notwendig. ACSL bietet mit dem Runtime–Befehl CONTINUE die Möglichkeit, einen Simulationslauf nicht mit den Anfangswerten zu starten, sondern mit den Endwerten des letzten Simulationslaufes fortzufahren. Um daher bis zum Zeitpunkt $t = 30$ weiterzusimulieren, kann man bei $t = 20$ beginnen und 10 Zeiteinheiten weiterrechnen:

```
ACSL> SET tend = 30         ! Verlaengern der Endzeit
ACSL> CONTINUE              ! Fortsetzung des Simulationslaufes
ACSL> DISPLAY t, n1, n1s, distn1        ! Ausgabe der Endwerte
        T 30.1000000        N1 1.26792000        N1S 1.27953000
   DISTN1 0.01161150
ACSL> DISPLAY t, n2, n2s, distn2        ! Ausgabe der Endwerte
        T 30.1000000        N2 3.89664000        N2S 3.89764000
   DISTN2 9.9874E-04
ACSL> DISPLAY abstandpopu1,abstandpopu2 ! Ausgabe der Endwerte
      ABSTANDPOPU1    11          ABSTANDPOPU2        0
```

Die Endpopulationen sind näher an die Gleichgewichtspopulationen herangekommen, eine weitere Verlängerung der Endzeit erreicht die Gleichgewichtspopulation:

```
ACSL> SET tend = 50         ! Verlaengern der Endzeit
ACSL> CONTINUE              ! Fortsetzung des Simulationslaufes
ACSL> DISPLAY t, n1, n1s, distn1        ! Ausgabe der Endwerte
        T 60.1000000        N1 1.27954000        N1S 1.27953000
   DISTN1 1.0967E-05
ACSL> DISPLAY t, n2, n2s, distn2        ! Ausgabe der Endwerte
        T 60.1000000        N2 3.89772000        N2S 3.89764000
   DISTN2 7.8440E-05
ACSL> DISPLAY abstandpopu1,abstandpopu2 ! Ausgabe der Endwerte
      ABSTANDPOPU1    0           ABSTANDPOPU2        0
```

Um Gleichgewichtspopulationen für unterschiedliche Modellparameter auszurechnen, kann man sehr effektiv vorgehen. Ein Simulationslauf mit der Endzeit $t_{tend} = 0$ berechnet nur die Gleichungen der INITIAL Section, in der die Gleichgewichtspopulationen ermittelt werden. Eine Integration wird nicht gestartet, da schon vorher die Bedingung im TERMT Operator erfüllt ist:

```
ACSL> SET tend = 0; START  ! Dummy-Simulationslauf, nur
                           ! Berechnung der INITIAL Section
ACSL> DISPLAY t            ! Ueberpruefung der erreichten Zeit
           T 0
ACSL> DISPLAY n1s,n2s  ! Ausgabe der Gleichgewichtspopulationen
        N1S 1.27953000        N2S 3.89764000
ACSL> SET c=0.06;START ! Parameteraenderung, Berechnung der
ACSL>                  ! Gleichgewichtspopulationen in INITIAL
ACSL> DISPLAY n1s,n2s  ! Ausgabe der Gleichgewichtspopulationen
        N1S 1.64093000        N2S 3.80309000
ACSL> SET a = 4; START ! Parameteraenderung, Berechnung der
ACSL>                  ! Gleichgewichtspopulationen in INITIAL
ACSL> DISPLAY n1s,n2s  ! Ausgabe der Gleichgewichtspopulationen
        N1S 2.06693000        N2S 7.83465000
```

2.6   Beschleunigungsvorgang

In den vorangegangenen Beispielen waren die Modellparameter während der Simulation konstant oder änderten sich kontinuierlich. In diesem Beispiel aus dem Bereich der Fahrzeugdynamik soll gezeigt werden, wie Unstetigkeiten eines Modells mit ACSL behandelt werden können.

Mittels eines ACSL–Modells soll das Beschleunigen eines PKW simuliert werden. Abbildung 2.25 gibt einen Einblick in das verwendete mechanische Ersatzmodell. Der PKW soll durch eine starre Masse m_{PKW} dargestellt werden, auf die ver-

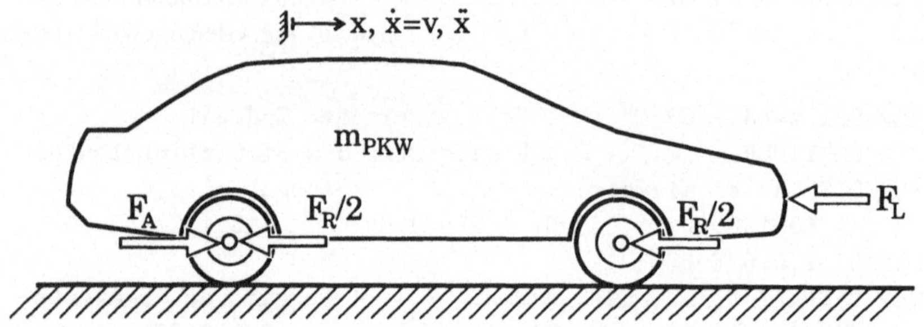

Abbildung 2.25: Für das Beschleunigen relevante Kräfte am mechanischen Ersatzmodell eines PKW

schiedene Kräfte einwirken. In Fahrtrichtung wirkt an den beiden Hinterrädern in Summe die Antriebskraft F_A. Diese resultiert aus dem Motormoment, dazu jedoch später. Gegen die Fahrtrichtung wirken die Fahrwiderstände. In diesem Beispiel sollen nur der Luftwiderstand F_L und der Rollwiderstand F_R betrachtet werden. Weitere Fahrwiderstände wie etwa der Steigungswiderstand oder der Kurvenwiderstand könnten jedoch relativ leicht ergänzt werden. Der Schwerpunktsatz liefert mit der Fahrzeugbeschleunigung $\ddot{x} = \dot{v}$

$$m_{PKW}\ddot{x} = F_A - F_L - F_R \, .$$

Die Beschleunigung der rotierenden Massen soll vernachlässigt werden, könnte aber durch eine äquivalente translatorische Zusatzmasse leicht berücksichtigt werden.

Eine für dieses Modell hinreichend genaue Berechnungsformel für den Luftwiderstand ist

$$F_L = c_w \, \rho \, \frac{A}{2} \, v^2 \, .$$

In dieser Beziehung bedeutet c_w den (fahrzeugabhängigen) Luftwiderstandsbeiwert, ρ die Luftdichte, A die projizierte Fahrzeugquerschnittsfläche und v^2 das

Quadrat der Luftanströmgeschwindigkeit. Es soll angenommen werden, daß Windstille herrscht, sodaß die Luftanströmgeschwindigkeit gleich der Fahrgeschwindigkeit ist. Der Fahrwiderstand zufolge Luftwiderstand nimmt also quadratisch mit der gefahrenen Geschwindigkeit zu.

Der Rollwiderstand wird durch die Reifen hervorgerufen und nach der Beziehung

$$F_R = f_R \, m_{PKW} \, g$$

mit dem näherungsweise konstanten Rollwiderstandsbeiwert f_R aus der Gewichtskraft $m_{PKW} g$ des Fahrzeuges berechnet. Tatsächlich ist der Rollwiderstandsbeiwert f_R für moderne Reifen im niedrigen und mittleren Geschwindigkeitsbereich zwar annähernd konstant, bei hohen Geschwindigkeiten steigt er jedoch progressiv. Weil der Luftwiderstand bei diesen Geschwindigkeiten jedoch bei weitem dominiert, ist die Annahme eines konstanten Rollwiderstandsbeiwertes zulässig.

Die Antriebskraft an den antreibenden Rädern wird nach der Gleichung

$$F_A = M_{mot}(n_{mot}) \, i_G(G) \, i_D \, \frac{1}{r_{dyn}}$$

ermittelt. Es bedeuten $M_{mot}(n_{mot})$ das drehzahlabhängige Drehmoment des Motors, i_G und i_D die Übersetzungen des Getriebes bzw. des Differentials und r_{dyn} der dynamische Reifenrollradius. Die Übersetzung des Differentials ist eine konstruktive Größe und daher konstant. Der dynamische Reifenrollradius ist zwar nicht exakt konstant, kann aber im Rahmen dieses Modells als konstant angenommen werden.

Die Getriebeübersetzung i_G hängt vom eingelegten Gang G ab, stellt also einen unstetigen Parameter des Modells dar. Die verschiedenen Übersetzungen müssen daher geeignet gespeichert und dem jeweiligen Fahrzustand entsprechend in die Gleichung für F_A eingesetzt werden.

Das Motordrehmoment M_{mot} hängt im wesentlichen von zwei Parametern ab, nämlich von der Motordrehzahl n_{mot} und der Stellung des Gaspedals. Hier soll der (verkehrstechnisch wenig relevante) Beschleunigungsvorgang mit maximalem Drehmoment simuliert werden, bei dem das Gaspedal stets in der Maximalstellung ist. Dadurch hängt das Drehmoment nur noch von einem Parameter, nämlich der Motordrehzahl ab. Der Zusammenhang $M_{mot}(n_{mot})$ wird vom Motorhersteller gemessen und liegt daher praktisch immer als Diagramm oder Tabelle vor. Natürlich könnte man auf der Basis dieser Daten eine analytische Näherungsfunktion berechnen und im Simulationsmodell programmieren. ACSL stellt aber auch die Möglichkeit der Eingabe von Tabellen zur Verfügung, und diese soll in diesem Beispiel benützt werden.

Die Anweisungszeile für eine eindimensionale Tabelle des Motordrehmoments mit zwölf Wertepaaren lautet:

```
TABLE MMOT, 1, 12 /1000., 1500., 2000., 2500., 3000., 3500., &
                  4000., 4500., 5000., 5500., 6000., 6500., &
                   130.,  149.,  163.,  170.,  168.,  166., &
                   162.,  158.,  150.,  139.,  123.,   80. /
```

Nach der TABLE Anweisung folgt der Name der Tabelle MMOT, die Anzahl
der unabhängigen Variablen 1 (Drehzahl), die Anzahl der Wertepaare 12 und
eine Liste /.../, welche zuerst die Drehzahlwerte (unabhängige Variable) und
dann die Werte für das zugehörige Drehmoment enthält. Diese Tabelle enthält
die Vollast-Drehmomentkennlinie für einen Mittelklasse–PKW, mit den dimen-
sionsbehafteten Größen Motordrehzahl in Umdrehungen pro Minute (Upm) und
Drehmoment in Nm. Die Verluste des Antriebsstranges sollen der Einfachheit
halber schon in der Momentenkennlinie berücksichtigt sein. Natürlich wäre es
möglich, wesentlich mehr Wertepaare anzugeben, im Hinblick auf die Übersichtlichkeit dieses Demonstrationsbeispiels wurde aber darauf verzichtet.

Unter dem Namen MMOT(arg) kann das Motordrehmoment als Funktionswert
des Arguments arg genauso wie andere ACSL–Funktionen aufgerufen bzw. verwendet werden. ACSL geht mit dem Argument in die Tabelle und interpoliert
linear zwischen den beiden nächstgelegenen Stützstellen oder führt eine lineare
Extrapolation durch, wenn das Argument außerhalb des Wertebereichs der unabhängigen Variablen liegt.

Mit einem ganz einfachen Programm kann man sich von der Funktionstüchtigkeit
der obigen TABLE Anweisung überzeugen und ihre Arbeitsweise studieren.

```
PROGRAM tabletest
!
!----- Programm zum Testen der Tabelle fuer das Motordrehmoment
!
!----- Definition der Tabelle ----------------------------------------
TABLE MMOT, 1, 12 /1000., 1500., 2000., 2500., 3000., 3500., &
                   4000., 4500., 5000., 5500., 6000., 6500., &
                    130.,  149.,  163.,  170.,  168.,  166., &
                    162.,  158.,  150.,  139.,  123.,   80. /
!----- Dummy-Simulationsprogramm -------------------------------------
drehzahl = 1000.*t       ! Drehzahl steigt linear mit der Zeit
moment = MMOT(drehzahl)   ! Berechnet Motormoment
TERMT(t.GE.10)            ! Abbruch bei Drehzahl 10000. (t=10.)
!--------------------------------------------------------------------
END                      ! Programmende
```

Die nachstehende Abfolge von Runtime–Befehlen erzeugt das Drehmoment-Dreh-
zahl–Diagramm in Abb. 2.26.

```
ACSL> PREPARE drehzahl, moment
ACSL> START
ACSL> SET symcpl=.T.      ! Markierung in Zeichnungen
ACSL> SET npccpl= 5       ! Jeder 5. Punkt wird markiert
ACSL> SET yincpl= 4.      ! Laenge Y-Achse in Inch
ACSL> PLOT /XHI=7000. /XTAG='[Upm]' &
ACSL>           moment /CHARACTER=11 /TAG='[Nm]'
```

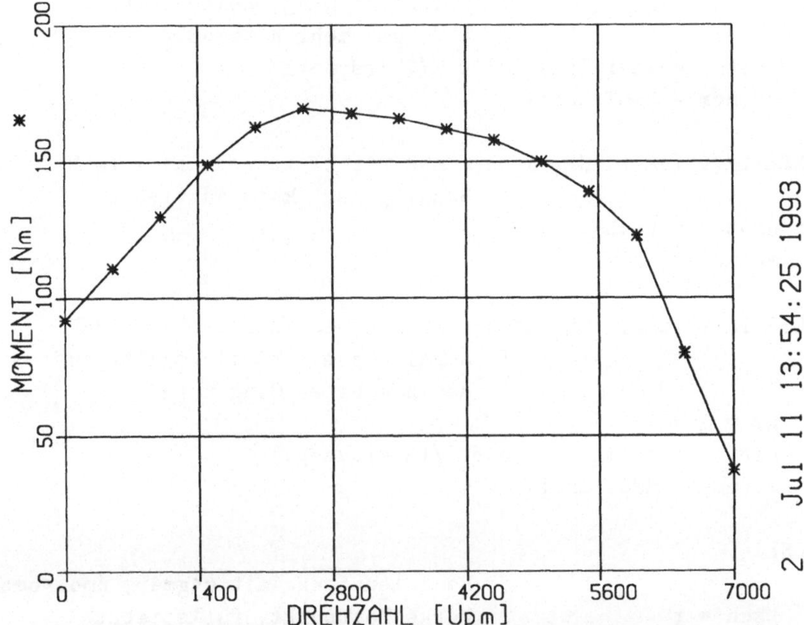

Abbildung 2.26: Verlauf des Motordrehmoments über der Motordrehzahl

Um diese Tabelle im Simulationsprogramm verwenden zu können, wird noch der Zusammenhang zwischen der Fahrgeschwindigkeit und der Motordrehzahl benötigt:

$$n_{mot} = v\, i_G\, i_D\, \frac{60}{2 r_{dyn}\pi}\; .$$

Jetzt muß noch definiert werden, wie der Beschleunigungsvorgang konkret ablaufen soll. Zunächst wird angenommen, daß das Fahrzeug eingekuppelt im ersten Gang mit der Leerlaufdrehzahl $n_{mot,0}$ rollt. Dies umgeht den relativ schwierig zu modellierenden Einkuppelvorgang. Dann wird mit dem maximal zur Verfügung

stehenden Motormoment beschleunigt, bis die Schaltdrehzahl n_{sch} erreicht ist.
Ein- und Auskuppeln soll plötzlich erfolgen. Der Schaltvorgang soll eine Zeit-
spanne d_{sch} dauern, während dieser keine Antriebskraft auf das Fahrzeug wirkt.
Dann wird der Beschleunigungsvorgang im nächsthöheren Gang und mit einer
der aktuellen Fahrgeschwindigkeit entsprechenden Motordrehzahl fortgesetzt.

Die dazu erforderliche Programmlogik kann in einem IF-THEN-ELSE-ENDIF Block
wie in FORTRAN programmiert werden.

```
IF       (gz.EQ.gmax) THEN
                           !  Hoechster Gang, keine weiteren
                           !  Abfragen mehr notwendig
   nmot    = xp*ig(gz)*id*60./(2.*rdyn*pi)
   motmom = MMOT(nmot)

ELSE IF ( (nmot .GE. nsch) .AND. (t.LT.tsch+dsch) ) THEN
                           !  Schaltphase, kein Antrieb
   nmot    = nsch + 1.
   motmom = 0.

ELSE IF ( (nmot .GE. nsch) .AND. (t.GE.tsch+dsch) ) THEN
                           !  Schaltphase vorbei, schalte auf
                           !  den naechsten Gang
   gz = gz+1
   nmot    = xp*ig(gz)*id*60./(2.*rdyn*pi)
   motmom = MMOT(nmot)

ELSE
                           !  Beschleunigung mit g<gmax, nmot<nmax
   tsch = t                !  Merke Zeitpunkt, falls jetzt
                           !  nmax ueberschritten wird
   nmot    = xp*ig(gz)*id*60./(2.*rdyn*pi)
   motmom = MMOT(nmot)
END IF
```

Dieser Programmteil sollte weitgehend selbsterklärend sein. Wichtig ist, daß
im letzten ELSE Zweig die aktuelle Zeit auf eine Hilfsvariable tsch geschrieben
wird. Sobald das Programm in einen anderen Teil verzweigt, weil die Schaltdrehzahl überschritten wurde, enthält diese Variable den Schaltzeitpunkt. Die
Summe aus Schaltzeitpunkt und Schaltdauer gibt den Zeitpunkt an, ab wann die
Antriebskraft wieder wirken darf.

Soll nun dieser gesamte IF-ENDIF Block in ein ACSL–Programm eingebunden
werden, so muß er mit einem PROCEDURAL Block eingeklammert werden:

```
PROCEDURAL(motmom = xp)
  IF (g.EQ.gmax) THEN
     :
     :
  END IF
END    ! of Procedural
```

`IF..ENDIF` Blöcke können in ACSL Level 10 verwendet werden. Ohne Klammerung mittels `PROCEDURAL..END` nimmt der Sortieralgorithmus an, daß jede links des Gleichheitszeichens stehende Variable eine Ausgangsgröße ist und soriert den Block entsprechend ein. In diesem Fall ist aber wegen der Anweisung `gz=gz+1` nicht zu erkennen, welche Variable des `IF-ENDIF` Blocks Eingangs- und welche Ausgangsgrößen sind. Damit wird es für ACSL unmöglich, die Gleichungen der `DERIVATIVE` Section zu sortieren, und der ACSL–Translator bricht mit der Fehlermeldung `Unsortable statement block` ab.

In der Parameterliste der `PROCEDURAL` Anweisung müssen deshalb zuerst alle Ausgangsvariablen und nach dem Gleichheitszeichen alle Eingangsvariablen des einzuklammernden Programmteils angegeben werden. An dieser Liste erkennt der Sortieralgorithmus, welche Variablen vor dem Aufruf des `PROCEDURAL` Blocks berechnet werden müssen bzw. welche von ihm abhängen. Diese Parameterliste hat daher *nicht die Funktion einer Übergabeliste* wie in einem Unterprogrammaufruf. Deshalb brauchen in dem obigen Beispiel auch nur die Geschwindigkeit `xp` als Eingangsgröße und `motmom` als Ausgangsgröße angegeben werden.

Die hier vorgestellte Möglichkeit der Programmierung der Schaltvorgänge ist nicht die einzige und vor allem nicht die genaueste. Die Schaltvorgänge können hier zeitlich nur mit der Integrationsschrittweite aufgelöst werden. Für den Beschleunigungsvorgang reicht diese Genauigkeit bei weitem aus, besonders wenn die Integrationsschrittweite klein gewählt wird. Für Probleme, bei denen der Zeitpunkt eines Ereignisses sehr genau bestimmt werden muß, bietet ACSL den `SCHEDULE` Befehl an. Dieser hätte auch hier eingesetzt werden können, um das Erreichen der Schaltdrehzahl zu bestimmen. Ein Beispiel mit Verwendung des `SCHEDULE` Befehls findet man im Kap. 5.1.

Die vorgestellten Programmteile werden nun zu einem kompletten ACSL–Simulationsprogramm ergänzt. Die verwendeten Daten entsprechen denen eines Mittelklasse–PKW.

```
PROGRAM  Beschleunigen eines PKW
! --------------------------------------------------------------
! --- Punktmassenmodell mit Luft- und Rollwiderstand
! --- Motorleistung durch Drehmomentenkennlinie in
! --- Tabellenform gegeben
! ---
! --- Deklarationen -------------------------------------------
  INTEGER    gmax, gz          ! Gangzahlen sind Integer
  PARAMETER (PI=3.141592654)
  DIMENSION ig(5)              ! Definiert Feld fuer Ueber-
!                               setzung von max. 5 Gaengen
INITIAL
! --- Modellparameter -----------------------------------------
  CONSTANT  mpkw = 1400        ! Masse des PKW              [kg]
  CONSTANT  rho  = 1.202       ! Dichte der Luft       [kg/m^3]
  CONSTANT  cw   = 0.32        ! Luftwiderstandsbeiwert    [-]
  CONSTANT  A    = 1.9         ! Angestr. Querschnitt     [m^2]
  CONSTANT  rdyn = 0.28        ! Dyn. Reifenrollradius      [m]
  CONSTANT  rbw  = 0.015       ! Rollwiderstandsbeiwert    [-]
  CONSTANT  dsch = 0.7         ! Schaltdauer                [s]
  CONSTANT  nsch = 6000.       ! Schaltdrehzahl           [Upm]
  CONSTANT  n0   = 1000.       ! Leerlaufdrehzahl         [Upm]
  CONSTANT  g    = 9.81        ! Fallbeschleunigung    [m/s^2]
  CONSTANT  gz   = 4           ! Anzahl der Gaenge         [-]
  CONSTANT  ig(1)= 3.91        ! Uebersetzung 1.Gang       [-]
  CONSTANT  ig(2)= 2.17        ! Uebersetzung 2.Gang       [-]
  CONSTANT  ig(3)= 1.37        ! Uebersetzung 3.Gang       [-]
  CONSTANT  ig(4)= 1.00        ! Uebersetzung 4.Gang       [-]
  CONSTANT  id   = 3.42        ! Uebersetzung Differential[-]
!
! --- Tabelle fuer das maximale Motordrehmoment
  TABLE MMOT, 1, 12 /1000., 1500., 2000., 2500., 3000., 3500., &
                     4000., 4500., 5000., 5500., 6000., 6500., &
                     130.,  149.,  163.,  170.,  168.,  166., &
                     162.,  158.,  150.,  139.,  123.,   80. /
!
! --- Integrationsparameter ----------------------------------
  CONSTANT  x0   = 0.0         ! Starte bei Null Meter     [m]
  CINTERVAL cint = 0.1
  CONSTANT  tend = 60.         ! Simulationsende            [s]
!
! --- Abgeleitete Groessen -----------------------------------
```

```fortran
      iteil=id*60./(2.*rdyn*PI) ! Hilfsgroesse Uebersetzung
      w  = cw*rho*A/2.          ! Hilfsgroesse Luftwiderstand
      fr = mpkw*g*rbw           ! Berechne Rollwiderstand
      xp0= n0/ig(1)/iteil       ! Berechne Anfangsgeschw.
      gz = 1                    ! Starte im 1.Gang
      nmot = n0                 ! Initialisiere Motordrehzahl
END  ! of initial
!
DYNAMIC
 DERIVATIVE
!
   xpp = (motmom*ig(gz)*id/rdyn - w*xp*xp -fr) / mpkw
   xp  = INTEG (xpp,xp0)
   x   = INTEG (xp, x0 )
!

   PROCEDURAL(motmom = xp)
     IF       (gz.EQ.gmax) THEN
        nmot    = xp*ig(gz)*id*60./(2.*rdyn*pi)
        motmom = MMOT(nmot)
     ELSE IF ( (nmot .GE. nsch) .AND. (t.LT.tsch+dsch) ) THEN
        nmot    = nsch + 1.
        motmom = 0.
     ELSE IF ( (nmot .GE. nsch) .AND. (t.GE.tsch+dsch) ) THEN
        gz = gz+1
        nmot    = xp*ig(gz)*id*60./(2.*rdyn*pi)
        motmom = MMOT(nmot)
     ELSE
        tsch = t
        nmot    = xp*ig(gz)*id*60./(2.*rdyn*pi)
        motmom = MMOT(nmot)
     END IF
   END ! of procedural
 END   ! of derivative
!
kmph = xp*3.6     ! Berechnet Geschwindigkeit in km/h
TERMT (t.GE.tend)
!
END    ! of dynamic
END    ! of program
```

Das Simulationsmodell kann mit der folgenden Runtime–Befehlsfolge gestartet
und die Ausgabe eines Zeitverlaufs der Fahrgeschwindigkeit veranlaßt werden.

```
ACSL> PREPARE t, kmph, xpp, nmot
ACSL> OUTPUT  t  /nciout=100
ACSL> START
ACSL> PLOT /XHI=60. kmph
```

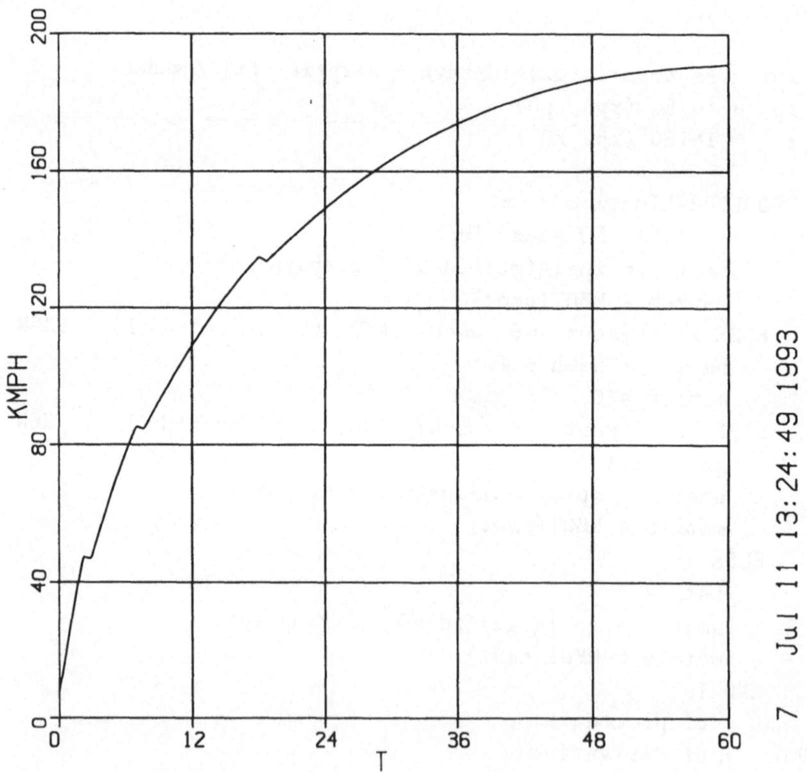

Abbildung 2.27: Verlauf der Fahrzeuggeschwindigkeit **kmph** über der Zeit

Abbildung 2.27 zeigt das entstandene Diagramm. Deutlich sind die Schaltvorgänge zu erkennen. Beim Schalten in den letzten Gang ist auch erkennbar,
daß die Geschwindigkeit während des Schaltens infolge des Luftwiderstandes ab-
nimmt. Die Höchstgeschwindigkeit des PKW ist offensichtlich noch nicht erreicht. Um sie zu bestimmen, kann nach der folgenden Runtime–Befehlsfolge
vorgegangen werden:

```
ACSL> OUTPUT /CLEAR
ACSL> DISPLAY kmph
          kmph 191.146000
ACSL> SET tend=120.
ACSL> CONTINUE
ACSL> DISPLAY kmph
          kmph 192.559000
ACSL> SET tend=180.
ACSL> CONTINUE
ACSL> DISPLAY kmph
          kmph 192.560000
```

Der Befehl OUTPUT /CLEAR löscht die Output–Liste, sodaß während der Integration keine Meldungen mehr am Schirm ausgegeben werden. Mit dem ersten DISPLAY Befehl wird die Geschwindigkeit nach 60 Sekunden ausgegeben. Dann wird die Endzeit tend auf 120 Sekunden erhöht und die Simulation mit CONTINUE fortgesetzt. Dies erspart das neuerliche Berechnen der ersten 60 Sekunden. Diese Vorgangsweise kann beliebig oft wiederholt werden. Nach 3 Minuten (180 Sekunden) sind die Antriebskraft und die Fahrwiderstände praktisch im Gleichgewicht. Mit dem Runtime–Befehl

```
ACSL> DISPLAY xpp
          XPP -8.7193E-08
```

kann man sich davon überzeugen, daß die Beschleunigung de facto gleich Null ist. Ruft man wieder den PLOT Befehl auf (PLOT kmph), dann wird der Geschwindigkeitsverlauf im Intervall [120., 180.] Sekunden dargestellt. Um jetzt die Abb. 2.28 erzeugen zu können, muß die Endzeit tend wieder rückgesetzt und die Integration neuerlich gestartet werden.

```
ACSL> SET tend=60, yincpl=3.
ACSL> START
ACSL> PLOT /XAXIS=kmph nmot /HI=7500.
```

In Abb. 2.28 ist die Motordrehzahl über der Fahrgeschwindigkeit dargestellt um zu zeigen, was in dem eingangs diskutierten IF–ENDIF Block passiert. Beim letzten Schaltvorgang erkennt man trotz der ungünstigen Skalierung gerade noch, daß nach Erreichen der Schaltdrehzahl die Motordrehzahl konstant bleibt, die Fahrgeschwindigkeit aber absinkt. Nach Ablauf der Schaltzeit springt die Motordrehzahl auf den zum nächsthöheren Gang gehörenden kleineren Wert und steigt dann wieder im Zuge der Beschleunigung kontinuierlich an. Dieser Drehzahlverlauf ist zwar unrealistisch, verfälscht aber den Beschleunigungsverlauf des PKW nicht.

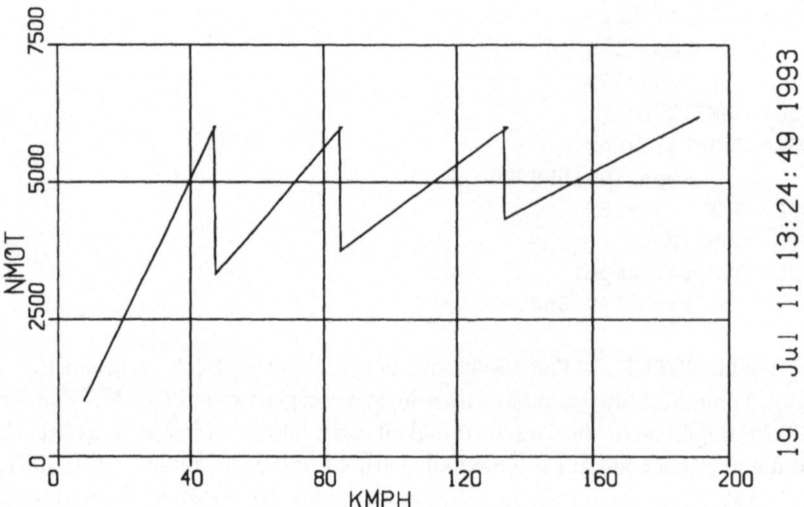

Abbildung 2.28: Verlauf der Motordrehzahl nmot über der Fahrgeschwindigkeit

2.7   Regelstrecke

ACSL bietet auch die Möglichkeit einer Modellbeschreibung mit Übertragungsfunktionen an, um der Modellbildung und Simulation in der Regelungstechnik
die gewohnte Beschreibungsform in regelungstechnischen Blöcken zu erlauben.
Diese Übertragungsfunktionen sind als ACSL–Macros implementiert, welche die
entsprechenden Differentialgleichungen erzeugen. ACSL wandelt somit die Frequenzbereichsdarstellung in eine Zeitbereichsdarstellung um.

Die angebotenen Übertragungsfunktionen sind ein Verzögerungsglied erster Ordnung, ein Verzögerungsglied erster Ordnung mit Differentialanteil, ein Verzögerungsglied zweiter Ordnung und eine allgemeine Übertragungsfunktion:

$$G_{PT1}(s) \;=\; \frac{1}{T\,s+1}, \qquad\qquad G_{DT1}(s) \;=\; \frac{T_1\,s+1}{T_2\,s+1},$$

$$G_{PT2}(s) \;=\; \frac{1}{a\,s^2+b\,s+1}, \qquad\qquad G(s) \;=\; \frac{Z(s)}{N(s)}$$

Die Namen der entsprechenden ACSL–Operatoren orientieren sich an der Übertragungsfunktion

```
Ausgang = REALPL(T,Eingang),
Ausgang = LEDLAG(T1,T2,Eingang),
Ausgang = CMPXPL(A,B,Eingang),
```

denn das PT1–Glied hat einen reellen Pol (REALPL), das PT2–Glied (möglicher-
weise) zwei konjugiert komplexe Pole (CMPXPL) und das DT1–Glied wird durch
Führungs- (LEAD) und Verzögerungsverhalten (LAG) beschrieben. Die Namen
sind auf sechs Buchstaben gekürzt. ACSL erlaubte bis Level 9 nicht mehr als
sechs Buchstaben für Variablen- und Parameternamen, wie es auch FORTRAN
in älteren Versionen verlangte. Die allgemeine Übertragungsfunktion TRAN wird
in Kap. 6 näher besprochen.

ACSL wandelt die Übertragungsfunktion in ein System von Differentialgleichungen um, z.B:

$$X(s) = G_{PT1}(s)\,U(s) = \frac{1}{T\,s+1}\,U(s) \quad \longrightarrow \quad \dot{x}(t) = -\frac{1}{T}x(t) + \frac{1}{T}u(t)\,.$$

Das DT1–Glied wird in der Zeitbereichsdarstellung umgeformt, sodaß keine explizite Differentiation für $\dot{u}(t)$ notwendig wird. Dazu muß eine Hilfsvariable $y(t)$
eingeführt werden:

$$X(s) = G_{DT1}(s)\,U(s) = \frac{T_1\,s+1}{T_2\,s+1}\,U(s) \quad \longrightarrow$$

$$T_2\dot{x}(t) + x(t) = T_1\dot{u}(t) + u(t) \quad \longrightarrow$$

$$\dot{y}(t) = -\frac{1}{T_2}y(t) + \frac{T_2-T_1}{T_2}u(t), \qquad x(t) = \frac{1}{T_2}y(t) + \frac{T_1}{T_2}u(t)$$

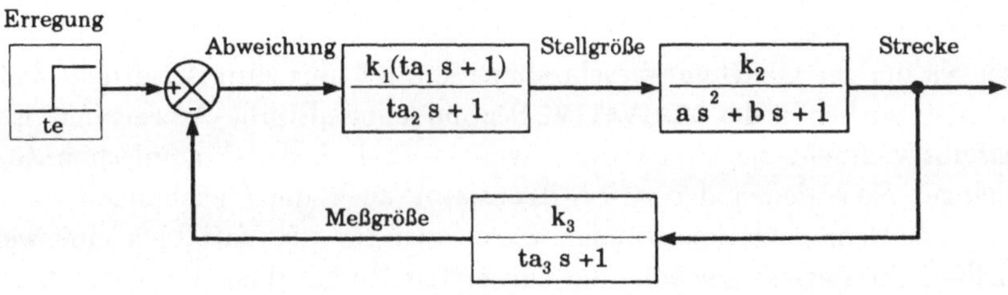

Abbildung 2.29: Regelstrecke, Blockdarstellung

Die regelungstechnischen Operatoren verkürzen die Modellbeschreibung wesentlich. Als Beispiel sei ein Modell bestehend aus Strecke (PT_2), Meßstrecke (PT_1)
und Regler (DT_1) betrachtet (Abb. 2.29). Die Modellbeschreibung in ACSL
kommt mit fünf Gleichungen für die Dynamik aus. Drei Gleichungen beschreiben die regelungstechnischen Blöcke, die verbleibenden zwei geben den Sollwert
über den Operator STEP(te), der zum Zeitpunkt t_e von 0 auf 1 springenden Heavysidefunktion, vor bzw. berechnen die Abweichung der Meßgröße vom Sollwert:

```
PROGRAM Regelstrecke
! --- Regelungstechnisches Modell mit Uebertragungsfunktionen -
! --- Bestehend aus Strecke, Meszstrecke und Regler -----------
! --- Verwendung von ACSL - Uebertragungsfunktions-Makros -- --
! ------------------------------------------------------------
! --- Ausgabeintervall, Endbedingung -------------------------
  CINTERVAL       cint = 0.005     !  Ausgabeintervall
  CONSTANT        tend = 0.5       !  Endzeit
  TERMT ( t.GE.tend )              !  Endbedingung
!--- Messtrecke (Verzoegerungsglied 1.Ordnung) ---------------
  CONSTANT        k3 = 1.0     , ta3 = 0.002
  Messgroesse    = REALPL( ta3, k3*Strecke )
! --- Erregung (Heavysidefunktion) ---------------------------
  CONSTANT        te = 0.02
  Erregung       = STEP(te)
!--- Regelabweichung -----------------------------------------
  Abweichung    = Erregung - Messgroesse
! --- Regler -------------------------------------------------
  CONSTANT        k1 = 50.0    , ta1 = 0.020  , ta2 = 0.005
  Stellgroesse = LEDLAG(ta1, ta2, k1*Abweichung)
! --- Strecke (Verzoegerungsglied 2.Ordnung)
  CONSTANT        k2 = 0.5     , a = 0.012    , b = 0.200
  Strecke       = CMPXPL(a, b, k2*Stellgroesse)
! -----------------------------------------------------------
END ! of PROGRAM
```

Besser als bei der Gleichungsbeschreibung kommt hier zum Ausdruck, daß das Gleichheitszeichen in der **DERIVATIVE** Section keine „Ergibt–Anweisung" ist. Es beschreibt vielmehr das Eingangs/Ausgangsverhalten der dynamischen Zusammenhänge, nach denen der ACSL–Translator auch die Gleichungen sortieren kann. Aus Demonstrationsgründen wurde hier für die Variablen eine weitere mögliche Schreibweise gewählt, die den ersten Buchstaben der Variablen groß schreibt und dem Sprachgebrauch entspricht. Wie schon früher erwähnt, ist ACSL nicht „case–sensitiv", daher bedeuten **Strecke**, **STRECKE** und **strecke**, aber auch **StReCkE** etc. dieselbe Variable. Der Regelungstechniker wird eher kürzere Bezeichnungen wählen.

Mit den im Modell initialisierten Parametern wird nun das erste Experiment mit dem Modell durchgeführt. Zunächst wird die Prepare–Liste festgelegt. Sie ist akkumulierend, weitere **PREPARE** Befehle fügen Ueber Prepare–Liste neue Variable hinzu. Nach einem Simulationslauf fertigt der **PLOT** Befehl eine Zeichnung von **Strecke**, **Erregung** und **Messgroesse** im Maßstab von **Strecke** (Befehlsparameter **SAME**) und von **Abweichung** in eigenem Maßstab an (Abb. 2.30):

```
ACSL> PREPARE t, Erregung, Abweichung ! Abspeicherung
ACSL> PREPARE Stellgroesse, Strecke   ! Weitere Abspeicherung
ACSL> PREPARE Messgroesse              ! Weitere Abspeicherung
ACSL> START                           ! Simulationslauf
ACSL> PLOT Strecke,Erregung,&! Zeichnung Strecke,Erregung,Mess-
ACSL>      Messgroesse /SAME,&! groesse im Masstab von Strecke
ACSL>      Abweichung          ! und Zeichnung Abweichung (ueber t)
```

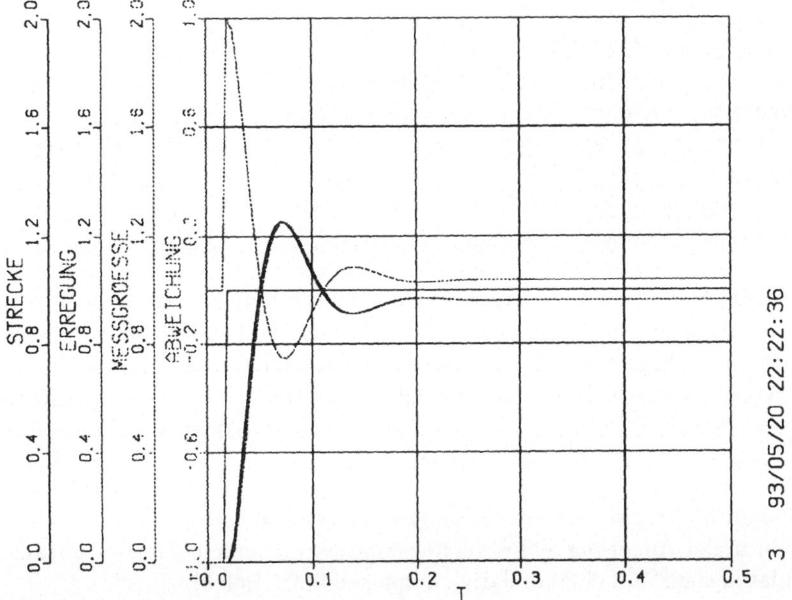

Abbildung 2.30: Regelungstechnische Schleife, Kenngrößen über t (Verstärkungsfaktor k1=50.)

ACSL wandelt die regelungstechnischen Operatoren, die als ACSL–Macros implementiert sind, in Differentialgleichungen um. Eine nähere Betrachtung des Systems zeigt, daß ein System aus vier Zustandsgrößen vorliegen muß, denn REALPL und LEDLAG repräsentieren je eine Zustandsgröße, CMPXPL zwei. Der DISPLAY Befehl zeigt die Zusammenhänge:

```
ACSL> DISPLAY /ALL
        T 0.49950000   ZZTICG 0.            CINT 0.00500000
   ZZIERR     F         ZZNBLK     1        ZZICON     0
   ZZSTFL     T         ZZFRFL     F        ZZICFL     F
   ZZRNFL     F         ZZJEFL     F        ZZNIST     4
```

```
ZZNAST       0         IALG      5         NSTP      10
        MAXT 1.0000E+09           MINT 1.0000E-09


State Variables        Derivatives        Initial Conditions
 Z99989-1.8366E-04  Z99988 0.00367202  Z99987 0.
 Z99990 0.96154100  Z99986-1.8366E-04  Z99985 0.
 Z99993-5.76872000  Z99992-0.02851490  Z99991 0.
 Z99998 0.96154100  Z99997-2.0862E-04  Z99996 0.


 Algebraic Variables
Common Block /ZZCOMU/
        A 0.01200000 ABWEICHUNG 0.03845910        B 0.20000000
 ERREGUNG 1.00000000        K1 50.0000000       K2  0.50000
  K3 1.00000000  MESSGROESSE 0.96154100 STELLGROESSE 1.9231000
 STRECKE 0.96154000        TA1 0.02000000       TA2 0.0050000
    TA3 0.00200000        TE 0.02000000      TEND 0.49900000
 Z99994 1.92295000  Z99995 1.92310000      ZZSEED   55555555
```

Im ACSL–Modell sind die Ausgänge der Übertragungsfunktionen die wesentlichen Variablen, die allerdings nur algebraische Hilfsgrößen und daher in der Tabelle unter `Algebraic Variables` zu finden sind. Für alle Zustandsvariablen und Anfangswertvariablen sowie für alle Ableitungsgrößen werden Hilfsvariable `Znnnnn` erzeugt. Die Zustandsgrößen sind daher üblicherweise nicht greifbar, was aus regelungstechnischer Sicht vertretbar ist.

In diesem Modell ist der Verstärkungsfaktor `k1` von Interesse. Ein Experiment besteht in der Änderung dieses Verstärkungsfaktors, einem dadurch notwendigen Simulationslauf und einem relativ komplexen `PLOT` Befehl.

Eine komplexe Befehlsabfolge oder oft verwendete Befehle mit vielen Befehlsparametern können in ACSL mit `PROCEDURE` zu einem neuen Befehl zusammengefaßt, benannt und bei Bedarf aufgerufen werden. Der Runtime–Befehl `PROCEDURE` definiert den neuen Befehl, die Definition wird mit `END` abgeschlossen. Mehrere Befehle werden durch den Strichpunkt „;" getrennt, das Ampersand–Zeichen „&" ermöglicht die Fortsetzung in der nächsten Zeile. Die folgenden Befehle definieren einen neuen Befehl, der einen Simulationslauf durchführt und die Ergebnisse zeichnet. Dieser neue Befehl erhält den Namen EXPERIMENT:

```
ACSL> ! Definition eines Befehls fuer bequemes Experimentieren
ACSL> PROCEDURE EXPERIMENT;                          &
            START;                                   &
            PLOT Strecke, Erregung, Messgroesse &
                 /SAME, Abweichung;                  &
       END  ! of PROCEDURE
```

Der neue Befehl **EXPERIMENT** kann wie jeder Runtime–Befehl jederzeit aufgerufen werden. Er erlaubt ein leichtes Experimentieren mit dem Modell, indem z.B. Studien mit geänderten Werten für **k1** durchgeführt werden.

```
ACSL> SET k1=100; EXPERIMENT      ! Aenderung der Verstaerkung,
                                  ! Simulationslauf, Plot
ACSL> SET k1=10;  EXPERIMENT      ! Aenderung der Verstaerkung,
                                  ! Simulationslauf, Plot
```

Abbildung 2.31 und Abb. 2.32 zeigen die Ergebnisse :

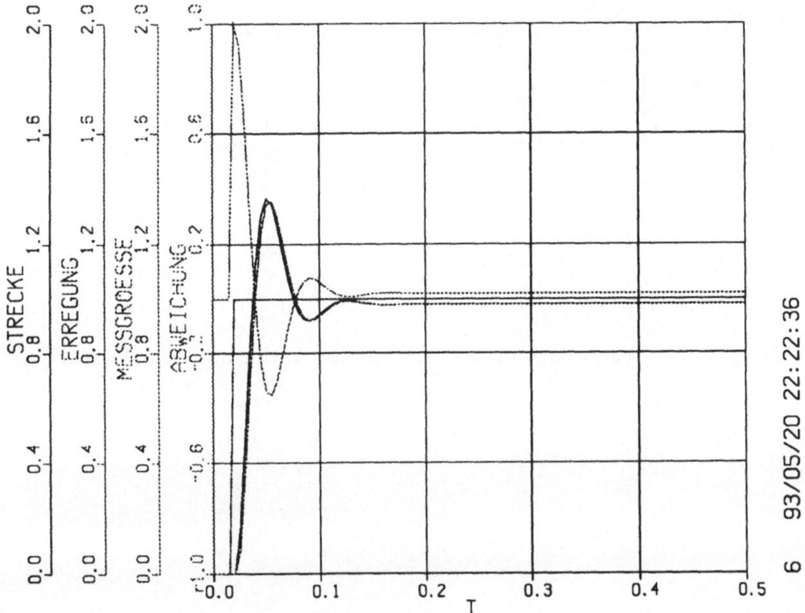

Abbildung 2.31: Regelungstechnische Schleife, Änderung des Verstärkungsfaktors **k1**, (**k1=100**)

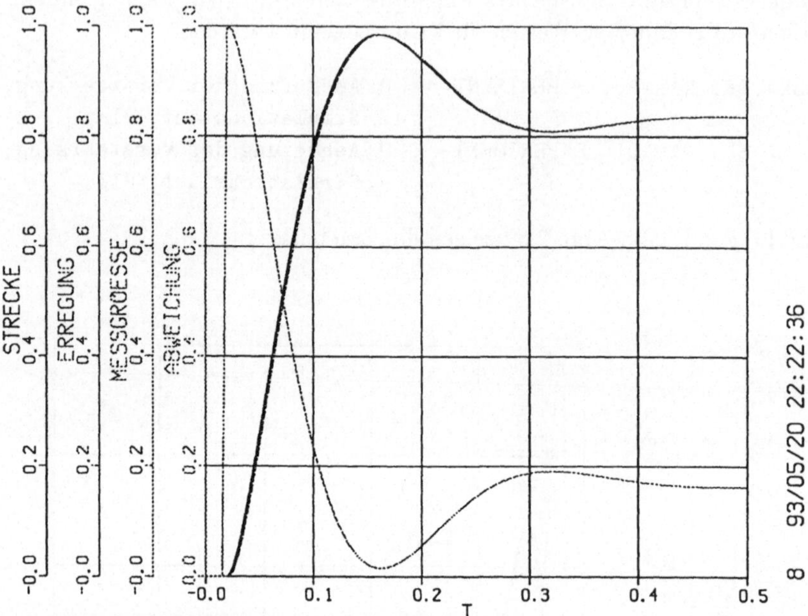

Abbildung 2.32: Regelungstechnische Schleife, Änderung des Verstärkungsfaktors k1, (k1=10)

2.8   Radioaktiver Zerfall

ACSL ist in erster Linie eine Simulationssprache für kontinuierliche Systeme,
im wesentlichen für Prozesse, die mit gewöhnlichen Differentialgleichungen beschrieben werden können. ACSL wird ständig weiterentwickelt, derzeit sind die
Versionen Level 9 bzw. Level 10 aktuell, ACSL Level 11 ist in Vorbereitung.
Im Rahmen der Entwicklung der Versionen wurde auch die Struktur von ACSL
erweitert. Bereits in frühen Versionen tauchten Beschreibungsmöglichkeiten für
diskrete Modellteile auf, die zunächst zur Beschreibung digitaler Regler in kontinuierlichen Systemen gedacht waren. Weiterentwicklungen führten dann zu
einem ereignisgesteuerten Ablauf der Arbeitsweise von ACSL, auf den in Kap. 5
näher eingegangen wird.

Diese Entwicklung brachte es mit sich, daß heute in ACSL diskrete Modelle
gleichberechtigt neben kontinuierlichen stehen, was nicht hinlänglich bekannt ist.

INITIAL Section und TERMINAL Section beinhalten die Beschreibung von Anfangs-
bzw. Endwertberechnungen, die DYNAMIC Section kontrolliert die Datenausgabe
und berechnet die „halbdynamischen“ Gleichungen, die DERIVATIVE Section beinhaltet die Beschreibung der Dynamik eines Prozesses, üblicherweise das systembeschreibende Differentialgleichungssystem. Gleichberechtigt zur DERIVATIVE
Section bietet ACSL eine „DISCRETE Section“ an, die einerseits Modellbeschreibung mit Differenzengleichungen erlaubt und andererseits auch komplexes Ereignis–Scheduling anbietet. Eine DISCRETE Section beginnt mit dem Schlüsselwort
DISCRETE, gefolgt von einem Namen und wird mit einem END abgeschlossen; wie
die DERIVATIVE Section ist sie in die DYNAMIC Section eingebettet.

Ein einfaches Beispiel für ein diskretes Modell ist der radioaktive Zerfall. Eine
Strahlungsmenge x fällt innerhalb der Halbwertszeit t_{hw} auf ihren halben Wert
zurück:

$$x(t + t_{hw}) = \frac{x(t)}{2} \ .$$

Diese Halbwertsgleichung kann auf eine einfache Differenzengleichung umgeschrie-
ben werden:

$$x_{k+1} = \frac{x_k}{2}, \quad x_k = x(t_k), \quad t_{hw} = t_{k+1} - t_k, \quad x(t_0 = 0) = x_0 \ .$$

Eine derartige Gleichung kann in einer DISCRETE Section von ACSL beschrieben
werden. Die DISCRETE Section berechnet im Prinzip zu festen (diskreten) Zeitpunkten die neuen Werte des beschriebenen Modells. Beim vorliegenden Modell
hat dies (periodisch) zu den Zeitpunkten $k \cdot t_{hw}$ zu geschehen.

Das folgende ACSL-Modell beschreibt in einer DISCRETE Section mit dem Namen
Zerfallsrate diese einfache diskrete Gleichung:

```
PROGRAM Diskret
! --- Diskretes Modell - Radioaktiver Zerfall --------------
!     Stoffmenge x zerfaellt mit Halbwertszeit:
!          x(t+thw) = x(t)/2
! ---------------------------------------------------------
INITIAL
! --- Modellparameter, Endzeit -----------------------------
 CONSTANT   x0   = 1000, rate = 2, tend = 40
! ---------------------------------------------------------
  xk  = x0 * rate              ! Anfangswertberechnung
! ---------------------------------------------------------
END ! of INITIAL
DYNAMIC
 DISCRETE  Zerfallsrate
 ! --- Diskrete Modellbeschreibung -------------------------
   INTERVAL thw = 4   ! Halbwertszeit, periodische Abarbeitung
                      !  der DISCRETE SECTION "Zerfallsrate"
   xkplus1 = xk / rate        ! Zerfallsgleichung
   xk      = xkplus1          ! Umspeicherung "Alt = Neu"
 ! ---------------------------------------------------------
 END! OF DISCRETE
 TERMT ( t .GE. tend )        ! Endbedingung
END !  of DYNAMIC
END !  of PROGRAM
```

In einer DISCRETE Section wird nicht sortiert, daher wäre auch die einfachere
Beschreibung `xk = xk / rate` möglich gewesen. Die Umspeicherung des neuen
auf den alten Wert läßt sich allerdings bei komplexeren Differenzengleichungen
nicht vermeiden.

Wesentliches Schlüsselwort in der DISCRETE Section ist

        INTERVAL thw = 4 .

Es legt fest, daß die DISCRETE Section Zerfallsrate alle t_{hw} (thw) Zeiteinheiten
durchgeführt wird, beginnend zum Zeitpunkt $t_0 = 0$. In gewissem Sinn ähnelt
das Schlüsselwort INTERVAL dem Schlüsselwort CINTERVAL; dieses legt fest, daß
alle cint Zeiteinheiten Werte auf die Prepare–Datei bzw. auf den Bildschirm
geschrieben werden und eine Integration über dem nächsten Kommunikationsintervall gestartet werden soll.

Als Ergebnis ist eine Treppenfunktion zu erwarten, die zu jedem Vielfachen der
Halbwertszeit t_{hw} auf ihren halben Wert springt. Ein erstes Experiment mit den
folgenden Befehlen scheint dies zu bestätigen (Abb. 2.33):

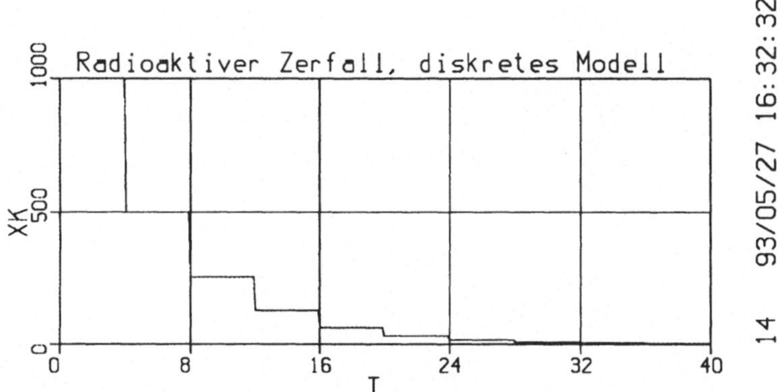

Abbildung 2.33: Treppenfunktion der Halbwertskurve, feines Kommunikationsintervall

```
ACSL> DISPLAY  thw              ! Ausgabe der Halbwertszeit
         THW 4.00000000
ACSL> PREPARE t, xk             ! Abspeicherung
ACSL> START                     ! Simulationslauf
ACSL> SET title="Radioaktiver Zerfall, diskretes Modell"
ACSL> SET calplt=.F., strplt=.T. ! Umschalten Zeichnungstyp
ACSL> PLOT xk /XHI=tend         ! Zeichnung xk ueber t
```

Wie in Abb. 2.33 ersichtlich, springt x_k zu jedem Halbwertszeitpunkt auf den
halben Wert und bleibt dann konstant bis zum nächsten Zeitpunkt. Allerding
erscheinen die Übergänge in der Treppenfunktion bei näherem Betrachten und
beim Vergleich mit den Gitterlinien „unsauber". Das Ausgabeintervall ist mit
$c_{int} = 0.1$ sicher fein genug gewählt. Ein Experiment mit vergrößertem Kommunikationsintervall, das allerdings für diese Treppenfunktion noch immer fein
genug sein müßte, scheint falsche Ergebnisse zu liefern (Abb. 2.34):

```
ACSL> SET cint = 1              ! Vergroesserung von cint
ACSL> START                     ! Simulationslauf
ACSL> PLOT xk /XHI=tend         ! Zeichnung xk ueber t
```

Abbildung 2.34 zeigt nun keine Treppenfunktion mehr. Nach dem Halbwertszeitpunkt folgt ein linearer Übergang auf den halben Wert in Form einer Geraden.
Dieses Ergebnis läßt zunächst vermuten, daß ACSL falsch rechnet, oder daß
die Beschreibung der Differenzengleichung in der DISCRETE Section nicht richtig
erfolgte. Tatsächlich aber hat ACSL richtig gerechnet, die Abspeicherung der
Variablen der Prepare-Liste ist nur nicht richtig mit den unstetigen Änderungen

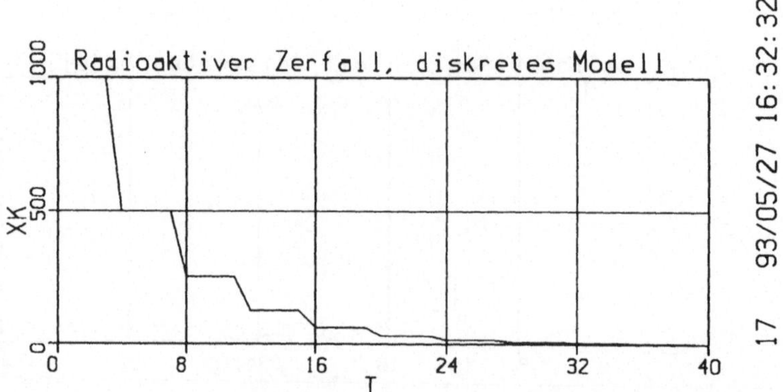

Abbildung 2.34: Treppenfunktion der Halbwertskurve, gröberes Kommunikationsintervall

synchronisiert. Im Laufe der Abarbeitung der durch die DYNAMIC Section bedingten Schleife werden zum Kommunikationszeitpunkt zuerst die Berechnungen der DYNAMIC Section durchgeführt, danach werden die Variablen der Prepare–Liste abgespeichert, und dann wird die Integration gestartet (DERIVATIVE Section) bzw. eine DISCRETE Section bedient. Änderungen in den Variablen in einer DISCRETE Section werden erst beim nächsten Kommunikationszeitpunkt abgespeichert, auch wenn sie früher erfolgen. Im gegenständlichen Fall ist die Halbwertszeit $t_{hw} = 4$ ein Vielfaches des Ausgabeintervalls $c_{int} = 1$, beide Werte sind exakt darstellbar. Daher wird z.B. zum Halbwertszeitpunkt $t_2 = 8$ zuerst der alte Werte $x_k = 500$ ausgegeben, unmittelbar darauf wird er halbiert, ausgegeben wird der halbierte Wert $x_k = 250$ allerdings erst zum folgenden Kommunikationszeitpunkt $t_2 + c_{int} = 9$. In der Zeichnung erscheint dieser Übergang daher als Gerade.

Bei allen unstetigen Übergängen hat man daher für eine korrekte Ausgabe selber Sorge zu tragen. ACSL bietet zur Synchronisation der Ausgabe den Operator LOGD auf Modellbeschreibungsebene an. Dieser Operator ist als FORTRAN-Subroutine mit einem CALL zu aktivieren, damit er auch in FORTRAN-Unterprogrammen verwendet werden kann. Der Aufruf von LOGD in der Form

```
CALL LOGD ( .TRUE. )
```

erzwingt eine sofortige Abspeicherung aller Variablen der Prepare–Liste auf die Prepare–Datei und eine Ausgabe der Variablen der Output–Liste auf den Bildschirm, unabhängig vom Kommunikationsintervall. Wird statt .TRUE. der Wahrheitswert .FALSE. angegeben, ist nur die Prepare–Liste betroffen. Diese Aus-

gabeform leistet auch beim Debuggen große Hilfe, da an kritischen Punkten
Ausgaben erzwungen werden können.

Mit LOGD kann nun eine Unstetigkeit mit der Ausgabe synchronisiert werden.
Zum Zeitpunkt der Änderung wird eine Ausgabe vor und eine Ausgabe nach der
Änderung erzwungen. Die Modellbeschreibung erweitert sich zu:

```
       :

 DISCRETE  Zerfallsrate
 ! --- Diskrete Modellbeschreibung --------------------------
  INTERVAL thw = 4       ! Halbwertszeit, periodische
                         ! Abarbeitung der DISCRETE SECTION
  CALL LOGD ( .TRUE. ) ! Erzwungene Ausgabe f.PREPARE u.OUTPUT
  xkplus1 = xk / rate  ! Zerfallsgleichung
  xk       = xkplus1   ! Umspeicherung  "Alt = Neu"
  CALL LOGD ( .TRUE. ) ! Erzwungene Ausgabe f.PREPARE u.OUTPUT
 ! -------------------------------------------------------
 END !  OF DISCRETE Zerfallsrate
       :
```

Das folgende Experiment zeigt, daß das Ausgabeintervall nun nahezu beliebig
groß gewählt werden kann. Der beim Simulationslauf protokollierende OUTPUT
Befehl zeigt die durch $c_{int} = 10$ synchronisierte Ausgabe nur alle 10 Zeiteinheiten,
aber die durch LOGD veranlaßte Ausgabe zweimal zu jedem Halbwertszeitpunkt,
und zwar vor und nach der Halbierung von x_k. Der PLOT Befehl erzeugt eine
Zeichnung in Meßstreifenform von x_k über t ohne Raster (Abb. 2.35). Das Raster kann mit dem Systemparameter grdspl ein- und ausgeschaltet werden (der
entsprechende Systemparameter für x/y-Zeichnungen heißt grdcpl):

```
ACSL> SET cint = 10       ! Ausgabeintervall
ACSL> PREPARE t, xk       ! Abspeicherung waehrend Simulation
ACSL> OUTPUT t, xk        ! Ausgabe waehrend Simulation
ACSL> START               ! Simulationslauf
            T 0.                 XK 2000.00000
            T 0.                 XK 1000.00000
            T 0.                 XK 1000.00000
            T 4.00000000         XK 1000.00000
            T 4.00000000         XK 500.000000
            T 8.00000000         XK 500.000000
            T 8.00000000         XK 250.000000
            T 10.0000000         XK 250.000000
            T 12.0000000         XK 250.000000
            T 12.0000000         XK 125.000000
                   :                    :
```

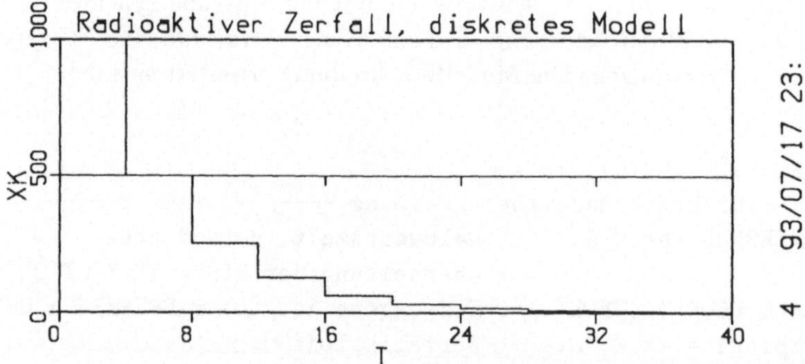

Abbildung 2.35: „Halbwertstreppe", Halbwertszeit $t_{hw} = 4$

```
        T 28.0000000          XK 15.6250000
        T 28.0000000          XK 7.81250000
        T 30.0000000          XK 7.81250000
        T 32.0000000          XK 7.81250000
        T 32.0000000          XK 3.90625000
        T 36.0000000          XK 3.90625000
        T 36.0000000          XK 1.95312000
        T 40.0000000          XK 1.95312000
ACSL> SET title="Radioaktiver Zerfall, diskretes Modell"
ACSL> SET strplt=.T., calplt=.F., grdspl=.F.
ACSL> PLOT xk /XHI=tend          ! Zeichnung ohne Raster
```

Mit diesem erweiterten Modell kann nun beliebig experimentiert werden. Interessant sind die Ergebnisse für unterschiedliche Halbwertszeiten, die einfach durch Ändern des Parameters t_{hw} mit dem **SET** Befehl erzeugt werden können (Abb. 2.36 und Abb. 2.37):

```
ACSL> OUTPUT /CLEAR          ! Loeschen der OUTPUT Liste
ACSL> SET thw=6; START       ! Aenderung thw, Simulationslauf
ACSL> PLOT xk                ! Zeichnung (alte PLOT-Parameter)
ACSL> SET thw=1.5; START     ! Aenderung thw, Simulationslauf
ACSL> PLOT xk                ! Zeichnung (alte PLOT-Parameter)
```

Für einen späteren Vergleich soll noch die Tabelle der Parameter und Variablen dieses Modells zum Anfangszeitpunkt $t = 0$ betrachtet werden. Sie wird mit

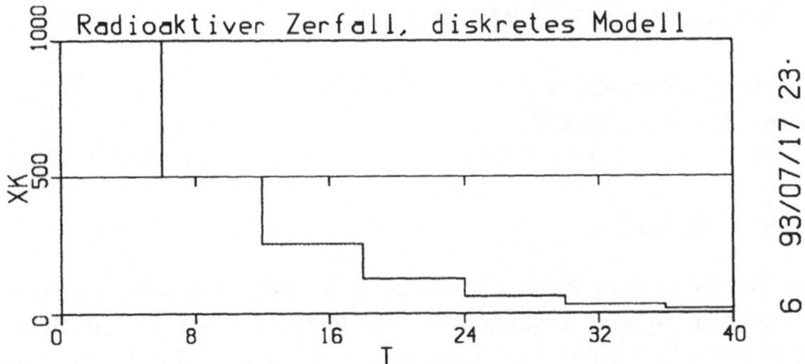

Abbildung 2.36: „Halbwertstreppe", Halbwertszeit $t_{hw} = 6$

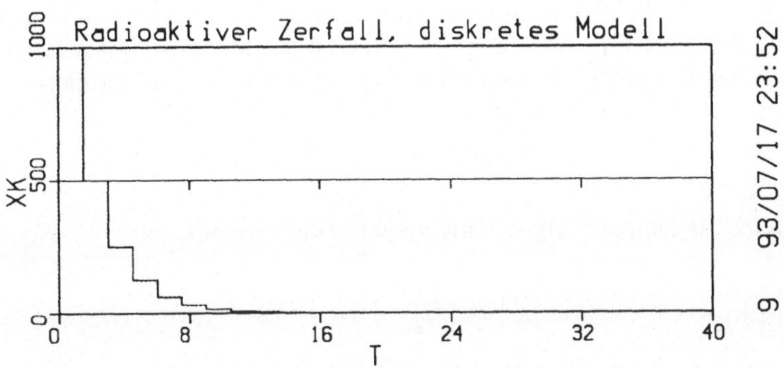

Abbildung 2.37: „Halbwertstreppe", Halbwertszeit $t_{hw} = 1.5$

dem Runtime–Befehl `DISPLAY /ALL` erzeugt. Die Initialisierung zum Anfangszeitpunkt wird mit einem sofort wieder abgebrochenen Simulationslauf erzwungen:

```
ACSL> SET tend=0; START ! Initialisierung aller Variablen
ACSL> DISPLAY /ALL        ! Ausgabe aller Variablen
        T 0.            ZZTICG 0.              CINT 0.10000000
   ZZIERR     F         ZZNBLK       1         ZZICON       0
   ZZSTFL     T         ZZFRFL     F           ZZICFL     F
```

```
ZZRNFL     F
ZZJEFL     F          ZZNIST       0
ZZNAST      0         IALG         0          NSTP     10
   MAXT1.0000E+09     MINT 4.00000000     THW 4.00000000


Algebraic Variables
Common Block /ZZCOMU/
  RATE 2.00000000     TEND 0.                      X0 1000.00000
    XK 1000.00000 XKPLUS1 1000.00000 ZERFALLSRATE        1
ZZSEED    55555555
```

Diese Tabelle enthält klarerweise keine Zustands- und Ableitungsgrößen. Von
Bedeutung für spätere Diskussionen sind folgende Einträge: die Benennung der
DISCRETE Section wurde als ganzzahliger Parameter Zerfallsrate mit dem
Wert 1 aufgenommen. Der Wert der Halbwertszeit thw wurde auf den Systempa-
rameter mint übertragen, der bei einer DERIVATIVE Section die minimale Schritt-
weite repräsentiert.

DISCRETE Sections und DERIVATIVE Sections sind gleichberechtigt und können in
einem Modell sehr oft (maximal 32 Sections) definiert werden. Die Zusammenarbeit einer DISCRETE Section mit einer DERIVATIVE Section und einer DYNAMIC
Section zeigt eine Erweiterung des betrachteten Modells. Bekanntlich führt die
„Halbwertstreppe" beim Grenzübergang auf die Exponentialfunktion

$$x_e(t) = x_0 \, e^{\alpha} \, t, \quad \alpha = \frac{\ln 2}{t_{hw}},$$

die auch als Differentialgleichung geschrieben werden kann:

$$\dot{x}(t) = -\frac{\ln 2}{t_{hw}} \, x(t), \quad x(0) = x_0 \, .$$

Die folgende ACSL-Modellbeschreibung gibt die Differentialgleichung als kontinuierliches Modell für den Zerfallsprozeß in einer DERIVATIVE Section an, die
Exponentialfunktion als „explizites" Modell in der DYNAMIC Section:

```
PROGRAM Diskret - Kontinuierlicher Zerfallsprozess
! --- Diskretes Modell - Radioaktiver Zerfall ----------------
!      Stoffmenge x zerfaellt mit Halbwertszeit:
!           x(t+thw) = x(t)/2
! --- Vergleich mit explizitem und kontinuierlichem Modell
! --------------------------------------------------------------
INITIAL
 ! --- Modellparameter, Endzeit ------------------------------
  CONSTANT   x0   = 1000, rate = 2, tend = 40
```

```
   ! ----------------------------------------------------------------
   xk   = x0 * rate        ! Anfangswertberechnung
   expo = LOG(rate)/thw    ! Umrechnung von Halbwertszeit und
                           ! Rate auf Exponentialfunktion
   ! ----------------------------------------------------------------
END       ! of INITIAL
DYNAMIC
   ! --- Explizite Modellbeschreibung mit Exponentialfunktion --
   xe =  x0 * exp( -expo*t )
   ! ----------------------------------------------------------------
   DERIVATIVE Zerfallsgleichung
   ! --- Kontinuierliche Modellbeschreibung --------------------
     x  =  INTEG ( -expo * x, x0 )
   ! ----------------------------------------------------------------
   END ! of DERIVATIVE
   DISCRETE  Zerfallsrate
   ! --- Diskrete Modellbeschreibung ---------------------------
   INTERVAL thw = 4  ! Halbwertszeit, periodische Abarbeitung
   CALL LOGD ( .TRUE. ) ! Erzwungene Ausgabe f.PREPARE u.OUTPUT
   xkplus1 = xk / rate  !  Zerfallsgleichung
   xk      = xkplus1    !  Umspeicherung
   CALL LOGD ( .TRUE. ) ! Erzwungene Ausgabe f.PREPARE u.OUTPUT
   ! ----------------------------------------------------------------
   END! of DISCRETE
   TERMT ( t .GE. tend )           ! Endbedingung
END ! of DYNAMIC
END ! of PROGRAM
```

Die folgenden Befehle führen einen Simulationslauf durch und vergleichen jeweils die Ergebnisse des diskreten Modells mit jenen des kontinuierlichen (Abb. 2.38) und mit jenen des expliziten Modells (Abb. 2.39). Die Zeichnungen stellen die beiden Variablen $x(t)$ und x_k bzw. $x_e(t)$ und x_k im Maßstab der erstgenannten Variablen (SAME) mit einer gemeinsamen y-Achse (OVER) dar:

```
ACSL> PREPARE t, x, xk, xe  ! Abspeicherung waehrend Simulation
ACSL> SET cint = 0.1        ! Ausgabeintervall fuer kont.Modell
ACSL> START                 ! Simulationslauf
ACSL> SET title = "Radioaktiver Zerfall"
ACSL> SET title(41)= " Vergleich kontinuierliches Modell -"
ACSL> SET title(81)= "         - diskretes Modell"
ACSL> SET grdcpl = .F.      ! Keine Gitterlinien
ACSL> PLOT  x, xk /XHI=tend /SAME /OVER! Vergleichszeichnung
ACSL> SET title(41)=" Vergleich explizites Modell -        "
```

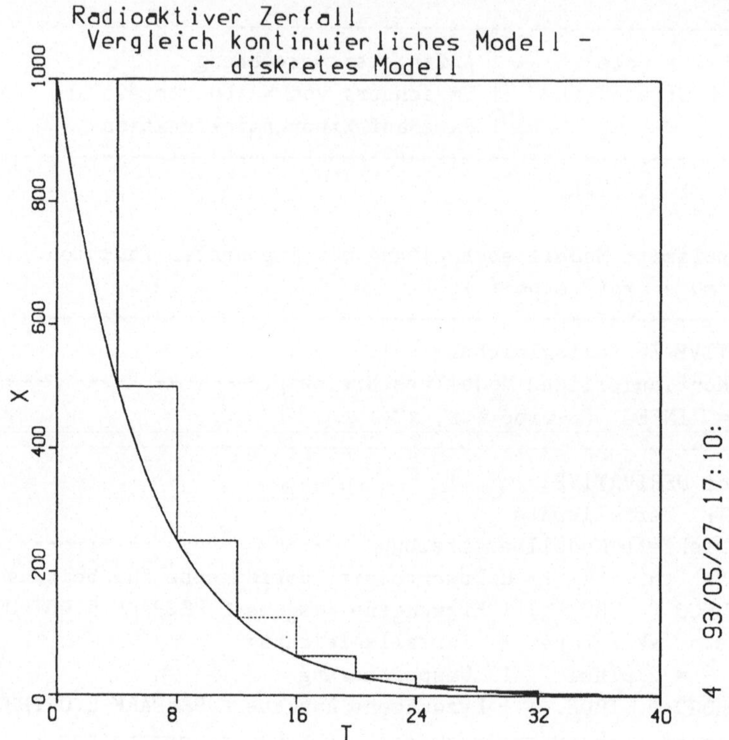

Abbildung 2.38: Modellvergleich kontinuierlich - diskret

```
ACSL> SET title(81)= "            - diskretes Modell"
ACSL> PLOT xe, xk /XHI=tend /SAME /OVER! Vergleichszeichnung
```

Der Systemparameter `title` ist standardmäßig ein Textfeld mit 120 Zeichen, das
in drei Zeilen als Überschrift in Zeichnungen und in der protokollierenden Log-
Datei geschrieben wird. Entsprechend der FORTRAN-Syntax kann ein Text an
einer bestimmten Stelle eines Textfeldes beginnen. Eine Zuweisung ab Position
41 (`title(41)`) beginnt daher in der zweiten Zeile, eine Zuweisung `title(81)` in
der dritten. Eine Zuweisung auf das Textfeld `title` alleine ist gleichbedeutend
mit einer Zuweisung `title(1)`.

Der `DISPLAY` Befehl nach dem Simulationslauf verrät einiges über die Struktur
von ACSL:

```
ACSL> DISPLAY /ALL
        T 40.1000000   ZZTICG 0.              CINT 0.10000000
   ZZIERR     F         ZZNBLK      2         ZZICON       0
```

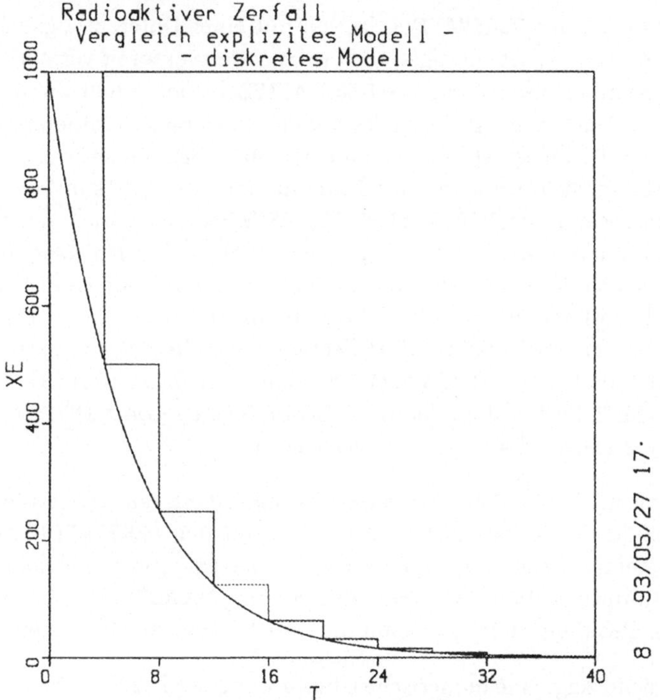

Abbildung 2.39: Modellvergleich explizit - diskret

ZZSTFL	T	ZZFRFL	F	ZZICFL	F
ZZRNFL	F	ZZJEFL	F	ZZNIST	1
	0	ZZNAST	0		0
IALG	5		0	NSTP	10
	10	MAXT 1.0000E+09			1.0000E+09
MINT 1.0000E-09			4.00000000	THW 4.00000000	

State Variables	Derivatives	Initial Conditions
X 0.95978600	Z99998-0.16631800	X0 1000.00000
Algebraic Variables		

Common Block /ZZCOMU/

EXPO 0.17328700	RATE 2.00000000	TEND 40.0000000
XE 0.95978600	XK 0.97656200	XKPLUS1 0.97656200
ZERFALLSGLEICHUNG 1	ZERFALLSRATE 2	ZZSEED 55555555

Da das Modell eine DERIVATIVE Section mit einer Differentialgleichung besitzt,
sind die Zustands-, Ableitungs- und Anfangswertvektoren vermerkt, die jeweils
nur eine Komponente haben. Die DERIVATIVE Section erhält im Modell den Namen Zerfallsgleichung, der in der Tabelle wieder als Parameter auftaucht und
mit dem Wert 1 belegt ist, während die DISCRETE Section Zerfallsrate nun mit
dem Wert 2 identifiziert wird. Der Systemparameter zznblk mit dem Wert 2 gibt
an, daß insgesamt zwei DERIVATIVE/DISCRETE Sections vorhanden sind, auch die
Systemparameter ialg, nstp, maxt und mint sind nun Felder mit zwei Werten, wobei sich der erste Wert auf die DERIVATIVE Section Zerfallsgleichung
(Section Nr. 1) bezieht, der zweite Wert auf die DISCRETE Section Zerfallsrate
(Section Nr. 2). Für eine DISCRETE Section haben diese Systemparameter andere
Bedeutung als für eine DERIVATIVE Section. Der Wert ialg(2) = 0 weist auf
eine DISCRETE Section hin, der Wert des im Schlüsselwort INTERVAL definierten
Parameters thw wird auf mint(2) gespeichert.

Eine Struktur wird andeutungsweise sichtbar. ACSL numeriert alle DERIVATIVE
bzw. DISCRETE Sections durch, beginnend mit den DERIVATIVE Sections. Gewisse Systemparameter werden als Felder angelegt, jedes Feldelement weist auf
eine bestimmte Section hin. DERIVATIVE und DISCRETE Sections werden struk-
turmäßig gleich behandelt, es kann mehrere Sections beider Arten geben.

Abschließend zeigt eine numerische Überprüfung der Ergebnisse der Modelle zum
Endzeitpunkt ein bereits bekanntes Phänomen. Die zuvor mit dem DISPLAY
Befehl erzeugte Tabelle weist folgende Werte aus:

        X 0.95978600   XE 0.95978600   XK 0.97656200 .

Kontinuierliches und explizites Modell liefern exakt denselben Wert, aber das Ergebnis des diskreten Modells liegt sichtlich höher. Grund für diesen Unterschied
ist der betrachtete Zeitpunkt, der nicht exakt $t_{end} = 40$ ist, sondern $t = 40.01$.
Zum Zeitpunkt t = 40 wurde der neue Wert für xk berechnet, der bis zum
nächsten Halbwertszeitpunkt konstant bleibt, während die Werte für $x(t)$ und
$x_e(t)$ bis zum Zeitpunkt $t = 40.01$ weitergerechnet wurden. Verschafft man sich
jedoch die Werte von $x(t)$ und $x_e(t)$ für den Zeitpunkt $t = 40$, dann zeigt sich,
daß alle drei Werte übereinstimmen:

        X 0.97656200   XE 0.97656200   XK 0.97656200 .

3 Sprachdefinition

ACSL-Modelle bestehen aus Anweisungen zur Gleichungsdefinition, zur Definition von Modellparametern, zur Festlegung der Integrationsparameter und aus allgemeinen Strukturanweisungen. Die Gleichungsdefinition ist ähnlich zu FORTRAN, enthält jedoch den Aufruf vieler Operatoren, die von ACSL zur Verfügung gestellt werden.

ACSL-Modelle werden gemeinsam mit dem Runtime-Interpreter zu einem ACSL-Simulationsprogramm übersetzt. Nach Aufruf des Simulationsprogrammes befindet sich der Benutzer im Runtime-Interpreter, in dem er mit interaktiven Befehlen sein Modell testen kann, mit seinem Modell experimentieren kann etc.

Dieses Kapitel beschreibt in Übersichtsform die Struktur und Abarbeitung eines ACSL-Modells, die Modellbeschreibung in ACSL mit allen Operatoren, die Struktur und Erzeugung des ACSL-Simulationsprogrammes und alle Runtime-Befehle und Möglichkeiten zum Experimentieren mit dem Modell.

3.1 Struktur eines ACSL-Modells

Ein ACSL-Modell kann durch Strukturanweisungen gegliedert werden. Dabei müssen jedoch nur die wirklich notwendigen Strukturen benutzt werden, eine weitere Strukturierung kann zur besseren Lesbarkeit des Modells eingesetzt werden. Strukturen werden durch Schlüsselwörter erzeugt, die das Modell in zusammengehörige Teile gliedern. Schlüsselwörter legen auch Systemparameter und Bedingungen für den Ablauf der Simulation fest.

Die Schlüsselwörter PROGRAM und END, welche die Modellbeschreibung „umklammern", die Festlegung einer Simulationszeit und die TERMT Bedingung werden in jedem ACSL-Modell benötigt. Schon bei nicht allzu großen Modellen dienen jedoch nicht alle Gleichungen der Definition des dynamischen Modellteils. Es kann Gleichungen geben, die zur Initialisierung dienen, andere zur Umrechnung von Ergebniswerten für die Ausgabe, zur Definition von Unstetigkeiten im Modell und wieder andere für Berechnungen mit den Endwerten der Variablen. Es ist sinnvoll, die zur Verfügung stehenden Strukturanweisungen zu nutzen, um das Modell modular aufzubauen und den Zweck der einzelnen modellbeschreibenden Operatoren zu verdeutlichen.

Das ACSL-Modell wird dazu in sogenannte „Sections" strukturiert. Jede Section, außer der Pre-INITIAL Section, beginnt mit einem Schlüsselwort, das den Zweck der Section kennzeichnet und endet mit dem Schlüsselwort END. Jede Section wird während der Simulation zu genau definierten Zeitpunkten abgearbeitet.

Daher ist es sinnvoll, in jede Section genau die Anweisungen aufzunehmen, die zu diesem Zeitpunkt bearbeitet werden müssen. Die Strukturierung mittels Sections ist nicht zwingend. Werden keine Sections definiert, dann werden alle Anweisungen in eine DERIVATIVE Section übernommen. Wird eine Section verwendet, so ist es sinnvoll, auch alle anderen benötigten Sections zu verwenden.

Als Pre-INITIAL Section wird der Teil des Modells zwischen dem Schlüsselwort PROGRAM, das eine Modellbeschreibung beginnt, und dem Beginn der nächsten Section bezeichnet. Es gibt also nur dann eine Pre-INITIAL Section, wenn es auch weitere Sections gibt. Die Anweisungen der Pre-INITIAL Section werden einmal beim Aufruf des ACSL–Simulationsprogrammes ausgeführt. Hier werden z.B. Daten von externen Dateien, wie große Tabellen, eingelesen oder Berechnungen, die nur einmal zu Beginn einer gesamten Simulation und Modellstudie notwendig sind, durchgeführt.

Die INITIAL Section, eingeleitet mit dem Schlüsselwort INITIAL und abgeschlossen mit END, enthält Anweisungen zur Modellinitialisierung. Sie wird nach Eingabe des Runtime–Befehls START, der einen Simulationslauf durchführt, einmal durchlaufen. In ihr werden Gleichungen aufgenommen, die von Parametern abhängen, welche vom Runtime–Interpreter aus geändert werden können. Der Wert der berechneten Parameter bleibt über die gesamte Simulationszeit gleich.

In DERIVATIVE Sections, eingeleitet mit dem Schlüsselwort DERIVATIVE, gefolgt von einem fakultativen Namen der Section und abgeschlossen mit END, werden alle echt dynamischen Gleichungen aufgenommen, die zur Berechnung der Zustandsvariablen benötigt werden. Die DERIVATIVE Sections werden von dem jeweils gewählten Integrationsverfahren aufgerufen. Mehrere DERIVATIVE Sections sind erlaubt, die Datenkommunikation ist allerdings relativ komplex.

In DISCRETE Sections, eingeleitet mit dem Schlüsselwort DISCRETE, gefolgt von einem obligatorischen Namen der Section und abgeschlossen mit END, stehen Gleichungen und Anweisungen zur Modellierung zeit- und zustandsabhängiger Unstetigkeiten. Die Bearbeitungsreihenfolge der DISCRETE Sections wird von ACSL gesteuert.

Die DYNAMIC Section, eingeleitet mit dem Schlüsselwort DYNAMIC und abgeschlossen mit END, enthält Anweisungen, die ausschließlich zu den Zeitpunkten, an denen Kommunikation mit der „Außenwelt“, wie Datenausgabe oder Datenabspeicherung, stattfindet, bearbeitet werden sollen. Die Zeitpunkte heißen Kommunikationszeitpunkte, die Zeitabschnitte dazwischen werden als Kommunikationsintervalle bezeichnet. In der DYNAMIC Section stehen Berechnungen, die für die Ein- oder Ausgabe durchgeführt werden müssen. Beispiele dafür sind Umwandlungen von Bogen- in Gradmaß oder lineare Transformationen zur Ausgabe.

```
PROGRAM                         Pre-INITIAL Section
                                Diese Anweisungen werden nur
   :                            einmal pro Aufruf des Pro-
                                gramms ausgeführt

INITIAL                         INITIAL Section
                                Diese Anweisungen werden vor
   :                            der Simulation ausgeführt


END
DYNAMIC
   DERIVATIVE DER 1
                                DERIVATIVE Sections 1...n
       :                        enthalten den kontinuierlichen
                                dynamischen Modellteil, also An-
       END                      weisungen zur Berechnung der
   DERIVATIVE DER n             Zustandsvariablen
       :
   END
   DISCRETE DIS 1
                                DISCRETE Sections 1...m
       :                        enthalten Teile des Modells, die
                                zeit- oder ereignisabhängige Un-
       END                      stetigkeiten nachbilden
   DISCRETE DIS m
       :
   END
                                DYNAMIC Section
                                enthält Anweisungen, die zu
   :                            jedem Kommunikationsintervall
                                ausgeführt werden, z.B. Umrech-
   END                          nungen für die Ausgabe
   TERMINAL
                                TERMINAL Section
                                enthält Anweisungen, die nach
   :                            Beendigung der Simulation aus-
                                geführt werden

   END
END ! of PROGRAM
```

Abbildung 3.1: Struktur der ACSL-Modellbeschreibung

Die **TERMINAL** Section, eingeleitet mit dem Schlüsselwort **TERMINAL** und abgeschlossen mit **END**, wird am Ende des Simulationslaufs abgearbeitet. Hier stehen

Berechnungen, die nur mit den Endwerten einer Simulation ausgeführt werden. Diese explizte Struktur einer ACSL–Modellbeschreibung ist in Abb. 3.1 zusammengefaßt.

Modellbildung und Simulation mit ACSL ist einerseits einfach, bei komplexeren Aufgaben ist oft die Kenntnis der Abarbeitung des beschriebenen Modells notwendig. Die Abb. 3.2 faßt in einem Flußdiagramm die Abarbeitung der Sections, in denen die verschiedenen Teile eines Modells beschrieben werden, zusammen. Daraus wird ersichtlich, welche Section des Modells zu welchem Zeitpunkt der Simulation aufgerufen wird.

Sofort nach Aufruf des Simulationsprogrammes wird die Pre-`INITIAL` Section durchlaufen. Nach dem Beginn eines Simulationslaufs mit dem Runtime–Befehl `START` wird zunächst die `INITIAL` Section durchlaufen.

Anschließend werden alle Zustandsgrößen initialisiert, d.h. mit den Anfangswerten überschrieben. Ein mit `CONTINUE` aufgerufener Simulationslauf beginnt erst nach dieser Initialisierung. In der Folge werden alle Anweisungen der `DYNAMIC` Section abgearbeitet. Dabei ist gleichgültig, ob die Anweisungen dieser Section vor der ersten `DERIVATIVE` Section, zwischen `DERIVATIVE` und `DISCRETE` Sections oder erst am Ende, nach diesen Sections, stehen. Alle Anweisungen werden vom ACSL–Translator in der Reihenfolge ihrer Definition zusammengefaßt. An die letzte Stelle werden die eventuell angegebenen `TERMT` Bedingungen gereiht. Sie setzen das sogenannte Stop–Flag, wenn eine oder mehrere der Bedingungen erfüllt sind.

Nach Bearbeitung der `DYNAMIC` Section wird geprüft, ob das Stop-Flag gesetzt wurde. Ist dies der Fall, wird sofort die `TERMINAL` Section abgearbeitet. Ist dies nicht der Fall, werden die bisher berechneten Werte der Variablen, die mit den Runtime–Befehlen `PREPARE` oder `OUTPUT` gewählt wurden, auf die Prepare–Datei `model.rrr` abgespeichert (`PREPARE`) bzw. direkt auf die aktuelle Ausgabeeinheit (zumeist der Bildschirm) geschrieben (`OUTPUT`). Danach wird das Modell, unter Berücksichtigung der `DISCRETE` Sections, bis zum nächsten mit `cint` festgelegten Kommunikationszeitpunkt weiterintegriert. Eine Ereignisverwaltung unterbricht dabei die Integration, wenn eine in einer `DISCRETE` Section beschriebene Änderung durchzuführen ist. Nach der Integration über das Kommunikationsintervall wird nochmals das Stop-Flag überprüft, das durch eine `TERMT` Bedingung in einer `DERIVATIVE` oder `DISCRETE` Section gesetzt worden sein könnte. Ist das Stop-Flag gesetzt, wird mit der Bearbeitung der `TERMINAL` Section fortgefahren. Andernfalls wird mit der Durchführung der `DYNAMIC` Section fortgesetzt.

Die `TERMINAL` Section beinhaltet als letzte Aktion automatisch das Ausgeben der Variablen für `PREPARE` und `OUTPUT` zum Endzeitpunkt. Diese Ausgabe findet auch statt, wenn keine `TERMINAL` Section explizit definiert wurde.

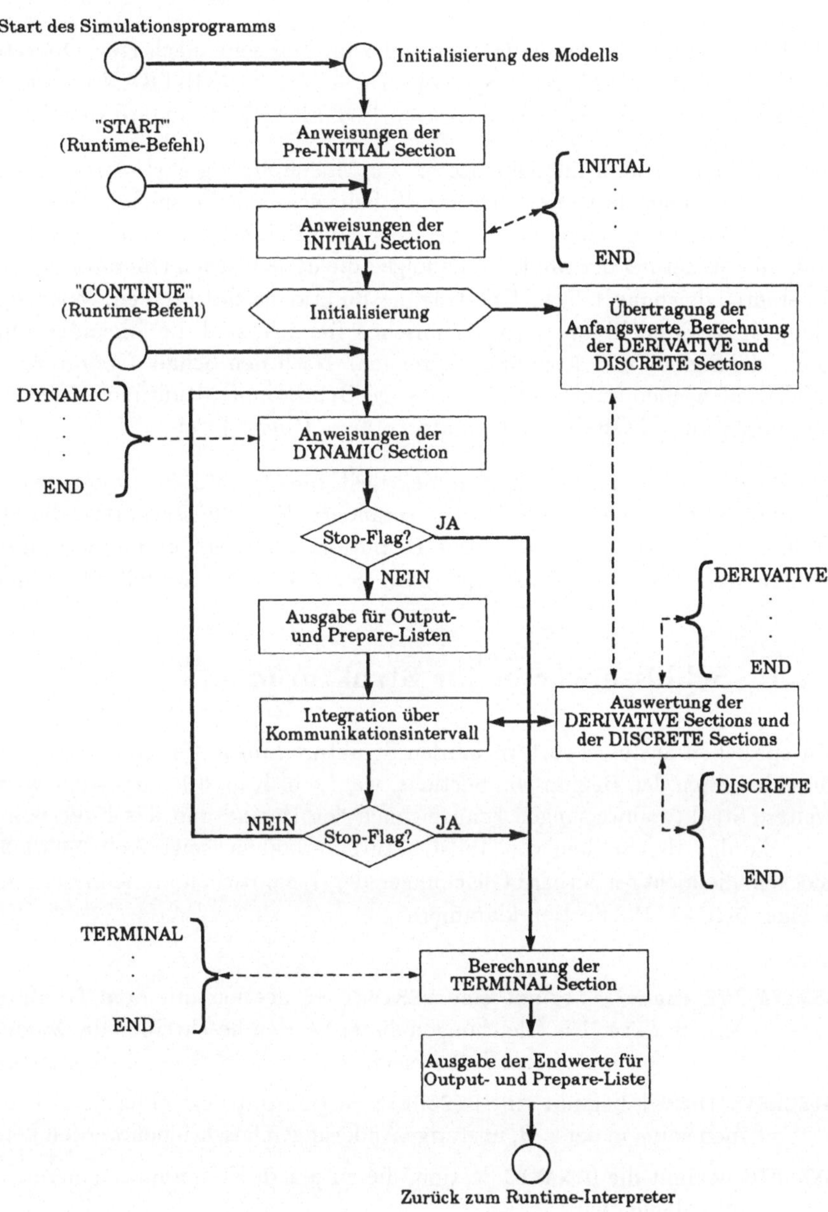

Abbildung 3.2: Ablauf einer Simulation in ACSL

3.2 Modellbeschreibungssprache

ACSL unterstützt die Modellbildung mit zum Teil sehr mächtigen Operatoren
zur Modellierung dynamischer Systeme. Da ACSL auf FORTRAN basiert, sind
zusätzlich nahezu alle Anweisungen nach FORTRAN77–Standard möglich.

Dieser Abschnitt stellt alle Operatoren zur Modellbildung nach Anwendungsgebieten zusammen und verdeutlicht ihre Arbeitsweise mit Beispielen. Den Anfang
bilden Stukturanweisungen und Operatoren für Parameterdefinition, Initialisierung und Steuerung des Modells. Es folgen die dynamischen Operatoren, welche
Differentialgleichungen bzw. Übertragungsfunktionen beschreiben. Wichtig, vor
allem für die Modellbildung im technischen Bereich, sind die folgenden Operatoren, die Signale und Kennlinien erzeugen. Nach den Schalt–Operatoren und
Zufallszahlengeneratoren schließen sonstige Operatoren, „Runtime"–Operatoren
und ausgewählte FORTRAN–Operatoren diese Übersicht ab.

Der Begriff „Operator" ist ein Sammelbegriff für Operatoren im engeren Sinn,
die dynamische oder statische Größen verändern, für Schlüsselwörter, die Strukturen erzeugen bzw. verändern sowie Definitionen festlegen und ändern, und für
Steueranweisungen, die initialisieren bzw. den Ablauf der Modellteile steuern.

3.2.1 Schlüsselwörter für Strukturen

Mit speziellen Schlüsselwörtern werden Strukturen im ACSL–Modell festgelegt.
Diese betreffen den Beginn von Sections, wie sie in Kap. 3.1 dargestellt wurden.
Weitere Strukturanweisungen kennzeichnen den Beginn und das Ende von Ma-
cros, die das Beschreiben von Teilstrukturen erlauben, sowie von PROCEDURAL
Blöcken, die nicht sortierbare Gleichungen der dynamischen Modellbeschreibung
in einer DERIVATIVE Section klammern.

DERIVATIVE [name]   beginnt eine DERIVATIVE Section mit dem fakultativen
    Namen name. Die Gleichungen dieser Section beschreiben die Modelldy-
    namik und müssen sortierbar sein.

DISCRETE [name] beginnt eine DISCRETE Section mit dem obligatorischen Na-
    men name, in der z. B. unstetige Änderungen beschrieben werden können.

DYNAMIC beginnt die DYNAMIC Section, die zu jedem Kommunikationszeitpunkt
    durchlaufen wird.

END   muß jede Section oder jeden PROCEDURAL Block abschließen.

INITIAL beginnt die INITIAL Section, die bei Beginn jedes Simulationslaufs
    durch einen START Befehl durchlaufen wird.

MACRO   beginnt eine Macro–Definition.

MACRO MACRO beginnt eine Macro–Definition.

MACRO END beendet eine Macro–Definition

PROCEDURAL(aus1,aus2,...=in1,in2,...) eröffnet einen PROCEDURAL Block
zur Zusammenfassung nicht sortierbarer Gleichungen bzw. Anweisungen in einer DERIVATIVE Section. Bei der Sortierung werden alle Gleichungen und Anweisungen des Blocks an jene Stelle gereiht, an der in1, in2, ... bekannt sind. Gleichungen und Anweisungen, die die Größen aus1, aus2, ... benötigen, werden nach dem Block eingereiht.

PROGRAM beginnt eine ACSL–Modellbeschreibung. Zur besseren Unterscheidung kann eine ACSL–Modellbeschreibung mit impliziter Programmstruktur auch mit dem Schlüsselwort DERIVATIVE beginnen. Eine einfache Art der Modellbeschreibung hat keine Strukturierung in Sections, daher wird das gesamte Modell als DERIVATIVE Section aufgefaßt.

TERMINAL beginnt eine TERMINAL Section, deren Anweisungen bei Ende des Simulationslaufs durchlaufen werden.

3.2.2 Parameterdefinition, Initialisierung, Steuerung

CONSTANT k=r,i,l Der Parameter k wird beim Starten des Simulationsprogrammes mit dem Wert r (Parameter vom Typ REAL) bzw. mit dem Wert i (Parameter vom Typ INTEGER) bzw. mit dem Wahrheitswert l (Parameter von Typ LOGICAL) initialisiert. Auch Parameter vom Typ DOUBLE PRECISION können verwendet werden. Abweichend von FORTRAN gelten alle nicht explizit definierten Variablen und Parameter als Größen vom Typ REAL. Die Definition des Datentyps erfolgt nach FORTRAN–Konvention. Die Werte können im Runtime–Interpreter jederzeit geändert werden.

RESET(A) erzwingt in der INITIAL Section eine Initialisierung der Zustandsgrößen mit den Anfangswerten, was sonst erst automatisch nach allen Berechnungen der INITIAL Section erfolgt. Bei A=noeval werden nur die Zustände initialisiert, bei A=eval werden auch alle anderen Variablen mitinitialisiert.

SAVE   speichert die in der Modellbschreibung neu definierten Macros ab (vgl. Kap. 6.9).

SCHEDULE name/flag .AT. texpr legt die Durchführung der DISCRETE Section name zum Zeitpunkt texpr fest (Zeitereignis).

SCHEDULE name/flag .Xx. expr legt die Durchführung der DISCRETE Section name bei einem beliebigen Nulldurchgang (.XZ.), bei einem Nulldurchgang in positiver Richtung (.XP) bzw. bei einem Nulldurchgang in negativer Richtung (.XN.) des zustandsabhängigen Ausdrucks **expr** fest. Der Nulldurchgang wird iterativ ermittelt und in ein Zeitereignis umgewandelt.

TERMT(lexpr, 'note') definiert eine Abbruchbedingung für den Simulationslauf, indem das Stop-Flag gesetzt wird, sobald der logische Ausdruck **lexpr** wahr (.TRUE.) ist. Der logische Ausdruck kann in einfacher Form von der Zeit abhängen oder in komplexer Form von Zustandsgrößen. Es kann mehrere **TERMT** Bedingungen in einem ACSL–Modell geben, sowohl in der **DYNAMIC** als auch in der **DERIVATIVE** Section. Die fakultative Angabe von **'note'** bewirkt die Ausgabe der Meldung **note**, wenn diese **TERMT** Bedingung das Simulationsende verursacht hat.

3.2.3   Integrations–Operatoren

Die Integrations–Operatoren sind die wichtigsten Operatoren in ACSL. Sie erlauben eine direkte Beschreibung von Differentialgleichungen.

Neben dem einfachen **INTEG** Operator zur Integration einer Zustandsvariablen stehen noch Operatoren zur Integration von Vektoren (**INTVC**), zur begrenzten einfachen (**LIMINT**) und doppelten Integration (**DBLINT**) und ein Operator, der abhängig vom augenblicklichen Modellzustand integriert (**MODINT**), zur Verfügung.

DBLINT(x,xp=xab,xpp,xpab,bu,bo) Begrenzte doppelte Integration; integriert die zweite Ableitung **xpp** zweimal, als Ergebnis werden die erste Ableitung **xp** und die Zustandsvariable **x** berechnet. **xab** ist die Anfangsbedingung für **x**, **xpab** die Anfangsbedingung für **xp**. Die Zustandsgröße **x** wird nach unten durch **bu** und nach oben durch **bo** begrenzt. Die Begrenzung ist weich, d.h. als Ergebnis wird der erreichte Wert nach Abschluß des Integrationsschrittes gewählt. **xp** wird Null gesetzt, sobald **x** begrenzt ist. Der Operator kann sinnvoll zur Modellbildung von Masse–Feder–Dämpfer–Systemen mit Begrenzung eingesetzt werden.

x=INTEG(xp,xab) Einfache Integration; integriert die Ableitung **xp** mit dem Anfangswert **xab**.

x=INTVC(xp,xab) Vektorintegration; integriert den Ableitungsvektor **xp** mit gegebenem Anfangswertvektor **xab**. Der Zustandsvektor **x** muß die gleiche Dimension wie **xp** und **xab** haben.

`x=LIMINT(xp,xab,bu,bo)` Begrenzte Integration;
>   integriert die Ableitung `xp` mit dem Anfangswert `xab` und begrenzt die Lösung `x` nach unten durch `bu` und nach oben durch `bo`. Die Begrenzung ist wiederum weich (vgl. `DBLINT`).

`x=MODINT(xp,xab,l1,l2)` Bedingte Integration;
>   integriert die Ableitung `xp` mit dem Anfangswert `xab`, abhängig vom Zustand der logischen Variablen `l1` und `l2`. Diese Art der Integration ist von Simulationsanwendungen auf Analogrechnern übernommen worden.

| Funktionsweise | l1 | |
von `MODINT`	`.TRUE.`	`.FALSE.`
`l2` `.TRUE.`	operate	hold
`.FALSE.`	reset	operate

Schlüsselwörter legen die sogenannte „Integrationsumgebung" fest. Sie bestimmen den Algorithmus, die Schrittweite, den erlaubten Fehler, das Kommunikationsintervall etc. Bestimmte Schlüsselwörter legen den Namen von Systemparametern für die Integration fest und initialisieren diese Parameter mit Werten. Die folgende Übersicht gibt diese Schlüsselwörter mit den Standardnamen der Systemparameter und ggf. optionalen Angaben [in eckigen Klammern] an. Die Parameter können vom Typ `INTEGER`, `REAL`, `LOGICAL` oder `CHARACTER` sein. Dies wird durch die Kennzeichnung `i`, `r`, `l` bzw. `'text'` angezeigt. Der Standardwert für einen Parameter ist, soweit vorhanden, nach seiner Beschreibung (in runden Klammern) angegeben.

Die Werte der Parameter können im Runtime–Interpreter jederzeit geändert werden. Die genaue Bedeutung und vor allem das Zusammenarbeiten dieser Systemparameter wird in Kap. 4.3 und Kap. 8.3 näher behandelt. Viele Beispiele in diesem Buch zeigen das Arbeiten mit diesen sogenannten „strukturellen Systemparametern", die im folgenden angegeben sind:

`ALGORITHM ialg=i` wählt das gewünschte Integrationsverfahren. Es stehen sieben verschiedene Verfahren zur Auswahl, die in Kap. 4.2 und Kap. 4.3 besprochen werden. (`ialg=5`)

>   `ialg = 1` Adams-Moulton-Verfahren
>   (variable Schrittweite, variable Ordnung)

>   `ialg = 2` Gear-Verfahren für steife Systeme
>   (variable Schrittweite, variable Ordnung)

ialg = 3 Euler–Verfahren
(fixe Schrittweite, erste Ordnung)

ialg = 4 Runge-Kutta–Verfahren
(fixe Schrittweite, zweite Ordnung)

ialg = 5 Runge-Kutta–Verfahren
(fixe Schrittweite, vierte Ordnung)

ialg = 6 nicht implementiert

ialg = 7 Benutzer-Unterprogramm

ialg = 8 Runge-Kutta-Fehlberg–Verfahren
(fixe Schrittweite, zweite Ordnung)

ialg = 9 Runge-Kutta-Fehlberg–Verfahren
(fixe Schrittweite, fünfte Ordnung)

CINTERVAL cint=r legt das Kommunikationsintervall fest. Zu Vielfachen des Kommunikationsintervalls werden Ergebnisdaten auf die Prepare–Datei (PREPARE) und auf den Bildschirm bzw. auf eine Ausgabedatei (OUTPUT) geschrieben. (cint=0.1)

ERRTAG err definiert den Namen der logischen Variablen, die den Wert .TRUE. erhält, wenn ein Integrationsalgorithmus eine kleinere Schrittweite als mint verwenden will.

INTERVAL tsamp=r gibt das Bearbeitungsintervall für eine DISCRETE Section an.

MAXTERVAL maxt=r legt die maximale Integrationsschrittweite fest.
(maxt=1.E10)

MERROR var1=r1,... definiert zulässige relative Fehlerschranken, die von Integrationsverfahren mit Schrittweitensteuerung für die angegebenen Zustandsvariablen eingehalten werden sollen. (r=1.E-4)

MINTERVAL mint=r legt die minimale zulässige Integrationsschrittweite fest und hat bei DISCRETE Sections eine Sonderbedeutung (vgl. Kap. 5.3 und Kap. 8.3). (mint=1.0E-10)

NSTEPS nstp=i legt die Zahl der Integrationsschritte je Kommunikationsintervall fest. Die daraus resultierende Schrittweite cint/nstp kann durch Wahl von maxt verändert werden. (nstp=10)

VARIABLE t [,tic=0.0] definiert den Namen der unabhängigen Veränderlichen (t) und fakultativ den Namen (tic) und den Wert der Anfangsbedingung.

XERROR var1=r1,... definiert den zulässigen absoluten Fehler für Integrationsverfahren mit Schrittweitensteuerung. (r=1.E-4)

Die Namen für die Systemparameter bzw. für die unabhängige Veränderliche können bei der Definition mit dem entsprechenden Schlüsselwort geändert werden. Generell ist eine Änderung nicht zu empfehlen, da durch Beibehaltung der Namen ein Modellaustausch erleichtert wird. Nur beim Namen für die unabhängige Veränderliche gibt es Fälle, in denen eine Namensänderung sinnvoll ist. Beispiele sind Modelle der Thermodynamik, bei denen die Variable t normalerweise die Temperatur bezeichnet und eine Ortskoordinate als unabhängige Veränderliche dient.

3.2.4 Übertragungsfunktionen

ACSL bietet Übertragungsfunktionen zur Modellbildung regelungstechnischer Systeme an. Die als Macros implementierten Übertragungsfunktionen werden in Differentialgleichungen umgewandelt und im Zeitbereich simuliert.

Für eine allgemeine Übertragungsfunktion steht der Operator TRAN zur Verfügung, bei dem alle Anfangswerte mit Null vorgegeben sind. Drei weitere regelungstechnische Operatoren beschreiben das häufig vorkommende PT1-, PT2- bzw. DT1-Glied. Die Operatoren lauten:

y=CMPXPL(p,q,x,ic1,ic2) PT2-Glied;
> die Übertragungsfunktion mit den Anfangswerten $y(t_0) = \mathtt{ic1}, \dot{y}(t_0) = \mathtt{ic2}$ lautet

$$G(s) = \frac{1}{ps^2 + qs + 1}.$$

y=LEDLAG(p,q,x,ic) DT1-Glied;
> die Übertragungsfunktion mit dem Anfangswert $y(t_0) = \mathtt{ic}$ lautet

$$G(s) = \frac{ps + 1}{qs + 1}.$$

y=REALPL(p,x,ic) PT1-Glied;
> die Übertragungsfunktion mit dem Anfangswert $y(t_0) = \mathtt{ic}$ lautet

$$G(s) = \frac{1}{ps + 1}.$$

y=TRAN(n,m,zz,zn,x) Allgemeine Übertragungsfunktion;
> die Übertragungsfunktion

$$G(s) = \frac{ZZ(s)}{ZN(s)}.$$

> wird durch die Felder zz und zn mit den Koeffizienten des Zählerpolynoms (Grad n) bzw. Nennerpolynoms (Grad m) beschrieben.

Diese Übertragungsfunktionen sind als Macros implementiert und werden vom ACSL-Translator automatisch in die entsprechenden Differentialgleichungen umgewandelt.

3.2.5   Signalgeneratoren

Zur Erzeugung von Signalen bzw. Eingangsfunktionen sind alle FORTRAN–
Anweisungen und natürlich auch Unterprogramme in FORTRAN erlaubt. In
ACSL stehen zusätzlich einige weitere nützliche Operatoren zur Verfügung:

`y=HARM(tz,w,p)` Harmonische Funktion;
   der Funktionswert ist gegeben durch:

$$y = \begin{cases} \sin[\mathtt{w}(t - \mathtt{tz}) + \mathtt{p}] & \text{für} \quad t \geq \mathtt{tz} \\ 0.0 & \text{für} \quad t < \mathtt{tz} \end{cases}$$

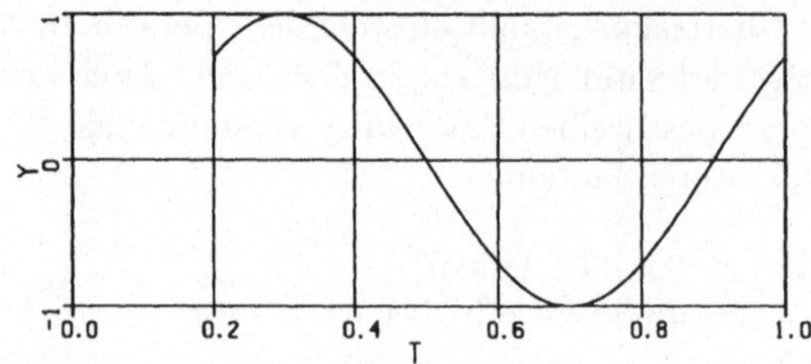

Abbildung 3.3: Harmonische Funktion `Y=HARM(tz,w,p)` mit den Werten `tz=0.2`,
`w=7.854` und `p=`$\pi/4$

`y=PULSE(tz,p,w)` Pulsfunktion;
   die Funktion beginnt bei `tz`, hat die Periode `p` und die Pulsbreite `w`.

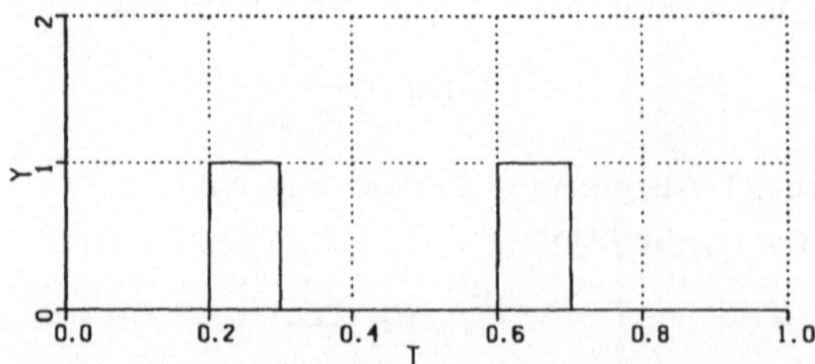

Abbildung 3.4: Puls–Funktion `Y=PULSE(tz,p,w)` mit den Werten `tz=0.2`, `p=0.4`
und `w=0.1`

`y=STEP(tz)` Einheitssprung;
   zum Zeitpunkt `tz` springt die Funktion von 0 auf 1.

3.2.6   Kennlinien

Zur Vorgabe von häufigen Kennlinien stehen einige Operatoren zur Verfügung.
Von ACSL nicht zur Verfügung gestellte Kennlinien können über die TABLE
Anweisung definiert werden oder als FORTRAN–Funktion oder FORTRAN–
Unterprogramm bereitgestellt werden. Beispiele erläutern die folgenden Dar-
stellungen der Operatoren für Kennlinien:

y=BCKLSH(ab,del,x) Hysterese (Spiel);
        das folgende Beispiel zeigt den zeitlichen Verlauf der hysteresebehafteten
        Größen ysym und yunsym als Reaktion auf den Eingang x.

```
PROGRAM  bcktest                            ! Test fuer BCKLSH
CONSTANT    ab = -0.25, del = 0.25, dlu = -0.5, dlo  = 0.1
CONSTANT omega =  5. , tend = 2.0
CINTERVAL cint = 0.01, NSTEPS nstp = 1
x = SIN(omega*t)                            ! Erregerfunktion
ysymmetrisch    = BCKLSH(ab,del,x) ! Symmetrischer BCKLSH
                                   ! Unsymmetrischer BCKLSH
yunsymmetrisch = BCKLSH(ab,0.5*(dlo-dlu),X-0.5*(dlo+dlu))
TERMT (t.GE.tend)
END
```

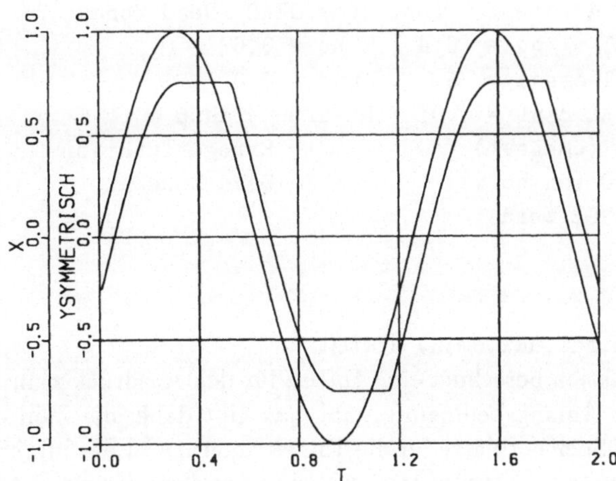

Abbildung 3.5: Ausgang YSYMMETRISCH des BCKLSH Operators bei symmetrischer
Hysterese (ab=-0.25, del=0.25)

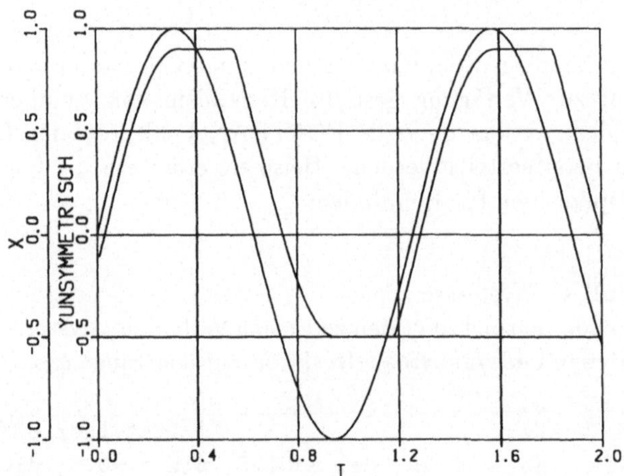

Abbildung 3.6: Ausgang YUNSYMMETRISCH des BCKLSH Operators bei unsymmetrischer Hysterese, Parameter siehe Programm bcktest

y=BOUND(bu,bo,x) Begrenzer;
>   begrenzt x zwischen der unteren Grenze bu und der oberen Grenze bo.

y=DEAD(bu,bo,x) Dead Zone;
>   die Funktion arbeitet mit den Grenzen bu und bo für x.

```
PROGRAM deadtest ! Test fuer DEAD (Dead Zone)
CONSTANT    bu = -0.4 ,   bo = 0.6
CONSTANT omega =  5.   , tend = 2.0
CINTERVAL cint = 0.01 ; NSTEPS    nstp = 1
x = SIN (omega*t)           !  Erregerfunktion
y = DEAD (bu,bo,x)          !  Dead Zone
TERMT(t.GE.tend)
END
```

y=DELAY(x,xab,tdl,nmx,dmin) Totzeit;
>   die Funktion berechnet eine Totzeit für den Ausdruck x um die Zeit tdl mit der Anfangsbedingung xab. nmx gibt dabei die Zahl der bereitgestellten Speicherplätze für die Totzeit an, dmin ist das minimale Intervall zwischen zwei Totzeitwerten, wobei nmx größer oder gleich tdl/dmin sein muß. Zwischen je zwei abgespeicherten Werten wird linear interpoliert.

y=EXPF(ab,tau,lexpr) Modifizierte Exponentialfunktion;
>   die Funktion beschreibt den exponentiellen Anstieg und Abfall zwischen

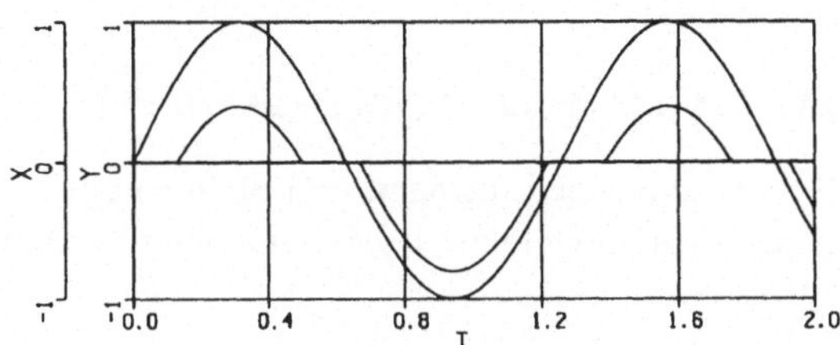

Abbildung 3.7: Ausgang **y** des **DEAD** Operators bei harmonischem Eingang **x**, Parameter siehe Programm **deadtest**

den Funktionswerten 0.0 und 1.0 mit der Zeitkonstanten **tau**, falls die logische Variable **lexpr=.TRUE.** ist.

```
PROGRAM expftest  ! Test fuer EXPF
CONSTANT ab=1., tkonst = 0.5, tanstg = 3., tend = 5.9
CINTERVAL cint = 0.01;  NSTEPS    nstp = 1
y = EXPF(ab,tkonst,t.gt.tanstg)
TERMT(t.GE.tend)
END
```

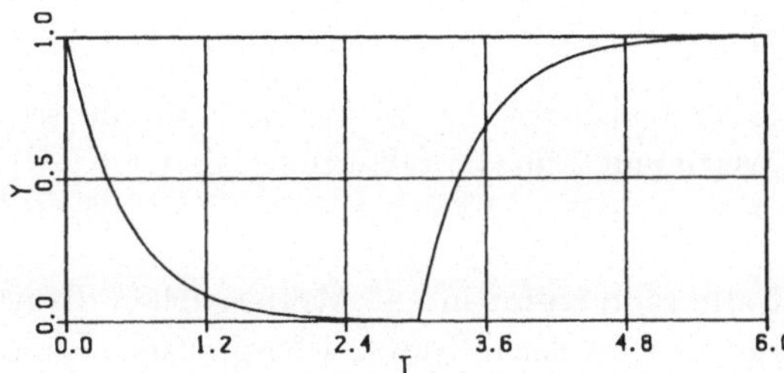

Abbildung 3.8: Ausgang **y** des **EXPF** Operators, Parameter siehe Programm **expftest**

y=RAMP(tz) Rampe;
die Rampe beginnt zum Zeitpunkt **tz** mit einem Winkel von $\pi/4$.

TABLE   name,d,n1[,n2[,n3]]]/list/] Definition einer Kennlinie;
die Kennlinie (Tabelle) **name** hat die Dimension **d** mit jeweils **ni** Werten. Es können Kennlinien bis zur Dimension **n=3** definiert werden. Die folgenden Beispiele erläutern die Anwendung dieser Kennliniendefinition.

Eindimensionale Tabelle mit fünf Einträgen:

```
TABLE tab,1,5
   /x1,x2,x3,x4,x5,f(x1),f(x2),f(x3),f(x4),f(x5)
```

Zweidimensionale Tabelle mit vier Einträgen (x_i) für die erste unabhängige Variable und drei Einträgen (y_j) für die zweite unabhängige Variable:

```
TABLE tab2,2,4,3 /x1,x2,x3,x4,y1,y2,y3,   ...
      f(x1,y1), f(x2,y1), f(x3,y1),f(x4,y1), &
      f(x1,y2), f(x2,y2), f(x3,y2),f(x4,y2), &
      f(x1,y3), f(x2,y3), f(x3,y3),f(x4,y3) /
```

Die Tabelle belegt 19 Speicherplätze (12 für die Funktionswerte, 4 für die x-Werte und 3 für die y-Werte).

Dreidimensionale Tabelle mit vier Einträgen (x_i) für die erste, drei Einträgen (y_j) für die zweite und zwei Einträgen (z_k) für die dritte unabhängige Variable:

```
TABLE tab3,3,4,3,2 /x1,x2,x3,x4,y1,y2,y3,z1,z2,  &
      f(x1,y1,z1), f(x2,y1,z1), f(x3,y1,z1), f(x4,y1,z1), &
      f(x1,y2,z1), f(x2,y2,z1), f(x3,y2,z1), f(x4,y2,z1), &
      f(x1,y3,z1), f(x2,y3,z1), f(x3,y3,z1), f(x4,y3,z1), &
      f(x1,y1,z2), f(x2,y1,z2), f(x3,y1,z2), f(x4,y1,z2), &
      f(x1,y2,z2), f(x2,y2,z2), f(x3,y2,z2), f(x4,y2,z2), &
      f(x1,y3,z2), f(x2,y3,z2), f(x3,y3,z2), f(x4,y3,z2)/
```

Diese Tabelle belegt 33 Speicherplätze (24 für die Funktionswerte, 4 für die x-Werte, 3 für die y-Werte und 2 für die z-Werte).

Beispiel einer tabellierten Kennlinie: Als Beispiel für die Anwendung einer eindimensionalen Tabelle wird der in Kap. 2.4 besprochene Einmassenschwinger betrachtet. Die Federkonstante wird durch eine Federkennlinie ersetzt, die durch die folgende Tabelle gegeben ist:

x	-0.1	-0.09	-0.05	0.0	0.05	0.09	0.1
$k(x)$	5.E5	2.E5	1.E5	1.E4	1.E5	1.E5	1.E5

```
PROGRAM Einmassen-Schwinger  ! Programmanfang
! -- Linearer Einmassen-Schwinger mit harmonischer Erregung --
! ----- Modellparameter -------------------------------------
  CONSTANT m = 10              ! Masse (kg)
! ----- Tabelle der Federkennlinie
  TABLE k,1,7 / -0.1,-0.09,-0.05, 0.0 , 0.05, 0.09, 0.1, ...
                5.E5, 2.E5, 1.E5, 1.E4, 1.E5, 1.E5, 1.E5 /
```

```
!
  CONSTANT d = 100              ! Daempfung (Ns/m)
       :
       :                        ! siehe Kap.2.4
       :
! ----- Modelldynamik ------------------------------------------
   fk = k(x)*x                  ! Berechne nichtlineare Federkraft
       :
  xdd = (fe - fk - fd)/m        ! Differentialgleichung
   xd = INTEG (xdd, xd0)        ! Integriert Beschleunigung
    x = INTEG ( xd,  x0)        ! Integriert Geschwindigkeit
! ----- Simulationsende --------------------------------------
  TERMT (t .GE. tend)           ! Abbruchbedingung
END                             ! Ende des Programms
```

Einlesen großer Tabellen: Kennlinien mit sehr vielen Einträgen oder Tabellen, die sich häufig ändern, müssen die Daten nicht von der TABLE Definition übernehmen. Solche Tabellen können mit einem FORTRAN–Programm von Dateien gelesen und in den für die ACSL–Tabellen vorgesehenen Feldern abgespeichert werden. Das FORTRAN–Programm wird dabei sinnvollerweise in der Pre-INITIAL Section von ACSL aufgerufen. Damit wird es nur einmal beim Starten des Simulationsprogramms ausgeführt und die Tabelleneinträge stehen für die folgenden Simulationsläufe zur Verfügung. Das FORTRAN–Unterprogramm zum Lesen der Dateien mit den Kennlinienwerten wird direkt an die ACSL–Modellbeschreibung angefügt. Die Struktur einer derartigen Modellbeschreibung mit zugehörigem Unterprogramm zum Einlesen einer Kennlinie lautet

```
PROGRAM TABELLE
! --- Einlesen grosser Tabellen -------------------------------
! --- Eine zweidimensionale Tabelle, abgespeichert auf einer
! --- Datei, wird in einem Unterprogramm gelesen und mit
! --- TABLE gespeichert.
! -----------------------------------------------------------
CALL RTABF              ! Aufruf des UP zum Lesen der Datei und
                        ! Belegen der TABLE tab
INITIAL
! --- Definition der Tabelle und Vorbesetzung mit Daten
  TABLE  tab, 2, 10, 30   / 10*0., 30*0., 300*0. /
END  ! of INITIAL
DERIVATIVE
! --- Beschreibung der Modelldynamik --------------------------
  CONSTANT mf=0.1
```

```
      ydd = mf * tab(y,yd)
      yd  = INTEG ( ydd,0.);    y = INTEG ( yd,0.)
      CONSTANT tend=0.99, CINT=0.01
      TERMT (t.GE.tend)
END   ! of DERIVATIVE
END   ! of PROGRAM
      SUBROUTINE RTABF
C-------------------------------------------------------------
C-------- RTABF besetzt die ACSL-Tabelle fuer die Funktion tab
C-------- Die Daten werden ueber die ACSL-COMMON-Bloecke
C-------- ausgetauscht
C-------------------------------------------------------------
C-------- Kopieren der ACSL-COMMON-Bloecke
      include ( 'model.inc')
C-------- Besetzung von tab mit 300 Funktionswerten
        open(30, file='tab.dat')
        DO 10 i = 1,30
   10 READ (30,100) (tab((I-1)*10+j), j=1,10)
C-------- Besetzung der 10 Stuetzstellen in x-Richtung
        READ (30,100) (tab(30*10+j), j=1,10)
C-------- Besetzung der 30 Stuetzstellen in y-Richtung
        DO 11 i=1,3
   11 READ(30,100) (tab(30*10+10+(i-1)*10+j), j=1,10)
  100 FORMAT(10G10.3)
      RETURN
      END
```

Das Wesentliche an dieser Vorgangsweise ist die Datenkommunikation zwischen
dem Modell und dem Unterprogramm. Der ACSL–Translator erzeugt COMMON
Blöcke mit allen im Modell vorkommenden Variablen, die über diese COMMON
Blöcke (die in der Datei model.inc zu finden sind) in jedes Unterprogramm
kopiert werden können. Näheres dazu findet sich in Kap. 8.4. Weiters wird bei
jeder Definition einer TABLE ein der Dimension entsprechendes Feld angelegt, auf
das im Runtime–Interpreter und in einem Unterprogramm zugegriffen werden
kann. Eine Anwendung findet sich in Kap. 9.5.

3.2.7   Schaltoperatoren

Mit drei Schaltoperatoren können Modellteile abhängig vom Verlauf einer Funktion oder abhängig von logischen Größen beschrieben werden. Diese Schaltoperatoren können bei sinnvollem Einsatz viele aufwendige IF-THEN-ELSE-ENDIF
Blöcke ersetzen, wodurch die Lesbarkeit des Modells erhöht wird.

y=FCNSW(p,x1,x2,x3) Dreiwegschalter für reelle Größen;
      der Schalter wählt abhängig von der Funktion p als Ergebnis x1, falls p
      negativ ist, x2 falls p=0 und x3 falls p positiv ist.

y=LSW(l,tv,fv) Zweiwegschalter;
      dieser Schalter für logische oder ganzzahlige Größen liefert das Ergebnis
      tv, falls l wahr ist, und fv, falls l nicht wahr ist.

y=RSW(l,tv,fv) Zweiwegschalter;
      dieser Schalter für reelle Variable liefert das Ergebnis ist tv, falls der
      logische Ausdruck l wahr ist, und fv, falls l falsch ist.

Die Schaltoperatoren können zwar Abfragen ersetzen, werten aber immer beide
bzw. alle drei Alternativen aus, bevor sie abhängig von der Steuergröße die
entsprechende Variable „durchschalten". Dies führt zu Problemen, wenn die
Schalter auf Divisionen durch Null abfragen sollen.

3.2.8 Generatoren für Zufallszahlen

ACSL stellt drei Zufallszahlen–Generatoren zur Verfügung. GAUSS führt zu einer
Normalverteilung, UNIF zu einer Gleichverteilung und OU erzeugt bandbegrenz-
tes „Weißes Rauschen". GAUSS und UNIF erzeugen bei jedem Aufruf eine neue
unabhängige Pseudo–Zufallszahl und sollten ausschließlich in der INITIAL Section verwendet werden. Nur der Operator OU kann sinnvoll in der DERIVATIVE
Section eingesetzt werden.

GAUSI(j) Initialisierung der Gaußverteilung;
      der Operator initialisiert den Zufallszahlengenerator GAUSS. Damit kann
      der erste Wert, der sogenannte „Seed Value" für die Erzeugung von
      Pseudo–Zufallszahlen festgelegt werden. Der Seed Value ist in ACSL
      durch den Wert des Systemparameters zzseed vorbelegt.

y=GAUSS(m,s) Gaußverteilte Zufallszahl;
      die Zufallszahl wird aus einer Normalverteilung mit Mittelwert m und
      Standardabweichung s berechnet.

y=OU(tau,m,s) Weißes Rauschen;
      das bandbegrenzte „Weiße Rauschen" wird mit dem Mittelwert m, der
      Standardabweichung s und der Grenzfrequenz $2\pi/$tau (in Hertz) ermit-
      telt. OU erzeugt gleichartiges Rauschen unabhängig von der Schrittweite
      und dem gewählten Integrationsverfahren.

y=UNIF(bu,bo) Gleichverteilte Zufallszahl;
      eine Zufallszahl wird aus einer Gleichverteilung mit der unteren Grenze
      bu und der oberen Grenze bo ermittelt.

`UNIFI(j)` Initialisierung der Gleichverteilung;
>   der Operator initialisiert den Zufallszahlengenerator `UNIF`. Damit kann
>   der erste Wert, der sogenannte „Seed Value" für die Erzeugung von
>   Pseudo–Zufallszahlen festgelegt werden. Der Seed Value ist in ACSL
>   durch den Wert des Systemparameters `zzseed` vorbelegt.

3.2.9   Sonstige Operatoren

`y=DERIVT(ic,x)` Numerische Differentiation des Ausdrucks `x`;
>   der Anfangswert `ic` wird zur Berechnung des ersten Differenzenquoti-
>   enten verwendet. *Warnung:* `DERIVT` sollte nur verwendet werden, wenn
>   dies auf keine Weise umgangen werden kann! Der Operator verursacht
>   unter Umständen numerische Probleme, insbesondere bei der Berech-
>   nung der Jakobimatrix.

`y=IMPL(a,e,m,ef,f(y),yd)` Lösung einer algebraischen Schleife;
>   dieser Operator dient für die iterative Lösung der impliziten Gleichung
> $f(y) = y$ (algebraische Schleife). `IMPL` sollte nur verwendet werden,
>   wenn die algebraische Schleife nicht auf andere Weise aufgelöst wer-
>   den kann. Der Operator programmiert direkt eine Iteration in der
>   `DERIVATIVE` Section, was viele Seiteneffekte hervorrufen kann. Impli-
>   zite Modellteile können ab ACSL Level 10F mit den Operatoren `IMPLC`
>   und `IMPVC` effizient gelöst werden.

`y=IMPLC(g(y),y0)` Auflösung eines skalaren, impliziten Modellteiles;
>   dieser ab Level 10F zur Verfügung stehende Operator berechnet `y` durch
>   Iteration und ist mit jedem Integrationsalgorithmus verträglich (vgl.
>   Kap. 4.3). Der Operator wird `IMPL` ablösen.

`y=IMPVC(r,y0)` Auflösung eines impliziten Modellteiles;
>   die implizite Modellbeschreibung ist gegeben durch den sogenannten
>   „Residuenvektor" $\vec{r} = \vec{g}(\vec{y}, \vec{x})$. Dieser Operator wird ebenfalls ab Le-
>   vel 10F zur Verfügung stehen.

`PTR(x,y=r,phi)` Koordinatenumwandlung;
>   Umwandlung von Polarkoordinaten `(r,phi)` in kartesische Koordinaten
>   `(x,y)`.

`y=QNTZR(p,x)` Abtastfunktion;
>   die Abtastweite wird mit `p` angegeben.

`y=RTP(r,phi=x,y)` Koordinatenumwandlung;
>   Umwandlung von kartesischen Koordinaten `(x,y)` in Polarkoordinaten
>   `(r,phi)`.

`y=ZHOLD(ic,p,x)` Folgeglied;
>   dieser Operator ist der Analogrechentechnik angepaßt. Für `p=.TRUE.`

liefert er **x**, für p=.FALSE. bleibt er auf dem letzten Wert von **x** stehen, ic gibt den Anfangswert an.

y=ZOH(x,ic,tz,dt) Halteglied;
dieser Operator ist der Analogrechentechnik angepaßt. Er beschreibt ein periodisches „HOLD" alle dt Zeiteinheiten, beginnend bei tz mit Anfangswert ic.

3.2.10   Operatoren für Runtime–Befehle

Manche Runtime–Befehle können auch in der Modellbeschreibung erzwungen werden. Im folgenden eine kurze Auswahl:

OUTPUT(v1,v2,...) Ausgabe der Werte $v_1, v_2, \ldots$ in jedem Kommunikationsintervall.

PREPARE(v1,v2,...) Abspeicherung der Werte $v_1, v_2, \ldots$ zu jedem Kommunikationsintervall auf die Prepare–Datei.

SCALE(dmn,dmx=ymn,ymx) Umwandlung von ymn und ymx in Plotmaßstäbe dmn, dmx.

3.2.11   FORTRAN–Operatoren

Auch FORTRAN stellt einige Operatoren zur Verfügung, welche die Modellbeschreibung erleichtern können. Die folgende Übersicht zeigt die von ACSL akzeptierten FORTRAN–Anweisungen bzw. -Operatoren:

ABS(x) Absolutbetrag von **x**, wobei **x** reell ist

ACOS(x) Arcuscosinus (Argument **x** im Bogenmaß)

AINT(x) Umwandlung des Datentyps

ALOG(x) natürlicher Logarithmus

ALOG10(x) Logarithmus zur Basis 10

AMAX0(j1,j2...) reelles Maximum der ganzzahligen Ausdrücke j_i

AMAX1(x1,x2...) reelles Maximum der reellen Ausdrücke x_i

AMIN0(j1,j2...) reelles Minimum der ganzzahligen Ausdrücke j_i

AMIN1(x1,x2...) reelles Minimum der reellen Ausdrücke x_i

AMOD(x1,x2) Rest der Division x1/x2

ASIN(x) Arcussinus (Ergebnis im Bogenmaß)

`ATAN(x)` Arcustangens (Ergebnis im Bogenmaß)

`ATAN2(y,x)` Winkel im Bogenmaß zwischen der x-Achse und dem Punkt mit den Koordinaten `(x,y)`

`COS(x)` Cosinus (Argument x im Bogenmaß gegeben)

`DIM(x1,x2)` positive Differenz `x1-x2`, falls `x1` > `x2`, sonst Null

`IABS(j)` Absolutwert des Integer–Ausdrucks `j`

`IDIM(j1,j2)` ganzzahlige Differenz `j1-j2`, falls `j1` > `j2`, sonst 0.0

`INT(x)` Umwandlung des Datentyps

`ISIGN(j1,j2)` Absolutwert des Integer-Ausdrucks `j1` multipliziert mit dem Vorzeichen des Integer-Ausdrucks `j2`

`MAXO(j1,j2,...)` ganzzahliges Maximum der ganzzahligen Ausdrücke j_i

`MAX1(x1,x2,...)` ganzzahliges Maximum der reellen Ausdrücke x_i

`MINO(j1,j2,...)` ganzzahliges Minimum der ganzzahligen Ausdrücke j_i

`MIN1(x1,x2,...)` ganzzahliges Minimum der reellen Ausdrücke x_i

`MOD(j1,j2)` Rest der Division des ganzzahligen Ausdrucks `j1` durch den ganzzahligen Ausdruck `j2`

`SIGN(x1,x2)` Absolutwert des reellen Ausdrucks `x1` multipliziert mit dem Vorzeichen des Ausdrucks `x2`

`SQRT(x)` Quadratwurzel des Ausdrucks x (Argument x muß positiv oder Null sein)

`TAN(x)` Tangensfunktion des Ausdrucks x (Argument x im Bogenmaß)

3.3 Erzeugung des Simulationsprogramms

ACSL besteht aus:

- dem ACSL–Translator, der die ACSL-Modellbeschreibung in eine FORTRAN–Beschreibung übersetzt,

- der ACSL–Macro–Datei, die Operatoren als Macros enthält,

- der ACSL-Library, die FORTRAN–Unterprogramme für die Modellbeschreibung und für die Bearbeitung des Modells sowie FORTRAN–Unterprogramme für die Runtime–Befehle und den Interpreter für Runtime–Befehle zusammenfaßt,

- und einer ACSL–Prozedur (Script), die den Ablauf der Übersetzung und die Erzeugung des ACSL–Simulationsprogramms auf dem Rechner steuert.

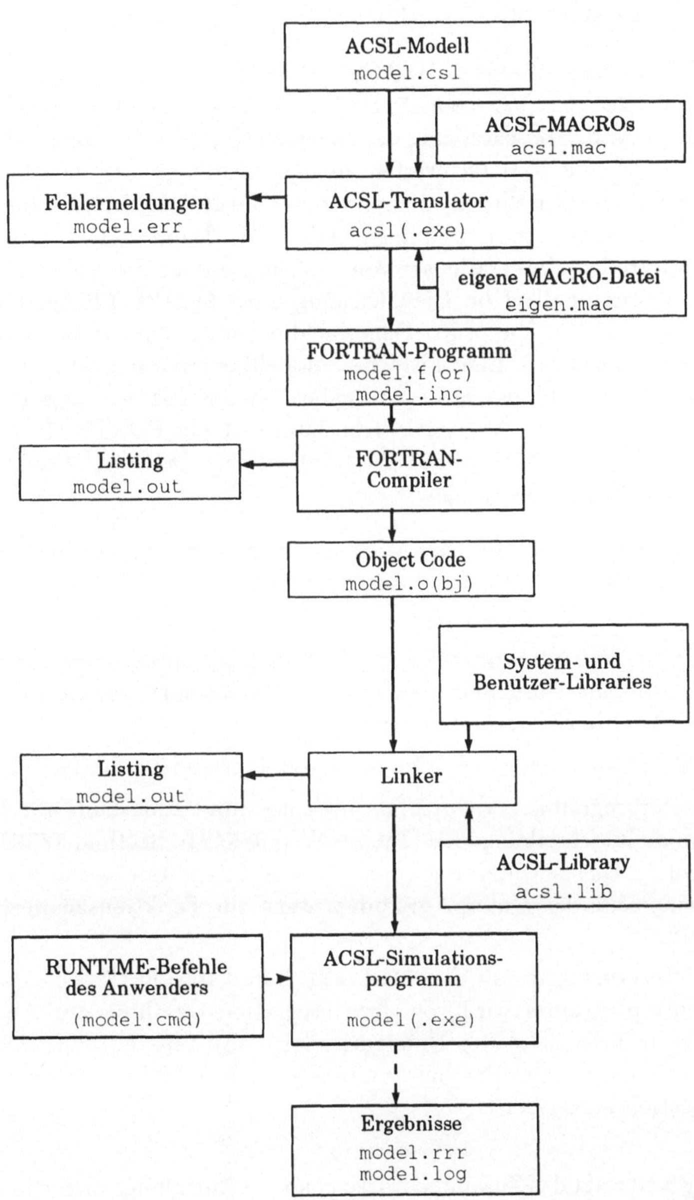

Abbildung 3.9: Erzeugung des Simulationsprogramms aus der Modellbeschreibung

Abbildung 3.9 zeigt die Schritte der Erzeugung des ACSL- Simulationsprogramms aus der ACSL–Modellbeschreibung.

Der ACSL-Translator übersetzt das ACSL–Modell `model.csl` in ein FORTRAN–Programm (`model.for` bzw. `model.f`). Dabei legt er nach der Erweiterung aller Macros in ACSL–Beschreibung das sogenannte „User Dictionary" mit allen Variablennamen und Variablenwerten an und überträgt alle Variablen, Parameter und die strukturellen Systemparameter in `COMMON` Blöcke, die in einer Include–Datei (`model.inc`) zusammengefaßt sind. Dann stellt er eine Tabelle der Zustandsgrößen (Integrationsgrößen) auf und ordnet die Anfangsbedingungen und Ableitungsgrößen zu. Die Gleichungen der `DERIVATIVE` Section werden sortiert und auf Fehler überprüft. Fehlermeldungen werden auf die Fehler–Datei `model.err` ausgegeben. Eine Liste der Modellbeschreibung und der Macro–Erweiterung wird fakultativ in der Ausgabe–Datei `model.out` angegeben. Das Ergebnis dieser Schritte des ACSL–Translators ist ein FORTRAN–Programm `model.for` (PC, VMS) bzw. `model.f` (Unix), welches das Simulationsprogramm in Form eines Quelltextes enthält.

Dieses FORTRAN-Programm, das ACSL–Simulationsprogramm, besteht aus den folgenden Programmteilen bzw. Unterprogrammen:

`main`   Hauptprogramm zur Steuerung des Simulationsprogramms in einer Schleife zwischen Durchführung eines Simulationslaufs (`zzsiml`) und Arbeit des Runtime–Interpreters (`zzexec`).

`zzdata` Blockdata für die Definition der Parameter und Variablen.

`zzsiml` Unterprogramm zur Durchführung eines Simulationslaufs mit Teilen der Modellbeschreibung (`INITIAL` Section, `DYNAMIC` Section, `TERMINAL` Section). Dieses Unterprogramm ruft das Integrationsverfahren auf, das seinerseits das Unterprogramm `zzderv` zur Funktionsauswertung aufruft.

`zzderv` Unterprogramm mit den `DERIVATIVE` und `DISCRETE` Sections. Dieses Unterprogramm wird von den Integrationsverfahren zur Auswertung der rechten Seite des Differentialgleichungssystems (`DERIVATIVE` Section) und von der Ereignisverwaltung zur Durchführung einer `DISCRETE` Section aufgerufen.

Abbildung 3.10 zeigt das Zusammenwirken und die Aufruffolge dieser Programme.

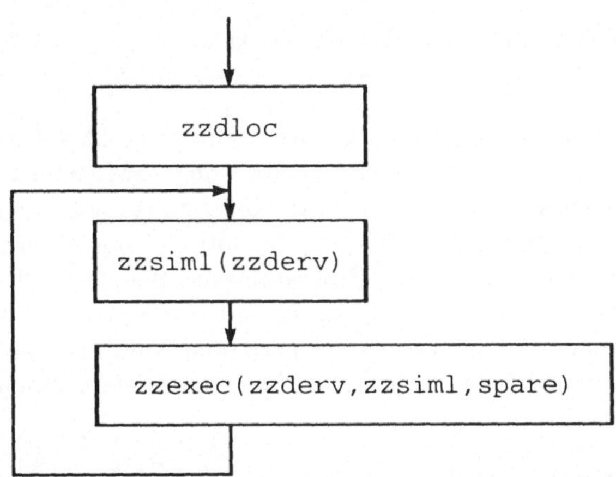

Abbildung 3.10: Aufruffolge der Programme im Simulationsprogramm

Das erzeugte Hauptprogramm heißt `main` und lautet auf fast allen Rechnertypen folgendermaßen:

```
      program main
      external zzderv,zzsiml,spare
      call zzdloc
  110 continue
      call zzsiml(zzderv)
      call zzexec(zzderv,zzsiml,spare)
      goto 110
      end
```

Die von `main` aufgerufenen Programme haben folgende Aufgaben:

`zzdloc` initialisiert Parameter und Variable.

`zzsiml` führt einen Simulationslauf durch. Der allererste Aufruf vor dem Runtime–Interpreter `zzexec` dient nur der Initialisierung und ist kein eigentlicher Simulationslauf.

`zzexec` ist der aus der ACSL–Library dazugelinkte Runtime–Interpreter. Er interpretiert Runtime–Befehle und ruft Unterprogramme zu deren Bearbeitung auf. Die Runtime–Befehle START bzw. CONTINUE verlassen `zzexec` und führen `zzsiml`, einen Simulationslauf, aus, der die Kontrolle dann wieder an `zzexec` übergibt.

Eine Besonderheit ist das Unterprogramm `spare`. Der Benutzer kann unter diesem Namen ein beliebiges Programm einbinden, das vom Runtime–Interpreter aus mit dem Befehl `SPARE` aufgerufen werden kann. Als Standardprogramm ist ein Programm zur Ermittlung der verbrauchten CPU–Zeit eingebunden.

Das FORTRAN–Simulationsprogramm wird vom FORTRAN–Compiler in den entsprechenden Object Code übersetzt (`model.obj` bzw. `model.o`). Eventuelle Fehlermeldungen werden auf `model.err` bzw. `model.out` ausgegeben. Der Linker linkt dann zu diesem Object Code die notwendigen Programme aus der ACSL–Library und fakultativ andere Programme aus Benutzer- oder allgemeinen Libraries. Die ACSL–Library enthält unter anderem den Runtime–Interpreter `zzexec`, als Unterprogramme definierte Operatoren wie z. B. `BOUND` und `DEAD`, die Integrationsverfahren, die Programme für Frequenzbereichsanalyse und alle Zeichenprogramme.

In der ACSL–Library ist auch das sogenannte „System Dictionary" enthalten, das alle Systemparameter von ACSL mit ihren Standard–Werten bis auf die mit Schlüsselwörtern definierbaren strukturellen Systemparameter (die sich im User Dictionary befinden) verzeichnet. Das System Dictionary wird vom User Dictionary „verdeckt". Hat der Benutzer in seinem Modell den Namen eines Systemparameters definiert bzw. verwendet, so beschreibt er damit eine neue Variable im User Dictionary; der Zugriff auf den Systemparameter im Runtime–Interpreter geht verloren. Für spezielle Aufgaben stehen FORTRAN–Unterprogramme zur Verfügung, mit denen in der Modellbeschreibung Systemparameter gelesen und mit Werten versehen werden können.

Das exekutierbare ACSL–Simulationsprogramm `model.exe` bzw. `model` erlaubt interaktive Eingabe bzw. Eingabe von der Befehlsdatei `model.cmd`. Es beschreibt die Prepare-Datei `model.rrr` mit Binärdaten von Ergebnissen von Simulationsläufen (Abspeicherung mit `PREPARE`) und legt eine Log–Datei `model.log` an, die alle Eingaben protokolliert und alle Ausgaben aller aufgerufenen Befehle beinhaltet.

3.4   Befehle des Runtime–Interpreters

Der Runtime–Interpreter bietet Befehle zum Experimentieren mit dem Modell an. Die wichtigsten sind die Befehle `START` bzw. `CONTINUE`, die einen Simulationslauf durchführen, und `PLOT`, der Zeichnungen verschiedener Art anfertigt.

Nach der Eingabeaufforderung des Runtime–Interpreters, meist `ACSL>`, können Befehle in freiem Format eingegeben werden. Mehrere Befehle in einer Zeile werden durch den Strichpunkt „;" getrennt. Als Fortsetzungszeichen in der nächsten Zeile wird das Ampersand-Zeichen „`&`" verwendet. Alles ab dem Ausrufungszeichen „!" in der Zeile wird als Kommentar interpretiert.

Befehle bestehen aus dem Namen des Befehls, aus Befehlsparametern, die mit dem Schrägstrich „/" beginnen, und Namen von Variablen und Parametern (Aufrufliste). Befehle und Befehlsparameter können abgekürzt werden, was einerseits ein rasches Arbeiten erlaubt, aber andererseits zu Fehlern führt und die Lesbarkeit der Dokumentation auf der Log–Datei beeinträchtigt. Der Grad der Abkürzung ist nur durch die Eindeutigkeit bedingt und geht teilweise bis zu nur einem Buchstaben. Die zulässige minimale Abkürzung ist bei der Besprechung des jeweiligen Befehls angegeben.

Die Wirkung bzw. Arbeitsweise vieler Befehle wird neben den Befehlsparametern durch Systemparameter gesteuert. Systemparameter können vom Benutzer wie andere Parameter direkt verändert werden; sie werden in diesem Buch mit Kleinbuchstaben angegeben. Befehlsparameter, die Werte charakterisieren, können nur über den zugehörigen Befehl verändert werden; sie werden mit Großbuchstaben angegeben.

Der folgende Abschnitt gibt zunächst eine Übersicht über Systemparameter, die Runtime–Befehle im allgemeinen betreffen, und stellt dann alle Runtime–Befehle, teilweise mit erläuternden Beispielen, vor. Die Reihenfolge der Befehle ist entsprechend der Arbeitsweise bei Modellstudien gewählt.

3.4.1 Systemparameter

Die ACSL–Systemparameter erlauben eine flexible Steuerung der Integration, der Ereignisverwaltung, der Ausgabe und des Modellablaufs im allgemeinen. Falls sinnvoll, sind Systemparameter mit Standardwerten initialisiert. Diese Werte können im Runtime–Interpreter jederzeit mit dem Befehl SET geändert werden.

Die Systemparameter, die im System Dictionary zusammengefaßt sind, bestehen bis auf wenige Ausnahmen aus sechs Buchstaben. Die ersten drei Buchstaben kürzen eine Beschreibung der Funktion des Systemparameters ab, die letzten drei Buchstaben geben an, worauf der Parameter wirkt.

Für die letzten drei Buchstaben der Benennung gilt:

ITG   wirkt für die Integration und Ablaufsteuerung

PRN   wirkt für die Druckausgabe (PRINT)

PLT   wirkt für Zeichnungen allgemein

CPL   wirkt für x/y–Zeichnungen

FPL   wirkt für Frequenzbereichs–Zeichnungen

PPL   wirkt für Drucker–Zeichnungen

SPL   wirkt für Meßstreifen–Zeichnungen

Im folgenden werden zuerst die Systemparameter zur Steuerung der Ein/Ausgabe besprochen, dann jene Systemparameter, die das Ausdrucken von Listen jeder Art steuern. Die weiteren Systemparameter werden teilweise bei den ACSL–Befehlen angegeben, auf die sie sich beziehen.

Die Systemparameter zur Eingabe/Ausgabe sind im Prinzip noch von den Eingabe/Ausgabenummern von FORTRAN abhängig. Mit ACSL Level 10 unter Window-Systemen ist diese Kopplung ein Nachteil, da ja jede Ausgabe auf eine virtuelle Ausgabeeinheit gelegt werden kann und nicht mehr vom physikalischen Ausgabegerät abhängig ist.

Die Eingabe für ACSL kann interaktiv oder über eine Befehls–Datei erfolgen. Die Ausgabe ist vielfältiger. ACSL unterscheidet „low volume data" (LV–Daten) und „high volume data" (HV–Daten) für alphanumerische Ausgabe. Die Ausgaben der Befehle DISPLAY und OUTPUT sowie Teile der Ausgabe des ANALYZE Befehls werden zu den LV–Daten gezählt. HV–Daten werden vom Befehl PRINT und den ausgabeintensiven Teilen des Befehls ANALYZE erzeugt.

Die Ergebnisse von Simulationsläufen werden über den Befehl PREPARE auf die „raw run record"–Ausgabeinheit (RRR–Daten, üblicherweise Prepare–Datei) in binärer Form gespeichert. Die graphische Ausgabe (PLOT–Daten) erfolgt auf eine logische Ausgabeeinheit, wobei mit speziellen Graphik-Treibern Daten für die physikalischen Ausgabeeinheiten erzeugt werden. Diese Daten werden sofort ausgegeben (z. B. Bildschirm) oder auf eine Datei geschrieben.

Alle diese Zuordnungen können unter Unix und MS-Windows virtuell erfolgen. Implementationen bis ACSL Level 10E benützten aber noch die „alten" FORTRAN–Einheitennummern zur Zuordnung der Daten. Die entsprechende Systemimplementation ordnet dann den Einheitennummern die entsprechenden Dateien zu.

Im folgenden sind die allgemein für die Eingabe/Ausgabe zuständigen Systemparameter angegeben. Die Parameter können vom Typ INTEGER, LOGICAL oder CHARACTER sein. Dies wird durch die Kennzeichnung i, l bzw. 'text' angezeigt. Der Standardwert für einen Parameter ist, soweit vorhanden, (in runden Klammern) angegeben.

cmd = i wählt die logische Eingabeeinheit für Runtime-Befehle. Die übliche Implementation sieht interaktive Eingabe vor (cmd=5), eine Befehlsdatei model.cmd (cmd=4) wird automatisch beim Starten des Simulationsprogramms eingelesen.

dis = i ist die logische Ausgabeeinheit für LV–Daten. In üblichen Implementationen erscheint beim interaktiven Arbeiten die Ausgabe am Bildschirm (`dis=0`) und wird zusätzlich auf der mit `prn` vereinbarten Ausgabeeinheit ausgegeben; im Batch–Betrieb ist sie meist auf eine Datei (`dis=6`) verlegt.

`prn = i`   ist die logische Ausgabeeinheit für HV–Daten. Üblicherweise ist dieser Einheitennummer die Log–Datei zugeordnet, auf die alle HV–Daten, ein Echo aller eingegebenen Befehle und auch alle LV–Daten zusätzlich ausgegeben werden. Die Log–Datei enthält somit ein vollständiges Protokoll einer Simulationssitzung. (`prn=9`)

`rrr = i` ist die logische Ausgabeeinheit für die RRR–Daten, in Standardimplementationen die Prepare–Datei. (`rrr=8`)

`plt = i`   ist die logische Ausgabeeinheit für PLOT–Daten. Diese Ausgabeeinheit wird mit dem Systemparameter `devplt` („device plot") spezifiziert und umgelenkt, wobei der Wert von `plt` bei Dateiausgabe die Bezeichnung der Datei übernimmt. (`plt=6`)

`devplt = i`   wählt den Treiber für die graphische Ausgabeeineinheit aus und lenkt die graphische Ausgabe um.

> `devplt = 1`   Graphische Standardausgabe (Bildschirm)
>
> `devplt = 2`   Neutrale PLOT-Datei (ACSII move - draw)
>
> `devplt = 3`   Tektronix
>
> `devplt = 4`   HPGL–Datei
>
> `devplt = 5`   Postscript–Datei
>
> `devplt = 6`   X-Windows
>
> `devplt = 7`   HP-Laserjet

Bei einer Ausgabe auf eine Datei wird ein Dateiname `plotnn` erzeugt, wobei `nn=plt` gilt; `plt=1` erzeugt daher die Datei `plot01`. Die Angabe einer der obigen Nummern ist bei vielen Implementationen verboten (z. B. `plt=6`).

`title = 'text'` ist ein Textfeld, das Überschriften für Ausgaben aller Art festlegt. Diese Überschriften erscheinen bei Zeichnungen, bei mit `OUTPUT` und `PRINT` ausgegebenen Tabellen etc. Standardmäßig wird die Überschrift in drei Zeilen mit insgesamt 120 Zeichen ausgegeben. Diese Einstellung kann sowohl für die alphanumerische Ausgabe als auch für die unterschiedlichen Zeichnungsarten individuell mit Systemparametern geändert werden.

`ndbug = i` legt die Anzahl von auszugebenden Debug–Listen fest. Mit `ndbug=4` werden z. B. Debug–Listen bei vier aufeinanderfolgenden Funktionsauswertungen auf die Ausgabeeinheit für HV–Daten ausgegeben. (`ndbug=0`)

Die Ausgabe alphanumerischer Daten (HV–Daten und LV–Daten) ist noch stark an den physikalischen Ausgabemedien orientiert. Die Parameter, welche die Zeichenanzahl pro Zeile festlegen, haben daher für Window–Implementationen nur bedingt Bedeutung. Die Systemparameter zur Steuerung der alphanumerischen Ausgabe sind:

hvdprn= 1   betrifft die Ausgabe von HV–Daten, die standardmäßig nur auf der mit **prn** spezifizierten Ausgabeeinheit ausgegeben werden. Wird **hvdprn=.TRUE.** gesetzt, so werden HV–Daten auch auf die durch **dis** festgelegte Ausgabeeinheit gedruckt; üblicherweise werden dadurch HV–Daten auch am Bildschirm ausgegeben. (**hvdprn=.FALSE.**)

malprn = i   ist die maximale Anzahl auszugebender Feldelemente bei Debug–Listen. Da vor allem durch **TABLE** definierte Kennlinien sehr große Felder erzeugen können, ist diese Beschränkung wegen der Lesbarkeit der Debug–Liste sinnvoll. (**malprn=10**)

nctprn = i   ist die Anzahl von Zeichen im Textfeld **titel** bei alphanumerischer Ausgabe. (**ntcprn=120**)

pcwprn = i   gibt die Anzahl der Zeichen pro Zeile für die Ausgabe von HV–Daten (üblicherweise Log–Datei) an. (**pcwprn=132**)

tcwprn = i gibt die Anzahl der Zeichen pro Zeile für die Ausgabe von LV–Daten (üblicherweise Bildschirm) an. (**tcwprn=80**)

Ab ACSL Level 10F ist durch den Befehl **FILE** eine Gestaltung der Eingabe und Ausgabe unabhängig von den FORTRAN-Einheitennummern möglich, indem Dateinamen spezifiziert werden.

3.4.2   PREPARE [PRE]

Alle Variablen, die später gedruckt oder gezeichnet werden sollen, müssen auf der Prepare–Liste erscheinen. Die Werte dieser Variablen werden während des Simulationslaufs auf die Prepare-Datei geschrieben. Bei der Nachverarbeitung mit **PLOT**, **RANGE** und **PRINT** wird auf diese Datei zugegriffen. Der vollständige Befehl lautet:

```
PREPARE  /CLEAR /ALL Liste
```

Will man z. B. die Modellvariablen **t**, **x** und **xd** zeichnen oder ausdrucken, so wählt man **PREPARE t,x,xd**

Die beiden Befehle

```
ACSL> PREPARE   t,x
ACSL> PREPARE   xd,xdd
```

haben die gleiche Wirkung wie der Befehl `PREPARE t,x,xd,xdd`; die Variablen werden also an die Prepare-Liste angefügt. Die Prepare-Liste kann durch
`PREPARE /CLEAR` gelöscht werden, worauf eine neue Prepare-Liste angelegt werden kann.

Der Befehl `PREPARE /ALL` setzt alle Variablen des Modells auf die Prepare-Liste.
Es ist davon allerdings abzuraten, da die Prepare-Datei dadurch sehr groß wird.

Wenn in einem `PLOT` Befehl keine x-Achse angegeben wird, so wird standardmäßig
die erste Variable der Prepare-Liste als x-Achse genommen. Es empfiehlt sich
daher, die unabhängige Veränderliche als erste Variable auf der Prepare-Liste
anzugeben.

3.4.3   OUTPUT [O]

Der Befehl `OUTPUT` dient zur direkten Ausgabe von Werten während eines Simulationslaufs. Die Werte von Variablen, die auf der Output-Liste stehen, erscheinen während der Simulation sofort auf der Ausgabeeinheit für LV-Daten,
üblicherweise am Bildschirm. Der Befehl `OUTPUT` muß wie `PREPARE` vor dem
Simulationslauf eingegeben werden. Der vollständige `OUTPUT` Befehl lautet:

```
OUTPUT /CLEAR /ALL /nciout=i Liste
```

Man kann den Fortschritt der Simulation interaktiv durch die Ausgabe von
`OUTPUT` am Bildschirm beobachten, indem man z.B. die Werte zu jedem i-ten
Kommunikationszeitpunkt ausdruckt. Dies bewirkt die Angabe des Systemparameters `nciout` im Befehlsaufruf anstelle eines Befehlsparameters; diese Mischung
von System- und Befehlsparametern ist eine Inkonsistenz in ACSL, tritt aber nur
in zwei Fällen auf. Beispiele sind:

```
ACSL> OUTPUT t,x /nciout=10    ! Ausgabe jedes 10. cint
ACSL> OUTPUT /CLEAR            ! Loeschen der OUTPUT-Liste.
ACSL> OUTPUT /ALL              ! Alle Variablen auf Output-Liste
```

Die Befehle können auch kombiniert werden. Der Befehl `OUTPUT /CLEAR t,xdd`
löscht z. B. die vorherige Output-Liste und legt eine neue mit den Variablen t
und xdd an, die für nachfolgende Simulationsläufe gültig ist. Die Werte werden
zu jedem Kommunikationszeitpunkt ausgegeben. Der Befehl

```
ACSL> OUTPUT /CLEAR /nciout=20 t,xdd
```

wirkt wie der obige Befehl, nur werden die Werte jetzt zu jedem 20. Kommunikationszeitpunkt ausgegeben.

Die mit OUTPUT ausgegebenen Ergebnisse können innerhalb von ACSL nicht für eine spätere Weiterverarbeitung verwendet werden, auch wenn sie auf eine Datei ausgegeben werden. Eine Nachbearbeitung der Ausgabedatei außerhalb von ACSL mit einem Editor ist möglich. Da nciout kein Befehlsparameter, sondern ein Systemparameter ist, kann er mit DISPLAY ausgelesen und mit SET mit einem Wert belegt werden.

Statt des Ausdrucks der Werte kann auch ein Zeichnen aller Variablen der Output–Liste veranlaßt werden. Wird beim START Befehl der Befehlsparameter /PLOT angegeben, so werden die Variablen gezeichnet. Für diesen Fall können im OUTPUT Befehl Befehlsparameter für das Zeichnen angegeben werden. Diese sind die Skalierungsparameter LO und HI sowie die Darstellungsparameter CHAR und TYPE (vgl. Befehlsparameter des PLOT Befehls).

3.4.4 START [ST]

Durch Eingabe des Befehls START wird ein Simulationslauf gestartet. Dabei wird das Modell mit dem gewählten Integrationsalgorithmus von t_0 bis zum Simulationsende integriert. Der Simulationslauf beginnt dabei mit den Anweisungen der INITIAL Section.

In neueren Versionen von ACSL können während des Simulationslaufs die Verläufe der auf der Output–Liste stehenden Variablen mitverfolgt werden. Dazu sind Befehlsparameter erforderlich. Der mit

```
ACSL> OUTPUT t,x,xd
ACSL> START /PLOT
```

begonnene Simulationslauf stellt während des Simulationslaufs die Variablen x und xd über t dar. In diesem Fall werden die Variablen nicht, wie sonst bei einer Output–Liste üblich, während der Simulation ausgegeben. Im Befehl START /PLOT können zusätzlich die Skalierungs- und Darstellungsparameter HI, LO, TYPE und CHAR angegeben werden, die die diesbezüglichen Angaben im OUTPUT Befehl überlagern. Der Befehlsparameter RESCALE erzwingt den Maßstab der zuletzt angefertigten Zeichnung.

Während eines Simulationslaufs werden die systembeschreibenden Differentialgleichungen mit dem ausgewählten Integrationsverfahren gelöst. Integrationsverfahren, Kommunikationsintervall c_{int}, Schrittweite h, Grenzen für minimale und maximale Schrittweite und erlaubte relative bzw. absolute Fehler werden über die mit Schlüsselwörtern definierten strukturellen Systemparameter ausgewählt. Diese strukturellen Systemparameter sind die einzigen Systemparameter, die im User Dictionary verzeichnet sind.

Weitere Systemparameter erlauben es, den Simulationslauf durch mehr oder weniger Funktionsauswertungen bei der Integration bzw. bei der Berechnung der Jakobimatrix zu modifizieren, die Art der Meldungen und Berichte zu steuern etc. Diese Systemparameter sind durch die drei letzten Buchstaben `itg` als Steuerparameter für die Integration erkennbar. Sie können vom Typ **INTEGER**, **REAL** oder **LOGICAL** sein. Dies wird durch die Kennzeichnung `i`, `r` bzw. `l` angezeigt. Der Standardwert für einen Parameter ist, soweit vorhanden, nach seiner Beschreibung (in runden Klammern) angegeben.

`cioitg= i`   ist eine Ausgangsgröße, die bei Integrationsalgorithmen mit Steuerung der Ordnung die aktuelle Ordnung des Verfahrens beinhaltet. Diese Größe kann mit **PREPARE** während eines Simulationslaufs abgespeichert werden, um gezeichnet oder gedruckt zu werden. Sie gibt interesssante Aufschlüsse über die Arbeitsweise der Integrationsalgorithmen.

`cjvitg = l`   gibt eine Fehlermeldung aus, wenn bei der Berechnung der Jakobimatrix die Überprüfung des Nichtlinearitätsmaßes eine Unregelmäßigkeit anzeigt. (`cjvitg=.TRUE.`)

`cssitg = r`   ist eine Ausgangsgröße, die bei Integrationsalgorithmen mit Schrittweitensteuerung die aktuelle Schrittweite des Verfahrens beinhaltet. Diese Größe kann mit **PREPARE** während eines Simulationslaufs abgespeichert werden, um gezeichnet oder gedruckt zu werden. Sie gibt interesssante Aufschlüsse über die Arbeitsweise der Integrationsalgorithmen.

`dpsitg = l`   bewirkt intern eine Berechnung der Zustandsgrößen in doppelter Genauigkeit. (`dpsitg=.FALSE.`)

`ecsitg = l`   berechnet die Schranken für den lokalen Fehler nur abhängig vom aktuellen Wert der Zustandsgröße. Standardmäßig wird das Maximum der bisher berechneten Werte der Zustandsgröße verwendet. (`ecsitg=.FALSE.`)

`fdeitg = l`   überprüft, ob bei der ersten Funktionsauswertung in einem Integrationsintervall die Zustandsgröße tatsächlich auf der Zustandstrajektorie liegt. Diese Überprüfung wird bei RK–Algorithmen automatisch durchgeführt, bei Mehrschrittverfahren wird sie standardmäßig nicht durchgeführt, weil eine weitere Funktionsauswertung benötigt wird. (`fdeitg=.FALSE.`)

`mxoitg = i`   legt die maximale Ordnung der Mehrschrittverfahren fest. Höchste zulässige Ordnung ist die 6. Ordnung. (`mxoitg=6`) `nrwitg = 1`   verhindert das Überschreiben („No Rewind") der Daten des letzten Simulationslaufs auf der Prepare–Datei. Damit können auf der Prepare–Datei die Ergebnisse mehrerer Simulationsläufe abgespeichert werden. (`nrwitg=.FALSE.`)

`nxeitg = 1`   bewirkt keine zusätzliche Funktionsauswertung bei einem Kommunikationszeitpunkt. (`nxeitg=.FALSE.`)

`tjnitg = r`   gibt die Fehlerschranke für das Nichtlinearitätsmaß bei der Berechnung der Jakobimatrix an. (`tjnitg=0.2`)

`tsmitg = 1`   bewirkt die Berechnung der Jakobimatrix durch den zentralen Differenzenquotienten bei Verwendung des Gear–Verfahrens. Alle anderen Algorithmen, die die Jakobimatrix berechnen, verwenden immer den zentralen Differenzenquotienten zur Approximation der partiellen Ableitungen. (`tsmitg=.FALSE.`)

`weditg = 1`   bewirkt eine Ausgabe der Iterationen bei der Lokalisierung eines Zustandsereignisses. (`weditg=.TRUE.`)

`wesitg = 1`   veranlaßt die Ausgabe eines Berichtes der Integrationsverfahren nach dem Simulationslauf. (`wesitg=.TRUE.`)

`wnditg = 1`   schreibt den Verlauf der Integration der Zustandsvektoren aus. Dieser ab Level 10F zur Verfügung stehende Systemparameter gibt zu jedem Integrationsschritt die Werte der Zustands- und Ableitungsvektoren bei jeder Funktionsauswertung aus. Er erlaubt eine genaue Überprüfung der Integration an kritischen Stellen. (`wnditg=.FALSE.`)

`wxditg = 1`   gibt die im Zuge eines Integrationsschrittes berechneten Jakobimatrizen aus. Dieser ab Level 10F zur Verfügung stehende Systemparameter arbeitet mit dem Systemparameter `wnditg` zusammen. (`wxditg=.FALSE.`)

3.4.5   CONTINUE [CO]

Die Eingabe des Befehls `CONTINUE` bewirkt einen Simulationslauf, der mit den Endwerten eines vorhergehenden Simulationslaufs beginnt. Der Befehl arbeitet wie ein `START` Befehl, allerdings werden die Anweisungen der `INITIAL` Section nicht durchlaufen und die Zustandsgrößen nicht mit den Anfangswerten initialisiert.

Wird eine Simulation mit einem neuen Modell zum ersten Mal getestet, so empfiehlt sich folgende Vorgangsweise, die Zeit und Rechenzeit beim Testen und bei der Fehlersuche spart:

```
ACSL> PREPARE t,x,xd
```

```
ACSL> SET tend = 0.1; START     ! Simulation ueber [0.0,0.1]
ACSL> SET tend = 0.3; CONTINUE ! Simulation ueber [0.1,0.3]
ACSL> SET tend = 1.0; CONTINUE ! Simulation ueber [0.3,1.0]
ACSL> PRINT t,x                 ! Ausdruck t,xd von 0.0 bis 1.0
```

Wie bei START können die Variablen der Output–Liste parallel zum Simulationslauf gezeichnet werden. Dabei erlaubt CONTINUE dieselben Befehlsparameter wie START.

3.4.6   PRINT [PRI]

Der PRINT Befehl liest die angegebenen Variablen von der Prepare–Datei und gibt sie in Tabellenform auf die HV-Daten–Ausgabeeinheit, üblicherweise auf die Log–Datei model.log aus. Alle im Befehl angegebenen Variablen müssen in der Prepare–Liste enthalten sein. Der vollständige Befehl lautet:

```
PRINT /ALL /nciprn=i  Liste
```

Der Befehl PRINT /ALL druckt die Werte aller auf der Prepare–Datei abgespeicherten Variablen (pro Variable etwa tend/cint Werte) aus. Der Befehl

```
ACSL> PRINT t,x,xd
```

gibt nur die berechneten Werte der Variablen t, x und xd aus. Die Angabe des Systemparameters nciprn=i bewirkt, daß die Werte nur zu jedem i-ten Kommunikationspunkt ausgegeben werden. Der Befehl

```
PRINT t,x /nciprn=5
```

druckt damit nur jeden fünften Wert von t und x aus.

3.4.7   SET [S]

Der Befehl SET weist Parametern und Variablen Werte zu. Auch Systemparameter können mit SET verändert werden. Der Befehl

```
ACSL> SET a = 5.0, b = 1.e-10, i = 2, ld = .T.
```

weist den Parametern a, b und i die angegebenen Werte zu, der logische Parameter erhält den Wahrheitswert .TRUE. Auch Systemparameter können verändert werden, z.B. Festlegen eines anderen Kommunikationsintervalls, Auswahl eines anderen Integrationsalgorithmus etc.:

```
ACSL> SET cint = 1.0e-4, ialg = 2, nciout = 25
```

Bei der Besetzung von Feldern kann man mit einer Anweisung mehreren Feldele-
menten Werte zuweisen. Statt eines Wertes kann auch der Wert eines anderen
Parameters zugewiesen werden:

```
ACSL> SET f = 5*1.0, tab = 1000*0.0
ACSL> SET b = a, d = c(2), e = cint
```

Bei der Wertzuweisung an Text–Variable gelten die entsprechenden FORTRAN-
Konventionen.

Mit dem `SET` Befehl können auch die Werte von Variablen des Modells geändert
werden. Doch werden diese Werte sofort mit der ersten Anweisung im Modell
überschrieben. Manchmal ist eine Trennung zwischen Variablen (zeitabhängigen
oder von anderen Variablen oder Parametern abhängigen Größen) und Parametern, die während eines Simulationslaufs konstant bleiben, schwierig. Generell
kann man daher sinnvoll alle mit `CONSTANT` definierten Größen, sowie Größen,
die im Modell nie links in einer Anweisung stehen, mit `SET` ändern.

3.4.8   DISPLAY [D]

Der Befehl `DISPLAY` zeigt den augenblicklichen Wert einer oder mehrerer Variablen bzw. Parameter an. Der Befehl

```
ACSL> DISPLAY a,ialg, x
```

gibt den Wert des Parameters a, die „Nummer" ialg des gewählten Integrationsalgorithmus und den augenblicklichen Wert der Variablen x, den Endwert
beim vorherigen Simulationslauf aus.

Befehlsparameter verkürzen die Angaben:

```
ACSL> DISPLAY /CONSTANTS    ! Ausgabe von CONSTANT Groessen
ACSL> DISPLAY /VARIABLES    ! Ausgabe aller Variablen
ACSL> DISPLAY /ALL          ! Ausgabe aller Variablen, Parameter
ACSL>                       ! und der strukurellen Systemparameter
```

Da sehr oft Variable und Parameter überprüft werden müssen, haben sich für
die Befehlsparameter `/CONSTANTS` und `/VARIABLES` die Abkürzungen `/CON` und
`VAR` als „Standard" eingebürgert. Es sind dies zwei einzigen Abkürzungen, die
in diesem Buch für Runtime–Befehle verwendet werden.

Die zweite Funktion besteht im Anzeigen der mit `PROCEDURE` neu definierten Befehle. Mit `DISPLAY /PROCEDURES` werden alle benutzerdefinierten Befehle ausgegeben, mit

```
ACSL> DISPLAY /PROCEDURE=PLOTX
```

die in `PLOTX` definierte Befehlsfolge.

3.4.9 PLOT [PL]

Der PLOT Befehl erzeugt Zeichnungen von Variablen, die auf der Prepare–Datei
abgespeichert sind. Die Variablen müssen daher vorher auf der Prepare–Liste
verzeichnet sein. Der Befehl PLOT arbeitet mit einer großen Anzahl von Befehlsparametern und verwendet für die Gestaltung der Zeichnungen die Werte vieler
Systemparameter.

Der vollständige PLOT Befehl mit allen Befehlsparametern lautet

```
PLOT /XAXIS=var /XHI=r1 /XLO=r2 /XLOG /NOXLOG /XTAG="name"
     Liste /ALL /HI=r3  /LO=r4  /CHAR="c" /TAG="name"
     /LOG /TYPE=i /COLOR /WIDTH /STYLE /SAME /OVER
     /CLOSE /DATA
```

Befehlsparameter, welche die x-Achse betreffen, beginnen mit einem X und bleiben auch für nachfolgende Zeichnungen gesetzt, soferne sie nicht explizit geändert
werden. Nach der Liste der zu zeichnenden Variablen finden sich allgemeine Befehlsparameter bzw. die y-Achse betreffende Parameter, die nur in der momentanen Zeichnung gelten und auch individuell für verschiedene Variable vorgegeben
werden können. Ohne Angabe von Befehlsparametern zeichnet der PLOT Befehl
die angegebenen Variablen über der ersten in der Prepare–Liste angegebenen
Variablen mit automatischer Skalierung, z. B.:

```
ACSL> PLOT x,xd     ! Zeichnung x,xd ueber t, autom.Skalierung
```

Ein Phasenbild xd über x wird mit dem folgenden Befehl erzeugt:

```
ACSL> PLOT /XAXIS=x,xd
```

Der Befehlsparameter CHAR ermöglicht eine Beschriftung der Kurven. Der folgende Befehl beschriftet die Kurve x mit dem Zeichen 1 und die Kurve xd mit
dem Zeichen 2 , falls vorher der Systemparameter symcpl=.TRUE. gewählt wurde,
und zeichnet dabei xd im Maßstab von x (Befehlsparameter SAME):

```
ACSL> PLOT x /CHAR="1", xd /CHAR="2" /SAME
```

Der folgende Befehl wählt als obere Skalierung der x-Achse den Wert XHI=20
und zeichnet x und y in das gleiche Diagramm mit der Skalierung von x (SAME)
und einer gemeinsamen y-Achse (OVER):

```
ACSL> PLOT /XHI=20.0, x, y /SAME /OVER
```

Vor dem Aufruf des Befehls PLOT muß die Art der Zeichnung durch Systemparameter gewählt werden:

`calplt` x/y-Zeichnungen (Standardzeichnung)

`strplt` Meßstreifenzeichnung

`prnplt` Drucker-Zeichnung

Dem Systemparameter für die gewünschte Darstellungsform muß der logische Wert `.TRUE.` zugewiesen werden, den anderen der Wert `.FALSE.` Sind zwei oder drei dieser Parameter gesetzt, so werden zwei bzw. drei Darstellungsformen gezeichnet! Die Umschaltung auf Zeichnungen im Frequenzbereich erfolgt automatisch durch den aufrufenden `ANALYZE` Befehl.

Der `PLOT` Befehl ist einer der mächtigsten Befehle zur Darstellung von Ergebnissen. Eine aussagekräftige Zeichnung hängt oft von der Darstellungsform und Darstellungsart ab, die über die Befehlsparameter und Systemparameter gestaltet werden kann. Die folgenden Parameter des Befehls `PLOT` können, wenn sie Werte beinhalten, vom Typ `INTEGER`, `REAL`, `CHARACTER` oder `LOGICAL` sein. Dies wird durch die Kennzeichnung i, r, 'text' bzw. l angezeigt.

`/XAXIS = 'text'` legt die Variable fest, die als x-Achse gewählt werden soll. Standardwert ist die erste Variable auf der Prepare–Liste. Eine Änderung mit `/XAXIS=`... bleibt für nachfolgende `PLOT` Befehle erhalten.

`/XLO = r` dient zur Skalierung der x-Achse. Mit `/XLO=`... wird der untere Wert der Achsenskalierung angegeben. Ohne Angabe von XLO wird automatisch skaliert. Eine Änderung mit `/XLO=`... bleibt für nachfolgende `PLOT` Befehle erhalten.

`/XHI = r` dient zur Skalierung der x-Achse. Mit `/XHI=`... wird der obere Wert der Achsenskalierung angegeben. Wird `XHI` nicht angegeben, so wird die Achse automatisch skaliert. Eine Änderung mit `/XHI=`... bleibt für nachfolgende `PLOT` Befehle erhalten.

`/XLOG` wählt eine logarithmische x-Achse. Mit `/NOXLOG` folgt eine Rückkehr zur linearen Darstellung.

`/XTAG = 'text'` hängt die angegebenen Zeichen an den an der x-Achse ausgegebenen Variablennamen an. Damit kann z.B. eine Einheit angegeben oder eine ausführliche Bezeichnung der x-Achse erreicht werden.

`/LO = r` dient zur Skalierung der y-Achse. `LO` legt den niedrigsten Wert der Achsenskalierung fest. Wird `LO` nicht angegeben, so wird die Achse automatisch skaliert. `LO` muß für jede zu zeichnende Variable gesondert und bei jedem `PLOT` Befehl erneut angegeben werden.

`/HI = r` dient zur Skalierung der y-Achse. `HI` legt den höchsten Wert der Achsenskalierung fest. Wird `HI` nicht angegeben, so wird die Achse automatisch skaliert. `HI` muß für jede zu zeichnende Variable getrennt und bei jedem `PLOT` Befehl erneut angegeben werden.

`/LOG`   wählt eine logarithmische y-Achse, `LOG` muß für jede Variable getrennt und bei jedem `PLOT` Befehl erneut angegeben werden.

`/TAG = 'text'` hängt die angegebenen Zeichen bei der Beschriftung der y-Achse an den ausgegebenen Variablennamen. `TAG` muß für jede Variable getrennt und bei jedem `PLOT` Befehl erneut angegeben werden.

`/ALL`   zeichnet alle Variablen der Prepare-Liste. Jeweils `nppplt` Kurven werden in ein Diagramm gezeichnet.

`/SAME`   wählt bei der Skalierung der y-Achse für alle zu zeichnenden Variablen die Skalierung der ersten Variablen im `PLOT` Befehl. Diese kann auch mit `HI` und `LO` für die erste Variable angegeben werden. Damit können mehrere Kurven zu Vergleichszwecken in ein Achsenkreuz gezeichnet werden (vgl. auch `OVER`)

`/OVER`   zeichnet nur eine y-Achse. `OVER` wird vor allem zusammen mit `SAME` benutzt, um zusätzliche, gleich skalierte y-Achsen zu unterdrücken.

`/CHAR = 'text', i`   gibt ein Symbol an, mit dem die entsprechende Kurve gekennzeichnet werden soll. `CHAR` muß für jede Kurve getrennt angegeben werden. Sonderzeichen führen zu speziellen Symbolen. Der Systemparameter `symcpl` muß allerdings `.TRUE.` sein.

`/TYPE= ijk`   wählt die Strichart `i`, Strichstärke `j` und Strichfarbe `k` über bestimmte Zahlen aus. Dieser Befehlsparameter faßt die drei Befehlsparameter `STYLE`, `WIDTH` und `COLOUR` zusammen.

`/RUN = i`   wählt den zu zeichnenden Simulationslauf aus, falls die Prepare-Datei die Werte mehrerer aufeinanderfolgender Simulationsläufe abgespeichert hat.

`/DATA = 'name'`   gibt den Namen des mitzuzeichnenden `DATA`-Blocks an.

`/CLOSE`   schließt die Zeichnung ab. Die Datei mit der Zeichnung kann z.B. über den `SYSTEM` Befehl sofort weitergeleitet werden

Die Befehlsparameter werden durch Systemparameter ergänzt. Zu jeder Zeichnungsart gibt es Systemparameter, die Achsenlängen verändern, Gitterlinien charakterisieren etc. Diese speziellen Systemparameter für Zeichnungen sind selbstdokumentierend und können im *ACSL Reference Manual* [1] nachgelesen werden. Für x/y-Zeichnungen stehen 16 Systemparameter zur Verfügung, für Meßstreifenzeichnungen 17, für Druckerzeichnungen 5 und für Zeichnungen in Frequenzbereichsdarstellung 27 Systemparameter. Im folgenden sind daher nur jene Systemparameter aufgeführt, die die Plot-Ausgabe generell betreffen. Sie können vom Typ `INTEGER`, `REAL` oder `LOGICAL` sein. Dies wird durch die Kennzeichnung `i`, `r` bzw. `l` angezeigt. Der Standardwert für einen Parameter ist, soweit vorhanden, nach seiner Beschreibung (in runden Klammern) angegeben.

`aclplt = 1`   bewirkt eine automatische Variation der Farben bei mehreren Kurven in einer Zeichnung. (`aclplt=.TRUE.`)

`calplt = 1`   wählt x/y–Zeichnungen als Darstellungsform. (`calplt=.TRUE.`)

`defplt = 1`   zeichnet die Ergebnisse verschiedener `PLOT` Befehle in eine Zeichnung. Damit können beliebig viele unterschiedliche Kurven in einer Zeichnung dargestellt werden; der letzte `PLOT` Befehl muß mit der Einstellung `defplt=.FALSE.` erfolgen, damit die Zeichnung abgeschlossen wird. (`aclplt=.FALSE.`)

`devplt = i`   wählt den Treiber für die graphische Ausgabeinheit aus und lenkt die graphische Ausgabe um.

> `devplt = 1`   Graphische Standardausgabe (Bildschirm)
>
> `devplt = 2`   Neutrale PLOT–Datei (ASCII move - draw)
>
> `devplt = 3`   Tektronix
>
> `devplt = 4`   HPGL–Datei
>
> `devplt = 5`   Postscript–Datei
>
> `devplt = 6`   X-Windows
>
> `devplt = 7`   HP–Laserjet

`dpnplt = 1`   veranlaßt die Ausgabe einer laufenden Nummer, des Datums und der Uhrzeit bei jeder Zeichnung. (`dpnplt=.TRUE.`)

`ftsplt = 1`   unterdrückt das „Rückfahren" des „Zeichenstiftes", wenn von einer Prepare–Datei mit Ergebnissen von mehr als einem Simulationslauf gezeichnet wird. Kontrolliert wird, ob in der ersten Variablen der Prepare–Liste ein Sprung zu einem kleineren Wert (Neubeginn) erfolgt. (`ftsplt=.FALSE.`)

`gltplt = ijk`   spezifiziert die Art der Gitterlinien bei allen Zeichnungsarten. Die Angabe der steuernden Zahl erfolgt wie beim Befehlsparameter `TYPE = ijk`.

`nppplt = i`   gibt die Anzahl der Kurven pro Zeichnung beim Befehl `PLOT /ALL` an. (`nppplt=3`)

`ppoplt = 1`   wählt „Portrait"–Orientierung bei Zeichnungen aus, die bei manchen Plottern notwendig ist. (`ppoplt=.FALSE.`)

`prnplt = 1`   wählt Druckerzeichnungen aus. (`prnplt=.FALSE.`)

`strplt = 1`   wählt Meßtreifenzeichnungen aus. (`strplt=.FALSE.`)

`xzpplt = r`   bestimmt die x-Koordinate des Nullpunktes der Zeichnung. (`xzpplt=0.0`)

`yzpplt = r`   bestimmt die y-Koordinate des Nullpunktes der Zeichnung. (`yzpplt=0.0`)

3.4.10 RANGE [RA]

Der Befehl `RANGE` gibt den Wertebereich der auf der Prepare–Datei abgespeicherten Variablen aus. Er dient vor allem zur ersten Überprüfung der Ergebnisse und Wahl der Maßstäbe für zu zeichnende Variable. Der vollständige Befehl lautet:

```
ACSL> RANGE  /IVAR=var /ILO=r1 /IHI=r2 /ALL /TIMES Liste
```

Mit `RANGE x,y` werden Maximal- und Minimalwerte von **x** und **y** ausgegeben; der Befehlsparameter `TIMES` veranlaßt zusätzlich die Ausgabe jenes Zeitpunkts, an dem die Variablen die Minimal- und Maximalwerte annehmen. Der Befehl `RANGE /ALL` gibt den Wertebereich aller Variablen an, die auf der Prepare–Liste stehen.

Die weiteren Befehlsparameter erlauben eine Zuordnung von Definitions- und Wertebereichen von Variablen. Der Befehl

```
ACSL> RANGE /IVAR=X, /ILO=2.0, /IHI=3.0,XD
```

stellt fest, welchen Wertebereich die Variable **xd** hat, falls die Variable **x** den Definitionsbereich [2.0, 3.0] hat.

3.4.11 PROCEDURE [PRO]

Mit `PROCEDURE` können neue Befehle definiert werden, indem bestehende Befehle kombiniert und mit Parametern versehen werden. Seit ACSL Level 10 können auch „Parameter" in mit `PROCEDURE` definierte Befehle übergeben werden.

Die Befehlsfolge

```
    PROCEDURE NAME
        :
        :
    END
```

faßt eine Folge von Runtime–Befehlen zusammen, die unter dem Namen `NAME` wie ein neuer Befehl aufgerufen werden kann. Die folgende Definition beschreibt einen komplexeren `PLOT` Befehl, der als neuer Befehl `PLOTX` verwendet werden kann:

```
ACSL> PROCEDURE PLOTX; SET xincpl=10., yincpl=5.0; &
ACSL>                  SET symcpl=.T., npccpl=20;  &
ACSL>                  PLOT X, /CHAR="X";          &
ACSL> END  ! of PROCEDURE PLOTX
```

Neue Befehle für umfangreiche Modellstudien können auch auf der Befehlsdatei
`model.cmd` vorbereitet werden. Verschiedene Fallstudien können z. B. folgendermaßen mit `PROCEDURE` auf der Befehlsdatei vordefiniert werden:

```
PREPARE ........
PROCEDURE FALL1; SET par1=....., par2=..;    &
                 SET title ="1. Fallstudie"; &
                 START; PLOT;
END   ! of PROCEDURE FALL1
PROCEDURE FALL2; SET par1=....., par2=..;    &
                 SET title ="2. Fallstudie"; &
                 START; PLOT;
END   ! of PROCEDURE FALL2
                        :
                        :
PROCEDURE FALL9; SET par1=....., par2=..;    &
                 SET title ="9. Fallstudie"; &
                 START; PLOT;
END   ! of PROCEDURE FALL9
```

Ob die Befehlsdatei beim Start des Simulationsprogramms gelesen wird, hängt
vom Rechner, vom Betriebssystem und von der ACSL–Installation ab. Unter
UNIX und auf PCs mit Window-Systemen wird eine eventuell vorhandene Befehlsdatei mit dem Namen `model.cmd` automatisch gelesen. Befehlsdateien mit
anderen Namen lassen sich als Option beim Start des ACSL–Simulationsprogramms angeben.

3.4.12   REINIT [RE]

Der `REINIT` Befehl initialisiert das Modell mit den augenblicklichen Werten der
Zustandsvariablen. Dabei werden die Anfangsbedingungen mit den Werten der
Zustandsvariablen überschrieben.

Auch die unabhängige Veränderliche, meist die Zeit, erhält als Anfangswert den
Endwert des letzten Simulationslaufs, was nicht immer wünschenswert ist. In
diesem Fall ist nach `REINIT` der Anfangswert mit dem `SET` Befehl zu ändern.
Dazu sollte mit dem Schlüsselwort `VARIABLE` in der Modellbeschreibung dem
Anfangswert der unabhängigen Veränderlichen ein Name geben werden (die Sy-
stembezeichung ist `zzticg`).

Ein Beispiel für die Anwendung des Befehls `REINIT` ist die folgende Modellstudie. Ein Modell soll bis zum eingeschwungenen Zustand simuliert werden, ab
dem dann weitere Parameterstudien durchgeführt werden. Der Simulationslauf

bis zum Erreichen des eingeschwungenen Zustands rechnet sehr lange und wird daher im Batch–Betrieb durchgeführt. Die Parameterstudien erfordern weniger Rechenzeit und werden interaktiv bearbeitet. Folgende Befehle geben den Ablauf einer derartigen Modellstudie an:

```
ACSL> PREPARE t, x....   ! Beginn der Batch-Simulation
        :
        :
        :
ACSL> START
ACSL> SAVE 'einges'      ! Abspeicherung des Zustandes
ACSL> EXIT               ! Ende der Batch-Simulation
```

2. Lauf interaktiv

```
ACSL> PREPARE t, ....    ! gleiche Prepare-Liste wie zuvor
ACSL> PLOT .....         ! Pruefen der Ergebnisse, ist
        :                ! eingeschwungener Zustand erreicht?
ACSL> RESTORE 'einges'   ! Einlesen des Modellzustands
ACSL> REINIT             ! Reinitialisierung mit eingeschwungenem
                         ! Zustand
        :                ! Parametervariationen
```

3.4.13   ACTION [AC]

Der Befehl ACTION ermöglicht das Unterbrechen des Simulationslaufs zu einem bestimmten Zeitpunkt, Ändern eines Wertes einer beliebigen Variablen bzw. eines Parameters, gefolgt von der Simulation bis zum Erreichen der TERMT Bedingung. Der Befehl lautet allgemein:

```
ACTION /VAR=r1 /VAL=r2 /LOC=name
```

Hat die unabhängige Veränderliche den in VAR angegebenen Wert r1 erreicht, so wird die Simulation unterbrochen und die in LOC angegebene Variable mit dem Namen name auf den in VAL .. angegebenen Wert r2 gesetzt. Mit diesem Befehl können z.B. im Runtime–Interpreter Unstetigkeiten definiert werden. Der Befehl betrifft sowohl Variable und Parameter des Modells als auch ACSL–Systemparameter.

Es können mehrere ACTION Befehle vereinbart werden. Diese werden bei nachfolgenden Simulationsläufen immer wieder ausgeführt, bis sie durch ACTION /CLEAR gelöscht werden. Die folgenden Befehle löschen vorherige Definitionen mit ACTION und definieren zwei neue Unterbrechungen mit Wertänderungen:

```
ACSL> ACTION /CLEAR /VAR=2 /VAL=4.0 /LOC=x7
ACSL> ACTION /VAR=5. /VAL=1. /LOC=x1
```

3.4.14 SAVE [SA]

Der Befehl SAVE speichert den augenblicklichen Modellzustand auf eine Datei ab.
Der vollständige Befehl lautet:

```
SAVE Liste /FILE='model.sav' /[NO]BINARY /STATES
            /EVENTS /ICS
```

Ohne Angabe eines Befehlsparameters und einer Variablenliste werden alle Variablen, Parameter und strukturellen Systemparameter in binärem Format auf die Datei model.sav gespeichert. Die Angabe einer Liste von Variablen speichert nur diese Variablen bzw. Parameter. Die Befehlsparameter STATES bzw. ICS veranlassen nur die Abspeicherung der Zustandsgrößen bzw. der Anfangswerte. Mit EVENTS wird auch die Ereignisliste mitabgespeichert, was nur in binärem Format möglich ist. Die Angabe von NOBINARY speichert die Werte der Variablen in Textformat ab. Mit FILE kann ein spezieller Dateiname für die Abspeicherung angegeben werden (die Namenserweiterung .sav wird nicht automatisch vergeben!).

3.4.15 RESTORE [RE]

Der Befehl RESTORE liest den auf einer Datei mit SAVE abgespeicherten Modellzustand wieder ein. Alle Modellparameter und Variablen werden mit den auf der Datei gespeicherten Werten überschrieben. Der vollständige Befehl lautet:

```
RESTORE Liste /FILE='model.sav' /STATES /[NO]EVENTS
```

Die Befehlsparameter haben dieselbe Bedeutung wie beim Befehl SAVE.

Die Befehle SAVE und RESTORE werden oft gemeinsam für Modellstudien verwendet. SAVE und RESTORE können als „Notizblock" genutzt werden. Zunächst speichert man mit SAVE den Anfangszustand ab, sodaß man diesen jederzeit mit RESTORE wieder zurücksetzen kann. Erhält man bei Parametervariationen ein Ergebnis, das dem gewünschten Ergebnis nahe kommt, so kann man dieses abspeichern, weitere Parametervariationen durchführen und falls diese nun zu schlechteren Ergebnissen führen, jeden zuvor abgespeicherten Zustand wieder herstellen. Eine Befehlsfolge lautet z. B.:

```
ACSL> SAVE /FILE='anfang.sav'    ! Abspeicherung Anfangszustand
      :                          ! Parametervariationen
ACSL> SAVE /FILE='zust1.sav'     ! Abspeicherung Zustand1
      :                          ! Falsche Parametervariationen
ACSL> RESTORE /FILE='zust1.sav'  ! Einlesen Zustand1
```

```
              :                    ! Parametervariationen
  ACSL> SAVE /FILE='zust2.sav'     ! Abspeicherung Zustand2
              :
  ACSL> RESTORE /FILE='anfang.sav'! Einlesen Anfangszustand
```

3.4.16   SYSTEM [SY]

Der vor allem auf Unix–Systemen voll implementierte Befehl erlaubt einen Aufruf von Befehlen auf Betriebssystemebene. Der Befehl

```
  ACSL> SYSTEM  ls *.sav
```

listet z. B. alle angelegten SAVE-Dateien.

3.4.17   QUIT [Q], EXIT [EX]

Beide Befehle beenden die Simulationssitzung.

3.4.18   HELP [H]

Der HELP Befehl steht in vielen, aber nicht allen Implementationen in vollem Umfang zur Verfügung. Der Befehl HELP ANALYZE /EIGEN bringt z. B. eine Hilfestellung für die Eigenwertberechnung.

3.4.19   MATLAB [MA]

Mit dem Befehl MATLAB kann direkt MATLAB aufgerufen werden. Alle Variablen und Parameter werden in den MATLAB Workspace übernommen, wobei alle Namen mit Großbuchstaben übernommen werden (MATLAB ist „case–sensitiv"). Die Prepare–Datei wird als Matrix **rrr** übergeben.

Zusätzlich können in MATLAB Ergebnisse der Linearisierung mit

```
  ACSL>  ANALYZE /JACOBIAN='fall1'}
```

übernommen werden, indem die Datei mit „>>load fall1" in MATLAB gelesen wird.

In MATLAB kann mit allen Variablen gearbeitet werden. Der Befehl „>> acsl" führt wieder in den ACSL–Runtime–Interpreter zurück, wobei die Variablen und Parameter wieder rückgespeichert werden. In MATLAB zusätzlich definierte Variable werden dabei ignoriert.

3.4.20   MERROR [ME], XERROR [XE]

Mit diesen Befehlen können die relativen bzw. absoluten Fehler für Zustandsvariable gesetzt werden. Die Befehle sind das Pendant zu den gleichlautenden
Schlüsselwörtern in der Modellbeschreibung. In Kap. 4.3 wird die Anwendung
der Befehle demonstriert.

3.4.21   DATA [DA]

Dieser Befehl erlaubt die Eingabe von Meßkurven auf Ebene des Runtime–
Interpreters. Mit

```
ACSL> DATA Messung &
      ( t,    m1 , m2 )
       0.0   2.0  1.0
       0.1   1.2  0.4
       0.3   2.1  8.0
       0.4   0.0  4.0
       END
```

werden zwei Meßreihen zu den Variablen m1 und m2 definiert. Im Befehl

```
ACSL> PLOT /DATA=Messung  m1, m2
```

werden zu den Kurven m1 und m2 die entsprechenden Meßwerte mit Symbolen
eingezeichnet.

3.4.22   ANALYZE [AN]

Der Befehl ANALYZE bietet ein breites Spektrum von Möglichkeiten zur Frequenzbereichsanalyse an. Dazu zählen die Berechnung des eingeschwungenen Zustandes, die Berechnung der Jakobimatrix und der Eigenwerte und Eigenvektoren bis
hin zu Bodediagrammen. Der Befehl ANALYZE hat sehr viele Befehlsparameter,
die durch die ständige Weiterentwicklung des Befehls relativ inkonsistent sind.
Die Anwendung des Befehls wird in Kap. 7 näher besprochen. Der Befehl mit
seinen wichtigsten Befehlsparametern lautet:

```
ANALYZE   /STATUS    /JACOBIAN   /EIGEN     /TRIM
          /ZEROS      /BODE       /NQQUIST   /INVNQY
          /ROOTLOCUS  /CONTROL    /OBSERVE   /FREEZE
          /RELEASE    /CLEAR
```

4 Numerische Verfahren

Dieses Kapitel beschäftigt sich mit Grundlagen numerischer Verfahren, die in Simulationssprachen für die Analyse von Modellen benötigt werden. Die Zeitbereichsanalyse benötigt numerische Verfahren zur Lösung von Differentialgleichungen. Für Linearisierung, Berechnung der Eigenwerte, Berechnung des eingeschwungenen Zustandes und für die allgemeine Frequenzbereichsanalyse ist die numerische Berechnung der Jakobimatrix wesentlich. Nach einer Darstellung der Grundlagen werden ACSL–spezifische Algorithmen näher betrachtet. Als Notation wird eine technisch orientierte Beschreibung gewählt, d.h. die unabhängige Veränderliche wird mit der Zeit t identifiziert, die abhängige mit $x(t)$. Die Ableitung nach der Zeit wird mit einem Punkt angegeben ($\dot{x}(t)$). Vektorschreibweise wird, wenn notwendig, in der Form $\vec{x}(t), \dot{\vec{x}}(t), \vec{f}(\vec{x}(t), t), \ldots$ verwendet. Matrizen werden wie üblich mit Großbuchstaben bezeichnet ($A, B(t), C(x(t)), \ldots$).

4.1 Differentialgleichungen als dynamische Modelle

Differentialgleichungen sind die am häufigsten verwendeten mathematischen „Formeln" für Modelle dynamischer Systeme. Unter den gewöhnlichen Differentialgleichungen gibt es analytisch lösbare, d.h. man kann die Lösung x(t) explizit als eine Kombination von Elementarfunktionen angeben. Zu dieser Klasse gehören die linearen Differentialgleichungen, die mit dem Exponentialansatz oder mit Hilfe der Laplace-Transformation lösbar sind, und spezielle nichtlineare Differentialgleichungen. Aber bereits die einfache nichtlineare Differentialgleichung

$$\dot{x}(t) = f(x,t) = a\,x(t) + b\,x^2(t) + c\,e^{x(t)}, \quad a,b,c \neq 0, \quad x(t_0) = x_0$$

ist nicht mehr „elementar integrierbar". In diesem Fall - und dieser ist in technischen und vielen anderen Anwendungen die Regel, sind numerische Methoden unumgänglich. Die Lösung $x(t)$ wird durch ein numerisches Verfahren approximiert, das die Lösung an Punkten $x(t_i), i = 1, 2, \ldots, n-1, n$ berechnet.

Es sind allerdings einige Voraussetzungen an die Differentialgleichung zu stellen, um eine Lösung zu garantieren. Der Satz von Picard-Lindelöf [20], gibt in relativ einfacher Form hinreichende und notwendige Voraussetzungen für die Existenz einer Lösung an. Er besagt: die Differentialgleichung (Anfangswertaufgabe)

$$\dot{\vec{x}}(t) = \vec{f}(t, \vec{x}(t)), \quad \vec{x}(t_0) = \vec{x}_0$$

hat genau eine Lösung $\vec{x} = \vec{x}(t)$ durch den Anfangspunkt $\vec{x}_0$ in einem bestimmtem Gebiet der $(t, \vec{x})$-Ebene, wenn die Funktion $\vec{f}(t, \vec{x}(t))$ folgende Voraussetzungen erfüllt:

- Die Funktion $\vec{f}(t, \vec{x}(t))$ ist stetig in einem Gebiet der $(t, \vec{x})$-Ebene.

- Für je zwei Punkte $(t, \vec{x}_1)$ und $(t, \vec{x}_2)$ der $(t, \vec{x})$-Ebene gilt die Lipschitzbedingung

$$|\vec{f}(t, \vec{x}_1) - \vec{f}(t, \vec{x}_2)| < L\, |\vec{x}_1 - \vec{x}_2|.$$

Aus mathematischer Sicht ist dieser Satz, der eine eindeutige Lösung garantiert, konstruktiv, da $\vec{x}(t)$ über einen Reihenansatz berechnet wird. In der Praxis ist er leider wenig hilfreich. Problematisch ist auch die Lipschitzkonstante L, die üblicherweise unbekannt ist. Diese Konstante spielt auch bei numerischen Algorithmen eine Rolle. In vielen technischen Modellen sind oft die Stetigkeitsvoraussetzungen dieses Satzes nicht erfüllt, z.B. durch modellierte Schaltvorgänge, die Unstetigkeiten implizieren. Dennoch sind die numerisch berechneten Lösungen brauchbar.

Modellbeschreibende Differentialgleichungen können nach mehreren Gesichtspunkten eingeteilt werden. Grundlage für die Simulation im Zeitbereich ist ein System gewöhnlicher Differentialgleichungen erster Ordnung für die Zustandsgrößen $x_i(t)$, die im Zustandsvektor $\vec{x}(t)$ zusammengefaßt werden:

$$\dot{\vec{x}}(t) = \vec{f}(t, \vec{x}(t)), \quad \vec{x}(t_0) = \vec{x}_0.$$

In Komponentenschreibweise lautet das System

$$
\begin{aligned}
\dot{x}_1(t) &= f_1(t, x_1, x_2, \ldots, x_{n-1}, x_n), & x_1(t_0) &= x_{1,0} \\
\dot{x}_2(t) &= f_2(t, x_1, x_2, \ldots, x_{n-1}, x_n) & x_2(t_0) &= x_{2,0} \\
\dot{x}_3(t) &= f_3(t, x_1, x_2, \ldots, x_{n-1}, x_n) & x_3(t_0) &= x_{3,0} \\
&\;\;\vdots & & \\
\dot{x}_{n-1}(t) &= f_{n-1}(t, x_1, x_2, \ldots, x_{n-1}, x_n) & x_{n-1}(t_0) &= x_{n-1,0} \\
\dot{x}_n(t) &= f_n(t, x_1, x_2, \ldots, x_{n-1}, x_n) & x_n(t_0) &= x_{n,0}.
\end{aligned}
$$

Hängt die rechte Seite des Differentialgleichungssystems nicht explizit von der unabhängigen Veränderlichen t ab $(\vec{f}(t, \vec{x}(t)) = \vec{f}(\vec{x}(t)))$, so wird das System autonom genannt. Das allgemeine System wird, wenn die explizite Abhängigkeit von t unterstrichen werden soll, als nichtautonomes System bezeichnet.

Vor allem im technischen Bereich werden Eingangs- bzw. Erregungsfunktionen, die in die rechte Seite des Differentialgleichungssystems eingehen, zum Eingangsvektor $\vec{u}(t)$ zusammengefaßt und explizit angegeben:

$$\dot{\vec{x}}(t) = \vec{f}(t, \vec{x}(t), \vec{u}(t)), \quad \vec{x}(t_0) = \vec{x}_0.$$

Gehen die Zustandsgrößen $x_i(t)$ nur linear in die Funktionen $f_i(t, x_1(t), \ldots, x_n(t))$ ein, so läßt sich die Funktion $\vec{f}(t, \vec{x}(t))$ als Summe des Produkts der sogenannten Zustandsmatrix $A(t)$ mit dem Zustandsvektor $\vec{x}(t)$ und eines nur von der Zeit abhängigen Vektors $\vec{b}(t)$ (Störspalte, Inhomogenität) schreiben:

$$\dot{\vec{x}}(t) = A(t)\,\vec{x}(t) + \vec{b}(t), \quad \vec{x}(t_0) = \vec{x}_0.$$

In einem „klassischen" bzw. durch Linearisierung gewonnenen linearen System ist die Matrix A konstant. Der Vektor $\vec{b}(t)$ repräsentiert den ebenfalls linear in das Differentialgleichungssystem eingehenden Eingang und kann als Produkt der Eingangsmatrix B mit dem Eingangsvektor $\vec{u}(t)$ geschrieben werden:

$$\dot{\vec{x}}(t) = A\,\vec{x}(t) + B\,\vec{u}(t), \quad \vec{x}(t_0) = \vec{x}_0.$$

Die Beschreibung eines technischen Prozesses in Form eines Differentialgleichungssystems mit Differentialgleichungen erster Ordnung, wobei der n-dimensionale Zustandsvektor $\vec{x}(t)$ die dynamischen Größen repräsentiert, ist relativ neu. Früher verwendete man Differentialgleichungen höherer Ordnung. Diese Darstellung wird von der modernen sogenannten „Zustandsraumdarstellung" ebenfalls abgedeckt, denn es lassen sich beliebige Differentialgleichungen höherer Ordnung bzw. Systeme höherer Ordnung in Zustandsraumdarstellung umwandeln. Grundlage für diese Umformung ist das Ersetzen der höheren Ableitungen durch Hilfsgrößen. Zum Beispiel werden in der nichtlinearen Differentialgleichung n-ter Ordnung

$$x^{(n)}(t) = h(t, x, \dot{x}, \ddot{x}, x^{(3)}, \ldots, x^{(n-2)}, x^{(n-1)})$$

für die Funktion $x(t)$ und alle ihre Ableitungen die Hilfsgrößen

$$x_1(t) = x(t), x_2(t) = \dot{x}(t), \ldots, x_{n-1}(t) = x^{(n-2)}(t), x_n(t) = x^{(n-1)}(t)$$

eingeführt, die den Zustandsvektor $\vec{x}(t)$ aufbauen. Die Differentiation aller Komponenten $x_i(t)$ führt auf das Differentialgleichungssystem

$$
\begin{aligned}
\dot{x}_1(t) &= f_1(\vec{x}(t)) &&= x_2(t), & x_1(t_0) &= x(t_0) \\
\dot{x}_2(t) &= f_2(\vec{x}(t)) &&= x_3(t), & x_2(t_0) &= \dot{x}(t_0) \\
\dot{x}_3(t) &= f_3(\vec{x}(t)) &&= x_4(t), & x_3(t_0) &= \ddot{x}(t_0) \\
&\qquad\qquad\vdots \\
\dot{x}_{n-2}(t) &= f_{n-2}(\vec{x}(t)) &&= x_{n-1}(t), & x_{n-2}(t_0) &= x^{(n-3)}(t_0) \\
\dot{x}_{n-1}(t) &= f_{n-1}(\vec{x}(t)) &&= x_n(t), & x_{n-1}(t_0) &= x^{(n-2)}(t_0) \\
\dot{x}_n(t) &= f_n(\vec{x}(t)) &&= h(t, x_1(t), \ldots, x_{n-1}(t)), \\
&&&& x_n(t_0) &= x^{(n-1)}(t_0).
\end{aligned}
$$

Im linearen Fall entsteht eine schwach besetzte Zustandsmatrix A. Bei der Herleitung vieler technischer Systeme treten höhere Ableitungen auf, die mit dieser Umformung auf eine Zustandsraumdarstellung gebracht werden können. Insbesondere im Bereiche der Mechanik treten zweite Ableitungen auf.

Alle bisher betrachteten Formen von Differentialgleichungssystemen sind explizite Systeme, d.h. die Ableitungsgrößen $\dot{x}_i(t)$ können explizit dargestellt werden. Diese Form ist nicht unbedingt die generische Form, in der ein systembeschreibendes Differentialgleichungssystem abgeleitet wird.

Als Beispiel sei die Dynamik des nichtlinearen Pendels erwähnt, das in Kap. 2.1 behandelt wurde. Unter Verwendung mechanischer Grundprinzipien kann folgende Differentialgleichung zweiter Ordnung für die Dynamik des nichtlinearen Pendels abgeleitet werden:

$$m\,l^2\,\ddot{\varphi} = -m\,g\,l\,\sin\varphi - d\,l^2\,\dot{\varphi}, \quad \varphi(t_0) = \varphi_0,\ \dot{\varphi}(t_0) = \dot{\varphi}_0.$$

Die Einführung der Zustandsgrößen $\varphi_1(t) = \varphi(t)$ und $\varphi_2(t) = \dot{\varphi}(t)$ führt auf das System

$$\dot{\varphi}_1 = \varphi_2, \quad m\,l^2\,\dot{\varphi}_2 = -m\,g\,l\,\sin\varphi_1 - d\,l^2\,\varphi_2, \quad \varphi_1(t_0) = \varphi_0,\ \varphi_2(t_0) = \dot{\varphi}_0.$$

Die zweite Gleichung ist implizit, aber eine Umformung auf explizite Form ist trivial, indem durch $m\,l^2$ dividiert wird:

$$\dot{\varphi}_2 = \frac{g}{l}\,\sin\varphi_1 - \frac{d}{m}\,\varphi_2.$$

In größeren Systemen kann diese Umformung allerdings erheblichen Aufwand erfordern. In der Mechanik wird das dynamische Zusammenwirken verkoppelter Massen durch verkoppelte Differentialgleichungen zweiter Ordnung beschrieben. Die Verkoppelung wird u.a. durch die dynamisch vom Ort abhängigen Kräfte angegeben, wodurch aus dem konstanten Produkt $m\,l^2$ der Pendelgleichung Terme der Form $m_i = m_i(x_j)$ entstehen. Nach Umformung ensteht das System

$$M(\vec{x})\,\dot{\vec{x}} = \vec{h}(t, \vec{x}), \quad \vec{x}(t_0) = \vec{x}_0.$$

Die sogenannte „Massenmatrix" $M(\vec{x})$ kann analytisch invertiert werden. Das resultierende explizite System lautet

$$\dot{\vec{x}}(t) = [M(\vec{x})]^{-1}\,\vec{h}(t, \vec{x}) = \vec{f}(\vec{x}), \quad \vec{x}(t_0) = \vec{x}_0.$$

Der Nachteil ist, daß die explizite Inversion relativ komplexe Terme für die Funktionen $f_i(t, \vec{x}(t))$ erzeugt. Bei größeren Systemen, z.B. bei einem Roboter mit sechs Freiheitsgraden, ist die Inversion der Massenmatrix „händisch" kaum mehr durchführbar, sodaß mathematische Formelmanipulatoren wie DE-RIVE, MAPLE oder MATHEMATICA eingesetzt werden müssen. Trotz dieser Möglichkeiten sind die entstehenden expliziten Gleichungen ineffizient. Eine andere Möglichkeit der Auflösung besteht in der „punktweisen" Inversion der Massenmatrix (siehe Kap. 4.3, Kap. 7.4 und Kap. 9.5). Problematisch wird jede Vorgangsweise, wenn die Massenmatrix $M(\vec{x}(t))$ an einem Punkt $(t_s, \vec{x}(t_s))$ singulär und damit nicht invertierbar wird. Dieser Fall tritt z. B. bei zusätzlichen Zwangsbedingungen in mechanischen Systemen ein. In diesem Fall müssen numerische Algorithmen bemüht werden, die implizite Systeme der allgemeinsten Form

$$\vec{F}(t, \vec{x}(t), \dot{\vec{x}}(t)) = \vec{0}, \quad \vec{z}(\vec{x}(t_0)) = \vec{0}$$

lösen können. Derartige Algorithmen sind schon länger bekannt, ihr Einsatz in allgemeinen Simulationssprachen steht jedoch noch in den Anfängen, da nahezu alle Simulationssprachen auf explizite Differentialgleichungssysteme bzw. auf ein definiertes Eingangs/Ausgangsverhalten ausgerichtet sind.

Wesentliche Grundlage der Beschreibung sind nicht nur explizite Systeme, sondern auch Anfangswertaufgaben, d.h. die abhängige Veränderliche $\vec{x}(t)$ ist zu einem Zeitpunkt t_0, üblicherweise dem Anfangszeitpunkt, als $\vec{x}(t_0) = \vec{x}_0$ bekannt. Teilweise treten auch sogenannte Randwertaufgaben auf. Bei speziellen Randwertaufgaben ist zwar von jeder Zustandskomponente $x_i(t)$ ein fester Wert bekannt, aber zu unterschiedlichen Zeitpunkten t_k. Von technischem Interesse sind Probleme mit zwei Randzeitpunkten, sogenannte Zweipunkt–Randwertaufgaben. Ein einfaches Beispiel ist das nichtlineare Pendel, bei dem ein Anfangswinkel φ_0 und ein zu erreichender Endwinkel φ_e gegeben sind:

$$\dot{\varphi}_1 = \varphi_2, \quad \dot{\varphi}_2 = -\frac{g}{l} \sin \varphi_1 - \frac{d}{m} \varphi_2, \quad \varphi_1(t_0) = \varphi_0, \; \varphi_1(t_e) = \varphi_e.$$

Der unbekannte Anfangswert $\varphi_2(t_0) = \dot{\varphi}(t_0)$, die Anfangsgeschwindigkeit des Pendels, muß so bestimmt werden, daß der Endwert φ_e zum Zeitpunkt t_e erreicht wird. Für Randwertaufgaben gilt der Satz von Picard-Lindelöf nicht mehr, insbesondere ist die Eindeutigkeit der Lösung nicht mehr gewährleistet. Soll das Pendel mit der üblichen Orientierung z. B. von $\varphi_0 = \pi/6$ bis $\varphi_e = -\pi/6$ schwingen, so muß eine Anfangsgeschwindigkeit $\dot{\varphi}_0 < 0$ vorgegeben werden. Allerdings kann derselbe Endwert auch mit einer Anfangsgeschwindigkeit $\tilde{\dot{\varphi}}_0 < \dot{\varphi}_0 < 0$ erreicht werden, indem das Pendel zunächst über $-\pi/6$ hinausschwingt, umkehrt und zum Zeitpunkt t_e genau den Wert $-\pi/6$ erreicht. Es liegen also mindestens zwei Lösungen vor.

Randwertaufgaben benötigen immer eine gesonderte Betrachtung der Eindeutigkeit der Lösung, denn aus technischer Sicht ist meist nur eine Lösung realistisch. Erfolgt die Bestimmung der unbekannten Anfangswerte über Iteration, so ist nicht gewährleistet, daß die berechnete Lösung auch die technisch sinnvolle ist.

Partielle Differentialgleichungen sind das „Stiefkind" in Simulationssprachen. Sie können in den meisten Sprachen nur nach Umwandlung in ein System gewöhnlicher Differentialgleichungen behandelt werden. Allerdings erlauben nur bestimmte partielle Differentialgleichungen eine derartige Umwandlung, für welche die sogenannten „Linienmethoden" eingesetzt werden (Kap. 9.3). Bei dieser Umwandlung entstehen oft Randwertaufgaben.

4.2 Numerische Algorithmen für Differentialgleichungen

Dieses Kapitel stellt die gebräuchlichen numerischen Verfahren zur Lösung von Differentialgleichungen vor, wobei einerseits auch moderne Entwicklungen angesprochen werden und andererseits auf in ACSL implementierte Algorithmen näher eingegangen wird. Für ergänzende und weiterführende Litertur zur Numerik sei u. a. auf [20], [21], [30], [29] und [15] verwiesen.

Grundlegend für die meisten numerischen Algorithmen zur Lösung von Differentialgleichungen ist die Formulierung der Anfangswertaufgabe in Form eines Systems von expliziten Differentialgleichungen erster Ordnung, wobei die Funktion $\vec{f}(t, \vec{x}(t))$ die Voraussetzungen des Satzes von Picard-Lindelöf erfüllt:

$$\dot{\vec{x}}(t) = \vec{f}(t, \vec{x}(t)), \quad \vec{x}(t_0) = \vec{x}_0, \quad t \in [t_0, t_e].$$

Die Lösung wird über dem endlichen Zeitintervall $[t_0, t_e]$ gesucht. Numerische Verfahren zur Lösung von Differentialgleichungen unterteilen das Intervall $[t_0, t_e]$ in äquidistante Stützstellen t_i, deren Abstand die Schrittweite h genannt wird. Das Prinzip aller Verfahren besteht darin, an den Stützstellen t_i für die Werte $\vec{x}(t_i)$ der gesuchten Lösung Näherungswerte $\vec{x}_i$ mit

$$\vec{x}_i \sim \vec{x}(t_i), \quad i = 1, 2, \ldots, n-1, n, \quad \vec{x}_0 = \vec{x}(t_0)$$

$$t_0 < t_1 < t_2 < \ldots < t_{n-1} < t_n = t_e$$

zu berechnen. Die Folge von Stützpunkten $t_0 < t_1 < t_2 < \ldots < t_{n-1} < t_n$ wird als Gitter bezeichnet, die zugehörige Folge von berechneten Lösungswerten $\vec{x}_1, \vec{x}_2, \vec{x}_3, \ldots, \vec{x}_{n-1}, \vec{x}_n$ als die Gitterfunktion. Für die Ableitung verschiedener Verfahren werden der Einfachheit halber skalare Differentialgleichungen

$$\dot{x}(t) = f(t, x(t)), \quad x(t_0) = x_0, \quad t \in [t_0, t_e]$$

betrachtet, alle Ergebnisse sind auf Systeme von Differentialgleichungen übertragbar.

Die Differentialgleichung $\dot{x}(t) = f(t, x(t))$ kann formal integriert werden, denn das bestimmte Integral von $\dot{x}(t)$ über dem Intervall $[t_0, t]$ ist die Differenz $(x(t) - x(t_0))$ zwischen dem Integral an der oberen Grenze t und an der unteren Grenze t_0, die gleich dem Integral über die rechte Seite der Differentialgleichung $f(t, x(t))$ sein muß:

$$\int_{t_0}^{t} \dot{x}(s)\, ds = x(t) - x(t_0) = \int_{t_0}^{t} f(s, x(s))\, ds.$$

Da $x(t_0)$ bekannt ist, können $x(t)$ und speziell $x(t_1)$ berechnet werden:

$$x(t) = x(t_0) + \int_{t_0}^{t} f(s, x(s))\, ds, \quad x(t_1) = x(t_0) + \int_{t_0}^{t_1} f(s, x(s))\, ds.$$

Diese Vorgangsweise überträgt man auf das gesamte Gitter. Ist allgemein $x(t_i)$ bekannt, so berechnet man $x(t_{i+1})$ durch

$$x(t_{i+1}) = x(t_i) + \int_{t_i}^{t_{i+1}} f(s, x(s))\, ds, \quad i = 0, 1, 2, \ldots, n - 2, n - 1.$$

Diese Umformung führt die Lösung der Differentialgleichung auf die näherungsweise Berechnung bestimmter Integrale über Intervalle der Länge h (Schrittweite) zurück. Analytisch betrachtet ist das Integral keine eigentliche Quadratur, denn der Integrand enthält das zu berechnende Integral. Alle numerischen Verfahren zur Lösung eines Differentialgleichungssystems basieren auf dieser Umformung, sie unterscheiden sich „nur" durch die Art und Weise, wie sie das Integral berechnen.

4.2.1 Einschrittverfahren

Der erste Ansatz für numerische Verfahren zur Lösung von Differentialgleichungen besteht in der Definition des Integrals als Fläche unter einer Kurve. Dieser Ansatz führt auf die sogenannten Einschrittverfahren, die nur einen einzigen vorherigen Schritt x_i zur Berechnung des nächsten Schrittes x_{i+1} verwenden.

Das Integral über $f(t, x(t))$ in den Grenzen von t_i bis t_{i+1} als Fläche unter der Kurve $f(t, x(t))$ kann nur näherungsweise berechnet werden. Einfachste Vorgangsweise ist, das Integral, also die Fläche unter der Kurve $f(t, x(t))$, durch die Fläche eines Rechteckes anzunähern (Abb. 4.1). Kennt man x_i (x_i ist eine Näherung für $x(t_i)$), so berechnet man den nächsten Wert der Gitterfunktion durch

$$x_{i+1} = x_i + h\, f(t_i, x_i).$$

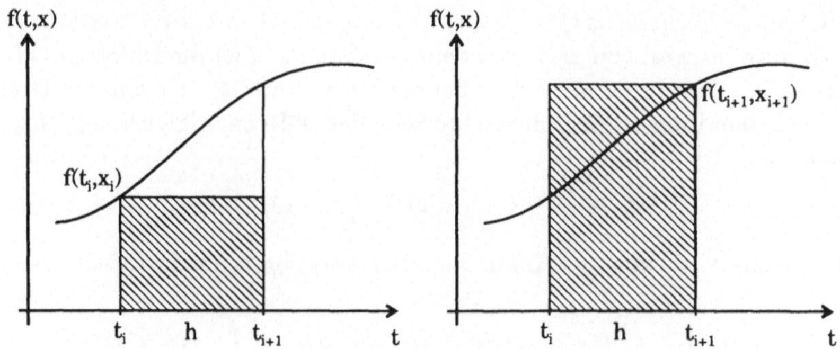

Abbildung 4.1: Explizites und Implizites Euler - Verfahren, Flächendarstellung

Die Länge des Rechteckes ist die Schrittweite h, die Breite wird durch $f(t_i, x_i))$, den Wert der Funktion f im Punkt (t_i, x_i), bestimmt.

Die gesamte Gitterfunktion wird daher rekursiv durch

$$x_{i+1} = x_i + h\, f(t_i, x_i), \quad x_0 = x(t_0), \quad i = 0, 1, 2, \ldots, n-2, n-1$$

berechnet. Dieses Verfahren heißt (explizites) Euler-Cauchy-Polygonzugverfahren.

Eine der wesentlichen Fehlergrößen eines Integrationsverfahrens ist der lokale Fehler e_{i+1}, der bei der Berechnung eines Integrationsschrittes von t_i nach t_{i+1} entsteht. Bei der Bestimmung des lokalen Fehlers geht man von der Voraussetzung aus, daß x_i exakt berechnet wurde ($x_i = x(t_i)$). Der Fehler kann durch Vergleich mit der Taylorreihenentwicklung für $x(t)$ an der Stelle $x(t_i + h)$

$$x(t_i + h) = x_i + h\, \dot{x}(t_i, x_i) + \frac{1}{2!}\, \ddot{x}(t_i, x_i) + \frac{1}{3!}\, x^{(3)}(t_i, x_i) + \ldots$$

ermittelt werden. Da $\dot{x}(t_i, x_i) = f(t_i, x_i)$ gilt, können höhere Ableitungen von $x(t)$ durch Ableitungen von $f(t, x(t))$ ersetzt werden:

$$x(t_i + h) = x_i + h\, f(t_i, x_i) + \frac{h^2}{2!}\, \dot{f}(t_i, x_i) + \frac{h^3}{3!}\, \ddot{f}(t_i, x_i) + \ldots \quad.$$

Der lokale Fehler des Euler-Verfahrens ist die Differenz aus Taylorentwicklung und Integrationsformel:

$$e_{i+1} = |x(t_i + h) - x_{i+1}| = x_i + h\, f(t_i, x_i) + \frac{h^2}{2!}\, \dot{f}(t_\xi, x_\xi) - (x_i + h\, f(t_i, x_i)),$$

wobei die Taylorreihe mit dem Restglied zweiter Ordnung, das an einer Zwischenstelle (t_ξ, x_ξ) im Intervall $[t_i, t_{i+1}]$ auszuwerten ist, abgebrochen wird. Das Ergebnis lautet

$$e_{i+1} = |x_i(t_i + h) - x_{i+1}| = \left\|\frac{h^2}{2!}\, \dot{f}(t_\xi, x_\xi)\right\| = \alpha\, O(h^2).$$

Das Verfahren stimmt bis zum Restglied zweiter Ordnung mit der Taylorreihe überein, der lokale Fehler hat die Größenordnung h^2. Die Schreibweise mit dem sogenannten Landau'schen Symbol $O(h^2)$ bedeutet, daß der lokale Fehler e_{i+1} mit h^2 gegen Null geht, wenn h gegen Null geht.

Der Wert x_i ist nicht der exakte Wert der Lösung an der Stelle t_i, sondern er wurde im vorhergehenden Integrationsschritt mit dem lokalen Fehler e_i berechnet. Alle lokalen Fehler summieren sich zum globalen Verfahrensfehler E_{i+1} an der Stelle t_{i+1} auf. Am Ende des Intervalls gilt daher:

$$E_n = e_1 + e_2 + \cdots + e_{n-1} + e_n + F_n < n \max_{i=1,\ldots,n} \{e_i\} + F_n$$

$$= \frac{t_e - t_0}{h} \max_{i=1,\ldots,n} \{e_i\} + F_n \,.$$

In dieser Abschätzung bezeichnet F_n den sogenannten Fortpflanzungsfehler. Für den globalen Fehler E_n ist die Summe der lokalen Fehler e_i nur eine Abschätzung nach unten, denn der lokale Fehler e_{i+1} ist der Fehler in einem Integrationsschritt unter der Voraussetzung, daß x_i exakt berechnet wurde. Pro Integrationsschritt kommt zum lokalen Fehler des Integrationsschrittes e_{i+1} die Fortpflanzung der Fehler der vorhergehenden Schritte F_{i+1} dazu, die am Intervallende den globalen Fortpflanzungsfehler F_n ergeben. Unter der Annahme, daß dieser Fortpflanzungsfehler beschränkt ist und mit gleicher Fehlerordnung wie der lokale Fehler gegen Null strebt, erhält man folgende Abschätzung für den globalen Fehler E_n:

$$E_n = \alpha \frac{t_e - t_0}{h} \, O(h^2) = \frac{\gamma}{h} \, O(h^2) = \gamma \, O(h).$$

Der globale Fehler des Euler-Verfahrens geht mit h gegen Null, wenn h gegen Null geht. Diese Aussage läßt sich verallgemeinern. Strebt der lokale Fehler eines Integrationsverfahrens mit Ordnung h^{p+1} gegen Null, so strebt der globale Fehler im besten Fall mit h^p gegen Null. Der Fortpflanzungsfehler ist noch näher zu betrachten, er kann große Probleme bringen.

Die Ermittlung des globalen Verfahrensfehlers ist schwierig. Beim Euler–Verfahren läßt sich eine A–priori–Abschätzung des globalen Verfahrensfehlers noch relativ leicht angeben. Unter Verwendung des Mittelwertsatzes und der Lipschitzbedingung, die die Funktion $f(t, x(t))$ erfüllen muß, kann folgende Fehlerformel abgeleitet werden:

$$E_n = \frac{c\,h}{2\,L} \, e^{(L\,(x_n - x_0)) - 1}.$$

Die Abschätzung hat leider keine praktische Bedeutung, denn die Lipschitzkonstante L kann praktisch kaum ermittelt werden (es sei denn, die Lösung $x(t)$ ist analytisch bekannt). Allerdings kann mit dieser Formel der Verfahrensfehler dem

Rundungsfehler gegenübergestellt werden. Bei der Berechnung der Integrationsschritte werden Rundungsfehler akkumuliert, die nach den Regeln der Fehlerfortpflanzung bei Gleitkomma-Operationen mit begrenzter Stellenanzahl k folgende
Abschätzung für den globalen Rundungsfehler R_n des Euler-Verfahrens ergeben:

$$R_n = \frac{2^k}{h}\, e^{(L\,(x_n - x_0)) - 1}.$$

Der globale Rundungsfehler nimmt mit kleiner werdender Schrittweite h zu, er
geht gegen ∞, wenn h gegen Null geht (Abb. 4.2).

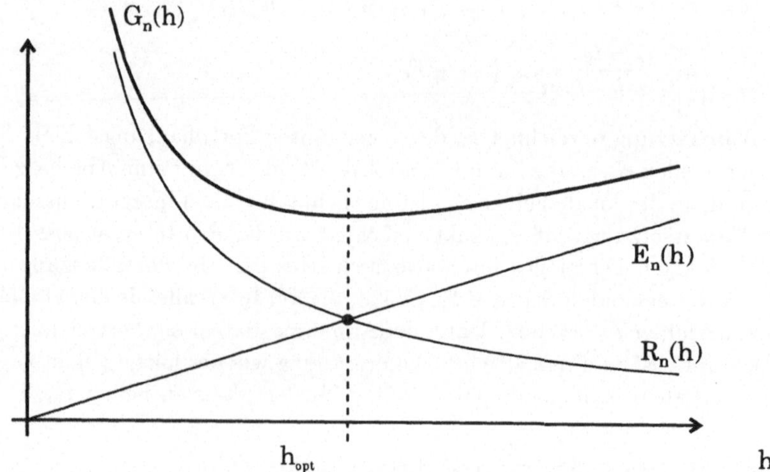

Abbildung 4.2: Rundungsfehler R_n, Globaler Verfahrensfehler E_n und Gesamtfehler G_n des Euler-Verfahrens

Der Gesamtfehler $G_n = E_n + R_n$, aufgetragen über der Schrittweite h, weist an
der Stelle h_{opt}, der optimalen Schrittweite, ein Minimum auf (Abb. 4.2). Diese
Gegenüberstellung von Verfahrens- und Rundungsfehler zeigt vor allem, daß die
Forderung nach kleinen Schrittweiten ab einem bestimmten Punkt nicht nur nicht
sinnvoll ist, sondern den Fehler vergrößert.

Das explizite Euler-Verfahren ersetzt bei der Berechnung des Integrals die Fläche
unter der Kurve $f(t, x(t))$ durch ein Rechteck mit dem linken oberen Eckpunkt
$(t_i, f(t_i, x_i))$. Die Verwendung des rechten Eckpunktes $(t_{i+1}, f(t_{i+1}, x_{i+1}))$ führt
auf das implizite Euler-Cauchy-Polygonzugverfahren, siehe Abb. 4.1:

$$x_{i+1} = x_i + h\, f(t_{i+1}, x_{i+1}), \quad x_0 = x(t_0), \quad i = 0, 1, 2, \ldots, n - 2, n - 1.$$

Dieses Verfahren gehört zur Klasse der impliziten Integrationsverfahren, denn die
Größe x_{i+1} wird durch eine implizite Gleichung bestimmt, die im allgemeinen

nicht explizit auflösbar ist. Zum Beispiel lautet für die Differentialgleichung $\dot{x} = -a\,x + b\,x^2$ der implizite Euler–Schritt $x_{i+1} = x_i - h\,a\,x_{i+1} + h\,b\,x_{i+1}^2$. Der Integrationsschritt erfordert die Lösung einer quadratischen Gleichung. Diese Gleichung wäre noch analytisch lösbar, allerdings gibt es zwei Lösungen. Aber ein weiterer Term der Form $+c\sin x$ in der Differentialgleichung macht ein explizites Auflösen unmöglich:

$$\dot{x} = -a\,x + b\,x^2 + c\sin x \;\rightarrow\; x_{i+1} = x_i - h\,a\,x_{i+1} + h\,b\,x_{i+1}^2 + c\sin x_{i+1}.$$

Implizite Verfahren lösen diese algebraische Gleichung iterativ, z. B. durch Anwendung des Newton–Verfahrens. Der Aufwand dafür erscheint beträchtlich, dennoch haben implizite Verfahren große Vorteile für bestimmte Aufgaben.

Man kann die iterative Berechnung von x_{i+1} beim impliziten Euler-Verfahren umgehen, indem man im zunächst impliziten Integrationsschritt in der Funktion $f(t_{i+1}, x_{i+1})$ der zu berechnende Wert x_{i+1} durch eine Näherung mit dem expliziten Euler-Verfahren ersetzt:

$$x_{i+1} = x_i + h\,f(t_{i+1}, x_i + h\,f(t_i, x_i)), \quad x_0 = x(t_0),\; i = 0, 1, 2, \ldots, n-1.$$

Diese Vorgangsweise, ein implizites Verfahren durch Einsetzen eines expliziten Verfahrens zu einem expliziten zu machen, ist unter dem Begriff Prädiktor–Korrektor–Technik bekannt. Das explizite Euler–Verfahren berechnet einen Näherungswert $x_{i+1}^{[P]}$ (Prädiktor), der vom impliziten Eulerverfahren auf den Wert $x_{i+1}^{[K]}$ (Korrektor) korrigiert wird:

$$x_{i+1}^{[P]} = x_i + h\,f(t_i, x_i), \quad x_{i+1}^{[K]} = x_i + h\,f(t_{i+1}, x_{i+1}^{[P]})\,.$$

Die beiden Euler-Verfahren können geometrisch auch durch Steigungen von Tangenten an $x(t)$ erklärt werden. Das explizite Euler-Verfahren berechnet x_{i+1}, indem durch x_i eine Gerade mit der Steigung $\dot{x}_i = f(t_i, x_i)$ gelegt wird. Diese Gerade (sie ist die Tangente an die gesuchte Lösung im Punkt (t_i, x_i)) wird bis zu t_{i+1} verfolgt, wo sie den Wert x_{i+1} annimmt. (Abb. 4.3). Das durch das Prädiktor-Korrektor-Prinzip explizit gemachte implizite Euler–Verfahren beginnt mit derselben Geraden, die zum Näherungswert $x_{i+1}^{[P]}$ führt. Durch den Punkt $(t_{i+1}, x_{i+1}^{[P]})$ wird nun eine Gerade mit der Steigung $f(t_{i+1}, x_{i+1}^{[P]})$ gelegt und in den Punkt (t_i, x_i) parallel verschoben. Diese parallel verschobene Gerade führt in t_{i+1} zum verbesserten Wert $x_{i+1}^{[K]}$ (Abb 4.3).

Die Approximation des Integrals durch eine Rechtecksfläche ist ungenau. Bessere Ergebnisse sind durch die Approximation der Fläche unter der Kurve durch ein

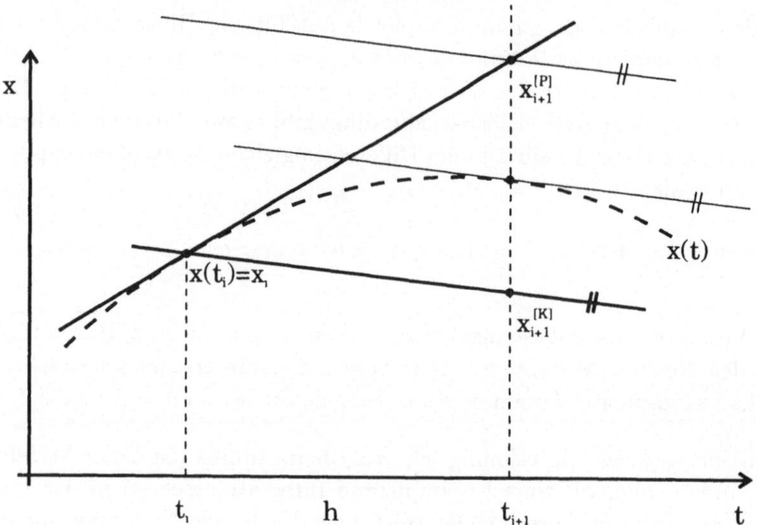

Abbildung 4.3: Explizites Euler-Verfahren und implizites Euler- Verfahren mit Prädiktor-Korrektor-Technik, „Steigungsdarstellung"

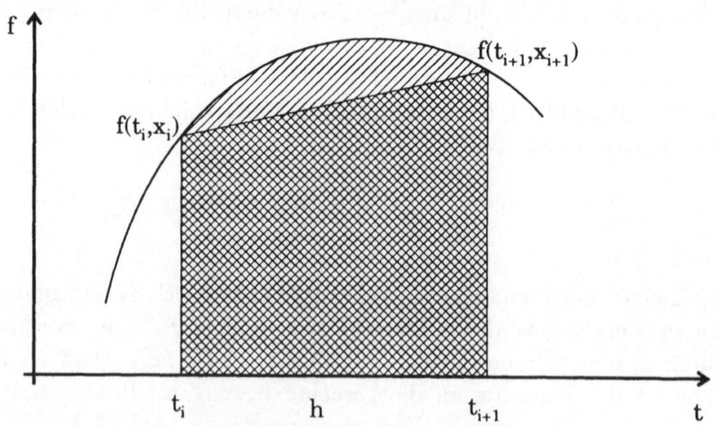

Abbildung 4.4: Trapezverfahren

Trapez zu erhalten (Abb. 4.4), wobei die Eckpunkte des Trapezes die Punkte $(t_i, f(t_i, x_i))$ und $(t_{i+1}, f(t_{i+1}, x_{i+1}))$ sind:

$$x_{i+1} = x_i + \frac{1}{2}\left(f(t_i, x_i) + f(t_{i+1}, x_{i+1})\right), \quad x_0 = x(t_0), \ i = 0, 1, 2, \ldots, n-1.$$

Dieses Verfahren, implizites Trapezverfahren genannt, kann durch die Prädiktor–Korrektor–Technik in ein explizites Verfahren umgewandelt werden. Wieder wird x_{i+1} in der Funktion $f(t_{i+1}, x_{i+1})$ durch einen expliziten Euler–Schritt ersetzt:

$$x_{i+1} = x_i + \frac{1}{2}\left[f(t_i, x_i) + f(t_{i+1}, x_i + h\, f(t_i, x_i))\right],$$

$$x_0 = x(t_0), \quad i = 0, 1, 2, \dots, n - 1 .$$

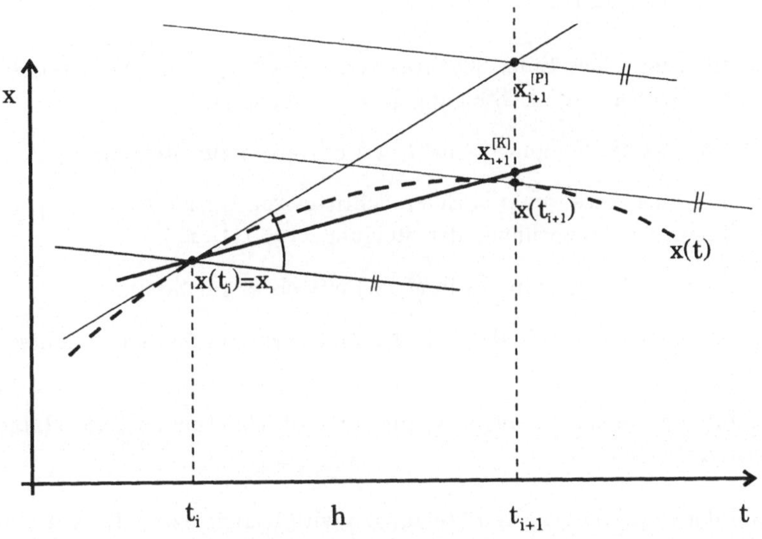

Abbildung 4.5: Verfahren von Heun

Das explizite Trapezverfahren, auch Verfahren von Heun genannt, kann geometrisch über Steigungen interpretiert werden (Abb. 4.5). Ein expliziter Euler–Schritt erzeugt wie zuvor den Punkt $(t_{i+1}, x_{i+1}^{[P]})$. Durch diesen Punkt wird eine Gerade mit der Steigung $f(t_{i+1}, x_{i+1}^{[P]})$ gelegt und in den Punkt (t_i, x_i) parallel verschoben, wo sie auf die Gerade des Euler–Schrittes mit Steigung $f(t_i, x_i)$ trifft. Man bildet nun die Winkelsymmetrale zwischen diesen beiden Geraden durch den Punkt (t_i, x_i), sie erreicht in t_{i+1} den neuen Wert $x_{i+1}^{[K]}$. Der lokale Verfahrensfehler des Verfahrens von Heun geht mit dritter Ordnung gegen Null, der globale mit zweiter Ordnung:

$$e_i = \left|\frac{h^3}{12}\, \ddot{f}(t_\xi, x_\xi)\right| = \alpha O(h^3).$$

Alle bisher besprochenen Verfahren werden zur Klasse der Runge–Kutta–Verfahren gezählt. Grundgedanke aller Runge–Kutta–Verfahren ist die Ermittlung einer geeigneten Steigung k, mit der eine Gerade durch den Punkt (t_i, x_i) einen neuen Gitterpunkt x_{i+1} in t_{i+1} erreicht, und die für einen möglichst kleinen lokalen Fehler sorgt. Die Steigung k ist eine geeignete Mittelung von Steigungen $f(t_\eta, x(t_\eta))$ im Intervall $[t_i, t_{i+1}]$. In der Darstellung der Integrationsalgorithmen als Approximation der Fläche unter der Kurve $f(t, x)$ entspricht diese Mittelung dem Zerlegen der Fläche in Teilrechtecke, Teiltrapeze etc.

Eine heuristische Vorgangsweise zur Herleitung eines Runge–Kutta–Verfahrens besteht in folgenden Schritten:

1. Durchführung eines Euler-Schrittes von t_i nach t_{i+1} mit Steigung $k_1 = f(t_i, x_i)$, Berechnung der Steigung $k_2 = f(t_{i+1}, x_{i+1})$

2. Verbesserung der Steigung k_1 in (t_i, x_i) mittels k_2 zur Steigung k_3

3. Durchführung eines weiteren Euler–Schrittes von t_i nach $t_\eta = t_i + \eta, \eta \leq 1$ mit Steigung k_3, Berechnung der Steigung $k_4 = f(t_\eta, x_\eta)$

4. Verbesserung der Steigung k_3 in (t_i, x_i) mittels k_4 zur Steigung k_5

5. Durchführung weiterer Euler–Schritte und Verbesserung der Steigung, soweit erforderlich

6. Kombination aller Steigungen k_i für einen abschließenden Euler–Integrationsschritt

Die Anzahl der Berechnungen von Steigungen wird Stufenanzahl des Verfahrens genannt. Formalisiert bedeutet dieser Ansatz für zwei bzw. drei Stufen:

$$
\begin{aligned}
s_1 &= h\, f(t_i, x_i) \\
s_2 &= h\, f(t_i + \alpha_2 h, x_i + \beta_{21} s_1) \\
s_3 &= h\, f(t_i + \alpha_3 h, x_i + \beta_{31} s_1 + \beta_{32} s_2) \\
x_{i+1} &= x_i + a_1 s_1 + a_2 s_2 &\quad \text{2 Stufen} \\
x_{i+1} &= x_i + a_1 s_1 + a_2 s_2 + a_3 s_3 &\quad \text{3 Stufen}
\end{aligned}
$$

Die unbekannten Parameter α_j, β_{ji} und a_i werden durch Vergleich mit der Taylorreihe ermittelt, mit der das Verfahren möglichst weitgehend übereinstimmen soll. Die Entwicklung von $x(t_i + h)$ in eine Taylorreihe bis zu Termen dritter Ordnung ergibt

$$
\begin{aligned}
x(t_i + h) &= x_i + h\, f(t_i, x_i) + \frac{h^2}{2}\left(f_t + f\, f_x\right) + \\
&\quad + \frac{h^3}{6}\left(f_{tt} + 2 f\, f_{tx} + f_{xx} f^2 + f_t f_x + f_x^2 f\right) + O(h^4).
\end{aligned}
$$

Die Größen f_t, f_x, f_{tx} etc. stehen für die partiellen Ableitungen von $f(t, x)$ nach t bzw. nach x, ausgewertet an der Stelle t_i. Für die Runge-Kutta-Formel mit zwei Stufen ist s_2 zu entwickeln:

$$\begin{aligned}
s_2 &= h\,f(t_i + \alpha_2 h, x_i + \beta_{21} s_1) = \\
&= h\,[f(t_i, x_i) + \alpha_2 h\, f_t + \beta_{21} s_1 h\, f_x + \\
&\quad + \frac{1}{2!}\,(\alpha_2 h^2 f_{tt} + 2\alpha_2 h \beta_{21} s_1 f_{tx} + \beta_{21}^2 s_1^2 f_{xx}) + O(h^3)]\,.
\end{aligned}$$

Diese Entwicklung wird in $x_{i+1} = x_i + a_1 s_1 + a_2 s_2$ eingesetzt und ermöglicht einen Koeffizientenvergleich mit der Taylorreihe nach Potenzen von h:

$$\begin{aligned}
h\,f = h,\ f\,(a_1 + a_2) &\qquad\rightarrow\qquad a_1 + a_2 = 1 \\
\tfrac{h^2}{2}\,(f_t + f\,f_x) = h^2\,(a_2 \alpha_2 f_t + a_2 \beta_{21} f\,f_x) &\qquad\rightarrow\qquad a_2 \alpha_2 = \tfrac{1}{2},\quad a_2 \beta_{21} = \tfrac{1}{2}\,.
\end{aligned}$$

Diese drei Gleichungen für vier Unbekannte haben unendlich viele Lösungen. Die einfachste Lösung entsteht durch die Vorgabe von $a_1 = \tfrac{1}{2}$, die auf $a_2 = \tfrac{1}{2}, \alpha_2 = \beta_{21} = 1$ führt. Ein Koeffizientenvergleich für Terme mit h^3 führt auf widersprüchliche Gleichungen, deshalb kann der Algorithmus nur ein Algorithmus zweiter Ordnung sein. Er ist das bereits bekannte Verfahren von Heun:

$$x_{i+1} = x_i + \frac{h}{2}\,f(t_i, x_i) + \frac{h}{2}\,f(t_{i+1}, x_i + h\,f(t_i, x_i)).$$

Die Wahl eines anderen Parameterwertes, z. B. $\alpha_2 = 2/3$, führt auf einen neuen Algorithmus gleicher Ordnung:

$$x_{i+1} = x_i + \frac{h}{4}\,f(t_i, x_i) + \frac{3h}{4}\,f(t_i + \frac{2h}{3}, x_i + \frac{2h}{3}\,f(t_i, x_i)).$$

Der allgemeinste Ansatz für Runge-Kutta-Verfahren lautet

$$\begin{aligned}
s_j &= h\,f(t_i + \alpha_j h, x_i + \textstyle\sum_{k=1}^{m} \beta_{jk} s_k), \qquad j = 1, 2, \ldots, m \\
x_{i+1} &= x_i + \textstyle\sum_{j=1}^{m} a_j\, s_j\,.
\end{aligned}$$

Diese Schreibweise wird allgemein verwendet, denn sie läßt u.a. rasch erkennen, wieviele Funktionsauswertungen m zur Berechnung eines Integrationsschrittes notwendig sind, außerdem ist sie zum Implementieren des Verfahrens geeignet. Die allgemeine Formel beschreibt explizite und implizite Verfahren. Gilt $\beta_{jk} = 0$ für $j < k$, so ist das Verfahren explizit. Implizite Verfahren müssen iterativ gelöst werden, z. B. mit der Prädiktor–Korrektor–Technik, die als Prädiktor einen expliziten Algorithmus passender Ordnung wählt.

Alle bisher betrachteten Verfahren können in dieser Notation geschrieben werden:

- Explizites Euler–Verfahren, $m = 1$

$$a_1 = 1, \alpha_1 = \beta_{11} = 0$$

- Impizites Euler–Verfahren mit Prädiktor-Korrektor–Technik, $m = 2$

$$a_1 = 0, a_2 = 1, \alpha_1 = 0, \beta_{11} = \beta_{12} = \beta_{22} = 0, \beta_{21} = 1$$

- Verfahren von Heun, $m = 2$

$$a_1 = a_2 = 0.5, \alpha_1 = \beta_{11} = \beta_{12} = \beta_{22} = 0, \alpha_2 = \beta_{21} = 1$$

Es stellt sich nun die Frage, wie die Anzahl der Funktionsauswertungen m (Anzahl der Stufen des Verfahrens) und die globale Fehlerordnung p zusammenhängen. Bei geeigneter Wahl der Parameter kann man mit m Funktionsauswertungen die globale Fehlerordnung $p = m$ erreichen, wenn $m \leq 4$ gilt:

$$E_i = O(h^p) = O(h^m), \quad e_i = O(h^{p+1}) = O(h^{m+1}), \quad m \leq 4 .$$

Das Beispiel des Prädiktor-Korrektor-Verfahrens für das implizite Euler-Verfahren zeigt, daß zwei Funktionsauswertungen nicht unbedingt ein Verfahren zweiter Ordnung ergeben. Interessanterweise kann man kein Verfahren mit fünf Funktionsauswertungen ($m = 5$) konstruieren, das globale Fehlerordnung $p = m = 5$ hat. Alle Konstruktionen erreichen nur die globale Fehlerordnung $p = m - 1 = 4$. Dieses Phänomen pflanzt sich auf die Verfahren mit mehr als fünf Funktionsauswertungen fort, sodaß allgemein gilt:

$$E_i = O(h^p) = O(h^{m-1}), \quad e_i = O(h^{p+1}) = O(h^m), \quad m \geq 5.$$

Das klassische Runge–Kutta–Verfahren, das dieser Klasse von Algorithmen seinen Namen gibt, benutzt vier Funktionsauswertungen und erreicht damit eine globale Fehlerordnung $p = m = 4$. Das Verfahren kann in der allgemeinen Form durch

$$
\begin{aligned}
m = 4 \quad & a_1 = \tfrac{1}{6} \quad & \alpha_1 = 0 \quad & \beta_{11} = \beta_{12} = \beta_{13} = \beta_{14} = 0, \\
& a_2 = \tfrac{2}{6} \quad & \alpha_2 = \tfrac{1}{2} \quad & \beta_{21} = \tfrac{1}{2}, \beta_{22} = \beta_{23} = \beta_{24} = 0 \\
& a_3 = \tfrac{2}{6} \quad & \alpha_3 = \tfrac{1}{2} \quad & \beta_{31} = 0, \beta_{32} = \tfrac{1}{2}, \beta_{33} = \beta_{34} = 0 \\
& a_4 = \tfrac{1}{6} \quad & \alpha_4 = 1 \quad & \beta_{41} = \beta_{42} = 0, \beta_{43} = 1, \beta_{44} = 0
\end{aligned}
$$

beschrieben werden. Der Wichtigkeit des Verfahrens halber sei es auch explizit angegeben:

$$
\begin{aligned}
s_1 &= h\,f(t_i, x_i) \\
s_2 &= h\,f(t_i + \frac{1}{2}\,h, x_i + \frac{1}{2}\,s_1)
\end{aligned}
$$

$$s_3 \ = \ h\,f(t_i + \frac{1}{2}\,h, x_i + \frac{1}{2}\,s_2)$$

$$s_4 \ = \ h\,f(t_i + h, x_i + s_3)$$

$$x_{i+1} \ = \ \frac{1}{6}\,(s_1 + 2\,s_2 + 2\,s_3 + s_4)\,.$$

Durch eine exaktere Kenntnis des globalen Fehlers (die Aussage der Fehlerordnung ist unzureichend) könnte die Schrittweite selbst den Genauigkeitsbedürfnissen angepaßt werden. Bereits relativ früh wurden für Runge–Kutta–Algorithmen Schrittweitensteuerungen entwickelt, die aus den sogenannten Gewichten s_j höhere Ableitungen und daraus das entsprechende Restglied der Taylorreihe abschätzen konnten. Zur Schrittweitensteuerung bei Einschrittverfahren haben sich heute eher die Runge–Kutta–Fehlberg–Algorithmen (RKF–Algorithmen) durchgesetzt. Der klassische RKF–Algorithmus arbeitet mit zwei „ähnlichen" Runge-Kutta-Verfahren, einem Verfahren vierter Ordnung ($m = p = 4$) und einem Verfahren fünfter Ordnung ($m = 6, p = 5$). Die Formeln des Verfahrens vierter Ordnung sind in die des Verfahrens fünfter Ordnung eingebettet, sodaß Konstanten und Gewichte α_j und β_{jk} entsprechend übereinstimmen. Das Verfahren niedriger Ordnung ist ein Prädiktor, der eine gute Schätzung $x_{i+1}^{[P]}$ für $x(t_{i+1})$ berechnet. Der Korrektor, das Verfahren höherer Ordnung, berechnet eine genauere Schätzung $x_{i+1}^{[P]}$. Allerdings wird die Prädiktor-Korrektor-Technik nicht zur Auflösung eines impliziten Algorithmus verwendet, sondern zur Abschätzung des lokalen Fehlers durch die Differenz zwischen Prädiktor und Korrektor. Das klassische RKF45–Verfahren verwendet sechs Funktionsauswertungen:

$$s_1 \ = \ h\,f(t_i, x_i)$$

$$s_2 \ = \ h\,f(t_i + \frac{1}{4}\,h, x_i + \frac{1}{4}\,s_1)$$

$$s_3 \ = \ h\,f(t_i + \frac{3}{8}\,h, x_i + \frac{3}{32}\,s_1 + \frac{9}{32}\,s_2)$$

$$s_4 \ = \ h\,f(t_i + \frac{12}{13}\,h, x_i + \frac{1932}{2197}\,s_1 - \frac{7200}{2197}\,s_2 + \frac{7296}{2197}\,s_3)$$

$$s_5 \ = \ h\,f(t_i + h, x_i + \frac{439}{216}\,s_1 - 8\,s_2 + \frac{3680}{513}\,s_3 - \frac{845}{4104}\,s_4)$$

$$s_6 \ = \ h\,f(t_i + \frac{1}{2}\,h, x_i - \frac{8}{27}\,s_1 + 2\,s_2 - \frac{3544}{2565}\,s_3 + \frac{1859}{4104}\,s_4 - \frac{11}{40}\,s_5)$$

$$x_{i+1}^{[P]} \ = \ x_i + \frac{25}{216}\,s_1 + \frac{1408}{2565}\,s_3 + \frac{2197}{4104}\,s_4 - \frac{1}{5}\,s_5$$

$$x_{i+1}^{[K]} \ = \ x_i + \frac{16}{135}\,s_1 + \frac{6656}{12825}\,s_3 + \frac{28561}{56430}\,s_4 - \frac{9}{50}\,s_5 + \frac{2}{55}\,s_6\,.$$

Der Prädiktorwert wird als neuer Gitterpunkt akzeptiert, wenn eine vorgegebene Genauigkeit im Integrationsschritt erreicht wird. Diese Genauigkeit muß über dem lokalen Fehler e_{i+1} liegen, der durch

$$e_{i+1}^P \sim |x_{i+1}^{[P]} - x_{i+1}^{[K]}| \sim \frac{h^5}{5!} f^{(4)}(t_\xi, x_\xi)$$

abgeschätzt werden kann. Bei jedem Prädiktorschritt kann mit zwei weiteren Funktionsauswertungen auch der lokale Fehler berechnet werden, der eine effiziente Steuerung der Schrittweite erlaubt. Ist der lokale Fehler größer als die vorgegebene Genauigkeit, wird die Schrittweite verkleinert, ist der lokale Fehler signifikant kleiner, wird die Schrittweite vergrößert.

Allgemein lassen sich verschiedene RKF-Formelpaare konstruieren, die „Nummern" geben die Ordnung von Prädiktor und Korrektor an, z.B. RKF23. Der neue Gitterwert x_{i+1} wird immer mit dem Prädiktor, dem Verfahren niedrigerer Ordnung, bestimmt. Implementationen der RKF-Algorithmen unterscheiden sich oft in der Art der Vergrößerung bzw. Verkleinerung der Schrittweiten, wobei Faktoren wie 0.9 bzw. 1.1 oder 0.8 bzw. 1.2 üblich sind.

Die RKF–Algorithmen erlauben eine Schrittweitensteuerung mit nur einer oder zwei ($m > 4$) zusätzlichen Funktionsauswertungen von $f(t, x)$. Deshalb lösen RKF-Verfahren die früher gebräuchliche Art der Schrittweitensteuerung über den Vergleich unterschiedlicher Schrittweiten ab. Diese Art der Schrittweitensteuerung bestimmt den lokalen Fehler z. B. als Differenz von

$$e_{i+1} \sim \alpha \, |x_{i+1,h} - x_{i+1,\frac{h}{2}}|.$$

Ein Integrationsschritt wird mit der Schrittweite h durchgeführt ($x_{i+1,h}$), zwei aufeinanderfolgende Integrationsschritte mit der Schrittweite $\frac{h}{2}$ berechnen den genaueren Wert $x_{i+1,\frac{h}{2}}$. Für ein Verfahren der Ordnung $p \leq 4$ sind daher $3p$ Funktionsauswertungen notwendig, ein Verfahren der Ordnung $p > 4$ benötigt $3(p + 1)$ Funktionsauswertungen.

Allgemeine implizite Runge–Kutta–Verfahren sind theoretisch interessant, denn ihre Ordung liegt oft bei $p = 2m$. Dennoch ist ihre Auflösung aufwendig. Interessanterweise hat das einfachste implizite Verfahren, das implizite Euler–Verfahren, Bedeutung zur Lösung steifer Systeme erlangt.

4.2.2 Mehrschrittverfahren

Einschrittverfahren benötigen mehrere Funktionsauswertungen in einem Integrationsschritt, was bei komplexen Systemen viel Rechenzeit kosten kann. Es ist daher naheliegend, statt der Zwischenauswertungen im Intervall $[t_i, t_{i+1}]$ auch die vorher berechneten Gitterwerte $x_{i-1}, x_{i-2}, x_{i-3}, \ldots$ und deren Ableitungen, die

Funktionswerte $f(t_{i-1}, x_{i-1}), f(t_{i-2}, x_{i-2}), f(t_{i-3}, x_{i-3}), \ldots$ zu verwenden, denn diese beinhalten Informationen über Steigungen, Krümmungen etc.

Grundgedanke für die Entwicklung eines Mehrschrittverfahrens ist wieder die Integration über einem Teilintervall:

$$x_{i+1} = x_i + \int_{t_i}^{t_{i+1}} f(s, x(s))\, ds.$$

Ein Mehrschrittverfahren ersetzt die Funktion $f(t, x(t))$ durch ein Polynom $p(t)$, das den Integranden an den bereits berechneten s Gitterpunkten interpoliert. Ein explizites Mehrschrittverfahren verwendet die berechneten Punkte einschließlich x_i, ein implizites Mehrschrittverfahren nimmt noch den Funktionswert am zu berechnenden Punkt x_{i+1} hinzu:

$$x_{i+1} = x_i + \int_{t_i}^{t_{i+1}} f(\tau, x(\tau))\, d\tau \sim x_i + \int_{t_i}^{t_{i+1}} p(\tau)\, d\tau,$$

$$
\begin{aligned}
p(t_j) &= f(t_j, x_j), \quad j = i, i-1, \ldots, i-s+2, i-s+1 \quad &\text{explizites Verfahren}\\
p(t_j) &= f(t_j, x_j), \quad j = i+1, i, i-1, \ldots, i-s+2 \quad &\text{implizites Verfahren}
\end{aligned}
$$

Das Polynom $p(t)$ kann analytisch integriert werden und berechnet damit den Gitterwert x_{i+1}. Für die Ermittlung des interpolierenden Polynoms stehen effiziente Algorithmen zur Verfügung. Dieser Ansatz führt auf die allgemeine Form der klassischen Mehrschrittverfahren:

$$x_{i+1} = x_i + h \sum_{k=1}^{s} a_k\, f(t_{i-s+k}, x_{i-s+k}) \quad \text{explizites Verfahren}$$

$$x_{i+1} = x_i + h \sum_{k=2}^{s+1} a_k\, f(t_{i-s+k}, x_{i-s+k}) \quad \text{implizites Verfahren.}$$

Der Grad g des verwendeten Polynoms $p_g(t)$ beträgt $g = s - 1$. Ein Problem bei Mehrschrittverfahren ist das Starten der Verfahren, denn ein Startwert x_0 alleine reicht nicht aus, sondern es müssen s bzw. $s-1$ Werte $x_0, x_1, \ldots, x_{s-1}$ bzw. $x_0, x_1, \ldots, x_{s-2}$ vorliegen, um mit dem Verfahren starten zu können. Die Verfahren waren in ihren Anfängen nicht „selbststartend". Die ersten Implementationen starteten das Verfahren mit einem Einschrittverfahren gleicher Ordnung, das die ersten $s-1$ bzw. $s-2$ Gitterpunkte berechnete. Dieses Problem ist in den heute implementierten Verfahren durch die sogenannte Nordsieck–Notation [28] des Interpolationspolynoms und durch Steuerung der Ordnung gelöst. Moderne Mehrschrittverfahren sind selbststartend.

Der lokale Fehler eines Mehrschrittverfahrens wird durch Vergleich der Taylor-reihe mit dem Interpolationspolynom vom Grad $g = s - 1$ abgeschätzt. Die lokale Fehlerordnung ist um 1 höher als die Anzahl s der verwendeten Werte:

$$e_{i+1} = |\frac{h^{s+1}}{(s+1)!} \, f^{(s)}(t_\xi, x_\xi)| = \alpha O(h^{s+1}).$$

Die globale Fehlerordnung p ist daher gleich der Anzahl der verwendeten Werte $p = s$. Der Grad g des Polynomes $p_g(t)$ ist um 1 kleiner als die Anzahl der verwendeten Werte ($g = s - 1$). Bei der Zählung der sogenannten „Vorwerte" verwenden manche Autoren nicht den Wert zum Zeitpunkt t_i, weshalb bei den Indizes der Mehrschrittverfahren immer Verwirrung herrscht und daher die Fehlerordnungen in anderer Beziehung zur Anzahl der Vorwerte stehen.

Ein explizites Verfahren unter der Verwendung von zwei Werten ($s = 2$) erfordert ein Polynom erster Ordnung $p_1(t) = a_0 + a_1 t$. Durch Einsetzen der Punkte (t_i, f_i) und (t_{i-1}, f_{i-1}), mit $f_i = f(t_i, x_i)$, erhält man das interpolierende Polynom ersten Grades, eine Gerade

$$p_1(t) = \frac{f_i - f_{i-1}}{h} \, t + \frac{1}{h} \, (t_i f_{i-1} - t_{i-1} f_i).$$

Die Integration dieses Polynoms von t_i bis t_{i+1} führt auf

$$\int_{t_i}^{t_{i+1}} p_1(t) = \frac{3}{2} \, h \, f_i - \frac{1}{2} \, h \, f_{i-1} \, .$$

Das Mehrschrittverfahren erster Ordnung lautet daher

$$x_{i+1} = x_i + \frac{h}{2} \, (3 f_i - f_{i-1}) \, .$$

Die Koeffizienten für die Verfahren errechnen sich aus dem erwähnten Ansatz und die Integration des Interpolationspolynoms für beliebig viele „Vorwerte". Die expliziten Verfahren werden Adams–Bashforth–Verfahren (AB–Verfahren) genannt. Sie lauten :

$$s = p = 1 \qquad x_{i+1} = \; x_i + h \, f(t_i, x_i) = x_i + h \, f_i$$

$$s = p = 2 \qquad x_{i+1} = \; x_i + \frac{h}{2} \, (3 f_i - f_{i-1})$$

$$s = p = 3 \qquad x_{i+1} = \; x_i + \frac{h}{12} \, (23 f_i - 16 f_{i-1} + 5 f_{i-2})$$

$$s = p = 4 \qquad x_{i+1} = \; x_i + \frac{h}{24} \, (55 f_i - 59 f_{i-1} + 37 f_{i-2} - 9 f_{i-3})$$

$$s = p = 5 \qquad x_{i+1} = \; x_i + \frac{h}{720} \, (1901 f_i - 2774 f_{i-1} +$$
$$+ 2616 f_{i-2} - 1274 f_{i-3} + 251 f_{i-4})$$

$$s = p = 6 \qquad x_{i+1} = \; x_i + \frac{h}{1440} \, (4227 f_i - 7673 f_{i-1} + 9482 f_{i-2} -$$
$$- 6798 f_{i-3} + 2627 f_{i-4} - 425 f_{i-5}) \, .$$

Der Vorteil der Mehrschrittverfahren ist, daß pro Integrationsschritt nur eine Funktionsauswertung notwendig und dennoch beliebig hohe Fehlerordnung erzielbar ist. Demgegenüber ist der Speicheraufwand für die Vorwerte gering. Aufwendig gestaltet sich aber eine Schrittweitensteuerung. Teilweise wurde das Prinzip des Vergleichs verwendet um eine kürzere Schrittweite zu erzielen:

$$e_{i+1} \sim \alpha \, |x_{i+1,h} - x_{i+1,\frac{h}{2}}|.$$

Allerdings müssen für die halbe Schrittweite zusätzliche Punkte abgespeichert werden. Problematisch ist diese Art der Schrittweitensteuerung auch wegen des Interpolationsaufwandes bei Verkürzung bzw. Verlängerung der Schrittweite. Die Abschätzung des lokalen Fehlers kann viel effektiver durch das Prädiktor-Korrektor-Prinzip bei impliziten Mehrschrittverfahren erfolgen. Der Ansatz für implizite Verfahren, die das Polynom auch durch (t_{i+1}, f_{i+1}) legen, führt zu den sogenannten Adams-Moulton-Mehrschrittverfahren (AM-Verfahren):

$$s = p = 1 \qquad x_{i+1} = x_i + h\, f(t_{i+1}, x_{i+1}) = x_i + h\, f_{i+1}$$

$$s = p = 2 \qquad x_{i+1} = x_i + \frac{h}{2}\,(f_{i+1} + f_i)$$

$$s = p = 3 \qquad x_{i+1} = x_i + \frac{h}{12}\,(5\, f_{i+1} + 8\, f_i - f_{i-1})$$

$$s = p = 4 \qquad x_{i+1} = x_i + \frac{h}{24}\,(9\, f_{i+1} + 19\, f_i - 5\, f_{i-1} + f_{i-2})$$

$$s = p = 5 \qquad x_{i+1} = x_i + \frac{h}{720}\,(251\, f_{i+1} + 646\, f_i - 264\, f_{i-1} +$$
$$+106\, f_{i-2} - 19\, f_{i-3})$$

$$s = p = 6 \qquad x_{i+1} = x_i + \frac{h}{1440}\,(475\, f_{i+1} + 1427\, f_i - 798\, f_{i-1} +$$
$$+482\, f_{i-2} - 173\, f_{i-3} + 27\, f_{i-4}) \,.$$

Der implizite Integrationsschritt eines AM-Verfahrens kann durch Prädiktor-Korrektor-Technik gelöst werden, indem der Prädiktor $x_{i+1}^{[P]}$ durch ein explizites AB-Verfahren und der Korrektor $x_{i+1}^{[K]}$ durch das AM-Verfahren berechnet wird.

Das Prädiktor-Korrektor-Prinzip ist mathematisch betrachtet eine Fixpunkt-iteration. Das AM-Verfahren vierter Ordnung erfordert die Auflösung der impliziten Gleichung

$$x_{i+1} = x_i + \frac{h}{24}\,(9\, f(t_{i+1}, x_{i+1}) + 19\, f_i - 5 f_{i-1} - f_{i-2}) = F(x_{i+1})$$

nach x_{i+1}. Schreibt man die rechte Seite der Integrationsformel als Funktion F an, so besteht die Aufgabe im Bestimmen eines Fixpunktes der Funktion F, da $F(x_{i+1}) = x_{i+1}$ gelten muß. Eine Fixpunktiteration berechnet aus einem

Näherungswert $x_{i+1}^{[k]}$ den neuen Näherungswert $x_{i+1}^{[k+1]}$ durch Einsetzen des alten Näherungswertes in die Fixpunktgleichung, wobei ein erster Näherungswert $x_{i+1}^{[0]}$ vorzugeben ist:

$$x_{i+1}^{[k+1]} = F(x_{i+1}^{[k+1]}), \qquad k = 2, 3, \ldots, \qquad x_{i+1}^{[0]} = x_{i+1,0}.$$

Als erster Näherungswert $x_{i+1}^{[0]}$ kann der Prädiktorwert $x_{i+1}^{[P]}$ eines Integrationsschrittes eines expliziten AB–Verfahrens gewählt werden. Dieses Verfahren wird üblicherweise mit gleicher oder um eins niedrigerer Ordnung gewählt. Das Prädiktor–Korrektor–Prinzip stellt daher den Beginn der folgenden Fixpunktiteration dar, wobei als Prädiktor z. B. das AB–Verfahren dritter Ordnung gewählt wird:

$$x_{i+1}^{[0]} = x_i + \frac{h}{12}\,(23\,f_i - 16\,f_{i-1} + 5\,f_{i-2}) = x_{i+1}^{[P]}$$

$$x_{i+1}^{[k+1]} = x_i + \frac{h}{24}\,(9\,f(t_{i+1}, x_{i+1}^{[k]}) + 19\,f_i - 5\,f_{i-1} + f_{i-2}), \quad k = 0, 1, 2, \ldots.$$

Eine Fixpunktiteration konvergiert unter gewissen Voraussetzungen. Beim iterativen Berechnen eines impliziten AM–Integrationsschrittes sind diese Voraussetzungen im wesentlichen erfüllt. Abhängig von der Genauigkeitsvorgabe sind oft nur wenige Iterationsschritte (im Idealfall nur einer) notwendig.

Vorteil der Prädiktor-Korrektor-Technik bzw. der Fixpunktiteration ist, daß der lokale Fehler aus der Differenz der Iterationswerte berechnet werden kann, z. B. aus Prädiktorschritt und erstem Korrektorschritt:

$$e_{i+1} \sim \alpha(p) = |x_{i+1}^{[1]} - x_{i+1}^{[0]}| = |x_{i+1}^{[K]} - x_{i+1}^{[P]}|.$$

Der Faktor $\alpha(p)$ hängt von der Ordnung der gewählten Prädiktor-Korrektor-Formelpaare ab.

Der lokale Fehler kann mit dieser Darstellung in jedem Integrationsschritt überprüft werden, um gegebenenfalls die Schrittweite zu verkleinern bzw. zu vergrößern. Das Problem der Berechnung der Vorwerte f_{i-s} bei Schrittweitenverkürzung bzw. Schrittweitenverlängerung und das des Startens des Verfahrens ist damit immer noch vorhanden.

Dieses Problem löst eine andere Repräsentation jenes Polynoms $p(t)$. Das Adams-Bashforth-Verfahren vierter Ordnung ersetzt den Integranden $f(t, x(t))$ z. B. durch das Polynom

$$p_3(t) = a_0 + a_1 t + a_2 t^2 + a_3 t^3,$$

das durch die Punkte $(t_{i-3}, f_{i-3}), (t_{i-2}, f_{i-2}), (t_{i-1}, f_{i-1}), (t_i, f_i)$ geht. Das interpolierende Polynom $p_3(t)$ kann auch in der Form

$$p_3(t) = b_0 + b_1(t - t_i) + b_2(t - t_i)^2 + b_3(t - t_n)^3$$

dargestellt werden. Aufgrund der Interpolationsbedingung $p_3(t_i) = f_i$ gilt $b_0 = f_i$. Da das Polynom $p_3(t)$ die Funktion $f(t,x)$ approximiert, werden auch die Ableitungen entsprechend approximiert:

$$p_3^{(k)}(t) \sim f^{(k)}(t, x(t)) = x^{k+1}(t), \qquad k = 1, 2, 3.$$

Aus den Ableitungen des Polynoms können daher zum Zeitpunkt t_i die Koeffizienten b_k des Interpolationspolynoms berechnet werden:

$$b_k = \frac{p_3^{(k)}(t_i)}{k!} \sim \frac{f^{(k)}(t_i)}{k!} = \frac{x^{k+1}(t_i)}{k!}.$$

Die Koeffizienten b_k stellen daher Approximationen von Ableitungen der Lösung im Punkt t_i dar. Sie werden mit der Lösung x_i gemeinsam im sogenannten Nordsieck–Vektor [28] $\vec{n}_i$ dargestellt, wobei die Ableitungen mit Potenzen der Schrittweite h normiert werden:

$$\vec{n}_i = \begin{pmatrix} x_i \\ h\,\dot{x}_i \\ h^2\,\ddot{x}_i \\ \frac{h^3}{2!}\,x_i^{(3)} \\ \frac{h^4}{3!}\,x_i^{(4)} \end{pmatrix} = \begin{pmatrix} x_i \\ h\,f_i \\ h^2\,\dot{f}_i \\ \frac{h^3}{2!}\,\ddot{f}_i \\ \frac{h^4}{3!}\,f_i^{(3)}) \end{pmatrix} = \begin{pmatrix} x_i \\ h\,b_0 \\ h^2 b_1 \\ h^3 b_2 \\ h^4 b_3 \end{pmatrix}.$$

Statt der Vorwerte f_i, f_{i-1}, f_{i-2} und f_{i-3} wird nun der Nordsieck-Vektor $\vec{n}_i$ abgespeichert. Seine Komponenten erlauben die Berechnung des Integrationsschrittes. Die Größe $h\,f_{i-2}$ läßt sich z.B. aus dem Interpolationspolynom durch

$$h\,f_{i-2} = h\,p_3(t_{i-2}) = h\,b_0 - 2\,h^2 b_1 + 4\,h^3 b_2 - 8\,h^4 b_3 = n_{i,2} - 2\,n_{i,3} + 4\,n_{i,4} - 8\,n_{i,5}$$

aus den Komponenten $n_{i,j}$ des Nordsieck–Vektors ermitteln. Der gesamte Integrationsschritt läßt sich nach Ersetzen aller Funktionswerte f_k durch Komponenten des Nordsieck–Vektors ausdrücken:

$$\begin{aligned} x_{i+1} &= x_i + \frac{h}{24}\left(55\,f_i - 59\,f_{i-1} + 37\,f_{i-2} - 9\,f_{i-3}\right) = \\ &= n_{i,1} + \frac{1}{12}\left(12\,n_{i,2} + 6\,n_{i,3} + 4\,n_{i,4} + 3\,n_{i,5}\right). \end{aligned}$$

Eine Schrittweitenänderung stellt dank der Konstruktion des Nordsieck–Vektors keine Probleme dar. Erfüllt der Integrationsschritt die vorgegebenen Genauigkeitserfordernisse nicht, so muß die Schrittweite um einen Faktor $k < 1$ verkürzt werden. Dieser Faktor braucht nur in entsprechenden Potenzen mit den Komponenten des Nordsieck-Vektors multipliziert zu werden:

$$\tilde{\vec{n}}_i = \begin{pmatrix} x_i \\ k\,h\,\dot{x}_i \\ k^2 h^2\,\ddot{x}_i \\ \frac{k^3 h^3}{2!}\,x_i^{(3)} \\ \frac{k^4 h^4}{3!}\,x_i^{(4)} \end{pmatrix} = \begin{pmatrix} n_{i,1} \\ k\,n_{i,2} \\ k^2\,n_{i,3} \\ k^3 n_{i,4} \\ k^4 n_{i,5} \end{pmatrix} .$$

Ein Integrationsschritt mit verkürzter Schrittweite $k \cdot h$ kann nun mit dem modifizierten Nordsieck–Vektor $\tilde{\vec{n}}_i$ durchgeführt werden.

Das betrachtete explizite Adams–Bashforth–Verfahren vierter Ordnung wird zur Schrittweitensteuerung mit einem Adams- Moulton–Verfahren in Prädiktor–Korrektor–Technik kombiniert, um den lokalen Fehler des Integrationsschrittes zu erhalten. Für den AM–Integrationsschritt läßt sich derselbe Nordsieck–Vektor verwenden. Implizite Verfahren gleicher Ordnung beinhalten einen Vorwert weniger, da sie in einem Integrationsschritt auch $f(t_{i+1}, x_{i+1})$ beinhalten. Um daher den gesamten Nordsieck–Vektor des expliziten AB-Schrittes auszunützen, kann ein implizites Verfahren mit einer um eins höheren Ordnung verwendet werden.

Zum Zeitpunkt t_{i+1} wird durch geeignete Polynominterpolationsalgorithmen der Nordsieck–Vektor $\vec{n}_{i+1}$ angelegt. Dabei geht die Information eines Vorwertes f_{i-s} „verloren". Aufgrund der Konstruktion des Vektors und der Interpolationsschemata kann dieser Wert auch übernommen werden, was zu einem Verfahren höheren Ordnung für den nächsten Intergrationsschritt führt:

$$\begin{pmatrix} x_i \\ h\,f_i \\ h^2\,\dot{f}_i \\ \frac{h^3}{2!}\,\ddot{f}_i \\ \frac{h^4}{3!}\,f_i^{(3)} \end{pmatrix} \longrightarrow \begin{pmatrix} x_{i+1} \\ h\,f_{i+1} \\ h^2\,\dot{f}_{i+1} \\ \frac{h^3}{2!}\,\ddot{f}_{i+1} \\ \frac{h^4}{3!}\,f_{i+1}^{(3)} \\ \frac{h^5}{4!}\,f_{i+1}^{(4)} \end{pmatrix} .$$

Diese Möglichkeit der Erhöhung der Ordnung löst auch das Problem des Startens eines Mehrschrittverfahrens. Zum Zeitpunkt t_0 kann das Verfahren mit Ordnung 1 oder Ordnung 2 starten und dann die Ordnung sukzessive erhöhen:

$$\begin{pmatrix} x_0 \\ h\,f_0 \end{pmatrix} \rightarrow \begin{pmatrix} x_1 \\ h\,f_1 \\ h^2\,\dot{f}_1 \end{pmatrix} \rightarrow \begin{pmatrix} x_2 \\ h\,f_2 \\ h^2\,\dot{f}_2 \\ \frac{h^3}{2!}\,\ddot{f}_2 \end{pmatrix} \rightarrow \quad \cdots$$

Diese Technik kann auch zur Steuerung der Ordnung verwendet werden, die gemeinsam mit einer Schrittweitensteuerung zu sehr effizienten Mehrschrittverfahren führt.

Allgemeine Mehrschrittverfahren verwenden nicht nur die Funktionswerte f_j an Stellen vor t_ι, sondern auch die bereits berechneten Werte der Gitterfunktion x_j. Der allgemeine Ansatz für derartige Mehrschrittverfahren lautet

$$\sum_{k=0}^{N} a_k\, x_{\iota+1-k} = h \sum_{k=0}^{N} b_k\, f_{i+1-k} \,.$$

Konsistenzbedingungen für die Koeffizienten a_k und b_k schränken dabei die Möglichkeiten für diese Koeffizienten ein. Die behandelten klassischen Mehrschrittverfahren verwenden zur weiteren Spezifizierung das die Funktionswerte interpolierende Polynom $p_g(t)$.

4.2.3   Integrationsverfahren für steife Systeme

Von dynamischen Systemen fordert man üblicherweise Stabilität. Kleine Störungen im System sollen abklingen, und das System soll wieder in einen „Arbeitspunkt" zurückkehren. Störungen dürfen das Systemverhalten nicht qualitativ ändern, es sei denn, das System selbst ist instabil und wird erst durch eine aufgesetzte Regelung stabil. Eine Stabilitätsuntersuchung der systembeschreibenden Differentialgleichung $\dot{\vec{x}} = \vec{f}(t, \vec{x})$ betrachtet die Eigenwerte des in einem Punkt $(\hat{t}, \hat{\vec{x}})$ linearisierten Modells

$$\dot{x}_L = J(\hat{\vec{x}})\,\vec{x}_L, \quad J(\hat{\vec{x}}) = \frac{\partial \vec{f}}{\partial \vec{x}}(\hat{\vec{x}}).$$

Die Matrix $J(\hat{\vec{x}})$, die sogenannte Jakobimatrix, spielt auch bei numerischen Algorithmen eine große Rolle. Sie besteht aus den partiellen Ableitungen der Komponenten f_ι des Ableitungsvektors $\vec{f}(t, \vec{x})$ nach den Komponenten x_j des Zustandsvektors $\vec{x}(t)$, ausgewertet am Arbeits- bzw. Linearisierungspunkt $(\hat{t}, \hat{\vec{x}})$:

$$J(\hat{\vec{x}}) = \begin{pmatrix} \frac{\partial f_1}{\partial x_1}(\hat{\vec{x}}) & \frac{\partial f_1}{\partial x_2}(\hat{\vec{x}}) & \cdots & \frac{\partial f_1}{\partial x_n}(\hat{\vec{x}}) \\ \frac{\partial f_2}{\partial x_1}(\hat{\vec{x}}) & \frac{\partial f_2}{\partial x_2}(\hat{\vec{x}}) & \cdots & \frac{\partial f_2}{\partial x_n}(\hat{\vec{x}}) \\ \cdots & \cdots & \cdots \cdots \\ \frac{\partial f_n}{\partial x_1}(\hat{\vec{x}}) & \frac{\partial f_n}{\partial x_2}(\hat{\vec{x}}) & \cdots & \frac{\partial f_n}{\partial x_n}(\hat{\vec{x}}) \end{pmatrix}.$$

Wenn alle Eigenwerte der Jakobimatrix negative Realteile haben, so ist das System stabil. Diese Eigenschaft gilt nur lokal um den Linearisierungspunkt. Bei linearen Systemen $\dot{\vec{x}}(t) = A\,\vec{x}(t)$ ist die Jacobimatrix gleich der Systemmatrix A $(J(\hat{\vec{x}}) = A)$, daher gelten Stabilitätseigenschaften global.

Jedes Modell muß mit einem dem dynamischen Verhalten des Modells angepaßten numerischen Algorithmus integriert werden, insbesondere ist die Schrittweite der Dynamik anzupassen. Als Faustregel für die Wahl der Schrittweite gilt ein geeigneter Bruchteil der kleinsten Zeitkonstanten des Systems, die üblicherweise der reziproke Wert des größten Eigenwertes ist.

Auch numerische Verfahren zur Lösung von Differentialgleichungen haben die Eigenschaft der Stabilität. Diese Stabilität wird als Stabilität bezüglich der Fortpflanzung des lokalen Fehlers e_i betrachtet. Alle bisher besprochenen Verfahren versuchen, mit einer Schrittweitensteuerung den lokalen Fehler möglichst klein zu halten. Überschreitet der Fehler einen vorgegebenen Maximalfehler, wird die Schrittweite verkleinert, unterschreitet er diesen Maximalfehler wesentlich, wird die Schrittweite vergrößert. Alle diese Mechanismen arbeiten mit dem Ziel, daß der globale Fehler, die Summe der lokalen Fehler e_i jedes einzelnen Integrationsschrittes und deren Fehlerfortpflanzung, mit der gewünschten Ordnung gegen Null geht. Für den globalen Fehler gilt die bereits abgeleitete Abschätzung

$$E_n = e_1 + e_2 + \cdots + e_{n-1} + e_n + F_n < \frac{t_e - t_0}{h}\,\max_{i=1,\dots,n}\,e_i + F_n.$$

In dieser Abschätzung bezeichnet F_n den sogenannten Fortpflanzungsfehler. Pro Integrationsschritt kommt noch zum lokalen Fehler e_{i+1} des Integrationsschrittes die Fortplanzung der Fehler aller vorhergehenden Schritte F_{i+1} dazu, die sich bis zum Intervallende zum Wert F_n summiert.

Alle bisherigen Überlegungen zur Fehlerbehandlung basieren auf dem lokalen Fehler e_{i+1} und gehen davon aus, daß der Fortpflanzungsfehler F_{i+1} in ähnlicher Weise gegen Null strebt wie der lokale Fehler. Eine nähere Betrachtung des Fortpflanzungsfehlers F_{i+1} zeigt, daß dies nur in einem bestimmten, beschränkten, vom Algorithmus abhängigen Bereich für die Schrittweite h gilt.

Das explizite Euler–Verfahren („EE") verwendet die Integrationsformel

$$x_{i+1}^{EE} = x_i^{EE} + h\,f(t_i, x_i^{EE}).$$

Der exakte Wert der Lösung an der Stelle t_i sei mit $x(t_i)$ bezeichnet, jener an der Stelle t_{i+1} mit $x(t_{i+1})$. Subtrahiert man den Euler–Schritt von der Taylorentwicklung

$$x(t_{i+1}) = x(t_i) + h\,f(t_i, x(t_i)) + \frac{h^2}{2}\,\ddot{x}(\xi), \quad t_i < \xi < t_{i+1},$$

so erhält man den globalen Fehler E_{i+1} in t_{i+1}:

$$
\begin{aligned}
E_{i+1} &= x(t_{i+1}) - x_{i+1} = \\
&= x(t_i) - x_i^{EE} + h\left(f(t_i, x(t_i)) - f(t_i, x_i^{EE})\right) + \frac{h^2}{2}\ddot{x}(\xi), \quad t_i < \xi < t_{i+1}.
\end{aligned}
$$

Diese Darstellung beinhaltet auch den lokalen Fehler e_{i+1}, der von $x_i^{EE} = x(t_i)$ ausgeht und daher gleich dem Restglied $\frac{h^2}{2}\ddot{x}(\xi)$ der Taylorreihe ist. Die ersten Terme müssen daher den Fortpflanzungsfehler F_{i+1}^{EE} beschreiben, sodaß

$$
E_{i+1} = F_{i+1}^{EE} + e_{i+1}
$$

gilt. Der Fortpflanzungsfehler F_{i+1}^{EE} kann mit Hilfe des Mittelwertsatzes der Differentialrechnung umformuliert werden:

$$
\begin{aligned}
F_{i+1}^{EE} &= x(t_i) - x_i^{EE} + h\left(f(t_i, x(t_i)) - f(t_i, x_i^{EE})\right) = \\
&= x(t_i) - x_i^{EE} + h\,J(\eta)\,(x(t_i) - x_i^{EE}) = \\
&= (1 + h\,J(\eta))\,(x(t_i) - x_i^{EE}) = (1 + h\,J(\eta))\,E_i.
\end{aligned}
$$

Die Größe $J(\eta)$ ist die Ableitung der Funktion $f(t, x)$ nach x, ausgewertet an der Stelle $\eta, t_i < \eta < t_{i+1}$. Sie beschreibt die Linearisierung $x_L(t)$ des Systems $\dot{x} = f(t, x)$ lokal um η:

$$
J(\eta) = \frac{\partial f}{\partial x}(\eta), \quad \dot{x}_L = J(\eta)\,x_L.
$$

Die Lösung des linearisierten Systems ist $x_L(t) = K\,e^{J(\eta)t}$. Das Vorzeichen von $J(\eta)$ bestimmt, ob die Lösung aufklingt (instabiles System) oder abklingt (stabiles System).

Der Fortpflanzungsfehler F_{i+1}^{EE} im Punkt t_{i+1} ist daher das Produkt aus dem globalen Fehler E_i im Zeitpunkt t_i, multipliziert mit dem Verstärkungsfaktor $(1 + h\,J(\eta))$. Für den globalen Fehler E_{i+1} in t_{i+1} ergibt sich daher

$$
E_{i+1} = F_{i+1}^{EE} + e_{i+1} = (1 + h\,J(\eta))\,E_i + e_{i+1}.
$$

Der Fortpflanzungsfehler geht nur dann ebenfalls gegen Null, wenn der Verstärkungsfaktor kleiner 1 ist. Das ist der Fall, wenn

$$
|1 + h\,J(\eta)| < 1 \quad \text{bzw.} \quad -2 < h\,J(\eta) < 0
$$

gilt. Das Intervall $-2 < h\,J(\eta) < 0$ wird das Stabilitätsintervall des Euler–Verfahrens genannt. Das Verfahren ist stabil (der Fortpflanzungsfehler wird durch einen Verstärkungsfaktor kleiner 1 begrenzt), wenn das Produkt aus Schrittweite und Eigenwert zwischen -2 und 0 liegt. Ist das System instabil ($J(\eta) > 0$), gibt es keine Schrittweite, die diese Beziehung erfüllt. Für ein stabiles System $(J(\eta) < 0)$ ist die Schrittweite mit $h < |\frac{2}{J(\eta)}|$ beschränkt.

Im mehrdimensionalen Fall erhält man analoge Ergebnisse. Die Größe $J(\eta)$ ist die Jakobimatrix, die auch die Linearisierung des Systems beschreibt. Für den globalen Fehler $\vec{E}_{i+1}$ gilt (I bezeichnet die Einheitsmatrix):

$$\vec{E}_{i+1} = (I + h\,J(\eta))\,\vec{E}_i + \vec{e}_{i+1} \; .$$

Die Stabilität des Verfahrens ist gewährleistet, wenn für den Verstärkungsfaktor $\|I + h\,J)\| < 1$ gilt, wobei eine beliebige Matrixnorm verwendet werden kann. Diese Bedingung ist erfüllt, wenn für den betragsgrößten Eigenwert λ der Matrix J die Beziehung $|1 + h\,\lambda| < 1$ gilt. Da λ auch eine komplexe Zahl sein kann, beschreibt diese Ungleichung ein Gebiet in der Gauß'schen Ebene. Dieses Gebiet ist wegen $|1 + h\,\lambda| = |h\,\lambda - (-1)| < 1$ eine offene Kreisscheibe mit dem Radius 1 und dem Mittelpunkt $(-1, 0)$ Abbildung 4.6 zeigt das beschränkte Stabilitätsgebiet des expliziten Euler–Verfahrens.

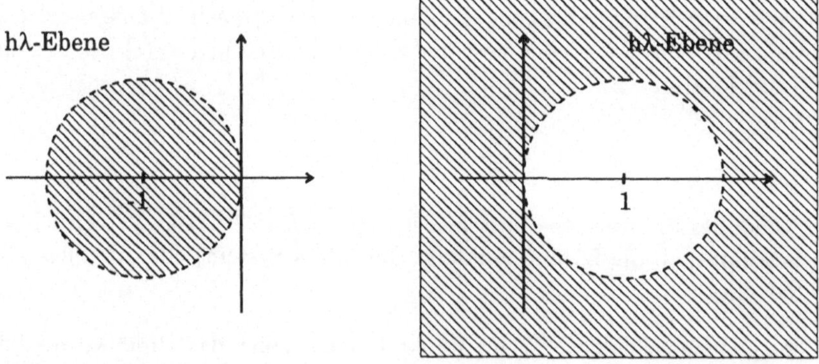

Abbildung 4.6: Stabilitätsgebiet von explizitem (a) und impliziten (b) Eulerverfahren

Stabilitätsuntersuchungen anderer expliziter Runge–Kutta–Algorithmen führen ebenfalls auf ein beschränktes Stabilitätsgebiet, dessen Form vom Algorithmus abhängt. Das Stabilitätsgebiet des RK4–Algorithmus (Abb. 4.7) erfordert z.B. $|h\,\lambda| < 2.78$. Explizite Mehrschrittverfahren weisen ebenfalls beschränkte Stabilitätsgebiete in der linken Halbebene auf.

Liegen alle Zeitkonstanten (alle Eigenwerte) eines Systems in derselben oder in ähnlichen Größenordnungen, so spielen diese beschränkten Stabilitätsgebiete keine Rolle. Die Wahl der Schrittweite wird dem größten Eigenwert (der kleinsten Zeitkonstante) angepaßt. Ein Bruchteil (1/2 bis 1/10) der kleinsten Zeit-

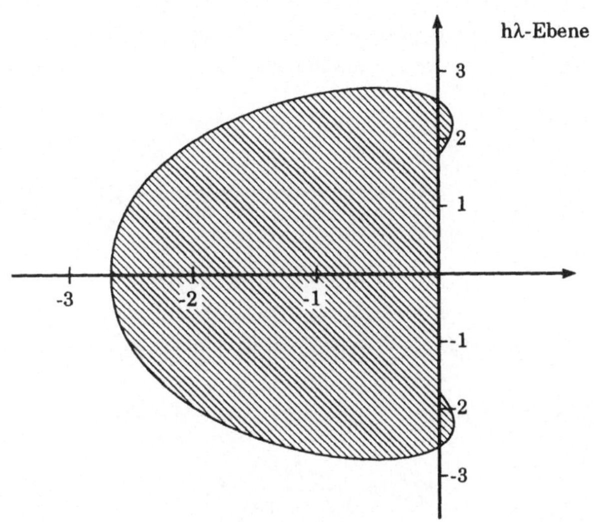

Abbildung 4.7: Stabilitätsgebiet des RK4–Verfahrens

konstante erfüllt die Stabilitätsvoraussetzungen sicher. Der lokale Fehler kann über eine Schrittweitenänderung gesteuert werden.

In manchen Anwendungsgebieten, z.B. in der Reaktionskinetik, liegen die Zeitkonstanten bzw. Eigenwerte in sehr unterschiedlichen Größenordnungen. Derartige Systeme werden steife Systeme genannt. Die Schrittweite muß dem größten Eigenwert angepaßt und daher sehr klein gewählt werden, was einerseits zu sehr langen Rechenzeiten und andererseits zu numerischen Problemen mit Rundungsfehlern bei den langsameren Komponenten führt, denn die Funktionswerte in den Komponenten unterscheiden sich kaum (u.a. kommt es bei Subtraktionen zu Auslöschungsfehlern).

Für steife Systeme sind daher Verfahren mit größerem Stabilitätsgebiet wünschenswert, sodaß sich die Schrittweite nicht unbedingt nach der kleinsten Zeitkonstanten richten muß. Es stellt sich heraus, daß implizite Verfahren wesentlich größere Stabilitätsgebiete besitzen. Das einfachste implizite Verfahren, das implizite Euler–Verfahren („IE") mit der Integrationsformel

$$x_{i+1}^{IE} = x_i^{IE} + h\,f(t_i, x_i^{IE})\,,$$

besitzt den globalen Fehler $E_{i+1} = x(t_{i+1}) - x_{i+1}^{IE}$. Entwicklung von $x(t_i)$ an der Stelle t_{i+1} führt auf

$$x(t_i) = x(t_{i+1}) - h\,f(t_{i+1}, x(t_{i+1})) + \frac{h^2}{2}\,\ddot{x}(\xi), \quad t_i < \xi < t_{i+1}.$$

Nach Einsetzen von $x(t_{i+1})$ aus obiger Entwicklung und Anwendung des Mittelwertsatzes auf die Differenz von Funktionswerten erhält man für den globalen Fehler E_{i+1}:

$$
\begin{aligned}
E_{i+1} &= x(t_{i+1}) - x_{i+1}^{IE} = \\[2mm]
&= x(t_i) - x_i^{IE} + h\left(f(t_{i+1}, x(t_{i+1})) - f(t_{i+1}, x_{i+1}^{IE})\right) - \frac{h^2}{2}\ddot{x}(\xi) = \\[2mm]
&= E_i + h\,J(\eta)\,(x(t_{i+1}) - x_{i+1}) - \frac{h^2}{2}\ddot{x}(\xi) = \\[2mm]
&= E_i + h\,J(\eta)\,E_{i+1} - \frac{h^2}{2}\ddot{x}(\xi) = E_i + h\,J(\eta)\,E_{i+1} + e_{i+1}.
\end{aligned}
$$

Der Fortpflanzungsfehler $F_{i+1}^{IE} = E_{i+1} - e_{i+1}$ lautet daher

$$
F_{i+1}^{IE} = \frac{1}{1 - h\,J(\eta)}\,E_i\,,
$$

und das Stabilitätsgebiet wird durch

$$
\left|\frac{1}{1 - h\,J(\eta)}\right| < 1 \quad \text{bzw.} \quad |h\,J(\eta)| > 0
$$

bestimmt. Diese Bedingung ist immer erfüllt, weshalb der Algorithmus als absolut stabil bezeichnet wird.

Im mehrdimensionalen Fall erhält man den Fortpflanzungsfehler $\vec{F}_{i+1}^{IE}$ und folgende Stabilitätsbedingung für den betragsgrößten Eigenwert λ der Jakobimatrix $J(\eta)$:

$$
\vec{F}_{i+1}^{IE} = [I - h\,J(\eta)]^{-1}\,\vec{E}_i \qquad \rightarrow \qquad \left|\frac{1}{h\,\lambda - 1}\right| < 1\,.
$$

Das Stabilitätsgebiet des impliziten Euler-Verfahrens ist die Gauß'sche Ebene ohne die geschlossene Kreisscheibe um $(1,0)$ mit Radius 1 (Abb. 4.6). Die Stabilitätsbedingung ist für stabile Systeme immer erfüllt.

Auf ähnliche Weise leitet man den Fortpflanzungsfehler und das Stabilitätsgebiet für das implizite Trapezverfahren („TR") ab, dessen Stabilitätsgebiet die gesamte linke Halbebene ist:

$$
\vec{F}_{i+1}^{TR} = [I - \frac{h}{2}\,J(\eta)]^{-1}\,[I + \frac{h}{2}\,J(\eta)]\vec{E}_i \;\rightarrow\; \left|\frac{1 + \frac{h}{2}\lambda}{1 - \frac{h}{2}\lambda}\right| < 1.
$$

Nachteil des impliziten Euler–Verfahrens und des impliziten Trapezverfahrens ist die niedere Ordnung des Verfahren. Die Forschungsarbeiten konzentrierten sich daher auf die Konstruktion von Algorithmen höherer Ordnung, die ein möglichst großes Gebiet der komplexen Ebene, insbesondere große Teile die linken Halbebene, abdecken. Der Ansatz derartiger Verfahren besteht im allgemeinen Mehrschrittverfahren

$$\sum_{k=0}^{N} a_k\, x_{i+1-k} = h \sum_{k=0}^{N} b_k\, f_{i+1-k},$$

das neben Konsistenzbedingungen ein durch ein komplexes Polynom (das sogenannte „charakteristische Polynom" des Verfahrens) vorgegebenes Stabilitätsgebiet erfüllen muß. Diese charakteristischen Polynome haben die Form

$$q(z) = \sum_{k=0}^{N} (a_k - b_k h\lambda)z^k q(z).$$

Sie sollen Gebiete beschreiben, die möglichst größe Teile der linken Halbebene umfassen, aber auch durch ihren Grad die Ordnung des Verfahrens gewährleisten.

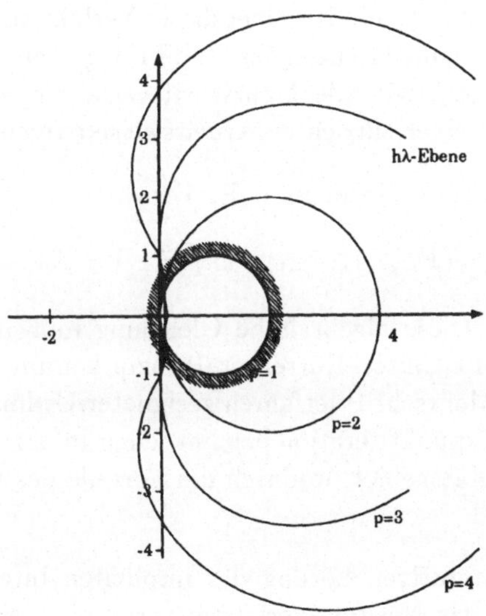

Abbildung 4.8: Stabilitätsgebiete der Gear-Verfahren mit Ordnung 1 bis 4

Insbesondere Gear [15], [16] hat auf diesem Gebiet theoretische Grundlagen und Verfahren entwickelt, weswegen die Verfahren nach ihm benannt wurden.

Vorläufer der Verfahren sind die sogenannten „Backwards Differential Formulas". Die Gear–Verfahren sind implizite Mehrschrittverfahren besonderer Form. Die Bedingungen an ein Verfahren der Ordnung p unter der Verwendung von $s = p + 1$ Zeitpunkten t_k bestimmen folgende Parameter für die Koeffizienten a_k und b_k im allgemeinen Ansatz für Mehrschrittverfahren:

$$N = p - 1, \; b_i = b_{i-1} = b_{i-2} = \ldots = b_{i-p+1} = 0, \; a_{i+1} = -1.$$

Die folgenden Integrationsformeln beschreiben die Gear-Verfahren bis zur Ordnung $p = 4$. Als Verfahren mit Ordnung $p = 1$ ist dabei das implizite Euler-Verfahren zu finden. Die Koeffizienten $a_k, k = i - p + 1, \ldots i$ gehorchen alle der Konsistenzbedingung $\sum_{k=i-p+1}^{i} a_k = 1$:

$$p = 1 \quad s = 2 \quad x_{i+1} = x_i + h\, f(t_{i+1}, x_{i+1})$$
$$p = 2 \quad s = 3 \quad x_{i+1} = \tfrac{4}{3} x_i - \tfrac{1}{3} x_{i-1} + \tfrac{2}{3} h\, f(t_{i+1}, x_{i+1})$$
$$p = 3 \quad s = 4 \quad x_{i+1} = \tfrac{18}{11} x_i - \tfrac{9}{11} x_{i-1} + \tfrac{2}{11} x_{i-2} + \tfrac{6}{11} h\, f(t_{i+1}, x_{i+1})$$
$$p = 4 \quad s = 5 \quad x_{i+1} = \tfrac{48}{25} x_i - \tfrac{36}{25} x_{i-1} + \tfrac{16}{25} x_{i-2} - \tfrac{3}{25} x_{i-3} + \tfrac{12}{25} h\, f(t_{i+1}, x_{i+1}).$$

Abbildung 4.8 zeigt das Stabilitätsgebiet dieser Verfahren. Je höher die Ordnung ist, desto weiter reichen die Grenzen des Stabilitätsgebiets in die linke Halbebene. Gear-Verfahren können, wie alle Mehrschrittverfahren, die Notation mit dem Nordsieck–Vektor zu einer effizienten Arbeitsweise nutzen.

Ein Gear-Verfahren kann allgemein in der Form

$$\vec{x}_{i+1} = \vec{x}_i + \vec{v}(x_{i-s}, \ldots \vec{x}_{i-1}) + \beta\, \vec{f}(\vec{x}_{i+1}) = \vec{x}_i + \vec{v}_i + \beta\, \vec{f}(\vec{x}_{i+1})$$

angegeben werden. Diese algebraische Gleichung muß iterativ nach $\vec{x}_{i+1}$ aufgelöst werden. Das Prädiktor-Korrektor-Prinzip kommt hierfür nicht in Frage, denn ein explizites Mehrschrittverfahren geeigneter Ordnung als Prädiktor bzw. Startwert für eine Fixpunktiteration beginnt jeden Integrationsschritt mit einem beschränkten Stabilitätsgebiet, wodurch die Vorteile des Gear–Verfahrens nicht mehr vorhanden sind.

Als Verfahren zur iterativen Lösung des impliziten Integrationsschrittes wird daher üblicherweise das Newton–Verfahren verwendet. Der implizite Integrationsschritt wird als Nullstellenproblem

$$\vec{N}(\vec{x}_{i+1}) = -\vec{x}_{i+1} + \vec{x}_i + \vec{v}_i + \beta\, \vec{f}(\vec{x}_{i+1})$$

formuliert, das vom Newton-Verfahren durch die Iterationsvorschrift

$$\vec{x}_{i+1}^{[k+1]} = \vec{x}_{i+1}^{[k]} - [N'(\vec{x}_{i+1}^{[k]})]^{-1}\, N(\vec{x}_{i+1}^{[k]}), \quad N'(\vec{u}) = \frac{\partial \vec{N}}{\partial \vec{u}},$$

$$N'(\vec{x}_{i+1}^{[k]}) = -I - \beta\,h\,\frac{\partial \vec{f}}{\partial \vec{x}}(t_{i+1}, \vec{x}_{i+1}^{[k]}) = -I - \beta\,h\,J(\vec{x}_{i+1}^{[k]})\,.$$

gelöst wird. Das Newton-Verfahren braucht bekanntlich gute Startwerte, es konvergiert aber rasch. Als Startwert kann z.B. das Ergebnis $\vec{x}_i$ des letzten Integrationschrittes verwendet werden. Das Newton-Verfahren verwendet die Jakobimatrix $J(\vec{x}_{i+1})$, die theoretisch bei jedem Integrationsschritt neu bestimmt werden muß. Gear-Verfahren verlangen daher entweder die analytische Vorgabe der Jakobimatrix oder sie berechnen sich die Jakobimatrix über Differenzenquotienten, worauf in Kap. 4.5 eingegangen wird.

In der Praxis berechnen Gear–Verfahren die Jakobimatrix nicht bei allen Integrationsschritten neu. Gelegentliche Neuberechnungen überprüfen den Grad der Änderung der Jakobimatrix und bestimmen daraus, nach dem wievielten Schritt die Matrix erneut berechnet werden muß.

Wesentlicher Vorteil der Gear–Verfahren ist, daß sie mit deutlich größeren Schrittweiten arbeiten können und damit auch steife Systeme in vertretbarer Zeit und ohne zu große Rundungsfehler oder Auslöschungsfehler lösen können. Sie bieten ebenso wie die nach dem Prädiktor-Korrektor-Prinzip arbeitenden Mehrschrittverfahren gute Möglichkeiten zur Schrittweitensteuerung, indem sie als Schätzung für den lokalen Fehler die Differenz zwischen den ersten Schritten der Newton–Iteration bzw. Fixpunktiteration verwenden.

Der Aufwand eines einzelnen Integrationsschrittes nimmt bei Gear–Verfahren wegen der Berechnung der Jakobimatrix dennoch stark zu, weshalb große Schrittweiten nicht nur wegen des großen Stabilitätsgebietes möglich, sondern auch erwünscht sind. Um mit größeren Schrittweiten denselben lokalen Fehler zu erhalten, kann auch die Ordnung des Verfahrens gesteuert werden. Hier verwenden Gear–Algorithmen die zuvor kurz erwähnte Ordnungserhöhung über die Erweiterung des Nordsieck–Vektors um eine weitere Komponente $h^r x_i^{(r)}$. Diese Technik ermöglicht auch des Starten eines schrittweiten- und ordnungssteuernden Gear–Verfahrens mit einem Verfahren erster oder zweiter Ordnung.

Viele moderne Mehrschrittverfahren kombinieren Schrittweiten- und Ordnungssteuerung. Die Entscheidung, ob bei zu großem Fehler der Integrationsschritt mit kleinerer Schrittweite oder höherer Ordnung durchgeführt wird, basiert oft mehr auf heuristischen Überlegungen als auf theoretischen Untersuchungen, die teilweise zu komplex sind, um effektiv implementiert werden zu können.

Die Steifheit eines Systems ist wie die Stabilität eines Systems eine lokale Eigenschaft. Beide Eigenschaften werden von der Jakobimatrix $J(\hat{\vec{x}})$, der Systemmatrix der lokalen Linearisierung, bestimmt. Ein nichtlineares System kann daher seine Steifheit ändern. Liegen alle Eigenwerte der Jakobimatrix wieder in derselben Größenordnung, so lohnt der Aufwand des Gear–Verfahrens nicht mehr, denn

ein Prädiktor–Korrektor–Algorithmus reicht völlig aus. Da das, den impliziten
Integrationsschritt eines Gear–Verfahrens auflösende, Newtonverfahren die Jakobimatrix zur Iteration benötigt, kann das System jederzeit auf Steifheit getestet
werden. Ist das System nicht mehr steif, kann die Integration mit einem Mehrschrittverfahren nach Prädiktor–Korrektor–Prinzip fortgesetzt werden. Umgekehrt kann ein derartiges Verfahren gelegentlich die Jakobimatrix berechnen und
die Steifheit des Systems prüfen, um bei Bedarf auf einen Gear–Algorithmus um-
zuschalten. Diese Art der intelligenten Verfahrensauswahl wird neben automatischer Schrittweiten- und Ordnungssteuerung in einige Algorithmen eingebaut,
vor allem in Algorithmen, die auch implizite Differentialgleichungssysteme lösen
können.

4.2.4 Verfahren für implizite Modelle

Die moderne Simulationstechnik fordert von Simulationssprachen bereits seit
längerer Zeit die Möglichkeit der Formulierung impliziter Modellbeschreibungen
und der direkten Angabe differential-algebraischer Gleichungen. Diese Forderung ist nicht eine „akademische", denn derartige Modellbeschreibungen treten
in vielen Fachgebieten generisch auf. Als Beispiel seien Mehrkörpermodelle in
der Mechanik erwähnt, die sehr oft auf Gleichungen der Form

$$\vec{g}(t, \dot{\vec{x}}(t), \vec{x}(t)) = \vec{0} \quad \text{bzw.} \quad A(\vec{x}(t))\dot{\vec{x}}(t) = \vec{h}(\vec{x}(t))$$

führen. Die zweite angegebene Form ist die sogenannte semilineare Form. Üblicherweise müssen diese Darstellungen nach $\vec{x}(t)$ aufgelöst werden, um sie in einer Simulationssprache wie ACSL als Modellbeschreibung verwenden zu können.
Bei der semilinearen Form kann die Auflösung direkt umgangen werden (vgl.
Kap. 7.4 und Kap. 9.5).

Bei manchen Anwendungen treten zusätzliche Zwangsbedingungen mit Variablen
$y_j(t)$ auf, die das implizite Modell um algebraische Gleichungen ergänzen (der
Vektor $\vec{y}(t)$ faßt die algebraischen Variablen $y_j(t)$ zusammen):

$$\vec{g}(t, \dot{\vec{x}}(t), \vec{x}(t), \vec{y}(t)) = \vec{0}, \quad \vec{z}(t, \vec{x}(t), \vec{y}(t)) = \vec{0} \, .$$

Implizite Differentialgleichungen und algebraische Gleichungen lassen sich zu einem differential-algebraischen System der Form

$$\vec{G}(t, \dot{\vec{x}}(t), \vec{x}(t), \vec{y}(t)) = \vec{0}$$

zusammenfassen. Für die numerische Lösung dieser Gleichungen wurden und
werden einige Algorithmen entwickelt. Sie basieren einerseits auf einer Verallgemeinerung von impliziten Mehrschrittverfahren und andererseits auf einer

Weiterentwicklung der sogenannten „Backwards Differential Formulas", die u.a. erfolgreich zur Lösung von Modellen der Leistungselektronik (implizite Differentialgleichungen) eingesetzt werden.

Zu erwähnen ist als bekannter Vertreter der sogenannte „DASSL-Algorithmus" [12], der sehr effizient eingesetzt werden kann. Der prinzipielle Grundgedanke derartiger Algorithmen soll kurz erläutert werden.

Zur numerischen Lösung einer expliziten Differentialgleichung $\dot{\vec{x}}(t) = \vec{f}(t, \vec{x}(t))$ verwendet ein implizites Mehrschrittverfahren einen impliziten Integrationsschritt der Form

$$\vec{x}_{i+1} = \vec{x}_i + \vec{v}_i(\vec{x}_j, \vec{f}_j) + \beta \, \vec{f}(\vec{x}_{i+1}), \; j \le i,$$

der als Nullstellenproblem $\vec{N}$ formuliert und mit einem Iterationsverfahren $\vec{S}(\vec{N})$ gelöst wird:

$$\vec{N}(\vec{x}_{i+1}) = -\vec{x}_{i+1} + \vec{x}_i + \vec{v}_i + \beta \, \vec{f}(\vec{x}_{i+1}) \quad \longrightarrow \quad \vec{x}_{i+1}^{[k+1]} = \vec{S}(\vec{N}(\vec{x}_{i+1}^{[k]})).$$

Der Einfachheit halber sei nun das semilineare implizite System

$$A(\vec{x}(t))\dot{\vec{x}}(t) = \vec{h}(\vec{x}(t))$$

betrachtet. Löst man dieses System formal in die explizite Form

$$\dot{\vec{x}}(t) = A^{-1}(\vec{x}(t)) \, \vec{h}(\vec{x}(t))$$

auf, so lautet der implizite Integrationsschritt

$$\vec{x}_{i+1} = \vec{x}_i + \vec{v}_i + \beta \, A^{-1}(t, \vec{x}_{i+1}) \, \vec{h}(t, \vec{x}_{i+1})$$

und das Nullstellenproblem

$$\vec{N}(\vec{x}_{i+1}) = -\vec{x}_{i+1} + \vec{x}_i + \vec{v}_i^I + \beta \, A^{-1}(\vec{x}_{i+1}) \, \vec{h}(\vec{x}_{i+1}).$$

Die Multiplikation mit $A(\vec{x}_{i+1})$ von links führt auf das modifizierte Nullstellenproblem

$$\widehat{\vec{N}}(\vec{x}_{i+1}) = A(\vec{x}_{i+1}) \, (-\vec{x}_{i+1} + \vec{x}_i + \vec{v}_i^I) + \beta \, \vec{h}(t, \vec{x}_{i+1}).$$

Das Iterationsverfahren hat nun das modifizierte Nullstellenproblem

$$\vec{x}_{i+1}^{[k+1]} = \vec{S}(\widehat{\vec{N}}(\vec{x}_{i+1}^{[k]}))$$

zu lösen, was nur wenig Mehraufwand bedeutet.

Diese Vorgangsweise ist auch auf den allgemeinen nichtlinearen Fall übertragbar. Das implizite System ist daher in der impliziten Beschreibungsform vom Algorithmus lösbar.

Liegt zusätzlich eine Zwangsbedingung mit algebraischen Variablen $\vec{y}(t)$ vor, so ist in jedem Integrationsschritt auch die algebraische Gleichung

$$\vec{z}(t, \vec{x}_{i+1}, \vec{y}_{i+1}) = \vec{0}$$

zu lösen. Die iterative Lösung dieser algebraischen Gleichung kann in die iterative Lösung des Integrationsschrittes integriert werden, indem zum Vektor $\vec{x}_{i+1}$ der Vektor $\vec{y}_{i+1}$ mit der die Zwangsbedingungen beschreibenden Gleichung mititeriert wird

$$\widetilde{\vec{N}}(\vec{x}_{i+1}, \vec{y}_{i+1}) = \begin{pmatrix} A(\vec{x}_{i+1})\,(-\vec{x}_{i+1} + \vec{x}_i + \vec{v}_i) + \beta\,\vec{h}(\vec{x}_{i+1}) \\[1ex] \vec{z}(t_{i+1}, \vec{x}_{i+1}, \vec{y}_{i+1}) \end{pmatrix} = \vec{0}\ .$$

Diese sehr komplexen Algorithmen werden derzeit in einigen Simulationssprachen implementiert.

4.3   Integrationsverfahren in ACSL

ACSL bietet acht Integrationsalgorithmen an, die mit ihrer Leistungsfähigkeit nahezu alle Anwendungsgebiete abdecken. Ein Algorithmus wird mit dem Schlüsselwort `ALGORITHM ialg=n` über den Systemparameter `ialg` ausgewählt.

Die klassischen Algorithmen, die Runge–Kutta–Verfahren erster, zweiter und vierter Ordnung (`ialg=3`, `ialg=4`, `ialg=5`) arbeiten mit fester Schrittweite und fester Ordnung. Da sie keine Schrittweitensteuerung verwenden, ist eine Vorgabe des minimalen (lokalen) Fehlers für sie ohne Bedeutung. In ACSL wird mit `CINTERVAL cint=r` ein Kommunikationsintervall vorgegeben, über das der Integrationsalgorithmus mit einem oder mehreren Integrationsschritten mit Schrittweite h zu integrieren hat. Die Runge–Kutta–Algorithmen verwenden dabei die folgende Schrittweite h:

```
h = MIN ( maxt, cint/nstp ) .
```

Die Parameter `nstp` und `maxt` werden über die Schlüsselwörter `NSTEPS nstp=k` bzw. `MAXTERVAL maxt=s` namentlich definiert und mit einem Anfangswert k bzw. Kommunikationsintervall bzw. die maximale Schrittweite fest. Ursprünglicher Gedanke in ACSL war, die Schrittweite h durch `h = cint/nstp` an das Kommunikationsintervall zu koppeln. In manchen Fällen ist diese Koppelung nicht günstig, sodaß mit `nstp=1` die Schrittweite h auch unabhängig von `cint` über `h = maxt` vorgegeben werden kann, da die maximale Schrittweite kleiner oder höchstens gleich dem Kommunikationsintervall sein muß. Die Frage der

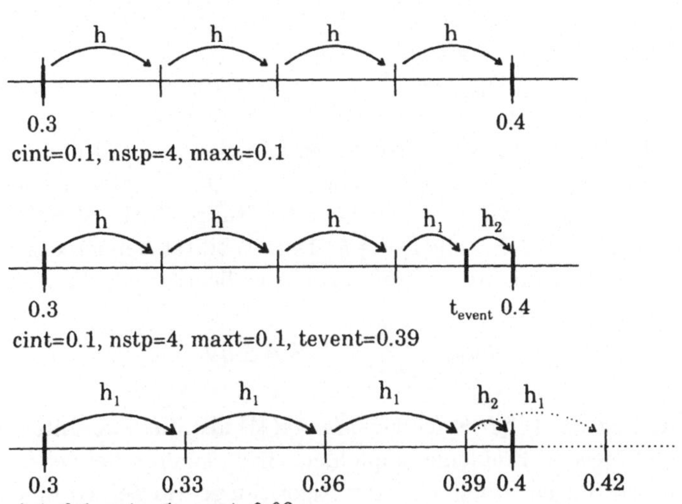

Abbildung 4.9: Zusammenhang zwischen Kommunikationsintervall und Schrittweite bei fester Schrittweite

Koppelung von Kommunikationsintervall und Schrittweite ist teilweise auch eine
„philosophische" Frage in der Simulationstechnik.

Die Integration des kontinuierlichen Teiles eines Modells kann durch Ereignisse
unterbrochen werden. Ereignisse („events") sind in einer Ereignistabelle einge-
tragen. Der Eintrag enthält die Zeit t_{event} des Ereignisses und jene zugehörige
DISCRETE Section, die zum Zeitpunkt des Ereignisses ausgeführt werden soll. Die
Schrittweite h muß daher bei Bedarf auf den Wert $h = \tilde{t} - t_{event}$ verkürzt werden.
Die Berechnung der Schrittweite wird daher erweitert:

```
h = MIN ( maxt, cint/nstp )
h = MIN ( h, tevent - t )
```

Die Abbildung 4.9 zeigt den Zusammenhang zwischen Kommunikationsintervall,
Schrittweite und eventuellem Zeitereignis.

Das Euler–Verfahren (Runge–Kutta–Verfahren erster Ordnung) wertet die rechte
Seite $\vec{f}(t, \vec{x})$ des Differentialgleichungssystems nur einmal aus und erreicht damit
Fehlerordnung 1. Die Schrittweite h muß relativ klein gewählt werden, um richtige Ergebnisse zu erhalten. Die Stabilitätsbetrachtungen in Kap. 4.2 führen auf
ein sehr begrenztes Stabilitätsgebiet. Ist λ der betragsgrößte Eigenwert des Systems (der Linearisierung des Systems an einem Arbeitspunkt), so gilt als Richt-
wert für die Schrittweite ein geeigneter Bruchteil n der kleinsten Zeitkonstanten

des Systems:

$$h_{max} = \frac{1}{n\,|\lambda|}, \quad 2 \leq n \leq 10.$$

Das in ACSL verwendete Runge-Kutta–Verfahren zweiter Ordnung wurde in Kap. 4.2 durch Taylorreihenvergleich abgeleitet. Das Verfahren benötigt zwei Funktionsauswertungen, die erste, wie bei allen Runge-Kutta–Verfahren, an der Stelle t_i, die zweite an der Stelle $t_i + \frac{2}{3}\,h$. Der Stabilitätsbereich des Verfahrens erlaubt eine Abschätzung für die größte zulässige Schrittweite h_{max} mit

$$h_{max} = \frac{2}{n\,|\lambda|} \quad 2 \leq n \leq 10.$$

Das Verfahren ist im *ACSL Reference Manual* [1] als Standard–Integrationsverfahren für die meisten Probleme empfohlen. Insbesondere bei zeitaufwendigen Funktionsauswertungen arbeitet dieser Algorithmus zweiter Ordnung effizienter als der Runge-Kutta–Algorithmus vierter Ordnung, der wegen der höheren Ordnung zwar eine kleinere Schrittweite verwenden kann, aber doppelt soviele Funktionsauswertungen benötigt.

Als Standardverfahren mit `ialg=5` ist in ACSL dennoch das klassische Runge-Kutta–Verfahren vierter Ordnung festgelegt. Es wertet die Funktion $\vec{f}(t, \vec{x}(t))$ viermal pro Integrationsschritt aus. Sein Stabilitätsbereich ergibt eine Abschätzung für die größte zulässige Schrittweite h_{max} mit

$$h_{max} = \frac{2.78}{n\,|\lambda|} \quad 2 \leq n \leq 10 .$$

Die implementierten Runge–Kutta–Verfahren mit der Ordnung p erlauben keinerlei exakte Aussage über den lokalen Integrationsfehler. Die Überlegungen in Kap. 4.2 zeigen, daß der Fehler, der in jedem Integrationsschritt gemacht wird, mit h^p gegen Null geht, wenn die Schrittweite h gegen Null geht. Die Größenordnung des Fehlers ist üblicherweise unbekannt. Soll eine Kontrolle über den lokalen Integrationsfehler erreicht werden, so muß zumindest ein Verfahren mit Schrittweitensteuerung verwendet werden, das den Fehler unter einem vorgegebenen, maximal zulässigen Fehler hält.

ACSL bietet seit geraumer Zeit zwei Runge–Kutta–Fehlberg–Verfahren für diese Zwecke an. Der Parameter `ialg=8` wählt ein RKF23–Verfahren aus, `ialg=9` ein RKF56–Verfahren.

ACSL erlaubt die Vorgabe sowohl eines relativen als auch eines absoluten Fehlers separat für jede Zustandsgröße $x_i(t)$ des Zustandsvektors $\vec{x}(t)$. Die Möglichkeit der separaten Vorgabe muß hoch bewertet werden. In vielen Simulationssprachen wird der zulässige Fehler in Form einer Norm für den Fehlervektor vorgegeben, was bei Zustandskomponenten in unterschiedlichen Größenordnungen aufwendige Skalierungen einzelner Zustandskomponenten erfordert.

Die Schlüsselworte `MERROR` und `XERROR` legen den relativen und absoluten Fehler für Zustandsgrößen in der Modellbeschreibung fest. Zum Zustandsvektor $\vec{x}(t)$ werden intern ein absoluter Fehlervektor $\vec{X}$ und ein relativer Fehlervektor $\vec{M}$ aufgebaut. Bei einem Modell mit den Zustandsgrößen x, y, z und v legen die Definitionen

```
MERROR   x = 1.e-4, y = 1.e-3   XERROR   y = 1.e-5, z = 1.e-6
```

die Fehlervektoren

$$\vec{M} = \begin{pmatrix} M_1 \\ M_2 \\ M_3 \\ M_4 \end{pmatrix} = \begin{pmatrix} 10^{-4} \\ 10^{-3} \\ 10^{-4} \\ 10^{-4} \end{pmatrix}, \quad \vec{X} = \begin{pmatrix} X_1 \\ X_2 \\ X_3 \\ X_4 \end{pmatrix} = \begin{pmatrix} 10^{-5} \\ 10^{-5} \\ 10^{-6} \\ 10^{-5} \end{pmatrix}$$

fest. Zustandskomponenten, für die explizit kein relativer bzw. absoluter Fehler definiert wurde, erhalten den Fehlerwert, der der ersten Komponente im Schlüsselwort `MERROR` bzw. `XERROR` zugewiesen wird. Ist im Modell explizit kein Fehler definiert, so erhalten alle Komponenten der Fehlervektoren den Standardwert 10^{-6}.

Die für eine Zustandskomponente erlaubten Fehler können im Runtime–Interpreter geändert werden. Die Befehle

```
ACSL> MERROR x=4.e-5; XERROR u= 2.e-4
```

wirken wie `SET` Befehle, die M_1 und X_4 auf den Wert $4 \cdot 10^{-5}$ bzw. $2 \cdot 10^{-4}$ setzen.

Jeder Integrationsschritt überprüft, ob der lokale Integrationsfehler in einer Komponente x_k des Zustandsvektors den Fehler

$$E_k = \max\{X_k, M_k \, |x_k(t)|_{max}\}$$

übersteigt oder zu stark unter dem erlaubten Fehler bleibt und verändert dementsprechend die Schrittweite. Dabei bedeutet $|x_k(t)|_{max}$ das Maximum der Zustandsgröße $x_k(t)$ seit Beginn des Simulationslaufes.

Das RKF23–Verfahren verwendet zur Fehlerabschätzung die Differenz zwischen einem Integrationsschritt zweiter und dritter Ordnung (drei Funktionsauswertungen), wobei der Integrationsschritt zweiter Ordnung den neuen Gitterwert x_{i+1} festlegt. Das Verfahren ist daher generell ein Verfahren zweiter Ordnung. Liegt bei einem Integrationsschritt der Fehler in einer Komponente x_k über dem erlaubten Wert E_k, so wird die Schrittweite sukzessive verkürzt (pro Iteration nicht mehr als $h_{neu} = 0.1 \, h_{alt}$), bis die gewünschte Genauigkeit mit der Schrittweite $\hat{h}$ erreicht ist. Für den nächsten Integrationsschritt wird dann die Schrittweite $h = 0.8 \, \hat{h}$ gewählt. Die Vergrößerung der Schrittweite erfolgt nach einem ähnlichen Verfahren.

Das RKF56–Verfahren wertet die Funktion $\vec{f}(t, \vec{x})$ sechsmal aus. Aus geeigneter Kombination der RKF–Formeln wird der Fehler geschätzt und ein Integrationsschritt fünfter Ordnung durchgeführt. Liegt bei einem Integrationsschritt der Fehler in einer Komponente x_k über dem erlaubten Wert E_k, so wird die Schrittweite sukzessive verkürzt (pro Iteration nicht mehr als $h_{neu} = 0.1 \, h_{alt}$), bis die gewünschte Genauigkeit mit der Schrittweite $\hat{h}$ erreicht ist. Für den nächsten Integrationsschritt wird dann die Schrittweite $h = 0.9 \, \hat{h}$ gewählt.

Einschrittverfahren mit fester Schrittweite zeichnen sich durch eine hohe Transparenz der Numerik aus (der Benutzer weiß, was gerechnet wird). Sie integrieren auch ohne besondere Probleme über Unstetigkeiten in der Funktion $\vec{f}$ und deren Ableitungen hinweg; vermerkt sei allerdings, daß Unstetigkeiten die Voraussetzungen des Existenz– und Eindeutigkeitssatzes verletzen. Die schrittweitensteuernden RKF–Verfahren geraten in Schwierigkeiten, wenn Unstetigkeiten während eines Integrationsschrittes auftreten, denn trotz Schrittweitenverkleinerung werden die Fehler nicht kleiner, die in diesem Fall von der sprunghaften Änderung der Unstetigkeit herrühren. Abhilfe schafft hier das Beschreiben der unstetigen Änderungen in einer `DISCRETE` Section.

Die implementierten Einschrittverfahren haben aber zwei Nachteile. Zum Erreichen einer hohen Genauigkeit sind kleine Schrittweiten und hohe Ordnung notwendig, was viele Funktionsauswertungen erfordert. Bei komplexen rechten Seiten $\vec{f}$ des Differentialgleichungssystems wird daher der Aufwand für das oftmalige Auswerten der rechten Seiten und damit die Rechenzeit sehr hoch. Steife Systeme können nicht zufriedenstellend behandelt werden, da alle implementierten RK– und RKF–Verfahren explizit sind und daher beschränktes Stabilitätsgebiet haben.

ACSL bietet für steife Systeme und für Modelle mit komplexen aufwendigen Funktionsauswertungen zwei Mehrschrittverfahren an, ein Adams–Moulton–Verfahren und ein Gear–Verfahren. Beide Verfahren steuern Schrittweite und Ordnung selbst. Die Schrittweiten h_k für die Mehrschrittverfahren (und für die schrittweitensteuernden RKF–Verfahren) werden durch eine modifizierte Schrittweitenbestimmung begrenzt:

```
h = MAX ( mint, MIN ( maxt, cint/nstp ))
h = MIN ( h, tevent - t )
```

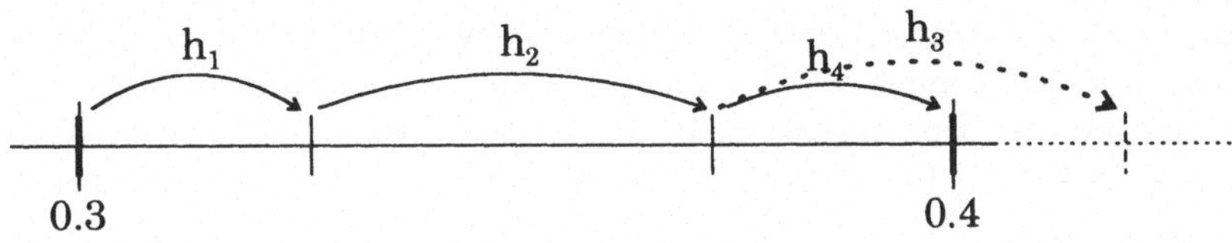

cint=0.1, nstp=4, maxt=0.1

Abbildung 4.10: Zusammenhang zwischen Kommunikationsintervall und Schrittweite bei fester Schrittweite

Der Parameter `maxt` bezeichnet die maximale zulässige Schrittweite, der Parameter `mint`, namensmäßig mit dem Schlüsselwort `MINTERVAL mint=r` festgelegt, setzt die minimale zulässige Schrittweite fest. Die Anfangsschrittweite für ein Mehrschrittverfahren ist durch h_0 mit `h=cint/nstp` gegeben. Abbildung 4.10 zeigt Schrittweitenwahl und Zusammenhang zu Kommunikationszeitpunkten und eventuellen Ereigniszeitpunkten.

Da die implementierten Mehrschrittverfahren selbststartend mit Ordnung 1 beginnen, ist zum Erreichen der vorgegebenen Genauigkeit eine relativ kleine Schrittweite notwendig. Ein Starten mit einer großen Schrittweite erfordert bereits in den ersten Integrationsschritten ein oftmaliges Verkürzen der Schrittweite. Man kann den Verfahren daher die Arbeit erleichtern, indem eine kleine Anfangsschrittweite durch Vorgabe eines großen Wertes für `nstp` festgelegt wird (z.B. `nstp=1000`).

Der Parameter `ialg=1` wählt ein Adams–Moulton–Verfahren mit variabler Schrittweite und variabler Ordnung aus. Die implizite Integrationsformel wird nach der Prädiktor–Korrektor–Technik gelöst, indem für die Fixpunktiteration ein Startwert mit einem Adams–Bashforth–Verfahren geeigneter Ordnung berechnet wird. Das Verfahren ist selbststartend und beginnt mit der Ordnung $p = 1$. Die Ordnung wird sukzessive erhöht, um mit großen Schrittweiten und damit wenigen Funktionsauswertungen integrieren zu können. Das Verfahren verwendet Vorwerte entsprechend der momentanen Ordnung, die im Nordsieck–Vektor abgespeichert sind. Es erwartet, daß die Dynamik keine bzw. wenige Unstetigkeiten in der Funktion $\vec{f}$ bzw. deren Ableitungen aufweist („smoothness"). Das Verfahren arbeitet vorteilhaft, wenn die Zeitkonstanten des Systems in gleichen Größenordnungen liegen und wenn die Dynamik im Verlauf der Zeit schneller und langsamer wird, denn Perioden mit schnellem Verlauf erfordern kleine Schrittweiten, Perioden mit langsamem Verlauf erlauben große Schrittweiten (z. B. bei Planetenbewegungen); allerdings ist in derartigen Fällen auch das Ausgabeintervall geeignet dynamisch anzupassen.

Das Gear–Verfahren (`ialg=2`) dient zur Simulation steifer Systeme. Es hat ein

sehr großes Stabilitätsgebiet, das wesentlich größere Schrittweiten als die kleinste
Zeitkonstante des Systems erlaubt. Gear–Verfahren sind implizite Mehrschrittverfahren, die jeden Integrationsschritt mit dem Newton–Verfahren lösen; diese
Iteration erfordert die Berechnung der Jakobimatrix, was bei komplexen rechten
Seiten $\vec{f}(t, \vec{x})$ zu einem beträchtlichen Mehraufwand führen kann. Dennoch ist
das Gear–Verfahren das einzige, das steife Systeme in zufriedenstellender Weise
in angemessener Zeit lösen kann. Wie beim Adams–Moulton–Verfahren wird
eine gewisse „smoothness" des Systems erwartet. Das Verfahren ist selbststartend mit Ordnung 1, wobei eine kleine Anfangsschrittweite den Start wesentlich
erleichtert und beschleunigt.

Tests zeigen, daß Gear–Verfahren in der Tat sehr große Schrittweiten wählen
können, die entsprechend lange Kommunikationsintervalle c_{int} erfordern. Die
Kommunikationsintervalle werden dadurch oft so groß, daß die Darstellung am
Bildschirm oder in einer Zeichnung nur mehr wie ein Polygonzug aussieht. Gear–
Verfahren werden daher meist durch das Kommunikationsintervall „gebremst".
Wenn Simulationsläufe nur Endwerte liefern sollen, kann das Kommunikationsin-
tervall beliebig groß gewählt werden, wodurch ein Gear–Algorithmus seine volle
Stärke ausspielen kann.

Alle Verfahren mit variabler Schrittweite geben nach dem Simulationslauf einen
Bericht über ihre Aktivitäten aus, aus dem auf mögliche Fehler geschlossen werden kann. Die Grundform des Berichtes hat folgendes Aussehen:

```
Count of times state controlled step size
  Minus (--) means relative error always below absolute error
            X pc fail   0   err control        15-
            Y pc fail   0   err control        120
            Z pc fail   1   err control          1
            U pc fail   2   err control        240
```

Die Tabelle für alle Zustandsgrößen x, y, z und u gibt unter `err control` an,
wie oft bei einem Zustand der erlaubte Fehler in einem Integrationsschritt überschritten wurde und damit die Schrittweite verkleinert werden mußte. Große
Unterschiede zwischen diesen Zahlen deuten darauf hin, daß bei der betreffenden
Zustandsgröße die Fehlerschranken vergrößert bzw. verkleinert werden sollten.
Ist eine Zustandskomponente immer kleiner als 1, so dominiert in der Fehlerbe-
rechnung der absolute Fehlerwert X_k.

Abhängig von der Größenvorgabe der Fehler kann es vorkommen, daß der abso-
lute Fehler X_k immer den umgerechneten relativen Fehler $M_k\,|x_k(t)|_{max}$ domi-
niert, was falsch sein kann, aber nicht falsch sein muß. Diese Dominanz wird
durch ein Minuszeichen neben der Anzahl der durch den betreffenden Zustand
bedingten Schrittweitenänderungen angezeigt.

Die Größe `err control` betrifft alle Verfahren mit variabler Schrittweite, das sind die beiden Runge–Kutta–Fehlberg–Verfahren und die beiden Mehrschrittverfahren. Die Größe `pc fail` betrifft nur die Mehrschrittverfahren. Sie zeigt an, wie oft das Prädiktor–Korrektorverfahren beim Adams-Moulton–Algorithmus bzw. die Newton–Iteration beim Gear–Verfahren nach jeweils drei Iterationen nicht konvergierte. Diese Tatsache weist darauf hin, daß innerhalb des Integrationsschrittes eine Unstetigkeit liegt oder eine sehr rasche Änderung erfolgt, die nicht erkannt wird. Die Schrittweite wird auf ein Viertel gesetzt (willkürliche Annahme), und ein weiterer Versuch wird unternommen. Tritt dieser Vermerk zu oft auf, so ist dies ein Zeichen für ein ernsthaftes numerisches Problem oder für einen Modellfehler.

Das Gear–Verfahren muß die Jakobimatrix berechnen und invertieren. Daher werden zusätzlich Informationen über diese Berechnungen ausgegeben:

```
   Count of times state controlled step size
     Minus (-) means relative error always below absolute error
             X pc fail   0  err control        15
             Y pc fail   0  err control       120
             Z pc fail   0  err control        30
             U pc fail   0  err control        40
       Number of Jacobian evaluations was  2
       Number of LU decompositions was 19
```

Gute Implementationen der Gear–Verfahren werten die Jakobimatrix nur selten aus. Eine geringe Anzahl bedeutet, daß das System sich streckenweise quasilinear verhält, sodaß sich die Jacobimatrix nicht ändert. Das Berechnen der inversen Jakobimatrix wird durch eine Gleichungsauflösung mit Dreieckszerlegung der Matrix („LU Decomposition") durchgeführt. Auch diese Berechnung muß nicht immer durchgeführt werden, insbesondere dann nicht, wenn sich die Jakobimatrix nicht geändert hat.

Zusammenfassend ist festzustellen, daß in ACSL im Laufe seiner Entwicklung stabile numerische Integrationsverfahren implementiert wurden, die bis auf implizite Systeme nahezu das gesamte Spektrum abdecken. Lange Zeit galten das RK2- und das RK4-Verfahren als Standardwerkzeug, zunehmend allerdings wird das RKF23-Verfahren ein Standard. Für steife Systeme leistet das Gear–Verfahren sehr gute Dienste.

Mit Version ACSL Level 10F werden Möglichkeiten zur direkten Formulierung impliziter Systeme angeboten. ACSL verfolgt dabei eine doppelte Strategie. Einerseits wird der DASSL-Algorithmus implementiert, welcher implizite Modellbeschreibungen „direkt" integrieren kann, andererseits werden Operatoren für das Auflösen impliziter algebraischer Gleichungen angeboten, sodaß implizite Modellbeschreibungen auch mit den herkömmlichen Integrationsverfahren lösbar sind. Grundgedanke dieser Vorgangsweise ist das in Kap. 7.4 und Kap. 9.5 vorgestellte Auflösen des impliziten Modellteiles beim Auswerten der Funktion $\vec{f}(t, \vec{x}(t))$. Die neuen Operatoren, die die Auflösung impliziter Modellteile erlauben, werden nun an einfachen Beispielen dargestellt.

Der einfachste Fall ist eine Differentialgleichung für $x(t)$ („integrale Zustandsgröße") mit einer Zwangsbedingung über eine sogenannte „algebraische Zustandsgröße" $y(t)$:

$$\dot{x} = -x\,y, \qquad x^2 + y^2 = 1, \qquad x(t_0) = x_0.$$

Diese Darstellung wird in die allgemeine Form

$$\dot{x} = f(x,y) = -x\,y, \qquad 0 = g(x,y) = x^2 + y^2 - 1, \qquad x(t_0) = x_0$$

umgewandelt. Bei jeder Funktionsauswertung von $f(x,y)$ ist nun die algebraische Gleichung $0 = g(x,y)$ nach y aufzulösen, was ACSL iterativ mit dem, auch bei der Berechnung des stationären Zustandes verwendeten, modifizierten Newton–Verfahren durchführt. Die Notation in der ACSL–Modellbeschreibung lautet:

```
y = IMPLC ( x**2 + y**2 - 1, 0.0 )
x = INTEG ( -x*y, x0 )
```

Die Iteration zur Lösung der algebraischen Gleichung beginnt mit dem Startwert $y^{[0]} = 0.0$, der im `IMPLC` Operator nach der Funktion $g(x,y)$ angegeben wird.

Mit dieser Methode lassen sich auch implizite Differentialgleichungen wie z.B.

$$\ln x\,\dot{x}^2 = x + \cos x, \qquad x(t_0) = x_0$$

behandeln. Die Substitution $y(t) = \dot{x}(t)$ führt auf die Darstellung

$$\dot{x} = f(x,y) = y, \qquad 0 = g(x,y) = \ln x\,y^2 - x - \cos x, \qquad x(t_0) = x_0,$$

die mit Hilfe des `IMPLC` Operators beschrieben werden kann:

```
y = IMPLC ( LOG(x)*y*y - x - COS(x), 0.0 )
x = INTEG ( y, x0)
```

Diese Umformulierung kann durch die zweite Form des `IMPLC` Operators erspart werden, die durch die Angabe von

```
x, y = IMPLC ( LOG(x)*y*y - x - COS(x), x0 )
```

genau die Formulierung, die zuvor angegeben ist, erzeugt.

Für den mehrdimensionalen Fall steht der `IMPVC` Operator zur Verfügung, der gemeinsam mit der Vektorintegration `INTVC` implizite Systeme lösen kann. Das System mit einer Zwangsbedingung

$$\begin{aligned}
\dot{x}_1 &= -x_1 x_2 + y, & x_1(t_0) &= x_{10} \\
\sin \dot{x}_2 &= x_1 + x_2 - x_2 y, & x_2(t_0) &= x_{20} \\
& x_1^2 + x_2^2 + y^2 = 10 &
\end{aligned}$$

wird mit den Substitutionen $y_1(t) = \dot{x}_2(t)$ und $y_2(t) = y(t)$ in die allgemeine Form

$$\begin{aligned}
\dot{x}_1 &= f_1(x_1, x_2, y_1, y_2) &&= -x_1 x_2 + y_2, \; x_1(t_0) = x_{10} \\
\dot{x}_2 &= f_2(x_1, x_2, y_1, y_2) &&= y_1, \; x_2(t_0) = x_{20} \\
0 &= g_1(x_1, x_2, y_1, y_2) &&= \sin y_1 - x_1 - x_2 + x_2 y_2 \\
0 &= g_2(x_1, x_2, y_1, y_2) &&= x_1^2 + x_2^2 + y^2 1 - 10
\end{aligned}$$

umgewandelt. Der Vektor $\vec{x} = (x_1, x_2)^T$ ist nun der integrale Zustandsvektor, der Vektor $\vec{f} = (f_1, f_2)^T$ der zugehörige Ableitungsvektor.

Der Vektor $\vec{y} = (y_1, y_2)^T$ wird algebraischer Zustandsvektor genannt, der Vektor $\vec{g} = (g_1, g_2)^T$ Residuenvektor. Dieses implizite System kann in ACSL mit Hilfe des `IMPVC` Operators beschrieben werden, wobei die Elemente der Felder `f` und `g` zuvor in einem `PROCEDURAL` Block mit den rechten Seiten der Differentialgleichungen bzw. der sogenannten „Residuen" belegt werden müssen:

```
y = IMPVC ( g, y0 )
x = INTVC ( f, x0 )
```

Auch für `IMPVC` gibt es die zweite Darstellungsform. Das in vielen mechanischen Modellen generisch abgeleitete System

$$M(\vec{x})\,\dot{\vec{x}} = \vec{h}(\vec{x}), \qquad \dot{\vec{x}} = \vec{y}, \qquad \vec{r} = \vec{g}(\vec{x}, \vec{y}) = M(\vec{x})\,\vec{y} - \vec{h}(\vec{x})$$

kann direkt durch

```
x, y = IMPVC ( r, x0 )
```

modelliert werden. In diesem Fall wird das lineare Gleichungssystem $M(\vec{x})\,\dot{y} = \vec{h}(\vec{x})$ bei jeder Funktionsauswertung durch Iteration gelöst. Für ein derartiges Problem ist in der jetzigen Implementation daher noch die explizite Auflösung dieses linearen Gleichungssystems vorzuziehen.

ACSL ergänzt bei impliziten Modellen den Zustandsvektor $\vec{x}$ mit dem algebraischen Zustandsvektor $\vec{y}$ und den Ableitungsvektor $\vec{f}$ mit dem Residuenvektor $\vec{g}$.

Diese Strukturerweiterung erlaubt auch den Einsatz des DASSL-Verfahrens, das
als eigener neuer Integrationsalgorithmus implementiert ist, welcher die Lösung
der algebraischen Gleichungen selbst übernimmt. Damit können implizite Modelle in ACSL einerseits mit dem DASSL–Algorithmus gelöst werden, andererseits auch mit den bereits vorhandenen Verfahren, indem der implizite Modellteil
bei jeder Funktionsauswertung iterativ gelöst wird.

ACSL hat damit auch die Möglichkeit zur Behandlung impliziter Modelle geschaffen. Die Modifikationen der numerischer Algorithmen bzw. Neuinstallatio-
nen beruhen auf Arbeiten von Gear [16] und Petzold [12].

4.4   Vergleich: Integrationsverfahren in ACSL

Dieses Kapitel testet die Arbeitsweise und Eigenschaften der Integrationsverfah-
ren in ACSL an einem steifen System aus der Physik. Das Beispiel „Lithium-
Cluster Dynamics" [19] beschreibt das Verhalten von Lithium-Kristallen unter
Elektronenbeschuß.

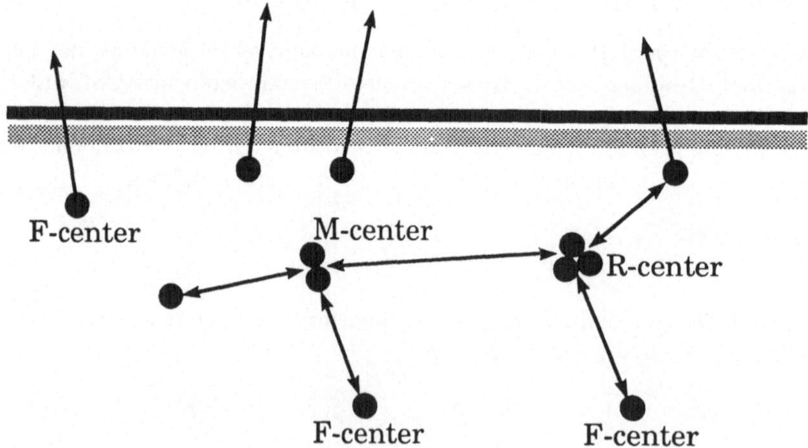

Abbildung 4.11: Diffusion und Aggregation von Atomen bei Elektronenbeschuß

Der Elektronenbeschuß führt nahe der Oberfläche des Kristalls zu Elektronen-
defekten, die zur Bildung von sogenannten F-Centern führen (Abb. 4.11). Zwei
F-Center können zu einem M-Center (F_2-Center) aggregieren, drei F-Center
zu einem R-Center (F_3-Center). Nach dem Beschuß diffundieren die F-Center
sehr rasch, wobei einige F-Center direkt diffundieren, andere sich zunächst zu M-
oder R-Centern aggregieren, bevor sie wieder in F-Center zerfallen und diffundieren. In der Realität bilden sich höhere Agglomerate, für eine genaue Beschrei-

bung wären die Beobachtungen bis zu F_9-Centern günstig. Eine hinreichende qualitative Beschreibung wird aber auch schon mit F_3-Centern (R-Centern) erreicht. Für dieses relativ einfache Modell sind auch die Modellparameter bekannt. Die Diffundierung der F-Center ist sehr rasch, sodaß sie nur in doppeltlogarithmischer Darstellung beobachtet werden kann. Sie ist wesentlich rascher als die Aggregation und Disaggregation von M- und R-Centern, sodaß schon aus physikalischen Gründen ein steifes System zu erwarten ist.

Die Variablen $r(t)$, $m(t)$ und $f(t)$ beschreiben die Konzentrationen der R-, M- bzw. F-Center und gehorchen den folgenden Differentialgleichungen, wobei der Term p den konstanten Elektronenbeschuß beschreibt:

$$\dot{r} = -d_r r + k_r m f, \quad r(t_0 = 0) = r_0$$
$$\dot{m} = d_r r - d_m m + k_f f^2 - k_r m f, \quad m(t_0 = 0) = m_0$$
$$\dot{f} = d_r r + 2 d_m m - k_r m f - 2 k_f f^2 - l_f f + p, \quad f(t_0 = 0) = f_0 .$$

Untersucht wird zunächst das Verhalten der Konzentrationen nach dem Elektronenbeschuß über einen Zeitraum von 10 Sekunden, d.h. die Konzentrationen haben von Null verschiedene Anfangswerte und es findet kein Elektronenbeschuß statt. Die Gleichungen können direkt in eine implizite ACSL–Modellbeschreibung umgesetzt werden:

```
DERIVATIVE LithiumCluster
! -----------------------------------------------------------------
! Lithium-Cluster-Dynamik, einfaches Modell
! Konzentration von Atomen (r-, m- und f- Cluster) bei (p>0)
! und nach Elektronenbeschuss (p=0)
! -----------------------------------------------------------------
CONSTANT  kr = 1, kf=0.1, lf=1000, dr=0.1, dm=1 ! Parameter
CONSTANT  f0 = 9.975, m0 = 1.674, r0 = 84.99    ! Anfangswerte
CONSTANT  p  = 0                                 ! Erregung
! -----------------------------------------------------------------
ALGORITHM  ialg = 2      ! Auswahl Integrationsalgorithmus
CINTERVAL  cint = 5.e-2 ! Kommunikatinsintervall
CONSTANT   tend = 10     ! Endzeit
! --- Modellgleichungen -------------------------------------------
  r = integ (-dr*r + kr*m*f,                           r0)
  m = integ ( dr*r - dm*m   + kf*f*f - kr*m*f,         m0)
  f = integ ( dr*r + 2*dm*m - kr*m*f - 2*kf*f*f -lf*f + p, f0)
TERMT ( t .GE. tend )   ! Simulationsende
END
```

Die Modellbeschreibung beginnt mit dem Schlüsselwort `DERIVATIVE`, um die implizite Struktur zu unterstreichen. Da das System steif ist, wählt `ialg=2` im Schlüsselwort `ALGORITHM` das Gear–Verfahren aus. Der Simulationshorizont beträgt 10 Sekunden, ein Kommunikationsintervall `cint = 5.e-2` erzeugt eine hinreichend feine Darstellung der Lösung.

Zum Testen der Integrationsalgorithmen wird von einer Befehlsdatei (`model.cmd`) der mit `PROCEDURE` benutzerdefinierte Befehl `GO` eingelesen, der den Zeitverbrauch eines Simulationslaufs mißt. Der Befehl `GO` startet den Simulationslauf mit dem Gear-Verfahren und den in der Modellbeschreibung angegebenen Werten von Parametern:

```
   proced go;spare;start;spare;end
   End of file found on unit 4
    Reverting to logical unit number 5
ACSL> GO                       ! Simulationslauf mit Zeitmessung
spare
Accumulated cp time 0.        . Elapsed cp time 0.
start
Count of times state controlled step size
Minus (-) means relative error always below absolute error
           F pc fail        0 err control    102
           M pc fail        1 err control    197
           R pc fail        1 err control      6
   Number of Jacobian evaluations was 2
      Number of LU decompositions was 19
spare
Accumulated cp time 5.258820. Elapsed cp time 5.258820
```

Der Bericht des Gear–Verfahrens zeigt, daß die Integration im wesentlichen ohne Probleme verlief. Die Angabe `pc fail` 1 bei m und r sagt aus, daß bei diesen beiden Zuständen je einmal die Newton–Iteration bei einem Integrationsschritt nicht konvergiert. Die willkürliche Verkürzung der Schrittweite auf ein Viertel bringt dann die Konvergenz (eine zweite Divergenz hätte wieder um 1 hochgezählt). Die Integration der Variablen f, m und r überschreitet in 102 bzw. 197 bzw. 6 Integrationsschritten die vorgegebene Genauigkeit (Standardwert 10^{-4} für absolute und relative Genauigkeit), sodaß entsprechend der Strategie die Schrittweite verkürzt bzw. die Ordnung des Verfahrens erhöht wird.

Das Gear-Verfahren startet mit der Schrittweite `h=cint/nstp = 0.005`, da für `nstp` der Standardwert `nstp = 10` gilt. Eine Verkürzung der Anfangsschrittweite mit

```
ACSL> SET nstp = 100   ! Verkuerzung Anfangsschrittweite
ACSL> GO               ! Simulationslauf mit Zeitmessung
spare
```

```
Accumulated cp time 20.59710. Elapsed cp time 16.03820
start
Count of times state controlled step size
Minus (-) means relative error always below absolute error
            F pc fail       0 err control    102
            M pc fail       0 err control    202
            R pc fail       0 err control      4
    Number of Jacobian evaluations was 2
       Number of LU decompositions was 21
spare
Accumulated cp time 25.54040. Elapsed cp time 4.943290
```

ergibt zwar keine wesentlich kürzere Rechenzeit, sie verhindert aber die zweima-
lige Divergenz der Iterationen im Integrationsschritt. Das Problem liegt offensichtlich zu Beginn des Simulationsintervalls.

Vor einem Test der Runge-Kutta-Verfahren muß man sich einen Überblick über
die Eigenwerte verschaffen. Da offensichtlich am Beginn des Intervalles numerische Probleme bestehen, betrachtet man die Eigenwerte der Linearisierung
um den Anfangszeitpunkt. Ein Simulationslauf mit `tend=0` initialisiert alle
Variablen, der Befehl `ANALYZE /EIGEN` (die Arbeitsweise von `ANALYZE` wird in
Kap. 4.8, Kap. 4.9 und Kap. 7 näher besprochen) berechnet die Jakobimatrix
und deren Eigenwerte und gibt diese aus:

```
ACSL> SET tend=0; START ! Simulationslauf zur Initialisierung
      Number of LU decompositions was 0
ACSL> ANALYZE /EIGEN ! Linearisierung um 0, Eigenwertberechnung
Complex eigenvalues in ascending order
         REAL
  1 -0.00898385
  2 -11.0684000    3 -1005.66000
```

Die Eigenwerte zeigen, daß das System (zumindest in der Umgebung von $t = 0$)
hochgradig steif ist. Das Steifheitsmaß (Quotient aus betragsgrößtem und be-
tragskleinstem Eigenwert) beträgt etwa 10^5.

Das Euler-Verfahren muß eine Schrittweite innerhalb des Stabilitätsgebiets wäh-
len. Aus $|h\,\lambda| < 1$ folgt für $\lambda = -1005.66$ die Schrittweite $h. \leq 0.001$. Diese
Schrittweite kann wegen `cint=0.05` mit `nstp=50` erreicht werden. Aus ähnlichen Überlegungen benötigt das RK2-Verfahren eine Schrittweite $h \leq 0.0015$
(`nstp=35`), das RK4-Verfahren eine Schrittweite von $h \leq 0.0025$ (`nstp=20`). Der
Befehl `GO` bestimmt den Rechenzeitverbrauch:

```
ACSL SET ialg=3, nstp=50; GO  ! Test Euler-Verfahren
```

```
......
   Accumulated cp time 17.13680. Elapsed cp time 17.13680
ACSL> SET ialg=4, nstp=35; GO   ! Test RK2-Verfahren
......
   Accumulated cp time 21.36600. Elapsed cp time 21.36600
ACSL> SET ialg=5, nstp=20; GO   ! Test RK4-Verfahren
......
   Accumulated cp time 465.2190. Elapsed cp time 17.30150
```

Die Runge–Kutta–Algorithmen liefern bis auf das Euler–Verfahren quantitativ
richtige Ergebnisse (beim Euler–Verfahren wird der lokale Fehler zu groß). Sie
benötigen aber die drei- bis vierfache Rechenzeit gegenüber dem Gear–Verfahren.
Allerdings muß bei den RK–Algorithmen die Schrittweite sehr sorgfältig gewählt
werden; eine zu große Schrittweite außerhalb des Stabilitätsgebiets führt zu einem
Programmabsturz mit `floating point error`.

Die Runge–Kutta–Fehlberg-Verfahren steuern die Schrittweite, sodaß der relative
Fehler unter dem vorgegebenen zulässigen Fehler liegt. Ihre Rechenzeit ist das
Sieben- bzw. Fünffache der Rechenzeit des Gear–Verfahrens:

```
ACSL> SET ialg=8 ; GO                   ! Test RKF23-Verfahren
   ....
Count of times state controlled step size
Minus (-) means relative error always below absolute error
          F pc fail        0 err control   5037
          M pc fail        0 err control      0
          R pc fail        0 err control      0
spare
Accumulated cp time 44.16010. Elapsed cp time 33.50460
ACSL> SET ialg=9 ; GO                   ! Test RKF56-Verfahren
   ....
Count of times state controlled step size
Minus (-) means relative error always below absolute error
          F pc fail        0 err control   2671
          M pc fail        0 err control      0
          R pc fail        0 err control      0
spare
Accumulated cp time 115.3980. Elapsed cp time 27.57260
```

Der Bericht nach dem Simulationslauf zeigt, daß die Algorithmen bei der Schrittweitensteuerung für die Zustandsgröße f großen Aufwand treiben müssen. Interessant ist auch, daß der Algorithmus höherer Ordnung RKF56 trotz der ver-
mehrten Funktionsauswertungen schneller ist als RKF23; die höhere Ordnung

bewirkt höhere Genauigkeit, weswegen die Schrittweite nicht so stark verkürzt werden muß.

Das Adams–Moulton–Verfahren ist in seinem Anwendungsbereich ein durchaus brauchbares Verfahren. Für das betrachtete Modell ist es jedoch sehr ungeeignet, was sich in der Rechenzeit niederschlägt. Die Prädiktor–Korrektor–Iteration bei f hat Schwierigkeiten, die Genauigkeit bei f kann nur mit großem Aufwand eingehalten werden:

```
ACSL> SET ialg=1 ; GO           ! Test Adams-Moulton-Verfahren
   .... Count of times state controlled step size
Minus (-) means relative error always below absolute error
          F pc fail    2656 err control  10377
          M pc fail      51 err control     16
          R pc fail       5 err control      0
spare
Accumulated cp time 114.1350. Elapsed cp time 114.1350
```

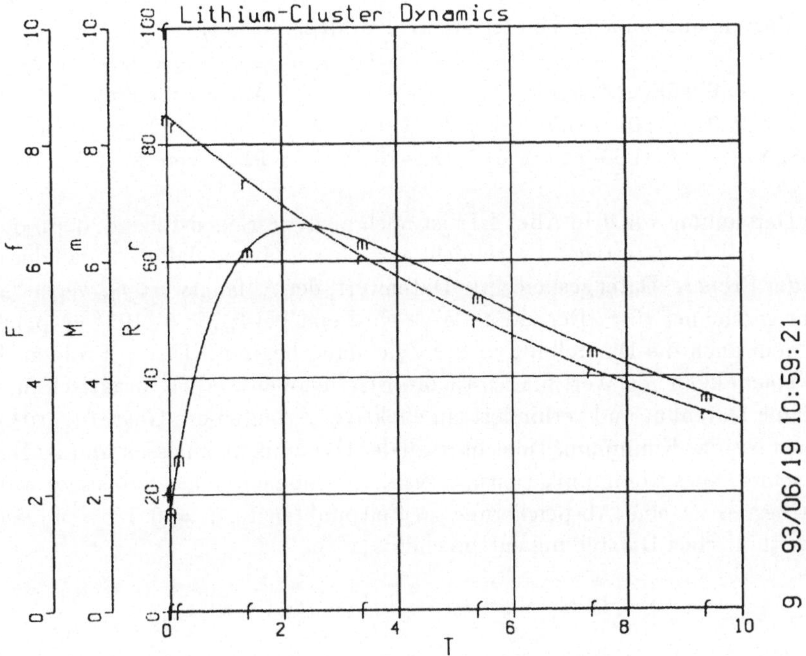

Abbildung 4.12: Konzentrationen $f(t), m(t)$ und $r(t)$ über der Zeit t

Der geeignetste Integrationsalgorithmus für dieses Modell ist der Gear–Algorithmus. Die Simulationsergebnisse (Abb. 4.12), erzeugt mit den Befehlen

```
ACSL> PREPARE t, f, m, r ! Abspeicherung
ACSL> SET ialg=2; START  ! Simulationslauf mit Gear-Verfahren
 Count of times state controlled step size
 . . . . .
ACSL> SET title="Lithium-Cluster Dynamics"; SET symcpl=.T.
ACSL> PLOT f /CHAR="f", m /CHAR="m", r /CHAR="r"
```

können mit Daten von Experimenten validiert werden. Das quantitive Verhalten
des sehr raschen Diffundierens der F-Center ist in der Darstellung von Abb. 4.12
nicht ersichtlich, die Konzentration f muß in doppelt-logarithmischem Maßstab
aufgetragen werden. Der PLOT Befehl von ACSL bietet für beide Achsen logarithmische Darstellung an. Allerdings ist Vorsicht geboten: die gezeichneten Daten
müssen wegen der Logarithmusberechnung positiv sein. Ein Datenbereich mit
negativen Werten, mit dem Wert 0 oder auch mit sehr kleinen positiven Werten
führt bei älteren Implementationen zu einem Programmabsturz. Der PLOT Befehl
nach dem Simulationslauf begrenzt daher die Daten für die x-Achse (Darstellung
von t) mit XLO=1.d-5 und die Daten für die y-Achse mit /LO=1.d-2 nach unten.
Die Begrenzungen nach oben legen nur den Maßstab fest:

```
ACSL> PREPARE t,f,m,r                       ! Abspeicherung
ACSL> PLOT /XLOG /XLO=1.d-5 /XHI=tend &  ! Doppelt-logarithm.
ACSL>      f /LOG /LO=1.d-2 /HI=10         ! Plot von f
```

Die Darstellung von f in Abb. 4.13 ist noch nicht zufriedenstellend, denn der rasche Abfall von f zu Beginn wird nicht gezeichnet. Grund dafür ist, daß der erste
auf der Prepare–Datei gespeicherte Datenwert, der Anfangswert f_0, wegen $t_0 = 0$
nicht gezeichnet wird. Der zweite Wert wird erst bei $c_{int} = 5 \cdot 10^{-2}$ gespeichert,
bei dem auch die Darstellung in der Zeichnung beginnt. Dieses Problem kann
mit einem kleineren Wert für c_{int} theoretisch behoben werden, praktisch führt es
zu einer Datenflut und verhindert ein effektives Arbeiten des Gear–Algorithmus.
Besser ist, das Kommunikationsintervall der Dynamik anzupassen und zu Beginn
ein sehr kleines Kommunikationsintervall, am Ende ein relativ großes zu wählen.
Am besten ist eine Abspeicherung zu Zeitpunkten t_j, $j = 0, 1, \ldots, n$, die der
logarithmischen Darstellung entsprechen:

$$t_0, t_0(1 + k), t_0(1 + k)^2, \ldots, t_0(1 + k)^n.$$

Das Kommunikationsintervall ist variabel und wird daher zu

$$c_{int,j} = t_0(1 + k)^j - t_0(1 + k)^{j-1} = t_0(1 + k)^{j-1}k = t_{j-1}k \, .$$

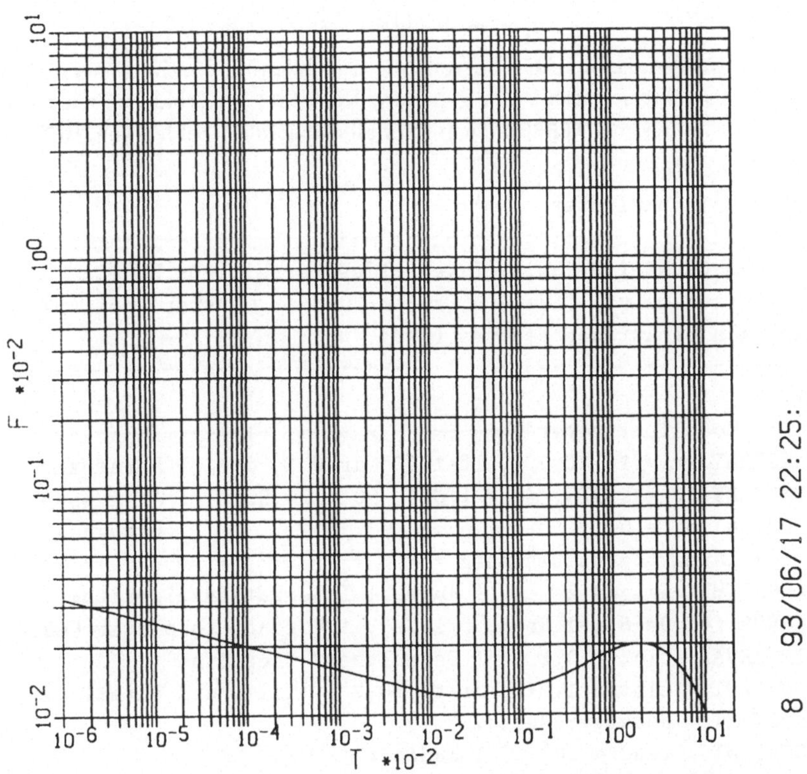

Abbildung 4.13: Konzentration f in doppelt-logarithmischer Darstellung, unzureichendes Kommunikationsintervall

Um speziell für die logarithmische Darstellung p Werte pro Dekade abspeichern bzw. zeichnen zu können, ist für k wegen $(1 + k)^p = 10$ als $k = 10^{\frac{1}{p}} - 1$ zu wählen. Für das erste Kommunikationsintervall $c_{int,1}$ ist ein geeigneter Minimalwert $c_{int,min}$ vorzugeben, da die Zeit t mit $t_0 = 0$ beginnt. Um nicht eine zu grobe Auflösung gegen Ende des Simulationsintervalls zu erhalten, wird das Kommunikationsintervall mit $c_{int,max}$ auch nach oben begrenzt.

Die Berechnung der Länge des nächsten Kommunikationsintervalls c_{int} muß vor dem Start der Integration über dem nächsten Kommunikationsintervall erfolgen. Diese Berechnung muß daher in der **DYNAMIC** Section durchgeführt werden. In der **DYNAMIC** Section hat t die Zeit des augenblicklichen Kommunikationszeitpunktes

t_{j-1}, sodaß das neue Kommunikationsintervall $c_{int,j}$ durch

$$c_{int} = t\left(10^{\frac{1}{p}} - 1\right)$$

berechnet werden kann. Die Begrenzung des Kommunikationsintervalls führt
der BOUND Operator durch. Um genauere Resultate zu erhalten, wird für alle
Zustandsvariablen mit XERROR ein maximaler absoluter Fehler von 10^{-8} vorgegeben:

```
PROGRAM LithiumCluster
! ------------------------------------------------------------
! Lithium-Cluster-Dynamik, Integrations-sensitives Modell
! Konzentration von Clustern (r-, m- und f- Cluster) bei (p>0)
! und nach Elektronenbeschuss (p=0)
! ------------------------------------------------------------
INITIAL
  ! --- Modellparameter ----------------------------------------
  CONSTANT kr = 1, kf=0.1, lf=1000, dr=0.1, dm=1 ! Parameter
  CONSTANT f0 = 9.975, m0 = 1.674, r0 = 84.99      ! Anfangswerte
  CONSTANT p  = 0                                  ! Erregung
  ! --- Integrationssteuerung ----------------------------------
  ALGORITHM  ialg = 2        ! Auswahl Integrationsalgorithmus
  XERROR f=1.0e-8,m=1.0e-8, r=1.0e-8 ! Vorgabe Absoluter Fehler
  CINTERVAL  cint = 0.1      ! Defaultwert fuer cint
  CONSTANT   cintmn=1.e-5, cintmx=0.2 ! minim. und maxim. cint
  CONSTANT   punkteprodekade = 10
  CONSTANT   tend = 10       ! Endzeit
  ! ------------------------------------------------------------
END ! of INITIAL
DYNAMIC
  DERIVATIVE
    ! --- Modellgleichungen ------------------------------------
    r = integ (-dr*r + kr*m*f,                            r0)
    m = integ ( dr*r - dm*m   + kf*f*f - kr*m*f,          m0)
    f = integ ( dr*r + 2*dm*m - kr*m*f - 2*kf*f*f -lf*f + p, f0)
    TERMT ( t .ge. tend )   ! Simulationsende
  END ! of DERIVATIVE
  ! --- Berechnung des Kommunikationsintervalls --------------
  cinth = t * ( 10.0**(1.0/punkteprodekade) - 1.0 )
  cint  = BOUND ( cintmn, cintmx, cinth)
END ! of DYNAMIC
END ! of PROGRAM
```

Die Darstellung von f in Abb. 4.14, erzeugt mit dem modifizierten Modell und
den Befehlen

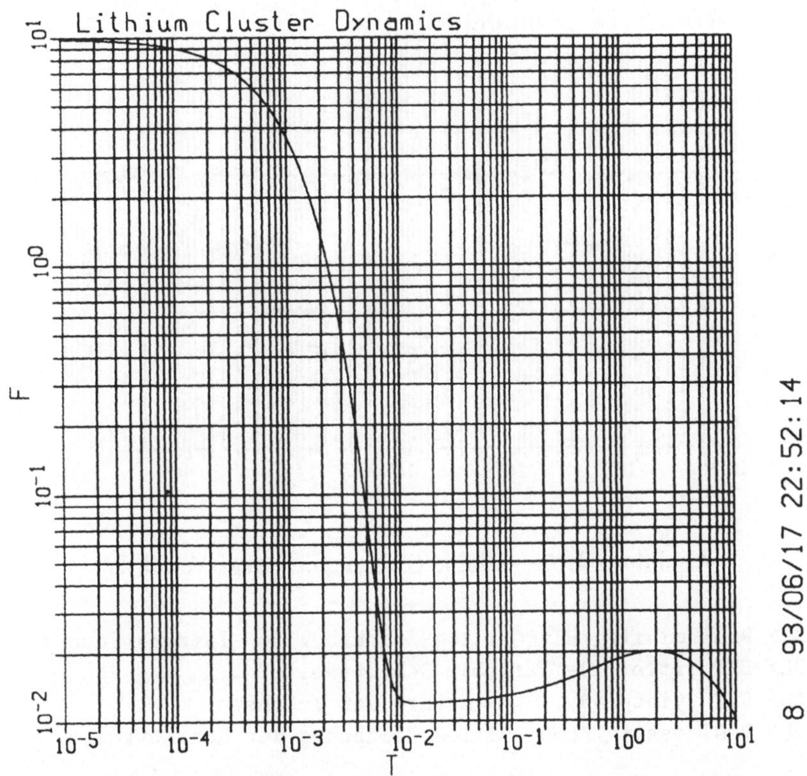

Abbildung 4.14: Konzentration f in doppelt-logarithmischer Darstellung

```
ACSL> PREPARE t,f,m,r,cioitg,cssitg,cint  ! Abspeicherung
ACSL> START                               ! Simulationslauf
ACSL> PLOT /XLOG /XLO=1.d-5 /XHI=tend &    ! Doppelt-logarithm.
ACSL>      f  /LOG /LO=1.d-2 /HI=10        ! Zeichnung von f
```

ist nun zufriedenstellend, denn die Zeichnung beginnt nahe der Anfangskonzentration. Die Prepare-Liste enthält auch die Systemvariablen `cioitg` und `cssitg`, die die aktuelle Ordnung bzw. die aktuelle Schrittweite des Gear-Verfahrens des letzten Simulationslaufes beschreiben. Diese Variablen können wie alle anderen Variablen gezeichnet werden. Die Befehle

```
ACSL> SET title(41)="Gear-Verfahren"
ACSL> SET title(81)="Variable Ordnung"
ACSL> SET  yincpl=3       ! Laenge der y-Achse
```

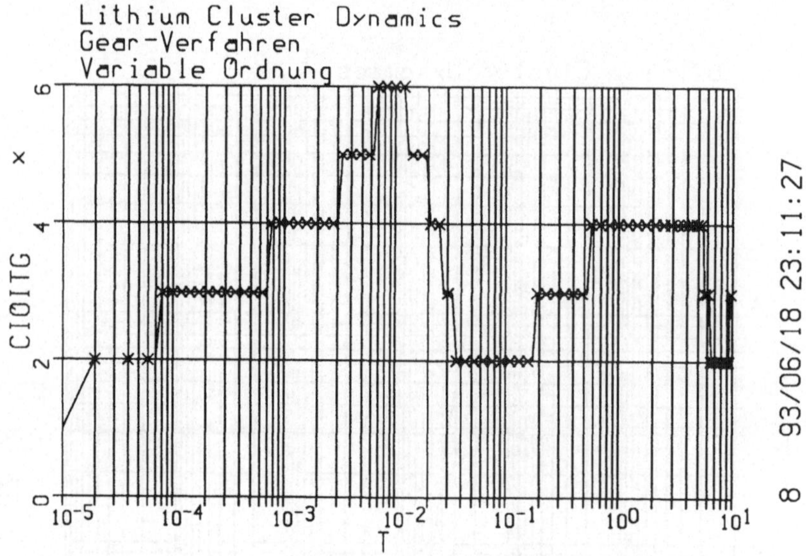

Abbildung 4.15: Variable Ordnung des Gear-Verfahrens

```
ACSL> PLOT cioitg /HI=6   ! log.Zeichnung der Integrationsordnung
ACSL> SET title(81)="Variable Schrittweite"
ACSL> SET  yincpl=4       ! Laenge der y-Achse
ACSL> PLOT cssitg /LOG    ! log.Zeichnung der Schrittweite
```

erzeugen Abb. 4.15 (Integrationsordnung) und Abb. 4.16 (Schrittweite). Die
x-Achse wird logarithmisch in den angegebenen Grenzen gezeichnet, da die Befehlsparameter des PLOT Befehls, welche die x-Achse betreffen, von der vorigen
Zeichnung erhalten sind. Die Schrittweite steigt von einem Minimalwert ex-
ponentiell an (linear in logarithmischer Darstellung). Die Integrationsordnung
beginnt bei t_0 mit 1, erhöht sich bis zur Ordnung 6, wodurch auch die Schrittweite stark vergrößert werden kann; nach einem Zurückschalten der Ordnung
auf 2 erhöht sie sich wieder auf 4, um den kurzen Anstieg der Konzentration f
genau zu berechnen, ohne die Schrittweite verkleinern zu müssen. Gegen Ende
des Simulationsintervalls erhöht sich die Ordnung ebenfalls wieder, um mit den
großen Schrittweiten die geforderte Genauigkeit erreichen zu können. Zeichnungen dieser Art geben einen interessanten Einblick in die Arbeitsweise von
Integrationsalgorithmen mit variabler Schrittweite und variabler Ordnung.

Die Auswahl eines geeigneten Integrationsverfahrens und die sorgfältige Auswahl
von Kommunikationsintervall, Schrittweite, Fehlerschranken etc. sind trotz allen
Aufwandes eine lohnende Arbeit. Mit einem stabil arbeitenden Algorithmus
sind nämlich die Ergebnisse von Folgeexperimenten wesentlich besser abgesichert.

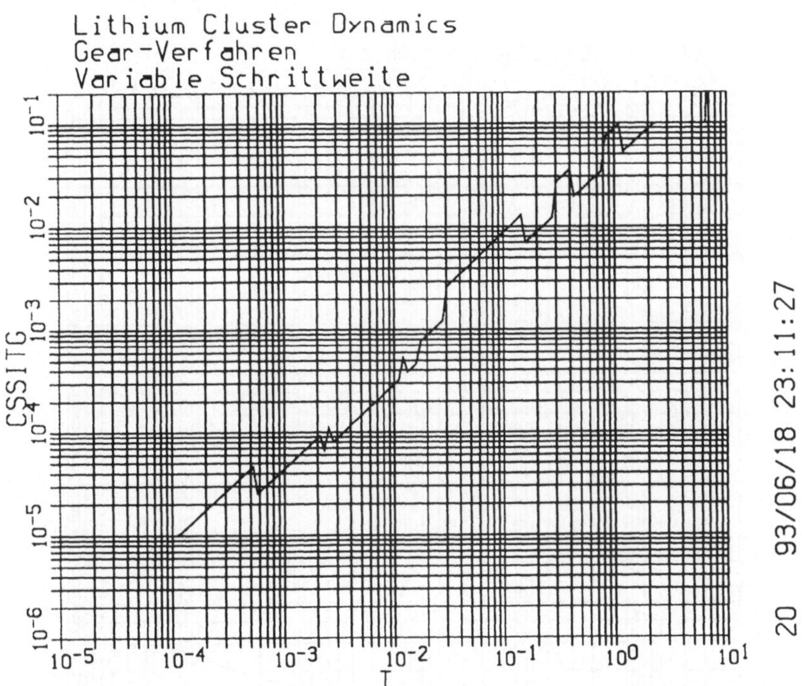

Abbildung 4.16: Variable Schrittweite des Gear- Verfahrens

Der auf diese Art gut „eingestellte" Gear–Algorithmus arbeitet auch bei anderen Modellparametern, die die Eigenwerte völlig ändern, zufriedenstellend genau und rasch, wie die folgende Parametervariation zeigt.

Eine weitere Aufgabe bei diesem Modell besteht in der Variation des Parameters l_f, um verschiedene Zeitreihen für einen Meßdatenvergleich (Parameteridentifikation) zu erhalten. ACSL bietet keine automatische Parametervariation an, l_f muß daher explizit auf die gewünschten Werte gesetzt werden. Die gemeinsame Darstellung in einer Zeichnung wird erreicht, indem nach dem ersten Simulationslauf mit dem Parameterwert $l_f = 10^3$ der Systemparameter **nrwitg** auf **.TRUE.** gesetzt wird. Dadurch wird die Prepare–Datei beim nächsten Simulationslauf nicht überschrieben, die Werte werden an jene des vorhergehenden Laufes angehängt. Die Prepare-Datei speichert auf diese Art und Weise die Ergebnisse mehrerer Simulationsläufe, die mit **PLOT** in einer Zeichnung erscheinen. Die Befehle

```
ACSL> SET nrwitg=.T., ftsplt=.T.   ! Kein Ueberschreiben
ACSL> DISPLAY lf                   ! Ausgabe, Wert im letzten Lauf
          LF 1000.00000
```

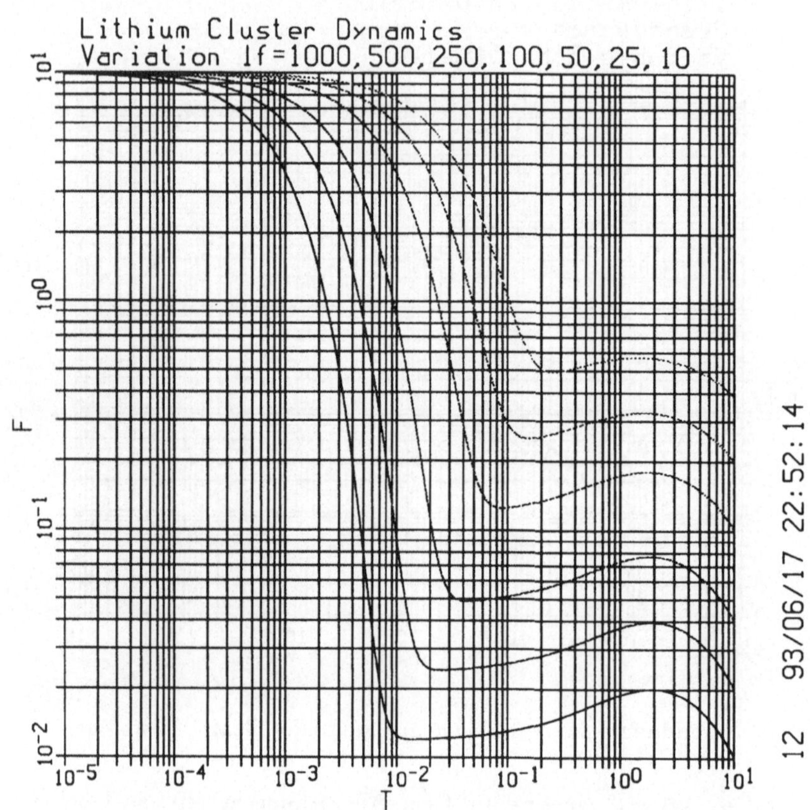

Abbildung 4.17: Konzentration f, Variation von l_f

```
ACSL> SET lf=500; START  ! Parameteraenderung, Simulationslauf
      count of times state controlled step size
              :
ACSL> SET lf=250; START  ! Parameteraenderung,Simulationslauf
              :
              :
ACSL> SET lf=10 ; START  ! Parameteraenderung, Simulationslauf
ACSL> SET title(41)="Variation lf=1000,500,250,100,50,25,10  "
ACSL> SET title(81)="                                        "
ACSL> PLOT f /LOG  /LO=1.d-2 /HI=10
```

erzeugen Abb. 4.17, in der die jedem Parameterwert l_f entsprechende Kurve $f(t)$
zu sehen ist. Ein Simulationslauf mit $l_f = 10^3$ muß nicht erfolgen, da diese
Werte vom vorherigen Simulationslauf noch in der Prepare–Datei abgespeichert

sind. Das Setzen des Systemparameters `ftsplt=.T.` verhindert das sichtbare „Rückfahren" vom Ende einer Kurve an den Anfang der nächsten. Da `title` ab dem 81. Zeichen (dritte Zeile in der Zeichnungsüberschrift) vorher mit Text belegt wurde, muß nun der Text mit Leerzeichen überschrieben werden.

Die Simulation dieses Modells wurde in *EUROSIM Simulation News Europe* [19] als Software–Vergleich ausgeschrieben. Der Vergleich soll die Leistungsfähigkeit der Integrationsalgorithmen bei einem steifen System testen, er untersucht die Möglichkeiten zur Parametervariation und überprüft die Möglichkeit zur Berechnung eines stationären Zustands.

4.5 Numerische Berechnung der Jakobimatrix

Im Rahmen der Weiterentwicklung der Simulationssprachen kommt der Jakobimatrix immer größere Bedeutung zu. Ausgehend vom Differentialgleichungssystem

$$\dot{\vec{x}}(t) = \vec{f}(t, \vec{x}(t))$$

wird als Jakobimatrix $J(t)$ die aus den partiellen Ableitungen der Komponenten f_i des Vektors $\vec{f}(t)$ nach den Komponenten x_j des Zustandsvektors $\vec{x}(t)$ gebildete Matrix $J(t)$ bezeichnet:

$$J(t) = \frac{\partial \vec{f}}{\partial \vec{x}} = \left(\frac{\partial f_i}{\partial x_j}\right) = \begin{pmatrix} \frac{\partial f_1}{\partial x_1} & \frac{\partial f_1}{\partial x_2} & \cdots & \frac{\partial f_1}{\partial x_{n-1}} & \frac{\partial f_1}{\partial x_n} \\ \frac{\partial f_2}{\partial x_1} & \frac{\partial f_2}{\partial x_2} & \cdots & \frac{\partial f_2}{\partial x_{n-1}} & \frac{\partial f_2}{\partial x_n} \\ \cdots & \cdots & \cdots & \cdots & \cdots \\ \frac{\partial f_{n-1}}{\partial x_1} & \frac{\partial f_{n-1}}{\partial x_2} & \cdots & \frac{\partial f_{n-1}}{\partial x_{n-1}} & \frac{\partial f_{n-1}}{\partial x_n} \\ \frac{\partial f_n}{\partial x_1} & \frac{\partial f_n}{\partial x_2} & \cdots & \frac{\partial f_n}{\partial x_{n-1}} & \frac{\partial f_n}{\partial x_n} \end{pmatrix}.$$

Die Jakobimatrix wird in Simulationssprachen für vier Aufgaben verwendet:

- Iterative Berechnung eines impliziten Integrationsschrittes, z.B. bei einem Gear-Verfahren,

- Linearisierung der modellbeschreibenden Gleichungen,

- Iterative Berechnung des stationären Zustandes,

- Iterative Lösung impliziter Modellteile.

Die erste Anwendung ist bereits ausführlich in Kap. 4.2 besprochen worden. Dabei wurde auch bereits der Begriff des linearisierten Systems, das durch die Jakobimatrix gegeben ist, verwendet. Im Prinzip besteht die Linearisierung des Differentialgleichungssystems

$$\dot{\vec{x}}(t) = \vec{f}(t, \vec{x}(t))$$

im Ersetzen der Funktion $\vec{f}$ durch das erste Glied ihrer Taylorreihenentwicklung um einen Arbeitspunkt $(\hat{t}, \hat{\vec{x}})$. Das Ergebnis ist das lineare System

$$\dot{\vec{x}}_L(t) = J(\hat{\vec{x}})\,(\vec{x}_L(t) - \hat{\vec{x}}) + f(\hat{t}, \hat{\vec{x}}),$$

das lokal um $(\hat{t},\ \hat{\vec{x}})$ das Verhalten von $\vec{x}(t)$ annähert. Dieses lokale Verhalten wird u.a. durch die Eigenwerte der Jakobimatrix $A = J(\hat{t})$ bestimmt (zweite Anwendung). Die Eigenwerte liefern auch gute Anhaltspunkte für die Wahl der Schrittweite eines Integrationsalgorithmus und sie charakterisieren die Stabilität des Systems.

Die dritte Anwendung der Jakobimatrix besteht im Lösen der nichtlinearen Gleichung, die bei der Berechnung des stationären Zustands eines Systems auftritt. Ein stationärer Zustand $\vec{x}_s$ ist dann erreicht, wenn das System in einem Punkt $\vec{x}_s$ verharrt. Dazu muß

$$\dot{\vec{x}}_s = \vec{f}(\vec{x}_s) = \vec{0}$$

gelten. Die Berechnung des stationären Zustands besteht daher im Lösen der nichtlinearen algebraischen Gleichung $\vec{f}(\vec{x}_s) = \vec{0}$. Das effizienteste Iterationsverfahren zur Lösung dieser Gleichung ist das Newton–Verfahren, das die partiellen Ableitungen der Funktion $\vec{f}$ nach den Komponenten des Zustandsvektors $\vec{x}$, also wieder die Jakobimatrix, benötigt. Ein weiteres Verfahren zur Lösung einer derartigen Aufgabe ist das Gradientenverfahren, das zur Berechnung des Gradienten ebenfalls die Jakobimatrix verwendet.

Die vierte Anwendung besteht in der iterativen Auflösung von impliziten Modellteilen wie z. B. Zwangsbedingungen. Liegen zur Differentialgleichung $\dot{\vec{x}} = \vec{f}(t, \vec{x}, \vec{y})$ noch Zwangsbedingungen mit algebraischen Variablen $\vec{y}$ von der Form $\vec{z}(\vec{x}, \vec{y}) = 0$ vor, so können diese entweder mit einem Integrationsverfahren für implizite Modelle wie z. B. dem DASSL–Algorithmus [12] „mitgelöst" werden oder bei jeder Funktionsauswertung eines Integrationsverfahrens iterativ gelöst werde. Für diese iterative Lösung der Zwangsbedingungen $\vec{z}(\vec{x}, \vec{y}) = \vec{0}$ nach den algebraischen Variablen kann wieder ein Newton–Verfahren oder ein Gradientenverfahren verwendet werden. ACSL verwendet die Jakobimatrix für alle vier Aufgaben.

Zur Berechnung der Jakobimatrix müssen die Ableitungen $\frac{\partial f_i}{\partial x_j}, i, j = 1, 2, \ldots, n$ an der Stelle $\hat{\vec{x}}$ berechnet werden. Nur selten stehen bei Systemen der betrachteten Form diese partiellen Ableitungen explizit zur Verfügung. Simulationssprachen bieten kaum Möglichkeiten zur analytischen Berechnung der partiellen Ableitungen. Generell müssen Simulationssprachen daher die partiellen Ableitungen, die Differentialquotienten von $\vec{f}$ bezüglich $\vec{x}$, durch Differenzenquotienten ersetzen. Diese numerische Differentiation ist ein sehr fehlerträchtiges numerisches Verfahren.

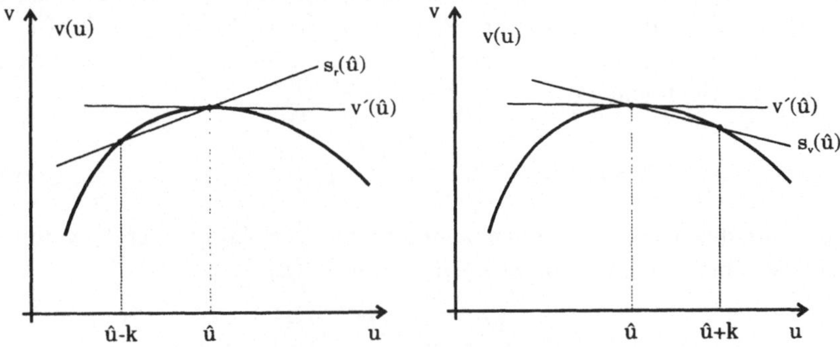

Abbildung 4.18: Einseitiger Differenzenquotient

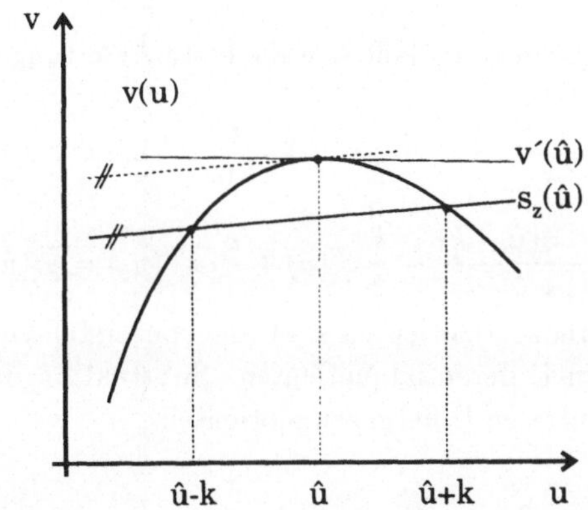

Abbildung 4.19: Zentraler Differenzenquotient

Der Einfachheit halber seien nun wieder skalare Gleichungen betrachtet. Die Ableitung $v'(u)$ einer Funktion $v(u)$ der unabhängigen Veränderlichen u an der Stelle $u = \hat{u}$ ist nichts anderes als die Steigung der Tangente im Punkt $\hat{u}$ an die Funktion $v(u)$. Die Steigung $v'(\hat{u})$ kann durch die Steigung s_v bzw. s_r der Sekanten approximiert werden, die durch die Punkte $(\hat{u}, v(\hat{u})), (\hat{u} + k, v(\hat{u} + k))$ bzw. durch $(\hat{u} - k, v(\hat{u} - k)), (\hat{u}, v(\hat{u}))$ gehen (Abb. 4.18). Die Ableitung $v'(\hat{u})$, der Differentialquotient, wird durch einen Differenzenquotienten (Vorwärtsdifferenz

s_v bzw. Rückwärtsdifferenz s_r) ersetzt:

$$v'(\hat{u}) \; \sim \; s_v(\hat{u}, k) \; = \; \frac{v(\hat{u}+k)-v(\hat{u})}{k}$$

$$v'(\hat{u}) \; \sim \; s_r(\hat{u}, k) \; = \; \frac{v(\hat{u})-v(\hat{u}-k)}{k} \; .$$

Beide Differenzenquotienten streben für $k \to 0$ gegen den Differentialquotienten. Statt der sogenannten einseitigen Differenzenquotienten $s_r(\hat{u}, k)$ bzw. $s_v(\hat{u}, k)$ kann auch die Steigung $s_z(\hat{u}, k)$ der Sekanten durch die Punkte $(\hat{u} - k, v(\hat{u} - k))$ und $(\hat{u}+k, v(\hat{u}+k))$ (Abb. 4.19) verwendet werden. Diese Steigung wird zentraler Differenzenquotient genannt:

$$v'(\hat{u}) \sim s_z(\hat{u}, k) = \frac{v(\hat{u} + k) - v(\hat{u} - k)}{2\,k}.$$

Um die Güte der Approximationen zu untersuchen, erfolgt ein Vergleich mit den Taylorreihenentwicklungen von $v(\hat{u} + k)$ und $v(\hat{u} - k)$:

$$v(\hat{u} + k) = v(\hat{u}) + k\,v'(\hat{u}) + \frac{k^2}{2}\,v''(\hat{u}) + \frac{k^3}{6}\,v'''(u_\xi), \qquad \hat{u} < u_\xi < \hat{u} + k,$$

$$v(\hat{u} - k) = v(\hat{u}) - k\,v'(\hat{u}) + \frac{k^2}{2}v''(\hat{u}) - \frac{k^3}{6}\,v'''(u_\xi), \qquad \hat{u} < u_\xi < \hat{u} + k.$$

Aus der jeweiligen Entwicklung läßt sich die erste Ableitung $v'(\hat{u})$ ausrechnen:

$$v'(\hat{u}) = \frac{v(\hat{u} + k) - v(\hat{u})}{k} - \frac{k}{2}\,v''(\hat{u}) - \frac{k^2}{6}\,v'''(u_\xi) = s_v(\hat{u}, k) + O(k),$$

$$v'(\hat{u}) = \frac{v(\hat{u}) - v(\hat{u} - k)}{k} - \frac{k}{2}\,v''(\hat{u}) + \frac{k^2}{6}\,v'''(u_\xi) = s_r(\hat{u}, k) + O(k).$$

Die einseitigen Differenzenquotienten sind nur von erster Ordnung, sie streben mit $k \to 0$ gegen den Differentialquotienten. Subtraktion der beiden Entwicklungen ergibt den zentralen Differenzenquotienten

$$v'(\hat{u}) = \frac{v(\hat{u} + k) - v(\hat{u} - k)}{2k} + \frac{k^2}{6}\,v''(u_\xi) = s_v(\hat{u}, k) + O(k^2),$$

der mit zweiter Ordnung gegen Null strebt. Prinzipiell ist daher der zentrale Differenzenquotient vorzuziehen, da er mit größeren Schrittweiten k zumindest dieselbe Genauigkeit erreicht wie ein einseitiger Differenzenquotient. Wie bei den Integrationsverfahren sind auch bei der numerischen Differentiation zu kleine Schrittweiten nicht sinnvoll.

Bei der numerischen Differentiation wirkt sich noch ein besonderer Rundungsfehler, der sogenannte Auslöschungsfehler, aus. Er tritt bei der Subtraktion nahezu gleich großer Werte wie bei Differenzenquotienten mit zu kleiner Schrittweite auf. Rechner stellen Größen in normalisiertem Gleitkommaformat mit endlicher Stellenanzahl dar. Eine Subtraktion $v(\hat{u}+k) - v(\hat{u}-k) = 21.234567 - 21.234566$ wird bei achtstelliger Genauigkeit wie folgt berechnet:

```
21.234567  Normalisierung   0.21234567E+02
21.234566  Normalisierung   0.21234566E+02
           Subtraktion      0.00000001E+02
           Normalisierung   0.1xxxxxxxE-07
```

Die Gleitkommadarstellung bewirkt durch die Normalisierung des Ergebnisses einen sehr großen Fehler, denn es bleibt nur eine signifikante Stelle über. Viele Compiler setzen für die nichtsignifikanten Stellen den Wert 0, der allerdings genauso falsch ist wie jeder andere Wert. Höchst wichtig ist daher die Wahl der Schrittweite k, sie darf auf keinen Fall zu klein werden.

Im mehrdimensionalen Fall werden die Differentialquotienten nach demselben Verfahren berechnet. Man spricht von Berechnung der partiellen Ableitungen durch Perturbation. Statt einer Schrittweite k kann jede Variable $\hat{x}_j$ mit einer individuellen Perturbationsgröße $\Delta\hat{x}_j$ versehen werden. Eine Komponente der Jakobimatrix $J(\hat{t}, \hat{\vec{x}})$ wird durch den zentralen Differenzenquotienten

$$\frac{\partial f_i}{\partial x_j}(\hat{t}, \hat{\vec{x}}) \sim \frac{1}{2\Delta\hat{x}_j} [(f_i(\hat{t}, \hat{x}_1, \ldots, \hat{x}_{j-1}, \hat{x}_j + \Delta\hat{x}_j, \hat{x}_{j+1}, \ldots, \hat{x}_n) - $$
$$ - f_i(\hat{t}, \hat{x}_1, \ldots, \hat{x}_{j-1}, \hat{x}_j - \Delta\hat{x}_j, \hat{x}_{j+1}, \ldots, \hat{x}_n)] $$

angenähert. Die Perturbationsgröße $\Delta\hat{x}_j$ muß der Größenordnung von $\hat{x}$ entsprechen.

4.6 Numerische Lösung von nichtlinearen Gleichungen

Simulationssprachen benötigen Verfahren zur Lösung von nichtlinearen Gleichungen in vier Fällen:

- Berechnung eines impliziten Integrationsschrittes,

- Berechnung eines stationären Zustands,

- Lokalisierung eines Zustandsereignisses,

- Auflösung einer Zwangsbedingung.

Bei der Berechnung eines impliziten Integrationsschrittes setzen die Integrationsverfahren von ACSL die Fixpunktiteration in Form der Prädiktor–Korrektor–

Technik (Adams–Moulton–Verfahren) oder das Newton–Verfahren (Gear–Algorithmus) ein. Das Newton–Verfahren benötigt sehr gute Startwerte, die in diesem Fall durch den Endwert des letzten Integrationsschrittes vorliegen.

Die Berechnung des stationären Zustands erfordert die Lösung der nichtlinearen Gleichung

$$\dot{\vec{x}}_s = \vec{f}(\vec{x}_s) = \vec{0}.$$

Die Zeit t, die unabhängige Veränderliche, kommt in dieser Gleichung nicht vor, da nichtautonome Systeme keinen stationären Zustand haben können. Das

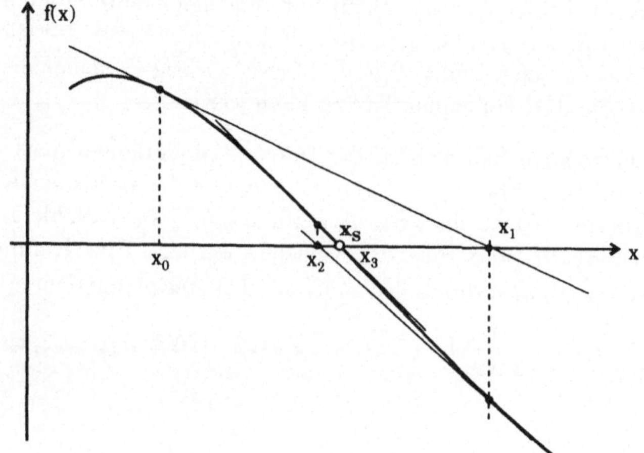

Abbildung 4.20: Eindimensionales Newton–Verfahren

Newton–Verfahren versucht, die Lösung $\vec{x}_s$ dieser Gleichung durch die Iteration

$$\vec{x}_s^{[m+1]} = \vec{x}_s^{[m+1]} - [J(\vec{x}_s^{[m]})]^{-1}\, \vec{f}(\vec{x}_s^{[m]})\,.$$

zu berechnen. Die Formulierung des Verfahrens mit der inversen Jakobimatrix ist die mehrdimensionale Verallgemeinerung des eindimensionalen Newton–Verfahrens, das an die Funktion $f(x)$ im Punkt $(x_s^{[m]}, f(x_s^{[m]}))$ die Tangente legt (Steigung $f'(x_s^{[m]})$) und als neue Näherung die Nullstelle der Tangente berechnet (Abb. 4.20):

$$x_s^{[m+1]} = x_s^{[m]} - \frac{f(x_s^{[m]})}{f'(x_s^{[m]})}$$

Das Newton–Verfahren konvergiert rasch, wenn die Konvergenzbedingungen erfüllt sind, i.a. sind „gute" Startwerte in der Nähe der Lösung eine der Voraussetzungen. Bedingungen an die Startwerte, die eine Konvergenz garantieren, sind relativ komplex. Oft „dämpft" man das Newton–Verfahren, indem man den Korrekturterm $[J(\vec{x}_s^{[m]})]^{-1}\, \vec{f}(\vec{x}_s^{[m]})$ mit einem Wert $\alpha < 1$ multipliziert.

Eine langsamer konvergierende, aber bezüglich der Anfangswerte unkritischere Alternative ist im Mehrdimensionalen das Gradientenverfahren, das den neuen Wert $\vec{x}_s^{[m+1]}$ in Richtung der stärksten Änderung der Funktion $\vec{f}$ sucht. Der Korrekturterm verwendet statt der inversen Jakobimatrix die transponierte Jakobimatrix:

$$\vec{x}_s^{[m+1]} = \vec{x}_s^{[m]} - \beta \, [J(\vec{x}_s^{[m]})]^T \, \vec{f}(\vec{x}_s^{[m]}).$$

Zwangsbedingungen der Form $\vec{g}(\vec{x}, \vec{y}) = 0$ sind nichts anderes als Nullstellenprobleme für die algebraischen Variablen $\vec{y}$ und können daher mit denselben Methoden wie die Berechnung des stationären Zustands arbeiten.

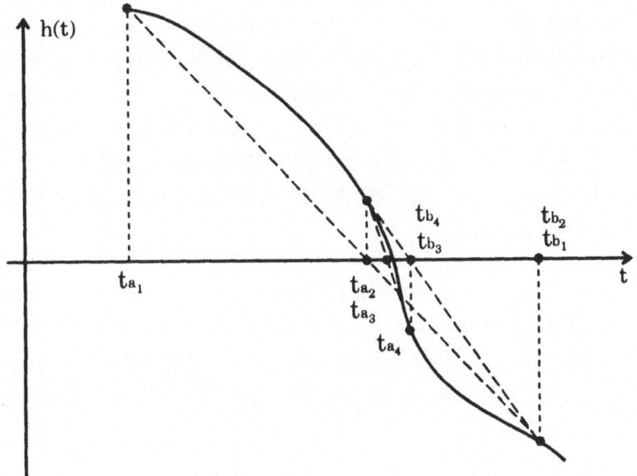

Abbildung 4.21: Regula Falsi

Im skalaren Fall gibt es mehrere Alternativen zum Newton–Verfahren. Erwähnt sei die Regula Falsi, die ACSL in der derzeitigen Version zum Auffinden eines Zustandsereignisses verwendet. Um die Nullstelle der Funktion

$$h(t) = h(\vec{x}(t)) = 0$$

zu finden, beginnt das Verfahren die Suche in einem Intervall

$$[t_{a1}, t_{b1}], \qquad h(t_{a1}) > 0, \; h(t_{b1}) < 0 \, .$$

Das Verfahren legt eine Gerade $g(t)$ durch die beiden Punkte $(t_{a1}, h(t_{a1}))$ und $(t_{b1}, h(t_{b1}))$ und berechnet ihre Nullstelle $\tilde{t}$ $(g(\tilde{t}) = 0)$. Ist $h(\tilde{t}) < 0$, so muß die Nullstelle von $h(t)$ im Intervall $[t_{a2}, t_{b2}] = [t_{a1}, \tilde{t}]$ liegen ; ist $h(\tilde{t}) > 0$, so ist $[t_{a2}, t_{b2}] = [\tilde{t}, t_{b1}]$ zu wählen. Im Intervall $[t_{a2}, t_{b2}]$ verfährt man wie zuvor und erhält auf diese Art eine Folge von kontrahierenden Intervallen, die die Nullstelle von $h(t)$ einschließen (Abb. 4.21):

$$[t_{a1}, t_{b1}] \supseteq [t_{a2}, t_{b2}] \supseteq [t_{a3}, t_{b3}] \supseteq [t_{a4}, t_{b4}] \ldots$$

Das Verfahren benötigt Startwerte, deren Funktionswerte verschiedenes Vorzeichen haben. Es hat Genauigkeitsprobleme, wenn die Gerade $g(t)$ flach wird (schleifende Schnitte).

4.7 Linearisierung in ACSL

ACSL bietet mit dem `ANALYZE` Befehl Möglichkeiten zur Linearisierung, Eigenwertberechnung, Berechnung des stationären Zustands, aber auch zur regelungstechnischen Analyse und teilweise zur regelungstechnischen Synthese. Der Leistungsumfang des `ANALYZE` Befehls wurde von Version zu Version erweitert, wobei die Anzahl der Befehlsparameter beträchtlich wuchs. Dennoch ist festzustellen, daß die Analyse im Zeitbereich, d.h. die Integration der Differentialgleichungen, die Domäne von ACSL ist und auch bleibt. Die gesamte Struktur von ACSL ist auf die Lösung des systembeschreibenden Differentialgleichungssystems ausgerichtet. Die Möglichkeiten des `ANALYZE` Befehls sind vergleichbar mit einer komplexen Datenauswertung.

Grundlage aller Berechnungen des `ANALYZE` Befehls ist die Berechnung der Jakobimatrix. Alle fortgeschrittenen Möglichkeiten wie Eigenwertberechnung, Linearisierung mit Eingangs- und Ausgangsgrößen und Wurzelortskurven etc. greifen auf die Berechnung der Jakobimatrix zurück, die bei jedem „aktiven" Aufruf von `ANALYZE` neu berechnet wird.

Numerische Grundlage für die Berechnung der Jakobimatrix ist die Berechnung der partiellen Ableitungen der Komponenten f_i des Ableitungsvektors $\vec{f}(t, x)$ bezüglich der Komponenten x_j des Zustandsvektors als zentrale Differenzenquotienten durch Perturbation der Zustandskomponenten x_j (vgl. Kap. 4.5).

Die Perturbation erfolgt um den momentanen Wert des Zustandsvektors $\hat{\vec{x}}$ zum momentanen Zeitpunkt $\hat{t}$. Die Werte der Perturbationsgrößen müssen sorgfältig den Größenordnungen der Zustandskomponenten angepaßt werden. ACSL verwendet dazu eine Normierung mit den, im Rahmen der Integration vorgegebenen relativen und absoluten Fehlern M_j und X_j, die in den Fehlervektoren $\vec{M}$ und $\vec{X}$ zusammengefaßt und dem Zustandsvektor $\vec{x}$ zugeordnet sind. Diese Werte, standardmäßig für jede Zustandsgröße auf den Wert 10^{-4} gesetzt, können mit den Schlüsselwörtern `MERROR` und `XERROR` für jede Zustandskomponente individuell vorgegeben werden. Die Perturbation $\Delta\hat{x}_j$ für den zentralen Differenzenquotienten wird durch

$$\Delta\hat{x}_j = \max(X_j, M_j \,|\hat{x}_j|)$$

bestimmt. Diese Berechnung ist ähnlich der Berechnung des erlaubten lokalen Fehlers bei der Integration, allerdings ist $\hat{x}_j$ eine rein statische Größe.

Der Befehl `ANALYZE /JACOBIAN` berechnet die Jakobimatrix und gibt sie in folgender Form aus:

```
ACSL> ANALYZE /JACOBIAN
Row vector names
      F  1              M  2              R  3
 Column vector names  Z99996  1        Z99997  2        Z99998  3
 Matrix elements - rows across, columns down
       1          2          3
  1 -1005.6600  -7.9750000   0.1000000
  2  0.3210000  -10.975000   0.1000000
  3  1.6740000   9.9750000  -0.1000000
```

ACSL kann nicht erkennen, ob ein System linear ist oder nicht. Daher wird die Jakobimatrix immer über den Differenzenquotienten berechnet. Bei linearen Modellen der Form $\dot{\vec{x}}(t) = A\,\vec{x}(t)$ sollte daher die berechnete Jakobimatrix $J(\hat{\vec{x}})$ für beliebige Werte des Entwicklungspunktes $\hat{\vec{x}}$ mit der Matrix A übereinstimmen.

Die Berechnung der Jakobimatrix ist wegen der numerischen Differentiation ein „heikles" numerisches Verfahren. ACSL betreibt von Version zu Version vermehrt sinnvollen Aufwand zur Berechnung der Jakobimatrix. Zwei Warnungen weisen auf mögliche irrelevante Resultate bei der Berechnung der Jakobimatrix hin. Die Meldung

```
    Function Evaluation non repeatable, row N
```

beruht auf einer zusätzlichen Funktionsauswertung mit Vorwärtsperturbation nach dem Berechnen des Differenzenquotienten. Diese zusätzliche Auswertung muß mit der vorhergehenden übereinstimmen, es sei denn, in der `DERIVATIVE` Section werden bei jeder Auswertung von $\vec{f}$ Veränderungen durchgeführt. Derartige Veränderungen sind meist trickreiche Programmierungen auf FORTRAN–Basis oder durch den „alten" `IMPL` Operator bedingt, der eine Iteration startet und bei gleichem Auswertungszeitpunkt daher durchaus unterschiedliche Werte ergeben kann. Die Werte der Jakobimatrix müssen nicht falsch sein, aber die Meldung weist auf eine näher zu untersuchende Besonderheit hin. Die Meldung tritt auch bei numerischen Problemen wie Underflow auf.

Eine zweite Meldung zeigt an, daß die Perturbation ungeeignet ist. Entweder ist die Perturbationsgröße zu groß oder die Funktionswerte haben sich unstetig geändert. Die Meldung lautet:

```
  Jacobian nonlinear measure for row M and column  N is  z
```

ACSL überprüft bei der Berechnung jedes einzelnen Differenzenquotienten ein normiertes „Nichtlinearitätsmaß" der Form

$$z = \frac{|f(\hat{x}) - \frac{1}{2}\left(f(\hat{x} + \Delta\hat{x}) + f(\hat{x} - \Delta\hat{x})\right)|}{|f(\hat{x} + \Delta\hat{x}) - f(\hat{x} - \Delta\hat{x})|}.$$

Bei einem linearen System muß dieses Maß immer den Wert $z = 0$ annehmen. Daher zeigt ein Wert $z > 0$ eine Nichtlinearität an. Zu groß darf dieses Maß allerdings auch nicht werden, da sonst der Differentialquotient nicht mehr geeignet approximiert wird. Die Normierung erlaubt einen Vergleich von z mit einem maximalen Schwellwert `tjnitg` (Standardwert `tjnitg=0.2`). Wird der Schwellwert überschritten, so erfolgt die obige Fehlermeldung. Sie weist auf zu große Perturbationswerte oder Unstetigkeiten im Modell hin. Die berechneten Werte der Jakobimatrix sind mit größter Vorsicht zu betrachten.

Alle weiteren Analysemöglichkeiten bauen auf der berechneten Jakobimatrix auf. Der Befehl

```
ACSL> ANALYZE /EIGEN
```

berechnet die Eigenwerte des linearisierten Systems (der Jakobimatrix). Wird vorher der Befehlsparameter `ANALYZE /VECTORS=.T.` gesetzt, werden auch die Eigenvektoren mitberechnet. Die Darstellung hat folgende Form:

```
ACSL> ANALYZE /EIGEN
   Complex eigenvalues in ascending order
         REAL
     1 -0.00898385
     2 -11.0684000
     3 -1005.66000


Complex eigenvectors
            1                        2                        3
 1 -2.711E-05 0.         0.0060032 0.          0.9999990 0.
 2 -0.0091195 0.        -0.7402580 0.         -3.225E-04 0.
 3 -0.9999580 0.         0.6722960 0.         -0.0016615 0.
```

Leider werden weder die Eigenwerte und Eigenvektoren noch die Werte der Jakobimatrix direkt auf Variable abgespeichert. Nur die Jakobimatrix kann mit `ANALYZE /JACOBIAN = "filej1"` auf eine Datei abgespeichert und dadurch in anderen Programmen weiterverwendet werden.

Die Berechnung des stationären Zustands ist ein wesentliches Element der Modellanalyse. Linearisierungen sind oft nur um den stationären Punkt sinnvoll. Ohne geeignetes Verfahren zur direkten Berechnung eines stationären Zustands

müssen im Zeitbereich sehr lange Simulationsläufe durchgeführt werden, bis das
System stationär wird. ACSL bietet die „direkte" Berechnung eines stationären
Zustands $\vec{x}_s$ mit dem Befehl ANALYZE /TRIM an. Beginnend vom Anfangswertvektor $\vec{x}_0$ wird durch „kombinierte" Iteration versucht, den stationären Zustand
$\vec{x}_s$ zu berechnen. Das Resultat wird auf dem Zustandsvektor abgespeichert, sodaß nach erfolgreicher Iteration alle Zustandsgrößen den Wert des stationären
Zustands erhalten. Allerdings darf vom Befehl ANALYZE /TRIM nicht zuviel erwartet werden, denn er bedarf sorgfältiger Anwendung.

Da das Newton–Verfahren zwar schnell konvergiert, aber gute Anfangswerte
benötigt, das Gradientenverfahren zwar nicht kritisch gegenüber Anfangswerten
ist, aber langsam konvergiert, wurde in ACSL zur Berechnung des stationären
Zustands eine Kombination beider Verfahren implementiert. Die Iteration

$$\vec{x}_s^{[k+1]} = \vec{x}_s^{[k]} + \Delta \vec{x}^{[k]}$$

kombiniert den Korrekturvektor $\Delta \vec{x}^{[k]}$ als gewichtete Summe von Newton- und
Gradienteniteration:

$$\Delta \vec{x}^{[k]} = 2^{-\mu} \, [J(\vec{x}_s^{[k]})]^{-1} \, \vec{f}(\vec{x}^{[k]}) + 2^{-\mu} \, \mu \, [J(\vec{x}_s^{[k]})]^T \, \vec{f}(\vec{x}^{[k]}).$$

Die Wahl von μ wird durch die Konvergenz während der Iterationen bedingt.
Erreicht eine Iteration keine Verbesserung, so wird μ vergrößert, wodurch das
Gradientenverfahren stärker gewichtet wird und trotz schlechter Startwerte im
nächsten Schritt eine Verbesserung erfolgen kann. Ist der Iterationsschritt erfolgreich, so wird μ verkleinert, damit das nun stärker gewichtete Newton–Verfahren
die Konvergenz weiter beschleunigt. Das Verfahren startet mit starker Gewich-
tung des Gradientenverfahrens und rechnet bei Konvergenz die letzten Iterationsschritte mit dem reinen Newton–Verfahren ($\mu = 0$). Der Befehlsparameter MUMAX
ermöglicht eine Begrenzung des Wertes für μ (Standardwert MUMAX=1000). Mit
ANALYZE /MUMAX=0 erzwingt man das Newton–Verfahren während der gesamten
Iteration.

Jeder Iterationsschritt berechnet das normierte Residuum

$$R = \frac{\sqrt{\sum_{j=1}^{n} \left(\frac{f_j}{\Delta x_j}\right)^2}}{\sum_{j=1}^{n} \left(\frac{1}{\Delta x_j}\right)^2},$$

das gegen Null konvergieren soll. Die Iteration bricht ab, sobald das Residuum R
unter der Schranke RMSEMX liegt oder die Iterationsanzahl den durch NITRMX vorgegebenen Maximalwert überschreitet. Der Befehlsparameter FRACDL kann die
Iterationsschritte multiplikativ verkleinern, wenn das Verfahren zu große Schritte
wählt (Dämpfung des Verfahrens). Jeder Iterationsschritt kann bei Setzen des
Befehlsparameters ANALYZE /LIST=.T. mitverfolgt werden:

```
State vector - iteration number 4
      F-1.7591E-11        M 1.18205000        R 674.662000
Derivative vector - residual is 69.8303000 previous 135.680000
          Scaled residual is 124.812000 previous 214.927000
   Z99996 69.8303000   Z99997 66.2842000   Z99998-67.4662000
 Newton step  257.379000  steep desc step  341.148000  mu  0
```

4.8   Anwendung: Lithium-Cluster Dynamik

In Kap. 4.4 wurde das Modell „Lithium-Cluster Dynamics" in Hinblick auf die
Arbeitsweise von Integrationsverfahren untersucht. Dieses Kapitel testet die
Möglichkeiten von **ANALYZE** an diesem steifen Modell. Zuerst werden die Ja-
kobimatrix und die Eigenwerte zum Anfangszeitpunkt gebildet:

```
ACSL> SET tend=0; START   ! Initialisierungs-Simulationslauf
      Count of times state controlled step size
      Minus (-) means relative error always below absolute error
          F pc fail       0 err control      0-
          M pc fail       0 err control      0-
          R pc fail       0 err control      0-
      Number of Jacobian evaluations was 1
      Number of LU decompositions was 0
ACSL> SET hvdprn=.T.   ! High volume data output auch am Schirm
ACSL> ANALYZE /JACOBIAN ! Berechnung der Jakobimatrix um t=0
      Row vector names
            F      1            M      2            R      3
      Column vector names
        Z99996       1       Z99997       2       Z99998       3
      Matrix elements - rows across, columns down
              1            2            3
      1 -1005.6600  -7.9750000   0.1000000
      2  0.3210000  -10.975000   0.1000000
      3  1.6740000   9.9750000  -0.1000000
ACSL> ANALYZE /EIGEN     ! Berechnung der Eigenwerte um t=0
      Complex eigenvalues in ascending order              REAL
      1 -0.00898385
      2 -11.0684000        3 -1005.66000
```

Die Eigenwerte des Systems liegen in höchst unterschiedlichen Bereichen. Der
Steifheitsfaktor, d.h. der Quotient aus dem betragsgrößten und dem betrags-
kleinsten Eigenwert, liegt bei etwa $1.1 \cdot 10^5$. Nach dem raschen Diffundieren der
F-Center verbessern sich die Werte, was eine Überprüfung der Jakobimatrix bei
$t = 10^{-3}$ zeigt:

```
ACSL> SET tend=1.d-3; START  ! Simulation bis 0.001
  Count of times state controlled step size
        :
        :
  Number of LU decompositions was 10
ACSL> ANALYZE /JACOBIAN ! Berechnung der Jakobimatrix um t=1.e-3
  Row vector names
         F      1            M      2            R      3
  Column vector names
    Z99996      1         Z99997      2         Z99998      3
  Matrix elements - rows across, columns down
         1           2           3
   1 -1003.1300  -1.6492900   0.1000000
   2 -0.9447240  -4.6492900   0.1000000
   3  1.6745800   3.6492900  -0.1000000
ACSL> ANALYZE /EIGEN      ! Berechnung der Eigenwerte um t=1.e-3
  Complex eigenvalues in ascending order
          REAL
   1 -0.02109130
   2 -4.72647000
   3 -1003.14000
```

Der Steifheitsfaktor hat sich auf etwa $5 \cdot 10^4$ verkleinert, dennoch ist das System immer noch steif. Für eine genaue Untersuchung ist das Spektrum der Eigenwerte im ganzen Intervall zu betrachten. Der folgende mit PROCEDURE definierte neue Befehl EIGENWERTE erlaubt eine Vereinfachung von Eigenwertberechnungen zu verschiedenen Zeitpunkten:

```
ACSL> PROCEDURE EIGENWERTE ( Zeit ); &  ! Definition
ACSL>   SET tend = &Zeit; CONTINUE;  &  ! Simulation bis "Zeit"
ACSL>   ANALYZE /EIGEN; &  ! Berechnung der Eigenwerte in "Zeit"
ACSL> END ! of PROCEDURE EIGENWERTE
```

Mit PROCEDURE können Befehle zu einem neuen Befehl zusammengefaßt, benannt und unter dem vergebenen Namen aufgerufen werden. Seit ACSL Level 10 können „Parameter" übergeben werden, die beim Aufruf des Befehls durch den aktuellen Namen oder Wert ersetzt werden. Der neue Befehl EIGENWERTE erwartet als Parameter den Zeitpunkt, an dem die Eigenwerte berechnet werden sollen. Für den Ausdruck &Zeit in der Definition des Befehls EIGENWERTE wird beim Aufruf des Befehls entweder eine Zahl eingesetzt, die dann mit SET auf t_{end} zugewiesen wird, oder eine Variable, deren Wert auf t_{end} übertragen wird.

Da die Eigenwerte bei $t = 0$ bekannt sind, beginnt die Bestimmung der Eigenwerte in zeitlicher Abfolge nach geeigneter Festlegung des Kommunikationsin-

tervalls mit $t_{end} = 10^{-8}$ und schreitet in logarithmischen Schritten bis $t_{end} = 10$
fort:

```
ACSL> EIGENWERTE ( 1.d-8 )
 Complex eigenvalues in ascending order
        REAL
   1 -0.00898401
   2 -11.0682000
   3 -1005.66000
ACSL> EIGENWERTE ( 5.d-8 )
 Complex eigenvalues in ascending order
        REAL
   1 -0.00898434
   2 -11.0678000
   3 -1005.66000
ACSL> EIGENWERTE ( 1.d-7 )
        :

        :

ACSL> EIGENWERTE ( 10. )
 Complex eigenvalues in ascending order
        REAL
   1 -0.09781000
   2 -1.01885000
   3 -1003.48000
```

Leider gibt es in ACSL keine Möglichkeit, die Eigenwerte abzuspeichern und in
ihrem zeitlichen Verlauf darzustellen. Eine Nachverarbeitung in anderen Programmen ist allerdings möglich. Da die Eigenwerte auf der Log-Datei mitge-
schrieben werden, kann diese Datei nach dem Entfernen von Befehlsaufrufen,
Kommentaren und Überschriften z. B. in einem Tabellenkalkulationsprogramm
verarbeitet werden. Ein Tabellenkalkulationsprogramm kann aus diesen Daten
leicht den Steifheitsfaktor berechnen und graphisch darstellen (Abb. 4.22).

Weiters von Interesse ist die Berechnung des stationären Zustands ohne Elektronenbeschuß ($p = 0$) und mit Elektronenbeschuß ($p = 10^4$). Das Modell erlaubt
ein analytisches Berechnen der Gleichgewichtslagen f_s, m_s und r_s durch

$$f_s = \frac{p}{l_f}, \quad m_s = \frac{k_f p^2}{d_m l_f^2}, \quad r_s = \frac{k_f p^3}{d_r l_f^3},$$

womit ein Vergleich zu numerisch berechneten Lösungen möglich ist. Mit den
Parameterwerten aus dem Modell ergibt sich für $p = 0$ die Gleichgewichtslage
$f_s = m_s = r_s = 0$ und für $p = 10^4$ die Gleichgewichtslage $f_s = m_s = 10, r_s = 10^3$.

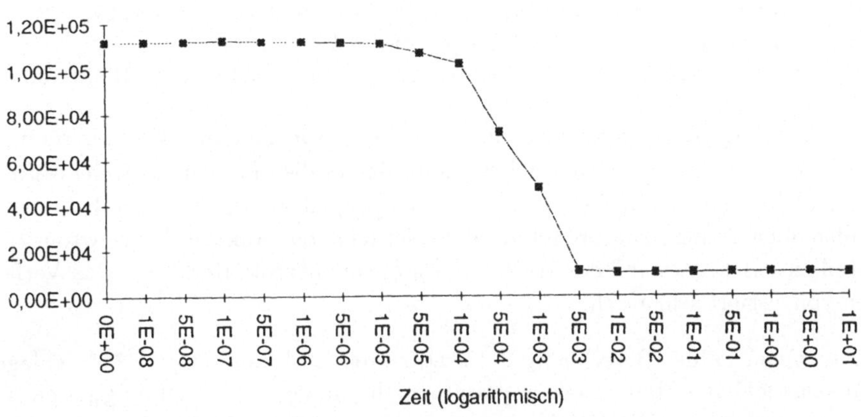

Abbildung 4.22: Steifheitsfaktor über t, Datenübernahme in Tabellenkalkulation

Um die Arbeitsweise von `ANALYZE /TRIM` mitverfolgen zu können, ist `ANALYZE /LIST=.TRUE.` zu setzen. Für eine zusätzliche Bildschirmausgabe muß auch der Systemparameter `hvdprn=.TRUE.` gesetzt werden. Die Berechnung des stationären Zustands beginnt immer mit dem Anfangswertvektor $\vec{\tilde{x}}^{[0]} = \vec{x}_0$. Jede Iteration des `ANALYZE /TRIM` Befehls gibt Informationen über den Konvergenzfortschritt aus:

```
ACSL> SET p = 0        ! Kein Elektronenbeschuss
ACSL> ANALYZE /TRIM  ! Berechnung des stationaeren Zustands
 State vector - iteration number 1
        F 9.97500000          M 1.67400000          R 84.9900000
Derivative vector - residual is 1654.70000 previous 1.0000E+30
         Scaled residual is  8012.30000 previous 1.0000E+30
    Z99996-9999.75000     Z99997 0.07691240     Z99998 8.19915000
Newton step  1244.58000  steep desc step  12566.7000  mu  1
 State vector - iteration number 2
        F 2.8875E-11          M-9.95006000          R-1159.50000
Derivative vector - residual is 135.850000 previous 1.0000E+30
         Scaled residual is  215.215000 previous 8012.30000
    Z99996-135.850000     Z99997-106.000000     Z99998 115.950000
Newton step  1.56011000  steep desc step  537.642000  mu  0
 State vector - iteration number 3
         :
         :
```

```
State vector - iteration number 6
          F-1.0907E-16              M-1.1333E-07              R-6.4683E-05
 Derivative vector - residual is 6.5077E-06 previous 43.1906000
Scaled residual is  1.1966E-05 previous 77.1972000
    Z99996-6.6950E-06      Z99997-6.3550E-06      Z99998 6.4683E-06
```

Nach der Angabe des Iterationsschrittes (iteration number) wird der momentane Wert des Vektors $\hat{\vec{x}}$ angegeben, dann das in diesem Schritt erreichte (normierte) Residuum und die Funktionswerte $\vec{f}(\hat{\vec{x}})$, denen in ACSL üblicherweise Hilfsnamen Znnnnn zugeordnet werden. Es folgt die Angabe des Newton- und Gradientenschrittes und des Wertes von μ für die nächste Iteration. Das Verfahren konvergiert sehr rasch.

Erste Versuche der Berechnung des stationären Zustands für $p = 10^4$ schlagen zunächst fehl, das Simulationsprogramm bricht mit der Fehlermeldung „floating point error" ab. Die Befehlsparameter für ANALYZE /TRIM müssen sorgfältiger gewählt werden. Erster Versuch ist die Verkleinerung der Schritte durch den Befehlsparameter FRACDL:

```
ACSL> SET p=1.0d4            ! Konstanter Elektronenbeschuss
ACSL> ANALYZE /FRACDL=0.02   ! Starke Daempfung der Iteration
ACSL> ANALYZE /TRIM          ! Berechnung stationaerer Zustand
       :
       :
State vector - iteration number 3
        F 9.97501000             M 1.67565000             R 85.2327000
Derivative vector - residual is 0.18354400 previous 0.18197400
           Scaled residual is 9.90513000 previous 9.91112000
    Z99996 0.25347300     Z99997 0.08309910     Z99998 8.19133000
Newton step  912.718000  steep desc step  16.6885000  mu  6
       :
Newton step  908.156000  steep desc step  16.3478000  mu  2
State vector - iteration number 8
        F 9.97525000             M 1.75126000             R 94.4982000
Derivative vector - residual is  0.23681600  previous  0.21505600
            Scaled residual is  9.70068000  previous  9.78880000
    Z99996 0.33233200     Z99997 0.17982800     Z99998 8.01947000
Newton step  903.451000  steep desc step  16.1180000  mu  1
       :
       :
State vector - iteration number 50
        F 9.98930000             M 6.43233000             R 607.949000
Derivative vector - residual is 0.11339100 previous 0.11576900
```

```
          Scaled residual is 4.18524000 previous 4.27023000
   Z99996 0.15003900    Z99997 0.08669510    Z99998 3.45958000
 Newton step  391.505000  steep desc step  6.92399000  mu  0
 Too many iterations, can-t converge
```

Die Iteration bricht bei Erreichen der maximalen Iterationsanzahl ab. Eine
Möglichkeit besteht in der Vorgabe einer höheren Anzahl von Iterationen. Besser ist es, ausgehend vom momentanen Wert weiter zu iterieren. Dazu können
mit dem Befehl REINIT die Anfangswerte f_0, m_0 und r_0, mit denen die Berechnung des stationären Zustands beginnt, mit den aktuellen Werten von f, m und
r überschrieben werden. Dieses Überschreiben wirkt wie ein SET Befehl. Die
Iteration beginnt erneut, aber mit den Endwerten der vorhergehenden Iteration:

```
ACSL> REINIT          ! Anfangswerte = aktuelle Werte
ACSL> ANALYZE /TRIM   ! Fortsezung Ber.d.stat. Zustands
Jacobian evaluated. Condition number is  0.01730600
State vector - iteration number 1
F 9.98951000          M 6.50369000          R 615.779000
Derivative vector - residual is 0.11103400 previous 1.0000E+30
          Scaled residual is 4.10190000 previous 1.0000E+30
Z99996 0.14666600    Z99997 0.08458850    Z99998 3.39076000
 Newton step  383.869000  steep desc step  6.77981000  mu  8
 State vector - iteration number 2
        F 9.98951000         M 6.50391000          R 615.813000
 Derivative vector - residual is 0.11181400 previous 1.0000E+30
          Scaled residual is 4.10057000 previous 4.10190000
   Z99996 0.14741800    Z99997 0.08549700    Z99998 3.38963000
Convergence to local minima. Residual is  0.11181400
```

Die Weiteriteration bricht rasch mit der Meldung Convergence to local minima
ab. Das Verfahren kann das Residuum nicht weiter verkleinern, obwohl die geforderte Genauigkeit noch nicht erreicht ist. Dem Benutzer stellt sich die Frage,
ob er diese Lösung als richtig (lokales Minimum ist auch globales Minimum) ak-
zeptieren soll oder nicht. Bei dem hier betrachteten Beispiel ist die angebotene
Lösung falsch. Um von diesem vermutlich sehr flachen Minimum wegzukom-
men, wird die Dämpfung des Verfahrens verkleinert, d.h. der Befehlsparameter
FRACDL wird vergrößert:

```
ACSL> ANALYZE /FRACDL=0.1  ! Verkleinerung der Verf.Daempfung
ACSL> ANALYZE /TRIM        ! Fortsetzung Ber.d.stat. Zustands
Jacobian evaluated. Condition number is  0.01730600
State vector - iteration number 1
        F 9.98951000         M 6.50369000          R 615.779000
Derivative vector - residual is 0.11103400 previous 1.0000E+30
```

```
          Scaled residual is 4.10190000 previous 1.0000E+30
   Z99996 0.14666600    Z99997 0.08458850    Z99998 3.39076000
Newton step  383.869000  steep desc step  6.77981000  mu  8
   :
   :

State vector - iteration number 27
        F 9.99858000         M 9.52398000         R 948.006000
Derivative vector - residual is 0.04839870 previous 0.05379340
          Scaled residual is 0.51890300 previous 0.57653800
   Z99996 0.04909330    Z99997 0.04757050    Z999980.42561000
Newton step  51.9882000  steep desc step  0.77009500  mu  0
   :
   :

State vector - iteration number 42
        F 9.99987000         M 9.95781000         R 995.391000
Derivative vector - residual is 0.00427834 previous 0.00475385
          Scaled residual is 0.04600410 previous 0.05111550
   Z99996 0.00433731    Z99997 0.00420236    Z99998 0.03773540
Convergence to local minima. Residual is  0.00427834
```

Wiederum bricht die Iteration mit „Convergence to local minima" ab, aber
das Ergebnis kann als Resultat akzeptiert werden. Um bessere Konvergenz bei
dieser Iteration zu erhalten, müssen die relativen und absoluten Fehler X_i bzw.
M_i, die für f, m und r als maximale Fehler für den Integrationsalgorithmus und
für die Berechnung der Perturbationsgrößen zur Approximation der Jakobimatrix vorgegeben werden, geeignet angepaßt werden. Die folgende erfolgreiche
Berechnung des stationären Zustands beginnt wieder mit den Anfangswerten
f_0, m_0, r_0:

```
ACSL> XERROR f=1.d-7, m=1.d-3, r=1.d-1   ! Individuelle Vorgabe
ACSL>                      ! des absoluten Fehlers pro Zustand
ACSL> SET p = 1.d4        ! Konstanter Elektronenbeschuss
ACSL> SET hvdprn=.T .     ! High volume data output auf Bildschirm
ACSL> ANALYZE /LIST=.T. ! Ausgabe der Schritte bei TRIM, etc.
ACSL> ANALYZE /TRIM       ! Berechnung des stationaeren Zustands
Jacobian evaluated. Condition number is  0.01734600
State vector - iteration number 1
        F 9.97500000         M 1.67400000         R 84.9900000
   :
State vector - iteration number 9
        F 9.99385000         M 7.52551000         R 771.543000
   :
   :
```

```
Newton step  0.02700670  steep desc step  0.01333700  mu  0
State vector - iteration number 13
         F 10.0000000         M 10.0000000         R 1000.00000
Derivative vector - residual is 2.2070E-04 previous 0.00289926
          Scaled residual is 4.0823E-04 previous 0.00536139
    Z99996 2.2079E-04    Z99997 2.2061E-04    Z99998-2.2067E-04
Convergence to local minima. Residual is  2.2070E-04
```

Die Iteration erreicht die richtige Lösung in 13 Schritten, gibt aber die Warnung aus, daß es sich nur um ein lokales Minimum handelt, wie bei der vorhergehenden Iteration mit falschem Ergebnis. Um sicher zu wissen, ob die Lösung bei „Convergence to local minima" ein stationärer Punkt ist oder nicht, empfiehlt sich ein Simulationslauf mit den berechneten Werten des Verfahrens als Anfangswerte (REINIT; START).

Dieses Beispiel zeigt, daß mit ANALYZE /TRIM ein mächtiges Instrument zur Berechnung des stationären Zustands zur Verfügung steht, mit dem aber vorsichtig umgegangen werden muß. Um Sicherheit für die Ergebnisse zu erhalten, sind Simulationen im Zeitbereich notwendig.

4.9 Anwendung: Schaltverstärker

Als zweite Anwendung für Eigenwertberechnungen wird das Modell für einen Schaltverstärker betrachtet. Der dem Verstärker äquivalente Schaltkreis (siehe Abb. 4.23) modelliert mit $R(t)$ einen zeitabhängigen Widerstand entsprechend einer aktiven Komponente in Form eines Schalters mit 5 mOhm im eingeschalteten Zustand und 5 MOhm im ausgeschalteten Zustand.

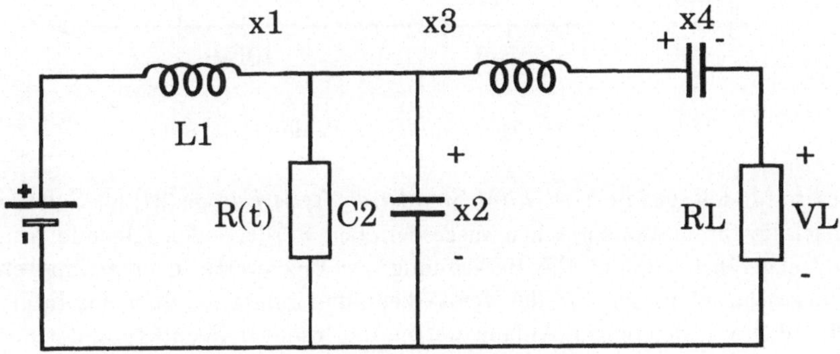

Abbildung 4.23: Schaltverstärker, Ersatzschaltkreis

Wählt man die Ströme durch die Spulen und die Spannungen an den Kondensatoren als Zustandsvariable $x_1 = i_{L1}, x_2 = v_{C2}, x_3 = i_{L3}$ bzw. $x_4 = v_{C4}$, so erhält man folgende Zustandsraumbeschreibung $\dot{\vec{x}} = \vec{f}(t, \vec{x})$:

$$\dot{x}_1 = -\frac{1}{L1}\,x_2 + \frac{V_{DC}}{L1}, \qquad\qquad x_1(0) = 0$$

$$\dot{x}_2 = \frac{1}{C2}\,x_1 - \frac{1}{C2\,R(t)}\,x_2 - \frac{1}{C2}\,x_3, \qquad x_2(0) = 0$$

$$\dot{x}_3 = \frac{1}{L3}\,x_2 - \frac{RL}{L3}\,x_3 - \frac{1}{L3}\,x_4, \qquad x_3(0) = 0$$

$$\dot{x}_4 = \frac{1}{C4}\,x_4, \qquad\qquad\qquad\qquad x_4(0) = 0.$$

Das System ist linear, aber durch den Widerstand $R(t)$ zeitabhängig. Der Widerstand $R(t)$ wird als Funktion der Zeit formuliert, der innerhalb einer Periode von 10^{-6} Sekunden zwischen den beiden Widerstandswerten umschaltet. Anstelle einer unstetigen Umschaltung wird der Widerstandsanstieg durch lineare Interpolation zwischen t_0 und $t_0 + t_a$ berechnet, analog der Widerstandsabfall zwischen $t = 5 \cdot 10^{-6}$ und $t = 5 \cdot 10^{-6} + t_a$ (Abb. 4.24).

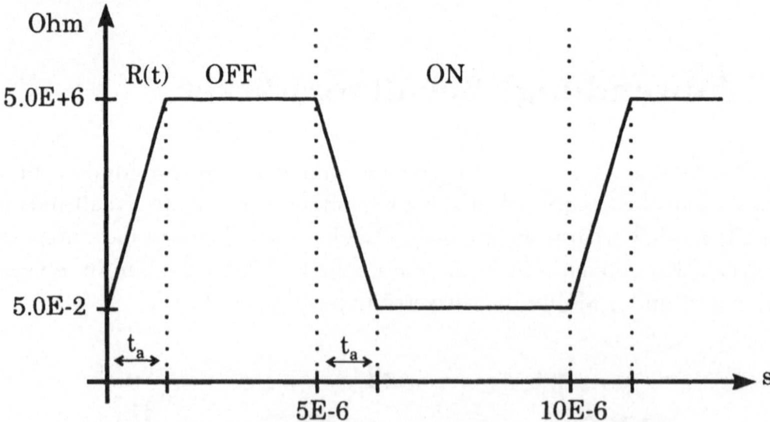

Abbildung 4.24: Zeitabhängiger Widerstand R(t)

In diesem Modell, das in *EUROSIM Simulation News Europe* [24] als Software-Vergleich für Simulationssprachen ausgeschrieben wurde, sollen folgende Aufgaben durchgeführt werden: die Berechnung der Eigenwerte in eingeschaltetem und ausgeschaltetem Zustand des Verstärkers, die Simulation über das Intervall $[0, 100 \cdot 10^{-6}]$ mit den obigen Anfangswerten und genauer Beendigung der Simulation bei $t = 100 \cdot 10^{-6}$ und die Variation von t_a in Simulationen, die in den Endwerten von vorhergehenden Simulationen starten.

Im ACSL–Modell wird der zeitabhängige Widerstand $R(t)$ als Tabellenfunktion
einaus vorgegeben, seine Periodizität wird mit dem MOD Operator erzeugt. Für
die dritte Aufgabe muß der Anfangswert der Zeit t zugänglich sein, was mit
dem Schlüsselwort VARIABLE erreicht wird. Da das System steif ist, wird als
Integrationsalgorithmus das Gear-Verfahren mit geeignetem Kommunikationsintervall c_{int} und geeigneter minimaler Schrittweite h_{mint} gewählt. Die explizite
ACSL–Modellbeschreibung lautet:

```
PROGRAM Schaltverstaerker Klasse E
! ---------------------------------------------------------------
! Modell fuer Schaltverstaerker Klasse E
! Lineares Modell mit zeitabhaengigem Widerstand R(t)
! ---------------------------------------------------------------
! --- Integrationssteuerung ------------------------------------
  CINTERVAL  cint = 1.0e-7    ! Ausgabeintervall
  ALGORITHM  ialg =2          ! Integrationsalgorithmus (Gear)
  NSTEPS     nstp = 10        ! Anfangsschrittweite (cint/nstp)
  MINTERVAL  mint = 1.0e-15 ! Minimale Schrittweite
  VARIABLE   t, t0 = 0        ! Anfangszeitpunkt  t0 = 0
! ---------------------------------------------------------------
DERIVATIVE Amplifier
! --- Modellparameter ------------------------------------------
  CONSTANT   L1 = 79.9e-6, L3 = 232.0e-6        ! Henry
  CONSTANT   C2 = 17.9e-9, C4 = 9.66e-9         ! Farad
  CONSTANT   RL = 52.4,    VDC = 5.0            ! Ohm
  CONSTANT   periode = 10.0e-6, tend = 99.99e-6 ! Per., Endzeit
  CONSTANT   x10=0.0, x20=0.0, x30=0.0, x40=0   ! Anfangswerte
  TABLE      einaus, 1, 5   &     ! Tabelle fuer Widerstand R(t)
         / 0.0,    1.0e-15, 5.0e-6, 5.000000001e-6, 10.0e-6, &
           5.0e-2, 5.0e6,   5.0e6,  5.0e-2,         5.0e-2 /
! --- Modellgleichungen ----------------------------------------
  R  =  einaus ( MOD(t,periode) )   ! Widerstand R(t), period.
  IR = x2/R; VL = x3*RL; VL3 = x3d  ! Ausgangsgroessen
  x3d = ( x2 - RL*x3 - x4 ) / L3    ! Ausgangsgroesse
  x1  = INTEG ( (-x2 + VDC)/L1,     x10 ) ! Zustandsgroesse
  x2  = INTEG ( (x1 - x2/R - x3)/C2, x20 ) ! Zustandsgroesse
  x3  = INTEG ( x3d,                x30 ) ! Zustandsgroesse
  x4  = INTEG ( x3 / C4,            x40 ) ! Zustandsgroesse
! --- Simulationsende, mit Laufzeitkommentar -------------------
    TERMT ( t .GE. tend, 'Endzeit erreicht' )
! ---------------------------------------------------------------
END  ! of DERIVATIVE
END  ! of PROGRAM
```

Die erste Aufgabe besteht in der Berechnung der Eigenwerte in den beiden Phasen des Verstärkers. Die Eigenwertberechnung mit `ANALYZE /EIGEN` berechnet die Jakobimatrix durch Perturbation um den momentanen Wert des Zustandsvektors. In einem linearen System mit konstanten Koeffizienten sind die Jakobimatrix und die Eigenwerte konstant und daher unabhängig vom Entwicklungspunkt, auch wenn das System durch Perturbation linearisiert wird. Im betrachteten Beispiel ist der Widerstand $R(t)$ allerdings zeitabhängig. Um die Jakobimatrix und die Eigenwerte zu berechnen, müßte daher bis zu einem Zeitpunkt gerechnet werden, in dem sich der Verstärker im jeweiligen gewünschten Zustand befindet. Diese Integration kann jedoch umgangen werden. Der Widerstand $R(t)$ ist bis auf die transienten Phasen in den Intervallen $[0, t_a]$ und $[5 \cdot 10^{-6}, 5 \cdot 10^{-6} + t_a]$ konstant. Es reicht daher aus, die Zeit t auf einen Wert zu setzen, in dem sich der Verstärker im gewünschten Zustand befindet und in dessen Umgebung die Tabellenfunktion `einaus` konstant ist. Die Entwicklungspunkte werden daher für den eingeschalteten Zustand bei $t = 2 \cdot 10^{-6}$ und für den ausgeschalteten bei $7 \cdot 10^{-6}$ gewählt. ACSL berechnet die Eigenwerte korrekt:

```
ACSL> SET t=2.e-6       ! Zeitpunkt im eingeschalteten Zustand
ACSL> ANALYZE /EIGEN  ! Berechnung der Eigenwerte
 Complex eigenvalues in ascending order
       REAL          IMAGINARY          FREQUENCY      DAMPING
    1 -58228.4000  +/-532750.000       535923.0      0.108651
    3 -54708.2000  +/-1.0408E+06       1.04E+06      0.052491
ACSL> SET t=7.e-6       ! Zeitpunkt im ausgeschalteten Zustand
ACSL> ANALYZE /EIGEN  ! Berechnung der Eigenwerte
 Complex eigenvalues in ascending order
       REAL          IMAGINARY          FREQUENCY      DAMPING
    1 -625.783000
    2 -113039.000  +/-658352.000       667986.0      0.169223
    4 -1.1173E+09
```

Im ersten Fall liegen zwei konjugiert komplexe Eigenwerte vor, die ACSL paarweise angibt, und zu denen auch Dämpfungsgrad und natürliche Kreisfrequenz berechnet werden. Im zweiten Fall ergeben sich zwei reelle Eigenwerte und ein konjugiert komplexer Eigenwert. Diese Berechnungen zeigen u.a., daß das System steif ist.

Die zweite Aufgabe ist die Simulation über zehn Perioden (Intervall $[0, 100 \cdot 10^{-6}]$). Die Simulation muß, um die Folgeaufgabe durchführen zu können, exakt bis $t = 100 \cdot 10^{-6}$ rechnen. Die Aufsummierung der Kommunikationsintervalle c_{int} führt zu Rundungsfehlern, die ein Simulationsende erst bei $t_{end} + c_{int}$ (exakte Rechnung) erkennen. Daher muß in diesem Fall eine Endzeit t_{end} vorgegeben werden, die knapp vor dem Ende des Simulationsintervalls, aber nach dem vorletzten Kommunikationszeitpunkt liegt, z.B. $t_{end} = 99.99 \cdot 10^{-6}$. Die folgenden

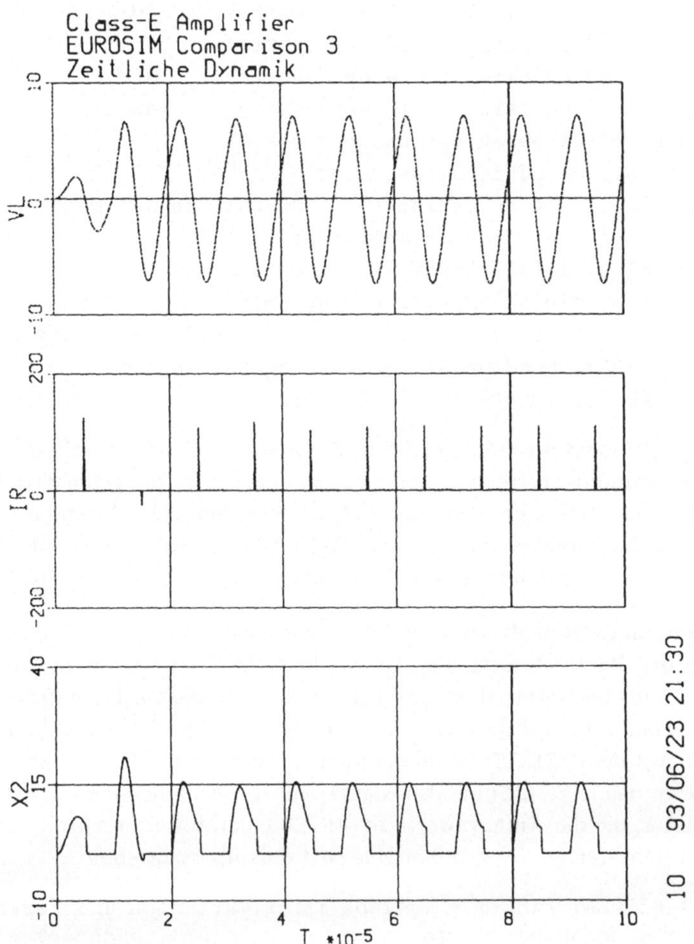

Abbildung 4.25: Zustand x_2, Strom am Widerstand i_r und Ausgangsspannung v_L

Befehle führen die Simulation durch und erzeugen für x_3, i_R und v_L Zeichnungen in Meßstreifenform, die teilweise aufgrund der steilen Übergänge in $R(t)$ nahezu Unstetigkeiten zeigen (Abb. 4.25):

```
ACSL> PREPARE t,x2,ir,vl    ! Abspeicherung
ACSL> START                 ! Simulationslauf
 Endzeit erreicht
Count of times state controlled step size
```

```
Minus (-) means relative error always below absolute error
        X1 pc fail       0 err control      70-
        X2 pc fail      28 err control     1556
        X3 pc fail       4 err control      52-
        X4 pc fail      10 err control      745
   Number of Jacobian evaluations was 43
     Number of LU decompositions was 554
ACSL> SET calplt=.F.,strplt=.T.! Umschalten auf Meszstreifen
ACSL> SET title="Class-E Amplifier"
ACSL> SET title(41)="EUROSIM Comparison 3"
ACSL> SET title(81)="Zeitliche Dynamik"
ACSL> PLOT x2,ir,vl              ! Meszstreifenzeichnung x2,ir,vl
ACSL> DISPLAY tend, t            ! Ausgabe Endzeit
     TEND 9.9990D-05        T 1.0000D-04
```

Das Integrationsverfahren, der Gear–Algorithmus, muß sehr oft die Schrittweite und die Ordnung korrigieren, um insbesondere bei x_2 die geforderte Genauigkeit auch bei den steilen Flanken von $R(t)$ zu erreichen. Die Ausgabe der Endzeit t zeigt, daß die Vorgabe von $t_{end} = 99.99 \cdot 10^{-6}$ bei einem Kommunikationsintervall von $c_{int} = 10^{-7}$ ausreicht, um die Simulation exakt bei $t = 100 \cdot 10^{-6}$ zu beenden.

Mit den Endwerten dieses Simulationslaufs wird die dritte Aufgabe, eine Variation des Parameters t_a, der die Steilheit der Flanken beim Umschalten des Widerstands bestimmt, durchgeführt. Da die Simulationsläufe für diese Parametervariation mit den Endwerten des vorgehenden Simulationslaufs starten sollen, werden mit dem REINIT Befehl die momentanen Werte des Zustandsvektors (die Endwerte des letzten Simulationslaufs) auf die Anfangswerte übertragen. Jene Parameter, die die Anfangswerte für INTEG Operatoren beschreiben, werden dabei mit den Werten des zugehörigen Zustands überschrieben:

```
ACSL> DISPLAY /ALL    ! Ausgabe aller Variablen und Parameter
     T 1.0000D-04      TO 0.              CINT 1.0000D-07
           :
State Variables          Derivatives      Initial Conditions
        X1 0.26109067    Z99994 62442.6857    X10 0.
        X2 0.01082959    Z99993 1.2101D+07    X20 0.
        X3 0.04448949    Z99992 51932.8598    X30 0.
        X4-14.3688437    Z99991 4.6055D+06    X40 0.
           :
           :
ACSL> REINIT    ! Initialisierung der Anfangswerte mit den
ACSL>           ! momentanen Werten der Zustaende
ACSL> DISPLAY /ALL    ! Ausgabe aller Variablen und Parameter
     T 1.0000D-04      TO 1.0000D-04   CINT 1.0000D-07
```

```
        :
State Variables         Derivatives      Initial Conditions
    X1 0.26109067       Z99994 62442.6857    X10 0.26109067
    X2 0.01082959       Z99993 1.2101D+07    X20 0.01082959
    X3 0.04448949       Z99992 51932.8598    X30 0.04448949
    X4-14.3688437       Z99991 4.6055D+06    X40-14.3688437
        :
```

Der DISPLAY Befehl vor und nach dem Befehl REINIT zeigt die Übertragung der Endwerte auf die Anfangswerte. Dabei wird auch die unabhängige Veränderliche t als Zustandsgröße betrachtet, und ihr Endwert des vorhergehenden Laufs wird auf den Anfangswert t_0 übertragen. Eine Simulation startet nun mit $t_0 = 100 \cdot 10^{-6}$. Diese Übertragung ist bei der zu lösenden Aufgabe unerwünscht, daher muß dem Anfangswert t_0 mit dem SET Befehl wieder der Wert $t_0 = 0$ zugewiesen werden. Normalerweise ist der Anfangswert für die unabhängige Veränderliche der von ACSL erzeugte Systemparameter zzticg, dessen Name nicht allgemein bekannt ist. Der Anfangswert t_0 wird daher in diesem Beispiel als Parameter t0 im Schlüsselwort VARIABLE explizit vereinbart, obwohl die unabhängige Veränderliche t nicht umbenannt wird. Nach Richtigstellung des Anfangszeitpunktes kann ein Simulationslauf mit $t_a = 10^{-15}$, der in der Tabelle einaus über den Stützstellenabstand vorgegeben ist, erfolgen:

```
ACSL> SET t0=0          ! Richtigstellung des Anfangszeitpunktes
ACSL> DISPLAY t, t0, cint ! Kontrollausgabe
   T 1.0000D-04      T0 0.          CINT 1.0000D-07
ACSL> SET tend=1.e-5 ! Endzeit = 1 Periode
ACSL> START             ! Simulationslauf
Count of times state controlled step size
     :
```

Der zu variierende Parameter t_a ist die Zeit, die der Widerstand $R(t)$ für einen Niveauwechsel der Widerstandswerte benötigt. Er scheint in der Tabellenfunktion als Zeitdauer zwischen erstem und zweitem bzw. drittem und viertem Stützpunkt auf. Die x-Werte einer Tabelle sind im Gegensatz zur Definitionsreihenfolge in der TABLE Vereinbarung in der Modellbeschreibung auf der entsprechenden Feldvariablen nach den y-Werten abgespeichert, sodaß in einaus der siebente und der neunte Wert entsprechend verändert werden müssen, wenn t_a verlängert werden soll. Um alle Simulationsläufe in einer Zeichung (Abb. 4.26) zu erhalten, darf die Prepare-Datei mit nachfolgenden Simulationsläufen nicht überspeichert werden (nrwitg=.T.). Für die Zeichnung ist das „Rückfahren" des Zeichenstiftes zu verhindern (ftsplt=.T.). Die Parametervariation erfolgt durch „händisches" Ändern der Werte mit dem SET Befehl, da ACSL keine Parameterschleifen zur Laufzeit anbietet:

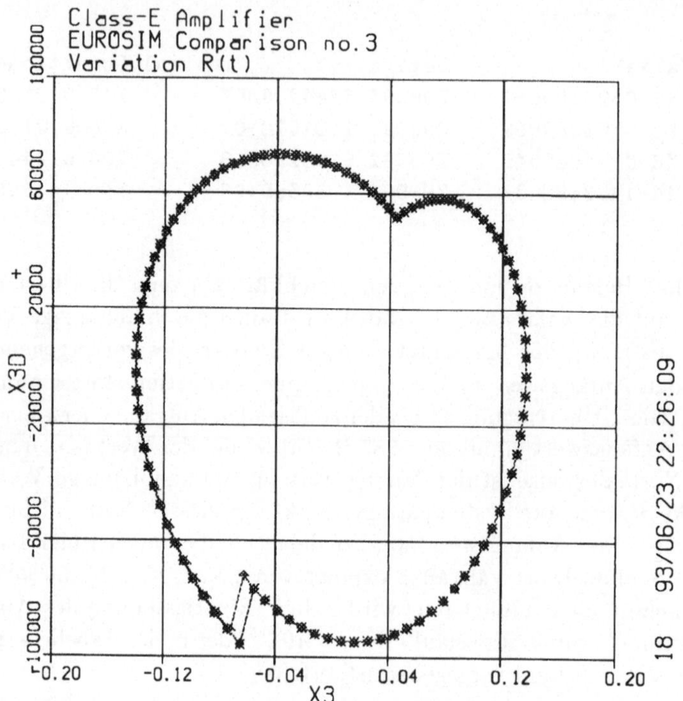

Abbildung 4.26: Phasenbild $\dot{x}_3$ über x_3, Variation von t_a

```
ACSL> SET nrwitg=.T., ftsplt=.T. ! No Rewind, No Fl.Trace Back
ACSL> SET einaus(7)=1.d-11, einaus(9)=5.000001d-6  ! Variation
ACSL> START                                      ! Simulationslauf
ACSL> SET einaus(7)=1.d-9, einaus(9)=5.001d-6       ! Variation
ACSL> START                                      ! Simulationslauf
ACSL> SET einaus(7)=1.d-7, einaus(9)=5.1d-6         ! Variation
ACSL> START                                      ! Simulationslauf
ACSL> SET title="Class-E Amplifier"
ACSL> SET title(41)="EUROSIM Comparison no.3"
ACSL> SET title(81)="Variation R(t)"
ACSL> SET symcpl=.T., npccpl=1    ! Symbol jeder Komm.Zeitpunkt
ACSL> PLOT /XAXIS=x3 x3d /CHAR=3 ! Zeichnung aller Variationen
```

Die Phasendarstellung der Parametervariation in Abb. 4.26 zeigt, daß die Kurven für die ersten drei Parameter zusammenfallen. Tatsächlich können durch die begrenzte Wortlänge des Rechners vor allem die ersten beiden Werte für den Parameter t_a während der Simulation nicht differenziert werden.

5   Diskrete Modellteile - Ereignisse

ACSL ist dem Wesen nach eine Simulationssprache, die primär die Modellbildung und Simulation dynamischer Prozesse ermöglicht. ACSL „versteht" die Beschreibung eines dynamischen Systems in Form von Differentialgleichungen und Übertragungsfunktionen. Letzere erlauben eine komfortable Modellbildung von Strecken, Meßstrecken, Reglern etc. Im Laufe der Entwicklung wurde von Anwendern aus dem Gebiet der Regelungstechnik der Wunsch nach der Möglichkeit der Modellierung von diskreten Reglern laut. ACSL führte daher schon in relativ frühen Versionen mit der DISCRETE Section eine Möglichkeit zur Beschreibung digitaler Regler ein. Die Simulation des kontinuierlichen Modells wird dabei periodisch zur Abtastzeit unterbrochen, das in der DISCRETE Section formulierte Regelgesetz wird berechnet und daraufhin die Simulation des kontinuierlichen Modells fortgesetzt. Andererseits forderte die Weiterentwicklung in der Simulationstechnik die Möglichkeit zur Formulierung von zustandsabhängigen Änderungen von Parametern, Variablen und auch Modellstrukturen. Bei komplexeren Aufgaben waren diese Änderungen kaum mehr in der DERIVATIVE Section, auch durch noch so trickreiche „Umschaltungen", formulierbar, speziell bei isolierten Änderungen. Derartige Änderungen können ebenfalls in einer DISCRETE Section beschrieben werden. ACSL stellt die Bedingung für die Änderung fest und ermittelt den Zeitpunkt der Änderung. Die Simulation des dynamischen Teiles wird unterbrochen und die Änderung durchgeführt.

Die Erweiterungen mit dem Konzept der DISCRETE Section führten zu einer Umstrukturierung der Ablaufstruktur von ACSL. Konzeptuell wurden die notwendigen Erweiterungen unter dem Begriff „Ereignis" zusammengefaßt. Ein Ereignis ist ein Prozeß, der isoliert zu einem festen Zeitpunkt oder bei Eintreffen einer Bedingung stattfindet und ohne Zeitverbrauch die Werte der Variablen des Modells ändern kann. Ereignisse unterbrechen die Berechnung der Dynamik, führen Änderungen ohne Zeitverbrauch durch und lassen danach die Dynamik weiterrechnen. Die Ablaufstruktur des ACSL–Simulationsprogrammes wurde auf eine Ereignisverwaltung umgestellt. Dabei wurden bisherige ACSL–Module wie die Datenausgabe und die Abarbeitung der DYNAMIC Section selbst als Ereignis implementiert.

Prinzipiell kann man Zeitereignisse und Zustandsereignisse unterscheiden. Das Eintreten eines Zeitereignisses ist im Vorhinein durch den Ereigniszeitpunkt bekannt. Zustandsereignisse treten abhängig von Zustandswerten ein, ihr Eintreten ist daher zeitlich nicht bekannt.

ACSL erlaubt die Beschreibung von Ereignissen in DISCRETE Sections, die hierarchisch auf gleicher Ebene wie die DERIVATIVE Sections stehen. DISCRETE Sections werden in der DYNAMIC Section nach der DERIVATIVE Section angegeben und müssen mit einem Namen versehen werden.

Die Abarbeitung der Ereignisse, in die auch die Synchronisation der Integration der kontinuierlichen Modellteile über Kommunikationsintervalle übernommen wird, erfolgt mit einer sich dynamisch aufbauenden Ereignisliste. In diese Ereignisliste werden Ereignisse automatisch vom System oder vom Benutzer in der Modellbeschreibung über den SCHEDULE Operator bzw. über andere Mechanismen direkt oder indirekt eingetragen.

ACSL ist von der Struktur her eine kombinierte Simulationssprache. Es können auch rein diskrete Modelle, basierend auf Differenzengleichungen oder auch auf Ereignissen, die stochastische diskrete Prozesse festlegen, beschrieben und simuliert werden.

5.1   Zeitereignisse

Mit Zeitereignissen können auf relativ einfache Art diskrete Modellteile wie digitale Regler, einfache Differenzengleichungen und isolierte Änderungen von Parametern und Variablen durchgeführt werden.

Zeitereignisse werden in einer DISCRETE Section formuliert. Eine DISCRETE Section kann periodisch oder isoliert zu einzelnen Zeitpunkten ausgeführt werden. Die Erzeugung, Verwaltung und Abarbeitung der Zeitereignisse in der richtigen Reihenfolge wird „Schedulen" genannt. Die erste Form des „Schedulen" eines Ereignisses soll der Modellierung eines diskreten Reglers dienen. Ein Modell, bestehend aus kontinuierlicher Strecke und diskretem Regler, wird durch folgende Modellstruktur realisiert:

```
PROGRAM Strecke mit diskretem Regler
...
  DERIVATIVE Strecke  ! Kontinuierliche Strecke
   x = INTEG(f(x,uk), x0) ! Zustand x haengt von Steuerung uk ab
      :
  END  ! of DERIVATIVE
  DISCRETE Regler      ! Diskreter Regler
   INTERVAL ta=0.02    ! Abtastintervall
    uk = r(x)  ! Regelgroesse uk haengt von abgetasteten Werten
             !  des Zustandes x ab
      :
  END  ! of DISCRETE
END  ! of PROGRAM
```

Die Streckendynamik $x(t)$ wird in der DERIVATIVE Section mit dem Namen Strecke beschrieben. Sie verwendet die Regelgröße u_k, die in der DISCRETE Section mit dem Namen Regler berechnet und aus abgetasteten Werten x_k der Zustandsgröße $x(t)$ ermittelt wird. Das Schlüsselwort

```
INTERVAL  ta = 0.02
```

in der DISCRETE Section legt fest, daß die DISCRETE Section alle $t_a = 0.02$ Zeiteinheiten, beginnend mit $t_a = t_0$, durchgeführt wird. Im gegenständlichen Fall wird die Simulation der kontinuierlichen Strecke alle 0.02 Zeiteinheiten unterbrochen. Die Anweisungen der DISCRETE Section, also die Berechnung der neuen Regelgöße u_k, werden durchgeführt, dann wird der dynamische Teil weitersimuliert.

Eine andere Anwendung für eine DISCRETE Section ist die Beschreibung von Differenzengleichungen. Das in Kap. 2.8 beschriebene Beispiel für ein Modell mit Differenzengleichungen zeigt, daß ACSL–Modelle keine DERIVATIVE Section beinhalten müssen !

Ein isoliertes Ereignis wird ebenso in einer DISCRETE Section beschrieben und mit dem SCHEDULE Operator zur Ausführung zu einem bestimmten Zeitpunkt „angemeldet". Der Befehl

```
SCHEDULE  Ereignis  .AT.  5.0
```

bewirkt, daß die DISCRETE Section mit dem Namen Ereignis zum Zeitpunkt $t = 5$ durchgeführt wird. Die Simulation des dynamischen Teiles des Modells wird bei $t = 5$ unterbrochen, um die Anweisungen der DISCRETE Section Ereignis durchzuführen. Der SCHEDULE Operator ist in dieser Form nur in einer INITIAL oder in einer DISCRETE Section selbst sinnvoll. Der Zeitpunkt, zu dem das Ereignis stattfinden soll, kann durch einen beliebig komplexen Ausdruck formuliert werden. Bei der Durchführung des SCHEDULE Operators wird der Ausdruck mit den momentanen Werten der Variablen ausgewertet. Möglich sind daher auch die Angaben

```
SCHEDULE Ereignis1  .AT.   t*t+3
SCHEDULE Ereignis2  .AT.   x-3+alpha
```

Die Form des isolierten Zeitereignisses kann z. B. zur exakten Beschreibung von Sprüngen in Eingangsfunktionen verwendet werden. Die Heavysidefunktion $h(t_s)$, die zum Zeitpunkt t_s von 0 auf 1 springt, kann in ACSL mit u=STEP(ts) beschrieben werden. Dieser Operator wird folgendermaßen berechnet: ist die augenblickliche Zeit t kleiner als t_s, nimmt $u(t)$ den Wert 0 an, gilt $t > t_s$, so gilt $u(t) = 1$. Der Wechsel von 0 auf 1 erfolgt fast nie zum exakten Zeitpunkt. Dieser Sprung kann nun in einer DISCRETE Section formuliert werden, die zum Zeitpunkt t_s mit dem SCHEDULE Operator zur Bearbeitung angemeldet wird:

```
PROGRAM Diskreter Regler
INITIAL
     :
     :
 CONSTANT ts = 3
 SCHEDULE Sprung .AT. ts     ! Auswertung von "Sprung" bei ts
 us = 0                      ! Initialisierung von us
 END  ! of INITIAL
DYNAMIC
  DERIVATIVE Strecke        ! Kontinuierliche Strecke
    x = INTEG(f(x,us), x0) ! Dynamik von x abhaengig von us
    :
    :
  END  ! of DERIVATIVE
  DISCRETE Sprung           ! Sprungfunktion
   us = 1  !  us springt von 0 auf 1
   END  ! of DISCRETE Sprung
 END  !  of DYNAMIC
 END  !  of PROGRAM
```

In dieser Formulierung erfolgt der Sprung exakt zum Zeitpunkt $t_s = 3$, da die Integration zum Zeitpunkt t_s unterbrochen und u_s auf den Wert 1 gesetzt wird.

Auch aus numerischer Sicht ist die Beschreibung einer isolierten Änderung in einer DISCRETE Section günstig. Sie erlaubt ein genaues Synchronisieren von Unstetigkeiten mit der Integration. Bekanntlich basieren alle Fehlerabschätzungen für den verwendeten Integrationsalgorithmus auf Stetigkeitsvoraussetzungen für die Funktion $\vec{f}(t, \vec{x}(t))$. Ein Sprung (eine Unstetigkeit) während eines Integrationsschrittes kann bei Algorithmen mit Schrittweitensteuerung zu Problemen führen. Denn diese Algorithmen verwenden zur Abschätzung des lokalen Fehlers e_{i+1} Formeln, die die Ableitungen von $f(t, x)$ approximieren (vgl. Kap. 4.2). Im Falle einer Unstetigkeit existieren diese Ableitungen nicht, die Fehlerabschätzung liefert falsche Werte.

Die periodische Abarbeitung einer DISCRETE Section, z. B. zur Beschreibung eines diskreten Reglers oder einer Differenzengleichung, ist eine Sonderform der Abarbeitung mit Hilfe des SCHEDULE Operators. Das kurz skizzierte Beispiel eines diskreten Reglers kann auch mit dem SCHEDULE Operator beschrieben werden. Die DISCRETE Section Regler wird in der INITIAL Section zum Zeitpunkt $t = 0$ zur Bearbeitung angemeldet, in der Folge meldet sie sich selbst nach jeweils t_s Zeiteinheiten an:

```
PROGRAM Strecke mit diskretem Regler
INITIAL
        :
        :
 CONSTANT ta=0.02
 SCHEDULE Regler   .AT. 0  ! Sofortige Ausfuehrung von "Regler"
 END  ! of INITIAL
 DERIVATIVE Strecke         ! Kontinuierliche Strecke
   x = INTEG(f(x,uk), x0) ! Zustand x haengt von Steuerung uk ab
        :
        :
  END  ! of DERIVATIVE
  DISCRETE Regler            ! Diskreter Regler
   uk= r(x)     ! Regelgroesse  uk haengt vom Zustand x ab
    SCHEDULE Regler .AT. t+ta ! Ausfuehrung "Regler" nach Zeit ta
  END  ! of DISCRETE
END  ! of PROGRAM
```

Anweisungen in DISCRETE Sections sind rein statisch, denn eine DISCRETE Section ist „zeitlos". Alle Variablen haben daher in einer DISCRETE Section den Wert jenes Zeitpunktes, an dem die DISCRETE Section die Integration des dynamischen Modellteiles unterbrochen hat. Wird die DISCRETE Section Regler zum Zeitpunkt $t = 0.66$ aufgerufen, so bewirkt der SCHEDULE Operator in der DISCRETE Section eine Durchführung derselben DISCRETE Section zum Zeitpunkt $t + t_a = 0.66 + 0.02 = 0.68$.

In diesem Zusammenhang fällt auf, daß die DYNAMIC Section selbst ein vordefiniertes Zeitereignis ist. In periodischen Abständen von c_{int} Zeiteinheiten werden Werte ausgegeben und etwaige zusätzliche Berechnungen durchgeführt. Zu den Kommunikationszeitpunkten t_{c_i} findet ein Kommunikationsereignis statt.

Diese Ähnlichkeiten und Zusammenhänge weisen auf die im Laufe der verschiedenen Versionen von ACSL immer weiter verbesserte Ablaufverwaltung eines Simulationslaufes mit Hilfe von Ereignistabellen hin. Nicht die Ereignisse unterbrechen die Integration des kontinuierlichen Modells, sondern ein Ereignis startet nach seiner Bearbeitung die Integration bis zum nächsten Ereignis. ACSL stellte die Ablaufverwaltung nach Einführung der DISCRETE Section auf diese Art der Ereignisverwaltung um. Diese Arbeitsweise soll an einer Kombination aus den beiden obigen Beispielen demonstriert werden. Die DISCRETE Section Sprung erhöht u_s pro Aufruf um den Wert 1 (Treppenfunktion). Die DISCRETE Section Regler beschreibt das diskrete Regelgesetz, das periodisch alle t_a Zeiteinheiten neu berechnet wird:

```
PROGRAM Strecke mit diskretem Regler und Sprung
INITIAL
 CINTERVAL cint=0.1          ! Kommunikationsintervall
 NSTEPS     nstp = 4         ! Schrittweite h=cint/nstp
 CONSTANT ts=0.09, th=1, tend=0.35
 SCHEDULE Sprung .AT. ts     ! "Sprung" zum Zeitpunkt ts
 us = 0
END  ! of INITIAL
DYNAMIC
  DERIVATIVE Strecke             ! Kontinuierliche Strecke
   x = INTEG (f(x,uk,us), x0)    ! Zustand
   . . . . . . .
  END  ! of DERIVATIVE
  DISCRETE Regler                ! Diskreter Regler
   INTERVAL  ta = 0.06           ! Periodische Ausfuehrung "Regler"
    uk = r(x)                    !  Berechnung Regelgroesse
  END  ! of DISCRETE Regler
  DISCRETE Sprung                ! Treppenfunktion
   us = us + th                  !  Berechnung us (Erhoehung um th)
    SCHEDULE Sprung .AT. 2*t     !  "Sprung" zum Zeitpunkt 2*t
  END  ! of DISCRETE Sprung
 TERMT ( t. GE. tend )           ! Endbedingung
END  ! of DYNAMIC
END  ! of PROGRAM
```

Das Kommunikationsintervall $c_{int} = 0.1$ legt die Ereigniszeiten für das Kommunikationsereignis mit $t_{c_i} = i \cdot c_{int}$, $i = 0, 1, 2, \ldots$ fest. Das Schlüsselwort `INTERVAL ta=0.06` bewirkt, daß das in der `DISCRETE` Section `Regler` beschriebene Ereignis zu den Ereigniszeitpunkten $t_{r_j} = j \cdot t_a$, $j = 0, 1, 2, \ldots$ stattfindet. Das zur `DISCRETE` Section `Sprung` gehörende Ereignis wird zuerst von der `INITIAL` Section aus zum Zeitpunkt $t_{s_1} = t_s$ festgelegt, die weiteren Ereigniszeitpunkte erzeugen sich selbst durch $t_{s_k} = 2 \cdot t_{s_{k-1}}$, $k = 2, 3, \ldots$. Die folgende Tabelle gibt die zeitliche Abfolge der Ereignisse und die Anzahl der Integrationsschritte zwischen den Ereignissen mit den zugehörigen Schrittweiten an, Abb. 5.1 stellt die zeitliche Abfolge graphisch dar.

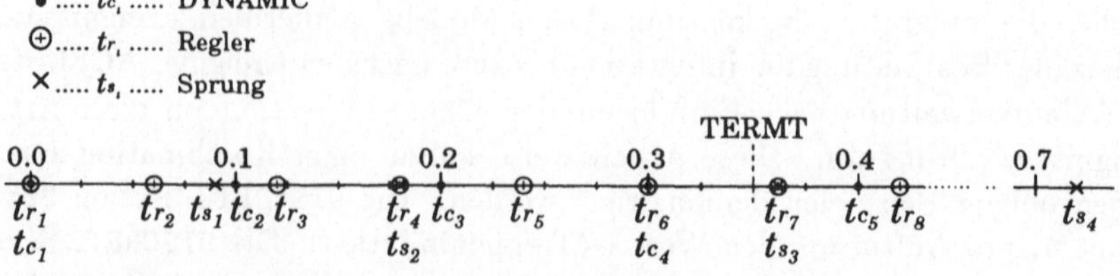

Abbildung 5.1: Ereignisverwaltung in ACSL

Zeit	Ereigniszeit	Section	Integrationsschritte
$t = 0$	t_{r_1}	Regler	
$t = 0$	t_{c_1}	Dynamic	3 Schritte, $h_1 = h_2 = 0.025, h_3 = 0.01$
$t = 0.06$	t_{r_2}	Regler	2 Schritte, $h_1 = 0.025, h_2 = 0.015$
$t = 0.09$	t_{s_1}	Sprung	1 Schritt, $h = 0.01$
$t = 0.1$	t_{c_2}	Dynamic	1 Schritt, $h = 0.02$
$t = 0.12$	t_{r_3}	Regler	3 Schritte, $h_1 = h_2 = 0.025, h_3 = 0.01$
$t = 0.18$	t_{r_4}	Regler	
$t = 0.18$	t_{s_2}	Sprung	1 Schritt, $h = 0.02$
$t = 0.2$	t_{c_3}	Dynamic	2 Schritte, $h_1 = 0.025, h_2 = 0.015$
$t = 0.24$	t_{r_5}	Regler	3 Schritte, $h_1 = h_2 = 0.025, h_3 = 0.01$
$t = 0.30$	t_{r_6}	Regler	
$t = 0.3$	t_{c_4}	Dynamic	3 Schritte, $h_1 = h_2 = 0.025, h_3 = 0.01$
$t = 0.36$	t_{r_6}	Regler	
$t = 0.36$	t_{s_3}	Sprung	2 Schritte, $h_1 = 0.025, h_2 = 0.015$
$t = 0.4$	t_{c_5}	Dynamic	TERMT erkannt
$t = 0.42$	t_{r_7}	*Regler*	nur angemeldet
$t = 0.72$	t_{s_4}	*Sprung*	nur angemeldet

Die Rubrik „Integrationsschritte" gibt an, wie viele Integrationsschritte und welche Schrittweiten der Integrationsalgorithmus bis zum nächsten Ereignis zu rechnen hat. Aufgrund der Parameter im Modell ist die Standardschrittweite $h = c_{int}/4 = 0.025$. Das Integrationsverfahren wählt entsprechend der Schrittweitenbestimmung (Kap. 4.3) zuerst diese Standardschrittweite. Führt diese im Laufe der Weiterintegration über den nächsten Ereigniszeitpunkt hinaus, so wird die Schrittweite auf die bis zum Ereignis verbleibende Zeit verkürzt.

Die Tabelle ist als Zusammenfassung der Ereignisverwaltung anzusehen. Die Ereignistabelle wird nicht am Beginn der Simulation angelegt, sondern laufend während der Simulation. Denn alle angegebenen Zeiten können sich während der Simulation ändern. Findet daher ein Kommunikationsereignis zum Zeitpunkt t_{c_i} statt, so wird der nächste Kommunikationszeitpunkt durch $t_{c_{i+1}} = t + c_{int}$ berechnet und dann erst in der Ereignistabelle eingetragen. Ebenso wird mit den Ereignissen der anderen DISCRETE Sections verfahren. Ein abgearbeitetes Ereignis wird aus der Ereignistabelle gelöscht.

Die Tabelle enthält Einträge mit gleichzeitigen Ereignissen. Die Reihenfolge der Abarbeitung ist hier die Definitionsreihenfolge der DISCRETE Sections, wobei die

DYNAMIC Section als letzte geführt wird. Die Gleichzeitigkeit von Ereignissen ist nur theoretisch leicht festzustellen. Denn es ist nicht gesagt, daß sich beim implementierten Modell die Ereignisverwaltung genauso verhält wie vorhergesagt. Grund dafür sind wieder die Rundungsfehler, die bei der Berechnung der Ereigniszeiten auftreten. Theoretisch gilt zwar

$$t_{c_4} = t_{r_5}, \quad t_{c_4} = t_{c_3} + c_{int}, \quad t_{r_5} = t_{r_4} + t_a,$$

aber bei der Berechnung aus den vorhergehenden Ereigniszeitpunkten werden Rundungsfehler gemacht, zudem sind bereits diese vorhergehenden Zeitpunkte mit Fehlern behaftet.

ACSL sieht in der Ereignisverwaltung daher Ereigniszeitpunkte als gleichzeitig an, die innerhalb einer rechner- und zeitabhängigen Genauigkeitsschranke EPMX liegen. Auf diese Schranke wird in Kap. 5.3 näher eingegangen.

Die Bedingung TERMT (t .GE. tend) mit $t_{end} = 0.35$ wird über das gesetzte Stop–Flag bei der Abfrage in der DYNAMIC Section (Kommunikationsereignis) bei $t_{c_5} = 0.4$ erkannt, was zur Beendigung der Simulation bei $t = 0.4$ führt. Die Ereignisse zu den Ereigniszeitpunkten t_{r_7} und t_{s_3} haben allerdings die zugeordneten Ereignisse zu den Zeitpunkten $t_{r_8} = t_7 + t_a = 0.42$ und $t_{s_4} = 2t = 0.72$ in die Ereignistabelle eingetragen. Da die Ereignisse nicht durchgeführt werden, bleiben die Einträge in der Ereignistabelle zunächst erhalten. Jeder mit START begonnene folgende Simulationslauf löscht die Ereignistabelle bei der Initialisierung vor der Berechnung der INITIAL Section. Ein mit CONTINUE fortgesetzter Simulationslauf durchläuft diese Initialisierung nicht, weshalb die alten Einträge in der Ereignistabelle erhalten bleiben. Auch bei iterativen Simulationsläufen, die von der TERMINAL Section in die INITIAL Section „springen" (z. B. bei Parametervariationen oder Optimierung, vgl. Kap. 9.1 und Kap. 10.1), wird die Ereignistabelle nicht gelöscht. Der Benutzer muß hier durch Aufruf des Unterprogrammes CALL INITD an einer geeigneten Stelle selbst für das Löschen der alten Einträge sorgen, die sonst zumeist sehr eigenartige Phänomene erzeugen.

5.2   Diskreter Regler

Dieses Kapitel stellt kurz das Modell für eine Strecke mit diskretem Regler vor, das zur Modellierung des diskreten Reglers und der Zeitverzögerung durch Mikroprozessor DISCRETE Sections verwendet. In der Folge werden mit weiteren DISCRETE Sections stochastische Ausfälle des Mikroprozessors modelliert und simuliert.

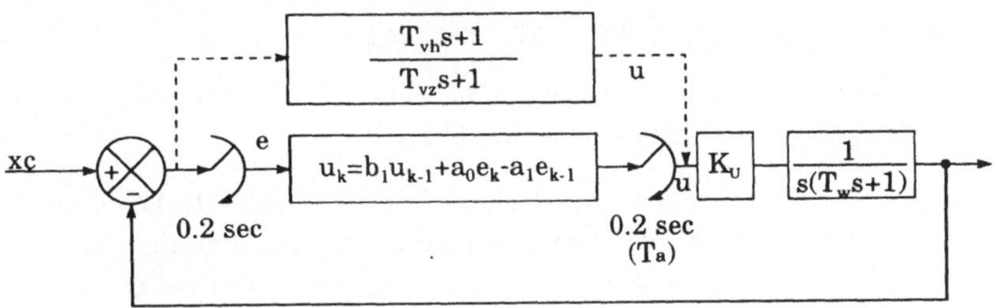

Abbildung 5.2: Blockdiagramm einer Wasserstandsregelung

Die kontinuierliche Strecke des Regelungssystems in Abb. 5.2 (Wasserstandsregelung) wird mit der Übertragungsfunktion

$$X(s) = G(s)\,U(s) = \frac{K}{s\,(T_b s + 1)}\,U(s)$$

beschrieben. Die Regelung mit dem klassischen $DT1$–Glied

$$U(s) = DT1(s)\,E(s) = \frac{T_{vh}s + 1}{T_{vz}s + 1}\,E(s)$$

wird durch eine diskrete Regelung ersetzt, die mit der Abtastzeit T_a arbeitet. Der äquivalente diskrete Regler lautet in der Darstellung der z–Transformation

$$U(z) = H(z)\,E(z) = \frac{a_0 - a_1 z^{-1}}{1 - b_1 z^{-1}}\,E(z).$$

Die Koeffizienten des digitalen Reglers werden durch

$$a_0 = \frac{T_{vh}}{T_{vz}}\,e^{-T_a\left(\frac{1}{T_{vz}} - \frac{1}{T_{vh}}\right)}, \quad a_1 = \frac{T_{vh}}{T_{vz}}\,e^{-\frac{T_a}{T_{vz}}}, \quad b_1 = e^{-\frac{T_a}{T_{vz}}}$$

gegeben. In Differenzenschreibweise lautet das Regelgesetz

$$u_k = b_{1u_{k-1}} + a_{0e_k} - a_{1e_{k-1}}.$$

Diese Schreibweise kann nahezu direkt als Modellbeschreibung in eine DISCRETE Section übernommen werden. Das folgende ACSL–Modell beschreibt diesen Regler in der DISCRETE Section DiskreterRegler, welche durch

    INTERVAL ta = 0.01

periodisch alle t_a Zeiteinheiten durchgeführt wird. In der INITIAL Section werden die Reglerparameter ausgerechnet und u_{k-1} (ud) und e_{k-1} (ep) werden initialisiert. Die DISCRETE Section DiskreterRegler übergibt die neue Stellgröße nicht sofort der Dynamik, sondern erst nach einer Zeitverzögerung, die in der Realität jeder Mikroprozessor zum Berechnen der Werte auch braucht. Diese Zeitverzögerung wird mit der DISCRETE Section VerzoegerungMP modelliert, die von der DISCRETE Section DiskreterRegler durch

```
    SCHEDULE  VerzoegerungMP   .AT. t+mcdel
```

mcdel Zeiteinheiten nach der Berechnung der neuen Stellgrößen aufgerufen wird
und diese Stellgrößen der DYNAMIC Section übergibt.

Zum Vergleich wird auch der kontinuierliche Regler modelliert. Logische Parameter erlauben die Auswahl zwischen kontinuierlichem und digitalem Regler und
Regler mit oder ohne Mikroprozessor–Verzögerung. Das vollständige Programm
lautet:

```
PROGRAM DIGITALER REGLER
! --------------------------------------------------------------
! --- Strecke mit wahlweise kontinuierlichem oder
! --- digitalem Regler und Mikroprozessor-Verzoegerung
! --------------------------------------------------------------
LOGICAL ldisc, lmcdel
INITIAL
! --- Modellparameter
CONSTANT  k=2.0, ta= 1., xc=1.0 ! Streckenparameter, Sollwert
CONSTANT  tvz =0.5, tvh=0.5     ! Reglerparameter
CONSTANT  mcdel=0.05, tend=10   ! MC-Verzoegerung, Endzeit
CONSTANT  ldisc=.FALSE., lmcdel=.FALSE. ! Modellauswahl
CINTERVAL cint=0.002            ! Integrationssteuerung
NSTEPS    nstp=1
MAXTERVAL maxt=0.004
! --- Berechnung der Parameter des digitalen Reglers --------
 b1 = EXP(-ta/tvz); a0 = tvh*EXP(-ta*(1.0/tvz-1.0/tvh))/tvz
 a1 = tvh*EXP(-ta/tvz)/tvz
 ud = 0.0; ep = 0.0  ! Initialisierung von u(k-1) und e(k-1)
END  ! of INITIAL
DYNAMIC
  DERIVATIVE Strecke
  ! Kontinuierliche Strecke, Kontin. Regler ----------------
    xd = REALPL ( ts , k * u )
    x  = INTEG  ( xd, 0.0  )
    uc = LEDLAG ( tvh, tvz, e)  !  Kontin. DT1-Regler
    e  = xc - x                 !  Regelabweichung
    u  = RSW ( ldisc, ud, uc )  !  Reglerauswahl
  END  ! of DERIVATIVE Strecke
  DISCRETE DiskreterRegler
  ! --- Diskreter Regler, Abtastung alle  ta sec -----------
    INTERVAL ta = 0.01          ! Abtastzeit
    CALL LOGD(.FALSE.)          ! Zusaetzliche Ausgabe
    udn = b1*ud + a0*e - a1*ep  ! Differenzengleichung fuer
```

```
   ep  = e                        !   digitalen Regler
   IF  ( .NOT. lmcdel ) THEN   ! Auswahl MP-Zeitverzoegerung
        ud  = udn
        GOTO ende
   ENDIF
 ! --- Schedulen der Rueckgabe der Stellgroessen ------------
   SCHEDULE VerzoegerungMP  .AT. t+mcdel
   ende..CONTINUE
   CALL LOGD(.FALSE.)             ! Zusaetzliche Ausgabe
 END  ! of DISCRETE DiskreterRegler
 DISCRETE VerzoegerungMP
 ! --- Rueckgabe der Stellgroessen nach MP-Verzoegerung -----
      ud = udp
      CALL LOGD(.FALSE.)          ! Zusaetzliche Ausgabe
   END  ! of DISCRETE VerzoegerungMP
TERMT  ( t. GE. tend )
END  !  of DYNAMIC
END  !  of PROGRAM
```

Ein Vergleich der unterschiedlichen Reglerarten ist einfach. Nach dem Festlegen
der Prepare-Liste und dem Setzen von Parametern erfolgt ein Simulationslauf mit
dem kontinuierlichen Regler (Standardeinstellung in der Modellbeschreibung).
Mit `ldisc=.T.` wird dann ein Simulationslauf unter Verwendung des diskreten Reglers ohne Mikroprozessorverzögerung mit einer Abtastzeit von $t_a = 0.25$
durchgeführt. Die Ergebnisse werden wegen `nrwitg=.T.` auf der Prepare-Datei
an die Ergebnisse des vorherigen Simulationslaufs angefügt. Mit `lmcdel=.T.` erfolgt ein dritter Lauf mit einer Mikroprozessorverzögerung von 0.1 Zeiteinheiten.
Der folgende `PLOT` Befehl zeichnet die Ergebnisse aller Simulationen in Meßstreifenform:

```
ACSL> PREPARE t,x,u                    ! Abspeicherung
ACSL> SET k=4;ta=0.25;mcdel=0.1 ! Parameterwahl
ACSL> START                            ! Simulationslauf, kont.Regler
ACSL> SET nrwitg=.T.,ftsplt=.T. ! Keine Ueberspeicherung
ACSL> SET ldisc=.T.; START             ! Simulationslauf,diskr.Regler
ACSL> SET lmcdel=.T.; START            ! Simulationslauf, MP-Verzoeg.
ACSL> SET calplt=.F.,strplt=.T. ! Auswahl Zeichnungstyp
ACSL> PLOT x, u                        ! Zeichnung aller Laeufe
```

Die Ergebnisse in Abb. 5.3 zeigen in den jeweils drei Kurven die Auswirkung
einer relativ groben Abtastzeit t_a und einer zu starken Verzögerung durch den
Mikroprozessor.

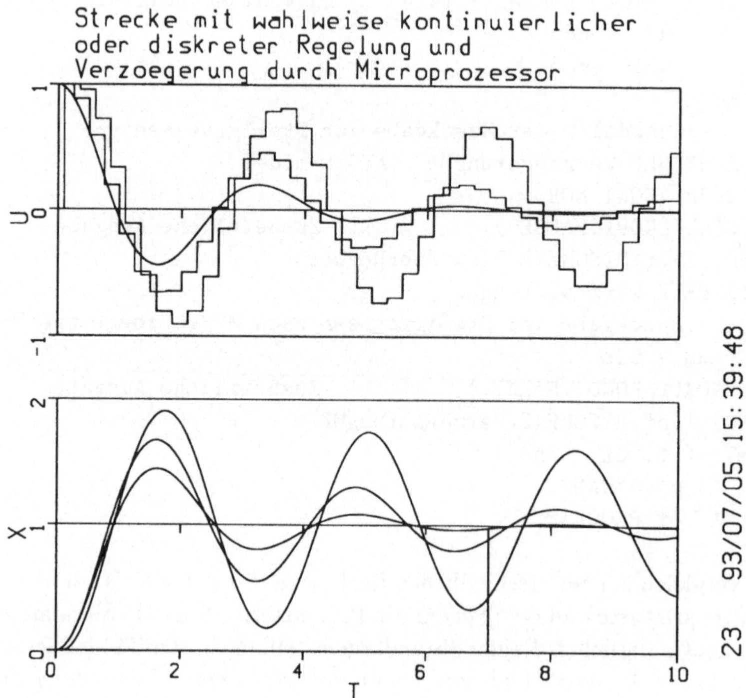

Abbildung 5.3: Vergleich kontinuierlicher - diskreter Regler

Zeitereignisse können auch „zufällig" stattfinden. Die folgende Modellerweiterung simuliert eine Störung des Datenkanals des Mikroprozessors. Diese zufällig eintretende Störung wird in der DISCRETE Section Fehlerfall modelliert. Sie unterbricht die Weitergabe der Werte in der DISCRETE Section VerzoegerungMP durch Setzen einer logischen Variablen. Das Eintreten des Fehlers wird in der INITIAL Section mit dem SCHEDULE Operator zu einem, aus einer Gleichverteilung ausgewählten, zufälligen Zeitpunkt festgelegt. Die DISCRETE Section Fehlerfall veranlaßt die Behebung des Schadens nach einer aus einer Gauß-Verteilung ausgewählten Reparaturzeit, indem mit dem SCHEDULE Operator eine DISCRETE Section Fehlerbehebung nach der Reparaturzeit ausgeführt wird. Diese Modellergänzungen lauten:

```
INITIAL
 :
UNIFI(55555555)
LOGICAL lfehler
```

```
CONSTANT lfehler = .FALSE.
CONSTANT tfmin=3, tfmax=10
tfehler = UNIF(tfmin,tfmax)! Stoerzeit gleichvert.[tfmin,tfmax]
SCHEDULE Fehlerfall  .AT. tfehler  ! Stochastischer Fehlerfall
END  !  of INITIAL

    :

 DISCRETE VerzoegerungMP
 ! --- Rueckgabe der Stellgroessen nach MP-Verzoegerung -----
     IF (.NOT. lfehler) ud=udp   ! Rueckgabe,ev.Unterbrechung
     CALL LOGD(.FALSE.)          ! Zusaetzliche Ausgabe
 END   ! of DISCRETE VerzoegerungMP
 DISCRETE Fehlerfall
 ! --- Unterbrechung des Mikroprozessors --------------------
   lfehler = .TRUE.                  ! Ausfall der Datenleitung
   CONSTANT tfehlerm=0.5,tfehlerv=0.05  ! Gauss-vert.Rep.Zeit
   tbehebung = GAUSS(tfehlerm,tfehlerv)
   SCHEDULE Fehlerbehebung .AT. t+tbehebung   !Fehlerbehebung
 END   ! of DISCRETE Fehlerfall
 DISCRETE Fehlerbehebung
 ! --- Weiterarbeit des Mikroprozessors --------------------
   lfehler = .FALSE.              ! Datenleitung wieder intakt
 END   ! of DISCRETE Fehlerbehebung
```

Nach dem Setzen von Parametern wird ein Simulationslauf ohne Fehler durchgeführt. Zwar tritt ein Fehlerfall ein, aber seine Bearbeitung braucht keine Zeit (Mittelwert und Varianz der Gaußverteilung, die die Reparaturzeit bestimmt, werden auf Null gesetzt):

```
ACSL> PREPARE t,x,u,lfehler       ! Abspeicherung
ACSL> SET ta=0.1, mcdel=0.02, ldisc=.T., lmcdel=.T.
ACSL> SET tfmin=2,tfmax=4         ! Stoerung gleichvert.[2,4]
ACSL> SET tfehlerm=0,tfehlerv=0   ! Reparaturzeit 0
ACSL> START           ! Simulationslauf ohne effektive Stoerung
ACSL> DISPLAY  tfehler, tbehebung
     TFEHLER 3.59657574    TBEHEBUNG 0.
```

Als Störungszeit wurde $t = 3.59657574$ „ausgewürfelt", die Störungsdauer war wie erwünscht 0. Mit dieser Referenzlösung können nun effektive Störungen verglichen werden. Damit die Störungen zu Vergleichszwecken zu den gleichen Zeitpunkten, aber mit unterschiedlicher Dauer stattfinden, wird der Zufallszahlengenerator für die Gleichverteilung in der INITIAL Section immer mit demselben Wert initialisiert (UNIFI(55555555)).

Die folgenden Simulationsläufe simulieren zwei Störungen mit unterschiedlichen statistischen Reparaturzeiten:

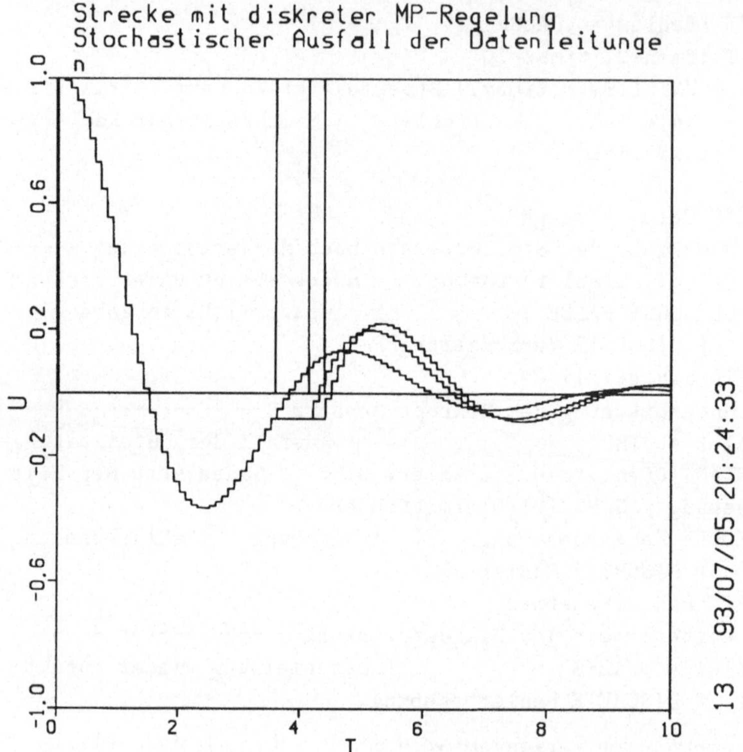

Abbildung 5.4: Stellgröße u bei stochastischem Ausfall des Reglers

```
ACSL> SET nrwitg=.T.,ftsplt=.T.          ! Kein Ueberspeichern
ACSL> SET tfehlerm=0.5, tfehlerv=0.05 ! Parameter f.Rep.Zeit
ACSL> START                              ! Simulationslauf
ACSL> DISPLAY  tfehler, tbehebung
   TFEHLER 3.59657574      TBEHEBUNG 0.55227585
ACSL> SET tfehlerm=0.7, tfehlerv=0.1  ! Parameter f.Rep.Zeit
ACSL> START                              ! Simulationslauf
ACSL> DISPLAY  tfehler, tbehebung
   TFEHLER 3.59657574      TBEHEBUNG 0.80455169
```

Die folgenden Befehle fertigen Zeichnungen der drei simulierten Fälle an, Abb. 5.4
und Abb. 5.5 zeigen die Ergebnisse:

```
ACSL> SET title="Strecke mit diskreter MP-Regelung"
ACSL> SET title(41)="Stochastischer Ausfall der Datenleitung"
ACSL> SET  grdcpl=.F.   ! Keine Gitternetzlinien
```

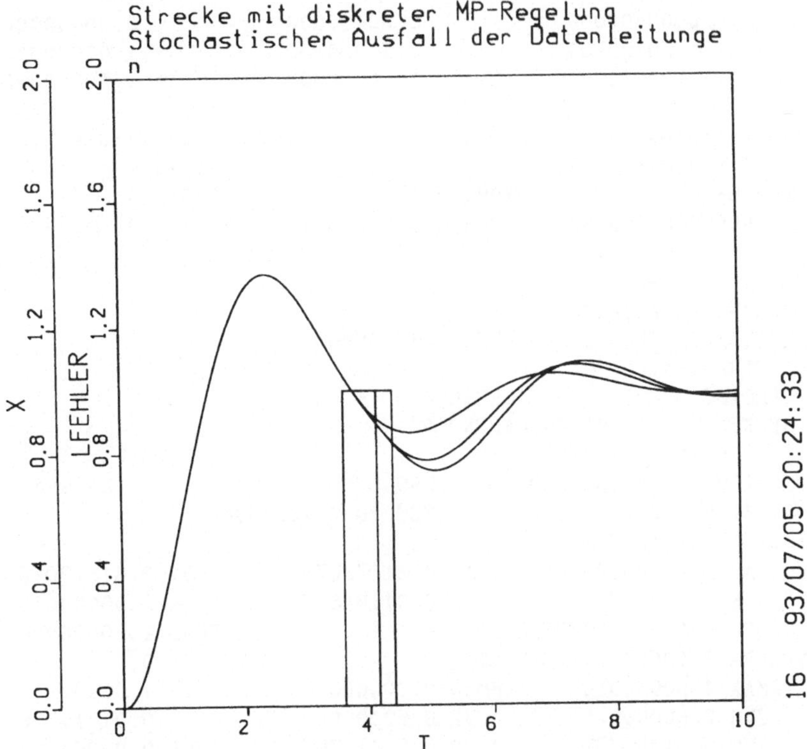

Abbildung 5.5: Zustand x bei stochastischem Ausfall des Reglers

```
ACSL> PLOT u,lfehler /SAME /OVER   ! Zeichnung der Stellgroessen
ACSL> PLOT x,lfehler /OVER         ! Zeichnung der Zustaende
```

Der Befehl DISPLAY /ALL erzeugt die Tabelle aller Parameter und Variablen. Er gibt Einblick in die Struktur von ACSL:

```
ACSL> DISPLAY /ALL
        T 10.0049998      ZZTICG 0.                CINT 0.00500000
   ZZIERR     F           ZZNBLK        5       ZZICON        0
   ZZSTFL     T           ZZFRFL     F          ZZICFL
 FZZRNFL      F           ZZJEFL     F          ZZNIST        3
                 0                     0                      0
                 0        ZZNAST        0                      0
                 0                     0                      0
   IALG       5                        0                      0
                 0                     0         NSTP          1
                 1                     1                      1
                 1            MAXT 0.00400000           0.00400000
```

```
              0.00400000           0.00400000           0.00400000
    MINT 1.0000D-09               0.10000000          -1.00000000
         -1.00000000             -1.00000000         TA 0.10000000


State Variables        Derivatives      Initial Conditions
        X 0.98743243    Z99992 0.01555298    Z99991 0.
   Z99988 0.            Z99987 0.            Z99986 0.
   Z99995 0.01555298    Z99994 0.01270213    Z99993 0.


Algebraic Variables
 Common Block /ZZCOMU/
 DISKRETERREGLER    2       FEHLERBEHEBUNG       5
     FEHLERFALL    4
       LDISC       T       LFEHLER    F  LMCDEL       T
   STRECKE       1  VERZOEGERUNGMP      3
       Z99982    F
       Z99983 1.04552000       Z99985    F            Z99996      F
       Z99997 0.79828800       ZZSEED 2123946280
 Common Block /ZZCOMP/
       A0 1.00000000       A1 0.81873075       B1 0.81873075
        E 0.01256757       EP 0.01264517        K 2.00000000
    MCDEL 0.02000000 TBEHEBUNG 0.             TEND 10.0000000
   TFEHLER 3.59657574  TFEHLERM 0.          TFEHLERV 0.
     TFMAX 4.00000000     TFMIN 2.00000000       TS 1.00000000
      TVH 0.50000000      TVZ 0.50000000        U 0.01412755
       UC 0.01256757       UD 0.01412755      UDP 0.01264517
       XC 1.00000000       XD 0.01555298   Z99984 0.
   Z99989 0.01256757   Z99990 0.01256757   Z99998 3.59657574
```

Die DERIVATIVE Section Strecke hat die Nummer 1 erhalten, die DISCRETE
Sections die Nummern 2 bis 5 in der Reihenfolge ihrer Definition. Daher gibt
es insgesamt fünf (zznblk=5) DERIVATIVE und DISCRETE Sections. Dement-
sprechend werden für die Systemparameter zznist, zznast, nstp, maxt und
mint Felder der Dimension 5 angelegt. Der Wert zznist(1)=3 besagt, daß die
DERIVATIVE Section Strecke drei Zustandsgrößen besitzt, die sich ebenfalls in
der Tabelle befinden. Die DISCRETE Sections haben natürliche keine Zustandsvariablen (zznist(2)=0, ...). Ebenso wird nur in der DERIVATIVE Section integriert (ialg(1)=5). Der Systemparameter mint hat besondere Bedeutung für
DISCRETE Sections. Wird eine DISCRETE Section mit dem Operator SCHEDULE
aufgerufen, so wird mint auf mint(3)=mint(4)=mint(5)=-1.0 gesetzt. Wird sie
mit dem INTERVAL Schlüsselwort aufgerufen, so übernimmt mint den Wert der
Abtastzeit aus dem Parameter (mint(5)=0.1=ta).

5.3 Zustandsbedingte Unstetigkeiten – Zustandsereignisse

In der Natur laufen alle Vorgänge stetig ab. Die Modellbildung muß Prozesse oft vereinfachen, um zu einer bearbeitbaren Modellbeschreibung zu gelangen. Rasche und plötzliche Änderungen des Zustandes werden daher nicht mehr stetig, sondern als punktuelles Ereignis beschrieben. Ein typisches Beispiel ist das Aufprallen und Zurückspringen eines Balles. Aus makroskopischer Sicht ändern sich zum Zeitpunkt des Aufpralles Richtung und Geschwindigkeit unstetig, aus mikroskopischer Sicht folgt nach der Flugbewegung beim Aufprall eine stetige Deformation des Balles, die wiederum stetig in eine Flugbewegung übergeht. Für die Modellbildung sind daher plötzliche Änderungen je nach Sichtweise sehr rasche kontinuierliche Vorgänge, die eine gewisse, wenn auch sehr kurze Zeit dauern, oder Ereignisse mit unstetigen Änderungen, die keine Zeit verbrauchen.

Unstetigkeiten sind z. B. auch Anschläge in mechanischen Systemen, die in ACSL üblicherweise mit dem BOUND Operator beschrieben werden. Kommt es allerdings auf den exakten Zeitpunkt des Anschlages an, so sollte der Anschlag über ein Zustandsereignis beschrieben werden.

Modelle mit unstetigen bzw. mit strukturellen Änderungen von $\vec{f}(t, \vec{x}(t))$, der rechten Seite des Differentialgleichungssystems, können durch die Notation

$$\dot{\vec{x}}(t) = \begin{cases} \vec{f_1}(t, \vec{x}(t)), & h(t, \vec{x}(t)) \geq 0 \\ \vec{f_2}(t, \vec{x}(t)), & h(t, \vec{x}(t)) < 0 \end{cases}$$

angegeben werden. Ein einfaches typisches Beispiel ist das Modell für ein Fadenpendel mit Überschlag, das zwischen Fall- und Pendelbewegung wechselt. Eine derartige „Umschaltung" kann auch im ACSL–Modell über den BOUND bzw. RSW Operator oder über den IF-THEN-ELSE-ENDIF Block formuliert werden. Allerdings ändert sich während der Integration die Funktion $\vec{f}$ bzw. eine ihrer Ableitungen $\vec{f}^{(k)}$ unstetig. Integrationsalgorithmen mit Schrittweitensteuerung, die die Schrittweite über die Abschätzung des lokalen Fehlers

$$e_{i+1} = \left| \frac{h^{p+1}}{(p+1)!} f^{(p)}(t_\xi, x_\xi) \right|$$

bestimmen, geraten in Schwierigkeiten, da wegen der Unstetigkeit die Ableitung $\vec{f}^{(k)}, k \leq p$, nicht existiert. Diese Tatsache äußert sich dadurch, daß trotz Schrittweitenverkürzung der lokale Fehler nicht kleiner wird und das Integrationsverfahren abbricht bzw. eine entsprechende Warnung ausgibt.

Treten Änderungen nur isoliert ein, z. B. bei $h(t, \vec{x}(t)) = 0$, dem Nulldurchgang von $h(t, \vec{x}(t))$, so ändern sich Zustandswerte unstetig. Die systembeschreibenden

Gleichungen bleiben unverändert. Eine geschlossene analytische Darstellung ist schwierig, ansatzweise kann dieser Fall durch

$$\dot{\vec{x}}(t) \;=\; \vec{f}(t, \vec{x}(t)), \qquad \vec{x}(t_0) \;=\; \vec{x}_0, \qquad h(t, \vec{x}(t)) \geq 0$$
$$\vec{x}_1 \;=\; \vec{z}(\hat{\vec{x}}), \qquad h(\hat{t}, \vec{x}(\hat{t})) = h(\hat{\vec{x}}(t)) = 0, \; t_1 = \hat{t}$$
$$\dot{\vec{x}}(t) \;=\; \vec{f}(t, \vec{x}(t)), \qquad \vec{x}(t_1) \;=\; \vec{x}_1, \qquad h(t, \vec{x}(t)) < 0$$

formuliert werden. Die Funktion $\vec{z}$ stellt dabei die Änderungen in den Zuständen dar.

Ein typisches Beispiel für diese Art der unstetigen Änderung ist der Aufprall eines Balles. Vor und nach dem Aufprall wird das dynamische Verhalten durch die Flugbewegung beschrieben, beim Aufprall ändern sich die Geschwindigkeits-komponenten (Richtung, Stoßverlust). Beide Arten der Änderungen können auch gemeinsam auftreten. Einfachstes Beispiel ist das wiederholte Aufprallen eines Balles, wobei ab einer minimalen vertikalen Geschwindigkeitskomponente die Flugbewegung in eine Rollbewegung übergeht.

ACSL stellt mit den DISCRETE Sections ein sehr mächtiges Mittel zur Beschrei-bung von strukturellen Änderungen der systembeschreibenden Gleichungen und zur Beschreibung von isolierten Änderungen an zustandsabhängigen Zeitpunkten zur Verfügung. In der DISCRETE Section kann ein logischer Steuerparameter um-gesetzt werden, der in der Modellbeschreibung auf andere Gleichungen „umschal-tet", wobei die Integration vor diesem Ereignis (Nulldurchgang von $h(t, \vec{x}(t))$) gestoppt wird und nach dem Ereignis fortgesetzt wird. Isolierte Änderungen werden in der DISCRETE Section einfach als algebraische Gleichungen beschrie-ben.

Für ACSL sind diese Änderungen zustandsabhängige Ereignisse, die in das Er-eignisverwaltungskonzept integriert werden müssen. Zu diesem Zweck wandelt ACSL das Zustandsereignis in ein Zeitereignis um. Grundlegend für diese Um-wandlung ist das Finden der Nullstelle von $h(t, \vec{x}(t))$. ACSL hat zu diesem Zweck bereits seit frühen Versionen einen sogenannten „State Event Finder" bzw. „State Event Handler" implementiert. Dieser Algorithmus wandelt das Zustandsereignis in ein Zeitereignis um, indem er die Nullstelle von $h(t, \vec{x}(t))$ iterativ bestimmt.

Da eine zustandsbedingte Änderung von den aktuellen Werten der Zustandsgrößen abhängt, wird diese Änderung in der DERIVATIVE Section durch Angabe des SCHEDULE Operators in der Form von

```
SCHEDULE Zustandsereignis .XZ. h
SCHEDULE Zustandsereignis .XP. h
SCHEDULE Zustandsereignis .XN. h
```

beschrieben. Der **SCHEDULE** Operator legt die in der **DISCRETE** Section beschriebene Änderung bei einem Nulldurchgang von $h(t, \vec{x}(t))$ fest. Wie bei Zeitereignissen kann **h** auch ein komplexer Ausdruck sein. Der erste **SCHEDULE** Operator
veranlaßt ACSL, auf einen Nulldurchgang der Funktion $h(t, \vec{x}(t))$ zu achten, im
Falle des Auftretens den Zeitpunkt iterativ zu bestimmen, zu diesem Zeitpunkt
die Integration zu unterbrechen, die in der **DISCRETE** Section **Zustandsereignis**
beschriebenen Änderungen durchzuführen und mit den geänderten Werten die
Integration fortzusetzen. Die Abkürzung **XZ** steht dabei für **crossing zero**. Die
zweite Form des **SCHEDULE** Operators beachtet nur Nulldurchgänge von $h(t, \vec{x}(t))$
in positiver Richtung (**XP - crossing positive**), die dritte Form nur Nulldurchgänge von $h(t, \vec{x}(t))$ in negativer Richtung (**XN - crossing negative**).

Sobald in einer **DERIVATIVE** Section ein oder mehrere **SCHEDULE** Operatoren vorhanden sind, wird nach jedem Integrationsschritt durch eine zusätzliche Auswertung von $\vec{f}(t, \vec{x})$ überprüft, ob sich das Vorzeichen von $h(t, \vec{x}(t))$ geändert
hat. Integriert ACSL z. B. von t_k nach t_{k+1}, so wird in t_{k+1} der Funktionswert $h(t_{k+1}, \vec{x}(t_{k+1}))$ mit dem Funktionswert $h(t_k, \vec{x}(t_k))$ in t_k verglichen. Ist
das Vorzeichen der Werte unterschiedlich, so wird ein Algorithmus zur iterati-
ven Bestimmung des Zeitpunktes des Zustandsereignisses eingeleitet. Bei diesem
Vergleich speichert ACSL zunächst den Wert $h(t_k, \vec{x}(t_k))$ als Hilfsvariable **hp** am
Beginn des Integrationsschrittes, und die durch die zusätzliche Funktionsauswer-
tung von $\vec{f}(t, \vec{x})$ nach dem Integrationsschritt gewonnene Größe $h(t_{k+1}, \vec{x}(t_{k+1}))$
als Hilfsvariable **hr** ab.

Die Abfrage nach dem Eintreten des Zustandsereignisses wird durch

```
IF ( hp*hr .LT. 0.0  .AND.  hp .NE. 0.0 )  GOTO EVENT
```

eingeleitet. Diese Form der Abfrage legt in den Zweifelsfällen **hp=0** bzw. **hr=0**
die Vorgangsweise fest. Die Hilfsvariablen **hp** und **hr** erhalten im Modell vom
System erzeugte Namen **znnnnn**.

Stellt diese Abfrage das Eintreten des Ereignisses im Integrationsschritt fest, so
wird der Zeitpunkt des Ereignisses iterativ durch die Regula Falsi bestimmt, die
in Kap. 4.6 näher beschrieben wurde. Das Intervall $[t_k, t_{k+1}]$ des Integrationsschrittes stellt mit $t_k = t_{a_1}$ und $t_{k+1} = t_{b_1}$ das Startintervall für die Regula Falsi
bereit, da $h(t_{a_1})$ und $h(t_{a_2})$ unterschiedliche Vorzeichen haben. Entsprechend
der Iterationsvorschrift der Regula Falsi wird das Intervall $[t_{a_j}, t_{b_j}]$ immer weiter
verkleinert:

$$[t_k, t_{k+1}] = [t_{a_1}, t_{b_1}] \supset [t_{a_2}, t_{b_2}] \supset [t_{a_3}, t_{b_3}] \supset [t_{a_m}, t_{b_m}] \,.$$

Das Verfahren wird in ACSL abgebrochen, wenn eine vorgegebene Genauigkeit
erreicht ist. Diese Genauigkeit wird durch eine zu erreichende minimale Länge
$\epsilon = t_{b_m} - t_{a_m}$ vorgegeben. Die Schranke ϵ wird vom Systemparameter **mint**,

der kleinsten zulässigen Schrittweite für Integrationsalgorithmen mit variabler Schrittweite, und vom rechnerabhängigen Genauigkeitsfaktor `epmx` bestimmt:

$$\epsilon = \max\{\texttt{mint}, \texttt{epmx} \cdot t_{b_m}\}.$$

Der Abbruch der Iteration erfolgt, sobald $|t_{b_m} - t_{a_m}| \leq \epsilon$ gilt. Als Zeit $\hat{t}$ für

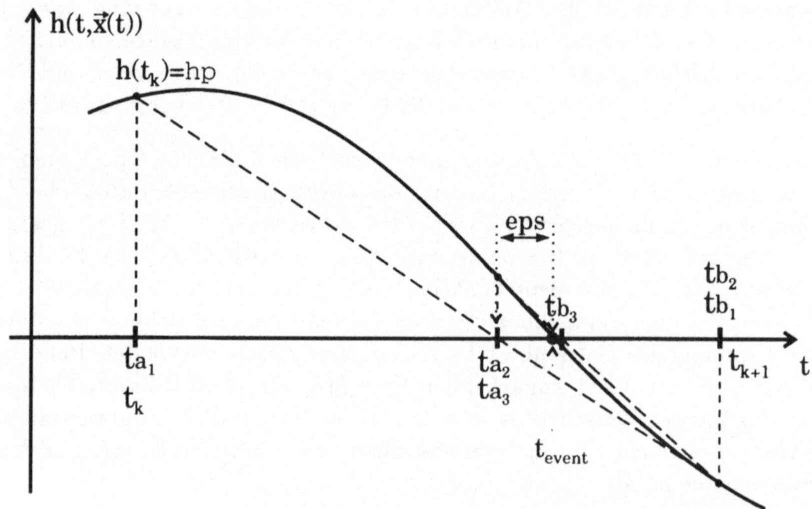

Abbildung 5.6: Zeitliche Bestimmung eines Zustandsereignisses

das Zustandsereignis wird der rechte Endpunkt des zuletzt berechneten Intervalls $\hat{t} = t_{b_m}$ festgelegt. ACSL trägt diesen Zeitpunkt in die Ereignistabelle mit dem Verweis auf die durchzuführende `DISCRETE` Section `Zustandsereignis` ein. Der Integrationsalgorithmus integriert von t_k bis $\hat{t}$, wo die Berechnungen der `DISCRETE` Section `Zustandsereignis` durchgeführt werden, und integriert dann von $\hat{t}$ bis t_{k+1} weiter. Erst dann ist der Integrationsschritt über dem Intervall $[t_k, t_{k+1}]$, in dem das Ereignis erkannt wurde, vollendet. Abbildung 5.6 stellt diesen Iterationsalgorithmus anschaulich graphisch dar.

Kritisch ist oft die Vorgabe der minimalen Intervallänge ϵ. Sie kann vom Benutzer über den Systemparameter `mint` vorgegeben werden, wobei der Benutzer den Wert von `mint` selbst der Systemdynamik anpassen muß. Die zweite den Abbruch bedingende Größe $\texttt{epmx} \cdot t_{b_m}$ basiert auf der Darstellung der absoluten Rechnergenauigkeit. Die Größe `epmx` beschreibt die relative Rechnergenauigkeit, die von der Anzahl der Stellen in der Mantisse der Gleitkommadarstellung abhängt. Auf einem CRAY-Rechner (Wortlänge 64 bit) beträgt dieser Wert 10^{-9}, auf üblichen Workstations 10^{-6} (Wortlänge 32 bit). Die Multiplikation dieses Wertes mit der momentanen Zeit ergibt die absolute Genauigkeit, mit welcher Werte unterschieden werden können. Für eine Simulationszeit von $t = 0.05$ Sekunden ergeben sich die Werte $5 \cdot 10^{-11}$ bzw. $5 \cdot 10^{-8}$. Der erste Wert wird bei der Berechnung der Abbruchbedingung durch den Standardwert 10^{-10} für `mint` ersetzt, der zweite Wert wird als Abbruchwert genommen.

Auf Workstations und PCs empfiehlt es sich, das Modell in doppelter Genauigkeit (`DOUBLE PRECISION` bzw. `REAL*8`) zu simulieren. Die Regula Falsi macht dadurch weniger leicht Schwierigkeiten, wenn in der Nähe der Nullstelle die Schnitte der Geraden immer mehr schleifend werden, was aufgrund der begrenzten Stellenanzahl dann zu einem Verschwinden der Nullstelle („`event vanished`") führen kann. Auch die Abbruchgröße `epmx` verkleinert sich dabei.

Das Bestimmen des Zeitpunktes für ein Zustandsereignis erfordert eine Iteration, die sehr oft die Funktion $h(t, \vec{x}(t))$ auswerten muß. Nach dem Integrationsschritt bis t_{b_j} wird nicht mehr die gesamte rechte Seite $\vec{f}(t, \vec{x}(t))$ ausgewertet, sondern nur jene Variablen, die zur Berechnung von $h(t, \vec{x}(t))$ notwendig sind. ACSL sortiert den `SCHEDULE` Operator, der an beliebiger Stelle in der `DERIVATIVE` Section stehen kann, an die geeignete Stelle. Eine geschickte Formulierung der Funktion $h(t, \vec{x}(t))$, die auch von beliebig vielen Hilfsgrößen abhängen kann, spart vor allem bei großen Modellen Rechenzeit.

ACSL erlaubt mehr als einen `SCHEDULE` Operator in der `DERIVATIVE` Section, sowohl mit unterschiedlichen Funktionen $h(t, \vec{x}(t))$ als auch mit unterschiedlichen `DISCRETE` Sections. Treten in einem Intervall $[t_k, t_{k+1}]$ gleichzeitig die Bedingungen für zwei oder mehr Ereignisse auf, so werden alle Zeitpunkte $\hat{t}_1 < \hat{t}_2 < \hat{t}_3 \ldots$ der Zustandsereignisse parallel iterativ ermittelt. Als erkanntes Zeitereignis wird jedoch nur das zum kleinsten Zeitpunkt $\hat{t}_1$ gehörende Zustandsereignis akzeptiert. ACSL integriert von t_k bis $\hat{t}_1$ und „bedient" in $\hat{t}_1$ nur dieses Ereignis. Dann integriert ACSL auf dem Intervall $[\hat{t}_1, t_{k+1}]$ weiter, in dem dann die Zeitpunkte der verbleibenden Ereignisse neu iterativ ermittelt werden. Dieser Aufwand ist notwendig, da das zuerst eintretende Ereignis das Eintreffen der anderen Ereignisse beeinflussen kann.

Im Prinzip können bei Modellen mit Zustandsereignissen alle Integrationsalgorithmen verwendet werden. Aus Effektivitätsgründen sind allerdings Algorithmen mit fester Schrittweite vorzuziehen. Ungünstig ist vor allem das Gear–Verfahren, denn es muß immer wieder neu starten und kann daher nicht effektiv arbeiten.

5.4   Fadenpendel mit Anschlag

Eine Anwendung für die Arbeitsweise von ACSL mit zustandsbedingten Unstetigkeiten ist das Modell eines Fadenpendels mit Anschlag (Abb. 5.7). Eine Punktmasse m ist an einem undehnbaren, masselosen Faden der Länge l aufgehängt. Unter analogen Annahmen wie in Kap. 2.1 erhält man man auch die gleiche Bewegungsgleichung wie dort:

$$m\, l^2\, \ddot{\varphi} = -m\, g\, l\, \sin\varphi - d\, l^2\, \dot{\varphi}\,.$$

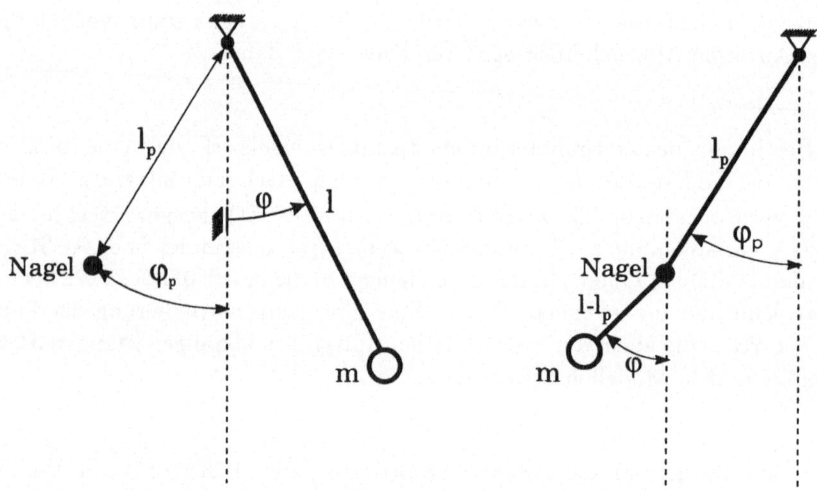

Abbildung 5.7: Fadenpendel mit Anschlag

Im Abstand l_p und Winkel φ_p vom Aufhängepunkt befindet sich ein Anschlag (Nagel), den das Pendel während seiner Bewegung kontaktieren kann und der den Faden dort fixiert. Nach diesem Ereignis ($\varphi = \varphi_p$) schwingt das Pendel um den Nagel als neuen Aufhängepunkt weiter, wobei sich die Pendellänge von l auf $l_s = l - l_p$ verkürzt hat. Der Impuls der Masse m muß vor und nach dem Ereignis der gleiche sein:

$$m\, l\, \dot{\varphi}_{vorher} = m\, l_s\, \dot{\varphi}_{nachher}.$$

Damit ändert sich die Winkelgeschwindigkeit $\dot{\varphi}$ gemäß

$$\dot{\varphi}_{nachher} = \frac{l}{l_s}\, \dot{\varphi}_{vorher}$$

unstetig. In der Folge soll das Pendel mit stets vorhandener Fadenspannung weiterschwingen und sich beim Zurückschwingen wieder vom Nagel lösen. Der

Rotationspunkt ist dann wieder der Aufhängepunkt des Pendels und die Pendellänge ändert sich beim Lösen ($\varphi = \varphi_p$) wieder auf l. Der Impuls der Masse muß wieder erhalten bleiben, womit sich die Winkelgeschwindigkeit $\dot\varphi$ unstetig

$$\dot\varphi_{nachher} \;=\; \frac{l_s}{l}\,\dot\varphi_{vorher}$$

ändert. Die unstetige Änderung von Pendellänge und Winkelgeschwindigkeit kann in ACSL als Zustandsereignis in einer DISCRETE Section formuliert werden, dessen Eintreffen durch eine Nullstelle der Funktion

$$h(\varphi(t)) = \varphi(t) - \varphi_p$$

bestimmt wird. Das Ereignis kann direkt mit dem SCHEDULE Operator

```
SCHEDULE hit .XZ. (phi-phip)
```

formuliert werden. Dabei bezeichnet hit jene DISCRETE Section im folgenden Modell, die die unstetigen Änderungen durchführt. Das vollständige ACSL-Modell lautet:

```
PROGRAM  Nichtlineares Pendel mit Anschlag
! ------------------------------------------------------------------
! --- Fadenpendel trifft auf Nagel und schwingt weiter
! --- (unstetige Aenderung der Winkelgeschwindigkeit)
! --- phi ... Winkel in Radiant
! --- dphi .. Winkelgeschwindigkeit
! --- phip, lp ... Position des Nagels (Winkel, Abstand)
! ------------------------------------------------------------------
LOGICAL swil
! --- Berechnung von Bruchteilen von pi --------------------
 CONSTANT pi = 3.141592654
   pi6 = pi/6;  pi12 = pi/12; mpi2 = -pi/2
 mpi6 = -pi6; mpi12 = -pi12; mpi24 = -pi/24
INITIAL
! --- Modellparameter ----------------------------------------
 CONSTANT  l = 1,    m = 1.02     ! Pendellaenge, Pendelmasse
 CONSTANT  d = 0.2, g = 9.81      ! Daempfungskonstante, g
 CONSTANT  phi0 = 0.3, dphi0=0    ! Anfangswerte
 CONSTANT  phip = 0.2, lp = 0.7 ! Position des Nagels
! --- Integrationssteuerung ------------------------------------
 CINTERVAL cint = 0.02          ! Ausgabeintervall
 NSTEPS    nstp = 1             ! Integrationsschritte pro cint
 MAXTERVAL maxt = 0.01          ! Schrittweite
```

```
  ALGORITHM ialg = 4               ! Auswahl Algorithmus
  CONSTANT  tend = 5               ! Endzeit
  ! --- Bestimmung der Anfangslage des Pendels (Anfangslaenge)
   ls = 1 - lp; signphip=SIGN(1,phip); signphi0=SIGN(1,phi0)
   la = RSW( (phi0-phip)*signphip .GE. 0. , ls, 1 )
   la = RSW( signphip .NE. signphi0 ,          1, ls)
  ! ---------------------------------------------------------------
END  ! of INITIAL
DYNAMIC
  DERIVATIVE
    ! --- Modelldynamik -----------------------------------------
      ddphi = -(g/la)*SIN(phi) - (d/m)*dphi
      dphi  = INTEG(ddphi, dphi0)
      phi   = INTEG(dphi , phi0 )
    ! --- Bestimmung des Anschlags -------------------------------
      SCHEDULE hit .XZ. (phi-phip) ! Winkel = Position Nagel
    ! -----------------------------------------------------------
  END  ! of DERIVATIVE
  DISCRETE hit
  ! --- Fadenpendel trifft auf oder loest sich vom Nagel ---
  ! --- Aenderung von Pendellaenge und Winkelgeschwindigkeit
  ! --- unter Beruecksichtigung der Richtung
   swil = (phi-phip)*SIGN(1.,phip).GE.0.
   la  = RSW( swil,        ls,        1)
   dphi= RSW( swil, dphi*1/ls, dphi*ls/1)
   ! ---------------------------------------------------------------
  END  ! of DISCRETE hit
 ! --- Endbedingung -----------------------------------------------
  TERMT ( t .GT. tend )
END  ! of DYNAMIC
END  ! of PROGRAM
```

Die Modellbeschreibung beginnt mit einer Pre-INITIAL Section, in der Bruchteile von π berechnet werden, um beim Experimentieren mit dem Modell nicht mühsam Anfangs- und Parameterwerte im Bogenmaß ausrechnen zu müssen. Eine Pre-INITIAL Section wird nicht eigens definiert, alle ausführbaren Anweisungen zwischen dem Schlüsselwort PROGRAM und dem nächsten eine Section einleitende Schlüsselwort (üblicherweise INITIAL) werden als implizite Pre-INITIAL Section aufgefaßt. Anweisungen der Pre-INITIAL Section werden nur beim Aufrufen des Simulationsprogrammes durchgeführt (vgl. Kap. 3.1, Struktur des ACSL-Simulationsprogrammes).

Das Modell soll möglichst alle Anfangslagen berücksichtigen. Dazu muß in der

INITIAL Section die Anfangslage festgestellt werden, wofür im Modell zweimal
der RSW Operator verwendet wird. Die in vielen ACSL-Modellen anzutreffende
Verwendung des RSW oder auch FNCSW Operators für logische Entscheidungen
hat zwei Gründe. Der logische IF-THEN-ELSE-ENDIF Block ist einerseits erst seit
ACSL Level 10 verfügbar, andererseits bevorzugt der Techniker die Denkweise
mit „schaltenden" Elementen. Eine äquivalente und besser lesbare Feststellung
der Anfangslage ist die Formulierung

```
IF ( signphip .NE. signphi0 ) THEN
     la  =  l
  ELSE  IF ( (phi0-phip)*signphip .GE. 0 ) THEN
     la  =  ls
  ELSE
     la  =  l
ENDIF
```

Die DERIVATIVE Section beschreibt die Modelldynamik. Der SCHEDULE Operator
zwingt ACSL, bei jedem Integrationsschritt die Funktion $h(\varphi(t)) = \varphi(t) - \varphi_p =$
phi-phip auf einen Nulldurchgang zu prüfen, die etwaige Nullstelle festzustellen und das Zustandsereignis, beschrieben in der DISCRETE Section hit, durchzuführen.

Die DISCRETE Section hit führt die unstetigen Zustandsänderungen für Pendellänge und Winkelgeschwindigkeit durch. Die „Richtung" der Änderung stellt
wieder ein RSW Operator fest. Eine gleichwertige Notation lautet z.B.:

```
IF ( (phi-phip)*SIGN(1.,phip) .GE. 0. )  THEN
   dphi  =  dphi*l/ls
  ELSE      dphi  =  dphi*ls/l
ENDIF
```

Ein erstes Experiment simuliert die Pendeldynamik bei verschiedenen Anfangsla-
gen. Die Pendelbewegung soll zunächst mit $\varphi_0 = \pi/6$, $\varphi_p = -\pi/12$, $\dot{\varphi}_0 = 0$ und
$d = 0.2$ beginnen. Nach Bestimmen der Prepare-Liste und der Anfangswerte
führt der folgende Simulationslauf die notwendigen Iterationen zum Festlegen
der Zustandsereignisse (das Pendel trifft auf den Nagel bzw. löst sich von ihm)
durch:

```
ACSL> PREPARE t, phi, dphi, la          ! Abspeicherung
ACSL> SET phi0=pi6, phip=mpi12, dphi0=0 ! Anfangswerte und
ACSL> SET d = 0.2                       ! Daempfung
ACSL> START                             ! Simulationslauf
```

Während des Simulationslaufs protokolliert der „State Event Finder", die Regula
Falsi, seine Aktionen auf der Log-Datei (model.log). Mit SET hvdprn=.T. kann
dieses Protokoll auch am Bildschirm mitverfolgt werden:

```
Event number 1 activated at   0.71000000 with value -0.00823875
Event number 1
Window between -1.0000E+30  and  0.71000000
Currently at  0.70000000  with value  0.00420382
Event number 1
Window between  0.70000000  and  0.71000000
Currently at  0.70337900  with value -3.0713E-05
Event number 1
Window between  0.70000000  and  0.70337900 Currently at
0.70335400  with value -1.1284E-07
                 :
                 :
```

Als erstes Ereignis wird der Kontakt des Pendels an dem Nagel zum Zeitpunkt $t_i = 0.71$ erkannt, worauf nach einer Initialisierung das letzte Integrationsintervall $[0.70, 0.71]$ als Startintervall für die Regula Falsi verwendet wird. In diesem Intervall wird die Nullstelle der die Funktionswerte von $h(t)$ verbindenden Geraden bestimmt:

$$
\begin{aligned}
&\text{Intervall:} && [t_{a_1}, t_{b_1}] = [0.70, 0.71] \\
&\text{Funktionswerte:} && h(t_a) = 0.00420382, \qquad h(t_b) = -0.00823875 \\
&\text{Sekante:} && g(t) = -1.244257\,t + 0.87518372 \\
&\text{Nullstelle:} && \tilde{t} = 0.70337900,\; g(\tilde{t}) = 0 \qquad h(\tilde{t}) = -3.0713 \cdot 10^{-5}.
\end{aligned}
$$

Der Zeitpunkt $\tilde{t}$ gilt als neue Näherung für die Nullstelle von $h(t)$. Da $h(\tilde{t})$ negativ ist , wird $\tilde{t}$ als neuer rechter Endpunkt des Intervalls ($[t_{a_2}, t_{b_2}] = [t_{a_1}, \tilde{t}] = [0.7, 0.703379]$) genommen und die Iteration fortgesetzt.

Die nächste Iteration mit der Sekante liefert bereits die Näherung $\tilde{t} = 0.703354$ mit $h(\tilde{t}) = -1.1284 \cdot 10^{-7}$. Nach zehn Iterationen hat die Nullstellensuche für $h(t)$ innerhalb der vorgegebenen Genauigkeit das Ereignis lokalisiert:

```
Event number 1
Window between  0.70335400  and  0.70335400
Currently at  0.70335400  with value -6.2437E-10
Event occurred at  0.70335400
Event 1 with expression value -6.2437E-10 serviced with block 2
```

Das Zustandsereignis ist in ein Zeitereignis zum Zeitpunkt $\hat{t}_1 = 0.70335400$ umgewandelt. Der Integrationsalgorithmus führt den Integrationsschritt, in dem das Zustandsereignis erkannt wurde, erneut mit verkürzter Schrittweite $\hat{h}_1 = \hat{t}_1 - t_i$ bis zum Zeitpunkt $\hat{t}_1$ durch. Zum Zeitpunkt $\hat{t}_1$ werden die Gleichungen der **DISCRETE** Section hit berechnet. In diesem Fall wird die aktuelle Pendellänge

la verkürzt und die Winkelgeschwindigkeit dphi vergrößert. Das Integrationsverfahren arbeitet nach diesen Änderungen auf dem verkürztem Intervall $[\hat{t}_1, t_{i+1}]$
weiter.

Das Pendel schwingt um den Nagel weiter, um nach einiger Zeit umzukehren und
wieder die Position des Nagels zu erreichen. Die Regula Falsi bestimmt wieder
iterativ den Zeitpunkt dieses Ereignisses:

```
Event number 1 activated at  1.16000000 with value  0.03451650
          :
Window between  1.15000000  and  1.16000000
Currently at  1.15146000  with value -4.9107E-05
          :
Event number 1
Window between  1.15147000  and  1.15147000
Currently at  1.15147000  with value  1.1724E-09
Event occurred at  1.15147000
Event 1 with expression value 1.1724E-09 serviced with block 2
```

Nach kurzer Zeit ist die nächste Nullstelle von $h(\varphi(t)) = \varphi(t) - \varphi_p$ mit $\hat{t}_2 =$
1.15147000 gefunden. Nach einem verkürzten Integrationsschritt bis $\hat{t}_2$ wird die
DISCRETE Section hit durchgeführt, worauf das Pendel mit voller Länge und
verkleinerter Winkelgeschwindigkeit weiterschwingt. Nach einiger Zeit trifft das
Pendel wieder auf den Nagel, das Ereignis wird erkannt und zeitmäßig lokalisiert:

```
Event number 1 activated at  2.59000000 with value -9.1179E-05
          :
Event number 1
Window between  2.58990000  and  2.58990000
Currently at  2.58990000  with value -4.5283E-10
Event occurred at  2.58990000
Event 1 with expression value -4.5283E-10 serviced with block 2
```

Das dritte Eintreffen des Ereignisses (Nagelkontakt) tritt bei $\hat{t}_3 = 2.589900$ auf.
Auf diese Art und Weise wird jedes Auftreten des Zustandsereignisses erkannt
und behandelt.

Für Zeichnungen kann mit SET title=text eine Überschrift bestimmt werden.
Die Überschrift kann bis zu 120 Zeichen beinhalten und wird dreizeilig geschrieben. Soll daher ein bestimmter Text in der zweiten bzw. dritten Zeile beginnen,
so beginnt die Zuweisung mit dem 41. bzw. 81. Zeichen des Zeichenfeldes title
(FORTRAN-Konvention):

```
ACSL> SET title="Pendel mit Anschlag"
ACSL> SET title(41)="EUROSIM Comparison no.7"
ACSL> SET title(81)="phip=-pi/12, phi0=pi/6, d=0.2"
```

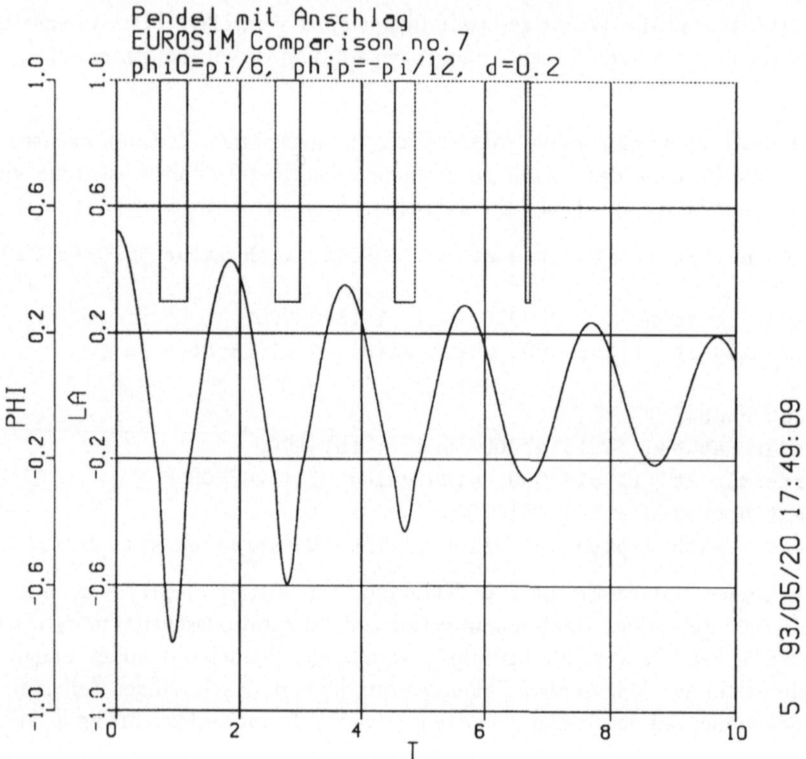

Abbildung 5.8: Winkel φ und Pendellänge l über t

Die abgespeicherten Daten der Prepare-Datei erlauben nun Zeichnungen beliebiger Art. Die folgenden Befehle erzeugen eine Zeichnung des Winkels und der Pendellänge im gleichen Maßstab über der Zeit t (Befehlsparameter SAME), sowie Zeichnungen des Winkels und der Winkelgeschwindigkeit in Meßstreifenform (Abb. 5.8, Abb. 5.9):

```
ACSL> PLOT /XHI=tend phi, la /SAME ! Zeichnung phi und l
ACSL> SET  calplt=.F.,strplt=.T. ! Umsetzen des Zeichnungstyps
ACSL> PLOT phi, dphi  ! Meszstreifen-Zeichnung von phi und dphi
```

Ein weiterer Simulationslauf testet, ob das Modell auch von einer anderen Ausgangspositionen des Pendels die richtigen Ergebnisse liefert. Der Anfangswinkel liegt nun links vom Nagel und die Bewegung startet mit dem verkürzten Pendel. Die Anfangswerte lauten $\varphi_0 = -\pi/6$, $\varphi_p = -\pi/12$, $\dot{\varphi}_0 = 0$ und $d = 0.1$. Abbildung 5.10 zeigt das Ergebnis der folgenden Befehle als Zeichnung in Meßstreifenform:

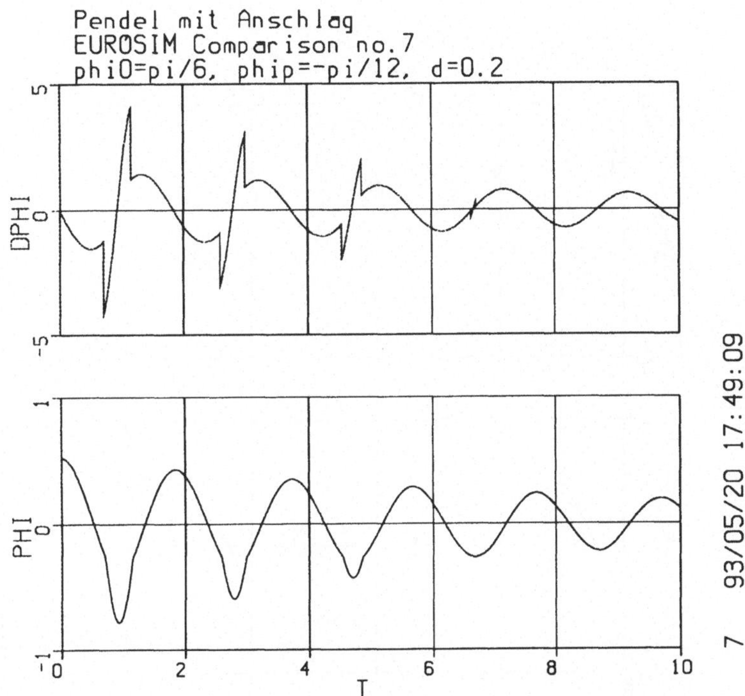

Abbildung 5.9: Winkel φ und Winkelgeschwindigkeit $\dot\varphi$ über t

```
ACSL> SET phi0 = mpi6, d = 0.1   ! Parameteraenderung
ACSL> SET title(81)="phi0=-pi/6, phip=-pi/12, d=0.1"
ACSL> START                      ! Simulationslauf
ACSL> PLOT phi, dphi  ! Meszstreifen-Zeichnung von phi und dphi
```

Das Modell des Fadenpendels wurde in *EUROSIM Simulation News Europe* [10]
als Software–Vergleich ausgeschrieben. Drei Experimente, die Simulation mit
verschiedenen Anfangslagen, der Vergleich des nichtlinearen mit dem linearen
Modell und eine Randwertaufgabe, sollen die Eigenschaften von Simulationssprachen testen. Das Beispiel wird noch in Kap. 9.2 und Kap. 10.1 weiter untersucht.

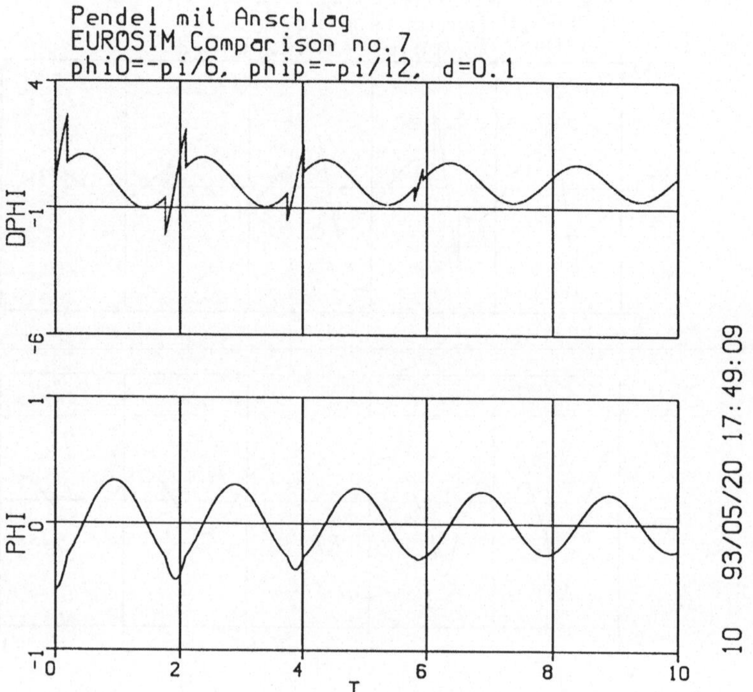

Abbildung 5.10: Winkel φ und Winkelgeschwindigkeit $\dot\varphi$, geänderte Anfangslage

6 Modellbildung mit Macros

ACSL bietet zur Unterstützung der Modellbeschreibung Macros an. Ein Macro ähnelt einem Unterprogramm, das einen oft benötigten Algorithmus mit formalen Parametern festlegt, und dessen Aufruf den Algorithmus mit aktuellen Parametern durchführt. Ein ACSL–Macro beschreibt eine öfter vorkommende Modellstruktur (Modellgleichungen) mit formalen Namen (literalen Parametern), der Macro–Aufruf fügt an die Stelle des Aufrufs die beschriebene Modellstruktur, wobei die formalen Namen durch die Aufrufsnamen ersetzt werden. Macros haben zwei Haupteinsatzgebiete: sie erlauben einerseits das Zusammenfassen immer wieder vorkommender Strukturen zu einem neuen Operator, andererseits bieten sie beschränkte Möglichkeiten für Teilmodelle an. Der ACSL–Translator führt das das Ersetzen des Macro–Aufrufs durch im Macro beschriebene Gleichungen mit den aktuellen Namen durch, bevor er das ACSL–Modell nach FORTRAN übersetzt. Das Ersetzen der Macro–Aufrufe durch die Gleichungen mit aktuellen Namen wird Macro–Erweiterung („Macro Expansion") genannt. Einige ACSL–Operatoren sind selbst als Macro definiert und in der Macro-Library enthalten.

Macros können an beliebiger Stelle definiert werden. Aus Gründen der Übersicht empfiehlt sich die Definition zu Beginn des ACSL–Modells in der Pre–INITIAL Section. Eine Macro–Definition besteht aus dem Macro–Kopf, gefolgt von den Gleichungen bzw. Anweisungen des Macros und dem abschließenden Macro-Ende. Der Macro-Kopf besteht aus dem Schlüsselwort MACRO, dem Namen des Macros und der Liste der formalen Parameter, die in Klammern gesetzt wird. Im Macro selbst sind nahezu alle ACSL–Beschreibungsformen erlaubt. Zusätzlich kann mit Macro–Anweisungen die Macro–Erweiterung zum Definieren von Hilfsparametern und zum Einsetzen von Standardwerten bis hin zum Definieren von variablen Strukturen veranlaßt werden. Das Macro-Ende wird mit dem Schlüsselwort MACRO END angegeben. Der Macro–Aufruf besteht in der Angabe des Names des Macros mit der Liste der aktuellen Namen:

```
MACRO BEISPIEL ( a, b, c, d )
  a = INTEG ( -c*a, 1)
  b = a + c
MACRO END


BEISPIEL ( x, y, 3, -2)
BEISPIEL ( u, v, x, SIN(t))
BEISPIEL ( r, s, a1+a2, 4 )
```

6.1 Einfache Macros

Die einfachste Form der Macros verwendet beim Aufruf Variable, die im aufrufenden ACSL–Modell definiert sind oder aus diesen Variablen zusammengesetzte Ausdrücke. Zwei einfache Beispiele, die Umwandlung von kartesischen Koordinaten in Polarkoordinaten und vice versa, sollen zunächst die Möglichkeiten der Macro–Beschreibung verdeutlichen und die Arbeitsweise der Macro–Erweiterung beschreiben. Beide Macros sind in ACSL als System–Macros implementiert und stehen der Modellbeschreibung als Operatoren zur Verfügung (siehe Kap.3.2.9). Die Macro-Definition lautet:

```
MACRO  PTR ( x1, x2, r, th )
  x1 = (r) * COS(th)
  x2 = (r) * SIN(th)
MACRO END
MACRO  RTP ( r, th, x1, x2 )
  r = SQRT((x1)^2+(x2)^2)
  th = ATAN2(x2, x1+1.0e-30)
MACRO END
```

Die Namen x1, x2, r und th im Macro–Kopf sind formale Namen, die nichts mit Namen von Variablen im ACSL-Modell zu tun haben. Sie werden beim Macro–Aufruf durch die im Aufruf angegebenen Namen oder Ausdrücke ersetzt. Die Macro–Aufrufe

```
PTR ( x, y = a-b, 3.*alpha );   RTP ( rr, beta = 1, u+v )
```

werden bei der Macro–Erweiterung zu folgenden Gleichungen umgewandelt:

```
x = (a-b)*COS(3.*alpha)
y = (a-b)*SIN(3.*alpha)
rr = SQRT((1.)**2+(u+v)**2)
beta = ATAN2(u+v, 1.+1.0e-30)
```

Als Trennzeichen zwischen den Namen und Ausdrücken im Macro–Aufruf wird das Komma „," verwendet. Als gültiges Trennzeichen gilt aber auch das Gleichheitszeichen „=", das im Sinne einer Verdeutlichung der Ausgangs- und Eingangsgrößen des Macros angegeben werden kann. Das Gleichheitszeichen hat keinerlei Bedeutung für den Sortieralgorithmus in der DERIVATIVE Section, da die Macro–Erweiterung vor jeder Sortierung erfolgt. Die angegebenen Aufrufbeispiele zeigen, daß Macro–Programmierung einer gewissen Umsicht bedarf. In der Definition der angegebenen Macros scheint das Einklammern von x1, x2 und r zwar zunächst sinnlos, beide Aufrufe würden aber ohne Einklammern falsche Ergebnisse liefern.

Diese einfachen Macros könnten durch ein Unterprogramm ersetzt werden. Statt
`PTR` stünde im Programm `CALL PTR`. Sobald der Macro dynamische Operatoren
enthält, wie z. B. `INTEG` oder `BCKLSH`, kann er nicht mehr durch ein Unterprogramm ersetzt werden. Das Verzögerungsglied 1. Ordnung (PT1-Glied), das als
System–Macro `REALPL` implementiert ist, ist ein Beispiel dafür. Übertragungsfunktionen werden in ACSL durch ihre systembeschreibenden Differentialgleichungen realisiert:

$$
X(s) = G_{PT1}(s)\, U(s) = \frac{1}{T\,s+1}\, U(s) \;\rightarrow\; \dot{x}(t) = \frac{u(t) - x(t)}{T},\; x(t_0) = x_0.
$$

Die Macro–Definition in ACSL lautet

```
MACRO REALPL ( y, p, x, ic )
MACRO STANDVAL ic=0.0
   y = INTEG ( ( x - (y) ) / (p), ic )
MACRO END
```

Der Aufruf `REALPL(x=2.*te,u-xs,2.)` erzeugt z. B. die Gleichung

```
x=INTEG((u-xs-(x))/(2.*te), 2.)
```

Die Macro–Anweisung `MACRO STANDVAL ic=0.0` erlaubt es, beim Macro–Aufruf
keinen Namen, Wert oder Term für `ic` einzusetzen. In diesem Fall wird bei der
Macro–Erweiterung der „standard value" `0.0` eingesetzt.

Macros, die nur eine Ausgangsgröße erzeugen und diese an erster Stelle im
Macro–Kopf definiert haben, können auch in „Funktionsform" aufgerufen werden. Die Macro-Aufrufe

```
x1 = REALPL(1.39, r, xic)
REALPL(Ausgang, Zeitkonstante, Eingang)
```

erzeugen die Differentialgleichungen

```
x1 = INTEG ( (r-(x1)/(1.39), xic )
Ausgang = INTEG ((Eingang-(Ausgang))/(Zeitkonstante), 0.0)
```

Umfangreichere Macros benötigen oft Hilfsgrößen, die nicht in die Liste der formalen Namen beim Macro-Aufruf aufgenommen werden können bzw. sollen.
Derartige Hilfsgrößen können mit der Macro–Anweisung `MACRO REDEFINE` „lokal" definiert werden. Bei jedem Macro–Aufruf wird die mit `MACRO REDEFINE`
definierte formale Variable durch einen neuen, von ACSL erzeugten Namen der
Form `znnnnn` ersetzt. Der System-Macro `CMPXPL`, das Verzögerungsglied zweiter
Ordnung (PT2-Glied), vereinbart auf diese Art und Weise die erste Ableitung

des Ausgangs als „lokale" Variable. Die Frequenzbereichsbeschreibung des PT2–
Glieds

$$X(s) = G_{PT2}(s)\, U(s) = \frac{1}{p\,s^2 + q\,s + 1}\, U(s)$$

wird als System von Differentialgleichungen

$$\dot{z} \;=\; \frac{1}{p}\,(u - x - q\,z), \quad z(t_0) = z_0$$

$$\dot{x} \;=\; z, \quad x(t_0) = x_0$$

interpretiert und in folgendem Macro implementiert:

```
MACRO  CMPXPL ( y, p, q, x, ic1, ic2 )
MACRO STANDVAL ic1=0.0, ic2=0.0
MACRO REDEFINE ydot
  ydot = INTEG ( ( (x)-(y)-(q)*ydot ) /(p), ic1 )
  y    = INTEG ( ydot,                        ic2 )
MACRO END
```

Wie beim Macro REALPL können beide Anfangswerte weggelassen werden, da die
Anweisung MACRO STANDVAL im Bedarfsfall Standardwerte einsetzt. Der Macro–
Aufruf kann wieder in der Funktionsform angegeben werden. Bei jedem Aufruf,
z. B.

```
CMPXPL ( out, a, s-1, in**2 )
zz = CMPXPL ( 1/b, EXP(c), za-zb, , 4. )
```

erzeugt die Macro–Erweiterung eine neue Hilfsvariable znnnnn für die mit MACRO
REDEFINE vereinbarte Hilfsvariable ydot:

```
z09997 = INTEG ( (in**2)-(out)-(s-1)*z09997)/(a), 0.0)
out    = INTEG ( z09999,                          0.0)
z09996 = INTEG ( (za-zb)-(zz)-(EXP(c))*z09996)/(1/b), 0.0 )
zz     = INTEG ( z09996,                           4. )
```

6.2   Macros mit Namenserzeugung

Die Anweisung MACRO REDEFINE erlaubt es, „lokale" Variable zu erzeugen, die
bei jedem Macro-Aufruf einen anderen Namen erhalten. Der Nachteil ist, daß
diese Namen unbekannt sind und daher nicht dokumentiert werden können. Eine
mögliche Abhilfe wäre, keine Hilfsvariable zu generieren, sondern auch diese Variablen in die Aufrufliste des Macro–Kopfes aufzunehmen. Dadurch wird die
Aufrufliste allerdings sehr lang und unübersichtlich.

Um nur im Macro benötigte Variable mit bekannten, aber bei jedem Aufruf unterschiedlichen Namen zu definieren, bietet ACSL den Verkettungsoperator „&" an. Im Macro werden Namen der Form x&par&y verwendet, aus denen ein Aufruf mit no1 an der Stelle von par in der Aufrufliste den Namen xno1y erzeugt.

Ein Beispiel für die Anwendung dieser Namenserzeugung ist ein Modell zur Beschreibung der dynamischen Verhältnisse in einem Gasbehälter. Die Variablen $f_e(t)$ und $f_a(t)$ beschreiben die Gasmengen, die in bzw. aus dem Tank strömen, $f(t)$ die Durchflußmenge, $p(t)$ und $p_e(t)$ den Druck im Tank bzw. den Druck am Eingang, $r_e(t)$ den Widerstand am Eingang und $v(t)$ das Volumen im Tank. Eine der möglichen Auflösungen der dynamischen Zusammenhänge lautet

$$\dot{p}(t) = \frac{f_e(t) - f_a(t)}{v(t)}, \quad f_e(t) = \frac{p_e(t) - p(t)}{r_e(t)}, \quad p(t_0) = p_0.$$

Ein Macro, der dieses dynamische Verhalten beschreibt und jede vorkommende Variable zugreifbar macht, verwendet nur den einzigen formalen Namensparameter n in der Aufrufliste:

```
MACRO TANK ( n )
  f&n&e = ( p&n&e - p&n ) / r&n&e
  p&n   = INTEG ( (f&n&e-f&n&a) / v&n, p&n&0 )
MACRO END
```

Ein Modell mit mehreren Behältern kann nun sehr einfach gebildet werden, indem verschiedene Tanks „durchnumeriert" bzw. die für den Tank signifikanten Bezeichnung im Aufruf zur Namenserzeugung angegeben werden. Die Macro–Aufrufe

```
TANK(1); TANK(2); TANK(3); TANK(4); TANK(5)
TANK(cyan); TANK(ozon); TANK(4a)
```

erzeugen z. B. für die Parameter 2 und ozon folgende Gleichungen:

```
f2e = ( p2e - p2 ) / r3e
p2  = INTEG ( (f2e-f2a) / v2, p20)
fozone = ( pozone -pozon ) / rozone
pozon  = INTEG ( (fozone-fozona) / vozon, pozon0 )
```

Vorteile dieser Art des Macro–Aufrufs sind kurze Aufruflisten und der Zugriff auf alle Variablen im Macro. Ein Nachteil ist, daß für die formalen Parameter in der Aufrufliste keine Ausdrücke eingesetzt werden können.

Um die Vorteile beider Aufrufarten zu nutzen, kann man mit gewisser Vorsicht beide Formen mischen. Sind $p_e(t)$ und $f_a(t)$ Eingangsgrößen, die sich aus mehreren Termen zusammensetzen können sollen, so werden sie in die Aufrufliste aufgenommen:

```
    MACRO TANK ( n, pe, fa )
      f&n&e = ( pe - p&n ) / r&n&e
      p&n   = INTEG ( (f&n&e-(fa)) / v&n, p&n&0 )
    MACRO END
```

Der Aufruf TANK(2,5.*pst,(p3-p5)/r53) erzeugt daher nun die Beschreibung

```
    f2e = ( 5.*pst - p2 ) / r2e
    p2  = INTEG ( (f2e-((p3-p5)/r53)) /v2, p20 )
```

Es bleibt dem Anwender überlassen, die günstigste Form des Macro-Aufrufs und
des Zugangs zu Hilfsvariablen im Macro für sein Problem zu wählen.

6.3 Hyperlogistisches Wachstum

Macros ermöglichen die Zusammenfassung von bestimmten Gleichungen zu Teilmodellen und bieten daher Ansätze für modulare Modellentwicklung. Häufig
auftretende Modellteile können als Macro definiert und in einem „Hauptmodell"
durch Aufrufe aneinandergefügt werden. Wesentlich für die Verwendbarkeit eines Macros ist eine vernünftige Wahl der Aufrufliste, der lokalen Variablen und
eventueller globaler Variablen. In diesem Kapitel wird das Modell für das hyperlogistische Wachstum als Teilmodell in einem Macro formuliert.

Das hyperlogistische Wachstum beschreibt einen in die Sättigung S laufenden
Wachstumsprozeß $w(t)$ durch die Differentialgleichung

$$\dot{w}(t) = w(t)^p \left[(S - w(t)) \right]^q, \quad w(t_0) = w_0 > 0.$$

Ergebnis ist eine s-förmige Kurve, deren Anstieg bis zum Wendepunkt und deren
Annäherung an die Sättigung S durch die Parameter p und q charakterisiert werden. Mit $p = q = 1$ beschreibt dieses Modell das einfache logistische Wachstum.

Dieses mathematische Modell ist wegen der Potenzfunktionen aus numerischen
Gründen für die Simulation teilweise ungeeignet. Wenn $w(t)$ nahe der Sättigung
S liegt, so wird die Differenz $S - w(t)$ sehr klein, was zu numerischen Schwierigkeiten bei der Darstellung von

$$(S - w(t))^q = d^q = e^{q \ln d}$$

führen kann. Das Modell wird daher oft in ein System mit drei Zustandsgrößen,
das keine Potenzfunktionen enthält, umgewandelt. Mit Hilfe des logarithmischen
Differentialoperators F wird eine Hilfsvariable

$$u(t) = F[w(t)] = \frac{\dot{w}(t)}{w(t)} = w(t)^{p-1} \left[(S - w(t)) \right]^q$$

eingeführt, die der Differentialgleichung

$$\dot{u} = (p - 1)\, u^2 - q\, u\, v, \quad v(t) = w(t)^p\, [(S - w(t)]^{q-1}$$

genügt. Die Hilfsvariable $v(t)$ ist wieder Lösung der Differentialgleichung

$$\dot{v} = p\, u\, v - (q - 1)\, v^2,$$

sodaß das hyperlogistische Wachstum durch das Differentialgleichungssystem

$$
\begin{aligned}
\dot{w} &= w\, u, & w(t_0) &= w_0 \\
\dot{u} &= (p - 1)\, u^2 - q\, u\, v, & u(t_0) &= u_0 = w_0^{p-1}(S - w_0)^q \\
\dot{v} &= p\, u\, v - (q - 1)\, v^2, & v(t_0) &= v_0 = w_0^p(S - w_0)^{q-1}
\end{aligned}
$$

beschrieben wird. Die Potenzfunktionen finden sich nur mehr in den unkritischen Anfangswerten. Die Variablen $u(t)$ und $v(t)$ haben auch als sogenannte „Triebkräfte" eine Bedeutung, die in gegenseitiger Konkurrenz die Wachstumsgröße $w(t)$ in die Sättigung S führen. Sie charakterisieren ferner das Abweichen des hyperlogistischen Wachstums vom logistischen Wachstum, denn für $p = q = 1$ gilt $u = S - w$ und $v = w$.

Um diese Gleichungen als Teilmodell in einem Macro zu beschreiben, sind die Aufrufliste mit den Eingangs- und Ausgangsgrößen und die mit `REDEFINE` zu definierenden lokalen Variablen für die Macro–Definition festzulegen. Sinnvoll erscheint ein Macro–Kopf der Form

```
MACRO EVOLON ( w, w0, p, q, S )
```

Die Wachstumsgröße $w(t)$ ist Ausgangsgröße, die Modellparameter w_0, p, q und die Sättigung S sind Eingangsgrößen. Die Anfangswerte u_0 und v_0 können mit `MACRO REDEFINE` als Hilfsgrößen definiert werden, denn ihr Wert ist nicht von Interesse. Um die Triebkräfte $u(t)$ und $v(t)$ zugänglich zu machen, müssen sie entweder in die Aufrufliste des Macro–Kopfes aufgenommen werden oder durch Verkettung bei jedem Macro–Aufruf einen eindeutigen Namen bekommen. Für diese Verkettung kann der aufrufende Name von `w` verwendet werden, sodaß kein weiterer formaler Namensparameter in den Macro–Kopf aufgenommen werden muß.

Der im folgenden Modell definierte Macro `EVOLON` ist ein rein dynamischer Macro, der nur sinnvoll in der `DERIVATIVE` Section des ACSL–Modells aufgerufen werden kann, d.h. die vom Macro erzeugten Gleichungen werden ein Teil der `DERIVATIVE` Section. Die Anfangswerte u0 und v0 müßten daher separat in der `INITIAL` Section des ACSL-Modells berechnet werden. Seit ACSL Level 10 sind in Macros auch `INITIAL` Sections erlaubt. Die dort in Macros angegebenen Gleichungen und Anweisungen werden an das Ende der `INITIAL` Section des ACSL-Modells sortiert. Es ist daher auch sinnvoll, die Berechnung von $p - 1$ und $q - 1$ in die `INITIAL` Section des Macros zu geben:

```
PROGRAM Hyperlogistisches Wachstum
! ----------------------------------------------------------
MACRO EEVOLON ( w, w0, p, q, s )
! --- Teilmodell fuer hyperlogistisches Wachstum -------------
! --- w ... Ausgangsvariable
! --- w0, p, q, s Eingangsparameter
  INITIAL
  MACRO REDEFINE u0,v0, pm1, qm1, smw0, w0hpm1, smw0hqm1
    pm1 = p-1; qm1= q-1; smw0 = s-w0
    w0hpm1 = w0**pm1; smw0hqm1 = smw0**qm1
    u0 = w0hpm1*smw0hqm1*smw0; v0 = w0hpm1*w0*smw0hqm1
  END  ! of INITIAL
    w   =  INTEG ( w * u&w,                    w0 )
    u&w =  INTEG ( pm1*u&w*u&w - q*u&w*v&w, u0 )
    v&w =  INTEG ( p*u&w*v&w - qm1*v&w*v&w, v0 )
MACRO END
! ----------------------------------------------------------
INITIAL
! --- Anfangswerte, Modellparameter, Parameterberechnungen ---
CONSTANT ppopa  = 2, qpopb  = 3, spopa = 4, spopb = 5
CONSTANT wpopa0 = 1, wpopb0 = 1, pab  = 2, qba  = 2
CONSTANT tend  = 5  ppopb = pab*ppopa; qpopa = qba*qpopb
END ! of INITIAL
DYNAMIC
  DERIVATIVE
    EVOLON ( wpopa, wpopa0, ppopa, qpopa, spopa ) ! Modell 1
    EVOLON ( wpopb, wpopb0, ppopb, qpopb, spopb ) ! Modell 2
    dwab = wpopa - wpopb                          ! Vergleich
  END ! of DERIVATIVE
TERMT ( t. GE. tend )
END ! of DYNAMIC
! ----------------------------------------------------------
END ! of PROGRAM
```

Das ACSL–Modell besteht nur aus dem zweimaligen Aufruf des Macros EVOLON,
der die gewünschten Gleichungen erzeugt, und der Berechnung der Differenz der
Wachstumskurven. In der INITIAL Section sind Abhängigkeiten der Parameter
p und q der beiden Modelle formuliert.

Der ACSL–Translator erweitert alle Macros eines Modells (sowohl die vom Benutzer definierten Macros als auch die Systemmacros) zu einer ACSL-Beschreibung,
bevor er mit dem Übersetzen des ACSL-Modells nach FORTRAN beginnt. Das
Setzen einer Option bewirkt, daß das Ergebnis der Macro–Erweiterung auf die

Ausgabe–Datei (`model.out`) geschrieben wird. Dieses Protokoll bietet eine wesentliche Hilfe beim Testen und bei der Fehlersuche in Macros. Die protokollierte Macro–Erweiterung für den zweiten Macro–Aufruf lautet:

```
    :
MACROEND
   EVOLON ( wpopb, wpopb0, ppopb, qpopb, spopb )
INITIAL
 Z99988 = ppopb-1
 Z99987 = qpopb-1
 Z99986 = spopb-wpopb0
 Z99985 = wpopb0**Z99988
 Z99984 = Z99986**Z99987
 Z99983 = Z99985*Z99984*Z99986
 Z99982 = Z99985*wpopb0*Z99984
END
wpopb =INTEG(wpopb*uwpopb,wpopb0)
uwpopb=INTEG(Z99988*uwpopb*uwpopb-qpopb*uwpopb*vwpopb,Z99983)
vwpopb=INTEG(ppopb*uwpopb*vwpopb-Z99987*vwpopb*vwpopb,Z99982)
MACROEND
    :
```

Diese Ausgabe zeigt, daß ACSL für die mit `MACRO REDEFINE` definierten Variablen (Anfangswerte, Hilfsparameter) eigene Variable **znnnnn** erzeugt hat. Die formalen Eingangs- und Ausgangsgrößen sind durch die richtigen aktuellen Namen ersetzt worden. Für die Triebkräfte $u(t)$ und $v(t)$ sind durch Verkettung mit dem Namen der Ausgangsgröße **wpopb** die korrekten Namen **uwpopb** und **vwpopb** erzeugt worden.

Die Dokumentation der Macro–Erweiterung hilft, Fehler in der Struktur zu suchen. Die Richtigkeit der Initialisierung stellt man mit einem Simulationslauf mit reiner Initialisierung, also mit $t_{end} = 0$, fest. Der Befehl `DISPLAY /ALL` zeigt die Struktur des Systems mit den initialisierten Anfangswerten:

```
ACSL> SET tend=0; START ! Initialisierungs-Simulationslauf
ACSL> DISPLAY /ALL        ! Ausgabe aller Variablen
         T 0.            ZZTICG 0.            CINT 0.01000000
   ZZIERR    F           ZZNBLK    1         ZZICON      0
   ZZSTFL    T           ZZFRFL    F         ZZICFL    F
   ZZRNFL    F           ZZJEFL    F         ZZNIST      6
   ZZNAST    0            IALG     5          NSTP     10
      MAXT 1.0000E+09    MINT 1.0000E-09
```

```
State Variables        Derivatives      Initial Conditions
   UWPOPA 729.000000    Z99990-531441.000    Z99993 729.000000
   UWPOPB 64.0000000    Z99980 9216.00000    Z99983 64.0000000
   VWPOPA 243.000000    Z99989 59049.0000    Z99992 243.000000
   VWPOPB 16.0000000    Z99979 3584.00000    Z99982 16.0000000
    WPOPA 1.00000000    Z99991 729.000000    WPOPA0 1.00000000
    WPOPB 1.00000000    Z99981 64.0000000    WPOPB0 1.00000000


   Algebraic Variables
 Common Block /ZZCOMU/
     DWAB 0.                 PAB 2.00000000    PPOPA 2.00000000
    PPOPB 4.00000000         QBA 2.00000000    QPOPA 6.00000000
    QPOPB 3.00000000        SPOPA 4.00000000    SPOPB 5.00000000
     TEND 0.               Z99984 16.0000000   Z99985 1.00000000
   Z99986 4.00000000       Z99987 2.00000000   Z99988 3.00000000
   Z99994 243.000000       Z99995 1.00000000   Z99996 3.00000000
   Z99997 5.00000000       Z99998 1.00000000   ZZSEED   55555555
```

Die Tabelle der Zustands-, Ableitungs- und Anfangswertgrößen verdeutlicht nochmals die unterschiedliche Namenserzeugung durch Übergabe in der Parameterliste, Verkettung bzw. Erzeugung durch ACSL. Unter Zuhilfenahme der Werte
der Parameter (im ersten Teil der Tabelle) kann die Berechnung der Anfangswerte für die Triebkräfte nachvollzogen werden.

Der folgende Simulationslauf vergleicht die beiden Teilmodelle nach dem Setzen
spezifischer Parameter. Die Resultate, die Wachstumskurven und deren Differenz, sind in Abb. 6.1 in logarithmischer Zeitskala dargestellt:

```
ACSL> PREPARE t, wpopa, wpopb, dwab        ! Abspeicherung
ACSL> PREPARE uwpopa,uwpopb, vwpopa, vwpopb ! Abspeicherung
ACSL> SET cint=0.01,tend=2 ! Kommunikationsintervall, Endzeit
ACSL> SET ppopa=1.5,qpopb=2, pab=1.2, qba=1 ! Modellparameter
ACSL> SET spopa=4,spopb=4                   ! Modellparameter
ACSL> START                                 ! Simulationslauf
ACSL> SET  title="Hyperlogistisches Wachstum"
ACSL> SET title(41)="Vergleich von Modellen"
ACSL> PLOT /XLOG /XLO=1.e-2 /XHI=tend &   ! Zeichnung ueber
ACSL>   wpopa /LO=1, wpopb /LO=1, dwab    ! log. Achse
```

Die Triebkräfte $u(t)$ und $v(t)$, deren Verhalten sich am besten in einem Phasenbild $v = v(u)$ darstellen läßt, steuern das Wachstum. Sie charakterisieren
auch das Abweichen des hyperlogistischen Wachstums vom logistischen Wachstum. Eine Variation des Parameters p zeigt, wie sich im Phasenbild die Kurven

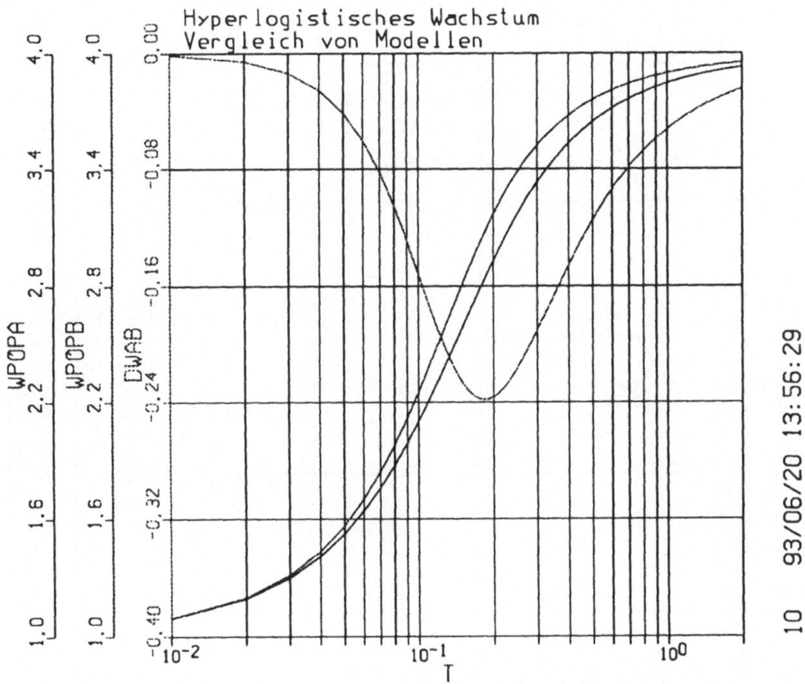

Abbildung 6.1: Hyperlogistisches Wachstum, Modellvergleich

$v = v(u, p)$ der Geraden $v(u) = S - u$, die das logistische Wachstum repräsentiert, nähern, wenn p nahe an 1 kommt (Abb. 6.2). Für eine Abspeicherung aller Variationsläufe muß `nrwitg=.T.` gesetzt werden, um eine Überspeicherung auf der Prepare–Datei zu verhindern. Vor der Zeichnung wird die x-Achse auf nichtlogarithmische Darstellung zurückgesetzt, als x-Achse wird u gewählt. Die Ergebnisse des vorherigen Simulationslaufs sind noch auf der Prepare–Datei abgespeichert, sodaß sofort mit der Parametervariation begonnen werden kann:

```
ACSL> SET nrwitg=.T.,ftsplt=.T.!   Keine Ueberspeicherung
ACSL> ! Beginn Parametervariation fuer ppopa
ACSL> SET ppopa=1.7; START; SET ppopa=1.9; START
ACSL> SET ppopa=2.1; START; SET ppopa=1.3; START
ACSL> SET ppopa=1.1; START
ACSL> SET title(41)="Triebkraefte    "
ACSL> SET title(81)="Variation p=..."
ACSL> PLOT /NOXLOG /XAXIS=uwpopa vwpopa /HI=10 ! Phasenbilder
```

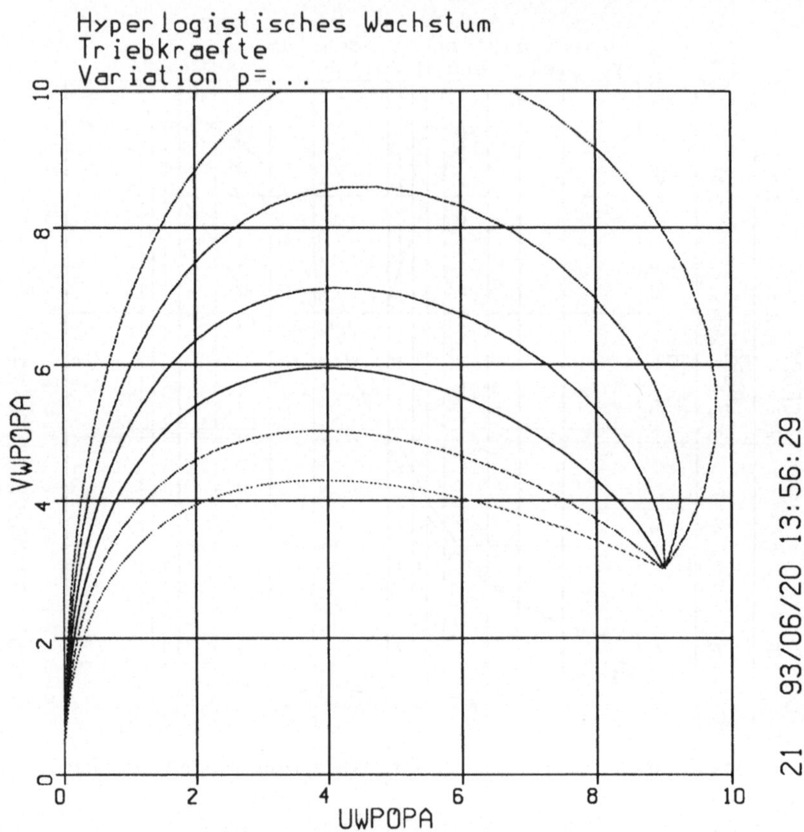

Abbildung 6.2: Triebkräfte, Variation von p

6.4   Macros mit variabler Struktur

In Macros können neben Beschreibungen mit ACSL- und FORTRAN–Operatoren
auch Macro–Anweisungen verwendet werden, die variable Strukturen erzeugen.
Ein Beispiel ist die Erzeugung unterschiedlich vieler Differentialgleichungen (INTEG
Operatoren) abhängig von Parametern im Macro–Aufruf. Der regelungstech-
nische Operator TRAN ist z. B. als Macro implementiert, der von derartigen
Macro–Anweisungen reichlichen Gebrauch machen muß. Macro–Anweisungen
sind „Compiler-Anweisungen" für die Macro–Erweiterung. Sie erweitern den
Macro abhängig von bestimmten, im Aufruf angegebenen, Zahlenwerten, schrei-
ben Fehlermeldungen etc. Die bereits vorgestellten Macro–Anweisungen MACRO
STANDVAL und MACRO REDEFINE, sowie MACRO RELABEL, das Pendant zu MACRO
REDEFINE für Sprungmarken, dienen zur Definition von lokalen Hilfsgrößen.

Die für die Erzeugung variabler Strukturen grundlegende Macro–Anweisung ist `MACRO ASSIGN N`. Sie erzeugt eine symbolische Variable mit dem Namen `N`, die mit weiteren Macro–Anweisungen verändert oder abgefragt werden kann. Sie erhält bei ihrer Definition als Wert die Anzahl der im Macro–Aufruf angegebenen Parameter. Damit kann z. B. ein Macro–Aufruf auf Richtigkeit überprüft werden. Die Anzahl der Parameter im Aufruf ist für die in Kap. 6.6 besprochene Macro–Sonderform „`MACRO MACRO`" besonders wichtig. Die symbolische Variable `N` wird durch die arithmetischen Macro–Anweisungen

```
MACRO INCREMENT m
MACRO DECREMENT m
MACRO MULTIPLY  m
MACRO DIVIDE    m
```

um den Wert `m` erhöht bzw. erniedrigt, mit `m` multipliziert bzw. durch `m` dividiert. Dabei ist `m` als Zahl anzugeben oder im Macro–Aufruf an Stelle des Parameters `m` zahlenmäßig zu übergeben.

Alle Macro–Anweisungen können mit symbolischen Sprungmarken verbunden werden, z. B.

```
MACRO LAB1..REDEFINE alpha
MACRO LAB2..CONTINUE
MACRO FEHLER..PRINT Fehler bei Aufruf
```

Die Anweisung `MACRO PRINT` druckt den gewünschten Text (üblicherweise Fehlermeldungen) während der Macro–Erweiterung aus. Die mit symbolischen Sprungmarken verbundenen Macro–Anweisungen werden bei der Macro–Erweiterung von der Macro–Anweisung `MACRO GOTO` bzw. `MACRO IF` angesprungen. Die Anweisung `MACRO GOTO LAB1` führt z. B. die Macro–Erweiterung direkt bei der mit `MACRO LAB1..` verbundenen Macro–Anweisung fort, die Macro–Anweisung

```
MACRO IF ( N1 = N2 ) LAB1
```

arbeitet bei der Sprungmarke `MACRO LAB1..` weiter, wenn `N1` und `N2` gleich sind. Die Größen `N1` und `N2` sind entweder ganze Zahlen oder Aufrufparameter, für die ganze Zahlen eingesetzt werden, bzw. die mit `MACRO ASSIGN` definierte symbolische Variable `N` oder Textfelder, die Zeichen für Zeichen verglichen werden.

6.5 Übertragungsfunktion TRAN

Macro–Anweisungen sind sehr mächtige Werkzeuge, denn sie erlauben z. B. die Definition der allgemeinen Übertragungsfunktion

$$X(s) = \frac{Z(s)}{N(s)} U(s)$$

als Macro `TRAN(out, nn, nd, p, q, in)` .

In dieser Definition bedeuten `nn` und `nd` den Grad von Zähler- und Nennerpolynom (beim Aufruf als Zahl vorzugeben), `p` und `q` sind Felder der Dimension `nn+1` bzw. `nd+1` und beinhalten die Koeffizienten von Zählerpolynom $Z(s)$ bzw. Nennerpolynom $N(s)$; `in` und `out` bezeichnen Eingang bzw. Ausgang.

Die Definition des Macro `TRAN` ist relativ schwer zu verstehen, denn die Möglichkeiten der Macro–Anweisungen werden sehr stark ausgenützt. Ein Vergleich mit einem Beispiel soll Macro–Definition und Macro–Erweiterung gegenüberstellen und die Mächtigkeit (aber auch Fehlerträchtigkeit) der Macro–Anweisungen erläutern. Betrachtet sei die Strecke

$$X(s) = G(s)\,U(s) = \frac{a_0 s + a_1}{b_0 s^3 + b_1 s^2 + b_2 s + b_3}\,U(s),$$

die in ACSL in Zeitbereichsdarstellung umformuliert werden muß. Eine der möglichen Umformungen führt die Hilfsvariablen z_1, z_2 und z_3 ein, die den Zustandsgrößen des zugrundeliegenden Systems dritter Ordnung entsprechen, und leitet die Zeitbereichsdarstellung

$$\begin{aligned}
\dot{z}_1 &= \frac{1}{b_0}u - \frac{1}{b_1}z_1 - \frac{1}{b_2}z_2 - \frac{1}{b_3}z_3 \\
\dot{z}_2 &= z_1 \\
\dot{z}_3 &= z_2 \\
x &= a_0 z_2 + a_1 z_3
\end{aligned}$$

ein.

Der Macro `TRAN` führt diese Umformung automatisch durch, wobei er abhängig vom Grad der Polynome unterschiedlich viele Differentialgleichungen erzeugt. Der Macro baut intern ein Feld für die Hilfsgrößen z_i mit `MACRO REDEFINE` auf. Vorher prüft er den vorgegebenen Grad für Zähler- und Nennerpolynom und sondert Spezialfälle aus. Der Aufbau der Variablen z_1 erfolgt über eine aus Macro–Anweisungen programmierte Schleife. Eine genaue Erklärung der Definition des Macros `TRAN` sprengt den Rahmen dieses Buches. Ein gewisses Verständnis für die Arbeitsweise von `TRAN` ermöglicht dem ACSL–Kenner die folgende Tabelle, die neben der Definition des Macros die bei der Macro–Erweiterung des dargestellten Beispiels erzeugten Anweisungen und Gleichungen zeigt:

```
Definition von TRAN              Erweiterung von TRAN


MACRO tran(out,nn,nd,p,q,in) Ausgang=TRAN(1,3,zk,nk,Eingang)
MACRO assign n
MACRO redefine i,z,zd,zic
```

```
MACRO relabel 11,12
MACRO multiply 0              MACRO multiply 0
MACRO increment nn           MACRO increment 1
MACRO 10..if(n=nd)20         MACRO IF (1=3)   00000042
MACRO if(n=1000)999          MACRO IF (1=1000)      00000287
MACRO increment 1            MACRO increment 1
MACRO goto 10                MACRO goto    00000013
                             MACRO IF (2=3)   00000042
                             MACRO IF (2=1000)      00000287
                             MACRO increment 1
                             MACRO goto    00000013
                             MACRO IF (3=3)   00000042

MACRO 20..continue           MACRO continue
array z(nd),zd(ic),zic(nd)   array Z99997(3),Z99996(3),Z99995(3)
constant zic=nd*0.0          constant Z99995=3*0.0
procedural(zd=p,q,in)        procedural(Z99996=zk,nk,Eingang)
zd(1)=in-z(1)*q(2)           Z99996(1)=Eingang-Z99997(1)*nk(2)
MACRO if(nd=1)25             MACRO IF(3=1)   00000131
do 11 i=2,nd                 do Z99994 Z99993=2,3
zd(1)=zd(1)-z(i)*q(i+1)      Z99996(1)=Z99996(1)-Z99997(Z99993)
                                       *nk(Z99993+1)
11..zd(i)=z(i-1)             Z99994..Z99996(Z99993)=
                                       Z99997(Z99993-1)

MACRO 25..continue           MACRO continue
zd(1)=zd(1)/q(1)             Z99996(1)=Z99996(1)/nk(1)
end                          end
MACRO decrement nn           MACRO decrement 1
MACRO if(nn=nd)26            MACRO IF(1=3)   00000195
procedural(out=p,z)         procedural(Z99998=zk,Z99997)
MACRO if(nn=0)30            MACRO IF(1=0)   00000254
out=p(1)*z(n)               Z99998=zk(1)*Z99997(2)
MACRO goto 27               MACRO GOTO    00000219
MACRO 26..continue
procedural(out=p,z,zd)
out=p(1)*zd(1)
MACRO 27..continue           MACRO continue
do 12 i=1,nn                 do Z99992 Z99993=1,1
12..out=out+p(i+1)*z(i+n)    Z99992..Z99998=Z99998+zk(Z99993+1)
                                       *Z99997(Z99993+2)

MACRO goto 40                MACRO GOTO    00000268
MACRO 30..continue
out=(p)*z(nd)
```

```
MACRO 40..continue            MACRO continue
end                           end
z=intvc(zd,zic)               Z99997=intvc(Z99996,Z99995)
MACRO exit                    MACRO exit
MACRO 999..print Numerator
  greater than denominator
  in TRAN
MACRO END
```

Da der Macro in der Funktionsform aufgerufen wird, muß eine Hilfsgröße für die Ausgangsgröße **Ausgang**, in diesem Fall z99998, definiert werden.

Das ACSL-Modell selbst, das den Macro **TRAN** verwendet, ist denkbar einfach:

```
PROGRAM Test fuer TRAN
ARRAY zk(2),nk(4)         ! Felder fuer Zaehler-und Nennerpolynom
CONSTANT zk = 3., 2., nk = 1., 70., 10., 3.
CONSTANT tend = 5              ! Endzeit
Eingang = STEP(0.)                ! Heavysidefunktion als Eingang
Ausgang = TRAN( 1, 3, zk, nk, Eingang ) ! Uebertragungsfunktion
TERMT ( t . GE. tend )
END ! of PROGRAM
```

Trotz der Einfachheit der Modellbeschreibung ist das erzeugte FORTRAN–Programm umfangreich. Die aufgebauten Zustands-, Ableitungs- und Anfangswertvektoren zeigt wieder die Tabelle des DISPLAY Befehls an. Die gewählten Koeffizienten für Zähler- und Nennerpolynom führen zu einer stabilen Strecke (Abb. 6.3):

```
ACSL> PREPARE t, ausgang              ! Abspeicherung
ACSL> START                           ! Simulationslauf
ACSL> SET title="Uebertragungsfunktion"
ACSL> SET title(41)="Sprungantwort"
ACSL> PLOT ausgang /XHI=tend          ! Zeichnung Streckenantwort
ACSL> DISPLAY /ALL
          T 50.0000000    ZZTICG 0.                 CINT 0.05000000
    ZZIERR     F          ZZNBLK      1        ZZICON         0
    ZZSTFL     T          ZZFRFL      F        ZZICFL     F
    ZZRNFL     F          ZZJEFL      F        ZZNIST         3
    ZZNAST     0          IALG        5        NSTP       10
      MAXT 1.0000E+09     MINT 1.0000E-09

State Variables        Derivatives     Initial Conditions
  Z99997(1)-3.4353E-04  Z99996(1) 7.5579E-05  Z99995(1) 0.
  Z99997(2)-6.2075E-04  Z99996(2)-3.4353E-04  Z99995(2) 0.
```

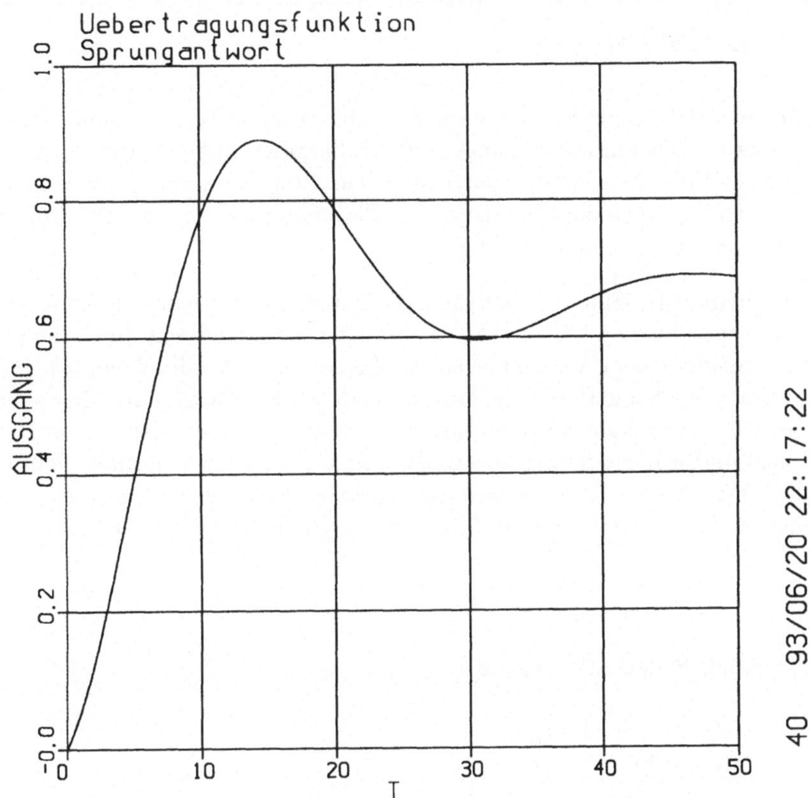

Abbildung 6.3: Streckenantwort auf Einheitssprung

```
Z99997(3) 0.34339300   Z99996(3)-6.2075E-04   Z99995(3) 0.


 Algebraic Variables
Common Block /ZZCOMU/
  AUSGANG 0.68492400    EINGANG 1.00000000        NK 1.00000000
          70.0000000            10.0000000           3.00000000
     TEND 50.0000000    Z99993       2        Z99998 0.68492400
       ZK 3.00000000             2.00000000    ZZSEED   55555555
```

6.6 Macros für Vektor- und Matrizenmanipulation

Der Macro TRAN erzeugt Strukturen auf variable Art und Weise, denn die Anzahl
der erzeugten Differentialgleichungen ist von Parametern beim Aufruf abhängig
(Grad des Zähler- bzw. Nennerpolynoms). Die Programmierung des Macros ist
sehr aufwendig. Auch die Übernahme der Parameter aus dem Macro–Aufruf ist
bei variablen Strukturen aufwendig.

Die verwendete Technik der Übergabe der Namen ist mit einer direkten Adressierung vergleichbar: im Macro wird die formale Variable direkt durch die in der
Aufrufliste angegebene Variable oder den angegebenen Ausdruck ersetzt. ACSL
bietet mit einer Sonderform des Macros, dem MACRO MACRO, eine Macro–Form
mit einer Art indirekten Adressierung an. Im Macro–Kopf werden bei der Definition nicht die formalen Namen angegeben, sondern bis zu vier „formale Vektoren"
P, Q, R und S, die auf die Namen der Variablen verweisen (P) auf ihre „erste"
Dimension (Q), auf ihre „zweite" Dimension (R) und auf ihre „dritte" Dimension
(S).

Die Macro-Definition lautet:

```
MACRO MACRO HEAD (P, Q, R, S)
    :
    Macro-Anweisungen
    ACSL-Operatoren
    :
MACRO END
```

Der Aufruf des Macros entspricht in seiner Aufrufliste nicht mehr der Aufrufliste
im Macro–Kopf. Beim Aufruf werden Namen oder Ausdrücke angegeben, die
Komponenten des formalen Vektors P entsprechen:

```
HEAD ( alpha, 3, 4-x, y, SIN(z) ) ->   P(1)  -  alpha
                                       P(2)  -  3
                                       P(3)  -  4-x
                                       P(4)  -  y
                                       P(5)  -  SIN(z)
```

Sinnvoll wird diese Form des Macros bei der Verarbeitung von Matrizen und
Feldern, denn sie erlaubt eine pseudodynamische Definition von Feldern. Die
formalen Vektoren Q, R und S beinhalten in ihren Komponenten die Dimensionen
der im Aufruf angegebenen Variablen. Ein Beispiel zeigt die Mächtigkeit dieser
Art der Übergabe von Namen und Werten in einen Macro. Die Macro-Definition,
die Dimensionsvereinbarungen und der Macro–Aufruf

```
  MACRO MACRO ( P, Q, R, S )
     :
   MACRO ASSIGN N
   MACRO DECREMENT Q(5)
     :
   MACRO END
   ARRAY b(9), g(2,3), h(4,4,2)  !  Definition in ACSL-Programm
   HEAD ( a, b = 5.*d, e+f, g, h, low ) ! Macro-Aufruf
```

führen zu folgenden Ersetzungen bzw. Wertzuweisungen an die formale Variable
N:

```
   P(1) - a          Q(1) - *      R(1) - *      S(1) - *
   P(2) - b          Q(2) - 9      R(2) - *      S(2) - *
   P(3) - 5.*d       Q(3) - *      R(3) - *      S(3) - *
   P(4) - e+f        Q(4) - *      R(4) - *      S(4) - *
   P(5) - g          Q(5) - 2      R(5) - 3      S(5) - *
   P(6) - h          Q(6) - 4      R(6) - 4      S(6) - *
   P(7) - low        Q(7) - *      R(7) - *      S(7) - *
   N <- 7
   N <- 7-2=5
```

Das Gleichheitszeichen im Macro–Aufruf ist hier nur Trennzeichen zwischen den
Parametern in der Aufrufliste, es soll den Unterschied zwischen Eingangs- und
Ausgangsparametern verdeutlichen und hat keine formale Bedeutung.

Macro–Anweisungen können mit den formalen Vektoren sehr effizient arbeiten.
Wesentlich ist, daß die Macro–Anweisung MACRO ASSIGN N auf die formale Variable N die Anzahl der Parameter im Aufruf des Macros abspeichert. Dadurch
können z.B., abhängig von der Anzahl der Parameter im Aufruf, unterschiedlich
viele Differentialgleichungen erzeugt werden etc. Die formale Variable N kann
auch als Index für Felder dienen. Das folgenden Beispiel stellt einige Macro–
Anweisungen und Gleichungen in der Macro–Definition den erzeugten Gleichungen und den Werten der formalen Variablen N gegenüber:

```
MACRO MACRO HEAD (P,Q,R,S)    HEAD (a,b=5.*d,e+f,g,h,low)


MACRO ASSIGN N                  N=7
  P(1) = P(4) - P(2)(n)          a     = e+f-b(7)
  P(2)(N)=P(2)(N-1)*P(7)         b(7) = b(6)*low
MACRO DECREMENT Q(6)            N=N-4=3
  P(5)(N-2,N)=P(6)(N,N+1,Q(5))    g(1,3) = h(3,4,2)
  MACRO MULTIPLY Q(2)          N=N*9=27
  ARRAY x(N+3,N+3)                ARRAY x(30,30)
```

In dieser Art von Macros können daher beliebig variable Strukturen aufgebaut
werden, der Macro–Programmierer kann mit Feldern variabler Dimension arbeiten. Vektor- und Matrizenverarbeitung sind auch das Haupteinsatzgebiet dieser
Macro–Form.

Die Addition zweier Vektoren beliebiger (gleicher) Länge ist durch den MACRO
MACRO VECADD einfach beschreibbar. Im folgenden ist die Definition des Macros
einer Erweiterung mit einem bestimmten Aufruf gegenübergestellt:

```
    DEFINITION                          AUFRUF
                                   ARRAY c(6),d(6),e(6)
 MACRO MACRO VECADD(P,Q)           VECADD(c=d,e)
 MACRO RELABEL loop
 MACRO REDEFINE i
 PROCEDURAL (P(1)=P(2),P(3))       PROCEDURAL (c=d,e)
 INTEGER i                         INTEGER z09999
 DO loop i=1,Q(1)                  DO 999989 z09999=1,6
  P(1)(i)=P(2)(i)+P(3)(i)           c(z09999)=d(z09999)+e(z09999)
 loop..CONTINUE                    999989..CONTINUE
 END  ! of PROCEDURAL              END  ! of PROCEDURAL
    MACRO END
```

Ein weiteres Beispiel ist ein Macro zur Berechnung des Skalarprodukts zweier
Vektoren:

$$x = \sum_{i=1}^{n} y_i z_i.$$

Im Macro werden unter Verwendung der besprochenen Macro–Anweisungen die
Dimensionen der Vektoren verglichen und eine eventuelle Fehlermeldung wird
ausgegeben. Da der Macro auch in einer DERIVATIVE Section verwendet werden kann, muß die Schleife zur Berechnung des skalaren Produktes in einem
PROCEDURAL Block formuliert werden (Schleifen und Zugriffe auf Feldelemente
sind nicht sortierbar). Der Macro lautet:

```
MACRO MACRO DOT(P, Q)
 ! DOT(z=x,y)   berechnet Skalar- oder Punktprodukt der beiden
 ! Vektoren x und y. Die Konstante z enthaelt das Ergebnis
 MACRO REDEFINE i
 MACRO RELABEL 11
 MACRO IF(Q(2)=Q(3)) ML1
 MACRO PRINT Dimensionen der eingegebenen Vektoren sind ungleich
 MACRO EXIT
 MACRO ML1..CONTINUE
 INTEGER i
```

```
  PROCEDURAL(P(1) = P(2), P(3))
      P(1) = 0.0
      DO 11 i = 1, Q(2)
      P(1) = P(1) + P(2)(i)*P(3)(i)
      11..CONTINUE
    END  ! of PROCEDURAL
 MACRO END
```

Der Aufruf DOT(x,y,z) mit den Dimensionen ARRAY y(10), z(10) berechnet
das Skalarpodukt mit Ergebnis x. Der Macro kann auch in der Form x=DOT(y,z)
aufgerufen werden. Die Ersetzungen bei diesem Aufruf sind

```
      P(1) - x
      P(2) - y      Q(2) - 10
      P(3) - z      Q(3) - 10
```

Das dritte Beispiel multipliziert zwei Matrizen $A(n_1, m)$ und $B(m, n_2)$ und erzeugt und berechnet die Produktmatrix Matrix $C(n_1, n_2)$. Es zeigt, daß in Macros neue Felder beliebiger Dimension dynamisch definiert werden können. Die
Formel für das Matrizenprodukt

$$c_{jk} = \sum_{l=1}^{m} a_{jl} b_{lk}, \qquad j = 1, \ldots, n_1, \ k = 1, \ldots, n_2$$

führt auf zwei Schleifen in der Macro–Definition, die wieder einen PROCEDURAL
Block erfordern. Mit Macro–Anweisungen wird zuvor die Übereinstimmung der
Dimensionen geprüft:

```
MACRO MACRO MMUL(p, q, r)
! MMUL(C=A,B) multipliziert die Matrizen A und B. Das Ergebnis,
!      die Produktmatrix C, wird erzeugt und hat die Dimension
!      C (Zeilenzahl(A),Spaltenzahl(B)). Die Matrizen A und B
!      muessen im ACSL-Modell geeignet dimensioniert sein
MACRO RELABEL 1110
MACRO REDEFINE j, k, l
MACRO IF (R(2)=Q(3)) OK
MACRO PRINT MMUL: Die Spaltenzahl der ersten Matrix ist ungleich
MACRO PRINT      der Zeilenzahl der zweiten Matrix
MACRO EXIT
MACRO OK..CONTINUE
   INTEGER j,k,l
   REAL P(1)(Q(2), R(3))
   PROCEDURAL (P(1) = P(2), P(3))
      DO 1110 k = 1, R(3)
```

```
    DO 1110 j = 1, Q(2)
     P(1)(j,k) = 0.0
     DO 1110 l = 1, R(2)
     P(1)(j,k) = P(1)(j,k) + P(2)(j,l)*P(3)(l,k)
    1110..CONTINUE
   END   ! of PROCEDURAL
MACRO END
```

Der Aufruf MMUL(C=A,B) mit den Dimensionen A(10,8), B(8,5) definiert eine
Matrix C(10,5) und führt die Ersetzungen durch, die bei der Macro–Erweiterung
zu folgenden Anweisungen und Gleichungen führen:

```
    P(1) - C      Q(1) - 10      R(1) - 5
    P(2) - A      Q(2) - 10      R(2) - 8
    P(3) - B      Q(3) -  8      R(3) - 5
```

```
    MACROIF(8=8)      00000047
    MACROCONTINUE
    INTEGER Z09997,Z09996,Z09995
    REAL C(10, 5)
    PROCEDURAL (C = A, B)
    DO Z09994 Z09996 = 1, 5
    DO Z09994 Z09997 = 1, 10
    C(Z09997,Z09996) = 0.0
    DO Z09994 Z09995 = 1, 8
    C(Z09997,Z09996) = C(Z09997,Z09996) + &
    A(Z09997,Z09995)*B(Z09995,Z09996)
    Z09994..CONTINUE
    END
    MACROEND
```

6.7 Modellbildung linearer Systeme mit Macros

Macros erlauben ein einfaches Beschreiben der linearen Zustandsraumdarstellung

$$\dot{\vec{x}} = A\,\vec{x} + B\,\vec{u},\ \vec{x}(t_0) = \vec{x}_0, \qquad \text{Zustandsgleichung}$$
$$\vec{y} = C\,\vec{x} \qquad\qquad\qquad\qquad \text{Ausgangsgleichung.}$$

Zum Beschreiben der Gleichungen werden zwei Macros benötigt. Der Macro
MVMUL multipliziert eine Matrix mit einem Vektor, und liefert als Ergebnis einen

Vektor. Der Macro V2ADD addiert zwei Vektoren zu einem neuen Vektor. Bei der
Definition derartiger Macros muß prinzipiell entschieden werden, ob die Macros
die Ergebnisvektoren selbst definieren sollen, oder ob der Benutzer den Ergebnisvektor vorher mit der richtigen Dimension definieren muß. Die folgenden
Macrodefinitionen führen die Definitionen der Ergebnisvektoren selbst durch:

```
MACRO MACRO MVMUL ( p, q , r)
! ----------------------------------------------------------
! --- Macro zur Multiplikation Matrix x Vektor
! --- Aufruf mit MVMUL ( vectorout = matrix, vectorin)
! ---   matrix (n1,n2), vectorin(n2) definiert vor Aufruf
! ---   vectorout(n1) wird erzeugt !
! ----------------------------------------------------------
MACRO RELABEL L110
MACRO REDEFINE j, k
MACRO IF ( r(2)=q(3) )  OK
MACRO PRINT Falsche Dimensionen
MACRO OK..CONTINUE
REAL p(1)(q(2))
PROCEDURAL ( p(1) = p(2), p(3) )
DO L110 j = 1, q(2)
  p(1)(j) = 0.
  DO L110 k = 1, q(3)
   p(1)(j) =  p(1)(j) + p(2)(j,k)*p(3)(k)
L110..CONTINUE
END ! of PROCEDURAL
! ----------------------------------------------------------
MACRO END
! ----------------------------------------------------------
MACRO MACRO V2ADD ( p , q )
! ----------------------------------------------------------
! --- Macro zur Addition von 2 Vektoren
! --- Aufruf mit V2ADD ( vectorout = vectorin1, vectorin2)
! ---   vectorin1(n), vectorin2(n) definiert vor Aufruf
! ---   vectorout(n) wird erzeugt !
! ----------------------------------------------------------
! ----------------------------------------------------------
MACRO RELABEL L110
MACRO REDEFINE j
MACRO IF ( q(2)=q(3) )  OK
MACRO PRINT  Falsche Dimensionen !
MACRO OK..CONTINUE
REAL p(1)(q(2))
```

```
PROCEDURAL ( p(1) = p(2), p(3) )
DO L110 j = 1, q(2)
 p(1)(j) = p(2)(j) + p(3)(j)
L110..CONTINUE
END  ! of PROCEDURAL
! ---------------------------------------------------------------- --
MACRO END
```

Beide Macros überprüfen die Dimensionen der Matrix und der Vektoren beim
Aufruf. Sind die Dimensionen für die Operation ungeeignet, gibt die Macro–
Erweiterung eine entsprechende Fehlermeldung aus (veranlaßt durch die Anwei-
sung MACRO PRINT). Dann definieren sie den Ergebnisvektor, dessen Name im
Aufruf übergeben wurde, mit der geeigneten Dimension. Die Multiplikation der
Matrix mit dem Vektor bzw. die Vektoraddition erfolgt in Schleifen, die in
PROCEDURAL Blöcke eingebettet sind.

Die PROCEDURAL Blöcke sind notwendig, da die Macros auch in DERIVATIVE Sections aufgerufen werden können, in denen die Schleifen und die Komponenten
der Vektoren und Matrizen nicht sortierbar sind. Der PROCEDURAL Block

```
PROCEDURAL ( ax = A, x )   !  PROCEDURAL Kopf
.........                   !  Nicht sortierbare Gleichungen
PROCEDURAL END             !  Ende des Blocks
```

teilt im PROCEDURAL–Kopf dem Sortieralgorithmus des ACSL- Translators mit,
daß alle Anweisungen innerhalb des Blocks an jene Stelle sortiert werden, an der
die Eingangsgrößen (rechts vom Gleichheitszeichen, hier A und x) bekannt sind.
Alle Gleichungen und Anweisungen, die die Ausgangsgrößen (links vom Gleichheitszeichen, hier nur eine Größe ax) zur Berechnungen verwenden, können nur
nach dem PROCEDURAL Block einsortiert werden. Dieses Beispiel eines PROCEDURAL
Blocks wird mit dem Macro MVMUL beim Aufruf MVMUL(ax=A,x) erzeugt.

Mit dem PROCEDURAL Block sind trickreiche Modellbeschreibungen möglich, denn
die Sortierfolge der Gleichungen kann vollkommen verändert werden. Auch algebraische Schleifen können aufgebrochen werden, meist allerdings mit unbekannten Nebeneffekten. ACSL sortiert nur in der DERIVATIVE Section, um eine
bequeme und modulare Modellbeschreibung zu ermöglichen. Eine Sortierung
der Gleichungen in anderen Sections kann mit der Anweisung SORT ab der zu
sortierenden Stelle erzwungen werden. Eine Aufhebung der Sortierung wird mit
NOSORT bewirkt.

Um das ACSL–Modell für das lineare Modell zu beschreiben, müssen nur die Matrizen A, B und C sowie die Vektoren x, x_0 und y mit den gewünschten Dimensionen definiert werden. Werte für die Matrizen werden mit CONSTANT vorgegeben.

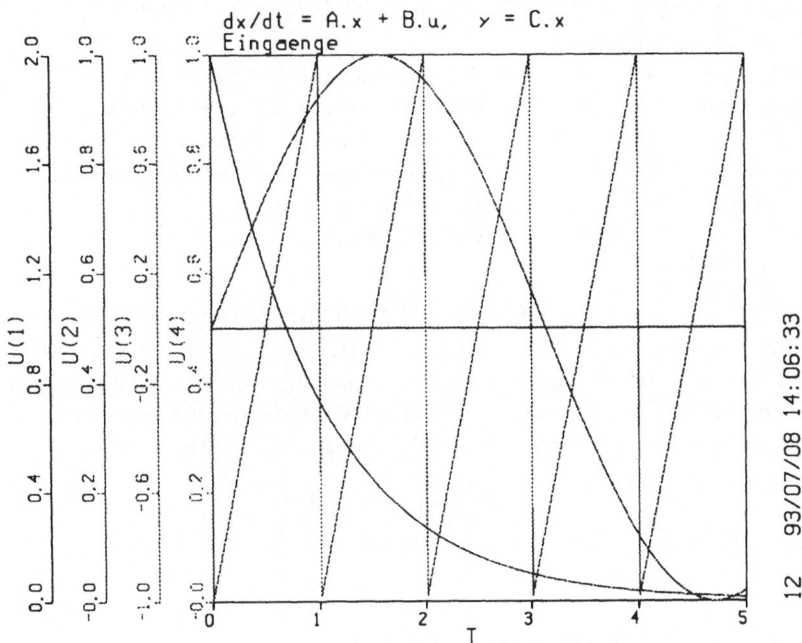

Abbildung 6.4: Eingangsfunktionen $u_i(t)$

Die Eingangsfunktionen $u_i(t)$ (Abb. 6.4), die Komponenten des Eingangsvektors $\vec{u}$, müssen in einem `PROCEDURAL` Block vorgegeben bzw. berechnet werden, da Feldelemente nicht sortierbar sind (der Sortieralgorithmus kann nur nichtindizierte Variable unterscheiden, also nur Felder und Matrizen untereinander). Die Macros und der `INTVC` Operator (Vektorintegration) beschreiben das gesamte Modell:

```
PROGRAM Lineares Zustandsraummodell
! Verwendung von MACRO MACRO zur Modellierung von
!       dx/dt = A.x + B.u,  y = C.x
! -----------------------------------------------------------
! -----------------------------------------------------------
ARRAY A(3,3), B(3,4), C(2,3)              ! Matrixdefinitionen
ARRAY x(3), x0(3), u(4)                   ! Vektordefinitionen
CONSTANT A = -1,2,1,1,-2,-2,-1,3,-5       ! Zustandsmatrix
CONSTANT B = 1,0,0,0,0,0,0,0,0,0,0,0      ! Eingangsmatrix
CONSTANT C = 1,0,0,0,0,1                  ! Ausgangsmatrix
CONSTANT x0 = 0.,0.,0., tend = 10         ! Anfangswert, Zeit
 PROCEDURAL ( u = t )     ! Berechnung der Eingangsfunktionen
```

```
  u(1) = 1; u(2) = EXP(-t); u(3) = SIN(t); u(4) = MOD(t,1)
END  ! of PROCEDURAL
MVMUL ( ax = A, x )        ! Multiplikation Matrix * Vektor
MVMUL ( bu = B, u )        ! Multiplikation Matrix * Vektor
V2ADD ( dx = ax, bu )      ! Addition Vektor + Vektor
MVMUL ( y  = C, x )        ! Multiplikation Matrix * Vektor
x = INTVC ( dx, x0 )       ! Vektorintegration
TERMT ( t. GE. tend )      ! Endbedingung
END ! of PROGRAM
```

ACSL läßt mit seinem Komfort für die Modellbeschreibung manchmal vergessen, daß man an FORTRAN–Syntax und FORTRAN–Eigenheiten gebunden ist. Eine dieser Eigenheiten, die Art der Abspeicherung von mehrdimensionalen Feldern, kommt hier zum Tragen. In FORTRAN werden die Elemente einer Matrix spaltenweise gespeichert. Die für das Beispiel gewählten Matrix

$$
A = \begin{pmatrix} -1 & 1 & -1 \\ 2 & -2 & 3 \\ 1 & -2 & -5 \end{pmatrix}
$$

muß in der CONSTANT Anweisung spaltenweise mit

```
CONSTANT A = -1,2,1,1,-2,-2,-1,3,-5
```

angegeben werden. Bei mehrdimensionalen Feldern (ACSL erlaubt bis zu sechs Dimensionen) gilt die Verallgemeinerung dieses Speicherungsprinzips: der erste Feldindex variiert am schnellsten.

Nach dem Start des Simulationsprogramms kann mit einer Initialisierung (Simulationslauf mit $t_{end} = 0$) die richtige Arbeitsweise der Macros bei der Initialisierung überprüft werden. Der DISPLAY /ALL Befehl gibt die Werte der Variablen aus:

```
ACSL> SET tend=0; START         ! Initialisierung
ACSL> DISPLAY /ALL              ! Ausgabe aller Variablen
        :
  State Variables         Derivatives       Initial Conditions
        X(1) 0.           DX(1) 1.00000000   X0(1) 0.
        X(2) 0.           DX(2) 0.           X0(2) 0.
        X(3) 0.           DX(3) 0.           X0(3) 0.
        :
  Algebraic Variables
  Common Block /ZZCOMU/
        AX 0.                   0.                   0.
        BU 1.00000000           0.                   0.
```

Die Macro–Aufrufe werden richtig erweitert, denn der Ableitungsvektor **dx** und die Hilfsvektoren **ax** und **bu** werden richtig dimensioniert und initialisiert. Mit **DISPLAY /CON** werden die Werte aller Parameter, zu denen auch die Matrizen A, B und C zählen, ausgegeben:

```
ACSL> DISPLAY /CON          ! Ausgabe aller Parameter
            A-1.00000000          2.00000000          1.00000000
             1.00000000         -2.00000000         -2.00000000
            -1.00000000          3.00000000         -5.00000000
            B 1.00000000          0.                  0.
             0.                   0.                  0.
             0.                   0.                  0.
             0.                   0.                  0.
            C 1.00000000          0.                  0.
             0.                   0.                  1.00000000
        CINT 0.10000000     IALG      5         MAXT 1.0000E+09
        MINT 1.0000E-09     NSTP     10         TEND 0.
          XO 0.                  0.                  0.
        ZZSEED     55555555
```

Die Form der Ausgabe der Matrix A, die immer von links nach rechts zu lesen ist, weist wieder auf die spaltenweise Abspeicherung hin.

Die Eingangsmatrix B „schaltet" in der angegebenen Form nur die Eingangsfunktion $u_1(t) = 1$ auf den Zustand $x_1(t)$ durch. Um die Eingangsfunktionen $u_3(t) = \sin t$ und $u_4(t) = t \bmod 1$ auf die Zustände $x_2(t)$ bzw. $x_3(t)$ „durchzuschalten", sind in der Matrix B die Elemente $b(2,3) = 1$ und $b(3,4) = 1$ zu setzen. Die folgenden Befehle führen nach dieser Änderung eine Simulation bis $t_{end} = 5$ durch, wobei alle Komponenten der Vektoren $\vec{u}, \vec{x}$ und $\vec{y}$ während des Simulationslaufs abgespeichert werden. Die Befehle **PLOT u** und **PLOT x** zeichnen alle Eingangsgrößen $u_1(t), u_2(t), u_3(t)$ und $u_4(t)$ (Abb. 6.4) bzw. Zustandsgrößen $x_1(t), x_2(t)$ und $x_3(t)$ (Abb. 6.5):

```
ACSL> SET b(2,3)=1, b(3,4)=1
ACSL> PREPARE t,u,x,y              ! Abspeicherung
ACSL> SET tend=5; START            ! Simulationslauf
ACSL> SET title="dx/dt = A.x + B.u,  y = C.x"
ACSL> SET title(41)="Eingaenge"
ACSL> PLOT u                       ! Zeichnung aller Eingaenge
ACSL> SET title(41)="Zustaende"
ACSL> PLOT x                       ! Zeichnung aller Zustaende
```

Der folgende Befehl **DISPLAY b** zeigt nochmals die geänderte Matrix B an. Bei Betrachtung der spaltenweisen Abspeicherung der Matrix B ist ersichtlich, daß

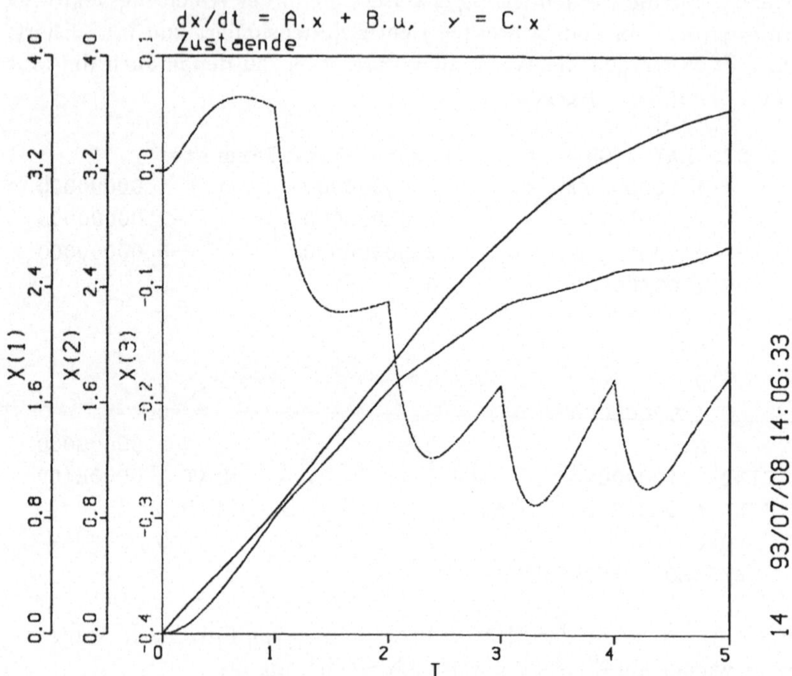

Abbildung 6.5: Zustandsgrößen $x_1(t), x_2(t)$ und $x_3(t)$

die Elemente $b(2,3)$ und $b(3,4)$ der Matrix auf den Wert 1 gesetzt wurden. In älteren ACSL–Versionen war die „zweidimensionale" Angabe b(2,3) im Runtime-Interpreter nicht erlaubt. Dieses Matrixelement mußte durch lineare spaltenweise Indizierung berechnet werden. Bei einer Matrix $K(m,n)$ wird dabei das Element $k(i,j)$ durch $\tilde{k}((j-1)m+i)$ indiziert. Bei der betrachteten Matrix B wird daher intern tt b(2,3) durch $\tilde{b}(2 \cdot 3 + 2) = \tilde{b}(8)$ angesprochen. Diese Kenntnis hilft, im achten ausgegebenen Wert des DISPLAY Befehls die Änderung in tt b(2,3) zu erkennen. Zur richtigen Angabe dieses Wertes in der Modellbeschreibung in einer CONSTANT Vereinbarung ist die Kenntnis der Indexrechnung unumgänglich:

```
ACSL> DISPLAY b
        B 1.00000000              0.                  0.
          0.                      0.                  0.
          0.                      1.00000000          0.
          0.                      0.                  1.00000000
```

Die Ausgangsmatrix C soll durch ihre Werte $y_1(t) = x_1(t)$ und $y_2(t) = x_3(t)$ ergeben. Eine Überprüfung mit dem folgenden PLOT Befehl, der die Ausgangsgrößen zeichnet, bestätigt dies (Abb. 6.6):

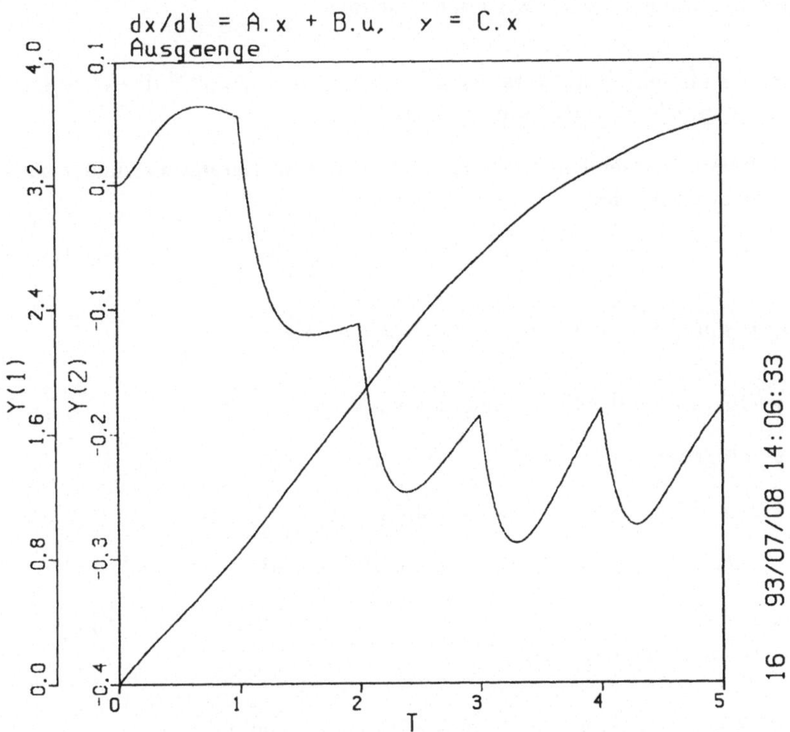

Abbildung 6.6: Ausgangsgrößen $y_1(t)$ und $y_2(t)$

```
ACSL> DISPLAY C                    ! Ausgabe der Matrix C
      C 1.00000000        0.               0.
        0.                0.               1.00000000
ACSL> PLOT y                       ! Zeichnung aller Ausgaenge
```

6.8 Entwurf von Macros

Durch die Verwendung von Macros kann man Modellbildung, Verifikation und
Validierung eines Simulationsmodells vereinfachen und beschleunigen, sowie Stabilität und Wartbarkeit der Modellbeschreibung verbessern. Beim Modellentwurf
ist zu entscheiden, welche Modellteile man als Macros und welche als FORTRAN–
Unterprogramme beschreibt.

Dabei muß man folgende Kriterien beachten:

- Ein Modellteil soll verständlich und nützlich sein und direkt einem Bauteil entsprechen (z. B. Pumpe, Ventil,...).

- Es sollen möglichst wenige, klar definierte Parameter in der Aufrufliste benutzt werden.

- Der Entwurf muß Änderungen des Simulationsmodells erleichtern.

Macros sind Unterprogrammen vorzuziehen, falls:

- Operatoren der Simulationssprache benötigt werden,

- integriert werden muß,

- Variablennamen zu erzeugen sind,

- variable Strukturen abhängig von der Aufrufliste erzeugt werden sollen,

- bei Matrizen- und Vektoroperationen die Dimensionen der Felder variabel gehalten werden sollen.

FORTRAN-Unterprogramme sollte man verwenden, falls:

- prozedurale Beschreibungen wie IF, DO, GOTO überwiegen,

- aufwendige numerische Rechnungen mit Feldern nötig sind (z. B. Inversion von Matrizen, Approximation von Meßdaten).

6.9   Macro–Library

Es hat sich als zweckmäßig erwiesen, häufig benötigte Modellteile oder Operatoren, die die Simulationssprache nicht bereitstellt, als Macros zu formulieren und in einer Macro-Library zusammenzustellen. Der ACSL–Translator hilft bei der Verwaltung der Macro-Libraries, indem er auf Wunsch Macros zu bestehenden Macro–Libraries hinzufügt.

Bei der Gliederung der Macro–Libraries sollten Macros für grundlegende Teile und solche, die anwendungsspezifische Teile modellieren, in getrennte Sparten aufgenommen werden. Eine benutzerspezifische Macro–Library könnte wie folgt aufgebaut werden:

- Mathematische Grundlagen: lineare Operatoren, Polynomoperatoren, Arithmetik mit reduzierter Wortlänge, logische Operatoren, Fouriertransformationen, Approximation und Interpolation von Daten;

- Operatoren zur Erweiterung des Sprachumfangs: lineare Übertragungsfunktionen, Signalgeneratoren, nichtlineare Operatoren, Z- Transformationen, diskrete Operatoren;

- Anwenderspezifische Macros: Modellierung spezieller Bauteile, die häufig verwendet werden.

Prinzipiell kann nur eine bestehende Macro–Library erweitert werden, da u.a. auch die System–Macros benötigt werden. Der ACSL–Translator erweitert die bestehende Library der System–Macros (Datei `acsl.mac`) bzw. eine andere Macro– Library (z. B. `user.mac`), deren Name beim Aufruf des Translators als Option anzugeben ist. Er ergänzt die im Modell definierten Macros, falls das Modell den Operator `SAVE` nach der Definition der Macros enthält.

Um eine eigene Macro–Library zu erzeugen, sollte man daher zunächst die System–Macro Library, die Datei `acsl.mac`, auf die Datei mit dem Namen der zu erzeugenden Macro–Library kopieren (z. B. `user.mac`). Alle hinzuzufügenden Macros werden am besten in einem ACSL-Modell zusammengefaßt, das nur diese Macro–Definitionen enthält:

```
PROGRAM Erweiterung der Macro-Library
   MACRO TEST1...

   ....
   MACRO END  ! of MACRO TEST1
   MACRO TEST2...

   ....
   MACRO END  ! of MACRO TEST2   .....
   MACRO MACRO TESTA ..

   ....
   MACRO END  ! of MACRO TESTA
   MACRO MACRO TESTB ..

   ....
   MACRO END  ! of MACRO TESTB

   .....
SAVE           ! Abspeicherung der Macros auf die Macro-Datei
END  ! of PROGRAM
```

Die Anweisung `SAVE` bewirkt die Abspeicherung der neuen Macros auf der Macro–Datei, die beim Aufruf des ACSL–Translators als Option angegeben wird.

6.10   Teilmodelle

Nach einigen Anläufen wird ACSL Level 11 die Möglichkeit zur Beschreibung von Teilmodellen bieten [3]. Die geplante Struktur der Teilmodelle („Submodel") wird auf Ebene des ACSL–Translators zur Verfügung stehen und nicht auf Runtime–Ebene.

Die geplanten Teilmodelle sind eine Erweiterung der Macro–Strukturen. Wesentlicher Unterschied ist, daß bei jedem Aufruf („Instanzierung") eines Teilmodells ein spezifischer Name für das Teilmodell vergeben wird, über den auf beliebige Variable zugegriffen werden kann, und daß ein Teilmodell alle Strukturen eines ACSL–Modells erlaubt, auch eine `DERIVATIVE` Section. Das Teilmodell ist „Owner" jeder in ihm definierten Variablen. Auf diese kann nun über den bei der Instanzierung angegebenen Namen zugegriffen werden.

Der ACSL–Translator muß alle `INITIAL` Sections und `TERMINAL` Sections der instanzierten Teilmodelle zu einer gemeinsamen `INITIAL` bzw. `TERMINAL` Section zusammenführen, was teilweise schon bei Macros möglich war. Bei Teilmodellen werden auch alle `DERIVATIVE` Sections zu einer gemeinsamen `DERIVATIVE` Section zusammengeführt, die sortiert wird.

Die Definition eines Teilmodells soll mit dem Schlüsselwort `MODEL` mit einer Aufrufliste eingeleitet und ähnlich wie bei Macros mit `MODEL END` geschlossen werden:

```
MODEL TEIL(a,b)
  CONSTANT x0 = 1
   x = INTEG ( -x + a, x0 )
   b = x * x
MODEL END
```

Der Aufruf (die Instanzierung) des Modells erfolgt durch Angabe des Definitionsnamens (TEIL) und durch die Vergabe eines Namens:

```
TEIL  stufe1 ( sin(x), y )
```

Für diese Instanzierung soll der ACSL–Translator folgende Gleichungen erzeugen:

```
CONSTANT stufe1#x0 = 1
   stufe1#x = INTEG ( -stufe1#x + SIN(x), stufe1#x0 )
   y = stufe1#x * stufe1#x
```

Alle nicht in der Aufrufliste übergebenen Variablen "gehören" dem Modell `stufe1` vom Modelltyp `TEIL`; sie stehen jedoch als globale Variable über ihren Variablennamen mit vorgesetztem Teilmodellnamen zur Verfügung. Als Trennung zwischen Modell- und Variablennamen ist das Zeichen „#" vorgesehen. Die Variable x im Teilmodell **stufe1** „gehört" dem Teilmodell und wird global als **stufe1#x** bezeichnet und unterscheidet sich daher von einer Variablen x, die im „Hauptmodell" definiert ist.

Eine zweite Instanzierung TEIL **stufe2(COS(y), z)** erzeugt die Beschreibung

```
CONSTANT stufe2#x0 = 1
  stufe2#x = INTEG ( -stufe2#x +  COS(y), stufe2#x0 )
  z = stufe2#x * stufe2#x
```

In Teilmodellen definierte Variable können wie „normale" Variable behandelt werden. Die in der vorläufigen Syntax zulässige Instanzierung

```
TEIL stufe3(stufe1#x, u)
```

erzeugt die Gleichungen

```
CONSTANT stufe3#x0=1
  stufe#3.x = INTEG ( -stufe3#x + stufe1#x, stufe3#x0 )
  u = stufe3#x * stufe3#x
```

Um Macros allgemein verwenden zu können, müssen globale Variable immer in der Aufrufliste angegeben werden. In einem Teilmodell kann auf jede Variable **name** des globalen Modells (Hauptmodell) zugegriffen werden, indem mit **#name** referenziert wird. Das Teilmodell

```
MODEL test(a,b)
  x = INTEG ( -x + a + b*#x, x0 )
MODEL END
```

erzeugt durch die Instanzierung TEST **unsinn(SIN(x), 3)** die Gleichungen

```
CONSTANT x0=1
unsinn#x = INTEG ( -unsinn#x + SIN(x) +3*x, unsinn.x0 )
```

Eine echte Rekursion ist mit dieser Struktur nicht möglich, aber beliebig tiefe Schachtelungen von Teilmodellen wären erlaubt. Teilmodelle selbst können Teilmodelle definieren, deren Variable trotzdem auf jeder Modellebene zugreifbar sind. Die Referenzierung auf eine Variable kann daher relativ erfolgen, oder absolut über das globale Modell. Geübte Programmierer können mit trickreichen Referenzierungen arbeiten. Mit der expliziten Referenzierung wird dem Translator die Verantwortung für Konflikte abgenommen. Beschreibungen über Aufruflisten, auch bei Modellverschachtelungen, muß der Translator geeignet selbst referenzieren.

Die Teilmodell–Definition mit Instanzierung anderer Teilmodelle

```
MODEL GROSSTEIL ( c, d)
  CONSTANT grenze=2
  TEIL teil1 (c, h1)
  TEIL teil2 (h1,h2)
  TEIL teil3 (h2,h3)
  z= h1 + h2 + h3
  d= RSW ( z .LE. grenze, z, z-grenze )
MODEL END
```

erzeugt bei der Instanzierung GROSSTEIL kette(ABS(x),ergebnis) die Gleichungen

```
CONSTANT kette#grenze=2
CONSTANT teil1#x0=1
   teil1#x = INTEG ( -teil1#x + ABS(x), teil1#x0 )
   kette#h1 = teil#x * teil1#x
CONSTANT teil2#x0=1
   teil2#x = INTEG ( -teil2#x + kette#h1, teil2#x0 )
CONSTANT teil3#x0=1
   teil3#x = INTEG ( -teil3#x + kette#h2, teil3#x0 )
kette#z = kette#h1 + kette#h2 + kette#h3
ergebnis = RSW ( kette#z .LE. kette#grenze, kette#z, &
               kette#z - kette#grenze )
```

Teilprobleme wie Integration von Macros in Teilmodells, mehrfache DERIVATIVE
Sections und Aufwärtskompatibilität sind noch zu lösen.

Teilmodells werden ähnlich wie Macros Möglichkeiten für variable Strukturen
beinhalten (SUBMODEL IF, SUBMODEL GOTO etc.).

7 Frequenzbereichsanalyse in ACSL

ACSL ist von seiner Struktur her eine Simulationssprache für die Analyse im Zeitbereich. Zwar wurden im Laufe der Zeit Möglichkeiten zur Frequenzbereichsanalyse in ACSL implementiert, doch haben diese Möglichkeiten eher nur ergänzenden Charakter für einfache Analyseaufgaben.

Möglichkeiten zur Frequenzbereichsanalyse wurden im Befehl `ANALYZE` integriert, der auf der Berechnung der Jakobimatrix basiert. Die Angabe von Eingangs- und Ausgangsgrößen erlauben die Verwendung der Algorithmen des `ANALYZE` Befehls zum Berechnen einer linearisierten Modellbeschreibung mit Zustands- und Ausgangsgleichung und daraus eine einfache Frequenzbereichsanalyse mit Bode–Diagramm, Wurzelortskurven etc.

Um von ACSL her eine umfangreiche Analyse und Synthese im Frequenzbereich durchführen zu können, stehen leistungsfähige Schnittstellen zu Programmen für Frequenzbereichsanalyse und -synthese zur Verfügung. Kapitel 7.4 stellt im Rahmen einer Anwendung die Schnittstelle für einen direkten Aufruf von MATLAB [7] aus ACSL und die Arbeitsweise dieser Verbindung vor.

7.1 Eingangs/Ausgangsdarstellung und Linearisierung

Grundlage für die Frequenzbereichsanalye ist die Linearisierung der nichtlinearen Systembeschreibung

$$\begin{aligned} \dot{\vec{x}} &= \vec{f}(t, \vec{x}, \vec{u}) \qquad \text{Zustandsgleichung} \\ \dot{y}(t) &= \vec{g}(t, \vec{x}, \vec{u}) \qquad \text{Ausgangsgleichung} \end{aligned}$$

um einen Arbeitspunkt $\vec{x}_s, \vec{u}_s$, die auf die lineare Zustandsraumdarstellung

$$\begin{aligned} \dot{\vec{x}}_L &= A\,(\vec{x}_L - \vec{x}_s) + B\,(\vec{u} - \vec{u}_s) + \vec{f}(\vec{x}_s, \vec{u}_s) \qquad \text{Zustandsgleichung} \\ \vec{y}_L &= C\,(\vec{x}_L - \vec{x}_s) + D\,(\vec{u} - \vec{u}_s) + \vec{g}(\vec{x}_s, \vec{u}_s) \qquad \text{Ausgangsgleichung} \end{aligned}$$

führt. Die Zustandsmatrix A ist die Jakobimatrix $A = J(\vec{x}_s) = (\frac{\partial \vec{f}}{\partial \vec{x}})$, die die partiellen Ableitungen der Ableitungsgrößen f_i nach den Zustandsgrößen $x_j, i, j = 1, \ldots n$ enthält, ausgewertet an der Stelle $\vec{x}_s$. Die Jakobimatrix wurde bereits mehrfach behandelt (Kap. 4.2, Kap. 4.5).

Die Eingangsmatrix $B = (\frac{\partial \vec{f}}{\partial \vec{u}})$ besteht aus den partiellen Ableitungen der Ableitungsgrößen f_i nach den Eingangsgrößen $u_k, k = 1, \ldots r$, ausgewertet an der

Stelle $\vec{x}_s$:

$$B = \frac{\partial \vec{f}}{\partial \vec{u}} = \left(\frac{\partial f_i}{\partial u_k}\right) = \begin{pmatrix} \frac{\partial f_1}{\partial u_1} & \frac{\partial f_1}{\partial u_2} & \cdots & \frac{\partial f_1}{\partial u_{r-1}} & \frac{\partial f_1}{\partial u_r} \\ \frac{\partial f_2}{\partial u_1} & \frac{\partial f_2}{\partial u_2} & \cdots & \frac{\partial f_2}{\partial u_{r-1}} & \frac{\partial f_2}{\partial u_r} \\ \cdots & \cdots & \cdots & \cdots & \cdots \\ \frac{\partial f_{n-1}}{\partial u_1} & \frac{\partial f_{n-1}}{\partial u_2} & \cdots & \frac{\partial f_{n-1}}{\partial u_{r-1}} & \frac{\partial f_{n-1}}{\partial u_r} \\ \frac{\partial f_n}{\partial u_1} & \frac{\partial f_n}{\partial u_2} & \cdots & \frac{\partial f_n}{\partial u_{r-1}} & \frac{\partial f_n}{\partial u_r} \end{pmatrix}.$$

Die Ausgangsmatrizen $C = \left(\frac{\partial \vec{g}}{\partial \vec{x}}\right)$ und $D = \left(\frac{\partial \vec{g}}{\partial \vec{u}}\right)$ werden durch die partiellen Ableitungen der Ausgangsgrößen g_l nach den Zustandsgrößen x_j, $j = 1,\ldots,n$, $l = 1,\ldots,m$ bzw. durch die partiellen Ableitungen der Ausgangsgrößen g_l nach den Eingangsgrößen u_k, $k = 1,\ldots,r$, $l = 1,\ldots,m$, ausgewertet an der Stelle $\vec{x}_s$, gebildet:

$$C = \frac{\partial \vec{g}}{\partial \vec{x}} = \left(\frac{\partial g_l}{\partial x_j}\right) = \begin{pmatrix} \frac{\partial g_1}{\partial x_1} & \frac{\partial g_1}{\partial x_2} & \cdots & \frac{\partial g_1}{\partial x_{n-1}} & \frac{\partial g_1}{\partial x_n} \\ \frac{\partial g_2}{\partial x_1} & \frac{\partial g_2}{\partial x_2} & \cdots & \frac{\partial g_2}{\partial x_{n-1}} & \frac{\partial g_2}{\partial x_n} \\ \cdots & \cdots & \cdots & \cdots & \cdots \\ \frac{\partial g_{m-1}}{\partial x_1} & \frac{\partial g_{m-1}}{\partial x_2} & \cdots & \frac{\partial g_{m-1}}{\partial x_{n-1}} & \frac{\partial g_{m-1}}{\partial x_n} \\ \frac{\partial g_m}{\partial x_1} & \frac{\partial g_m}{\partial x_2} & \cdots & \frac{\partial g_m}{\partial x_{n-1}} & \frac{\partial g_m}{\partial x_n} \end{pmatrix},$$

$$D = \frac{\partial \vec{g}}{\partial \vec{u}} = \left(\frac{\partial g_l}{\partial u_k}\right) = \begin{pmatrix} \frac{\partial g_1}{\partial u_1} & \frac{\partial g_1}{\partial u_2} & \cdots & \frac{\partial g_1}{\partial u_{r-1}} & \frac{\partial g_1}{\partial u_r} \\ \frac{\partial g_2}{\partial u_1} & \frac{\partial g_2}{\partial u_2} & \cdots & \frac{\partial g_2}{\partial u_{r-1}} & \frac{\partial g_2}{\partial u_r} \\ \cdots & \cdots & \cdots & \cdots & \cdots \\ \frac{\partial g_{m-1}}{\partial u_1} & \frac{\partial g_{m-1}}{\partial u_2} & \cdots & \frac{\partial g_{m-1}}{\partial u_{r-1}} & \frac{\partial g_{m-1}}{\partial u_r} \\ \frac{\partial g_m}{\partial u_1} & \frac{\partial g_m}{\partial u_2} & \cdots & \frac{\partial g_m}{\partial u_{r-1}} & \frac{\partial g_m}{\partial u_r} \end{pmatrix}.$$

Da diese partiellen Ableitungen in den seltensten Fällen analytisch zur Verfügung stehen, müssen die Differentialquotienten durch Differenzenquotienten ersetzt werden. Üblicherweise verwendet man zentrale Differenzenquotienten, die durch Perturbationen Δx_j und Δu_k der Zustandskomponenten x_j bzw. Eingangskomponeneten u_k berechnet werden:

$$\frac{\partial f_i}{\partial u_k} \sim \frac{1}{2\Delta u_k}[(f_i(t,\vec{x},u_1,\ldots,u_{k-1},u_k+\Delta u_k,u_{k+1},\ldots,u_r) -$$
$$-f_i(t,\vec{x},u_1,\ldots,u_{k-1},u_k-\Delta u_k,u_{k+1},\ldots,u_r)]$$

$$\frac{\partial g_l}{\partial x_j} \sim \frac{1}{2\Delta x_j}[(g_l(x_1,\ldots,x_{j-1},x_j+\Delta x_j,x_{j+1},\ldots,x_n) -$$
$$-g_l(x_1,\ldots,x_{j-1},x_j-\Delta x_j,x_{j+1},\ldots,x_n)]$$

$$\frac{\partial g_l}{\partial u_k} \sim \frac{1}{2\,\Delta u_k}\,[(g_l(t,\vec{x},u_1,\ldots,u_{k-1},u_k+\Delta u_k,u_{k+1},\ldots,u_r) -$$
$$-g_l(t,\vec{x},u_1,\ldots,u_{k-1},u_k-\Delta u_k,u_{k+1},\ldots,u_r)].$$

Mit dieser Linearisierung kann das Übertragungsverhalten des linearen Systems durch

$$\frac{Y(s)}{U(s)} = C\,[s\,I - A]^{-1}\,B + D$$

dargestellt werden.

Wählt man aus dem Eingangsvektor $\vec{u}$ und aus dem Ausgangsvektor $\vec{y}$ eine Komponente u_k und y_l aus, so erhält man die faktorisierte Form

$$\frac{Y_l(s)}{U_k(s)} = K\,\frac{\prod_{u=1}^{m}(s - n_u)}{\prod_{v=1}^{n}(s - p_v)},$$

wobei n_u und p_v die Nullstellen bzw. die Pole der Übertragungsfunktion bedeuten.

7.2 Frequenzbereichsanalyse in ACSL

ACSL bietet die Macros für PT1-, PT2- und DT1-Glieder sowie eine allgemeine Übertragungsfunktion an, die bereits in Beispielen (Kap. 2.7 und Kap. 5.2) und bei der Beschreibung von Macros (Kap. 6.1 und Kap. 6.5) ausführlich behandelt wurden. Diese Darstellung arbeitet im Zeitbereich.

ACSL bietet mit dem `ANALYZE` Befehl Methoden zur Linearisierung an, die im Laufe der Entwicklung erweitert wurden und zur einfachen Frequenzbereichsanalyse verwendet werden können. Die Berechnung der Jakobimatrix mit `ANALYZE /JACOBIAN`, der Eigenwerte und Eigenvektoren mit `ANALYZE /EIGEN` und des stationären Zustands mit `ANALYZE /TRIM` können bereits als derartige Methoden angesehen werden.

Wesentlich ist die Festlegung von Eingängen und Ausgängen. Die Befehlsparameter `CONTROL` und `OBSERVE` legen diese Größen fest. Die Befehle

```
ACSL> ANALYZE /CONTROL=ustep,usin
ACSL> ANALYZE /OBSERVE=ystrom,ysp1,ysp2
```

bestimmen `ustep` und `usin` als Eingänge u_1 bzw. u_2 und `ystrom`, `ysp1` und `ysp2` als Ausgänge y_1, y_2 bzw. y_3. Die Angabe dieser Größen ist vergleichbar mit der Angabe von Variablen in der Prepare- bzw. Output-Liste, weswegen die Bezeichnung „Control-Liste" und „Observe-Liste" Verwendung findet.

Jeder aktive **ANALYZE** Befehl berechnet nach dem Festlegen dieser Listen nicht nur die Jakobimatrix $J = A$, sondern auch die Matrizen B, C und D durch numerische Perturbation (ein Beispiel findet sich in Kap. 7.3). Bei der Berechnung der Matrix $C = \left(\frac{\partial \vec{g}}{\partial \vec{x}}\right)$ werden dieselben Perturbationsgrößen

$$\Delta x_j = max\{X_j, M_j \, |x_j|\}$$

wie bei der Berechnung der Matrix A verwendet, die von den erlaubten relativen und absoluten Fehlern bei der Integration abhängen.

Die Perturbationen zur Berechnung der Matrizen C und D werden von den Befehlsparametern **INC**, **MINC** und **XINC** bestimmt und durch

$$\Delta u_k = max\{\text{XINC}_k, \text{MINC}_k \, |u_k|\}$$

berechnet. Die individuellen Perturbationsgrößen XINC_k und MINC_k werden durch die Vorgabe der globalen absoluten und relativen Perturbationsgröße **XINC** bzw. **MINC** und durch individuelle Änderung bei einzelnen Ausgangsgrößen durch **INC** bestimmt. Der Befehl

```
ACSL> ANALYZE /XINC=1.E-7 /MINC=5.E-6 &
ACSL>         /CONTROL=ustep, usin /INC=1.E-3
```

legt zunächst die Werte der globalen Perturbationsgrößen fest, die nur die Eingangssgröße **ustep** betreffen, denn beide Werte werden für die Eingangsgröße **usin** durch den mit **INC** angegebenen Wert überschrieben. Entsprechend aufwendig ist das Ändern dieser Werte, wozu die Control–Liste mit **ANALYZE /CLEAR** zuerst gelöscht werden muß. Nähere Einzelheiten können dem *ACSL Reference Manual* [1] entnommen werden.

ACSL fügt für diese Aufgaben intern dem Zustandsvektor $\vec{x}$ den durch die Control–Liste definierten Eingangsvektor $\vec{u}$ und dem Ableitungsvektor $\vec{f}$ den durch die Observe–Liste definierten Ausgangsvektor $\vec{y}$ hinzu. Die Fehlervektoren $\vec{X}$ und $\vec{M}$ werden durch die entsprechenden, aus den Perturbationsgrößen XINC_k und MINC_k aufgebauten, Vektoren erweitert, sodaß alle Matrizen A, B, C und D gemeinsam berechnet werden können. Diese Vorgangsweise bringt allerdings auch Nachteile mit sich. Bei der Integration werden die Zustandsgrößen x_j berechnet, weshalb in der Modellbeschreibung x_j nur als Ergebnis eines **INTEG** Operators oder eines anderen „Integral"-Operators vorkommt, und nicht als algebraisch berechnete Größe. Analog dazu darf eine Eingangsgröße u_k ebenfalls nicht im Modell berechnet werden, wodurch als definierbare Eingänge nur mehr mit **CONSTANT** definierte Parameter in Frage kommen. Diese Einschränkung betrifft nur die Formulierung der Eingänge. Eine Eingangsfunktion der Form $u_k(t) = \sin \omega t$ kann durch

```
CONSTANT uk = 1
u = uk * SIN(omega*t)
```

angegeben werden, wodurch der Parameter uk in die Control–Liste aufgenommen
werden kann. Meist sind Eingangsfunktionen bereits mit derartigen Verstärkungs-
faktoren versehen, sodaß keine neuen Parameter definiert werden müssen. Kann
die Eingangsfunktion auch den Wert Null annehmen, so ist ein additver Parameter zur Perturbation notwendig.

Der Befehlsparameter **/FREEZE x** erlaubt es, nicht rückgekoppelte Zustandsgrößen bei der Berechnung der Jakobimatrix nicht zu berücksichtigen, denn diese
erzeugen in der Jakobimatrix störende Zeilen mit Nullen. Mit **/RELEASE x** wird
die Variable wieder „freigegeben".

In ACSL Level 9 wurde der **ANALYZE** Befehl um die Darstellung des Frequenzver-
haltens linearer Systeme erweitert. Da eine derartige Darstellung nur zwischen
einem Eingang und einem Ausgang berechnet wird, ist mit den Befehlsparametern **CINDEX** und **OINDEX** jeweils eine Größe aus der Control– und Observe–Liste
auszuwählen. Mit

```
ACSL> ANALYZE /CONTROL=ustep,usin
ACSL> ANALYZE /OBSERVE=ystrom,ysp1,ysp2
ACSL> ANALYZE /CINDEX=2 /OINDEX=3
```

werden usin und ysp2 für eine weitere Analyse ausgewählt. Aus den Matrizen
A, B, C und D kann die faktorisierte Form der Übertragungsfunktion

$$\frac{YSP2(s)}{USIN(s)} = G(s) = K\,\frac{\prod_{u=1}^{m}(s - n_u)}{\prod_{v=1}^{n}(s - p_v)}$$

gewonnen werden, die verschiedene Frequenzbereichsdarstellungen ermöglicht.

Die zur Verfügung stehenden Darstellungsformen sind Bodediagramm, Nichols-
diagramm, Nyquistdiagramm und inverses Nyquistdiagramm, sowie Wurzelortskurve und Berechnung der Pole und Nullstellen der Übertragungsfunktion. Die
Befehle lauten:

```
ACSL> ANALYZE /BODE
ACSL> ANALYZE /NICHOLS
ACSL> ANALYZE /NYQUIST
ACSL> ANALYZE /INVNYQ
ACSL> ANALYZE /ROOTLOCUS
ACSL> ANALYZE /ZEROS
```

Die verschiedenen Darstellungsformen der Frequenzbereichsanalyse variieren die
Eingangsfrequenz, die wie andere Darstellungsparameter Befehlsparameter des
ANALYZE Befehls sind. Für die Form der Zeichnungen sind dann wieder System-
parameter zuständig, die alle die Namen **xxxfpl** („frequency plots") tragen.

Die Wurzelortskurve beschreibt die Verlagerung der Pole des rückgekoppelten Systems. Beschreibt $G(s)$ das Übertragungsverhalten des offenen Regelungssystems
$Y(s) = G(s)\,U(s)$, so lautet das geschlossene (rückgekoppelte) Regelungssystem

$$Y(s) = \frac{G(s)}{1 + K\,G(s)}\,U(s).$$

Die Wurzelortskurve stellt nun die Veränderung der Lage der Pole dieser Übertragungsfunktion abhängig vom Rückkoppelungsfaktor K dar.

Der Befehl **ANALYZE** hat sehr viele Befehlsparameter, die durch die Weiterentwicklung des Befehls relativ inkonsistent sind. Die sogenannten „aktiven" Befehlsparameter führen eine Berechnung durch; dies sind die Befehlsparameter

```
/STATUS,     /JACOBIAN,     /EIGEN,     /TRIM,        /ZEROS,
/BODE,       /NQQUIST,      /INVNQY,    /ROOTLOCUS,
```

die hier in „aufbauender" Reihenfolge angegeben sind (z. B. benötigt jedes Bodediagramm die Berechnung der Jakobimatrix). Die zweite Gruppe von Befehlsparametern betrifft Listen von Variablen. Diese sogenannten „Listen"–Befehlsparameter sind

```
/CONTROL,    /OBSERVE,     /FREEZE,     /RELEASE,     /CLEAR.
```

Die dritte Gruppe von Befehlsparametern betrifft Parameter, deren Wert Variable aus Listen auswählt, Variationsbereiche für Frequenzbereichsdarstellungen festlegt, zusätzliche Ausgabe veranlaßt etc. Die meisten dieser „Steuer"–
Befehlsparameter können einzeln mit dem Befehl **ANALYZE** geändert werden oder
in Zusammenhang mit dem aktiven oder Listen–Befehlsparameter, was teilweise
zu Irrtümern und Seiteneffekten führen kann. Einige dieser Befehlsparameter
werden anhand von Beispielen in diesem Buch erklärt.

Eine genaue Darstellung der Möglichkeiten und der Arbeitsweise der Frequenzbereichsanalyse sprengt den Rahmen dieses Buches, zudem sind diese Möglichkeiten
nur für einfache Analysen geeignet. Wesentlich bessere Möglichkeiten bietet das
Interface zu MATLAB [7], das in Kap. 7.4 an einem Beispiel behandelt wird.

7.3 Serienschwingkreis

Als Beispiel für die Möglichkeiten der Frequenzbereichsanalyse wird in diesem
Abschnitt das in Kap. 2.2 vorgestellte Modell eines Serienschwingkreises betrachtet. Statt eines Eingangs in Form einer Schwingung wird eine Sprungfunktion
gewählt, die zu einem stationären Zustand des Systems führt. Die modifizierte
Modellbeschreibung lautet:

```
PROGRAM Elektrischer Schwingkreis
! -------------------------------------------------------------
! --- Serieller Schwingkreis mit Widerstand, Kondensator,
! --- Spule und Gleichstrom-Spannnungsquelle
! --- (Modifikation fuer Befehl /CONTROL)
! -------------------------------------------------------------
INITIAL! --- Modellparameter --------------------------------
CONSTANT  L   = 1.5E-6, R  = 1.,   C=50.E-12
CONSTANT  TUS = 0 , USH = 1    ! Erregungssprung, -staerke
CONSTANT  UCO  = 0.,   I0=0.    ! Anfangswerte
CINTERVAL CINT = 1.E-8         ! Ausgabeintervall
CONSTANT  TEND = 8.E-6         ! Simulationszeit
CONSTANT  PI=3.14159, USK =1   ! Faktor fuer /CONTROL
END  ! of INITIAL
DERIVATIVE
! --- Modelldynamik ------------------------------------------
  USE = USH * STEP(TUS)        ! Erregung
  US  = USK * USE              ! /CONTROL-Faktor*Erregung
  UL  = US - UC - UR           ! Spulenspannung
  IP  = UL / L
  I   = INTEG ( UL/L, I0 )     ! Strom
  UR  = R * I                  ! Spannung am Widerstand
  UC  = INTEG ( I / C, UCO )   ! Spannung am Kondensator
  TERMT ( T .GT. TEND )        ! Endbedingung
END  ! of DERIVATIVE
! -------------------------------------------------------------
END  ! of PROGRAM
```

Die Erregungsfunktion $u_S = u_{SH}\,h(t_{US})$, die Heavyside–Funktion mit Sprunghöhe u_{SH} und Sprungzeitpunkt t_{US}, wird noch mit einem Faktor USK, der zur
Aufnahme in die Control–Liste verwendet werden kann, multipliziert; in diesem
einfachen Fall hätte auch die Sprunghöhe USH selbst verwendet werden können.

Der erste Schritt ist eine Überprüfung des Zeitverhaltens. Die folgenden Befehle simulieren das Modell über dem Intervall $[0, 2 \cdot 10^{-5}]$ und stellen die Zustandsgrößen Strom $i(t)$ und Spannung am Kondensator $u_C(t)$ in Abb. 7.1 dar:

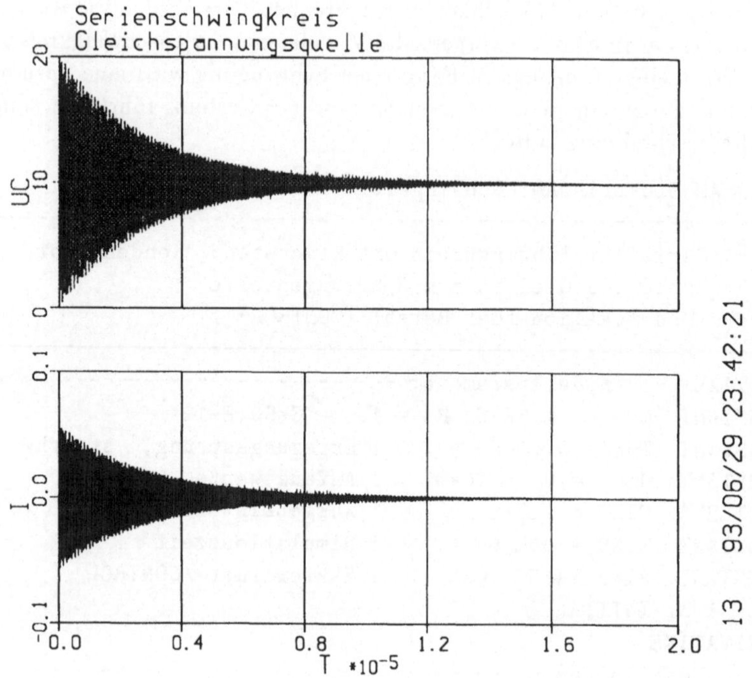

Abbildung 7.1: Strom und Spannung, Einlaufen in stationären Zustand

```
ACSL> PREPARE t,ul,uc,ur,i      ! Abspeicherung
ACSL> SET tend=2.d-5; START     ! Simulationslauf
ACSL> SET calplt=.F.,strplt=.T ! Zeichnungstyp
ACSL> SET title="Serienschwingkreis"
ACSL> SET title(41)="Gleichspannungsquelle"
ACSL> PLOT i, uc                ! Zeichnung in Meszstreifenform
```

Abbildung 7.1 zeigt, daß der stationäre Zustand nahezu erreicht ist. Alle folgenden Untersuchungen arbeiten mit der Linearisierung um den Endzustand des letzten Simulationslaufs. Eine Überprüfung der Jakobimatrix und der Eigenwerte bekräftigt, daß der stationäre Zustand fast erreicht ist:

```
ACSL> SET hvdprn=.T.        ! Ausgabe auf Bildschirm
ACSL> ANALYZE /LIST=.T.     ! Ausgabe von Berechnungsschritten
ACSL> ANALYZE /JACOBIAN     ! Berechnung der Jakobimatrix
Row vector names
```

```
                  I        1                    UC       2
Column vector names
      Z99998        1              Z99997       2
Matrix elements - rows across, columns down
         1          2
   1 -666667.00  -666667.00
   2  2.000E+10   0.
ACSL> ANALYZE /EIGEN          ! Berechnung der Eigenwerte
Complex eigenvalues in ascending order
         REAL         IMAGINARY       FREQUENCY     DAMPING
   1 -333333.000   +/-1.1547E+08      1.15E+08     0.002887
```

Die folgenden Befehle legen Eingangs- und Ausgangsgrößen fest und berechnen
die Matrizen A, B, C und D mit dem Befehl ANALYZE /JACOBIAN, der nun die
gesamte Linearisierung ermittelt:

```
ACSL> ANALYZE /CONTROL=usk         ! Festlegen der Control-Liste
ACSL> ANALYZE /OBSERVE=ul,uc,ur  ! Festlegen der Observe-Liste
ACSL> ANALYZE /JACOBIAN            ! Linearisierung
Row vector names
          I        1                    UC       2
Column vector names
    Z99998        1              Z99997       2
Matrix elements - rows across, columns down
          1          2
   1 -666667.00  -666667.00
   2  2.000E+10   0.

Row vector names
      USK        1
Column vector names
    Z99998        1              Z99997       2
Matrix elements - rows across, columns down
          1
   1  666667.00
   2  0.
Row vector names
          I        1                    UC       2
Column vector names
        UL        1            UC       2            UR       3
Matrix elements - rows across, columns down
          1          2
   1 -1.0000000  -1.0000000
```

```
   2  0.              1.0000000
   3  1.0000000       0.


Row vector names
      USK        1
Column vector names
         UL        1              UC       2              UR       3
Matrix elements - rows across, columns down
         1
   1  1.0000000
   2  0.
   3  0.
```

Insbesondere die Ausgangsmatrizen zeigen, daß das System sich nahezu im eingeschwungenen Zustand befindet. Verwiesen sei darauf, daß ACSL die Linearität
des Systems nicht erkennen kann und daher Abweichungen von den erwarteten
Werten in den Matrizen durchaus zu erwarten sind.

Für eine Analyse des Eingangs/Ausgangsverhaltens im Freqenzbereich muß eine
Ausgangsgröße spezifiziert werden. Aus Dokumentationsgründen wird auch eine
Eingangsgröße spezifiziert, obwohl standardmäßig CINDEX=1 gilt. Bei der Erzeugung des Bodediagramms (Abb. 7.2) werden die einzelnen Berechnungsschritte
wahlweise ausgegeben:

```
ACSL> ANALYZE /CINDEX=1   ! Auswahl aus Control-Liste
ACSL> ANALYZE /OINDEX=2   ! Auswahl aus Observe-Liste
ACSL> ANALYZE /BODE       ! Bodediagramm, Frequenz 1 - 1000 Hz
Number of poles is 2 - Number of zeros is 0
Fractional gain is  1.33333000  with an exponent of 16
  Freq (hz) Phase (deg) Gain (db)
  1.00000000 -1.8000E-08 -1.0354E-06
  2.00000000 -3.6000E-08 -1.0354E-06
  4.00000000 -7.2000E-08 -1.0354E-06
      :           :           :
  256.000000 -4.6080E-06 -1.0354E-06
  512.000000 -9.2160E-06 -1.0354E-06
  1000.00000 -1.8000E-05 -1.0354E-06
```

Die folgenden Befehle fertigen eine Wurzelortskurve des über den Ausgang u_L
geschlossenen Regelungssystems (Abb. 7.3) an:

```
ACSL> ANALYZE /CINDEX=1   ! Auswahl aus Control-Liste
ACSL> ANALYZE /OINDEX=1   ! Auswahl aus Observe-Liste
ACSL> ANALYZE /ROOTLOCUS ! Wurzelortskurve
```

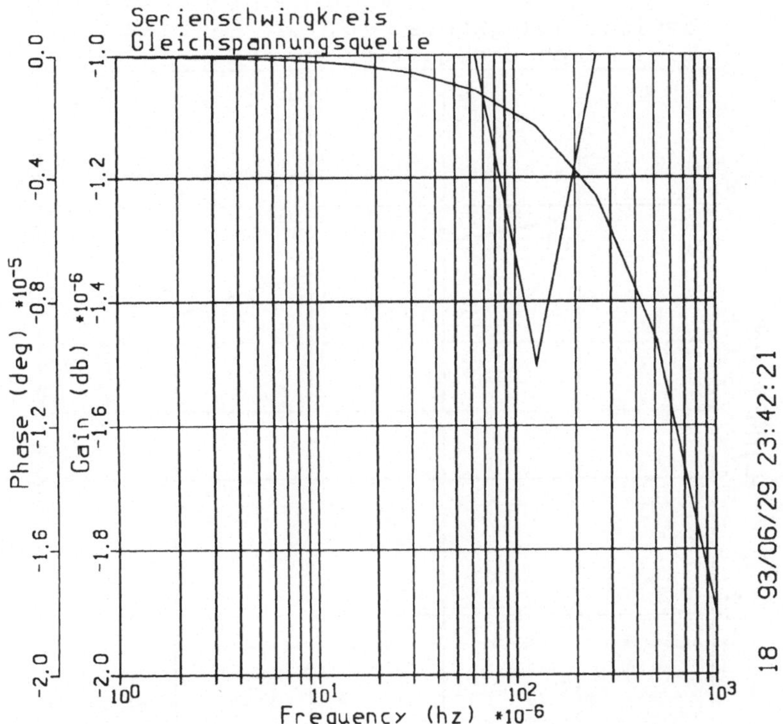

Abbildung 7.2: Bodediagramm; Eingang U_S, Ausgang u_C

```
Number of poles is 2 - Number of zeros is 2
Fractional gain is  1.00000000  with an exponent of 0
Complex zeros in ascending order
          REAL           IMAGINARY        FREQUENCY      DAMPING
    1  1.5543E-09  +/-3.44128000        3.441280    -4.52E-10
Branch number 1
     REAL      IMAGINARY      GAIN        STEP
 -320000.000 -1.1600E+08   0.0091273
      :            :            :            :
Branch number 2
     REAL      IMAGINARY      GAIN        STEP
 -320000.000  1.1200E+08   0.0629162
      :            :            :            :
 -3272.42000  1.1441E+07   100.86500   2.000E+07
  1.5543E-09  3.44128000   ZERO
```

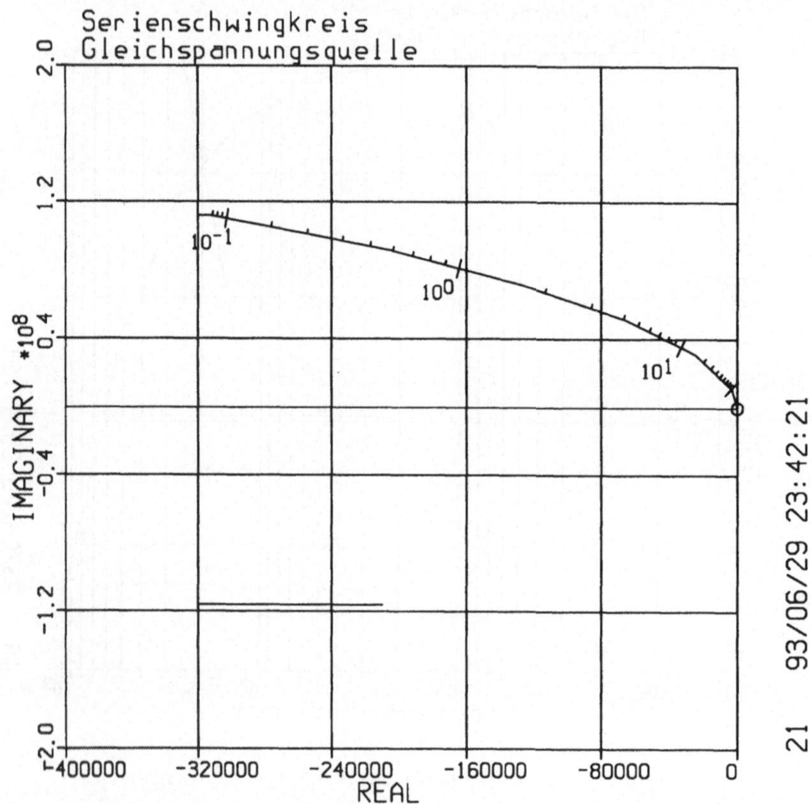

Abbildung 7.3: Wurzelortskurve; Eingang u_S, Ausgang u_L

Das exakte Berechnen der Verzweigungspunkte und die Darstellung in der Ebene
kann durch Parameter gesteuert werden, von denen einige Systemparameter der
Form **xxxfpl** und einige Steuer–Befehlsparameter des **ANALYZE** Befehls sind.
Manchmal wird daher der Befehl **ANALYZE /STATUS** der wichtigste Befehl, denn
er gibt die aktuellen Werte der Steuer-Befehlsparameter aus:

```
ACSL> ANALYZE /STATUS ! Ausgabe aller Steuer-Befehlsparameter
              Control index (CINDEX ) 1
   Degrees instead of rads (DEGREE ) .TRUE.
        Value of pure delay (DELAY  ) 0.
     Display results flag (DISPLAY) .FALSE.
     Freq logarithmic scale (FLOGSC ) .TRUE.
   Fractn change multiplier (FRACDL ) 1.00000000
   Min fractional multiplier (FRACPM ) 1.00000000
```

```
        Minimum frequency (FREQMN )   1.00000000
        Maximum frequency (FREQMX )   1000.00000
           Use gain in db (GAINDB )   .TRUE.
             Minimum gain (GAINMN )   1.0000E+30
             Maximum gain (GAINMX )   1.0000E+30
   Gain logarithmic scale (GLOGSC )   .TRUE.
   Hertz instead of rad/sec (HERTZ )  .TRUE.
 Min imag on complex plane (IMAGMN )   1.0000E+30
 Max imag on complex plane (IMAGMX )   1.0000E+30
      List internal working (LIST  )   .TRUE.
   Rel increment of control (MINC  )   1.0000E-04
          Max value of mu (MUMAX  )   1000
 Max number of interations (NITRMX )   50
            Observer index (OINDEX )   1
            Minimum phase (PHASMN )   1.0000E+30
            Maximum phase (PHASMX )   1.0000E+30 Min real on
             complex plane (REALMN )   1.0000E+30
 Max real on complex plane (REALMX )   1.0000E+30
            Rms error max (RMSEMX )   1.0000E-04
        Eigen vector flag (VECTORS)   .FALSE.
  Abs increment of control (XINC  )   1.0000E-04
```

Eine Ausgabe mit DISPLAY /VAR zeigt, daß das System sehr nahe dem stationären Zustand ist:

```
ACSL> DISPLAY /VAR
     FREQ 1.8378D+07        I-3.0801D-05        IP-7020.13472
     OMEGA 1.1547D+08       T 2.0001D-05        UO 10.0010000
     UOE 1.00000000         UC 10.0115610       UL-0.01053020
     UR-3.0801D-05
```

Eine exakte Berechnung des stationären Zustands mit dem Befehl ANALYZE /TRIM versagt:

```
ACSL> ANALYZE /TRIM     ! Berechnung des stationaeren Zustands
     Control list length of 1 is not equal to
     observable list length of 3
     Overall state matrix must be square
 .......... Note above message
```

Der Grund für diesen zunächst überraschenden Fehler ist die Arbeitsweise der Frequenzbereichsanalyse, die nun in die Berechnung des stationären Zustands auch die Variablen der Control- und Observe–Liste aufnimmt (vgl. Kap.7.2). Die Control- und Observe–Liste müssen daher gelöscht werden:

```
ACSL> ANALYZE /CLEAR ! Loeschen der Control- und Observe-Liste
ACSL> ANALYZE /TRIM  ! Berechnung des stationaeren Zustands
  Jacobian evaluated. Condition number is  0.99998300
   State vector - iteration number 1
         I 0.                    UC 0.
 Derivative vector - residual is 4.7140E+06 previous 1.0000E+30
             Scaled residual is 6.6667E+06 previous 1.0000E+30
    Z99998 6.6667E+06   Z99997 0.
 Newton step  10.0000000  steep desc step  10.0000000  mu  0
 State vector - iteration number 2
         I 0.                    UC 10.0000000
 Derivative vector - residual is 1.0284E-05 previous 1.0000E+30
             Scaled residual is 1.0335E-05  previous 6.6667E+06
    Z99998 1.0335E-05   Z99997 0.
```

Das Newtonverfahren konvergiert innerhalb eines Schrittes. Der Befehl DISPLAY
/VAR zeigt alle Endwerte. Eine Frequenzbereichsanalyse um den exakten stationären Punkt herum bringt keine Änderungen der zuvor dargestellten Ergebnisse.

```
ACSL> DISPLAY /VAR          ! Ausgabe aller Variablend /var
        FREQ 1.8378D+07       I 0.              IP 1.0335D-05
       OMEGA 1.1547D+08       T 0.              UO 10.0000000
        UOE 1.00000000       UC 10.0000000      UL 1.5502D-11
        UR 0.
```

7.4   Geregeltes Doppelpendel

Auch wenn ACSL einige Funktionen zur Analyse im Frequenzbereich anbietet, so
ist sein Hauptanwendungsgebiet nach wie vor die Simulation von kontinuierlichen
Systemen. ACSL besitzt aber eine Schnittstelle zu dem Programmsystem PRO-
MATLAB [7] Dadurch wird das Anwendungsgebiet von ACSL stark erweitert,
weil MATLAB in vielen Punkten eine ideale Ergänzung zu ACSL darstellt.

Berechnungen und Analysen, die mit ACSL nicht oder nur schwer durchführbar
sind, können oft durch FORTRAN–Libraries oder selbstgeschriebene FORTRAN-
Unterprogramme bewerkstelligt werden. Ein Beispiel dazu ist in Kap. 9.5 angegeben. Bisweilen kann dies aber recht umständlich werden und mit einem
erheblichen Programmieraufwand verbunden sein. MATLAB stellt in seiner
Basisversion eine umfangreiche Sammlung von Programmen aus dem Bereich
der linearen Algebra, insbesonders zur numerischen Bearbeitung von Matrizen,

zur Verfügung. Darüberhinaus existiert eine Reihe von Programmerweiterungen (sogenannte „Toolboxes") zu den verschiedensten Gebieten der numerischen Analyse, wie z.B. Signalanalyse, Optimierung, Reglerentwurf etc. Über die MATLAB–Schnittstelle in ACSL können alle Daten an MATLAB übergeben bzw. von MATLAB zurückgeholt werden, ohne daß der Benutzer besondere Vorkehrungen treffen muß.

Durch den Aufruf des `MATLAB` Befehls im ACSL Runtime–Interpreter werden alle Variablen des ACSL–Modells an MATLAB übergeben und der MATLAB–Interpreter wird gestartet. Innerhalb von MATLAB können nun Berechnungen mit den von ACSL übernommenen Variablen durchgeführt werden. Durch den Aufruf von `acsl` in der MATLAB–Umgebung werden alle von ACSL übernommenen Variablen mit ihren aktuellen Werten wieder zurückgegeben, und man befindet sich wieder im Runtime–Interpreter von ACSL.

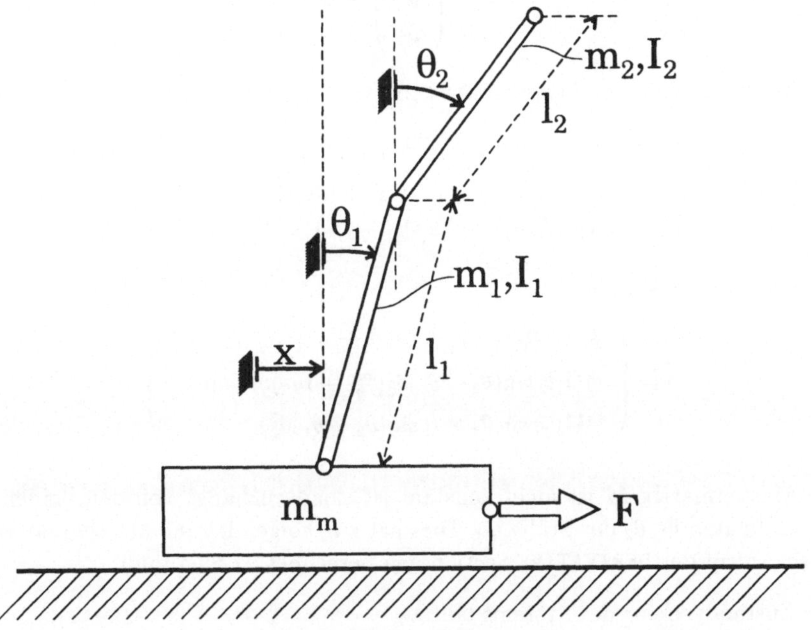

Abbildung 7.4: Mechanisches Modell eines stehenden Doppelpendels

Am Beispiel eines stehenden Doppelpendels, das zur Stabilisierung geregelt werden soll, wird gezeigt, welche Möglichkeiten die MATLAB–Schnittstelle von ACSL bietet. Das betrachtete mechanische System ist in Abb. 7.4 dargestellt. Eine Masse m_m gleitet reibungsfrei auf einer horizontalen Ebene. An der Masse ist ein Stab (m_1, I_1, l_1) über ein reibungsfreies Gelenk befestigt. An seinem anderen Ende ist der Stab m_1 mit einem weiteren Stab (m_2, I_2, l_2) gelenkig verbunden.

Die beiden Stäbe dieses mechanischen Systems sollen in der vertikalen Position gehalten werden. Zur Stabilisierung des Systems muß eine geeignete Kraft F als äußere eingeprägte Kraft auf die Masse einwirken. Die Aufgabe besteht darin, einen Regler für die Kraft F so auszulegen, daß dieser die Masse m_m in eine bestimmte Position bringt und dort die beiden Stäbe in vertikaler Stellung stabilisiert.

Dazu sind zunächst die Bewegungsgleichungen des mechanischen Modells aufzustellen. Das mechanische System besitzt die drei Freiheitsgrade x (Bewegung von m_m), θ_1 (Winkel von Stab 1) und θ_2 (Winkel von Stab 2). Aus Platzgründen wird hier auf die Herleitung verzichtet und auf [5] verwiesen. Man erhält ein System von drei nichtlinearen Differentialgleichungen der Form

$$M \begin{pmatrix} \ddot{x} \\ \ddot{\theta}_1 \\ \ddot{\theta}_2 \end{pmatrix} = \vec{b}$$

mit der symmetrischen Massenmatrix M

$$M(\theta_1, \theta_2) = \begin{pmatrix} m_m + m_1 + m_2 & (\frac{m_1}{2} + m_2)l_1 \cos\theta_1 & \frac{m_2}{2}l_2 \cos\theta_2 \\ (\frac{m_1}{2} + m_2)l_1 \cos\theta_1 & (\frac{m_1}{3} + m_2)l_1^2 & \frac{m_2}{2}l_1 l_2 \cos(\theta_2 - \theta_1) \\ \frac{m_2}{2}l_2 \cos\theta_2 & \frac{m_2}{2}l_1 l_2 \cos(\theta_2 - \theta_1) & \frac{m_2}{3}l_2^2 \end{pmatrix},$$

und der rechten Seite $\vec{b}$

$$\vec{b} = \begin{pmatrix} F + (\frac{m_1}{2} + m_2)l_1 \sin\theta_1 \dot{\theta}_1^2 + \frac{m_2}{2}l_2 \sin\theta_2 \dot{\theta}_2^2 \\ \frac{m_2}{2}l_1 l_2 \sin(\theta_2 - \theta_1)\dot{\theta}_2^2 (\frac{m_1}{2} + m_2)gl_1 \sin\theta_1 \\ \frac{m_2}{2}l_2(g \sin\theta_2 - l_1 \sin(\theta_2 - \theta_1)\dot{\theta}_2^2) \end{pmatrix}.$$

Die Massenmatrix M ist nicht konstant ist, sondern hängt von den beiden Lagekoordinaten θ_1, θ_2 der Stäbe ab. Dies hat zur Folge, daß die Massenmatrix für jeden Aufruf der DERIVATIVE Section neu berechnet werden muß.

Der Zustandsvektor des Systems lautet

$$\vec{x} = (x, \dot{x}, \theta_1, \dot{\theta}_1, \theta_2, \dot{\theta}_2)^T .$$

Das System ist ein instabiles System. Um es im Gleichgewicht zu halten bzw. von einer Position x_0 nach einer Position x_c zu bewegen, bedarf es einer Regelung. Dabei wird die Kraft F als Regelung in Form einer Zustandsrückführung, kombiniert mit einer einer Positionsregelung der Form

$$e = x_c - x, \qquad \dot{e} = -\dot{x}, \qquad i_n = \int_{t_0}^{t_{end}} e \, dt,$$

angesetzt:

$$F = -k_x e + k_{\dot{x}}\dot{x} + k_{in}\,i_n + k_{\theta_1}\theta_1 + k_{\theta_2}\theta_2 + k_{\dot{\theta}_1}\dot{\theta}_1 + k_{\dot{\theta}_2}\dot{\theta}_2.$$

Durch die Verwendeung des Integrals über die Abweichung e wird der Zustands-vektor um eine Komponente erweitert und modifiziert:

$$\hat{\vec{x}} = [e, \dot{x}, i_n, \theta_1, \dot{\theta}_1, \theta_2, \dot{\theta}_2]^T \ .$$

Die Koeffizienten der Rückführung sollen als LQR–Regler bestimmt werden. Im ACSL–Modell sind diese Koeffizienten zunächst auf Null gesetzt, das System befindet sich im instabilen ungeregelten Gleichgewichtszustand.

Zur Beschreibung der Dynamik muß die implizite Darstellung

$$M(\theta_1, \theta_2) \begin{pmatrix} \ddot{x} \\ \ddot{\theta}_1 \\ \ddot{\theta}_2 \end{pmatrix} = \vec{b}(\theta_1, \dot{\theta}_1, \theta_2, \dot{\theta}_2)$$

zu jedem Auswertungszeitpunkt t_k durch den Integrationsalgorithmus nach $\ddot{x}, \ddot{\theta}_1$ und $\ddot{\theta}_2$ aufgelöst werden. In ACSL Level 10F kann dafür der Operator IMPVC verwendet werden, der unabhängig vom Integrationsverfahren diese implizite Be-schreibung iterativ auflöst (vgl. Kap. 4.3). Ein semilineares implizites Modell wie das vorliegende kann jedoch durch Lösen des linearen Gleichungssystems in explizite Form gebracht werden.

Das folgende ACSL–Modell berechnet deshalb zunächst die Massenmatrix M (ma) in einem PROCEDURAL Block, die durch Aufruf des Unterprogrammes

```
CALL SGEFA (ivpt, info = ma, 3, 3 )
```

in Dreiecksform zerlegt wird. Das Unterprogramm LINPACK–Unterprogramm SGEFA speichert die modifizierte Massenmatrix wieder auf ma ab, die Informa-tionen über die Pivot–Elemente sind im Vektor ipvt enthalten. Ist die Matrix singulär, so ist der Informationsparameter info ungleich Null; in diesem Fall folgt ein Abbruch der Simulation.

Im folgenden PROCEDURAL Block wird die rechte Seite $\vec{b}$ (b), die Störspalte f"r das lineare Gleichungssystem, berechnet und das Gleichungssystem gelöst. Nach der Umspeicherung von b auf den Hilfsvektor d (durch Blockübertragung XFERBR, siehe Kap. 9.3) berechnet der Aufruf

```
CALL SGESL ( ma, 3, 3, ipvt, d, 0 )
```

die Lösung des Gleichungssystems und speichert sie auf den Hilfsvektor d ab
(weswegen vorher b „gerettet" wird). Der Vektor d beinhaltet nun die gesuchten
Werte $\vec{d}(t_k) = [\ddot{x}(t_k),\, \ddot{\theta}_1(t_k),\, \ddot{\theta}_2(t_k)]^T$, die in der Folge den Variablen für die zweite
Ableitung (xdd, th1dd und th2dd zugewiesen und aufintegriert werden.

Das Programm lautet in verkürzter Form:

```
PROGRAM Aufrecht stehendes Doppelpendel
! --- Modellparameter ------------------------------------------------
CONSTANT  m1 = 0.01, m2 = 0.01, l1 = 0.5, l2 = 0.7, mm = 0.2
CONSTANT   g = 9.81, xc = 0.2, tend = 5.00
! --- Anfangswerte ---------------------------------------------------
CONSTANT  xic   = 0.0,  xdic = 0.0, th1ic = 0.0 ,th1dic = 0.0
CONSTANT  th2ic = 0.0,th2dic = 0.0,  inic = 0.0,      fz = 0.0
! --- Reglerkonstanten, Kraftbegrenzung ----------------------
CONSTANT  kin   = 0.,0. kth2 =0., kth1 = 0.
CONSTANT  kth2d = 0., kth1d = 0., kx = 0., kxd = 0.
CONSTANT  fmx   = 10.0
! --- Definition Massenmatrix, Eingangs- und Ableitungsvektor
REAL   ma(3,3), d(3) ,b(3)
INTEGER info, ipvt(3)
! ------------------------------------------------------------
e  = xc - x                 ! Abweichung vom Sollwert
in = INTEG ( e, inic )   ! Integrale Abweichung vom Sollwert
! -- Berechnung der Rueckstellkraft ---------------------------
kraft = BOUND ( - fmx, fmx, - kx*e + kxd*xd + kin*in  &
        + kth1*th1 + kth1d*th1d + kth2*th2 + kth2d*th2d ) + fz
!--- Berechnung der Massenmatrix, Test auf Singularitaet ------
PROCEDURAL ( ma,ipvt = th1, th2 )
 ma(1,1) = mb + m1 + m2;

       :

       :

 ma(3,3) = m2*l2*l2 / 3
 CALL SGEFA (ivpt, info = ma, 3, 3 )
 ! --- Dreieckszerlegung von ma, Test auf Singularitaet -------
 IF ( info . NE . 0 ) GOTO sing ! Sprung zu Fehlermeldung
 END  ! of PROCEDURAL
! --- Berechnung des Eingangsvektors --------------------------
PROCEDURAL ( b, d = kraft, ma, ipvt )
 b(1) = kraft + ( 0.5*m1 + m2 )*l1*th1*th1d**2 + &
                0.5*m2*l2*th2*th2d**2
 b(2) = 0.5*m2*l1*l2*(th2-th1)*th2d**2 + (0.5*m1+m2)*G*l1*th1
 b(3) = 0.5*m2*l2*(g*th2 - l1*(th2-th1)*th1d**2)
```

```
! --- Loesen des Gleichhungssystems ma*d=b nach d
CALL XFERBR ( d = b, 3 ) ! Umspeicherung von b auf d
CALL SGESL  ( ma, 3, 3, ipvt, d, 0 )
END  ! of PROCEDURAL
! --- Berechnung der zweiten Ableitungen --------------------
xdd = d(1); th1dd = d(2); th2dd = d(3)
! --- Aufintegration der Zustandsgroessen -------------------
xd   = INTEG(xdd,    xdic); x   = INTEG(xd,    xic)
th1d = INTEG(th1dd, th1dic); th1 = INTEG(th1d, th1ic)
th2d = INTEG(th2dd, th2dic); th2 = INTEG(th2d, th2ic)
TERMT (t .GE. tend)           ! Simulationsende
sing..CONTINUE
TERMT ( info . NE . 0 )       ! Abbruch bei Singularitaet
! ---------------------------------------------------------
END  ! of PROGRAM
```

Der Aufruf des ersten Unterprogrammes SGEFA enhält ein Gleichheitszeichen „=",
das die Ausgangs- von den Eingangsparametern des Unterprogramms trennt.
Eine derartige Formulierung eines Unterprogrammaufrufs kann der ACSL–Translator auch sortieren; er erzeugt daraus den Aufruf

```
CALL SGEFA (ma, 3, 3 , ivpt, info ),
```

der dem FORTRAN–Aufruf der Subroutine entspricht. Das Unterprogramm
SGESL weist keine derartige Trennung zwischen Eingangs- und Ausgangsparametern auf (d ist Durchgangsparameter). Der Aufruf kann daher nur in einem
PROCEDURAL Block erfolgen, in dem er ohnedies steht (Näheres siehe Kap. 9.3
und Kap. 9.5). Die Unterprogramme müssen entweder vom Linker dazugebun-
den werden oder im Source Code gleich der Modellbeschreibung nach dem END
! of PROGRAM folgen.

Der Entwurf einer einfachen Regelung wäre in ACSL mit dem ANALYZE Be-
fehl möglich. Einfacher ist es jedoch, den Entwurf einer Regelung in MAT-
LAB [7] durchzuführen. Die beabsichtigte Form einer LQR–Regelung könnte in
ACSL allerdings nur über FORTRAN–Unterprogramme zur Lösung der Riccati-
Gleichung berechnet werden.

Der Entwurf der Regelung erfolgt in der (instabilen) Ruhelage des Systems. Dazu
wird ein Simulationslauf mit $t_{end} = 0$ durchgeführt, der alle Variablen nur mit
den Anfangswerten initialisiert. Der erste ANALYZE Befehl legt die Eingangs- und
Ausgangsgrößen fest. Die Eingangsgröße F (kraft) muß dazu um die Größe fz
erweitert werden, die dann zur Berechnung der Matrix B perturbiert werden
kann (vgl. Kap. 7.2). Als Eingangsgröße ist deshalb auch fz und nicht kraft
anzugeben. Der zweite ANALYZE Befehl berechnet die Matrizen A, B, C und D
und speichert sie auf der Datei matrix ab:

```
ACSL> SET tend=0; START          ! Initialisierung
ACSL> ANALYZE /CONTROL=fz, &     ! Festlegung der Eingangs-
ACSL>         /OBSERVE=z,th1,th2,in ! und Ausgangsgroessen
ACSL> ANALYZE /JACOBIAN=matrix   ! Berechnung von A,B,C,D
ACSL> MATLAB                     ! Aufruf von MATLAB
```

Der Befehl MATLAB startet dann MATLAB, wobei alle Variablen und Parameter
unter Beibehaltung der Namen in den MATLAB Work Space übergeben werden.
Die Prepare–Datei wird dabei als Matrix rrr angelegt. MATLAB ist „case–
sensitiv", alle ACSL–Variablen bis auf die Prepare–Datei werden mit Großbuchstaben bezeichnet.

Die auf der Datei matrix abgespeicherten Matrizen werden in MATLAB mit
dem Befehl load eingelesen. Dabei werden Daten derart übergeben, daß die
MATLAB–Variablen MATRIX_a, MATRIX_b, MATRIX_c und MATRIX_d die entsprechenden Matrizen A, B, C und D beinhalten. Zusätzlich werden die Textvektoren MATRIX_x, MATRIX_u und MATRIX_y angelegt, die die Namen der Zustands-,
Eingangs- bzw. Ausgangsgrößen angeben. Die Kenntnis der Reihenfolge der
Zustandsgrößen ist für den Reglerentwurf wesentlich:

```
>> % Einlesen der Matrizen A, B, C, D und Kontrollausgabe
>> load matrix
>> MATRIX_a,MATRIX_b,MATRIX_c,MATRIX_d=
   0   0  ......
>> % Kontrolle des Zustandsvektors
>> MATRIX_x=
  IN
  TH1
  TH1D
  TH2
  TH2D
  X
  XD
```

Der Reglerentwurf erfolgt mit dem Befehl lqr, der die Rückkoppelungsfaktoren
durch Lösen der Riccati–Matrix ausrechnet. Als Gewichtungsmatrix Q wird die
Einheitsmatrix gewählt, als Gewichtungsfaktor $r = 1$. Die berechneten Werte
werden den entsprechenden ACSL–Variablen zugewiesen. Der abschließende Befehl acsl übergibt die Kontrolle wieder dem ACSL–Runtime–Interpreter:

```
>> % Festlegen der Gewichtsmatrizen
>> q = eye(7);
>> r = 1;
>> % Berechnung und Ausgabe der Rueckkoppelungsfaktoren
```

```
>> k = lqr ( MATRIX_a, MATRIX_b, q, r )
>> k =
 -1.0000  -32.8641  0.3853  51.8048  8.4246  2.7691  3.3340
>> % Zuweisung an ACSL-Variable
>> KIN   = -k(1)
>> KTH1  = -k(2)
>> KTH1D = -k(3)
>> KTH2  = -k(4)
>> KTH2D = -k(5)
>> KX    = -k(6)
>> KXD   = -k(7)
>> % Rueckkehr zu ACSL
>> acsl
```

Der Reglerentwurf ist nun abgeschlossen, die Rückkoppelungsfaktoren tragen die
richtigen Werte:

```
ACSL> DISPLAY kin, kth1, kthd1, kth2, kth2d, kx, kdx
      1.00000000        32.8641000       -0.3853360
    -51.80481200        -8.4246100       -2.7691650
     -3.33400000
```

Die folgenden Befehle führen einen Simulationslauf durch, der das Doppelpendel
an die Position $x_c = 0.2$ bringt. Abbildung 7.5 zeigt die Ergebnisse für den Weg
x und für die beiden Winkel θ_1 und θ_2 in Meßstreifenform:

```
ACSL> PREPARE t, x, th1, th2       ! Abspeicherung
ACSL> SET tend=8.0; START          ! Simulationslauf
ACSL> SET calplt=.F., strplt=.T.   ! Zeichnungstyp
ACSL> PLOT x, th1, th2             ! Meszstreifenzeichnung
```

Abbildung 7.5 zeigt, daß die neue Position erreicht wird und das Pendel dort
in Gleichgewichtslage verharrt. Interessant ist, daß das Pendel sich zunächst in
negativer x-Richtung bewegt, dann über die Position $x_c = 0.2$ hinausfährt und
schließlich die gewünschte Position erreicht.

Die Gleichgewichtslage ist durch die Regelung nun stabilisiert, wie eine Überprüfung der Eigenwerte zeigt:

```
ACSL> ANALYZE /EIGEN    ! Berechnung der Eigenwerte
Complex eigenvalues in ascending order
      REAL        IMAGINARY       FREQUENCY    DAMPING
1 -0.88035700  +/-0.51437200    1.019610  0.863424
3 -2.02829000  +/-1.06902000    2.292770  0.884649
5 -17.8840000  +/-3.07037000    7.313690  0.907611
```

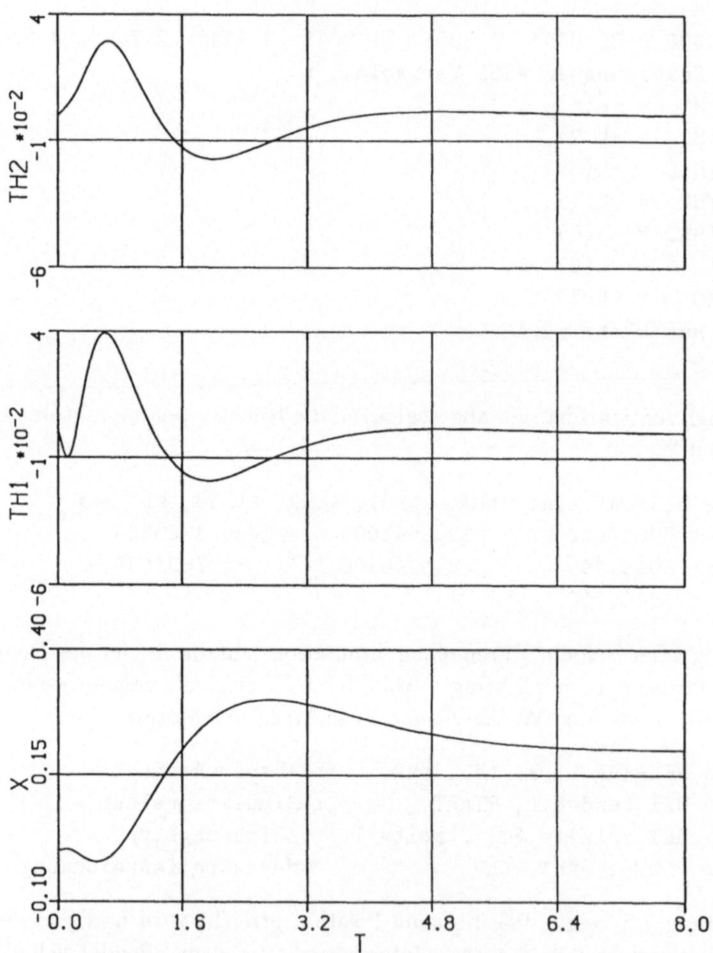

Abbildung 7.5: Weg x und Winkel θ_1, θ_2 bei Regelung

8 Modellvalidierung und Fehlersuche

Ein validiertes („gültiges") Modell eines Prozesses kann nur erstellt werden, wenn der Entwickler die Möglichkeit von Fehlern im Modellkonzept, im Modell und in der Implementierung des Modells akzeptiert. Fehlersuche, Verifikation und Validierung des Modells müssen dabei systematisch auf allen Programmebenen durchgeführt werden. In diesem Kapitel werden einige Hinweise gegeben, wie ACSL Fehlersuche, Verifikation und Validierung eines Modells unterstützt.

Bei der Entwicklung eines Modells müssen die folgenden Arbeitsschritte durchgeführt werden:

- Beschreibung des Modells in Form eines Blockdiagramms oder mit einem System gewöhnlicher Differentialgleichungen,

- Beschreibung des erwarteten Modellverhaltens,

- Zerlegung des Modells in einzelne Module,

- Entwurf der Modellbeschreibung mit Kommentaren,

- Entwickeln und Testen der einzelnen Module,

- Verifizieren und Validieren der einzelnen Module,

- Schrittweises Zusammensetzen der Module mit begleitender Verifizierung und Validierung,

- sorgfältige Dokumentation während der gesamten Entwicklung.

8.1 Beginn einer Simulationsstudie

Zunächst muß ein ACSL-Modell fehlerfrei übersetzt und gebunden werden. Dann erst können die ersten Läufe durchgeführt werden. Damit man die Ergebnisse der ersten Simulationsläufe überhaupt beurteilen kann, muß man sich zuvor möglichst viel Information über die erwarteten Ergebnisse beschaffen. Dazu gehören z. B. die Größenordnung der Ergebniswerte, die Vorzeichen der wesentlichen Variablen (gewöhnlich der Beschleunigungen und der Geschwindigkeiten) und die Belegung der logischer Variablen.

Zunächst prüft man, ob das Modell korrekt formal initialisiert wird. Ein erster statischer Test auf korrekte Initialisierung besteht in einem Simulationslauf mit $t_{end} = 0$ und Ausgabe aller Werte:

```
ACSL> SET tend=0; START      ! Initialisierung bei t=0
ACSL> DISPLAY /ALL           ! Ausgabe aller Werte
```

An den ausgegebenen Werten bzw. an fehlenden Initialisierungen von Variablen
sind einfache Fehler (falsche Variablennamen etc.) erkennbar.

Eine statisch korrekte Initialisierung muß noch nicht den Zeitverlauf korrekt initialisieren. Ein dynamischer Test besteht in zwei direkt aufeinanderfolgenden
Simulationsläufen mit exakt gleichen Parametern. Die Ergebnisse beider Simulationsläufe müssen vollständig übereinstimmen. Dies kann mit der folgenden
Befehlssequenz überprüft werden:

```
ACSL> PREPARE /ALL ! Abspeicherung aller Variabler
ACSL> SET tend= k  ! kleine Endzeit
ACSL> START        ! Erster Simulationslauf
ACSL> RANGE /ALL   ! Maximal- u. Minimalwerte d.Variablen
ACSL> START        ! Zweiter Simulationslauf
ACSL> RANGE /ALL   ! Maximal- u. Minimalwerte d.Variablen
```

Die Ergebnisse für beide RANGE /ALL Befehle müssen exakt, d.h. bis auf die letzte
angezeigte Stelle, gleich sein. Falls die Variablen nicht den gleichen Wertebereich
abdecken, wird wahrscheinlich eine Variable, die im ersten Lauf geändert wurde,
für den zweiten Lauf nicht neu initialisiert. In diesem Fall sollten der obige Lauf
wiederholt und dabei Debug–Listen erzeugt werden. Eine Debug–Liste enthält
die Werte aller Variablen bei einer Auswertung der Funktion f des modellbeschreibenden Differentialgleichungssystems $\vec{\dot{x}}(t) = \vec{f}(t, \vec{x}(t))$. Die Ausgabe von
Debug–Listen wird über den Systemparameter ndbug=n erzwungen, der bei n
aufeinanderfolgenden Funktionsauswertungen diese Liste üblicherweise auf die
Log-Datei (HV–Daten) ausgibt. Der Inhalt und die Aussage einer Debug-Liste,
welche die mit DISPLAY /ALL erzeugte Tabelle erweitert, wird in Kap. 8.3 näher
behandelt. Die Befehlsfolge lautet:

```
ACSL> SET TEND=kk ! Sehr kleine Endzeit
ACSL> SET ndbug=5 ! Debug-Listing bei 5 Funktionsauswertungen
ACSL> START       ! Simulationslauf
ACSL> SET ndbug=5 ! Debug-Listing bei 5 Funktionsauswertungen
ACSL> START       ! Simulationslauf
```

Die Debug–Listen werden üblicherweise auf die Log–Datei model.log ausgegeben. Die Ergebnisse beider Simulationsläufe müssen Wert für Wert verglichen
werden. Bei richtiger Initialisierung sind alle Ergebnisse exakt gleich. Dieser
Test sollte nach jeder Modelländerung erneut durchgeführt werden.

Der nächste Schritt der Validierung besteht in einem Simulationslauf über ein
kleines, aber nicht zu kurzes Zeitintervall. Dabei sollte eine gewisse Anzahl

von Debug–Listen erzeugt werden. Dies kann z.B. durch die folgenden Befehle geschehen:

```
ACSL> PREPARE ....    ! Abspeicherung
ACSL> SET tend = k    ! Kleine,aber nicht zu kleine Endzeit
ACSL> SET ndbug =5    ! Debug-Listing bei 5 Funktionsauswertungen
ACSL> START           ! Simulationslauf
ACSL> PLOT .....      ! Vergleichszeichnungen
```

Anhand der ausgegebenen Debug-Listen sind folgende Fragen zu beantworten:

- Sind die Anfangswerte für jede Zustandsgröße korrekt?

- Beginnen alle Zustandsgrößen mit den Anfangswerten, wurden die Anfangswerte auf die richtigen Zustandsgrößen übertragen ? Für diese Überprüfung sollten möglichst viele Anfangswerte ungleich Null sein.

- Stimmen die Ableitungen in Betrag und Vorzeichen in etwa mit der Systembeschreibung überein?

- Sind alle Konstanten so belegt wie erwartet? Bei einigen Rechnern bzw. Compilern werden reelle Konstanten mit dem Wert 0.0 belegt, falls bei der Definition kein Dezimalpunkt auftritt!

- Stimmen Feldlängen mit der Anzahl der Werte in CONSTANT Anweisungen für diese Felder überein ?

Insbesonders in der letzten Debug–Liste sollte zusätzlich geprüft werden:

- Haben die Konstanten noch die gleichen Werte wie zuvor?

- Verhalten sich logische Variable wie erwartet?

- Verhalten sich kritische Variable wie erwartet?

- Verhalten sich die Werte der Ableitungen wie erwartet?

Als nächstes sollten Zeichnungen der Variablen erzeugt und auf Richtigkeit überprüft werden. Dabei muß auf die Skalierung der Achsen geachtet werden, welche die automatische Skalierung des PLOT Befehls ändert.

Ergibt sich nach all diesen Schritten und Überprüfungen kein Fehler, so sollte mit einem anderen Integrationsverfahren, z. B. mit einem Integrationsverfahren mit Schrittweitensteuerung, überprüft werden, ob die Simulation qualitativ das gleiche Ergebnis wie zuvor bei einem einfachen Integrationsverfahren ergibt. Verschiedene Integrationsverfahren können durchaus verschiedene Ergebnisse liefern. Schrittweite und ein eventuell vorgegebener absoluter und relativer Fehler für die Variablen sind korrekt gewählt, falls die Ergebnisse über das gesamte Integrationsintervall nur um wenige Promille voneinander abweichen. Ist dies nicht der Fall, so muß die Wahl des Integrationsverfahrens, der Integrationsschrittweite und eventuell des relativen und absoluten Fehlers des Integrationsverfahrens überprüft werden. Eine Betrachtung der Eigenwerte zu einigen Zeitpunkten gibt Anhaltspunkte für mögliche Grenzen von Schrittweiten.

Erhält man nach diesem numerischen Test die erwarteten Ergebnisse, so sollten die Ergebnisse durch gezielte Parameterstudien weiter überprüft werden.

8.2   Fehlermeldungen

Fehlermeldungen werden bei der Übersetzung des ACSL–Modells und während des Arbeitens mit dem Modell im Runtime–Interpreter beim Auftreten von Fehlern ausgegeben. Während der Übersetzung können Fehler vom ACSL–Translator (einschließlich Macro–Erweiterung), vom FORTRAN-Compiler und vom Linker erkannt werden. Die Übersetzung wird mit einer Fehleranzeige unterbrochen, und die spezifischen Fehlermeldungen werden je nach Implementation auf eine eigene Fehlerdatei (`model.err`) oder auf das Listing des Translators bzw. Compilers (`model.out`) geschrieben. Bei manchen Implementationen werden die spezifischen Fehlermeldungen auch direkt auf den Bildschirm geschrieben.

Der Runtime–Interpreter gibt Fehlermeldungen bei falschen Runtime–Befehlen und unbekannten Parametern an. Die Fehlermeldungen werden sofort nach dem fehlerhaften Befehl ausgegeben. Sie erscheinen beim interaktiven Arbeiten am Bildschirm (bei Batch–Betrieb auf der Log–Datei `model.log`). Die wichtigsten Fehlermeldungen werden im folgenden beschrieben.

8.2.1   Fehlermeldungen des ACSL–Translators

In diesem Abschnitt werden die am häufigsten auftretenden Fehlermeldungen des ACSL–Translators besprochen; eine ausführliche Liste der Fehlermeldungen findet man im Anhang F des *ACSL Reference Manual* [1].

`Syntax error`
Syntax–Fehler sind die häufigsten Fehler, die der ACSL-Translator entdeckt. Hierbei wird die fehlerhafte Zeile des Modells ausgegeben. Eine darunterliegende Zeile mit Sternen „*" endet genau an der Stelle, an der zum ersten Mal

ein Fehler entdeckt wird. Da nur der erste Syntaxfehler in der Zeile festgestellt wird, sollte bei der Korrektur die ganze Zeile geprüft werden.

Im folgenden Beispiel ist das die Fehlermeldung erzeugende Komma „," wahrscheinlich auf das vorhergehende falsche Komma zurückzuführen:

```
X = INTEG(K,XP,XPNUL)
** SYNTAX ERROR ** THE LINE IS LISTED WITH A POINTER TO THE ERROR
X = INTEG(K,XP,XPNUL)
*************
```

Conflicting Data Types
wird gemeldet, falls eine Variable mit verschiedenen Datentypen benutzt wird. Ursachen sind z. B. eine als `LOGICAL` definierte, aber als `REAL` verwendete Variable oder eine zweifache Definition einer Variablen mit unterschiedlichen Datentypen. Die Fehlermeldung wird auch erzeugt, falls eine Variable als Anfangsbedingung zweier `INTEG` Operatoren auftritt. Dies ist nicht erlaubt, da in diesem Fall der Runtime–Befehl `REINIT` nicht verwendet werden könnte.

Too many ends
erscheint, falls tatsächlich zuviele Schlüsselwörter `END` vorhanden sind, was am Ende der Modellbeschreibung erkannt wird, oder wenn nach dem `END ! of PROGRAM` die weiteren Anweisungen nicht korrekt angegeben werden. Direkt nach Abschluß der ACSL–Modellbeschreibung können FORTRAN–Unterprogramme oder ein benutzerdefiniertes ACSL–Hauptprogramm angegeben werden. Dabei muß die erste Zeile nach dem `END ! of PROGRAM` der ACSL–Modellbeschreibung die Anweisung `SUBROUTINE` oder `PROGRAM` nach FORTRAN–Syntax an richtiger Stelle enthalten. Diese Zeile darf auch nicht leer sein. Die Fehlermeldung wird auch erzeugt, falls nach dem ACSL-Modell nur eine oder mehrere Leerzeilen vorhanden sind.

Multiply defined symbol
Diese Fehlermeldung kann nur in Sections erzeugt werden, in denen der ACSL–Translator Gleichungen und Anweisungen sortiert. Eine Sortierung der Gleichungen erfolgt prinzipiell in der `DERIVATIVE` Section oder in Sections, in denen mit `SORT` eine Sortierung erzwungen wird. Die Fehlermeldung sagt aus, daß eine Variable mehrfach berechnet wurde bzw. mehrfach einen Wert zugewiesen erhielt. Dadurch kann diese Variable nicht mehr einsortiert werden, denn die Reihenfolge der Berechnungen ist dem Sortieralgorithmus nicht bekannt.

Das folgende Beispiel zeigt, daß mehrfache Berechnungen durchaus sinnvoll sein
können. Abhilfe schafft die Verwendung des PROCEDURAL Blocks, wie z. B. bei
den folgenden unsortierbaren Gleichungen angegeben ist:

```
                                  PROCEDURAL ( abc = x )
  abc = EXP(x)                      abc = EXP(x)
  IF ( x. LT. 1.e-50) abc=0.        IF ( x. LT. 1.e-50) abc=0.
                                  END  ! of PROCEDURAL
```

Felder werden vom Sortieralgorithmus als eine Variable betrachtet. Berechnungen für Feldelemente wie z.B. f(1), f(2) und f(3) werden als solche nicht erkannt, sondern als mehrmalige „Berechnung" des Feldes, was zur Fehlermeldung
führt. Es muß der PROCEDURAL Block verwendet werden:

```
                                  PROCEDURAL ( f = y, z )
  f(1) = 3.*t                        f(1) = 3.*t
  f(2) = 4.*y+a                      f(2) = 4.*y+a
  f(3) = -3.*z+b                     f(3) = -3.*z+b
                                  END  ! of PROCEDURAL
```

Die Eingangs/Ausgangsliste im Kopf des PROCEDURAL Blockes braucht als Eingänge nur y und z zu beinhalten, wenn a und b Parameter sind und t die unabhängige Veränderliche repräsentiert, die zu jedem Zeitpunkt bekannt ist.

Variables not specified in any block

Diese Meldung ist keine Fehlermeldung, sondern nur eine Fehlerwarnung, die
keinen Abbruch der Übersetzung bewirkt. Sie weist auf Variable oder Parameter
hin, die zwar in einer Berechnung verwendet, aber nie definiert wurden (nie links
vom Zeichen „=" stehen).

Obwohl nur eine Fehlerwarnung vorliegt, sollte untersucht werden, ob die Ursache
behoben werden muß oder nicht. Ursachen sind z.B.:

- Schreibfehler bei einer Variablen,

- falscher Kopf eines PROCEDURAL Blocks,

- fehlende Anweisung (Berechnung der Variablen),

- fehlende CONSTANT Vereinbarung,

- Aufruf eines FORTRAN-Unterprogramms mit CALL SUB(a,b). In diesem
  Fall weiß der ACSL–Translator nicht, ob a und b im FORTRAN–Programm
  besetzt werden, oder ob sie Eingabeparameter sind.

Unsortable statement block
Diese Fehlermeldung gibt in Sections, in denen sortiert wird, einen nicht sortier-
baren Block von Gleichungen an. Der Sortieralgorithmus kann die Gleichungen
nicht so sortieren, daß eine Variable zuerst berechnet wird, bevor sie benutzt
wird. Der Block, der sich nicht sortieren läßt, wird ausgegeben. Ein Beispiel für
einen unsortierbaren Block ist:

```
xa = k  * EXP(dx)
bx = kb * SIN(xa)
cx = xa + ka * bx
dx = cx * bx
```

Ursachen sind z. B.:

- das Fehlen einer Zustandsvariablen,

- ein falscher oder unvollständiger Kopf eines `PROCEDURAL` Blocks,

- oder eine echt implizite Modellbeschreibung (eine Überprüfung auf die Not-
  wendigkeit der implizten Beschreibung ist sinnvoll).

8.2.2   Fehlermeldungen des FORTRAN–Compilers

Der ACSL–Translator überprüft nicht alle Anweisungen daraufhin, ob sie kor-
rekte FORTRAN–Anweisungen sind. Es kann daher sein, daß der FORTRAN–
Compiler noch Fehler entdeckt. Dies trifft insbesondere auf die Definition von
Variablen und Feldern und auf `FORMAT` Anweisungen für die Ausgabe zu. Die
FORTRAN–Fehlermeldungen werden üblicherweise ebenfalls auf die Fehler–Datei
geschrieben.

Das vom ACSL–Translator erzeugte FORTRAN–Programm ist üblicherweise
auf der Datei `model.for` (PC, VMS) bzw. `model.f` (UNIX) zu finden. Es
kann erneut (ohne nochmalige Erzeugung durch den ACSL–Translator) mit dem
FORTRAN–Compiler mit einer ausführlicheren Fehlerliste übersetzt werden, wozu Compiler–Optionen anzugeben sind.

Diese Fehlerliste sollte dann zusätzlich überprüft werden auf:

- Definition der Datentypen. Der ACSL–Translator vereinbart grundsätz-
  lich alle Variablen als vom Typ `REAL`. Daher müssen Integer–Variable, wie
  z. B. Zählindizes, explizit als vom Typ `INTEGER` vereinbart werden, ebenso
  logische Variable mit `LOGICAL`.

- Übergabeparameter. Der Datentyp der Variablen im Aufruf eines Unterprogramms muß mit dem formalen Parameter im Unterprogramm übereinstimmen.

- undefinierte Werte von Variablen.

- Fehlerwarnungen des FORTRAN–Compilers.

8.2.3 Fehlermeldungen des Linkers

Da die in der ACSL–Modellbeschreibung verwendeten Unterprogramme entweder direkt der Modellbeschreibung folgen oder in einer Unterprogramm–Bibliothek zu finden sind, werden fehlende Unterprogramme erst beim Linken des Simulationsprogramms festgestellt. Der Linker bricht seine Arbeit ab und schreibt die fehlenden Programme aus (üblicherweise auf die Fehler–Datei). Ist der Fehler nicht einfach zu finden, so kann über Linker–Optionen eine genaue Liste angefordert werden.

Bei PC–Implementationen gibt es machmal Probleme durch die Vorgangsweise des Linkers, beträchtlich große Zwischendateien anzulegen. Die kryptische Fehlermeldung „`cannot open filebxz9e55`" besagt, daß für das Anlegen der benötigten Hilfsdatei, deren Namen willkürlich erzeugt wird, zuwenig Speicherplatz vorhanden ist.

8.2.4 Fehlermeldungen des Runtime–Interpreters

Bei Eingabe fehlerhafter Runtime–Befehle, falscher Befehlsparameter oder bei der Angabe von nicht vorhandenen Variablen im Befehlsaufruf gibt der Runtime–Interpreter entsprechende Fehlermeldungen aus. Die wichtigsten sind:

`Syntax error`
Ein Syntaxfehler im aufgerufenen Befehl wird wie ein Syntaxfehler in der Modellbeschreibung dokumentiert. Der Befehl wird nochmals ausgegeben, eine darunterliegende Zeile mit Sternen „*" gibt die Position des Fehlers an.

`Can-t find NAME`
Der Benutzer hat in einem SET, DISPLAY, OUTPUT oder PREPARE Befehl einen Variablennamen angegeben, der nicht im Modell vorkommt.

`Illegal Command Word`
Der Benutzer hat einen Befehl eingegeben, der weder ein Runtime–Befehl von

ACSL noch ein mit `PROCEDURE` neu definierter Befehl ist. Zumeist ist nur ein Tippfehler unterlaufen, z. B. auch eine Verwechslung von Befehlsabkürzungen.

Illegal data type following NAME
Diese Fehlermeldung tritt bei einem `SET` Befehl auf, bei dem der Datentyp des zugewiesenen Wertes bzw. der zugewiesenen Variablen signifikant nicht mit dem Datentyp der zu besetzenden Variablen übereinstimmt.

Signifikante Unterschiede des Datentyps sind Nicht-`INTEGER` auf `INTEGER` und Nicht-`LOGICAL` auf `LOGICAL`. Die Zuweisung `INTEGER` auf `REAL` wird akzeptiert, wie auch in der Modellbeschreibung. Die Zuweisung `REAL` auf `DOUBLE PRECISON` und umgekehrt hängt von den Definitionen der Variablen im Modell, von einer generellen Übersetzung mit doppelter Genauigkeit und von der Rechnerimplementation ab, die teilweise eine Anpassung an den FORTRAN–Compiler erfordert.

Name or element NAME not on Prepare list
Bei einem `PLOT`, `PRINT` oder `RANGE` Befehl wurde eine Variable `NAME` angegeben, die nicht auf der Prepare–Liste angegeben ist.

Der erste Simulationslauf mit einem neuen Modell führt in manchen Fällen sofort zu „vernünftigen" Ergebnissen, die dann „nur noch" auf Richtigkeit überprüft werden müssen (Validierung des Modells). In manchen Fällen bricht das Simulationsprogramm mit einem „`floating point error`" oder einer ähnlichen Fehlermeldung wie „`math error`" (implementationsabhängig) ab und schreibt eine Debug–Liste automatisch üblicherweise auf die Log–Datei. Manchmal allerdings rechnet das Programm viel zu lange und muß daher unterbrochen werden. In diesem Fall liegen überhaupt keine Ergebnisse vor.

In diesen Fällen müssen Debug-Listen zu geeigneten Zeitpunkten erzeugt werden, um den Fehler lokalisieren zu können.

8.3 Erzeugen und Lesen einer Debug–Liste

Ein „`floating point error`" erzeugt zum Abbruchzeitpunkt automatisch eine Debug–Liste. Weitere Debug–Listen können auf drei Arten erzeugt werden. Die ersten beiden Möglichkeiten arbeiten mit dem Systemparameter `ndbug=n`, der n aufeinanderfolgende Debug-Listen mit den Werten aller Parameter und Variablen sowie zusätzliche Strukturangaben erzwingt. Die Ausgaben erfolgen pro Auswertung der rechten Seiten des systembeschreibenden Differentialgleichungssystems, also bei Auswertung der `DERIVATIVE` Section bzw. Auswertung einer `DISCRETE` Section.

Die einfachste Möglichkeit zur Erzeugung von Debug–Listen besteht daher im direkten Setzen des Systemparameters ndbug. Wird z. B.

```
ACSL> SET ndbug = 9
```

gesetzt, so gibt ACSL bei den folgenden neun Funktionsauswertungen eine Debug–Liste (üblicherweise auf die Log–Datei) aus (jede Ausgabe einer Debug–Liste setzt ndbug um 1 herab). Es handelt sich dabei um die ersten neun Funktionsauswertungen nach einem START oder CONTINUE Befehl. Verwendet der Simulationslauf das RK4-Verfahren, das zur Integration vier Funktionsauswertungen benötigt, so werden bei entsprechender Wahl von ndbug pro Integrationsschritt über das Standardintegrationsintervall h=cint/nstp vier Debug–Listen pro Integrationsschritt erzeugt. Auch jede DYNAMIC Section verursacht fakultativ eine Debug–Liste, da vor der Ausgabe der Daten der Variablen in der Prepare– und Output– Liste eine Funktionsauswertung durchgeführt wird. Diese Art der Erzeugung von Debug–Listen kann zur Verifikation und Validierung der ersten Simulationsläufe mit einem neuen Modell verwendet werden (vgl. Kap. 8.1).

Bricht zum Beispiel ein Simulationslauf zum Zeitpunkt $t = 2.52$ mit einem „floating point error" ab, so können z. B. Debug–Listen ab dem Zeitpunkt $t = 2.50$ bis zum Abbruch den Fehler finden helfen. Bei Verwendung des RK2–Algorithmus und mit cint=0.1 und nstp=10 verwendet ein Integrationsschritt im Integrationsintervall der Länge $h = 0.01$ zwei Funktionsauswertungen. Um dem Abbruchzeitpunkt nahe zu kommen, muß ndbug mindestens den Wert 5 erhalten (ein Kommunikationszeitpunkt, zwei Integrationsschritte). Aus Sicherheitsgründen wählt man einen höheren Wert, da ja Zeitpunkte wegen der Rundungsfehler nicht exakt eingehalten werden. Zur Fehleranalyse simuliert man daher bis $t = 2.50$, setzt dort den Systemparameter ndbug auf einen geeigneten Wert und die Endzeit auf einen Wert nach der Abbruchzeit. Dann setzt man den Simulationslauf mit dem Befehl CONTINUE fort:

```
ACSL> SET tend = 2.5; START      ! Simulationslauf bis t=2.5
ACSL> SET ndbug = 7              ! Ab nun 7 Debug-Listen
ACSL> SET tend = 2.54; CONTINUE  ! Fortsetzung des Laufs
```

Die zweite Möglichkeit, im Runtime–Interpreter Debug–Listen zu erzwingen, besteht im Setzen des Systemparameters ndbug im Befehl ACTION zu einem bestimmten Zeitpunkt. Mit diesem Befehl können durch

```
ACSL> ACTION /VARIABLE=2.0 /VALUE=3 /LOCATION=ndbug
```

ab dem Zeitpunkt $t = 2.0$ drei Debug–Listen erzeugt werden. ACSL unterbricht die Simulation bei $t = 2.0$, setzt den Parameter ndbug auf den Wert 3 und simuliert weiter.

Das obige Beispiel kann mit diesem Befehl vereinfacht werden:

```
ACSL> ACTION /VARIABLE = 2.5 /VALUE=7 /LOCATION=ndbug
ACSL> SET tend = 2.54; START     ! Simulationslauf
```

Als dritte Möglichkeit können Debug–Listen in der Modellbeschreibung durch
Aufruf des FORTRAN-Unterprogramms

```
    CALL DEBUG
```

beliebig oft erzwungen werden. Sinnvollerweise wird dieser Aufruf an kritische
Stellen des ACSL-Modells gesetzt und zur besseren Bearbeitung von einer logischen Steuergröße abhängig gemacht.

Das folgende Beispiel erzwingt im Modell des diskreten Reglers (vgl. Kap. 5.2)
Debug–Listen auf alle drei Arten. Zum besseren Verständnis der Debug–Liste
werden in der Modellbeschreibung auch drei Textvariable definiert und verket-
tet bzw. drei Parameter mit dem Datentyp DOUBLE PRECISION versehen. Die
Modellerweiterungen lauten:

```
PROGRAM DIGITALER REGLER
   :
INITIAL
   :
CONSTANT  ldisc=.FALSE., lmcdel=.FALSE. ! Modellauswahl
CINTERVAL cint=0.002            ! Integrationssteuerung
NSTEPS    nstp=1
MAXTERVAL maxt=0.004
! -------------------------------------------------------------
! --- Erweiterungen fuer Test der Arbeitsweise von DEBUG
 LOGICAL  ldebug              ! *** Steuerung der Debug--Liste ***
 CONSTANT ldebug = .FALSE.
 CHARACTER Text1*10, Text2*10, Text3*12  ! Ergaenzungen nur
 CONSTANT Text1='DEBUG', Text2='Liste'   !   fuer Inhalte und
   Text3 = Text1(1:5)//'-'//Text2(1:5)   !   Variablenwerte in
 DOUBLE PRECISION a1, a0, b1             !   der Debug-Liste
! -------------------------------------------------------------
! --- Berechnung der Parameter des digitalen Reglers ----------
 b1 = EXP(-ta/tvz); a0 = tvh*EXP(-ta*(1.0/tvz-1.0/tvh))/tvz
   :
   :
 DISCRETE Fehlerfall
  ! --- Unterbrechung des Microprozessors -------------------
   lfehler = .TRUE.   ! Ausfall der Datenleitung
   CONSTANT tfehlerm=0.5, tfehlerv=0.05
   tbehebung = GAUSS(tfehlerm,tfehlerv)
```

```
    IF (ldebug) CALL DEBUG              !  *** Debug-Liste ***
    SCHEDULE Fehlerbehebung .AT. t+tbehebung
  END  ! of DISCRETE Fehlerfall
    :
```

Die folgenden Befehle erzwingen zwei Debug–Listen am Anfang des Simulationslaufs (SET ndbug=2), ab dem Zeitpunkt $t = 2.3$ drei Debug–Listen (ACTION ....) und eine Debug–Liste beim Eintritt des Fehlerfalls (Aktivierung durch ldebug):

```
ACSL> SET ndbug = 2      ! 2 Debug-Listen zu Simulationsbeginn
ACSL>                    ! 3 Debug-Listen ab t=2.3
ACSL> ACTION /VARIABLE=2.3 /VALUE=3 /LOCATION=ndbug
ACSL> SET ldebug=.T.     ! 1 Debug-Liste bei Fehlerfall
ACSL> SET pcwprn=132, tcwprn=132 ! Ausgabebreite
ACSL> SET hvdprn=.T.     ! Mitverfolgen der Listen
ACSL> START             ! Simulationslauf
....Debug dump - System Variables. NDBUG is 2, block number 1
        T 0.              ZZTICG 0.            CINT 0.00200000
        :                     :                    :
....Debug dump - System Variables. NDBUG is 1, block number 2
        T 0.              ZZTICG 0.            CINT 0.00200000
        :                     :                    :
....Debug dump - System Variables. NDBUG is 3, block number 1
        T 2.30200000    ZZTICG 0.            CINT 0.00200000
        :                     :                    :
....Debug dump - System Variables. NDBUG is 2, block number 1
        T 2.30300000    ZZTICG 0.            CINT 0.00200000
        :                     :                    :
....Debug dump - System Variables. NDBUG is 1, block number 1
        T 2.30300000    ZZTICG 0.            CINT 0.00200000
        :                     :                    :
....Debug dump - System Variables. NDBUG is 0
        T 8.58801000    ZZTICG 0.            CINT 0.00200000
    ZZIERR    F            ZZNBLK      5       ZZICON       1
    ZZSTFL    F            ZZFRFL      T       ZZICFL    F
    ZZRNFL    F            ZZJEFL    F         ZZNIST       3
              0                        0                    0
              0          ZZNAST       0                    0
              0                        0                    0
    IALG      5                        0                    0
              0                        0       NSTP         1
              1                        1                    1
```

```
                1        MAXT 0.00400000          0.00400000
         0.00400000             0.00400000          0.00400000
  MINT 1.0000E-09             0.01000000         -1.00000000
        -1.00000000           -1.00000000      TA 0.01000000


State Variables        Derivatives       Initial Conditions
0.99994300      Z99992-0.01927530      Z99991 0.
 ZZXERR(1) 1.0000E-04  ZZMERR(1) 1.0000E-4
   Z99988 0.               Z99987 0.               Z99986 0.
 ZZXERR(2) 1.0000E-04  ZZMERR(2) 1.0000E-4
    Z99995-0.019275380    Z99994 0.01939010      Z99993 0.
 ZZXERR(3) 1.0000E-04  ZZMERR(3) 1.0000E-4


  Algebraic Variables


Common Block /ZZCOMU/
DISKRETERREGLER 2                E 5.7399E-05         EP-9.5725E-05
 FEHLERBEHEBUNG 5   FEHLERFALL       4              K 2.00000000
   LDEBUG     T          LDISC   F        LFEHLER      T
   LMCDEL   F          MCDEL 0.05000000    STRECKE      1
  TBEHEBUNG 0.55227600    TEND 10.0000000    TFEHLER 8.58801000
   TFEHLERM 0.50000000  TFEHLERV 0.05000000    TFMAX 10.0000000
    TFMIN 3.00000000        TS 1.00000000      TVH 0.50000000
TVZ 0.50000000        U 5.7399E-05       UC 5.7399E-05
      UD-9.5725E-05          UDP-9.5725E-05 VERZOEGERUNGMC       3
      XC 1.00000000        XD-0.01927530    Z99982     F
    Z99983 1.04552000    Z99984 0.55227600    Z99985     F
    Z99989 5.7399E-05    Z99990 5.7399E-05    Z99996     F
    Z99997 0.79828800    Z99998 8.58801000    ZZSEED 2123946280
Common Block /ZZCOMP/
    A0 1.0000000          A1 0.98019900        B1 0.98019900
Common Block /ZZCOMC/
   TEXT1 DEBUG           TEXT2 Liste         TEXT3 DEBUG-Liste
```

Die Debug–Liste beinhaltet die Werte aller Systemparameter, Modellparameter und Variablen und die Struktur des implementierten Modells. Sie erweitert die Ausgabe des **DISPLAY/ALL** Befehls um Strukturinformationen.

Die erste Zeile der Debug–Liste gibt den Wert des Systemparameters **ndbug** und die Nummer des ausgewerteten „Blocks" („Blocknummer") aus. Der Wert von **ndbug** ist größer Null, falls die Debug–Liste über Setzen von **ndbug** im Runtime–Interpreter erzeugt wurde und wird pro Debug–Liste um 1 vermindert, bis sie den Wert **ndbug=0** erreicht hat. Die Blocknummer identifiziert jene Section, die beim Erzeugen der Debug–Liste ausgewertet wird und über Systemparameter identifiziert wird. Das Modell hat eine DERIVATIVE und vier DISCRETE Sections, die der Reihe nach mit Block 1 (DERIVATIVE Section) und Block 2 bis Block 5 (DISCRETE Sections in der Reihenfolge des Auftretens bei der Modellbeschreibung) bezeichnet werden. Die erste Debug–Liste des Beispiels beginnt mit

```
....Debug dump - System Variables. NDBUG is 2, block number 1
```

und wird bei der ersten Funktionsauswertung der DERIVATIVE Section bei $t = 0$ erzeugt, während die zweite Debug–Liste

```
....Debug dump - System Variables. NDBUG is 1, block number 2
```

beim ersten Abarbeiten der DISCRETE Section DiskreterRegler zum Zeitpunkt $t = 0$ entsteht. Beide Debug–Listen werden über das direkte Setzen des Systemparameters ndbug erzwungen. Die folgenden drei Debug–Listen, verursacht durch Setzen von ndbug im ACTION Befehl, zeigen alle Variablen und Parameter während aufeinanderfolgender Funktionsauswertungen der DERIVATIVE Section.

Die letzte Debug–Liste wird im Modell in der DISCRETE Section Fehlerfall direkt durch einen Aufruf erzeugt und nicht bei Auswertung einer Section. Deshalb ist dieser Debug–Liste keine Section (keine Blocknummer) zugeordnet, außerdem hat ndbug den Wert Null:

```
....Debug dump - System Variables. NDBUG is 0
      T 8.58801000   ZZTICG 0.          CINT 0.00200000
```

Die Überschrift kündigt mit System Variables die folgenden 17 strukturellen Systemparameter von ACSL an:

t   ist die unabhängige Veränderliche, also zumeist die Zeit t. Sie kann mit dem Schlüsselwort VARIABLE umbenannt werden. Bei Umbenennung erscheint der aktuelle Name an dieser Stelle.

zzticg   ist der Anfangswert der unabhängigen Veränderlichen. Auch er kann mit VARIABLE umbenannt werden.

cint   bezeichnet das Kommunikationsintervall c_{int}, das mit dem Schlüsselwort CINTERVAL umbenannt werden kann.

zzierr   ist eine logische Kenngröße für Algorithmen mit Schrittweitensteuerung. Sie ist mit .FALSE. vorbesetzt und wird .TRUE., falls der Algorithmus eine Schrittweite wählen muß, die kleiner als mint, die minimale zulässige Schrittweite ist. Das Schlüsselwort ERRTAG erlaubt eine Umbenennung.

zzblnk gibt die Anzahl der im Modell definierten DERIVATIVE und DISCRETE Sections an. ACSL baut mit dieser Zahl vom Typ INTEGER als Dimensionsgröße Felder für die Systemparameter zznist, zznast, ialg, nstp, maxt und mint auf. Die Feldelemente entsprechen dabei den durchnumerierten DERIVATIVE/DISCRETE Sections. Die Werte von zzblnk repräsentieren die einzelnen Sections; der Name der betreffenden Section, der in der Modellbeschreibung nach dem Schlüsselwort DERIVATIVE oder DISCRETE angegeben ist, findet sich als Parameter vom Typ INTEGER in der Rubrik Algebraic Variables mit der der Section zugeordneten Blocknummer als Wert.

zzicon gibt an, ob beim Erzeugen der Debug–Liste die Pre-INITIAL Section (zzicon=0) bearbeitet wird oder ob der Simulationslauf mit dem Befehl START (zzicon=1) oder mit dem Befehl CONTIN (zzicon=2) aufgerufen wurde.

zzstfl ist das sogenannte „Stop–Flag". Diese logische Größe ist mit .FALSE. vorbesetzt und wird .TRUE. gesetzt, falls eine logische Bedingung in einem der TERMT Operatoren wahr wird. Die Abfrage dieses Flags erfolgt zweimal in einem Kommunikationsintervall, einmal zu Beginn nach Auswertung der DYNAMIC Section, einmal am Ende nach der Integration über das Kommunikationsintervall.

zzfrfl ist das sogenannte „First–Flag". Diese logische Größe ist bei jeder ersten Auswertung der DERIVATIVE Section in einem Integrationsschritt .TRUE., bei jeder Zwischenauswertung (bei $t = t_i + \alpha\,h, \alpha < 1$) hat sie den Wert .FALSE. Sie kann daher auch in der Modellbeschreibung zur Synchronisation von Unstetigkeiten verwendet werden, indem keine Änderungen während des Integrationsschrittes zugelassen werden.

zzicfl ist das sogenannte „Initialisierungs–Flag". Diese logische Größe ist mit .FALSE. vorbesetzt und wird nur bei der allerersten Auswertung der DERIVATIVE Section bei der Initialisierung aller Variablen auf .TRUE. gesetzt.

zzrnfl ist das sogenannte „Reinitialisierungs–Flag". Es wird nach Eingabe des Befehls REINIT auf .TRUE. gesetzt, nach Ausführung der Reinitialisierung (Übertragung der Endwerte auf die Anfangswerte), die eine Auswertung der DERIVATIVE Section einschließt, sofort wieder auf .FALSE.

zzjefl ist ein Flag, das während der Berechnung der Jacobimatrix, die die DERIVATIVE Section mehrmals auswerten muß, den Wert .TRUE. hat.

zznist gibt die Anzahl der Zustandsgrößen aller DERIVATIVE Sections an. Im betrachteten Beispiel gibt es in der (einzigen) DERIVATIVE Section drei Zustandsgrößen, also gilt zznist=3. In einer DISCRETE Section kann ebenfalls ein INTEG Operator (mit Euler–Integration) für einfache diskrete Modelle verwendet werden, sodaß auch in einer DISCRETE Section eine Zustandsgröße vorkommen kann.

zznast gibt die Anzahl der algebraischen Zustandsgrößen in allen Sections an. Algebraische Zustandsgrößen werden bei den ab ACSL Level 10F implementierten Operatoren `IMPLC` und `IMPVC` zur Behandlung impliziter Modelle verwendet.

ialg gibt den verwendeten Integrationsalgorithmus an. Der Parameter kann mit dem Schlüsselwort `ALGORITHM` umbenannt werden. Wie die folgenden Systemparameter ist dieser Parameter ein Feld, das für jede Section das Integrationsverfahren angibt. Bedeutung hat er nur für `DERIVATIVE` Sections, deren es mehrere in einem Modell geben kann, und die alle mit unterschiedlichen Verfahren und Schrittweiten arbeiten können. Die Synchronisation mehrerer `DERIVATIVE` Sections ist relativ komplex; nach zwischenzeitlichem „versetztem Nachfahren" in den Integrationsschritten treffen alle Berechnungen wieder bei der Datenausgabe in der `DYNAMIC` Section zusammen. Mehrfache `DERIVATIVE` Sections sind nicht nur von akademischem Interesse, sie finden in der Simulation von Modellen auf einem „simulierten Parallelrechner" Verwendung.

nstp berechnet im einfachen Integrationsalgorithmen durch `h=cint/nstp` die Schrittweite eines Integrationsschrittes und kann mit dem Schlüsselwort `NSTEPS` umbenannt werden. Bei mehreren `DERIVATIVE` und `DISCRETE` Sections ist dieser Parameter ein Feld, dessen Werte nur für `DERIVATIVE` Sections von Bedeutung sind.

maxt gibt die maximale Schrittweite eines Integrationsschrittes an. Die Beeinflussung der Schrittweite durch diesen Parameter wurde in Kap. 4.3 besprochen. Bei mehreren `DERIVATIVE` und `DISCRETE` Sections ist dieser Parameter ein Feld, dessen Werte nur für `DERIVATIVE` Sections von Bedeutung sind.

mint gibt die minimale zulässige Schrittweite für einen Integrationsschritt an. Bei mehreren `DERIVATIVE` und `DISCRETE` Sections ist dieser Parameter ein Feld, der bei `DERIVATIVE` Sections die beschriebene Bedeutung hat. Bei einer `DISCRETE` Section, die mit dem Schlüsselwort `INTERVAL` periodisch bearbeitet wird, trägt er den augenblicklichen Wert des in `INTERVAL` vereinbarten Parameters. Bei anderen `DISCRETE` Sections erhält er den Wert Null. Im betrachteten Beispiel des digitalen Reglers gilt daher `mint(2)=0.01, mint(3)= mint(4)= mint(5)=0`.

ta ist der im Schlüsselwort `INTERVAL` der `DISCRETE` Section mit dem Namen `DiskreterRegler` vereinbarte Parameter für die periodische Durchführung dieser Section. Er ist der Vollständigkeit halber in die Liste der strukturellen Systemparameter aufgenommen. Sein Wert ist dem entsprechenden Parameter `mint` gleichgesetzt.

Nach der Liste der strukturellen Systemparameter folgt die Tabelle der Zustandsgrößen, die den Zustandsvektor $\vec{x}$, den Ableitungsvektor $\vec{f}$, den Anfangswertvektor $\vec{x}_0$ und die Fehlervektoren $\vec{XE}$ und $\vec{ME}$ enthält. Diese Darstellung ist schon mehrmals betrachtet worden.

Die nachfolgende Liste der `Algebraic Variables` beinhaltet unter dem Sammelbegriff der algebraischen Variablen die Namen und Werte aller Parameter, die mit `CONSTANT` vereinbart wurden, und aller sonstigen algebraischen Variablen. ACSL kann hier nicht zwischen den konstanten Parametern, den aus Parametern berechneten konstanten Größen (wie `a0`, `a1`) und dynamischen Größen unterscheiden. Die Tabelle gliedert sich in drei Teile. Der erste Teil gibt alle algebraischen Variablen mit einfacher Genauigkeit in alphabetischer Reihenfolge an, die im Common–Block `ZZCOMU` zusammengefaßt sind. Letzte Variable dieser Gruppe ist der Systemparameter `ZZSEED`, der den Zufallszahlengenerator initialisiert. Der zweite Teil faßt die Variablen mit doppelter Genauigkeit zusammen, die im Common–Block `ZZCOMP` erscheinen. Im betrachteten Beispiel sind die Parameter `a0`, `a1` und `b1` aus Demonstrationsgründen mit `DOUBLE PRECISION` definiert. Den Abschluß im dritten Teil bilden die Textvariablen, die im Common–Block `ZZCOMC` zusammengefaßt sind.

Da viele Beispiele dieses Buches auf Reproduzierbarkeit ausgelegt sind, müssen folgende systembedingte Anmerkungen gemacht werden, obwohl das Buch andererseits nach einer hohen Unabhängigkeit von der verwendeten Implementation und Rechnerkonfiguration strebt. Die Ausgabeform der Debug–Liste ist noch von älteren Einschränkungen für Ausgabegeräte beeinträchtigt, die nur eine begrenzte Anzahl von Zeichen pro Zeile darstellen können. Unter Window–Systemen erfolgt die Ausgabe auf Dateien, die derartige Einschränkungen nicht kennen. Die Systemparameter `pcwprn` und `tcwprn` legen die Anzahl von darstellbaren Zeichen für Drucker und Bildschirm fest. Pro Zeile werden daher nur so viele Variable mit Namen und Wert dargestellt, wie in eine Zeile mit `pcwprn` bzw. `tcwprn` Zeichen passen. Diese Art der Darstellung, die heute nicht mehr notwendig ist, bringt bei der Darstellung der Zustands–, Ableitungs– und Anfangswertgrößen Probleme, da zusätzlich auch noch der zulässige absolute (`XERROR`) und relative Fehler (`MERROR`) in einer Zeile ausgegeben werden kann. Diese Ausgabe wird vom System (!) abgeschnitten, wenn nicht alle fünf Werte in eine Zeile passen. Mit dem Setzen von `tcwprn=132` und `pcwprn=132` wird dieses Problem teilweise behoben. In der obigen Darstellung mußten die Zeilen für die Zustandsgrößen modifiziert werden, die Überschriften „`Xerror`" und „`Merror`" wurden weggelassen.

8.4   ACSL–Common–Blöcke

Das Lesen einer Debug–Liste mag am Anfang mühsam erscheinen. Doch der
Blick auf die Struktur von ACSL läßt viele Zusammenhänge erkennen. Die Da-
tenstruktur von ACSL basiert auf Common–Blöcken, einer FORTRAN–spezifischen Form der Zusammenfassung von globalen Variablen, die jedem Unterprogramm durch Angabe des Common–Blocks zur Verfügung stehen. Diese Blöcke
bauen eine sehr einfache Form einer Datenbank für die im Modell verwendeten
Variablen auf. Die Debug–Liste gibt bereits explizit die Common–Blöcke aus,
die die algebraischen Variablen zusammenfassen. Der ACSL-Translator baut
eine Gruppe von Common–Blöcken auf, die Variable und Parameter gezielt zusammenfassen. Diese Common–Blöcke sind in der Include–Datei model.inc zu
finden. Für das in Kap. 5.2 und Kap. 8.3 betrachtete Beispiel lautet diese Datei
in modifizierter Form:

```
     common /ZZCOMI/ T,ZZTICG,CINT,ZZIERR,ZZNBLK,ZZICON,
   .                 ZZSTFL,ZZFRFL,ZZICFL,ZZRNFL,ZZJEFL,ZZNIST/
     common /ZZCOMJ/ ZZNAST/
     common /ZZCOMA/ IALG/
     common /ZZCOMN/ NSTP/
     common /ZZCOMH/ MAXT/
     common /ZZCOMG/ MINT/
     common /ZZCOMS/ X,Z99988,Z99995/
     common /ZZCOMD/ Z99992,Z99987,Z99994/
     common /ZZCOMZ/ Z99991,Z99986,Z99993/
     common /ZZCOMX/ ZZXERR/
     common /ZZCOMM/ ZZMERR/
     common /ZZCOMU/ DISKRETERREGLER,E,EP,FEHLERBEHEBUNG,
   .                 FEHLERFALL,K,LDEBUG,LDISC,LFEHLER,LMCDEL,
   .                 MCDEL,STRECKE,TBEHEBUNG,TEND,TFEHLER,
   .                 TFEHLERM,TFEHLERV,TFMAX,TFMIN,TS,TVH,TVZ,
   .                 U,UC,UD,UDP,VERZOEGERUNGMC,XC,XD,Z99982,
   .                 Z99983,Z99984,Z99985,Z99989,Z99990,Z99996,
   .                 Z99997,Z99998,ZZSEED/
     common /ZZCOMP/ A0,A1,B1/
     common /ZZCOMC/ TEXT1,TEXT2,TEXT3
```

Neben den Blöcken für die algebraischen Variablen gibt es noch die Blöcke für die
Zustandsgrößen (ZZCOMS), für die Ableitungsgrößen (ZZCOMD), für die Anfangs-
wertgrößen (ZZCOMZ), sowie für die Fehler (ZZCOMX und ZZCOMM). Alle strukturellen Systemparameter sind in teilweise eigenen Blöcken zusammengefaßt, deren
Aufgliederung auf die gewachsene Struktur von ACSL hinweist.

Die Include–Datei mit den Common-Blöcken kann in jedes Unterprogramm kopiert werden, sodaß in diesem Unterprogramm alle Variablen des ACSL–Modells
zur Verfügung stehen.

9 Fortgeschrittene Anwendungen

9.1 Parametervariation

Eine der wichtigsten Aufgaben bei Modellstudien ist das Untersuchen des Verhaltens des Modells bei verschiedenen Parameterwerten. Alle mit CONSTANT vereinbarten Modellparameter sowie viele Systemparameter können mit dem Befehl SET geändert werden. Um eine Parameterstudie für verschiedene Werte $p_1, p_2, p_3, \ldots$ des Parameters p durchzuführen, ist jeweils der Parameter auf den neuen Wert zu setzen und dann ein Simulationslauf zu starten:

```
ACSL> SET p = 1.0; START ! Parametervariation, Simulationslauf
ACSL> SET p = 1.1; START ! Parametervariation, Simulationslauf
ACSL> SET p = 1.2; START ! Parametervariation, Simulationslauf
........
ACSL> SET p = 2.0; START ! Parametervariation, Simulationslauf
```

Bei einer größeren Anzahl von Parameterwerten ist diese „händische" Änderung der Parameter eine mühsame Aufgabe. Einige Simulationssprachen bieten für derartige Aufgaben Parameterschleifen auf Runtime–Ebene an, die die Parametervariation automatisieren. Derartige Befehle lauten etwa

```
SPRACHE> LOOP {p = 1.0 : 2.0, 0.1 } { RUN }
SPRACHE> LOOP {p = 1.2, 1.6, 1.8, 2.4 } { RUN }
```

ACSL bietet keinerlei derartige Parameterschleifen oder andere Befehle für automatische Parametervariation auf Runtime–Ebene an. Umfangreiche Parametervariationen können daher nur auf einer Befehlsdatei (model.cmd) vorbereitet und beim Starten des Simulationsprogramms eingelesen werden.

Oft erfordern Parametervariationen zusätzliche Berechnungen. Parameter können sich z. B. entlang einer bestimmten Kurve ändern etc. In derartigen Fällen bieten Parameterschleifen auf Runtime–Ebene auch keine Hilfe mehr.

Automatische Parameteränderungen müssen in ACSL in der Modellbeschreibung programmiert werden. Grundlage dafür bietet die Struktur des ACSL–Simulationsprogramms. Mit START wird ein Simulationslauf aufgerufen, der zunächst alle Berechnungen in der INITIAL Section durchführt, dann in einer von einer Ereignisverwaltung gesteuerten Schleife von Kommunikationszeitpunkt zu Kommunikationszeitpunkt rechnet und bei Erreichen der Endzeit bzw. der Endbedingung die Berechnungen der TERMINAL Section durchführt. Dieser Ablauf ist im Programm ZZSIML zusammengefaßt, das in strukturierter Form einen Simulationslauf abhandelt (Abb. 9.1).

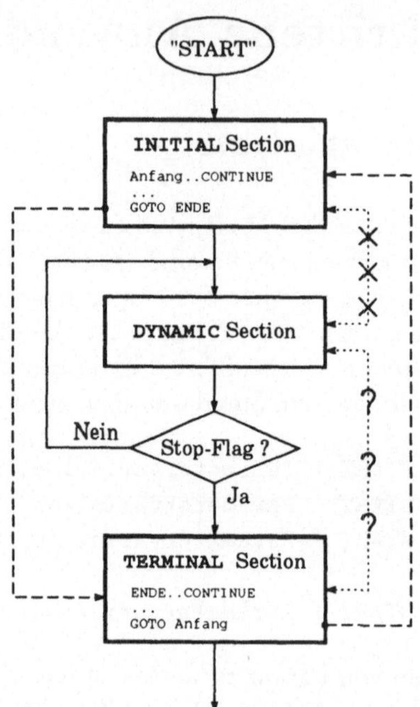

Abbildung 9.1: Struktur von ZZSIML, Sprungmöglichkeiten

Da die Berechnungen der INITIAL, DYNAMIC und TERMINAL Section im Programm
ZZSIML (und nicht in Unterprogrammen) erfolgen, kann zwischen dieses Sections
mit Anweisungen „gesprungen" werden. Es ist z. B. möglich, von der INITIAL
Section in die TERMINAL Section zu springen. Eine derartige Maßnahme ist u. a.
sinnvoll, wenn der Simulationslauf mit Parameterwerten gestartet wurde, die sich
bereits in der INITIAL Section als nicht sinnvoll herausstellen. Umgekehrt ist es
möglich, von der TERMINAL Section in die INITIAL Section zu springen. Damit
wird nochmals in der INITIAL Section begonnen und der Simulationslauf ein
zweites Mal durchgeführt.

Es ist auch ein Sprung aus der DYNAMIC Section in die INITIAL Section oder in die
TERMINAL Section möglich. Ein Sprung aus der DYNAMIC in die TERMINAL Section
kann zum Abbruch des Simulationslaufs verwendet werden, wenn bestimmte Bedingungen eintreten. Diese Vorgangsweise simuliert das übliche, von der TERMT
Bedingung abhängige, Simulationsende. Ein Sprung aus der DYNAMIC Section in
die INITIAL Section kann zu Unterbrechung und Neubeginn der Simulation bei
bestimmten Bedingungen verwendet werden. Muß ACSL aber noch zusätzlich
Ereignisse verwalten, so sind Sprünge aus der DYNAMIC Section heraus bedenk-
lich, da beträchtliche Seiteneffekte zu erwarten sind. Sprünge in die DYNAMIC
Section sind zwar theoretisch möglich, aber wie alle Sprünge in Schleifen hinein

mit beträchtlichen Nebeneffekten und Fehlern verbunden, da die Schleife nicht initialisiert wird. Abbildung 9.1 faßt diese Sprungmöglichkeiten zusammen.

Eine Parametervariation kann mit einem Sprung von der TERMINAL Section in die INITIAL Section beschrieben werden. Die Grundstruktur einer ACSL–Modellbeschreibung mit Parametervariation hat folgende Gestalt:

```
PROGRAM Modell mit Parametervariation
INITIAL
    CONSTANT p = 1.                   ! Anfangswert fuer Parameter
    CONSTANT ps = 0.1, pmax = 1. ! Inkrement und Maximalwert
  Schleife..CONTINUE
    p = p + ps                        ! Variation von p
END  ! of INITIAL
DYNAMIC
  DERIVATIVE
  ......                              ! Modelldynamik
  END  ! of DERIVATIVE
  TERMT ....                          ! Endbedingung
END  ! of DYNAMIC
TERMINAL
  IF (p .LE. pmax) GOTO Schleife ! Ruecksprung nach INITIAL
END  ! of TERMINAL
END  ! of PROGRAM
```

Die Sprungmarke Schleife ist hier mit der Leeranweisung CONTINUE verbunden, obwohl auch direkt die Parametervariation p = p + ps angesprungen werden könnte. Manche Anweisungen wie ein versteckter MACRO oder eine Tabellenauswertung sind als Sprungziel ungeeignet, denn der ACSL–Translator bzw. die Macro–Erweiterung erzeugen oft mehrere Anweisungen, wobei die Sprungmarke dann an falscher Stelle stehen kann. Im Zweifelsfall ist daher die Leeranweisung CONTINUE ein sicheres Sprungziel. Zu beachten ist, daß ein START Befehl bei dieser Modellbeschreibung mehrere Simulationsläufe durchführt. Diese Art der automatischen Parametervariation erlaubt auch komplexere Variationen von Parametern, wie im folgenden Beispiel dargestellt.

In Kap. 2.5 wurde das Räuber-Beute-Modell

$$
\begin{aligned}
\dot{n}_1 &= a\,n_1 - b\,n_1 n_2 - c\,n_1^2, \quad n_1(t_0) = n_{10} \\
\dot{n}_2 &= -d\,n_2 + e\,n_1 n_2 - f\,n_2^2, \quad n_2(t_0) = n_{20}
\end{aligned}
$$

vorgestellt, das die Wechselwirkung zwischen den Populationen n_1 und n_2 beschreibt. Eine Modellstudie soll die Anfangswerte n_{10} und n_{20} entlang eines

Kreises um die durch

$$n_{1,s} = \frac{b\,d + a\,f}{b\,e + c\,f}, \quad n_{2,s} = \frac{a\,e - c\,d}{b\,e + c\,f}$$

gegebenen Gleichgewichtspopulationen $n_{1,s}$ und $n_{2,s}$ variieren. Die Anfangswerte $n_{10,i}$ und $n_{20,i}$ können bei geeigneter Variation eines Winkels φ_i durch

$$n_{10,i} = n_{1,s} + r\,\cos\varphi_i, \quad n_{20,i} = n_{2,s} + r\,\sin\varphi_i$$

berechnet werden. Der Radius r muß kleiner als die kleinere Gleichgewichtspopulation sein, was durch $r = k\,min\{n_{1,s}, n_{2,s}\}, k < 1$ formuliert werden kann.

In der folgenden ACSL–Modellbeschreibung werden in der INITIAL Section zunächst der Radius r und das Inkrement für φ abhängig von der Anzahl der Parametervariationen ausgerechnet. Nach der Rücksprungstelle svar aus der TERMINAL Section werden ein Zähler erhöht und die neuen Anfangswerte $n_{10,i}$ und $n_{20,i}$ und der neue Winkel φ_i berechnet. Die Parametervariation kann mit dem logischen Parameter lvariation ausgeschaltet werden, wodurch das Modell auch einfache Simulationsläufe erlaubt.

```
PROGRAM Population
! ----------------------------------------------------------------
! Raeuber-Beute- Modell
! Wechselwirkung zwischen zwei Populationen N1, N2
! Berechnung der Gleichgewichtspopulation
! Automatische Variation der Anfangswerte auf einem Kreis
! ----------------------------------------------------------------
INTEGER nvar, ivar                      !Typendefinition
LOGICAL lvariation                      !Typendefinition
! ----------------------------------------------------------------
INITIAL
! --- Modellparameter
CONSTANT   n10=1., n20 = 1.             ! Anfangswerte
CONSTANT   a = 2., b = .5, c = .04      ! Wechselwirkung
CONSTANT   d= 0.2, e = .4               ! Wechselwirkung
CONSTANT   nvar=10, ivar=0, k=0.9       ! Variationsparameter
CONSTANT   lvariation = .FALSE., pi=3.1415692
CONSTANT   tend = 10                    ! Simulationszeit
! --- Berechnung der Gleichgewichtspopulation, Parameterber.--
   f = 2. * c                           ! Abgeleiteter Modellparameter
 nenner = b*e + c*f; n1s = ( b*d + a*f )/nenner
   n2s = ( a*e -c*d )/nenner   ! Gleichgewichtspopulation
! --- Fakultative Variation der Anfangswerte ------------------
```

```
! --- Anfangswerte liegen auf Kreis um die Gleichgewichtslage
 r = k*MIN(n1s,n2s)                  ! Berechnung Radius
 IF (.NOT. lvariation) GOTO novar! Abfrage auf Variation
 phiinc = 2.*pi/nvar                 ! Berechnung Winkelinkrement
 phi = 0.; ivar = 0                  ! Initialisierung
svar..CONTINUE                       ! Sprung aus Terminal Section
 ivar = ivar + 1                     ! Erhoehung Variationszaehler
 n10  = n1s + r*COS(phi)             ! Berechnung Anfangswert N10
 n20  = n2s + r*SIN(phi)             ! Berechnung Anfangswert N20
 phi  = phi + phiinc                 ! Erhoehung Winkel
novar..CONTINUE                      ! Sprung bei .NOT.VARIATION
END  ! of INITIAL
DYNAMIC
  DERIVATIVE
  ! --- Modellbeschreibung -------------------------------------
    n1n2=n1*n2; n1q = n1*n1; n2q = n2*n2      ! Hilfsgroessen
    n1=INTEG ( a*n1 - b*n1n2 - c*n1q, n10)    ! Ratengleichung
    n2=INTEG (-d*n2 + e*n1n2 - f*n2q, n20)    ! Ratengleichung
  END  ! of DERIVATIVE
TERMT ( t. GE. tend )      ! Endbedingung
END  ! of DYNAMIC
TERMINAL
! --- Steuerung der Parametervariation --------------------
  IF (.NOT. lvariation) GOTO ende  ! Sprung bei .NOT.ITERATION
  CALL LOGD ( .TRUE. )                ! Datenspeicherung bei TEND
  IF ( ivar .LE. nvar ) GOTO svar ! Sprung nach INITIAL
  ende..CONTINUE                      ! Ende
END  ! of TERMINAL
END  ! of PROGRAM
```

In der **TERMINAL** Section erfolgt ein Rücksprung in die **INITIAL** Section, wenn
die Anzahl der Parametervariationen **nvar** noch nicht erreicht ist. Findet keine
Parametervariation statt, so wird dieser Rücksprung ausgelassen. Der Ablauf des
ACSL–Simulationsprogramms ist so strukturiert, daß die Endzeitpunkte aller
Variablen der Prepare– und Output–Liste automatisch am Ende des Simulationslaufs, im Falle einer **TERMINAL** Section am Ende dieser Section, ausgegeben
werden. Bei einer Parametervariation fehlt durch den vorherigen Rücksprung
die Ausgabe der Werte der Variablen zum Endzeitpunkt. Daher wird vor dem
Rücksprung eine Ausgabe dieser Werte mit CALL LOGD(.TRUE.) erzwungen.

Eine Variation der Anfangswerte entlang eines Kreises ist nun denkbar einfach.
Nach Festlegen der Prepare–Liste und Wahl der Anzahl der Anfangswerte (**nvar**)
führt ein **START** Befehl (bei gesetztem Steuerparameter **lvariation**) **nvar** Simu-

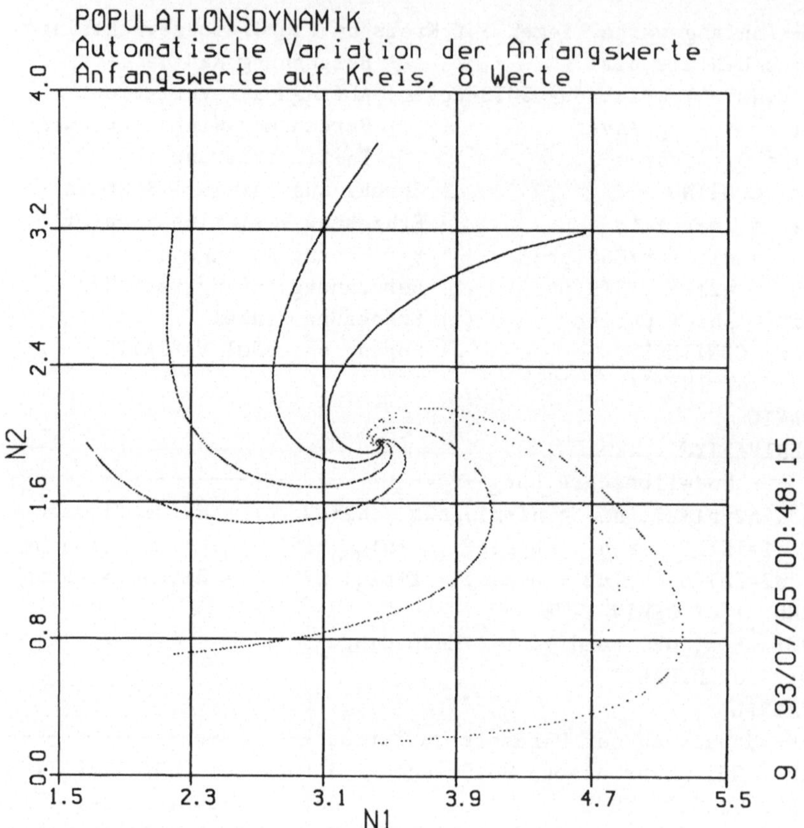

Abbildung 9.2: Phasenbilder n_2 über n_1, $c = 0.3$

lationsläufe durch, die alle auf der Prepare–Datei abgespeichert werden. Mit
dem Befehl RANGE werden Maxima und Minima von n_1 und n_2 ermittelt, sodaß für den folgenden PLOT Befehl ein geeigneter Maßstab vorgegeben werden
kann. Abbildung 9.2 zeigt das Ergebnis des PLOT Befehls, ein Phasenbild aller
Variationen:

```
ACSL> PREPARE t,n1,n2                ! Abspeicherung
ACSL> SET c=0.3, nvar=8              ! Anzahl der Variationen
ACSL> SET lvariation=.T.; START ! nvar Simulationslaeufe
ACSL> RANGE n1,n2                    ! Feststellung Minima Maxima
        N1 1.66842000  5.23722000
        N2 0.19473700  3.70000000
ACSL> SET title="POPULATIONSDYNAMIK", ftsplt=.T.
ACSL> SET title(41)="Automatische Variation der Anfangswerte"
```

```
ACSL> SET title(81)="Anfangswerte auf Kreis, 8 Werte"
ACSL>                     ! Zeichnung aller Variationen (Phasenbild)
ACSL> PLOT /XAXIS=n1 /XLO=1.5 /XHI=5.5 n2 /LO=0 /HI=4
```

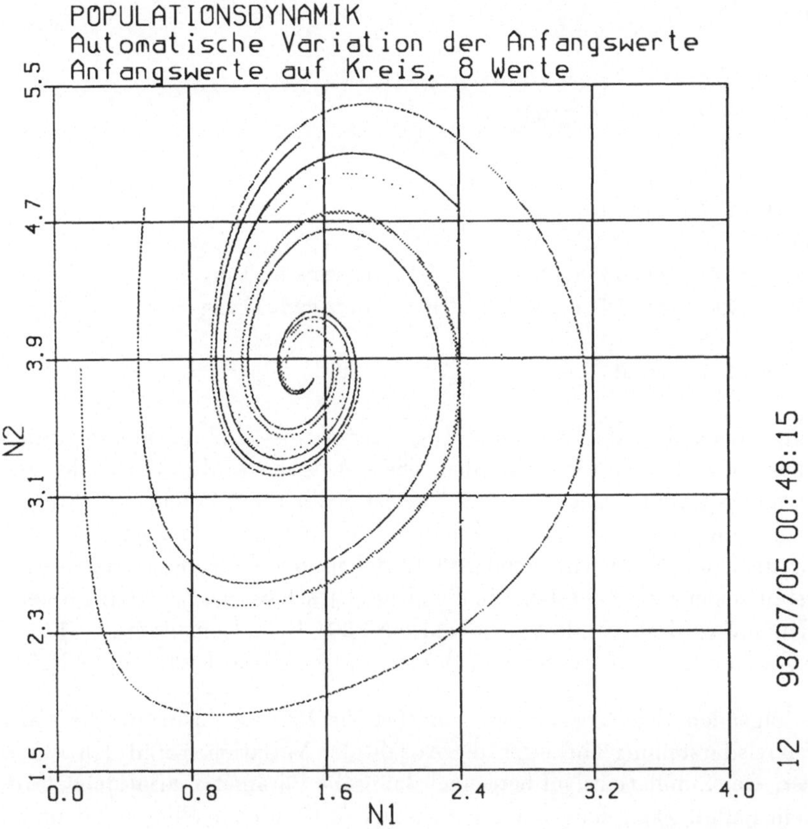

Abbildung 9.3: Phasenbilder n_2 über n_1, $c = 0.05$

Die folgenden Befehle wiederholen die Parametervariation für einen anderen Wert des Parameters c (Abbildung 9.3):

```
ACSL> SET c=0.05; START
ACSL>  RANGE n1,n2
        N1 0.14634100  3.15890000
        N2 1.82228000  5.39506000
ACSL> PLOT /XAXIS=n1 /XLO=0 /XHI=4 n2 /LO=1.5 /HI=5.5
```

Wünschenswert ist eine Darstellung jenes Kreises, auf dem die Anfangswerte variiert werden. Dieser Kreis wird durch

$$x(t) = n_{1,s} + r\,\cos(\alpha\,t), \qquad y(t) = n_{2,s} + r\,\sin(\alpha\,t)$$

dargestellt. Diese „halbdynamischen" Gleichungen können in der DYNAMIC Section beschrieben werden. Damit genau ein Umlauf des Kreises gerechnet wird, wird $\alpha = 2\pi/t_{end}$ gewählt. Die Ergänzungen in der INITIAL und DYNAMIC Section lauten:

```
INITIAL
  alpha = 2. * pi / tend
     :

     :
END  ! of INITIAL
DYNAMIC
  xk = n1s + r*COS(alpha*t)     ! Kreisdarstellung
  yk = n2s + r*SIN(alpha*t)     ! Kreisdarstellung
     :
END  ! of PROGRAM
```

In einer Zeichnung muß nun sowohl n_2 über n_1 mit allen Parametervariationen als auch y über x dargestellt werden. Diese Aufgabe wird mit Hilfe des Systemparameters defplt („defer plot") gelöst. Ein PLOT Befehl mit defplt=.T. zeichnet nur die Kurven ohne Achsen und Beschriftungen und schließt die Zeichnung nicht ab. Ein nachfolgender PLOT Befehl, der vollkommen andere Kurven darstellen kann, zeichnet daher in die nicht abgeschlossene Zeichnung hinein. Die Zeichnung wird abgeschlossen, sobald ein PLOT Befehl mit defplt=.F. erfolgt. Die Zeichnung erhält Achsen und Beschriftungen dieses letzten PLOT Befehls.

Die folgenden Befehle erweitern zunächst die Prepare–Liste um die Variablen zur Kreisdarstellung und legen die Anzahl der Variationen und den Parameter c fest. Der Simulationslauf berechnet dann alle Parametervariationen. Mit dem Befehl RANGE /ALL kann ein gemeinsamer Maßstab für Phasenbild und Kreis ermittelt werden. Der erste PLOT Befehl zeichnet den Kreis ohne Achsen und Beschriftungen, der zweite zeichnet die Kurven der Parametervariationen in diese Zeichnung und schließt sie mit Achsen und Beschriftung ab (Abb. 9.4):

```
ACSL> SET c=0.15, nvar=16           ! Anzahl der Variationen
ACSL> PREPARE t,n1,n2,xk,yk         ! Erweiterte Prepare-Liste
ACSL> SET lvariation=.T.; START     ! nvar Simulationslaeufe
ACSL> RANGE /ALL                    ! Feststellung Minima Maxima
            T 0.            10.0000000
          N1 0.28571400  5.94806000
          N2 0.57142900  5.71429000
          XK 0.28571400  5.42857000
          YK 0.57142900  5.71429000
ACSL> SET title="POPULATIONSDYNAMIK"
```

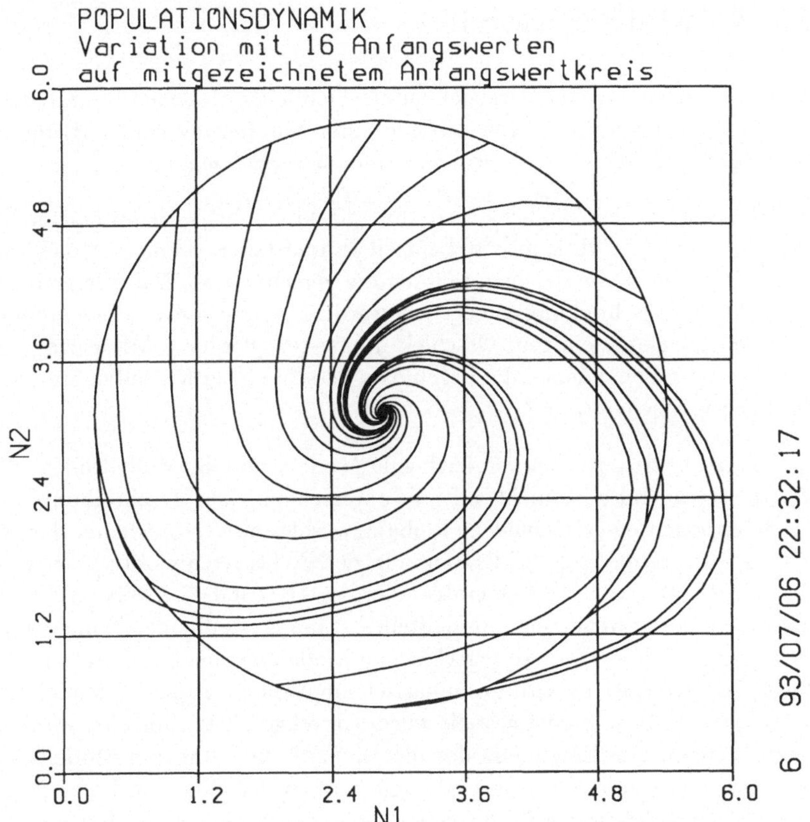

Abbildung 9.4: Phasenbilder und Kreis der Anfangswerte

```
ACSL> SET title(41)="Variation mit 16 Anfangswerten"
ACSL> SET title(81)="auf mitgezeichnetem Anfangswertkreis"
ACSL> SET defplt=.T. ! Naechste Zeichnung "offen"
ACSL> PLOT/XAXIS=xk /XLO=0 /XHI=6 yk /LO=0 /HI=6 ! Kreis
ACSL> SET defplt=.F. ! Naechste Zeichnung abgeschlossen
ACSL> PLOT /XAXIS=n1 /XLO=0 /XHI=6 n2 /LO=0 /HI=6 ! Phasenbild
```

9.2 Modellvergleich

Aus vielen Gründen ist der Vergleich unterschiedlicher Modelle für ein bestimmtes System wünschenswert. Im Rahmen einer Validierung sind z.B. für einen Prozeß mehrere Modelle zu untersuchen und zu vergleichen etc.

ACSL bietet keinerlei Möglichkeiten zum direkten Vergleich unterschiedlicher Modelle an, denn ACSL kann zur Laufzeit immer nur mit einem Modell arbeiten. Um Modelle zu vergleichen, müßten die verschiedenen Modelle gemeinsam in einer Modellbeschreibung angegeben werden. Diese aufwendige Modellvervielfachung kann mit einigem Geschick umgangen werden. Mit geringfügigen Modellerweiterungen können die Ergebnisse verschiedener Modellvarianten auch rechnerisch verglichen werden.

Meist unterscheiden sich zu vergleichende Modelle nur in Modellteilen, die zu berücksichtigen sind oder nicht, oder in unterschiedlichen Beschreibungsformen für Teilkomponenten (verschiedene Reibungsansätze in der Mechanik, konstante oder temperaturabhängige Widerstände in der Elektrotechnik etc.). Hier erlauben der `RSW` bzw. der `FCNSW` Operator oder der `IF-THEN-ELSE-ENDIF` Block die Auswahl des zu verwendenden Modellteiles. Eine Modellbeschreibung kann auf diese Art und Weise mehrere verschiedene Modellversionen beinhalten. Diese Art des Modellvergleichs wird exemplarisch am Modell für das Fadenpendel mit Anschlag, das in Kap. 5.4 vorgestellt wurde, durchgeführt. Zunächst werden nur die unterschiedlichen Ergebnisse des nichtlinearen und linearen Modells in der Ergebnisdokumentation (Ausdruck) verglichen. In der Folge wird eine Möglichkeit zur Modellerweiterung für einen rechnerischen Vergleich der Ergebnisse der verschiedenen Modelle angegeben.

Im Modell für das Fadenpendel ersetzt die Linearisierung um den Nullpunkt den Sinus durch das Argument:

$$m\,l^2\,\ddot{\varphi} = -m\,g\,l\,\sin\,\varphi - d\,l^2\,\dot{\varphi} \qquad \longrightarrow \qquad m\,l^2\,\ddot{\varphi}_L = -m\,g\,l\,\varphi_L - d\,l^2\,\dot{\varphi}_L.$$

Im ACSL-Modell schaltet ein `RSW` Operator zwischen diesen beiden Möglichkeiten um, gesteuert vom logischen Parameter **swnonlinear**. Die Modelldynamik in der `DERIVATIVE` Section beschreibt zugleich das nichtlineare und das lineare Modell durch folgende geringfügige Ergänzung:

```
PROGRAM  Nichtlineares Pendel mit Anschlag
..........
LOGICAL swnonlinear
INITIAL
..........
CONSTANT  swnonlinear = .TRUE. ! Modellauswahl
```

```
. . . . . . . . . . .
DERIVATIVE
  phim  = RSW (swnonlinear, SIN(phi), phi )
  ddphi = -(g/la)*phim - (d/m)*dphi
. . . . . . . . . . .
```

Zum Vergleich beider Modelle erfolgt zunächst ein Simulationslauf mit dem nichtlinearen Modell (`SET swnonlinear=.TRUE.`), der die Ergebnisse auf die Prepare–
Datei abspeichert. Der zweite Simulationslauf wird mit dem linearen Modell
durchgeführt, da `swnonlinear =.FALSE.` gesetzt wird. Üblicherweise wird bei
jedem `START` oder `CONTINUE` Befehl die Prepare–Datei „zurückgespult", d.h. die
Werte des vorhergehenden Simulationslaufs werden überschrieben. Setzen des
Systemparameters `nrwitg=.TRUE.` („no rewind") verhindert dieses „Zurückspu-
len", sodaß die zu speichernden Werte des Simulationslaufs an die Werte des
vorigen Laufs angefügt werden:

```
ACSL> PREPARE t,phi,dphi,la ! Abspeicherung
ACSL> SET phi0=pi12, phip=mpi24, d=0.2  ! Anfangswerte
ACSL> SET swnonlinear =.T.   ! Auswahl nichtlineares Modell
ACSL> START                  ! Simulationslauf, nichtl.Modell
ACSL> SET nrwitg =.T.        ! PREPAR Datei nicht Rueckspulen
ACSL> SET swnonlinear =.T.   ! Auswahl lineares Modell
ACSL> START                  ! Simulationslauf, lin.Modell
```

Jeder die Prepare–Datei betreffende Ausgabebefehl bearbeitet nun eine Folge
von abgespeicherten Simulationsläufen. Der folgende `PLOT` Befehl zeichnet daher die Ergebnisse beider Simulationsläufe. Vorher wird der Systemparameter
`ftsplt` („ flyback trace suppression") auf `.TRUE.` gesetzt, sodaß das sichtbare
„Rückfahren" vom Ende der ersten (nichtlineares Ergebnis) an den Anfang der
zweiten Kurve (lineares Ergebnis) verhindert wird:

```
ACSL> SET title="Pendel mit Anschlag"
ACSL> SET title(41)="EUROSIM Comparison no.7"
ACSL> SET title(81)="Vergleich lineares und nichtlin. Modell"
ACSL> SET ftsplt = .T.             ! Systemparameter fuer PLOT
ACSL> SET symcpl =.T.,npccpl = 20 ! Systemparameter fuer PLOT
ACSL> PLOT /CHAR=3  phi,la         ! Plot Winkel und Laenge
```

Abbildung 9.5 zeigt das Ergebnis: in der Zeichnung ist nahezu kein Unterschied
zwischen linearem und nichtlinearem Modell zu sehen. Zur Verdeutlichung sind
die Kurven mit den Zeichen „+" bzw. „x" markiert, die fast zusammenfallen.
Diese Markierung erfolgt durch Setzen des Systemparameters `symcpl=.T.` („sym-
bols for continuous plots"), wodurch die Kurven zu allen `npccpl` Kommunika-
tionspunkten mit einem Zeichen markiert werden. Standardmäßig werden die

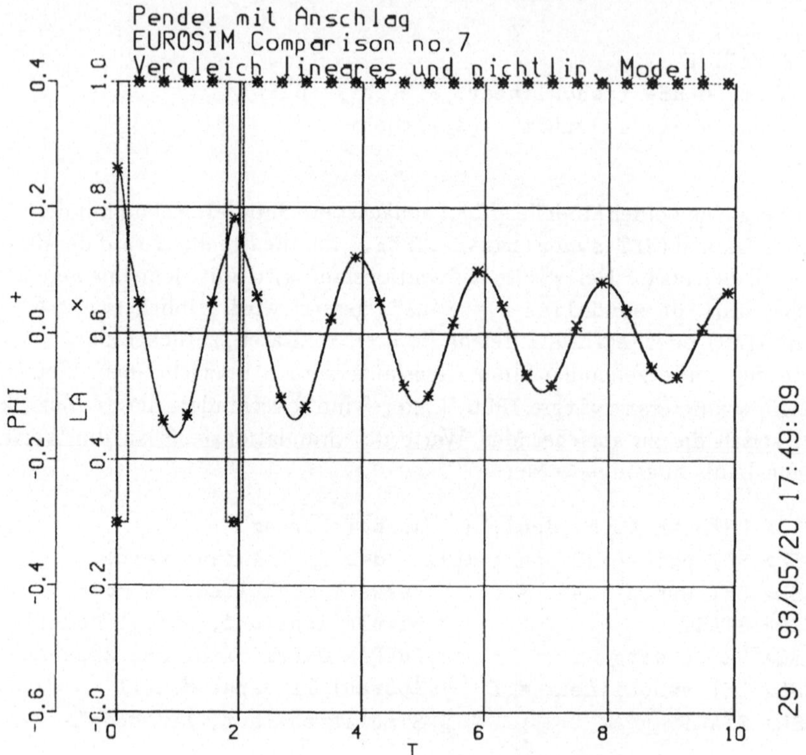

Abbildung 9.5: Vergleich lineares - nichtlineares Modell: Winkel und Länge

Kurven des ersten Simulationslaufs mit dem Buchstaben „A“, die des zweiten Laufs mit dem Buchstaben „B“ markiert etc. Der Befehlsparameter CHAR=3 erzwingt als erstes Markierungszeichen das dritte Zeichen der Symbolzeichen „+“, weitere Markierungen erfolgen dann mit dem vierten Symbolzeichen „x“ etc.

Auf der Prepare–Datei kann zwischen den einzelnen Simulationsläufen unterschieden werden, wenn die erste abgespeicherte Variable die unabhängige Veränderliche, in diesem Beispiel die Zeit t, ist. Denn ein Sprung zu einem kleineren Wert zeigt den Beginn des nächsten abgespeicherten Simulationslaufs. Die Ergebnisse einzelner Läufe sind daher „durchnumeriert“ und können durch Angabe des Befehlsparameters RUN=n auch einzeln bei den Befehlen PLOT, PRINT und RANGE abgerufen werden.

Ein sichtbarer Unterschied der Ergebnisse der beiden Modelle ist erst bei Vergößerung des Zeichnungsausschnittes gegen Ende des Simulationsintervalles zu bemerken (Abb. 9.6), der von einem PLOT Befehl mit Maßstabsangaben erzeugt werden

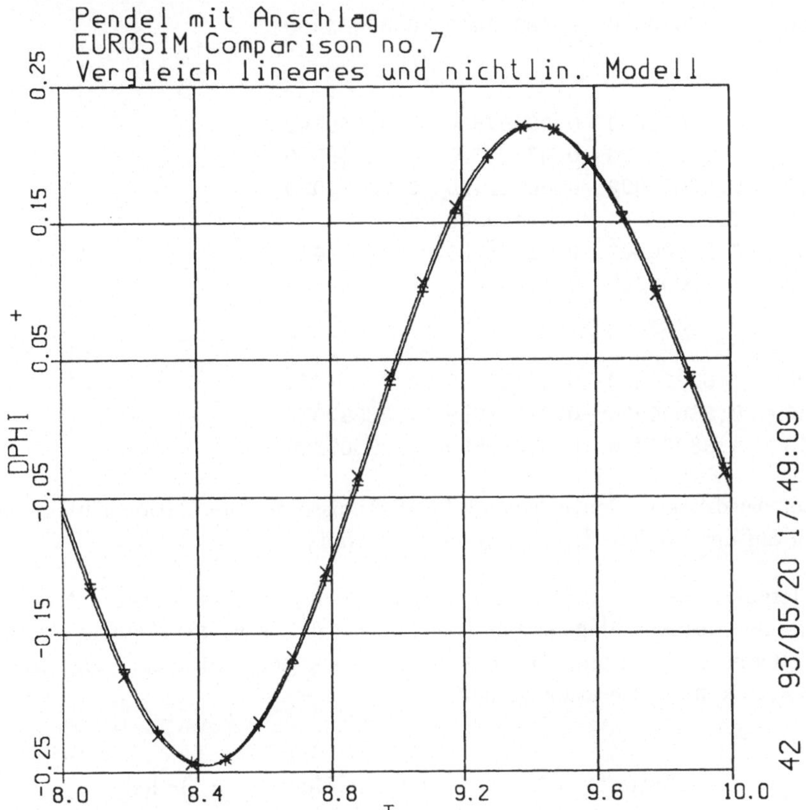

Abbildung 9.6: Vergleich lineares - nichtlineares Modell, Ausschnitt

kann (es ist kein neuer Simulationslauf notwendig, denn die Daten sind auf der Prepare–Datei noch abgespeichert):

```
ACSL> SET npccpl = 5   ! Markierung jede 5 cint
!                      ! Zeichnung eines Ausschnitts:
ACSL> PLOT /XLO=8 /XHI=10 /CHAR=3 dphi /LO=-0.25 /HI=0.25
```

Ein Ausdruck der Prepare–Datei zeigt den Unterschied klarer in numerischer Darstellung:

```
ACSL> SET nciprn = 50        ! Ausdruck, jeder 50.Wert
ACSL> PRINT t, phi, dphi     ! Ausdruck von Prepare-Datei
Line           T         PHI        DPHI
   0   0.            0.26179900  0.
  50   0.96000000  -0.16342200  0.02367920
```

```
100    1.92000000   0.18223800   0.05434400
  .         .            .            .
  .         .            .            .
400    7.88000000   0.08097650   0.04240140
450    8.88000000  -0.07323310  -0.04115510
500    9.88000000   0.06622420   0.03972090
  0    0.           0.26179900   0.
 50    0.96000000  -0.16353300   0.02767410
100    1.92000000   0.18291400   0.02885860
  .         .            .            .
  .         .            .            .
400    7.88000000   0.08152720   0.03479840
450    8.88000000  -0.07377650  -0.03399370
500    9.88000000   0.06675500   0.03303220
```

Dieser Ausdruck verdeutlicht, daß die Ergebnisse der Simulationsläufe nacheinander auf der Prepare–Datei abgespeichert sind.

Die Regula Falsi (der „State Event Finder") findet beim linearen Modell die Zeitpunkte des Anschlags an den Nagel bzw. des Lösens des Pendels vom Nagel zu anderen Zeitpunkten. Die unterschiedlichen Zeitpunkte $t_{e,i}$, abgelesen aus dem Protokoll der Iterationen, sind:

Zeitpunkt	Art	nichtlin.Modell	lin.Modell
$\hat{t}_1$	Anschlag	0.694742	0.691913
$\hat{t}_2$	Lösen	1.127770	1.120200
$\hat{t}_3$	Anschlag	2.552430	2.540300
$\hat{t}_4$	Lösen	2.945430	2.931010
$\hat{t}_5$	Anschlag	4.483720	4.464750
$\hat{t}_6$	Lösen	4.808550	4.789580

Diese Art des „indirekten" Vergleichs ist in ACSL relativ einfach durchzuführen. Der direkte Vergleich, die Berechnung der Abweichung zwischen den Ergebnissen der beiden Modelle, kann nicht so einfach erfolgen, denn der Runtime–Interpreter von ACSL kann nicht „rechnen" (manche Simulationssprachen erlauben ein Manipulieren abgespeicherter Daten auf Runtime–Ebene).

Zur Berechnung und zum Zeichnen der Abweichung ist eine Modellerweiterung notwendig. Grundgedanke für rechnerische Vergleiche verschiedener Simulationsläufe ist die Abspeicherung der Ergebnisse eines Laufs auf ein Feld, das im zweiten Simulationslauf zum Berechnen der Abweichung verwendet werden kann.

Die Abspeicherung und Berechnung des Vergleichs kann in der DYNAMIC Section erfolgen, daher muß das Abspeicherungsfeld mindestens so viele Feldelemente haben, wie oft die DYNAMIC Section aufgerufen wird (wie viele Kommunikationspunkte von c_{int} bedingt werden). Die Dimensionierung des Abspeicherungsfeldes ist immer problematisch, da aufgrund der Rundungsfehler oft ein Kommunikationsintervall mehr gerechnet wird. Theoretisch muß die Anzahl der Feldelemente N=tend/cint+1 betragen (Integer-Division); das zusätzliche Feldelement dient zur Abspeicherung des letzten Wertes in der TERMINAL Section. Die Rundungsfehler erfordern ein weiteres Feldelement, sodaß im betrachteten Modell für tend=10 und cint=0.02 eine Felddimension N=502 auch bei Rundungsfehlern ausreicht. Die PARAMETER-Anweisung von FORTRAN erleichtert die Dimensionierung bei Änderung des Ausgabeintervalles oder der Endzeit, da die neue Dimension nur an einer Stelle angegeben werden muß (der FORTRAN-Compiler ersetzt vor dem Übersetzen den Parameter N durch die angegebene Zahl).

Die Modellerweiterung für den rechnerischen Vergleich wird in der INITIAL Section initialisiert und in der DYNAMIC und in der TERMINAL Section durchgeführt. In der INITIAL Section erhalten alle Elemente des Abspeicherungsfeldes mit CONSTANT eine Initialisierung mit dem Wert 0. Ebenso wird der Index j bei jedem Lauf mit j=0 in einer Anweisung initialisiert:

```
PROGRAM  Nichtlineares Pendel mit Anschlag
! --- Erweiterung fuer rechnerischen Vergleich ---------------
PARAMETER (N=502)
ARRAY phifeld(N)

  ..........
INITIAL ..........
  CONSTANT  phifeld = N*0.        ! Initialisierung

  ..........
  j  = 0
END  ! of INITIAL
```

In der DYNAMIC Section werden die Vergleichswerte berechnet, wobei die Variable phiv zu jedem Kommunikationszeitpunkt aus dem Feld phifeld die Werte des vorigen Laufs erhält (beim ersten Simulationslauf sind die Werte mit Null vorbesetzt). Zum Vergleich werden vier Vergleichsmaße gewählt, die die Differenz (diffv), den Absolutbetrag der Differenz (adiffv), das Quadrat der Differenz (qdiffv) und das zeitliche Integral über die Differenz (idiffv) berechnen. Die „integrierte" Abweichung idiffv muß in der DERIVATIVE Section formuliert werden. Letzte Anweisung in der DYNAMIC Section ist die Abspeicherung der Ergebnisse des momentanen Laufs für einen Vergleich im nächsten Lauf:

```
DYNAMIC
! --- Vergleich mit Ergebnisssen  aus vorigem Lauf ----------
 j      = j+1           ! Erhoehung Feldindex
 phiv   = phifeld(j)    ! Ausgabe des vorigen Laufs
 diffv  = phiv-phi      ! Vergleich zum vorigen Lauf
 adiffv = ABS(diffv)    ! Vergleich zum vorigen Lauf (ABS)
 qdiffv = diffv*diffv   ! Vergleich zum vorigen Lauf (QUAD)
 phifeld(j) = phi       ! Umspeicherung fuer naechsten Lauf
! --------------------------------------------------------------

  DERIVATIVE

    . . . . . . . . . . . .

    idiffv = INTEG(qdiffv, 0)
    TERMT ( t .GT. tend )
  END  ! of DERIVATIVE
END   ! of DYNAMIC
```

Die TERMT Bedingung muß bei diesem Vergleich in der DERIVATIVE Section stehen, damit die DYNAMIC Section nicht ein zusätzliches Mal ausgewertet wird.
TERMT Bedingungen setzen den logischen Systemparameter zzstfl (Stop–Flag)
auf .TRUE., sobald die Bedingung erfüllt ist. Diese Bedingungen können von verschiedenen Variablen abhängen, weswegen TERMT in der DYNAMIC Section prinzipiell als letzte Anweisung ausgewertet und dann erst das Stop-Flag entsprechend gesetzt wird. Die Abfrage des Stop-Flags erfolgt an zwei Stellen im Ablauf des Simulationsprogramms (vgl. Kap. 3.1). Die erste Abfrage erfolgt nach
den zusätzlichen Anweisungen der DYNAMIC Section vor der Integration über das
nächste Kommunikationsintervall (hier wird das Stop-Flag durch ein TERMT in
der DYNAMIC Section aktiviert); die zweite Abfrage folgt unmittelbar nach der Integration über das Kommunikationsintervall (hier wird das Stop-Flag durch ein
TERMT in der DERIVATIVE Section aktiviert). Im ersten Fall werden die zusätzlichen Berechnungen der DYNAMIC Section zum Abbruchzeitpunkt noch durchgeführt, im zweiten Fall nicht.

Um die Endwerte für den Vergleich zu erhalten, sind alle Vergleichsrechnungen
und Abspeicherungen auch in der TERMINAL Section durchzuführen. Hier könnte
unter Umständen auch der Index j auf seinen Wert getestet werden: ist nämlich
erst j=N-2, so haben sich die Rundungsfehler nicht in einem zusätzlichen Kommunikationsintervall ausgewirkt, und die Werte für j=N-1 können z.B. jenen für
j=N gleichgesetzt werden. Die Anweisungen lauten:

```
TERMINAL  ! --- Vergleich fuer Endwerte
  phiv   = phifeld(N)    ! Ausgabe des vorigen Laufs
  diffv  = phiv-phi      ! Vergleich zum vorigen Lauf
```

```
 adiffv = ABS(diffv)     ! Vergleich zum vorigen Lauf (ABS)
 qdiffv = diffv*diffv    ! Vergleich zum vorigen Lauf (QUAD)
 phifeld(N) = phi        ! Umspeicherung fuer naechsten Lauf
END  ! of TERMINAL
```

Die folgenden Befehle setzen zunächst die gewünschten Anfangswerte. Durch
Setzen von **swnonlinear=.T.** berechnet der erste Simulationslauf die Ergebnisse
mit dem nichtlinearen Modell und speichert die Werte auf das Feld ab. Der zweite
Simulationslauf verwendet das lineare Modell (**swnonlinear=.F.**) und berechnet
die Vergleichsgrößen. Der **PLOT** Befehl zeichnet abschließend die Winkel $\varphi(t)$
(**phiv**) und $\varphi_L(t)$ (**phi**) und die Differenz $\varphi(t) - \varphi_L(t)$ (**diffv**). Die Ergebnisse
sind in Abb. 9.7 zu sehen:

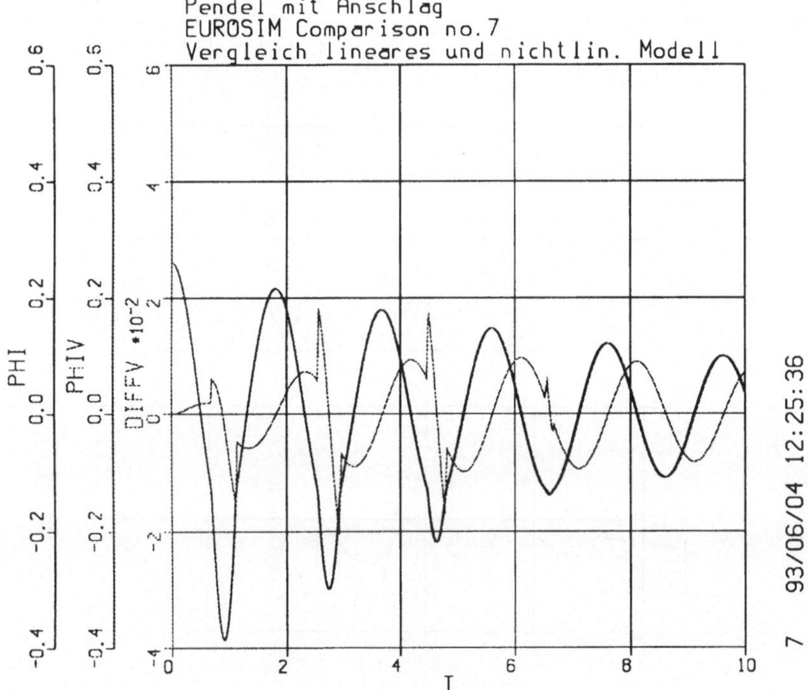

Abbildung 9.7: Direkter Vergleich, Winkel und Differenz

```
ACSL> SET phi0=pi12, phip=mpi24, d=0.2
ACSL> PREPARE t,phi,phiv,diffv,adiffv,idiffv
ACSL> SET swnonlinear=.T.; START ! Simulationslauf, nichtlinear
ACSL> SET swnonlinear=.F.; START ! Simulationslauf, linear
ACSL> SET title="Pendel mit Anschlag"
```

```
ACSL> SET title(41)="EUROSIM Comparison no.7"
ACSL> SET title(81)="Vergleich lineares und nichtlin. Modell"
ACSL> PLOT phi,phiv,diffv
```

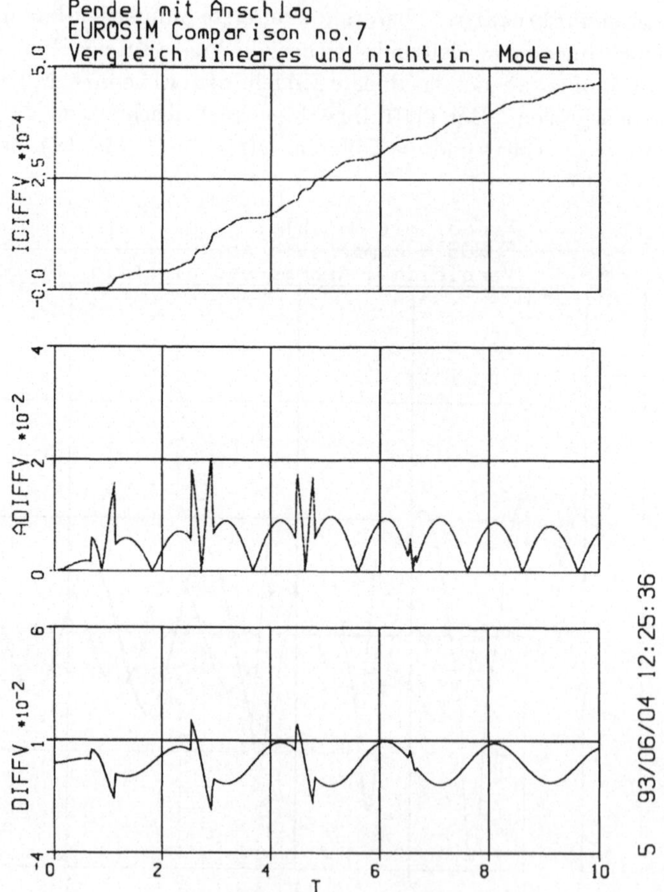

Abbildung 9.8: Direkter Vergleich, verschiedene Abweichungsmaße

Die in der Prepare–Datei abgespeicherten Werte erlauben das Zeichnen der verschiedenen Abweichungsmaße in Meßstreifenform (Abb. 9.8):

```
ACSL> SET strplt=.T.,calplt=.F. ! Umschalten auf Meszstreifen
ACSL> PLOT diffv,adiffv,idiffv  ! Zeichnung der Vergleichsmasze
```

9.3 Modelle mit verteilten Parametern

ACSL kann in beschränkter Form auch Systeme, die mit partiellen Differentialgleichungen beschrieben werden, modellieren und simulieren. Partielle Differentialgleichungen sind auf ein System gewöhnlicher Differentialgleichungen umzuformen. Für diese Umformung können die sogenannten Linienmethoden verwendet werden. Diese diskretisieren z.B. in der abhängigen Veränderlichen $u(x,t)$ eine der unabhängigen Veränderlichen x oder t. Diskretisiert man die Zeit t, so spricht man von einer CSDT-Linienmethode (**C**ontinuous **S**pace **D**iscrete **T**ime), diskretisiert man den Ort x, so spricht man von einer CTDS-Linienmethode (**C**ontinuous **T**ime **D**iscrete **S**pace).

Die CSDT-Methode arbeitet statt mit $u(x,t)$ mit „Linien" $u(x,t_i) = u_i(x)$, $t_0 < t_1 < t_2 \ldots < t_{n-1} < t_n$, die CTDS-Methode mit Linien $u(x_j,t) = u_j(t)$, $x_0 < x_1 < x_2 \ldots x_{m-1} < x_m$. Die entstehenden Systeme gewöhnlicher Differentialgleichungen sind schwach verkoppelt, da die Differenzenquotienten, die den Differentialquotienten der diskretisierten unabhängigen Variablen ersetzen, nur auf benachbarte Linien zugreifen. Theoretisch kann die Linienmethode auf mehrere unabhängige Veränderliche erweitert werden, in der Praxis sind ihr Grenzen gesetzt. Zu beachten ist auch die Form der Anfangs- und Randbedingungen der partiellen Differentialgleichung, die nach der Diskretisierung auf einfach zu behandelnde Anfangswertaufgaben oder auf komplizierte Randwertaufgaben führt.

ACSL bietet mit der Vektorintegration (`INTVC` Operator) für derartige Systeme eine bequeme Modellierungshilfe an. Die FORTRAN–Compiler–Anweisung `PARAMETER` erlaubt eine pseudodynamische Diskretisierung, d.h. die Anzahl der Linien kann pseudodynamisch geändert werden. Die in Macros definierten Matrixund Vektoroperationen können bei derartigen Systemen ebenfalls wertvolle Hilfe leisten.

Diese Vorgangsweise der Diskretisierung und Modellbildung und Simulation in ACSL wird nun an einer einfachen Schwingungsgleichung angewendet.

Ein schwingendes Seil mit Länge l, das an einem Ende fest eingespannt ist und am anderen Ende durch eine Erregung in Bewegung gehalten wird, kann in erster Näherung durch die partielle Differentialgleichung für die vertikale Auslenkung $u(x,t)$ des Seiles beschrieben werden (Schwingungsgleichung):

$$\frac{\partial^2}{\partial x^2}\, u(t,x) = a\, \frac{\partial^2}{\partial t^2}\, u(x,t).$$

Randbedingungen und sinnvolle Anfangsbedingungen lauten

$$u(0,t) = 0, \quad u(L,t) = b\, e^{-dt} \sin\omega t, \quad u(x,0) = 0, \quad \frac{\partial u}{\partial x}(x,0) = 0$$

Die CTDS-Linienmethode erfordert, die Ortsvariable x in n äquidistante Intervalle der Länge k zu teilen, wodurch an die Stelle von $u(x,t)$ nun die Lösungen

$$u_i(t) = u(x_i, t) \quad i = 0, \ldots, n$$

an den Diskretisierungspunkten x_i treten. In der partiellen Differentialgleichung wird nun u_{xx}, der zweite Differenentialquotient nach dem Ort, durch den zentralen Differenzenquotienten ersetzt:

$$\frac{\partial^2 u(x,t)}{\partial x^2} = \frac{u(x_{i-1}, t) - 2\, u(x_i, t) + u(x_{i+1}, t)}{k^2} =$$

$$= \frac{u_{i-1}(t) - 2\, u_i(t) + u_{i+1}(t)}{k^2}, \quad i = 1, \ldots, n-1 .$$

Die Randbedingungen ergeben die Linien für $i = 0$ und $i = n$:

$$u_0(t) = u(0, t) = 0, \quad u_n(t) = u(L, t) = b\, e^{-dt} \sin \omega t .$$

Damit entsteht aus der partiellen Differentialgleichung für $u(x,t)$ ein System gewöhnlicher Differentialgleichungen der Dimension $N = n-1$ für die Funktionen $u_i(t)$, die die Lösung an den Stützpunkten x_i, $i = 1, \ldots, n-1$ repräsentieren. Die Ableitungen nach der Zeit können in der üblichen Notation geschrieben werden, d.h. $u_t(x_i, t) = \dot{u}_i(t)$, $u_{tt}(x_i, t) = \ddot{u}_i(t)$. Für den Linienabstand k gilt $k = \frac{l}{n}$:

$$\ddot{u}_i(t) = \frac{n^2}{l^2 a}\, u_{i-1} - \frac{2n^2}{l^2 a}\, u_i + \frac{n^2}{l^2 a}\, u_{i+1}, \; u_i(0) = 0, \dot{u}_i(0) = 0, \qquad i = 1, \ldots, n-1 .$$

Die ACSL-Modellbeschreibung verwendet sinnvollerweise die Vektorintegration **INTVC** zur Beschreibung des Differentialgleichungssystems. Die **PARAMETER** Anweisung von FORTRAN ermöglicht eine pseudodynamische Feldvereinbarung mit der Anzahl N der „inneren" Linien. ACSL übernimmt die Compiler–Anweisung **PARAMETER (N=9)** unverändert und gibt sie an den FORTRAN–Compiler weiter. Ebenso läßt ACSL–Translator **N** in allen Anweisungen unverändert. Erst der FORTRAN-Compiler ersetzt vor dem Compilieren den Parameter **N** durch 9, der dann als Zahl interpretiert wird. Die Modellbeschreibung lautet:

```
PROGRAM Schwingendes Seil
! --- Loesung der Schwingungsgleichung mit Linienmethode ------
PARAMETER (N=9) ! Unterteilung der Seillaenge (Diskretisierung)
              ! in (N+1) Teile, N innere Linien, (N+2) Linien
ARRAY u(N), du(N), ddu(N), hu(N), u0(N), du0(N) ! Felder fuer
                                        ! alle Linien
INTEGER i        ! Zaehlindex
INITIAL
! --- Modellparameter, Simulationssteuerung ----------------
```

```
CONSTANT  l=4., a=2.              ! Parameter des Seils
CONSTANT  b=1., omega =1, d = 0.2 ! Parameter der Erregung
CONSTANT  u0=N*0., du0=N*0.       ! Anfangswerte
CONSTANT  tend=10, cint=0.05      ! Simulationssteuerung
! --- Abgeleitete Modellparameter ---------------------------
  ak = ((N+1)*(N+1))/(l*l*a); ak2 = 2*ak; ts = k*3.1415/omega
  END  !  of INITIAL
DYNAMIC
  DERIVATIVE
    ul = b * EXP(-d*t) * SIN(omega*t)      ! Erregungsfunktion
    ! --- Berechnung der rechten Seite des Systems in einem
    ! --- PROCEDURAL Block (Notwendigkeit durch Feldelemente)
    ! --- und Berechnungen in einer Schleife
    PROCEDURAL  ( ddu = u, ul )  ! Eingang u und ul, Ausgang ddu
      ddu(1)   = ak*u(2) - ak2*u(1)            ! Erste Linie
      ddu(N)   = ak*u(N-1) - ak2*u(N) + ak*ul  ! Letzte Linie
      DO label i= 2, N-1    ! Zweite bis vorletzte innere Linie
         ddu(i) = ak*u(i+1)-ak2*u(i)+ak*u(i-1)
      label..CONTINUE
    END  !  of PROCEDURAL
    du = INTVC ( ddu,  du0 ) ! Vektorintegration fuer du
    CALL XFERBR ( hu = du, N) ! Umspeicherung du auf hu
    u  = INTVC ( hu,   u0 ) ! Vektorintegration fuer u
  END  !  of DERIVATIVE
  TERMT ( t .GE. tend )       ! Simulationsende
END  !  of DYNAMIC
END  !  of PROGRAM
```

Für die Vektorintegration müssen zunächst die rechten Seiten $\ddot{u}_i(t)$ (`ddu(i)`) des Systems berechnet werden, was bis auf $\ddot{u}_1(t)$ und $\ddot{u}_n(t)$ in einer Schleife durchgeführt werden kann. Diese Schleife ist mit einem `PROCEDURAL` Block zu klammern, da jede Schleife wegen der vorhandenen Sprungmarke unsortierbar ist, und da zudem einzelne Feldelemente ebenfalls nicht sortierbar sind. Im Kopf des `PROCEDURAL` Blocks wird die Sortierung des Blocks angegeben: Eingangsgrößen sind u und ul, Ausgangsgröße ist ddu. In diesem Block muß auch die Berechnung von $\ddot{u}_1(t)$ und $\ddot{u}_n(t)$ aufgenommen werden, da der Sortieralgorithmus `ddu(1)` und `ddu(N)` nicht unterscheiden kann.

ACSL baut intern eine Struktur aus Zustandsvektor, Ableitungsvektor und Anfangswertvektor auf, die bei diesem Beispiel jeweils die Dimension $2N$ annehmen. Der Vektorintegrationsoperator `vec=INTVC(dvec,vec0)` baut für den Integranden keine Hilfsgröße Znnnnn auf, denn für den Integranden kann kein algebraischer Ausdruck verwendet werden (ACSL bietet keine direkte Vektor- und

Matrizenmanipulation). Daher wird der Vektor (das Feld) dvec in den strukturellen Ableitungsvektor aufgenommen, der Vektor (das Feld) vec in den Zustandsvektor. In der Modellbeschreibung wird auf diese Art ddu zu du aufintegriert (du=INTVC(ddu,du0)), wobei ddu dem Ableitungsvektor , du dem
Zustandsvektor und du0 dem Anfangswertvektor zugeordnet wird. Eine weitere Vektorintegration u=INTVC(du,u0) führt zu einem Strukturkonflikt, da der
Vektor (das Feld) du nun dem strukturellen Ableitungsvektor zugeordnet werden müßte. Eine Variable kann aber nicht gleichzeitig Zustands- und Ableitungsgröße sein. Als Abhilfe wird das Feld du (Zustandsgrößen) auf ein Hilfsfeld hu gleicher Dimension umgespeichert, das dann in den Ableitungsvektor
eingehen kann. Die Umspeicherung kann entweder in einer Schleife oder mit
dem ACSL-Operator XFERBR(hu=du,N) erfolgen, der diese Umspeicherung als
„block transfer" durchführt. Die Operatoren XFERBR und XFERBI, der entsprechende Operator für die Umspeicherung von Feldern vom Typ Integer, sind als
FORTRAN-Unterprogramme implementiert und im ACSL–Modell mit

```
CALL XFERBR(hu=du,N)
```

aufzurufen. Sie können auch in jedem beliebigen FORTRAN–Programm, das Berechnungen für das ACSL–Modell durchführt, verwendet werden. Der FORTRAN
Aufruf lautet aber

```
CALL XFERBR(du,N,hu)
```

Der unterschiedliche Aufruf im ACSL–Modell und im FORTRAN–Programm
ist durch den Sortieralgorithmus von ACSL bedingt. Ein Aufruf des Unterprogramms mit CALL XFERBR im ACSL–Modell kann normalerweise nicht sortiert
werden, da ACSL in der Parameterliste des Unterprogramms nicht zwischen
Eingangs- und Ausgangsparametern unterscheiden kann. Bei allgemeinen Unterprogrammen muß daher ein PROCEDURAL Block verwendet werden, der dem
Sortieralgorithmus eine Einsortierung ermöglicht. Denn im Kopf dieses Blocks
werden die Ausgangs- und Eingangsgrößen, getrennt durch das Zeichen „=" angegeben. Der Aufruf des Unterprogramms XFERBR(du,N,hu) im ACSL–Modell
muß daher auf folgende Art und Weise erfolgen:

```
PROCEDURAL  ( hu = du, N )    ! Ausgang hu; ; Eingang du,N
  CALL XFERBR( du, N, hu )    ! Richtiger FORTRAN-Aufruf
 END  !  of PROCEDURAL
```

Ein Sonderfall ist eine Unterprogramm–Parameterliste, die zuerst alle Eingangsparameter und dann alle Ausgangsparameter beschreibt. Der Aufruf eines derartigen Unterprogramms kann im ACSL--Modell als direkter Aufruf angegeben
werden, wobei zuerst die Ausgangsgrößen, dann ein trennendes (sortierendes)
„=" und dann die Eingangsgrößen angeben werden. Der ACSL–Translator kann

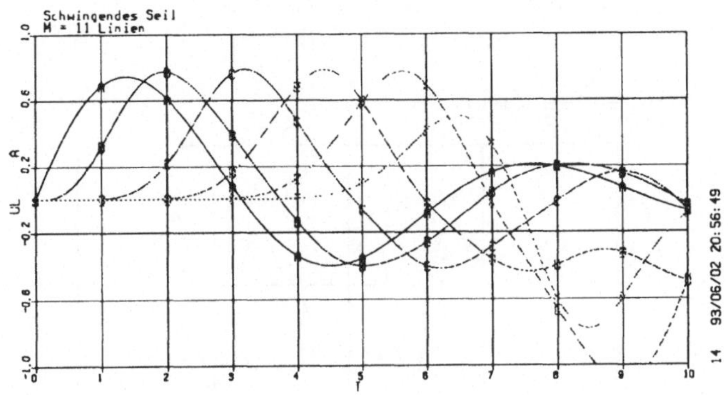

Abbildung 9.9: Schwingendes Seil, Linien ul,u(9),u(7),u(5),u(3),u(1)

diesen Aufruf einsortieren und kehrt die Reihenfolge in der Parameterliste um.
Das betrachtetet ACSL–Modell verwendet CALL XFERBR(hu=du,N) als Form des
Aufrufs. Die folgenden Befehle experimentieren mit einem Modell mit $N = 9$
inneren Linien ($n = 10$). Der PREPARE Befehl veranlaßt die Abspeicherung von
t, ul und von allen Linien $u_i(t)$, wozu nur das gesamte Feld u anzugeben ist.
Die erste Zeichnung (Abb. 9.9) zeigt in fünf Linien das Weiterwandern der Er-
regungsschwingung für eine Endzeit von tend=10; Markierungen (Parameter
symcpl=.TRUE.) mit Buchstaben an den Kurven alle npccpl=20 Kommunikationspunkte unterscheiden die einzelnen Linien der Zeichnung mit verlängerter
x-Achse (xincpl=8). Zeichnungen in Meßstreifenform der Erregung ul, der mittleren und der ersten Linie u(5) bzw. u(1) charakterisieren das Langzeitverhalten
für tend=40 (Abb. 9.10):

```
ACSL> PREPARE t,u,ul              ! Abspeicherung aller Linien
ACSL> SET tend=10; START          ! Endzeit, Simulationslauf
ACSL> SET title = "Schwingendes Seil"
ACSL> SET title(41)="M = 11 Linien"
ACSL> SET symcpl=.T., npccpl=20, xincpl=10 ! Parameter fuer PLOT
ACSL> PLOT /XHI=tend ul,u(9),u(7),u(5),u(3),u(1) /SAME /OVER
ACSL> SET tend=40; START          ! Simulation mit laengerer Endzeit
ACSL> SET calplt=.F., strplt=.T. ! Umschalten Zeichnungstyp
ACSL> PLOT ul,u(5),u(1) /XHI=tend
```

Die Linienmethode löst die partielle Differentialgleichung in Linien $u_i(t)$ oder
$u_j(x)$ auf. Die Auswahl der zu diskretisierenden unabhängigen Veränderlichen
hängt dabei von der Art der Anfangs- und Randbedingungen ab. Die Diskretisierung legt dadurch primär auch die Art der Darstellung der Lösung fest.

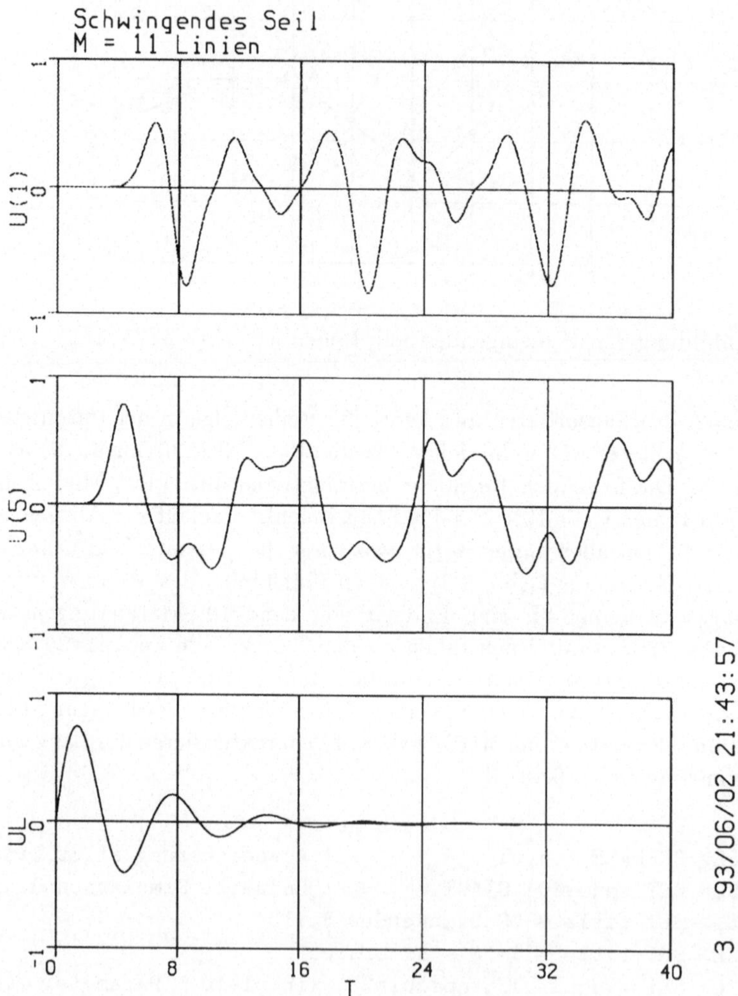

Abbildung 9.10: Schwingendes Seil, Linien ul,u(5),u(1), Langzeitverhalten

Manchmal ist aber auch die Darstellung der Lösungen als Funktionen der anderen Veränderlichen wünschenswert. ACSL ermöglicht auch diese Umformung der Darstellung.

Neben den Lösungen $u_i(t)$ ist beim schwingenden Seil die Darstellung $u(x, t_k)$ für einige Werte von t_k von Interesse. Betrachtet man die Endwerte $u_1(t_{end})$, $u_2(t_{end})$,

$u_3(t_{end})$, ..., $u_N(t_{end})$, so bilden sie gemeinsam mit $u_0(t_{end}) = 0$ und $u_l(t_{end})$ die gesuchte Darstellungsform $u(x, t_{end})$. In der TERMINAL Section können diese Endwerte zunächst auf ein Feld **uxf** der Dimension N_2=NN=N+2 abgespeichert werden. Ein weiteres Feld **xf** erhält die zugehörigen Werte von x entsprechend der Diskretisierung:

$$xf(1) = 0, \ uxf(1) = 0, \ xf(N_2) = l, \ uxf(N_2) = ul$$

$$xf(i) = l * (i - 1)/(N_2 - 1), \quad uxf(i) = u(i - 1), \quad i = 2, \dots N_2 - 1.$$

Ähnlich der Vorgangsweise beim rechnerischen Vergleich der Ergebnisse unterschiedlicher Simulationsläufe (vgl. Kap. 9.2) muß ein Simulationslauf durchgeführt werden, der in der DYNAMIC Section die entsprechenden Feldelemente auf mit PREPARE oder OUTPUT ausgebbare Variable legt. Dieser „Ausgabe-Simulationslauf" muß nun so mit der Anzahl der abgespeicherten Feldelemente synchronisiert werden, daß die DYNAMIC Section genau N_2 Kommnikationspunkte „bedient". Eine TERMT Bedingung in der DYNAMIC Section, die bei Erreichen von N_2 abbricht, sorgt für die korrekte Synchronisation:

```
j=j+1                      ! Indexerhoehung;
x = xf(j); ux = uxf(j) ! Umspeicherung fuer Ausgabe mit PREPAR
TERMT  ( j .EQ. NN )   ! Simulationsende
```

Ein Simulationslauf zur Darstellung von $u(x, t_k)$ bricht mit einer vom Kommunikationsintervall abhängigen Endzeit $t_{end} = c_{int} \, N_2$ ab. Die gesamte „zeitliche" Dynamik wird mitgerechnet. Diese Tatsache kann man für eine automatisierte Darstellung verschiedener Funktionen $u(x, t_k)$ ausnutzen. Eine logische Steuervariable **xaus** steuert, ob über das vorgegebene Zeitintervall integriert wird und am Ende die Funktionen $u(x, t_k)$ in der TERMINAL Section abgespeichert werden (**xaus**=.FALSE.), oder ob nur bis zur Erfüllung der zweiten TERMT Bedingung zur Ausgabe von $u(x, t_k)$ in der DYNAMIC Section gerechnet wird (**xaus**=.TRUE.). Bei diesem Lauf wird die Dynamik ein kurzes Zeitintervall weitergerechnet, wenn statt START der Simulationslauf mit CONTINUE fortgesetzt wird. Aus einer Abfolge aufeinanderfolgender Simulationsläufe wird mit CONTINUE immer bis zu jenen Zeitpunkten t_k weitergerechnet, an denen $u(x, t_k)$ gezeichnet werden kann. Diese Zeichnung erfolgt zeitversetzt im Zeitpunkt $t_k + c_{int} \, N_2$, aber mit den zum Zeitpunkt t_k abgespeicherten Werten.

Das für diese Art der Ausgabe modifizierte ACSL–Modell lautet:

```
PROGRAM Schwingendes Seil
! --- Loesung der Schwingungsgleichung mit Linienmethode -------
PARAMETER (N=19,NN=21)! Unterteilung der Seillaenge (Diskretis.)
                    ! in (N+1) Teile, N innere Linien, (N+2) Linien
```

```
ARRAY u(N), du(N), ddu(N), hu(N), u0(N), du0(N)      ! Felder fuer
                                   ! alle inneren Linien u(xi,t)
ARRAY xf(NN), uxf(NN)    ! Felder fuer Darstellung u(x)=u(x,tend)
INTEGER i, j             ! Zaehlindizes
LOGICAL xaus             ! Steuerparameter fuer Ausgabe von u(x)
INITIAL
! --- Modellparameter, Simulationssteuerung --------------------
 CONSTANT  l=4., a=2.                  ! Parameter des Seils
 CONSTANT  b=1., omega =1, d = 0.2  ! Parameter der Erregung
 CONSTANT  u0=N*0., du0=N*0.        ! Anfangswerte
 CONSTANT  tend=10, cint=0.05        ! Simulationssteuerung
 CONSTANT  xaus=.FALSE., i=0, j=0   ! Initialisierung
! --- Abgeleitete Modellparameter ----------------------------
 ak = ((N+1)*(N+1))/(l*l*a); ak2 = 2*ak; j=0
! --- Initialisierung von u(x)=u(x,0) ------------------------
 xf(1)= 0 ; uxf(1)=0; xf(NN) = l; uxf(NN) = 0
 DO loopi i = 2, NN-1
  xf(i) = l*(i-1)/(NN-1); uxf(i)=0
 loopi..CONTINUE
! ---------------------------------------------------------
END  ! of INITIAL
DYNAMIC
! --- Ausgabe fuer x, ux, Dummy - Simulationslauf ------------
 IF ( xaus ) THEN
  j=j+1       ! Erhoehung Zaehlindex
  x = xf(j) ; ux = uxf(j) ! Umspeicherung fuer Prepare--Ausgabe
 TERMT  ( j .EQ. NN )     ! Endbedingung  fuer Prepare--Ausgabe
 ENDIF
DERIVATIVE
    ul = b * EXP(-d*t) * SIN(omega*t)        ! Erregungsfunktion
! --- Berechnung der rechten Seite des Systems in einem
! ---   PROCEDURAL Block (Notwendigkeit durch Feldelemente
! ---   und Berechnungen in einer Schleife)
    PROCEDURAL ( ddu = u, ul )   ! Eingang u und ul, Ausgang ddu
      ddu(1)    = ak*u(2) - ak2*u(1)              ! Erste Linie
      ddu(N)    = ak*u(N-1) - ak2*u(N) + ak*ul  ! Letzte Linie
      DO label i= 2, N-1     ! Zweite bis vorletzte innere Linie
        ddu(i) = ak*u(i+1)-ak2*u(i)+ak*u(i-1)
    label..CONTINUE
    END  ! of PROCEDURAL
    du = INTVC ( ddu, du0 )     ! Vektorintegration fuer du
    CALL XFERBR ( hu = du, N)   ! Umsp. du auf hu, da du Zustand
```

```
       u  = INTVC  ( hu, u0 )        ! Vektorintegration fuer u
    END  !  of DERIVATIVE
    TERMT ( t .GE. tend )            ! Simulationsende
 END     !  of DYNAMIC
 TERMINAL  !  Abspeicherung der Endwerte auf Felder xf,uxf
  IF ( xaus )  GOTO  weiter
  xf(1)= 0 ; uxf(1)=0; xf(NN) = 1; uxf(NN) = ul
  DO loop  i = 2, NN-1
   xf(i) = 1*(i-1)/(NN-1); uxf(i)=u(i-1)
  loop..CONTINUE
  j = 0
  weiter..CONTINUE
 END  !  of TERMINAL
 END  !  of PROGRAM
```

Um einfach experimentieren zu können, faßt eine **PROCEDURE SWINGON** die Ausgabe der letzten Funktion $u(x, t_k)$ mit einem kurzen Simulationslauf und das Weiterrechnen bis zum nächsten Endzeitpunkt t_{end} und Abspeichern auf die Felder zusammen. Dabei werden auch $u(x, t_k)$ die vorher berechneten und auf der Prepare–Datei abgespeicherten „x-Linien" gezeichnet:

```
PROCEDURE SWINGON  &        ! Weiterrechnen
  SET xaus=.T.; CONTINUE & ! Ausgabe xf,uxf; kurzes Weiterrechnen
  PLOT ux;                & ! Ausgabe der abgespeicherten x-Linien
  SET xaus=.F.; CONTINUE & ! Weiterrechnen bis aktuelles tend
END  !  of PROCEDURE SWINGON
```

Die erste Abfolge von Simulation und Darstellung muß gesondert behandelt werden. Die Anfangsbedingung zum Zeitpunkt $t_0 = 0$ erfordert als erste Lösung $u(x, 0) = 0$. Diese Anfangsbedingung wird in der **INITIAL** Section dem Feld **uxf** zugewiesen, ebenso die entsprechenden Werte dem Feld **xf**. Daher muß mit einer Ausgabe begonnen werden, dann kann bis zum ersten **tend** fortgesetzt werden. Der erste (kurze) Simulationslauf wird mit **START** begonnen, vor dem Fortsetzen mit **CONTINUE** muß das Rückspulen (Überschreiben) der Prepare–Datei durch die nachfolgenden Daten verhindert werden, ebenso das „Rückfahren" des Zeichenstiftes. Die **PROCEDURE SWINGST** faßt diese Initialisierung zusammen:

```
PROCEDURE SWINGST              & ! Starten
  SET xaus=.T.; START          & ! Erster Lauf, Ausgabe
  PLOT ux                      & ! Zeichnung der 1. x-Linie
  SET nrwitg=.T.,ftsplt=.T. &    ! Prepar - Steuerung
  SET  xaus=.F.; CONTINUE  &     ! Weiterrechnen bis tend
 END  !  of PROCEDURE SWINGST
```

Nach dem Starten des Simulationsprogramms werden die definierten neuen Befehle SWINGST und SWINGON von einer vorbereiteten Befehlsdatei model.cmd eingelesen, sowie die Texte für die Zeichnungsüberschrift. Das Einlesen von einer Befehlsdatei wird in der Log–Datei mit entsprechenden Meldungen dokumentiert. Die Prepare–Liste bestimmt x und ux zur Abspeicherung. Danach beginnt das Berechnen der x-Linien für tend=0, 5, 10, 15, 20, 25, 35, 45:

```
. . . . . . . . . . . . . . . .
SET title="Schwingendes Seil"
SET title(41)="Darstellung von u(x)=u(x,tend)"
End of file found on unit 4
Reverting to logical unit number 5
ACSL> PREPARE x,ux          ! Abspeicherung
ACSL> SET tend=5;  SWINGST! Ausgabe tend=0, Rechnen bis tend=5
ACSL> SET tend=10; SWINGON! Ausgabe tend=5, Rechnen bis tend=10
ACSL> SET tend=15; SWINGON! Ausgabe tend=10, Rechnen bis tend=15
ACSL> SET tend=20; SWINGON! Ausgabe tend=15, Rechnen bis tend=20
ACSL> SET npccpl=4, xincpl=8 ! Verlaengern der Achse, Markierung
ACSL> PLOT ux                   ! Zusaetzliche Zeichnung
```

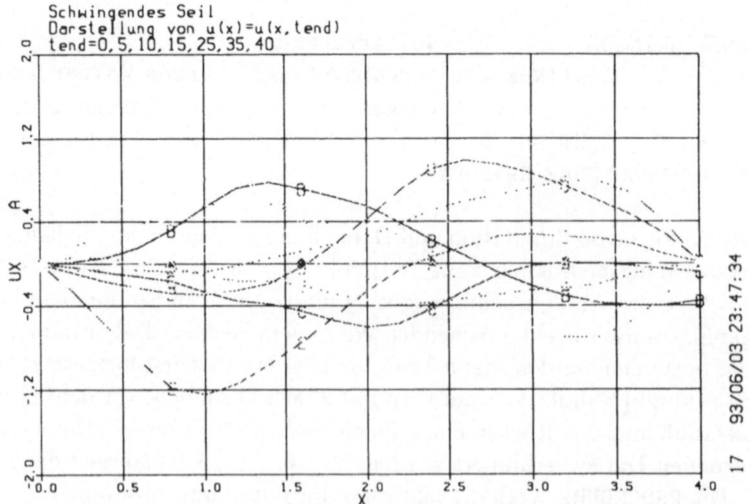

Abbildung 9.11: Darstellung von $u(x, t_k)$

Der letzte Befehl erzwingt eine zusätzliche Zeichnung, der Befehl SWINGON gibt generell eine Zeichnung aller bisher berechneten x-Linien aus. Die folgenden Befehle setzen die Berechnung bis tend=45 fort und erzeugen als letzte Zeichnung Abb. 9.11, in der bereits ein Rückwandern der Erregung zu erkennen ist (die

Abbildung erhält auch alle bisher berechneten x-Linien, da die Prepare–Datei nicht „rückgespult" wird):

```
ACSL> SET tend=25; SWINGON! Ausgabe tend=20, Rechnen bis tend=25
ACSL> SET tend=30; SWINGON! Ausgabe tend=25, Rechnen bis tend=30
ACSL> SET tend=35; SWINGON! Ausgabe tend=30, Rechnen bis tend=35
ACSL> SET tend=40; SWINGON! Ausgabe tend=35, Rechnen bis tend=40
ACSL> SET tend=45; SWINGON! Ausgabe tend=40, Rechnen bis tend=45
ACSL> SET xaus=.T.; CONTINUE; PLOT ux  ! Ausgabe bei tend=45
```

9.4 Modelle mit Singularitäten

Singuläre Punkte einer Differentialgleichung sind Punkte, in denen der Existenz- und Eindeutigkeitssatz verletzt ist. Sie treten allerdings bei physikalischen Problemen sehr häufig auf, meistens dann, wenn Koeffizienten an einer Stelle unendlich werden oder Anfangsbedingungen im Unendlichen gegeben sind. Singuläre Punkte, wie sie bei notwendigen Modellvereinfachungen entstehen, sind relativ leicht zu behandeln, da in ihrer Umgebung die Lösung meist einfach zu approximieren ist. Auch können auf diese Art die numerischen Probleme von Singularitäten teilweise verhindert werden. Grundgedanke ist die Entwicklung der Lösung als Taylorreihe im singulären Punkt. Diese Vorgangsweise ist der teilweise verwendeten numerischen Technik, Unendlichkeitsstellen geeignet zu begrenzen, überlegen, sie erfordert allerdings etwas mathematischen Aufwand.

Als Beispiel sei das thermische Verhalten einer Gaswolke betrachtet, das unter gewissen Bedingungen durch die Differentialgleichung zweiter Ordnung

$$\frac{d^2 t(r)}{d\,r^2} + \frac{2}{r}\,\frac{d\,t(r)}{d\,r} + [t(r)]^\gamma = 0, \quad t(0) = 1, \quad \frac{d\,t(0)}{d\,r} = 0$$

beschrieben wird. Die Ableitung nach der unabhängigen Veränderlichen r soll verkürzt mit $t'(r)$ bezeichnet werden, die zweite Ableitung $t''(r)$. Die Gleichung entsteht durch Reduzierung der partiellen Differentialgleichung für das Potential der Schwerkraft durch Ausnutzung der Kugelsymmetrie, sodaß auf eine unabhängige Veränderliche r reduziert werden kann. Die Gleichung hat im Urprung eine Singularität, da $2/r$ an der Stelle $r = 0$ unendlich wird. An der Stelle $r = 0$ hat die Gleichung andererseits die wohldefinierten Anfangswerte $t(0) = 1$ und wegen der Kugelsymmetrie $t'(0) = 0$. Rein physikalische Überlegungen lassen im Ursprung eine glatte Lösung erwarten, die Singularität ist wie bei vielen physikalischen Problemen nicht strukturell.

Grundlegende Vorgangsweise zur Behandlung einer isolierten Singularität ist das Anwenden analytischer Methoden zur Approximation der Lösung in der Umgebung der Singularität. Den einfachsten Ansatz bietet die Taylorreihe:

$$t(r) = t(0) + r\,t'(0) + \frac{r^2}{2}\,t''(0) + \dots \qquad .$$

Gesucht ist $\lim_{r \to 0} \frac{t'(r)}{r}$. Nach Differentiation der Taylorreihe

$$t'(r) = t'(0) + r\,t''(0) + \dots = r\,t''(0) + \dots$$

ergibt der Grenzwertübergang zunächst eine Darstellung für $t''(0)$:

$$\lim_{r \to 0} \frac{t'(r)}{r} = \lim_{r \to 0} t''(0) = t''(0)\;.$$

Das Einsetzen dieses Grenzwertes in die Differentialgleichung liefert die zweite Ableitung $t''(r)$ an der isolierten Singularität $r = 0$:

$$t''(0) + 2t''(0) + [t(0)]^\gamma = 0 \quad \longrightarrow \quad t''(0) = -\frac{1}{3}.$$

Die Lösung in der Umgebung der isolierten Singularität ist daher durch die Taylorreihe

$$t(r) = 1 - \frac{r^2}{6}\,t''(0) + \dots$$

darstellbar. Für ACSL wird die Darstellung der Differentialgleichung zweiter Ordnung als ein zweidimensionales System erster Ordnung benötigt. Die übliche Umformung $t_1(r) = t(r), t_2(r) = t'(r)$ ergibt

$$t_1'(r) = t_2(r), \quad t_2'(r) = -\frac{2}{r}\,t_2(r) - [t_1(r)]^\gamma, \quad t_1(0) = 1,\ t_2(0) = 0\;.$$

Die Gleichung für $t_2(r)$ hat nun die Singularität übernommen. In einer Umgebung von $r = 0$ ist $t_2(r)$ daher durch die Ableitung der Taylorreihe $t_2(r) = -\frac{r}{3} + \dots$ zu ersetzen. In einer sehr kleinen Umgebung reicht es, von dieser Reihe nur das erste Glied zu verwenden, womit $t_2'(r) = -\frac{1}{3}$ in der Umgebung der Singularität folgt. Eine gemeinsame Darstellung lautet:

$$t_2'(r) = \begin{cases} -\frac{2}{r}\,t_2(r) - [t_1(r)]^\gamma & : \ r > r_{sing} \\[2mm] -\frac{1}{3} & : \ r \le r_{sing} \end{cases} \quad .$$

Für $\gamma = 5$ ist die exakte Lösung

$$t_{\gamma=5}(r) = \frac{1}{\sqrt{1 + \frac{r^2}{3}}}$$

bekannt, die einen Vergleich mit der numerischen Lösung erlaubt.

Die folgende ACSL-Modellbeschreibung verwendet zur Auswahl der rechten Seite der Gleichung für $t_2'(r)$ (dt) den IF-THEN-ELSE-ENDIF Block

```
IF  ( r .GT. rsing ) THEN    !  Auswahl fuer t"(r)
  ddt = -2*dt/r - tgamma
ELSE
  ddt = -1/3
END IF
```

Diese Darstellung ist im vorliegenden Fall der technisch orientierten Schreibweise mit einem RSW Operator in der Form

```
dt = RSW ( r .GT. rsing, -2*dt/r - tgamma, -1./3.)
```

vorzuziehen. Diese versagt hier sogar, denn bei einem RSW Operator werden prinzipiell beide Alternativen berechnet und an von ACSL erzeugte Hilfsvariable zugewiesen. Erst dann wird entsprechend der Bedingung der richtige Wert auf die Variable ddt zugewiesen. In dieser Darstellung wäre ein Programmabbruch mit „Divide by zero" die Folge. Soll dennoch unbedingt ein RSW Operator die Alternative beschreiben, so ist eine aufwendige Umformulierung notwendig.

Die Berechnung von t^γ muß ebenfalls sorgfältig betrachtet werden. Die Berechnung dieses Wertes erfolgt meist über die Darstellung

$$x^\alpha = e^{\alpha \ln x},$$

die aus mathematischer Sicht für $x = 0$ nicht definiert ist. Aus numerischer Sicht bringen bereits kleine Werte von x Schwierigkeiten, sodaß der Funktionswert, der rechtsseitige Grenzwert 0 (der auch nur für gewisse Werte von α existiert), unter einer minimalen Größe von x besser separat vorgegeben wird. Eine andere Möglichkeit wäre die Definition von γ als natürliche oder ganze Zahl, die manche Compiler zur Darstellung von x^α als fortgesetzte Multiplikation bzw. Division darstellen. Die Modellbeschreibung mit den erwähnten „Sicherheitsmaßnahmen" lautet:

```
PROGRAM Gaswolke
INITIAL
! --- Modellparameter, Simulationssteuerung ------------------
CONSTANT gamma = 5, t0 = 1, dt0 = 0 ! Parameter, Anfangswerte
CONSTANT rmax = 5, rsing = 0        ! Endradius, Singul.Radius
CONSTANT tmin = 1.e-5               ! Grenze fuer t**gamma
VARIABLE r, r0=0     ! Def. r als unabhaengige Veraenderliche
END  !  of INITIAL
```

```
DYNAMIC
 ta = 1 / SQRT ( 1 + r*r/3)      ! Exakte Loesung fuer gamma=5
 DERIVATIVE
  IF ( r .GT. rsing ) THEN       ! Auswahl fuer t"(r)
    ddt = -2*dt/r - tgamma
  ELSE
    ddt = -1./3.
  END IF
  IF ( t .GE. tmin  ) THEN       ! Begrenzen von t^gamma
    tgamma = t**gamma
  ELSE
    tgamma = 0.
  END IF
  dt  = integ ( ddt, dt0 )       ! Integration fuer t'(r)
  t   = integ ( dt,  t0  )       ! Integration fuer t(r)
 END  ! of DERIVATIVE
  TERMT ( r .GE. rmax )          ! Endbedingung
END  ! of DYNAMIC
END  ! of PROGRAM
```

In der Modellbeschreibung benennt das `VARIABLE` Schlüsselwort durch

```
    VARIABLE r, r0=0
```

die unabhängige Veränderliche mit r, ihren Anfangswert mit r0 und weist ihm den Wert 0 zu.

Wesentliche Frage für alle Experimente ist, wie groß die Umgebung $[0, r_{sing}]$, innerhalb derer $t_2(r) = -1/3$ gilt, gewählt werden muß. Jeder Integrationsalgorithmus startet mit einer Funktionsauswertung im Punkt $r = 0$. Die nächste Funktionsauswertung ist je nach Algorithmus einen Bruchteil $\frac{h}{n}$ der Schrittweite h von 0 entfernt. Dieser Abstand ist zumeist ausreichend, sodaß bei der programmierten Abfrage $r > r_{sing}$ für r_{sing} der Wert $r_{sing} = 0$ gewählt werden kann. Bei einer Abfrage $r \geq r_{sing}$ kommt man um das Problem der Wahl von $r_{sing} > 0$ nicht herum.

Der kritische Punkt der Modellbeschreibung ist die Stelle $r = 0$. Zur Überprüfung des Modells in $r = 0$ wird `rmax` auf Null gesetzt und ein Simulationslauf durchgeführt, der nur eine Initialisierung des Modells im Anfangszeitpunkt mit einer Auswertung der Derivative Section in $r = 0$ durchführt. Die `DISPLAY` Befehle zeigen die Werte aller Variablen und Konstanten auf:

```
 ACSL> SET  rmax=0; START ! Nur Initialisierung aller Variablen
 ACSL> DISPLAY /VAR       ! Ausgabe aller Variablen
```

```
         DDT-0.33333333        DT 0.                    R 0.
           T 1.00000000        TA 1.00000000    TGAMMA 1.00000000
ACSL> DISPLAY /CON           ! Ausgabe aller Parameter
        CINT 0.10000000       DTO 0.                GAMMA 5.00000000
        IALG       5         MAXT 1.0000D+09         MINT 1.0000D-09
        NSTP      10          RO 0.                  RMAX 0.
       RSING 0.               TO 1.00000000          TMIN 1.0000D-05
       ZZSEED   55555555
```

Die Variable `ddt` hat in `r=0.0` tatsächlich den Wert `ddt = -0.33333333` erhalten. Bei der Ausgabe der Parameter ist ersichtlich, daß das Modell mit doppelter Genauigkeit übersetzt wurde (z.B. `tmin 1.0000D-05`).

Das erste nun folgende Experiment versucht eine Validierung des Modells durch Vergleich mit der für $\gamma = 5$ bekannten analytischen Lösung $t_{\gamma=5}(r)$, die als `ta` in der `DYNAMIC` Section berechnet wird. Die folgenden Befehle legen eine Prepare- und Output-Liste fest und simulieren das Modell bis `rmax=20`. Die von `OUTPUT` jedes zehnte Kommunikationsintervall ausgegebenen Werte zeigen keinerlei Unterschied zwischen numerischer Lösung `t` und analytischer Lösung `ta`:

```
ACSL> PREPARE r,t,dt,ddt,ta      ! Abspeicherung
ACSL> OUTPUT r,t,ta /nciout=10   ! Bildschirmausgabe
ACSL> SET rmax=20; START         ! Simulationslauf bis rmax=20
        R 0.                 T 1.00000000        TA 1.00000000
        R 1.00000001         T 0.86602540        TA 0.86602540
        R 2.00000003         T 0.65465367        TA 0.65465367
              :                    :                   :
        R 10.0000001         T 0.17066403        TA 0.17066403
        R 11.0000002         T 0.15554275        TA 0.15554275
              :                    :                   :
        R 18.0000003         T 0.09578263        TA 0.09578263
        R 19.0000003         T 0.09078413        TA 0.09078413
        R 20.0000003         T 0.08627960        TA 0.08627960
```

Die in der Prepare-Datei gespeicherten Werte können nun gezeichnet werden. Abbildung 9.12 zeigt den Verlauf von $t(r), t'(r)$ und $t''(r)$ in Meßstreifendarstellung:

```
ACSL> SET strplt=.T., calplt=.F. ! Umschalten Zeichnungstyp
ACSL> SET title="Sphaerische Temperaturausbreitung"
ACSL> PLOT t,dt,ddt /XHI=rmax     ! Zeichnung von t,dt,ddt
```

Das nächste Experiment untersucht das Langzeitverhalten bis `rmax=2000`. Die numerische Lösung weicht auch bei `rmax=2000` nicht von der analytischen ab, die Variablen $t(r), t'(r)$ und $t''(r)$ streben gegen Null:

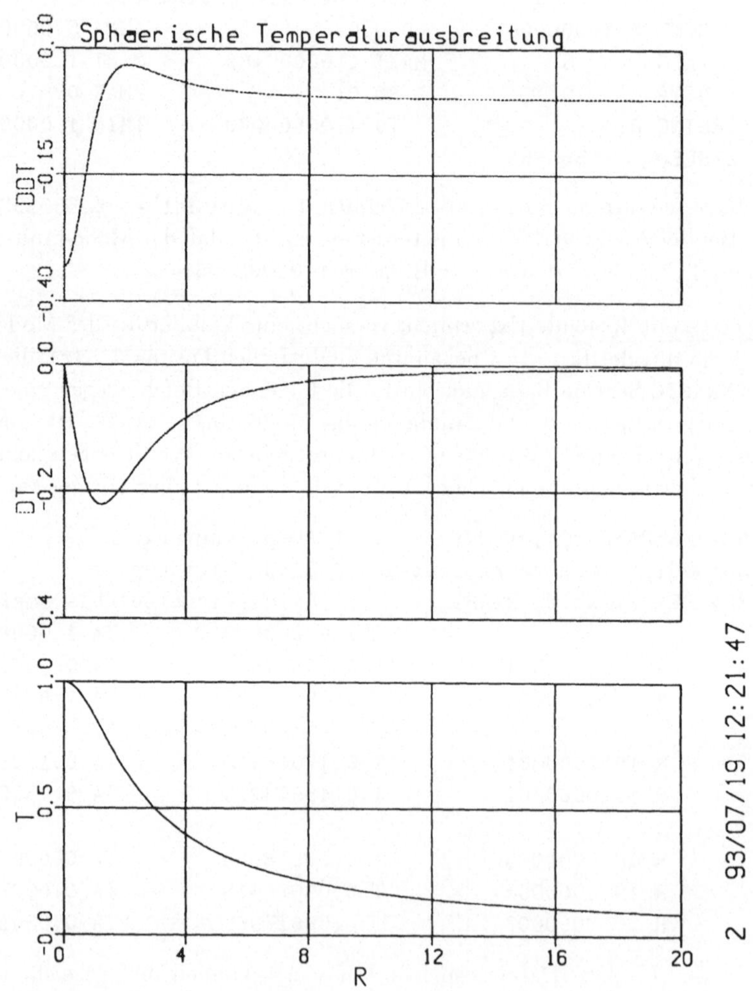

Abbildung 9.12: $t(r), t'(r)$ und $t''(r)$ über dem Radius r

```
ACSL> SET rmax=2000; START     ! Simulationslauf bis rmax=2000
ACSL> DISPLAY r,t,ta,dt,ddt     ! Ausgabe der Endwerte
       R 2000.00003            T 8.6603D-04           TA 8.6603D-04
      DT-4.3301D-07          DDT 4.3301D-10
```

Der Parameter γ, der im folgenden Experiment variiert wird, beeinflußt das Ver-

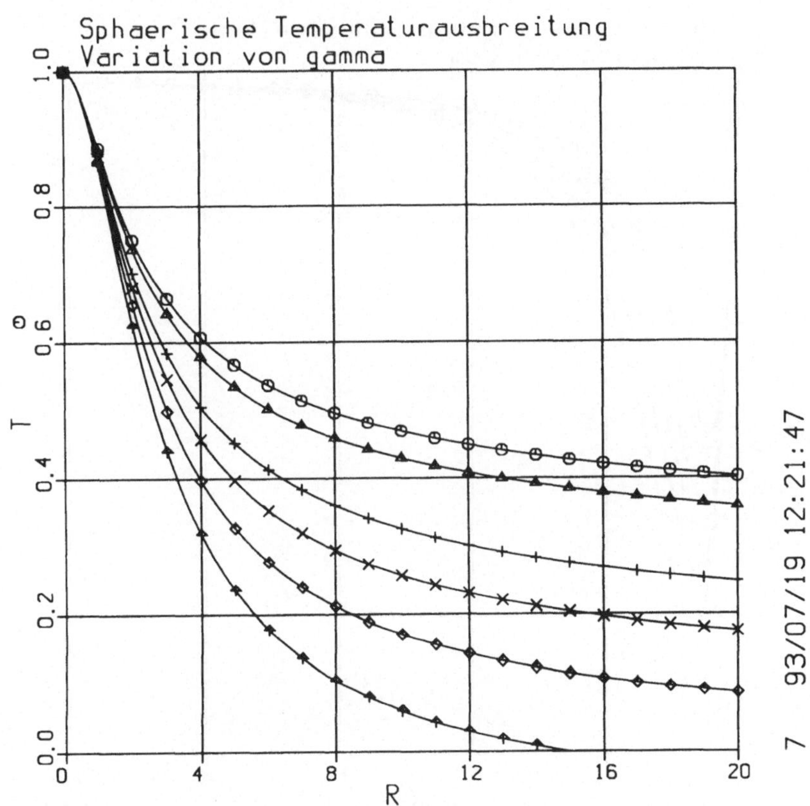

Abbildung 9.13: $t(r)$, Variation von γ

halten der Lösungen wesentlich. Nach dem ersten Simulationslauf mit $\gamma = 10$ verhindern **nrwitg=.T.** und **ftsplt=.T.** das Überschreiben der Prepare–Datei bei den folgenden Simulationsläufen und unterdrücken das sichtbare „Rückfahren" des Zeichenstiftes beim Zeichnen der folgenden Simulationsläufe. Die Abbildungen 9.13, 9.14 und 9.15 zeigen die Ergebnisse dieser Parametervariation für $t(r)$, $t'(r)$ und $t''(r)$, die einzelnen Lösungskurven sind markiert (Befehlsparameter **CHAR=1**):

```
ACSL> PREPAR r,t,dt,ddt
ACSL> SET rmax = 20
ACSL> SET title="Sphaerische Temperaturausbreitung"
ACSL> SET title(41)="Variation von gamma"
ACSL> SET gamma = 10;START   ! Simulationslauf mit gamma=10
ACSL> SET nrwitg=.T., ftsplt=.T.   ! Keine Ueberspeicherung
```

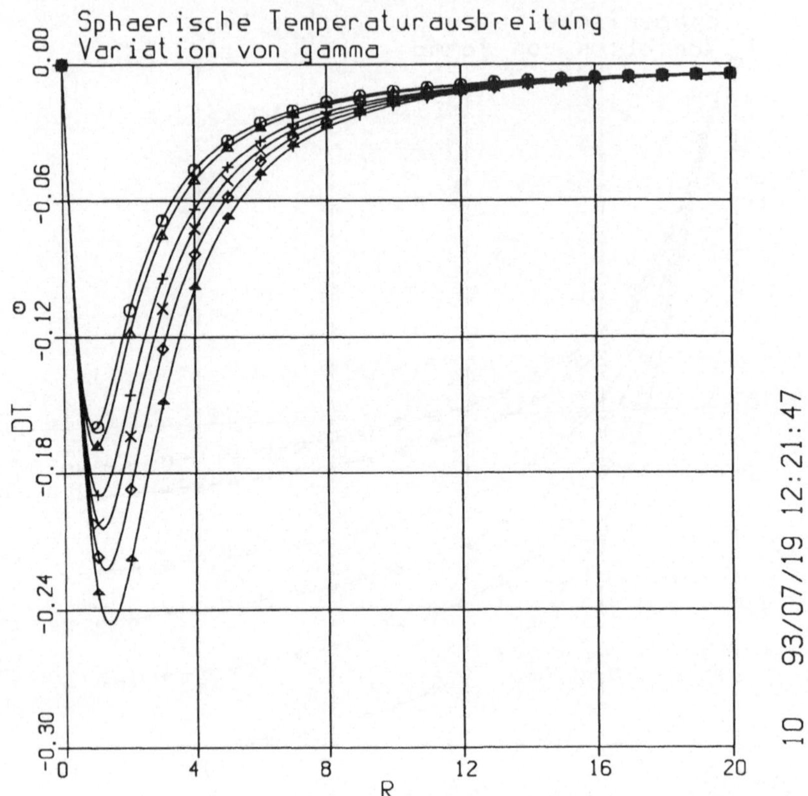

Abbildung 9.14: $t'(r)$, Variation von γ

```
ACSL> SET gamma =9; START      ! Simulationslauf mit gamma=9
ACSL> SET gamma =7; START      ! Simulationslauf mit gamma=7
ACSL> SET gamma =6; START      ! Simulationslauf mit gamma=6
ACSL> SET gamma =5; START      ! Simulationslauf mit gamma=5
ACSL> SET gamma =4; START      ! Simulationslauf mit gamma=4
ACSL> PLOT /XHI=rmax t /LO=0 /CHAR=1
ACSL> PLOT dt /LO=-0.3 /CHAR=1
ACSL> PLOT ddt /CHAR=1
```

ACSL erweckt durch seine komfortable Modellbeschreibung oft den Eindruck,
daß der Anwender die Besonderheiten von FORTRAN vergessen kann. Insbesondere die Vereinbarung von Variablentypen und die damit verbundenen Konse-
quenzen für Berechnungen treten in den Hintergrund, da Typenkonversionen in
ACSL, aber auch in modernen FORTRAN–Compilern, zum Standard gehören.

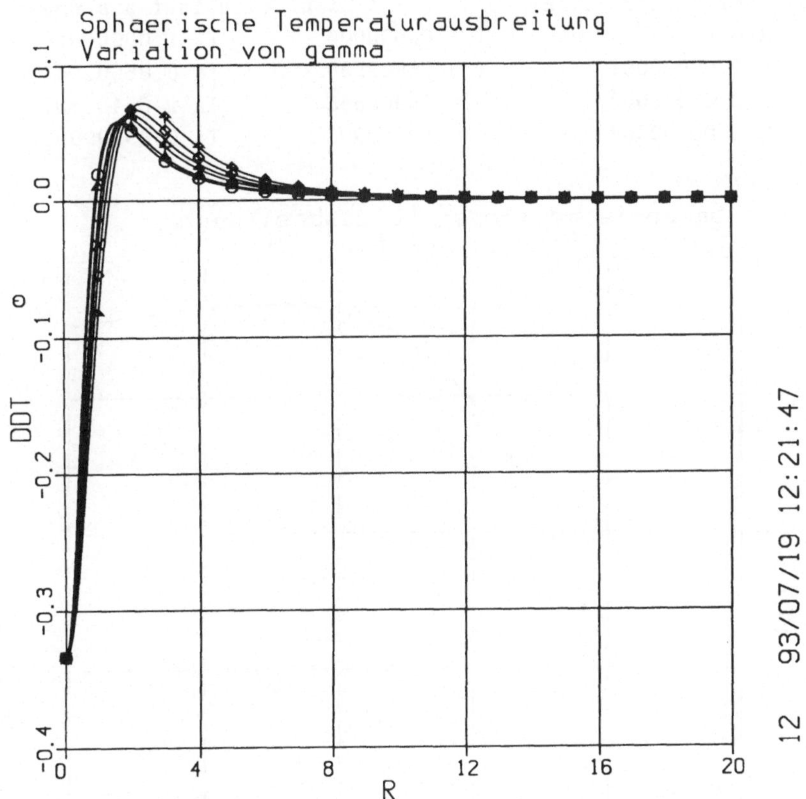

Abbildung 9.15: $t''(r)$, Variation von γ

Aus diesem Grund scheint die Formulierung

```
ddt = -1./3.
```

ein Anachronismus aus einer „veralteten" FORTRAN–Ära zu sein, die Formulierung

```
ddt = -1/3
```

erscheint wegen der automatischen Datenkonversion als ausreichend. Eine Simulation mit dem derart modifizierten Modell zeigt beim Validierungsexperiment geringfügige Abweichungen zwischen numerischer und analytischer Lösung, die durchaus als Rundungs- und Verfahrensfehler interpretiert werden können:

```
ACSL PREPARE r,ddt; OUTPUT r,t,ta ! Output- und Prepare-Liste
```

```
ACSL> SET rmax=3; START              ! Simulationslauf bis rmax=3
     R 0.                    T 1.00000000        TA 1.00000000
     R 1.00000001           T 0.86602530        TA 0.86602540
     R 2.00000003           T 0.65465353        TA 0.65465367
     R 3.00000004           T 0.49999993        TA 0.49999999
```

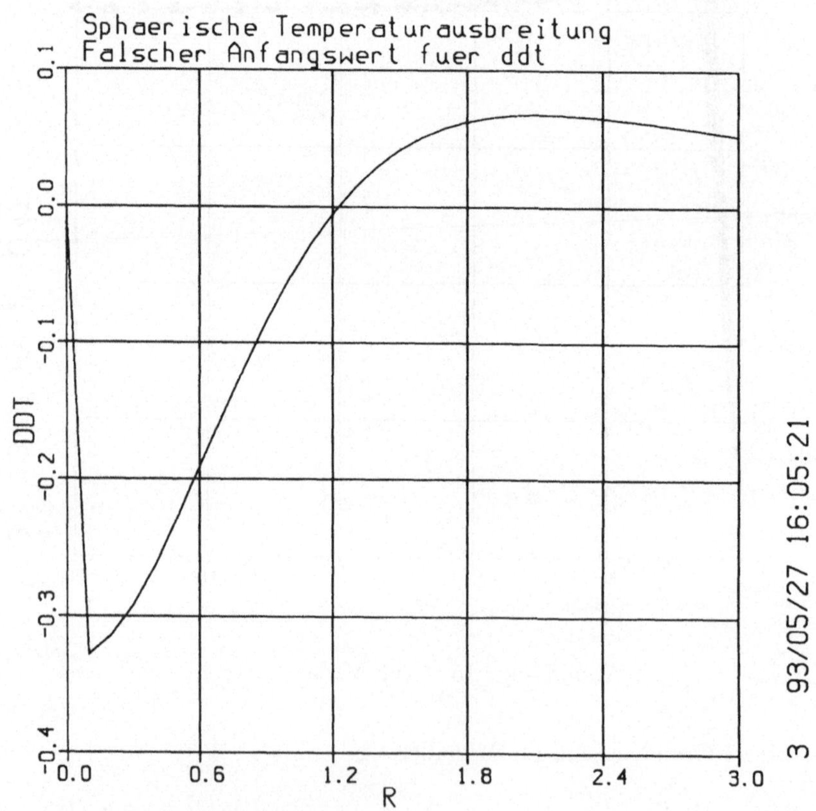

Abbildung 9.16: $t''(r)$ mit falschem Anfangswert

Die Darstellung von $t''(r)$ in Abb. 9.16 weist auf einen falschen Anfangswert für
$t''(0)$ hin. Ein Simulationslauf mit `rmax=0`, der alle Variablen nur initialisiert,
zeigt für die Variable `ddt` den (falschen) Wert `ddt=0.0` für `r=0`:

```
ACSL> SET title="Sphaerische Temperaturausbreitung"
ACSL> SET title(41)="Falscher Anfangswert fuer ddt"
ACSL> PLOT ddt /XHI=rmax          ! Plot t"(r) ueber r
ACSL> SET rmax=0; START           ! Initialisierung bei r=0
```

```
ACSL> DISPLAY /VAR            ! Ausgabe aller Variablen
   DDT 0.              DT 0.                    R 0.
      T 1.00000000     TA 1.00000000    TGAMMA 1.00000000
ACSL> EXIT                    ! Ende der Simulationssitzung
```

Dem FORTRAN–Kenner ist die Ursache für den falschen Anfangswert sofort
klar. ACSL und FORTRAN haben richtig gerechnet, denn die Anweisung `ddt`
`= -1/3` erkennt die zwei Zahlen 1 und 3 als Zahlen vom Typ `INTEGER` und führt
eine Integer-Division durch, d.h. das Ergebnis der Divisison wird ganzzahlig ge-
rundet, in diesem Fall auf den Wert 0. Erst nach dieser Operation wird das
Divisionsergebnis 0 auf eine Größe vom Typ `REAL` (`0.0`) gewandelt und der Variablen `ddt` zugewiesen. Dieses Beispiel zeigt, daß bei komplexeren Aufgaben
FORTRAN–Kenntnisse unumgänglich sind.

9.5 Komplexe Kennlinienverarbeitung

Im folgenden werden am Beispiel einer Anwendung aus dem Gebiet der Fahrzeugdynamik einige fortgeschrittene Möglichkeiten von ACSL vorgeführt und
erläutert:

- Differenzieren einer tabellarisch gegebenen Funktion,

- Verwendung einer externen FORTRAN–Subroutine,

- Verarbeitung eines impliziten Differentialgleichungssystems durch Dreieckszerlegung,

- Einsatz der `PROCEDURAL` Anweisung.

Es wird davon ausgegangen, daß ein ACSL–Modell eines PKW zu erstellen ist,
das die Simulation der Schwingungen des Fahrzeugaufbaus und der Räder beim
Überfahren von Fahrbahnunebenheiten erlaubt. Diese Unebenheiten sollen nicht
periodisch sein, sondern ein Einzelereignis (oder mehrere) darstellen, wie etwa ein
Schlagloch, ein hervorstehender Kanaldeckel oder eine Schwelle auf der Fahrbahn.

In diesem Fall bietet sich die Beschreibung des Fahrbahnprofils als tabellarische
Funktion des Weges an. Ein 25m langes, ebenes Fahrbahnstück, das nach 5m
eine 10cm hohe und angeschrägte Unebenheit („Schwelle") aufweist kann mit der
`TABLE` Funktion sehr einfach definiert werden:

```
! --- Tabelle der Fahrbahnhoehe ----------------------------------
   TABLE htab,  1,  6 / 0.0, 5.0, 5.3, 5.5, 5.6, 25., &
                        0.0, 0.0, 0.1, 0.1, 0.0, 0.0  /
```

Diese Programmzeilen deklarieren in einer Tabelle eine Funktion $h(x)$ (`htab`) mit der unabhängigen Variablen x, welche an 6 Stützstellen [0.0...25.] definiert ist. Die Funktion h (`htab`) hat an zwei Stützstellen $(5.3, 5.5)$ den Wert 0.1, sonst ist sie Null. Ausschlaggebend ist aber, daß ACSL bei einem Aufruf `htab(x)` mit einem Argument `x`, das nicht eine Stützstelle der Tabelle ist, mittels der beiden nächstgelegenen Funktionswerte linear interpoliert. Dadurch stellt die oben deklarierte `TABLE htab` in einer ACSL–Anwendung eine stetige und stückweise lineare Funktion dar. Diese ist stets gleich Null, mit Ausnahme des Intervalls [5.0...5.6], wo sie einen trapezförmigen Verlauf aufweist. Diese Funktion `htab` kann auch mit Argumenten $x < 0.$ bzw. $x > 25.$ aufgerufen werden, wobei dann mit Hilfe der nächstgelegenen Stützwerte extrapoliert wird.

Häufig müssen Funktionen differenziert werden. In Rahmen dieses Beispiels wird sich noch zeigen, daß für die Berechnung der Kräfte zwischen den Achsmassen des PKW und der Fahrbahn die Neigung, also die Ableitung $h'(x) = dh/dx$ der Funktion $h(x)$, benötigt wird. Bei einer analytisch gegebenen Funktion ist dies natürlich kein Problem. Für Funktionen, die tabellarisch definiert sind, erhebt sich die Frage, wie die Ableitung überhaupt definiert ist. Von ACSL weiß man, daß zwischen den Stützstellen linear interpoliert wird. Daher ist die Ableitung in einem Intervall zwischen zwei Stützstellen konstant und kann mittels des Differenzenquotienten berechnet werden. Ändert sich die Ableitung von einem Intervall zum nächsten, dann tritt an der Stützstelle eine Unstetigkeit in der Ableitung auf, und es existiert ein linksseitiger und ein rechtseitiger Funktionswert für die Ableitung.

Die Berechnung der Ableitung einer tabellierten Funktion kann im einfachsten Fall außerhalb von ACSL erfolgen, sodaß im Modell zwei Tabellen $h(x)$ und $h'(x)$ mit a priori bekannten Werten programmiert werden. Weil die Funktionen $h(x)$ und $h'(x)$ nicht unabhängig sind, muß bei einer Änderung der einen auch die andere Funktion entsprechend geändert werden. Das ist bei häufigen Änderungen oder Parameterstudien sehr unpraktisch und fehleranfällig. Wünschenswert ist deshalb eine automatische Erstellung einer Tabelle der differenzierten Funktion.

ACSL bietet hier keine weitere Unterstützung an, abgesehen von der Möglichkeit, FORTRAN–Subroutinen aufzurufen. Mit einer solchen kann die gewünschte Funktion aber relativ einfach geschaffen werden. Nachstehend ist die Subroutine `DIFTAB` abgedruckt, welche die tabellarisch gegebene Funktion in einer unabhängigen Variablen differenziert und ebenfalls als Tabelle ausgibt. Die Parameter der Routine sind:

`tab`   ist ein eindimensionales `REAL` Feld (Eingabeparameter), das zuerst die Funktionswerte und dahinter die Stützstellen enthält. Hier ist Vorsicht geboten, weil ACSL die Reihenfolge gegenüber der Deklaration mittels `TABLE` vertauscht! Das Feld wird in der Routine nicht verändert.

ntp   ist eine INTEGER Variable (Eingabeparameter), welche die Stützstellenanzahl
      von tab angibt. Die Variable wird in der Routine nicht verändert.

dtab ist ein eindimensionales REAL Feld (Ausgabeparameter), das zuerst die
      Ableitung von tab und dahinter die Stützstellen enthält. dtab enthält
      4*ntp-4 Werte, weil alle Stützstellen bis auf die erste und letzte verdop-
      pelt werden, um links- und rechtsseitige Ableitung speichern zu können!

```
      SUBROUTINE DIFTAB(tab,ntp,dtab)
C -----------------------------------------------------------------
C Berechnet die Ableitung einer durch Tabelle 'tab' an 'ntp'
C Stuetzstellen gegebenen Funktion und speichert sie auf 'dtab'
C Input:  REAL  tab(2*ntp)    INTEGER ntp
C Output: REAL dtab(4*ntp-4)
C -----------------------------------------------------------------
      REAL tab(*), dtab(*)
C - Berechne Stuetzstellenzahl 'nsd' der Tabelle 'dtab'
      nsd = 2*ntp-2
C - Kopiere ersten und letzten Wert der unabhaeng. Variablen
      dtab(nsd+1) = tab(ntp+1)
      dtab(2*nsd) = tab(2*ntp)
C - Verdopple Stuetzstellen und kopiere Wert der unabh. Var.
      DO 10 i = 2, ntp-1
         dtab(nsd+2*i-2) = tab(ntp+i)
         dtab(nsd+2*i-1) = tab(ntp+i)
 10   CONTINUE
C - Berechne Differenzenquotient und speichere auf links- bzw.
C - rechtsseitige Stuetzstelle eines Intervalls
      DO 20 i = 1, ntp-1
         dtab(2*i-1)=(tab(i+1)-tab(i))/(tab(ntp+i+1)-tab(ntp+i))
         dtab(2*i)  = dtab(2*i-1)
 20   CONTINUE
      END
```

Die Verwendung dieser Routine soll nun an einem kurzen Testprogramm Schwelle
demonstriert werden. In diesem Programm wird ein Fahrbahnprofil durch die
eingangs definierte Tabelle htab festgelegt. Eine weitere Tabelle hdtab mit der
entsprechenden höheren Anzahl von Stützstellen wird ebenfalls vereinbart. Die
Stützstellen und Funktionswerte sind vorläufig nicht bekannt und werden mit 0.0
initialisiert. Der nächste Schritt ist der Aufruf der Subroutine DIFTAB mit

```
      CALL DIFTAB (htab,ntp,hdtab) ,
```

der das Feld bzw. die Tabelle hdtab mit den entsprechenden Werten belegt.
Ergänzt man nun dieses Programmfragment zu einem vollständigen Dummy-
Simulationsprogramm, erhält man das nachstehende ACSL-Modell Schwelle.

Anzumerken wäre noch, daß die VARIABLE Anweisung verwendet wird, um den Namen der unabhängigen Variablen von t auf x zu ändern. Da es bei diesem Beispiel nicht um einen zeitlichen Vorgang geht, sondern um das Abtasten einer Strecke, entspricht dieser Name hier besser.

```
PROGRAM Schwelle
! --- Berechnet mittels FORTRAN-Subroutine DIFTAB von einer als
! --- Tabelle (TABLE) gegebenen Funktion y=f(x) die Ableitung
! --- y'=dy/dx und speichert sie in einer weiteren Tabelle ab.
! ---
! --- Nachstehender Datensatz stellt ein 25m langes Fahrbahn-
! --- stueck dar, bei dem nach 5m eine 10cm hohe angeschraegte
! --- Unebenheit (Schwelle) auftritt.
!
! --- Tabelle der Fahrbahnhoehe ----------------------------------
 TABLE htab,  1,  6 / 0.0, 5.0, 5.3, 5.5, 5.6, 25., &
                      0.0, 0.0, 0.1, 0.1, 0.0, 0.0  /
!
! --- Tabelle der differenzierten Fahrbahnhoehe ----------------
 TABLE hdtab, 1, 10 / 10*0.0, 10*0.0 /     ! Tabelle ist noch leer
!
! --- Unterprogramm-Aufruf zur Berechnung von hd  --------------
 INTEGER  ntp
 CONSTANT ntp = 6
 CALL DIFTAB (htab,ntp,hdtab)
!
! --- Dummy-Simulationsprogramm zur Demonstration --------------
 VARIABLE  x    ! Deklariert x (statt t) als unabh. Variable
 CINTERVAL cint = 0.01
 CONSTANT  xend = 6.
!
 hoehe  = h(x) ! Berechnet aus Tabelle die Fahrbahnhoehe
 hoedif = hd(x) ! Berechnet aus Tabelle die Neigung
 TERMT (x.ge.xend)
END    ! of program
      SUBROUTINE DIFTAB(tab,ntp,dtab)
          :
          :
      END
```

Mit dem Programm Schwelle kann die Tabelle für das Fahrbahnprofil und die Subroutine zur Ableitungsberechnung getestet werden. Mit der folgenden Runtime–Befehlsfolge wird zuerst eine Prepare–Liste vereinbart und ein Simulationslauf gestartet. Der anschließende PLOT Befehl wird mit einigen optionalen

Parametern aufgerufen, um die Skalierung zu beeinflussen und die Beschriftungs-
texte zu setzen. Wegen der Länge des Befehls wird er über mehrere Fortsetzungs-
zeilen eingegeben, welche immer in der Zeile davor mit dem Ampersand–Zeichen
„&" angekündigt werden.

```
ACSL> PREPARE x,hoehe,hoedif
ACSL> START
ACSL> SET title='Fahrbahn mit Schwelle'
ACSL> SET strplt=.T., calplt=.F.
ACSL> PLOT /XLO=4 /XHI=6 /XTAG='Weg [m]'        &
ACSL>        hoehdif /LO=-1.5 /HI=1.5 /TAG='[-]' &
ACSL>        hoehe   /HI=1.5 /TAG='[m]'
```

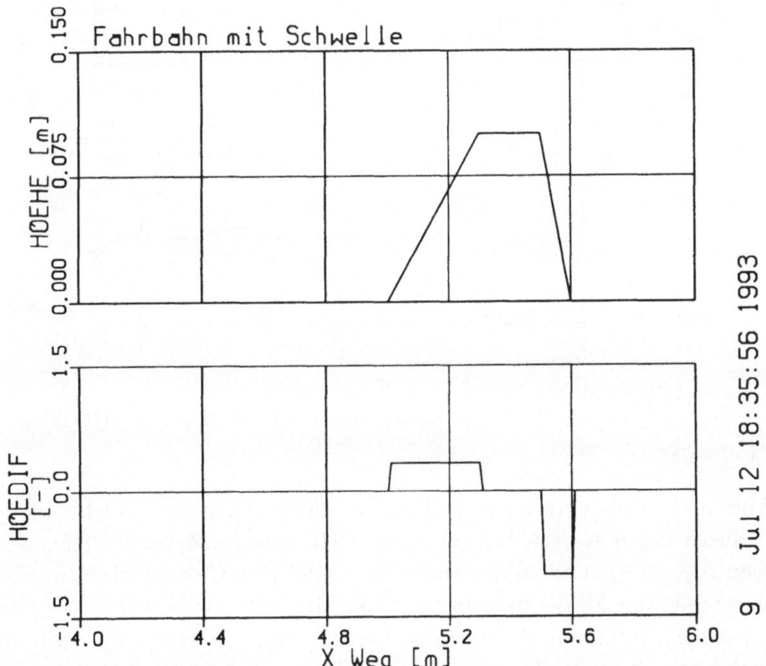

Abbildung 9.17:   Höhenprofil **hoehe** der Fahrbahn und differenziertes Profil
hoedif über dem Weg dargestellt

Die Abb.9.17 zeigt das Höhenprofil der Fahrbahn mit Schwelle und darunter die
durch die zusätzliche Subroutine **DIFTAB** berechnete Steigung der Fahrbahn.

Der nächste Schritt ist die Erstellung eines Fahrzeugmodells. Für die Untersuchung der Schwingungseigenschaften und für die Auslegung der Feder- und Dämpfungsparameter eines PKW eignen sich Starrkörpermodelle, auch wenn sie nur wenige Freiheitsgrade besitzen, relativ gut. Im weiteren soll von einem ebenen Fahrzeugmodell ausgegangen werden, mit dem die Bewegungen in der vertikalen Fahrzeuglängsmittelebene beschrieben werden können.

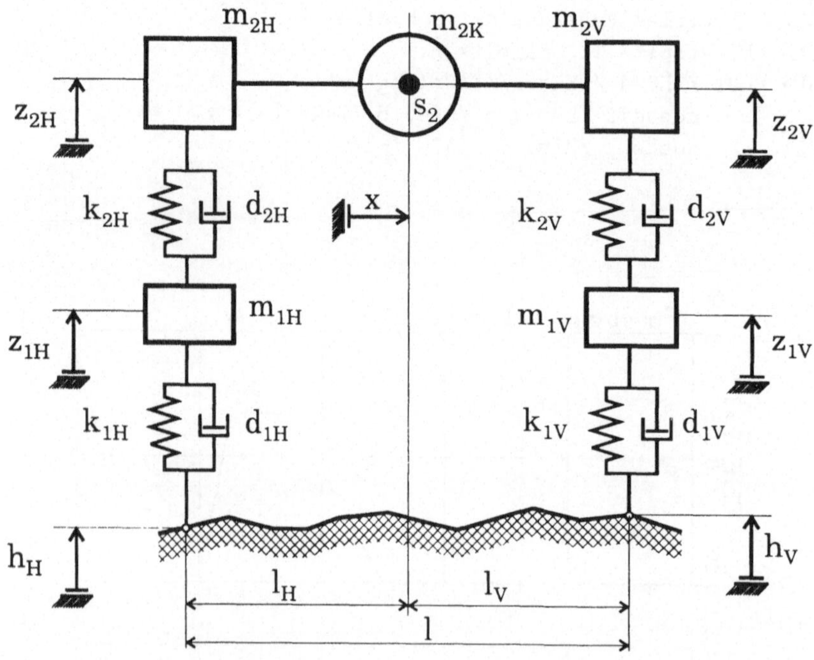

Abbildung 9.18: Mechanisches Ersatzmodell eines PKW

In Abb. 9.18 ist das mechanische Ersatzmodell dargestellt. Der Fahrzeugaufbau wird durch einen starren Körper dargestellt, dessen Masse in den drei Punktmassen m_{2V}, m_{2H} und m_{2K} konzentriert ist. Der Gesamtschwerpunkt S_2 soll an der Stelle der Masse m_{2K} liegen. Die Massen m_{2V} und m_{2H} repräsentieren die anteilige Aufbaumasse über der Vorder- bzw. Hinterachse. Mit der Koppelmasse m_{2K} kann die Massengeometrie des Starrkörpermodells (Gesamtmasse, Schwerpunktlage und Massenträgheitsmoment) mit der des Fahrzeugaufbaus in Übereinstimmung gebracht werden. Darüberhinaus ist sie anschaulich interpretierbar. Ist z.B. $m_{2K} = 0$, dann beeinflußt eine vertikale Bewegung von m_{2V} nicht die Bewegung von m_{2H}, die beiden Massen sind entkoppelt. Die Koppelmasse m_{2K} kann sowohl positive wie negative Werte annehmen, ihre Größe variiert für übliche PKW im Bereich von $\pm 20\%$. Dieses Konzept der Modellbildung geht auf

Mitschke [25] zurück, für weitere Einzelheiten sei auf die umfangreiche Literatur verwiesen.

Der Fahrzeugaufbau besitzt zwei Freiheitsgrade, die durch die Koordinaten z_{2V} und z_{2H} in vertikaler Richtung beschrieben werden. Die Koordinate x in Längsrichtung soll kein eigener Freiheitsgrad sein, sondern durch ein Zeitgesetz vorgegeben werden. Der Wahl von vorderer und hinterer Aufbauverschiebung als Freiheitsgrade statt Schwerpunktverschiebung und Nickwinkel wurde wegen der größeren Anschaulichkeit im Rahmen dieses Beispiels der Vorzug gegeben. Da beide Darstellungsarten durch einfache Transformationen ineinander übergeführt werden können, kommt dieser Wahl keine besondere Bedeutung zu. Im übrigen soll die Geometrie des Modells als linearisiert angenommen werden.

Die Rad- und Achsmasse an der Vorderachse m_{1V} bzw. Hinterachse m_{1H} ist als je eine Punktmasse modelliert. Jede Masse ist mit dem Aufbau durch eine Parallelschaltung einer Feder k_2 mit einem Dämpfer d_2 verbunden. Diese Feder-/Dämpferkombinationen repräsentieren die Aufbaufederung und -dämpfung des Fahrzeugs. Die Feder-/Dämpferkombinationen k_1, d_1 stellen die Feder- und Dämpfungseigenschaften der Reifen dar. Sie sind an einem Ende mit den Achsmassen, am anderen Ende mit der Fahrbahn verbunden. Durch Fahrbahnunebenheiten h_V und h_H ergibt sich eine Fußpunkterregung für das mechanische Ersatzmodell. Weil das Modell auch die Dämpfungseigenschaften des Reifens berücksichtigt, ist die Ableitung des Fahrbahnprofils für die Berechnung der Reifenkräfte erforderlich.

Alle Federsteifigkeiten $k_{1V}...k_{2H}$ werden als linear angenommen. Endanschläge, Zusatzfedern oder nichtlineare Kennlinien könnten ohne weiteres modelliert werden, würden aber dieses Demonstrationsbeispiel nur unübersichtlich machen. Exemplarisch wird am Beispiel der Aufbaudämpfer $d_{2V,H}$ gezeigt, wie nichtlineare Kennlinien behandelt werden können. Hier wird durch zwei verschiedene Kennwerte unterschieden, ob der Dämpfer auf Zug oder Druck beansprucht wird. Dies ist auch im Rahmen dieses einfachen Modells notwendig um ein einigermaßen realistisches Modell zu erstellen. Für die Reifendämpfung wird eine geschwindigkeitsproportionale Dämpfung angenommen. Wie aus Messungen bekannt ist, ist die Reifendämpfung stark frequenzabhängig. Im Zeitbereich kann sie aber nur sehr schwer berücksichtigt werden. In Anbetracht der geringen Dämpfungskräfte des Reifens kann diese Vernachlässigung aber in Kauf genommen werden.

Die systembeschreibenden Differentialgleichungen lauten in Matrizenschreibweise

$$RM\,\ddot{z} + RK\,z = FD + FE$$

mit der konstanten (4x4) Massenmatrix RM

$$RM = \begin{bmatrix} m_{2V} + m_{2K}(l_H/lg)^2 & m_{2K}(l_V l_H/lg^2) & 0 & 0 \\ m_{2K}(l_V l_H/lg^2) & m_{2H} + m_{2K}(l_V/lg)^2 & 0 & 0 \\ 0 & 0 & m_{1V} & 0 \\ 0 & 0 & 0 & m_{1H} \end{bmatrix}$$

und der ebenfalls konstanten (4x4) Steifigkeitsmatrix RK

$$RK = \begin{bmatrix} k_{2V} & 0 & -k_{2V} & 0 \\ 0 & k_{2H} & 0 & -k_{2H} \\ -k_{2V} & 0 & k_{2V} & 0 \\ 0 & -k_{2H} & 0 & k_{2H} \end{bmatrix} .$$

Die Dämpferkräfte werden durch den (4x1)Vektor FD beschrieben

$$FD = \begin{bmatrix} -d_{2V}(\dot{z}_{2V} - \dot{z}_{1V}) \\ -d_{2H}(\dot{z}_{2H} - \dot{z}_{1H}) \\ -d_{2V}(\dot{z}_{1V} - \dot{z}_{2V}) - d_{1V}(\dot{z}_{1V} - \dot{h}_V) \\ -d_{2H}(\dot{z}_{1H} - \dot{z}_{1H}) - d_{1H}(\dot{z}_{1H} - \dot{h}_H) \end{bmatrix} ,$$

wobei zu beachten ist, daß d_{2V} und d_{2H} vom Vorzeichen der Relativgeschwindigkeit der beiden Dämpferenden abhängen. Die Kennwerte für die Reifendämpfung d_{1V} und d_{1H} sind im Gegensatz dazu konstant.

Schließlich lauten die Erregerkräfte durch die Wegerregung der Reifenfedern

$$FE = \begin{bmatrix} 0 \\ 0 \\ k_{1V}(z_{1V} - h_V) \\ k_{1H}(z_{1H} - h_H) \end{bmatrix} .$$

Es wird in der Darstellung der Bewegungsgleichungen für die linearen Modellteile (RM, RK und FE) die Matrixstruktur beibehalten. Da die Dämpfungskräfte teilweise nichtlinear sind, werden sie als äußere eingeprägte Kräfte der Massen aufgefaßt und auf der rechten Seite des Gleichungssystems angeschrieben. Diese Mischform wurde gewählt um an einem ACSL-Modell die Formulierung von linearen und nichtlinearen Modellen zu zeigen.

Da die Massenmatrix RM nicht Diagonalform hat, liegt ein implizites Differentialgleichungssystem vor. Bis einschließlich Level 10E müssen in ACSL die Gleichungen explizit dargestellt werden. Ab Version Level 10F gibt es auch die Möglichkeit der direkten Bearbeitung von impliziten Modellen. Die explizite Auflösung der Gleichungen nach den Beschleunigungen $\ddot{z}$ erfordert die Lösung des linearen Gleichungssystems

$$RM\ddot{z} = RHS = -RK + FD + FE \, .$$

Wenn RM konstant ist, dann kann in der INITIAL Section mittels Subroutine-Aufruf die inverse Matrix $(RM)^{-1}$ berechnet werden. Im dynamischen Teil des Programms werden dann die Differentialgleichungen in der Form

$$\ddot{z} = RM^{-1}RHS = RM^{-1}(-RK + FD + FE) \, .$$

programmiert. Eine entsprechendes Unterprogramm wird, wenn verfügbar, von einer externen Library geladen, oder als FORTRAN-Routine an das ACSL–Programm angehängt.

Alternativ dazu genügt es aber auch, eine Dreieckszerlegung der Massenmatrix durchzuführen. Die Differentialgleichungen liegen dann als gestaffeltes Gleichungssystem vor, bei dem durch Rückwärtsauflösen schrittweise die Beschleunigungen berechenbar sind. Diese Vorgangsweise empfiehlt sich gegenüber der erstgenannten aus Gründen der Rechenzeit insbesonders dann, wenn die Massenmatrix nicht konstant ist, sondern nach jedem Integrationsschritt neu berechnet werden muß.

Für das nachstehende ACSL–Programm des Fahrzeugmodells wurde die Dreieckszerlegung analytisch durchgeführt und die entsprechenden Gleichungen in der DERIVATIVE Section programmiert. Die Programmzeile

```
z2vdd = ( rhs(1) - rm(1,2) * z2hdd ) / rm(1,1)
```

enthält auch auf der rechten Seite einen Beschleunigungsterm (z2hdd). Trotzdem ist z2vdd berechenbar, wenn zuvor z2hdd aus

```
z2hdd = ( rhs(2)*rm(1,1)-rhs(1)*rm(2,1) ) /    &
        (rm(1,1)*rm(2,2)-rm(2,1)*rm(1,2))
```

berechnet wurde. Für die Einhaltung der entsprechenden Reihenfolge in der Bearbeitung der Gleichungen sorgt der Gleichungssortieralgorithmus von ACSL. Bei umfangreicheren Modellen wird man die Dreieckszerlegung jedoch nicht analytisch durchführen, sondern eine externe Subroutine aufrufen.

Nachstehend nun das vollständige ACSL–Programm zur Simulation der Vertikaldynamik eines PKW bei der Fahrt über Bodenunebenheiten:

```
PROGRAM pkw
! ----------------------------------------------------------------
! Simulation eines ebenen Fahrzeugmodells mit 4 Freiheitsgraden
! Fahrbahnprofil durch Geradenstuecke eingebbar
! Berechnet selbstaendig das differenzierte Fahrbahnprofil
! Aufbaudaempfung mit nichtlinearer Daempferkennlinie
! ----------------------------------------------------------------
DIMENSION rm(4,4),rk(4,4),fd(4),rhs(4)
DIMENSION z(4), zd(4), h(2), hd(2)
!
INITIAL ! Section
! ----------------------------- Massen und Geometriedaten ----
  CONSTANT m2vhk = 1200.,   m2k = 120.
  CONSTANT   m1v =   60.,   m1h =  80.
  CONSTANT    lg =  2.5 ,    lv = 1.0
! ----------------------------------------- Federsteifigkeiten ---
  CONSTANT k2v= 40.e3,   k2h= 50.e3
  CONSTANT k1v=260.e3,   k1h=260.e3
! --------------- Tabelle der Aufbaudaempferkennlinie vorne ---
  TABLE d2v, 1, 4 /    -1.,     0.,     0.,     1. &
                   1.3e3, 1.3e3, 2.5e3, 2.5e3 /
! --------------- Tabelle der Aufbaudaempferkennlinie hinten ---
  TABLE d2h, 1, 4 /    -1.,     0.,     0.,     1. &
                   1.3e3, 1.3e3, 2.5e3, 2.5e3 /
! --------------------------------------- Reifendaempfung ---
  CONSTANT d1v=0.2e3,   d1h=0.2e3
! ----------------------------- Tabelle der Fahrbahnhoehe ---
  TABLE htab,  1,  6 / 0.0, 5.0, 5.3, 5.5, 5.6, 25., &
                   0.0, 0.0, 0.1, 0.1, 0.0, 0.0  /
! --------------- Tabelle der differenzierten Fahrbahnhoehe ---
  TABLE hdtab, 1, 10 / 10*0.0, 10*0.0 /   ! Tabelle ist noch leer
! ----------- Unterprogramm-Aufruf zur Berechnung von hdtab   ---
  INTEGER  ntp
  CONSTANT ntp = 6
  CALL DIFTAB (htab,ntp,hdtab)
! ----------------------------------------------- Anfangswerte ---
  CONSTANT z2v0=0.0, z2vd0=0.0, z2h0=0.0, z2hd0=0.0
  CONSTANT z1v0=0.0, z1vd0=0.0, z1h0=0.0, z1hd0=0.0
  CONSTANT    x0=0.0
! ----------------------------------------- Integrationsparameter ---
  CONSTANT  xend=20., speed=10.
  CINTERVAL cint=0.01
```

```
! ------------------------Berechnung von abgeleiteten Groessen ---
   lh = lg - lv
  m2h = (m2vhk-m2k)*lv/lg
  m2v = m2h*lh/lv
! --------------------------- Berechnung der Massenmatrix ---
  rm(1,1)=m2v+m2k*(lh/lg)**2
  rm(2,2)=m2h+m2k*(lv/lg)**2
  rm(1,2)=m2k*lv*lh/lg/lg;      rm(2,1)=rm(1,2)
  rm(3,3)=m1v;                  rm(4,4)=m1h
! ------------------------Berechnung der Steifigkeitsmatrix ---
  rk(1,1)= k2v; rk(1,3)=-k2v
  rk(2,2)= k2h; rk(2,4)=-k2h
  rk(3,1)=-k2v; rk(3,3)= k2v+k1v;
  rk(4,2)=-k2h; rk(4,4)= k2h+k1h
END ! of INITIAL ------------------------------------------------
!
DYNAMIC ! Section
!
  DERIVATIVE ! Section
!
    PROCEDURAL (h,hd = x) ! Berechnet Wegerregung an den Raedern
       h(1) =  htab(x+lv);  h(2) =  htab(x-lh)
      hd(1) = hdtab(x+lv); hd(2) = hdtab(x-lh)
    END ! of PROCEDURAL
!
    PROCEDURAL (z,zd = z2v, z2h, z1v, z1h, & ! Schreibt Zustaende
                       z2vd,z2hd,z1vd,z1hd ) ! auf Hilfsfelder
       z(1)=z2v;   z(2)=z2h;   z(3)=z1v;   z(4)=z1h;
      zd(1)=z2vd; zd(2)=z2hd; zd(3)=z1vd; zd(4)=z1hd;
    END ! of PROCEDURAL
!
    PROCEDURAL (fd = zd) ! Berechnet Daempferkraft aus Tabelle
      fd(1) = d2v(zd(1)-zd(3))*(zd(1)-zd(3))
      fd(2) = d2h(zd(2)-zd(4))*(zd(2)-zd(4))
      fd(3) = -fd(1)+d1v*zd(3)
      fd(4) = -fd(2)+d1h*zd(4)
    END ! of PROCEDURAL
!
    PROCEDURAL (rhs = z,h,hd,fd) ! Berechnet rechte Seite der DG
      rhs(1) = -( rk(1,1)* z(1) + rk(1,3)* z(3) + fd(1) )
      rhs(2) = -( rk(2,2)* z(2) + rk(2,4)* z(4) + fd(2) )
      rhs(3) = -( rk(3,1)* z(1) + rk(3,3)* z(3) + fd(3) )
```

```
    rhs(4) = -( rk(4,2)* z(2) + rk(4,4)* z(4) + fd(4) )


    rhs(3) = rhs(3) + k1v*h(1) + d1v*hd(1)
    rhs(4) = rhs(4) + k1h*h(2) + d1h*hd(2)
  END ! of PROCEDURAL
! -- Dreickszerlegung der Massenmatrix --> Bewegungsgleichungen
  z2vdd = ( rhs(1) - rm(1,2) * z2hdd ) / rm(1,1)
  z2hdd = ( rhs(2)*rm(1,1)-rhs(1)*rm(2,1) ) /    &
          (rm(1,1)*rm(2,2)-rm(2,1)*rm(1,2))
  z1vdd =   rhs(3) / rm(3,3)
  z1hdd =   rhs(4) / rm(4,4)
! ------------------- Integration der Bewegungsgleichungen ---
  z2vd = INTEG (z2vdd, z2vd0);  z2v = INTEG (z2vd, z2v0)
  z2hd = INTEG (z2hdd, z2hd0);  z2h = INTEG (z2hd, z2h0)
  z1vd = INTEG (z1vdd, z1vd0);  z1v = INTEG (z1vd, z1v0)
  z1hd = INTEG (z1hdd, z1hd0);  z1h = INTEG (z1hd, z1h0)
  x    = INTEG (speed, x0)
 END ! of DERIVATIVE
! ------- Berechnet Schwerpunktsverschiebung und Nickwinkel ---
 z2s  = (z2v+z2h)/2.
 phi2 = ATAN((z2v-z2h)/lg)*180./3.1415926
!
 TERMT (x.GE.xend) ! Stoppt nach xend Meter
END ! of DYNAMIC
END ! of PROGRAM
      SUBROUTINE DIFTAB(tab,ntp,dtab)
         :

         :
      END
```

Ein Programm dieser Länge kann durchaus verschieden programmiert werden
und trotzdem das gleiche leisten. In gewissem Sinne spiegelt es auch den Programmierstil des Programmierers wider. Hier wurde besonders häufig mit PROCE
DURAL Blöcken gearbeitet, weil Zuweisungen auf Feldvariable innerhalb der DERI
VATIVE Section nur so möglich sind. Die Verwendung von Feldvariablen bietet sich aus Gründen der Übersichtlichkeit für die Matrizen und Vektoren des
Systems an. Das Programm könnte speicherplatzsparender und laufzeitoptimaler programmiert werden, wenn auf die Umspeicherung von verschiedenen Systemgrößen auf Zwischenvariable (z.B. Feld fd) verzichtet wird. Auch die Programmlänge könnte noch verkürzt werden, wenn man z.B. den INTVC Operator
zur Vektorintegration verwenden würde. Letztlich gilt es immer einen Kompromiß zu finden zwischen einem speicherplatzoptimierten, einem laufzeitoptimierten, einem übersichtlichen (wartungsfreundlichen) und einem bedienungs-

freundlichen Programm. Dieser Kompromiß kann von Fall zu Fall durchaus
unterschiedlich ausfallen.

Mit den folgenden Runtime–Befehlen werden zuerst die notwendigen Vorberei-
tungen für einen Simulationslauf durchgeführt, und dann wird die Simulation
gestartet:

```
ACSL> PREPARE x,h,z1v,z1h,z2v,z2h,z2s,phi2
ACSL> OUTPUT t /nciout=100
ACSL> START
ACSL>     T 0.
ACSL>       1.000000
ACSL>       2.000000
ACSL>       2.010000
```

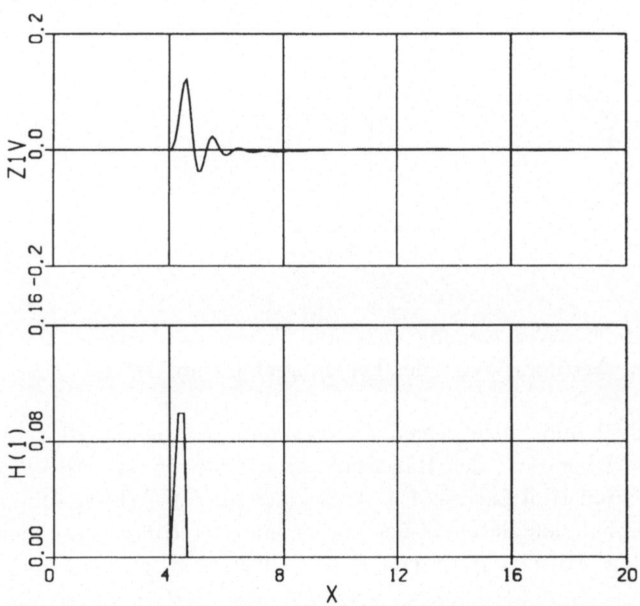

Abbildung 9.19: Wegerregung h(1) und Schwingweg z1v an der Vorderachse,
aufgetragen über dem Weg x des Fahrzeugschwerpunkts

Zunächst soll die Wegerregung der Achsen durch die Fahrbahn und die zugehörigen Schwingungen der Achsen gezeichnet werden.

```
ACSL> SET strplt=.T., prnplt=.F. ! Schaltet Strip-Plot ein
ACSL> SET dpnplt=.F.             ! Schaltet Datumsangabe aus
ACSL> PLOT /XHI=20. h(1) /LO=0. /HI=0.16 z1v
ACSL> PLOT          h(2) /LO=0. /HI=0.16 z1h
```

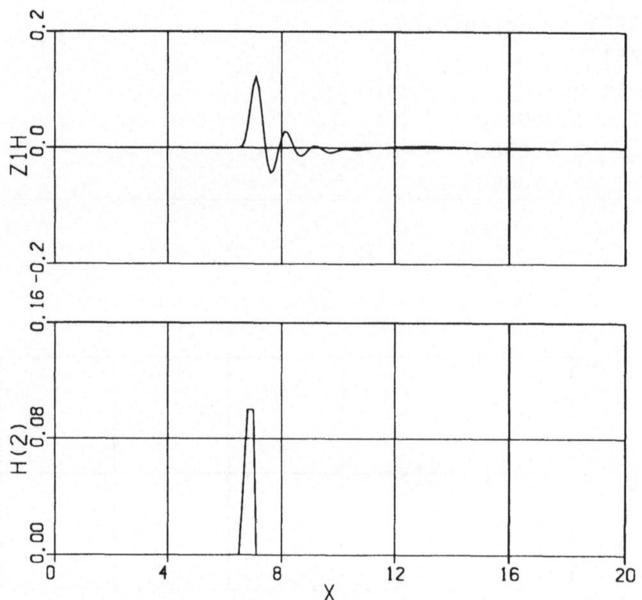

Abbildung 9.20: Wegerregung h(2) und Schwingweg z1h an der Hinterachse, aufgetragen über dem Weg x des Fahrzeugschwerpunkts

Die Abb. 9.19 und 9.20 zeigen das Ergebnis der beiden Plot–Befehle. Gut zu erkennen ist die um den Radstand ($lg = 2.5$ m) versetzte Wegerregung an der Vorder- und Hinterachse. Die Ausschläge an den Achsen sind sehr ähnlich, weil sich die Fahrzeugdaten an der Vorder- und der Hinterachse nicht sehr stark unterscheiden. Mit einem weiteren PLOT Aufruf im Runtime–Interpreter

```
ACSL> PLOT z2v,z2h,z2s,phi2
```

wird Abb. 9.21 erzeugt. Am Verlauf von z2h kann man erkennen, daß die Koppelung zwischen Vorderachs- und Hinterachssystem nur sehr schwach ist. Wenn die Fahrbahnunebenheit mit der Vorderachse überfahren wird, reagiert der Fahrzeugaufbau an der Hinterachse nur mit sehr geringen vertikalen Schwingungsausschlägen. Deutliche Amplituden setzen erst beim heckseitigen Überfahren der

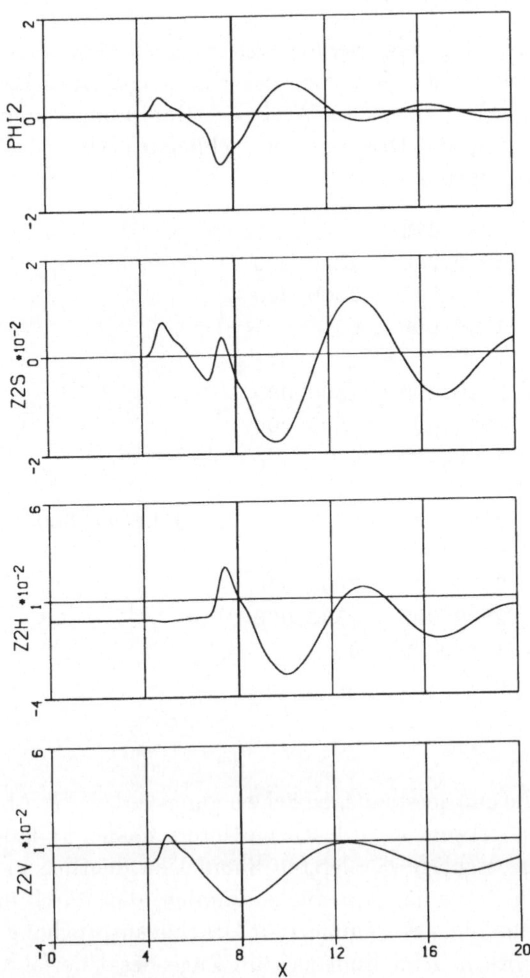

Abbildung 9.21: Schwingweg z2v und z2h an den Aufbaumassen, sowie Schwingweg z2s am Gesamtschwerpunkt und phi2 Nickwinkel [Grad] des Aufbaus an der
Hinterachse aufgetragen über dem Weg x des Fahrzeugschwerpunkts

Schwelle ein. Der Gesamtschwerpunkt wird aber schon beim ersten Überfahren
in Bewegung versetzt (siehe z2s) und auch eine Nickschwingung phi2 setzt sofort ein. Eine geringe Koppelung bedeutet daher, daß sich die Ausschläge z2s
und phi2 am Ort der Masse m_{2H} weitgehend kompensieren.

Diese Simulationsergebnisse wurden mit einer Aufbaudämpfung erzielt, die bei Druckbeanspruchung $d_{2V,H} = 1300.$ [Ns/m] und auf Zug $d_{2V,H} = 2500.$ [Ns/m] beträgt (siehe Programmliste).

Abschließend soll noch gezeigt werden, welchen Einfluß diese nichtlineare Dämpfungscharakteristik auf die Bewegung des Fahrzeugaufbaus hat. Die folgenden Runtime–Befehle geben zuerst die Werte der Dämpfungskennlinie aus und setzen sie dann für Zug und Druck gleich. Schließlich wird eine neue Simulation gestartet und das Ergebnis gezeichnet.

```
ACSL> DISPLAY d2v, d2h
          D2V   1300.000     1300.000
                2500.000     2500.000
                  -1.000000  0.
                   0.        1.
          D2H   1300.000     1300.000
                2500.000     2500.000
                  -1.000000  0.
                   0.        1.
ACSL> SET d2v(1)=2500., d2v(2)=2500., d2h(1)=2500., d2h(2)=2500.
ACSL> DISPLAY d2v
          D2V   2500.000     2500.000
                2500.000     2500.000
                  -1.000000  0.
                   0.        1.
ACSL> START
ACSL> PLOT z2v, z2h
```

Vergleicht man die nun entstandenen Schwingungsverläufe in Abb. 9.22 mit jenen von Abb. 9.21, so erkennt man deutliche Unterschiede. Es fällt sofort auf, daß die Schwingungsausschläge der letzten Simulation deutlich mehr im positiven Bereich verlaufen. Dies hängt damit zusammen, daß durch die durchgeführte Änderung die Kennlinie des Dämpfers für Druckbeanspruchung „härter" gestellt wurde. Daher wirken beim Einfedern im Zuge des Überfahrens der Schwelle größere Kräfte von unten nach oben auf den Aufbau, was zu der verstärkten Schwingbewegung nach oben führt.

In diesem Beispiel konnte nur angedeutet werden, welche Möglichkeiten sich bei der Simulation von Fahrzeugmodellen mit ACSL eröffnen. Ein wesentlich umfangreicheres Fahrzeugmodell wurde in [26] verwendet und im Rahmen von Simulationsstudien sowohl mit deterministischen als auch mit stochastischen Fahrbahnprofilen erregt. Die Antwortsignale des Fahrzeugmodells wurden innerhalb von ACSL einer Signalanalyse mittels Kreuzkorrelation unterzogen und weiter ausgewertet.

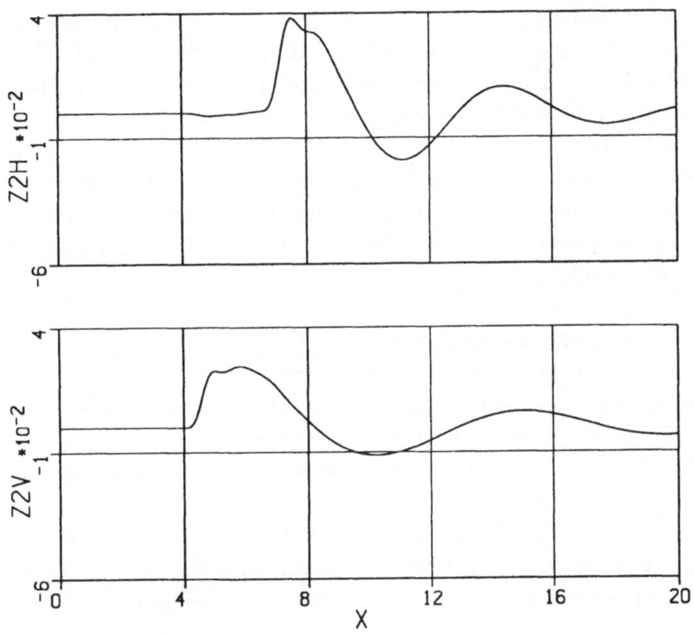

Abbildung 9.22: Schwingweg z2v und z2h an den Aufbaumassen, aufgetragen über dem Weg x des Fahrzeugschwerpunkts bei linearer Dämpfungscharakteristik

9.6 Monte-Carlo–Simulation

Eine große Zahl der zu modellierenden Prozesse sind nicht deterministisch, sondern zufällig (stochastisch) gegeben. Dazu gehören z.B. Parameter des Modells oder die Anfangsbedingungen.

Simulationen stochastischer Modelle werden nach der Monte–Carlo–Methode [14] durchgeführt. Dabei führt man für jede zu untersuchende Situation eine gewisse Anzahl von Simulationsläufen durch, wobei man die stochastischen Parameter durch auf dem Rechner erzeugte Pseudo–Zufallszahlen steuert.

Vor der Simulation müssen dabei für die stochastischen Parameter die statistischen Kenngrößen, wie Art der Verteilung und z.B. Mittelwert und Standardabweichung für eine Normalverteilung, ermittelt werden.

Am Modell des Einmassenschwingers mit Dämpfung, das bereits ausführlich dis-

kutiert wurde (Kap. 2.4, Kap. 3.2), wird übersichtsmäßig die Vorgangsweise für
eine Monte–Carlo–Simulation skizziert.

Die zufällige Kenngröße ist die Dämpfungskonstante, deren Verteilung z.B. durch
eine Normalverteilung mit dem Mittelwert d und der Standardabweichung dst
hinreichend genau modelliert ist. Während eines Simulationslaufs werden die
Ergebnisse auf einer Datei abgespeichert und anschließend gezeichnet. Es werden zunächst 15 Strichproben gezogen, d.h. es werden 15 Simulationsläufe
durchgeführt. Diese wiederholten Simulationsläufe werden dabei in der ACSL–
Modellbeschreibung durch einen Rücksprung von der TERMINAL in die INITIAL
Section programmiert. Für Monte–Carlo–Simulationen verwendet man daher
dieselbe Vorgangsweise wie für automatische Parametervariationen. Die Modellbeschreibung lautet:

```
PROGRAM Einmassenschwinger mit Daempfung
 ! -------------------------------------------------------------
 ! --- Beispiel fuer Monte-Carlo-Simulation mit ACSL --------
 ! -------------------------------------------------------------
CONSTANT  d = 1.e3, m=450. ! Parameter und Federkennlinie
TABLE  k,1,7 / -0.1,-0.09,-0.05,0.   ,0.05,0.09, 0.1, &
               5.E5, 2.E5, 1.E5,1.E4,1.E5,1.E5, 1.E5 /
CONSTANT  xnul = 0.1, xpnul=0.  ! Anfangswerte
CONSTANT  tend = 2                ! Simulationszeit
INITIAL
 ! -- Initialisierung des Monte-Carlo-Laufs -----------------
   INTEGER izae, imax, iseed
   CONSTANT imax = 15       ! Stichprobenanzahl
   CONSTANT dst = 5.E2!     ! Standardabweichung fuer Daempfung
   izae  = 0               ! Initialisierung Zaehler
   iseed = 103180213!      ! Seed Value fuer GAUSS
   GAUSI(iseed)            ! Initialisierung von GAUSS
loop..CONTINUE
   dgauss = GAUSS(d,dst)! Mittelwert d, Standardabweichung DST
END  ! of INITIAL
DERIVATIVE
   kx  = k(x)                   ! Modelldynamik
   xpp = ( -dgauss*xp-kx*x)/m
   xp  = INTEG (xpp,xpnul)
   x   = INTEG (xp,xnul)
   TERMT (t .GE. tend)          ! Endbedingung
END  ! of DERIVATIVE
TERMINAL
   izae = izae + 1
```

```
  IF (izae .LT. imax) GOTO loop !  Ruecksprung nach INITIAL
END  ! of TERMINAL
END  ! of PROGRAM
```

Eine Monte–Carlo–Studie wird nun mit folgenden Befehlen durchgeführt:

```
ACSL> PREPARE t,x,xp,xpp,dgauss ! Abspeicherung
ACSL> START                     ! imax Simulationslaeufe
ACSL> SET ftsplt=.T.;PLOT x      ! Zeichnung aller Laeufe
```

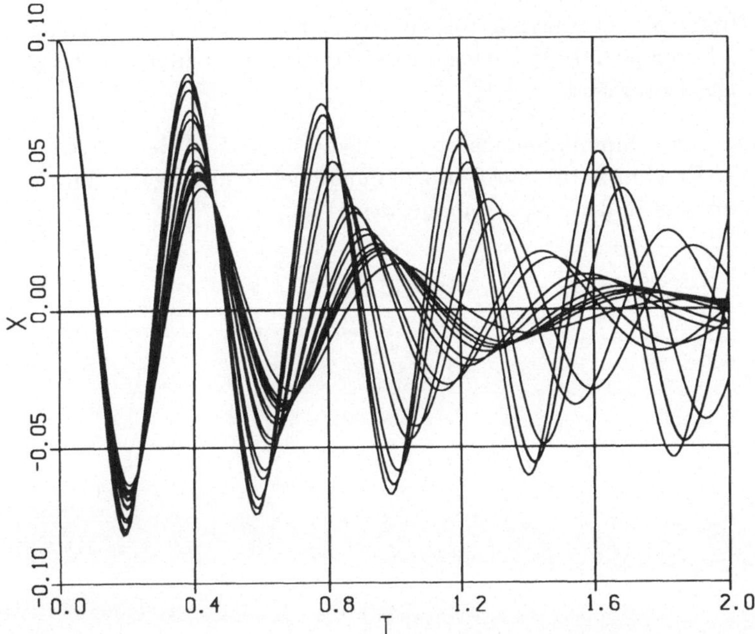

Abbildung 9.23: Ergebnis des Simulationslaufs zur Monte-Carlo Studie

Das Ergebnis der Simulationsstudie ist in Abb. 9.23 dargestellt. Diese Simulationsergebnisse müssen nun mit statistischen Methoden wie der Berechnung von Stichprobenmittel und -streuung, der Varianzanalyse, der Regressions- oder der Korrelationsanalyse ausgewertet werden.

Die Ergebnisse einer Serie von n Simulationsläufen werden als eine Stichprobe aufgefaßt. Aus diesen Ergebnissen können das Stichprobenmittel und die Stichprobenstreuung ermittelt werden. Dies sind jedoch selbst stochastische Größen, da verschiedene Stichproben auch verschiedene Ergebnisse für das Stichprobenmittel und Stichprobenstreuung ergeben. Der obige Simulationslauf muß daher mit verschiedenen Anfangswerten `iseed` für den Zufallszahlengenerator GAUSS durchgeführt werden.

Aus mehreren Stichproben kann man nun zumeist die Verteilung des Stichprobenmittels und der Stichprobenstreuung ermitteln. Damit kann man angeben, innerhalb welcher Grenzen um den jeweiligen Mittelwert der entsprechende Wert des gesuchten Ergebnisses liegt. Diese Grenzen sind von einem weiteren statistischen Wert, dem Konfidenzintervall abhängig, das man aus Tabellen oder mit geeigneten Programmen zur statistischen Auswertung ermittelt.

Mit den Methoden der Varianzanalyse ist nach der Berechnung von m Stichproben des Umfangs n abschätzbar, ob die jeweils festgestellten Stichprobenmittel in statistisch signifikanter Weise von diesen Versuchsbedingungen abhängig oder nur zufälliger Natur sind.

Zur Monte–Carlo–Simulation gehört auf jeden Fall immer die statistische Auswertung der Ergebnisse. Monte–Carlo–Simulationen ohne Angabe eines Vertrauensintervalls sind in der Praxis unbrauchbar [14].

10 Optimierung in ACSL

Optimierungsaufgaben treten in Zusammenhang mit vielen Anwendungen auf.
Beispiele sind die Bestimmung optimaler Reglerparameter, die Lösung einer
Randwertaufgabe, die Identifikation von Modellparametern etc.

Allgemein gehen die zu bestimmenden optimalen Parameter p_i, zusammengefaßt
im Parametervektor $\vec{p}$, an beliebiger Stelle in das systembeschreibende Differentialgleichungssystem ein:

$$\dot{\vec{x}}(t) = \vec{f}(t, \vec{x}(t), \vec{p}), \quad \vec{x}(t_0) = \vec{x}(t_0, \vec{p}) \ .$$

Ein Gütefunktional F_0 beschreibt die bezüglich $\vec{p}$ zu optimierende Größe, die
dynamisch von $\vec{x}(t, \vec{p})$ abhängen kann:

$$F(\vec{p}, \vec{x}(t, \vec{p})) \to min \qquad \text{bzw.} \qquad F(\vec{p}, \vec{x}(t, \vec{p})) \to max \ .$$

Das Gütefunktional F_0 ist als skalares Funktional formuliert, Beschränkungen
können als Nebenbedingungen angegeben werden.

Ein Optimierungsverfahren zur Minimierung bzw. Maximierung des Gütefunktionals F_0 benötigt die Auswertung des Funktionals für verschiedene Parameterwerte $\vec{p}_k$, wozu jedesmal eine Lösung des Differentialgleichungssystems berechnet
werden muß. Eine Optimierung steht daher, hierarchisch betrachtet, über der Simulation. Das Optimierungsprogramm muß das Simulationsprogramm aufrufen
können.

ACSL bietet keine eigenen Möglichkeiten zur Optimierung an. Der Benutzer muß
selbst für eine entsprechende Erweiterung des Modells bzw. des Simulationsprogramms um Optimierungsmöglichkeiten sorgen. Betrachtet man Optimierung
von Parametern als gezielte Parametervariation, so können einfache Optimierungsaufgaben direkt in der ACSL–Modellbeschreibung programmiert werden.
Diese Technik beruht auf einer direkt in der **TERMINAL** Section programmierten
Optimierung der Parameter, vergleichbar mit der automatischen Parametervariation. Komplexere Optimierungsaufgaben sind mit dieser Technik nicht lösbar.
Eine andere Möglichkeit besteht in einem Eingriff in das ACSL–Hauptprogramm,
das vom Benutzer vorgegeben und beliebig erweitert werden kann, z.B. mit
einem Optimierungsprogramm. Diese Erweiterung erfordert fundierte ACSL–
Kenntnisse. Als Alternative werden Optimierungsumgebungen für ACSL angeboten, die diese Erweiterung automatisieren. Die folgenden Abschnitte beleuch-
ten diese drei Möglichkeiten der Implementation von Optimierung in ACSL.

10.1   Direkte Optimierung im ACSL–Modell

In Kapitel 5.4 wurde das Modell eines Fadenpendels mit Anschlag als Beispiel
für die Anwendung von Zustandsereignissen behandelt, in Kap. 9.2 als Beispiel
für den Vergleich von Modellen. Eine durch Optimierung zu lösende Randwertaufgabe in diesem Modell soll die direkte Optimierung in einem ACSL–Modell
erklären.

Das Fadenpendel (Gleichungen siehe Kap. 5.4) soll ausgehend vom Anfangswert
$\varphi_0 = \pi/6$ nach dem Anschlag bei $\varphi_p = -\pi/12$ genau den Winkel $\varphi(\hat{t}) = -\pi/2$
erreichen, wofür eine geeignete Anfangswinkelgeschwindigkeit $\dot{\varphi}_0$ zu ermitteln
ist. Diese Randwertaufgabe ist mathematisch gesehen relativ komplex, denn die
Endzeit $\hat{t}$ steht nicht fest und dem unbekannten Anfangswert $\dot{\varphi}_0$ stehen die zwei
Randwerte $\varphi(\hat{t}) = -\pi/2$ und $\dot{\varphi}(\hat{t}) = 0$ gegenüber. Der zweite Randwert ergibt
sich aus der Forderung, daß das Pendel im Zeitpunkt $\hat{t}$ genau $-\pi/2$ erreichen
muß. Die mathematische Notation der Aufgabe lautet

$$F_0(\hat{t}, \varphi(\hat{t}), \dot{\varphi}(\hat{t})) = |\varphi(\hat{t}) - (-\frac{\pi}{2})| \to min, \qquad \dot{\varphi}(\hat{t}) = 0,$$

wobei der Zeitpunkt $\hat{t}$ als weiterer Parameter und die Bedingung $\dot{\varphi}(\hat{t}) = 0$ als
zusätzliche Nebenbedingung erscheinen.

Eine Optimierung des gesuchten Anfangswertes $\dot{\varphi}_0$ kann bei dieser relativ einfachen Aufgabe in der Modellbeschreibung programmiert werden, ähnlich der
Vorgangsweise bei einer Parametervariation (vgl. Kap. 9.1). In der TERMINAL
Section wird abhängig vom Endwert des letzten Simulationslaufs die Optimie-
rungsvorschrift für den Parameter formuliert. Ein Sprung in die INITIAL Section
bewirkt den nächsten Iterationsschritt durch Berechnen der neuen Endwerte in
einem Simulationslauf. Zur Optimierung des Parameters $\dot{\varphi}_0$ wird folgende einfache Iterationsvorschrift gewählt:

$$\dot{\varphi}_0^{neu} = \dot{\varphi}_0^{alt} \pm \varepsilon \left(\varphi(\hat{t}) - (-\frac{\pi}{2})\right).$$

Der zweite Randwert $\dot{\varphi}(\hat{t})$ und die Endzeit $\hat{t}$ müssen nicht in die Iteration eingehen, sie können als Nebenbedingung in Form einer zweiten TERMT Bedingung
formuliert werden.

Die Iteration wird beendet, sobald der Fehler unter einer vorgegebenen Schranke
liegt. Sinnvoll für jede Art von Variation und Iteration in einem ACSL–Modell ist
außerdem die Vorgabe einer maximalen Iterationsanzahl. Eine Modellbeschreibung mit Optimierung soll auch einfache Simulationsläufe ohne Optimierung erlauben. Deshalb führt die folgende Modellbeschreibung die Optimierungsschritte

nur bei gesetztem Optimierungsparameter (logischer Parameter `switeration`)
durch:

```
PROGRAM  Nichtlineares Pendel mit Anschlag
! ------------------------------------------------------------
! --- Fadenpendel trifft auf Nagel und schwingt weiter
! --- phi ... Winkel in Radiant
! --- dphi .. Winkelgeschwindigkeit
! --- phip, lp ... Position des Nagels (Winkel, Abstand)
! --- Randwertaufgabe: Bestimmung von dphi0 zum Erreichen
! ---                        eines bestimmten Winkels
! ------------------------------------------------------------
LOGICAL swil, swnonlinear, switeration
INTEGER iter, maxiter
! --- Berechnung von Bruchteilen von pi --------------------
CONSTANT pi = 3.141592654
   pi6 = pi/6;
  pi12 = pi/12; mpi2 = -pi/2
  mpi6 = -pi6; mpi12 = -pi12; mpi24 = -pi/24
INITIAL
! --- Modellparameter -------------------------------------
 CONSTANT  l = 1,   m = 1.02     ! Pendellaenge, Pendelmasse
 CONSTANT  d = 0.2, g = 9.81     ! Daempfungskonstante, g
 CONSTANT  phi0 = 0.3, dphi0=0   ! Anfangswerte
 CONSTANT  phip = 0.2, lp = 0.7 ! Position des Nagels
 CONSTANT  swnonlinear = .T.     ! Modellauswahl
! --- Integrationssteuerung -------------------------------
 CINTERVAL cint =0.02           ! Ausgabeintervall
 NSTEPS    nstp =1              ! Integrationsschritte pro cint
 MAXTERVAL maxt =0.01           ! Schrittweite
 ALGORITHM ialg =4              ! Auswahl Algorithmus
 CONSTANT  tend =5              ! Endzeit
! --- Iterationsparameter ---------------------------------
 CONSTANT iter = 0, maxiter = 50, switeration = .FALSE.
 CONSTANT acc  = 1.e-4, epsilon= 0.1, signum = 1
  iter = 0
iteration.. iter = iter + 1
! --- Bestimmung der Anfangslage des Pendels (Anfangslaenge)
  ls = 1 - lp; signphip=SIGN(1,phip); signphi0=SIGN(1,phi0)
  la = RSW( (phi0-phip)*signphip .GE. 0 , ls, 1)
  la = RSW( signphip .NE. signphi0       , 1, ls)
! ------------------------------------------------------------
END  ! of INITIAL
```

```
DYNAMIC
  DERIVATIVE
   ! --- Modelldynamik ------------------------------------------
     mphi  = RSW( swnonlinear, SIN(phi), phi )
     ddphi = -(g/la)*mphi - (d/m)*dphi
     dphi  = INTEG(ddphi, dphi0)
     phi   = INTEG(dphi , phi0 )
   ! --- Bestimmung des Anschlages ---------------------------
     SCHEDULE hit .XZ. (phi-phip)  ! Winkel = Position Nagel
   ! --- Endbedingungen --------------------------------------
     TERMT ( t .GT. tend, 'Stop tend')
     TERMT ( dphi .GE. 0 .AND. switeration, 'Stop dphi=0')
   ! --------------------------------------------------------
  END  ! of DERIVATIVE
  DISCRETE hit
! --- Fadenpendel trifft auf oder loest sich vom Nagel ---
    swil = (phi-phip)*SIGN(1.,phip) .GE. 0
    la   = RSW(swil,ls,          l)
    dphi = RSW(swil, dphi*l/ls, dphi*ls/l)
   ! --------------------------------------------------------
  END  ! of DISCRETE hit
END  ! of DYNAMIC
TERMINAL
! - Iteration von dphi0 ------------------------------------
  if ( .NOT. switeration ) GOTO noiteration
  error = phi - mpi2 ! Fehlerberechnung
!                      (Endwert von phi minus Sollwert)
  write (*,f1) iter, dphi0, error  ! Standardausgabe
  write (9,f1) iter, dphi0, error  ! Ausgabe High Volume D.
 f1..format(1x,'Iteration:',I3,'   dphi0=', & ! FORTRAN-
                      F7.4,' Error:' ,E10.2) ! -FORMAT
  IF(ABS(error).LT.acc.OR.iter.GE.maxiter) GOTO noiteration
  dphi0 = dphi0 + signum*epsilon*error ! Neuberechnung dphi0
  CALL LOGD(.true.)                    ! Ausgabe zu tend
  goto iteration
 noiteration.. continue
END  ! of TERMINAL
END  ! of PROGRAM
```

Ist der Parameter **switeration** auf .FALSE. gesetzt, so verhält sich diese Modellbeschreibung wie das in Kapitel 5.4 beschriebene Modell. Wird optimiert (**switeration**=.T.), so erfolgen in der TERMINAL Section die Optimierungsschritte. Die Variable **error** berechnet den Fehler der letzten Iteration (phi hat in der

TERMINAL Section den Wert $\varphi(\hat{t})$). Liegt der Fehler unter der Genauigkeits-schranke acc oder erreicht die Anzahl der Iterationen iter die maximale Intera-tionsanzahl maxiter, wird die Iteration beendet. Ist dies nicht der Fall, wird nach der Iterationsvorschrift ein neuer Wert für dphi0 berechnet, und es erfolgt ein Sprung in die INITIAL Section, wo die Iterationsanzahl iter erhöht und ein neuer Simulationslauf durchgeführt wird. In jedem Fall wird mit einer WRITE Anweisung nach FORTRAN–Syntax das Ergebnis eines Iterationsschrittes (eines Simulationslaufs) ausgegeben. Wesentlich ist die zusätzliche TERMT Bedingung

```
TERMT ( dphi .GE. 0 .AND. switeration, 'Stop dphi=0'),
```

welche die Simulation beim ersten Umkehren des Pendels beendet, wenn die Simulation mit $\dot{\varphi}_0 < 0$ begonnen wurde. Die Textangabe 'Stop dphi=0' wird bei Eintreten der Bedingung ausgegeben und ermöglicht ein Differenzieren der Abbruchbedingungen zur Laufzeit.

Um die Optimierung durchzuführen, sind nur wenige Befehle notwendig. Zuerst werden Anfangswerte und Optimierungsparameter gesetzt. Der erste Anfangs-wert für $\dot{\varphi}_0$ wird sinnvollerweise negativ gewählt, und es wird eine Prepare-Liste bestimmt, welche die Werte aller Iterationen (mehrerer Simulationsläufe) abspei-chert:

```
ACSL> SET phi0=pi6, phip = mpi12, dphi0=-0.5 ! Anfangswerte
ACSL> SET epsilon=1, signum=-1          ! Iterationsparameter
ACSL> SET maxiter=20, switeration=.T. ! Iterationsparameter
ACSL> PREPARE t, phi, mpi2            ! Prepare-Liste
```

Ein einziger START Befehl führt die Optimierung durch. Jeder Optimierungs-schritt schreibt in der TERMINAL Section den Iterationsfortschritt aus, die Ab-bruchbedingung TERMT meldet sich bei jedem Simulationslauf. Der DISPLAY Be-fehl gibt abschließend den Endzeitpunkt und zum Vergleich die Werte $\varphi(\hat{t})$ und $-\pi/2$ aus:

```
ACSL> START
   Stop dphi=0
   Iteration:  1    dphi0= -.5000  Error:    .74E+00
   Stop dphi=0
   Iteration:  2    dphi0=-1.2409  Error:    .51E+00
   Stop dphi=0
   Iteration:  3    dphi0=-1.7484  Error:    .26E+00
   . . . . . . . . . .
   Stop dphi=0
   Iteration: 10    dphi0=-2.1863  Error:    .24E-03
   Stop dphi=0
```

```
Iteration: 11    dphi0=-2.1866  Error:    .84E-04

ACSL> DISPLAY t,phi,mpi2        T 0.60999999      PHI-1.57071264
                                MPI2-1.57079637
```

Die Optimierung ist erfolgreich, nach elf Iterationen ist die gewünschte Genauigkeit erreicht. Mit der entstandenen Prepare-Datei können alle Iterationsläufe
gezeichnet werden. Dabei ist der Systemparameter `ftsplt=.T.` zu setzen, um
das „Rückfahren" zwischen den einzelnen Kurven der Iteration zu unterbinden.
Der PLOT Befehl zeichnet zusätzlich zur besseren Information den konstanten
Wert $-\pi/2$ (`mpi2`) ein, der zum Endzeitpunkt erreicht werden soll (Abb. 10.1):

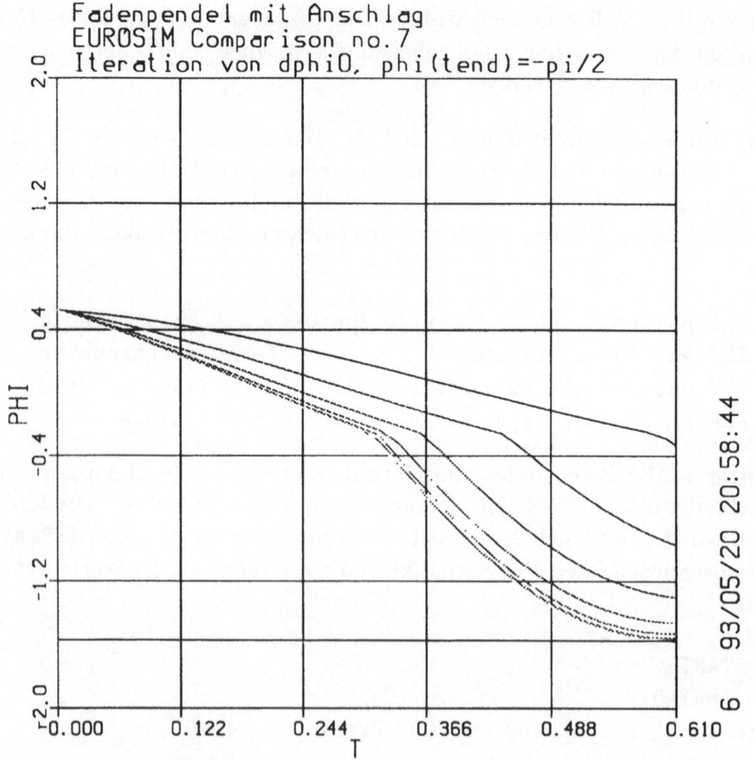

Abbildung 10.1: Iteration von Simulationsläufen

```
ACSL> SET title="Fadenpendel mit Anschlag"
ACSL> SET title(41)="EUROSIM Comparison no.7"
ACSL> SET title(81)="Iteration von dphi0, phi(tend)=-pi/2"
ACSL> PLOT /XHI=t phi, mpi2 /SAME /OVER
```

Um die Konstante $-\pi/2$ (`mpi2`) zu zeichnen, muß sie vorher in die Prepare-Liste aufgenommen worden sein. Damit wird diese Konstante zwar zu jedem Kommunikationszeitpunkt abgespeichert, aber derzeit verfügt ACSL über keine bessere Lösung zum Zeichnen einer Konstanten. Als Maximalwert für die x-Achse wird t, die erreichte Zeit bei der letzten Iteration, vorgegeben.

Eine Überprüfung mit dem `DISPLAY` Befehl zeigt, daß nach der Iteration alle Parameter die Endergebnisse der Optimierung tragen:

```
ACSL>  DISPLAY /CON
       ACC 1.0000D-04      CINT 0.02000000       D 0.20000000
    DPHIO-2.18658625    EPSILON 1.00000000       G 9.81000042
       HIT      2          IALG      4                0
     ITER     11            L 1.00000000        LP 0.69999999
         M 1.01999998   MAXITER     20          MAXT 0.01000000
           0.01000000      MINT 1.0000D-09          -1.00000000
      NSTP     1                     1          PHIO 0.52359879
       PHIP-0.26179940      PI 3.14159274     SIGNUM-1.00000000
   SWITERATION       T     TEND 10.0000000
ZZSEED55555555
```

Nachfolgende Simulationsläufe verwenden daher die optimierten Parameter. Ein abschließender Simulationslauf ohne Optimierung speichert auch die Winkelgeschwindigkeit $\dot\varphi(t)$ und zeichnet sie gemeinsam mit $\varphi(t)$, wobei die mitgezeichnete Konstante $-\pi/2$ das Erreichen des Endwertes durch $\varphi(t)$ in $\hat{t}$ und die mitgezeichnete Nullinie (über den nicht verwendeten Parameter `maxiter=0`) den Nulldurchgang von $\dot\varphi(t)$ in $\hat{t}$ hervorhebt (Abb. 10.2):

```
ACSL> SET switeration=.F.      ! Keine Optimierung
ACSL> SET tend= 3, maxiter = 0 ! Endzeit, Verkuerzung
ACSL> PREPARE dphi, maxiter    ! Ergaenzt PREPARE/Liste
ACSL> START                    ! Simulationslauf
   Stop tend
PLOT /XHI=tend phi,mpi2 /SAME /OVER, dphi,maxiter /SAME /OVER
```

Da nach der Iteration alle Parameter die Endergebnisse der Optimierung tragen, kann man mit diesen Werten als Startwerte eine Verbesserung der Optimierung, z.B. durch höhere Genauigkeitsvorgabe, versuchen, ohne die anfänglichen Iterationsschritte wiederholen zu müssen:

```
ACSL> SET switeration =.T.      ! Optimierungsflag
ACSL> SET acc=1.e-5, maxiter=25 ! Genauigkeitserhoehung
ACSL> PREPARE /CLEAR            ! Loeschen der Prepare-Liste
ACSL> START                    ! weitere Optimierung
```

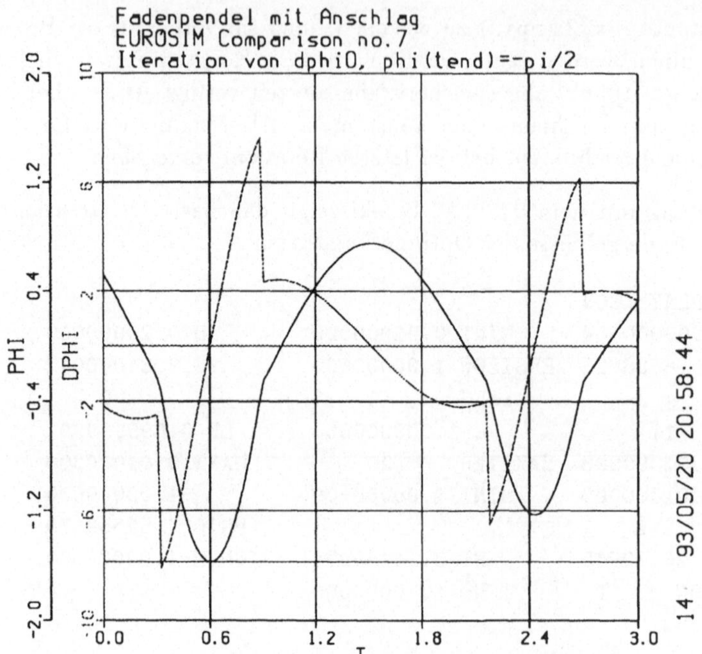

Abbildung 10.2: Iterationsergebnis

```
Stop dphi=0
Iteration:  2    dphi0=-2.1867  Error:     .29E-04
Stop dphi=0
Iteration:  3    dphi0=-2.1867  Error:     .10E-04
Stop dphi=0
Iteration:  4    dphi0=-2.1867  Error:     .38E-05
ACSL> EXIT
```

10.2   Erweiterung des ACSL–Hauptprogramms

Der ACSL–Translator erzeugt ein FORTRAN–Hauptprogramm, das im Prinzip eine Schleife zwischen Runtime–Interpreter (**zzexec**) und Simulationslauf (**zzsiml**) darstellt (vgl. Kap. 3.4):

```
program main
      call zzdloc
      call zzsiml ( zzderv )
```

```
   1 continue
     call zzexec ( zzsiml, zzderv, zzspare )
     call zzsiml ( zzderv )
     goto 1
 end
```

Wird das Simulationsprogramm gestartet, erfolgt eine Initialisierung durch **zzdloc**
und einen speziellen Aufruf von **zzsiml**. Dann meldet sich der Runtime–Interpreter **zzexec**. Nur ein START oder CONTINUE Befehl verläßt den Runtime–
Interpreter, führt einen Simulationslauf durch (**zzsiml**) und kehrt in den Runtime–
Interpreter zurück.

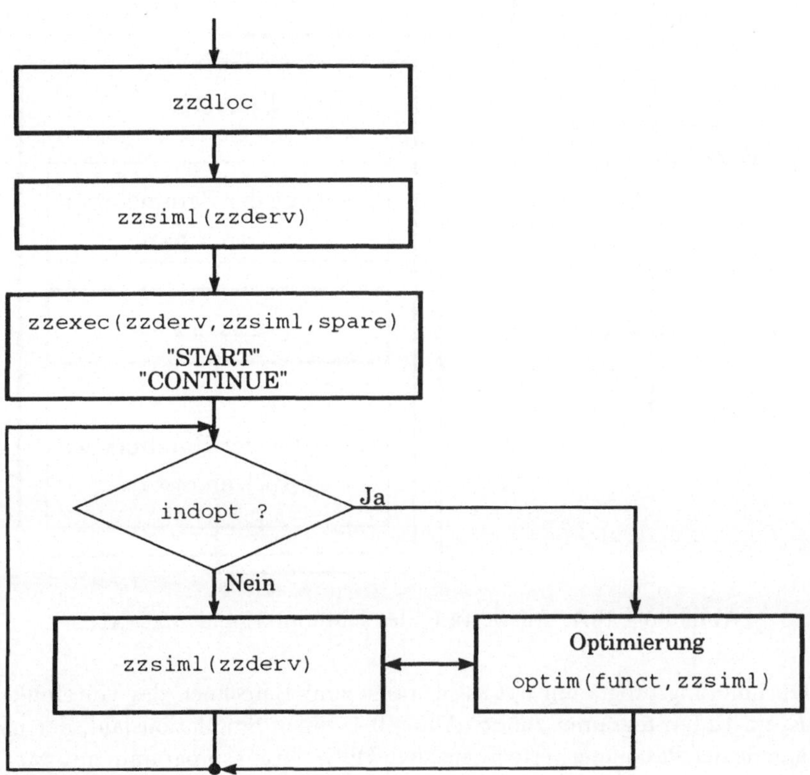

Abbildung 10.3: Erweitertes ACSL–Hauptprogramm mit Optimierung

Dieses Hauptprogramm kann auch vom Benutzer zur Verfügung gestellt werden. Eine Translator–Option teilt dem ACSL–Translator mit, daß der Benutzer
das Hauptprogramm selbst zur Verfügung stellt, das sich an das ACSL–Modell
anschließen muß. In dieses Hauptprogramm kann ein Optimierungsprogramm
eingebunden und daher vom ACSL–Runtime–Interpreter mit START aufgerufen

werden, wenn z.B. ein entsprechender Steuerparameter indopt gesetzt ist. Abbildung 10.3 zeigt diese erweiterte Struktur des Hauptprogramms. Ist der Steuerparameter nicht gesetzt, verhält sich das Hauptprogramm wie das vom ACSL–Translator erzeugte Hauptprogramm.

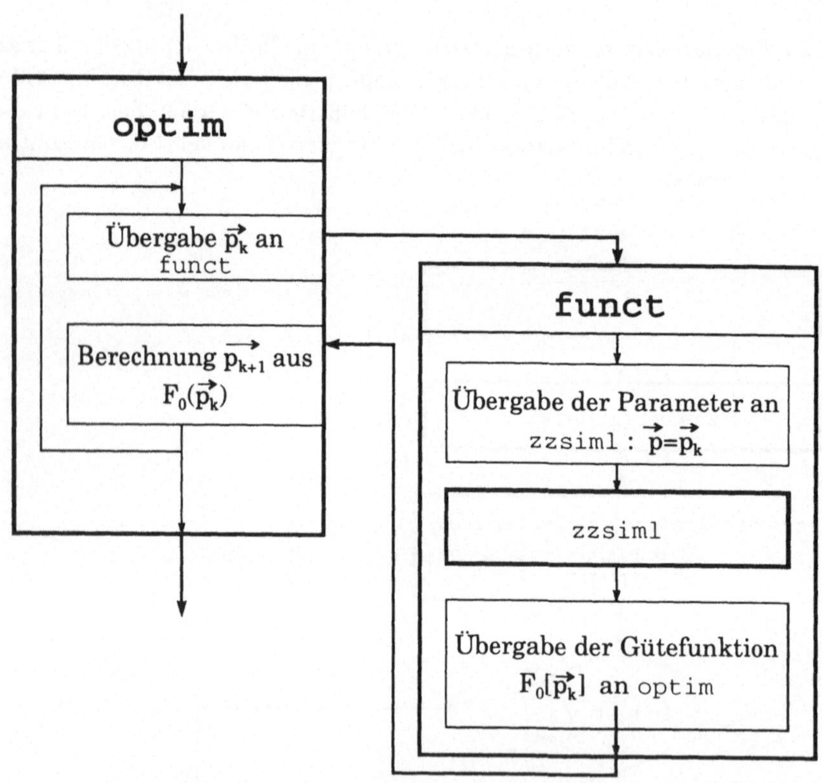

Abbildung 10.4: Auswertung des Gütefunktionals zzsiml

Das Optimierungsprogramm optim benötigt zum Berechnen des Gütefunktionals F_0 im Unterprogramm funct (Abb. 10.4) einen Simulationslauf, der nach Übernahme der Parameterwerte $\vec{p_k}$ aus dem Optimierungsprogramm mit zzsiml aufgerufen wird. Im Simulationslauf wird das Gütefunktional F_0 mitberechnet, bzw. erlauben die Endwerte des Simulationslaufs die Berechnung des Gütefunktionals $F(\vec{p_k}, \vec{x}(t, \vec{p}))$. Der Wert des Gütefunktionals wird an das Optimierungsprogramm übergeben, das aus $F(\vec{p_k}, \vec{x}(t, \vec{p}))$ den neuen Parameterwert $\vec{p_{k+1}}$ berechnet. Das Problem bei der direkten Erweiterung des ACSL–Hauptprogramms besteht in der Übergabe der Daten vom Simulations- in das Optimierungsprogramm und umgekehrt. Die einfachste Form der Übergabe besteht in der Verwendung der vom ACSL–Translator angelegten COMMON Blöcke, die alle Parameter und Variablen des ACSL–Modells beinhalten. Die Übergabe von Daten geschieht auf folgende Weise:

- Die `COMMON` Blöcke mit allen ACSL–Variablen und ACSL–Parametern stehen in einer Include–Datei, die in das ACSL-Hauptprogramm, in das Optimierungsprogramm `optim`, in das Unterprogramm `funct` etc. kopiert werden kann. Damit können diese Programme direkt auf ACSL–Variable und ACSL–Parameter zugreifen.

- Alle Steuergrößen des Optimierungsalgorithmus, wie Schrittweiten, Genauigkeitsschranken etc., globale Variable des ACSL–Hauptprogramms (wie z. B. der Steuerparameter `indopt`, der die Optimierung ein- und ausschaltet) müssen im ACSL–Modell zumindest mit `CONSTANT` vereinbart werden.

Diese Art der Parameterübergabe zwischen Optimierung und Simulation birgt die hohe Gefahr von Seiteneffekten in sich. Lokale Variable und Felder des Optimierungsprogramms oder anderer Programme könnten namensgleich mit ACSL–Variablen sein, was zu unübersehbaren Seiteneffekten führen würde. Die Erweiterung des ACSL–Hauptprogramms bedarf daher einer sehr sorgfältigen Programmierung, welche die Übergabe von Werten über die `COMMON`–Blöcke zumindestens maskiert.

10.3 Optimierungsumgebungen für ACSL

Die Problematik der Seiteneffekte bei der direkten Erweiterung des ACSL–Hauptprogramms um Optimierung haben zu der Entwicklung von Optimierungsumgebungen geführt, die das ACSL–Hauptprogramm automatisch mit Optimierungsprogrammen erweitern und Seiteneffekte weitestgehend verhindern.

Für Parameteridentifikation wird kommerziell das SIMUSOLV-System [31] angeboten, das hauptsächlich für Simulation und Optimierung von chemischen Prozessen eingesetzt wird. Die Modellbeschreibung erfolgt in ACSL, aus einer Bibliothek werden Gütefunktionale und Optimierungsalgorithmen gewählt, die zum optimierenden Simulationsprogramm zusammengefügt werden. ACSL–Anwender entwickelten allgemeine Optimierungsumgebungen, die teilweise sehr leistungsfähig sind [33].

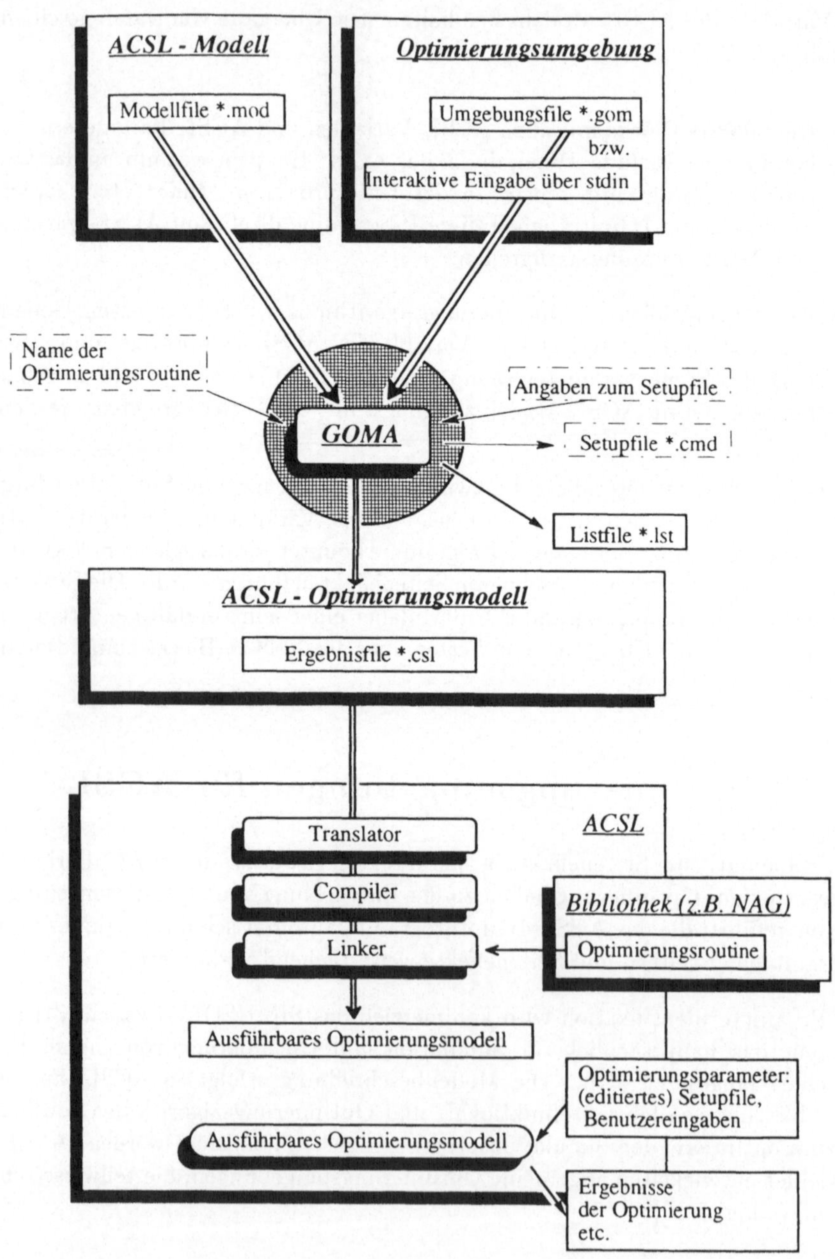

Abbildung 10.5: Arbeitsweise des Präprozessors GOMA zur Erzeugung einer Optimierungsumgebung in ACSL

An der Technischen Universität Wien wurde nach dem allgemeinen Prinzip der Erweiterung des ACSL–Hauptprogramms mit Optimierungsprogrammen (siehe Abb. 10.3) die Optimierungsumgebung GOMA entwickelt [6], die nach allen Seiten offen ist. GOMA ist ein Präprozessor zu ACSL, der automatisch das um eine Optimierung erweiterte ACSL–Hauptprogramm erzeugt und das ACSL–Modell entsprechend den Angaben für das Gütefunktional modifiziert. Abbildung 10.5 zeigt den Aufbau von GOMA.

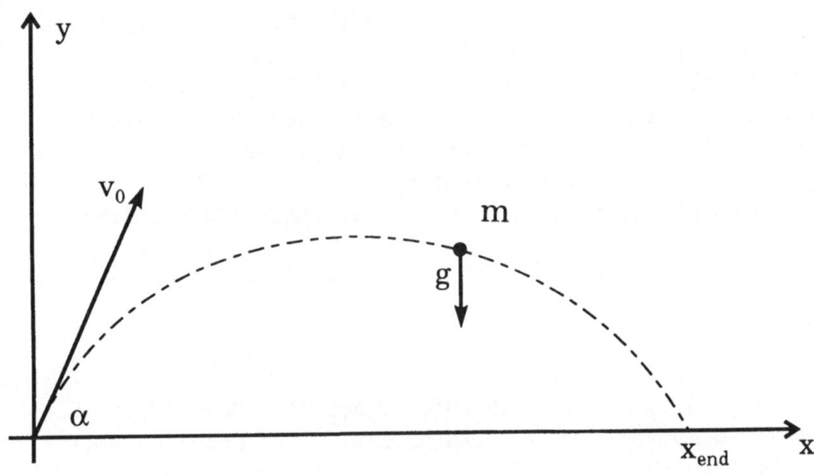

Abbildung 10.6: Wurfparabel einer Punktmasse m

Ein kurzes Beispiel soll die Arbeitsweise von GOMA erläutern. Ein Massenpunkt soll möglichst weit und in eine bestimmte Richtung ($\theta = 0$ bedeutet in Richtung der x-Achse) geworfen werden (Abb. 10.6). Die Anfangsgeschwindigkeit v_0 (v0) ist vorgegeben, der Wurf erfolgt vom Koordinatenursprung aus unter dem Winkel α (alpha) und in die Richtung θ (theta). Es sind also zwei freie Parameter (α, θ) vorhanden. Die analytische Lösung für dieses einfache Beispiel lautet $\alpha = 45, \theta = 0$. Die Modellgleichungen

$$\ddot{x} = 0, \qquad x_0 = 0, \quad \dot{x}_0 = v_0 \cos\alpha \cos\theta$$

$$\ddot{y} = -g, \qquad y_0 = 0, \quad \dot{y}_0 = v_0 \sin\alpha \cos\theta$$

$$\ddot{z} = 0, \qquad z_0 = 0, \quad \dot{z}_0 = v_0 \cos\theta$$

können direkt in ein ACSL–Modell übersetzt werden:

```
PROGRAM Wurfbahn
! ----------------------------------------------------------------
! - Dreidimensionaler Wurf, Demonstrationsmodell fuer GOMA
! ----------------------------------------------------------------
INITIAL
! Definitionen und Modellparameter ---------------------------
 LOGICAL flag
 DOUBLE PRECISION  grav, v0, alphar, alpha, theta, thetar
 DOUBLE PRECISION  xic, yic, zic, y1, xend, dx, dyic, dz, tend
 CONSTANT  grav = -9.81, pi = 3.1415927, v0 = 20.0
 CONSTANT  alpha = 30, theta = 0
 CONSTANT  xic = 0.0, yic = 0.0, zic  = 0.0, y1 = 0.0
 ! Umrechnung Gradmass - Bogenmass, Anfangsgeschwindigkeiten ---
 alphar = alpha*pi/180.; thetar = theta*pi/180.
 dx    = v0*COS(alphar)*COS(thetar)
 dz    = v0*COS(thetar) dyic  = v0*SIN(alphar)*COS(thetar)
 flag  = .FALSE.
! ----------------------------------------------------------------
END  ! of INITIAL
DYNAMIC
 DERIVATIVE Wurf
  x = INTEG(dx,xic); dy = INTEG(grav,dyic)  ! Modelldynamik
  y = INTEG(dy,yic); z  = INTEG(dz,zic)      ! Modelldynamik
  SCHEDULE Aufprall .XP. y1-y !  Feststellung Aufprallzeitpunkt
  TERMT ( (flag.EQ..TRUE.) .OR. (y .LT. -10.0) )   ! Endbedingung
 END  ! of DERIVATIVE Wurf
DISCRETE Aufprall     !  Abbruch bei Aufprall
  flag  = .TRUE.
  xend  = x
 END  ! OF DISCRETE AUFPRALL
tend = t
END  ! of DYNAMIC
END  ! of PROGRAM
```

Die DISCRETE Section Aufprall stellt in diesem Modell den Aufprall möglichst
exakt fest, beendet die Simulation (flag=.TRUE.) und speichert die erreichte
Wurfweite auf xend (x_{end}) ab. Die Datei dieses Modells wird mit model.mod
benannt. Die Optimierungsaufgabe lautet

$$F(x(\alpha,\theta), y(\alpha,\theta), z(\alpha,\theta)) = x_{end} \longrightarrow max.$$

GOMA verlangt interaktiv oder über eine vorbereitete Optimierungsumgebungs-
datei (model.gom) die Formulierung der Optimierungsaufgabe. Nach Auswahl

des zu verwendenden Optimierungsprogramms aus der NAG–Library, aus der
IMSL oder aus einem Katalog anderer direkt implementierter Optimierungsverfahren ist die Optimierungsaufgabe zu formulieren:

```
ROUTINE 3
PAROPT
PARAMETER 2
  alpha, theta
FO  xend
END
```

In der interaktiven Arbeitsweise werden die Angaben erfragt bzw. mit Help-
Funktionen kommentiert. Die Aufgabe besteht in einer Parameteroptimierung
(`PAROPT`) mit den zwei Parametern `alpha` und `theta`, das Gütefunktional F_0
wird durch `xend` bestimmt.

Nach diesen Angaben modifiziert GOMA das ACSL–Modell (Datei `model.mod`)
durch Einfügung der Parameter für die Optimierungsroutine zur vollständigen
ACSL–Modellbeschreibung und erzeugt das ACSL–Hauptprogramm mit dem
Aufruf des Optimierungsprogramms und weiterer benötigter Unterprogramme
für Funktionsauswertung, Parameterübergabe, Ausgabe, etc. Alle zusätzlichen
Programme folgen in der Datei `model.csl` direkt der Modellbeschreibung. Die
Parameterübergabe erfolgt über maskierende Unterprogramme, daher können
keine Seiteneffekte auftreten.

Der Aufruf unter Unix mit dem Standard–ACSL–Script lautet

```
acsl -p -x -lnag wurfbahn
```

Die Option -p teilt dem ACSL–Translator mit, daß das Hauptprogramm vom Benutzer zur Verfügung gestellt wird und in der Datei `model.csl` nach der ACSL–
Modellbeschreibung zu finden ist. Mit -x erfolgt die gesamte Übersetzung für
doppelte Genauigkeit, -nag veranlaßt den Linker, fehlende Unterprogramme in
der NAG–Library zu suchen.

Ein erster Simulationslauf ohne Optimierung berechnet die Wurfweite x_{end} mit
den Anfangswerten für α und θ:

```
ACSL> DISPLAY alpha, theta  ! Ausgabe der Parameter
   ALPHA 30.0000000        THETA 0.
ACSL> SET indopt=.F.; START ! Simulationslauf ohne Optimierung
ACSL> DISPLAY alpha,theta
       ALPHA 30.0000000         THETA 0.
ACSL> DISPLAY xend              ! Ausgabe der Wurfweite
      XEND 35.3119419
```

Nach Setzen von Parametern für das Optimierungsprogramm wird der Steuerparameter indopt für die Optimierung gesetzt und die Optimierung mit START begonnen. Jede Iteration erzeugt eine Kontrollausgabe, die den Fortschritt der Optimierung anzeigt:

```
ACSL> SET fest=-40.0,ifail=1
ACSL> SET bpl = 0,-30        ! Parameter fuer
ACSL> SET bpu = 90, 30       ! Optimierungsprogramm
ACSL> SET indopt=.T.; START ! Simulationslauf mit Optimierung
   E04JBF - OUTPUT VIA SUBROUTINE MONIT :
   NITER = 0, .......
   XC( 1)= 30.00000000000000
   XC( 2)= .0000000000000000E+00
    NITER =     1
   XC( 1)= 44.94426433572823
   XC( 2)=-.2258892059359479E-03
   NITER = 2, .......
   XC( 1)= 45.00211616342987
   XC( 2)=-.2335576611164872E-03

   ................
   NITER = 6, .......
   XC( 1)= 44.99999930330723
   XC( 2)=-.4123311981170748E-07
ACSL> DISPLAY ifail                 ! Ausgabe Fehlerparameter
        IFAIL      0
ACSL> DISPLAY  alpha,theta,xend ! Ausgabe der Loesung
    ALPHA 44.9999993    THETA-4.1233D-08    XEND 40.7747179
```

GOMA ist wie andere ähnliche Entwicklungen frei verfügbar. Über Maskendateien können beliebige weitere Optimierungsprogramme eingefügt werden, ohne GOMA verändern zu müssen. Neben der Parameteroptimierung wird auch eine Optimierung von Funktionen durchgeführt. Eine gesuchte Funktion wird über Stützpunkte geeignet parametrisiert und interpoliert, die Lage der Stützpunkte wird bezüglich des Gütefunktionals optimiert.

Literatur

[1] —: ACSL Reference Manual, Edition 10.1, MGA Inc., Concord MA 01742, USA 1993.

[2] —: ACSL Release Notes Level 10F, MGA Inc., Concord MA 01742, USA 1993.

[3] —: ACSL Submodel Structure Specification, MGA Inc., Concord MA 01742, USA.

[4] —: ACSL Graphic Modeller Reference Manual, Level 10.3, MGA Inc., Concord MA 01742, USA 1992.

[5] —: A model of balancing two stacked vertical sticks. A nonlinear control design using ACSL and PRO–MATLAB. MGA Inc., Concord MA 01742, USA 1989.

[6] —: GOMA - Handbuch. Abt. Simulationstechnik, TU Wien 1993.

[7] —: MATLAB User Guide - Reference Guide. The Math.Works Inc., Natick MA 01760, USA 1992.

[8] —: PROTOBLOCK User's Guide, Release version 3.0, Grumman Aerospace Corporation, Bethspace N.Y. 11714, USA 1993.

[9] Breitenecker F.: Comparision of Simulation Software. EUROSIM Simulation News Europe no.6, p.26, Nov. 1992.

[10] Breitenecker F.: Constrained Pendulum - Software Comparison. EUROSIM Simulation News Europe no.7, p.29, März 1993.

[11] Breitenecker F., Husinsky I.: Zeitvergleich von ACSL–Implementationen. ACSL User Group Mitteilungen Nr. 4, pp.5-10, Juli 1992.

[12] Brenan E.E., Campbell S.L., Petzold R.L.: Numerical Solution of Initial Value Problems in Differential Algebraic Equations. North Holland 1989.

[13] Cellier F.E.: Continuous System Modeling. Springer, New York 1991.

[14] Frühwirth R., Regler M.: Monte-Carlo–Methoden, eine Einführung. Bibliographisches Institut, Mannheim Wien Zürich 1983.

[15] Gear, C.W.: Numerical Initial Value Problems in Ordinary Differential Equations. Prentice Hall, Englewood Cliffs 1971.

[16] Gear C.W.: The simultaneous Numerical Solution of Differential equations. IEEE Transactions, Circuit Theory CT-19, pp.89-95, 1971.

[17] Granda J.J.: CAMP–G Computer Aided Modeling Program CADSIM Eng., Davis CA 95616, USA.

[18] Husinsky I., Breitenecker F.: Comparision of Simulation Software. EURO-SIM Simulation News Europe no.8, p.25, Juli 1993.

[19] Husinsky W.: Lithium-Cluster Dynamics under Electron Bombardment. EUROSIM Simulation News Europe no.0, p.25, November 1990; und EU-ROSIM Simulation News Europe no.1, p.23, März 1991.

[20] Jordan-Engeln G., Reutter F.: Numerische Mathematik für Ingenieure. Bibliographisches Institut, Bd.104, 3.Aufl., Mannheim 1982.

[21] Kahaner D., Moler C., Nash St.: Numerical Methods and Software. Prentice Hall, Englewood Cliffs 1989.

[22] Karnopp D., Rosenberg R.: System Dynamics - a Unified Approach. Wiley Interscience, New York 1975.

[23] Kopka H.: $\LaTeX$, eine Einführung. Addison Wesley, Bonn 1991.

[24] Lindbergh E.: Analysis of a generalized Class-E Amplifier. EUROSIM Simulation News Europe no.2, p.31, Juli 1991.

[25] Mitschke M.: Dynamik der Kraftfahrzeuge. Band B: Schwingungen, Springer, Berlin 1984.

[26] Moser F., Ecker H., Ferner A.: Untersuchung einer Methode zur Geschwindigkeitsbestimmung eines PKW mittels Kreuzkorrelation durch digitale Simulation. In: Fortschritte in der Simulationstechnik Band 1 (Breitenecker F.,Troch I.,Kopacek P., eds.), pp.475-479, 6.Symp. Simulationstechnik, Wien Sept. 1990. Vieweg, Braunschweig 1990.

[27] Nöbauer W., Timischl W.: Mathematische Modelle in der Biologie. Vieweg, Braunschweig 1979.

[28] Nordsieck, A.: On the Numerical Integration of Ordinary Differential Equations. Math.Comp., pp.22-49, 1962.

[29] Rice J.R.: Numerical Methods, Software and Analysis. McGraw-Hill, New York 1983.

[30] Shampine L.F., Gordon M.K.: Computer–Lösung gewöhnlicher Differentialgleichungen. Vieweg, Braunschweig 1984.

[31] Steiner E.C., Blau G.E., Agin G.L.: Introductory Guide to SimuSolv. The Dow Chemical Comany, Midland, MI 48764, USA 1989.

[32] Technical Committee on Continuous System Simulation Langiages, Simulation Councils Inc. (SCi): The SCi Continuous Simulation Language. Simulation 9, pp.281-303, 1967.

[33] Wohnhaas A., Menzel R.: OPTIM - Eine Benutzeroberfläche zur Optimierung und Parameteridentifizierung in ACSL. In: Fortschritte in der Simulationstechnik Band 1 (Breitenecker F.,Troch I.,Kopacek P., eds.), pp.229-233, 6.Symp. Simulationstechnik, Wien Sept. 1990. Vieweg, Braunschweig 1990.